スコットランド国民の歴史

A History of the Scottish People
1560-1830

T.C.スマウト 著　木村正俊 監訳

原書房

目次

第二部　変容の時代　一六九〇―一八三〇年　197

著者まえがき

コリンズ社から宗教改革後のスコットランドの社会史を書かないかと最初に持ちかけられたとき、私は興奮と不安のまじりあった複雑な心境になった。やりがいのある課題を前にして、興奮を感じずにはいられない。しかし、このテーマが研究のまだほとんど進んでいない広大な領域を抱えていること、そして社会史という分野そのものの定義があいまいであることを考えると不安を覚えた。

私がこれらの問題を解決できたかどうかは疑わしい。一八三〇年までの歴史を書き終えてみて、私自身は力不足を痛感している。第二章をはじめ、いくつかの章がほかの歴史家の業績から多大な恩恵を受けていることは、この分野の文献に詳しい者には明かであろう。一方ほかの面では、参照できる文献があまりに少ないため、私にできることはせいぜい問題の輪郭をとらえて表面をなぞることにとどまった。人口問題を扱った第一一章、工業労働力を扱った第一六章が顕著な例である。近いうちに、私が本書で示し得た大ざっぱな概観よりはるかに多くのことが解明される分野もあるであろう。たとえば、エディンバラ大学が進めている歴史人口学の研究は、スコットランドの人口推移というきわめて重要な問題にいずれ新たな光を投げかけてくれるであろう。ほかの分野では、現在特に注目すべき研究は行われていないようである。私の研究の不十分さに触発されて基礎的な記録に立ち返り、何があったのか明らかにしようとする歴史家が現れるならば幸いである。

社会史の定義という問題に関しては、私が出した結論は純粋主義者を満足させるものではないであろう。本書のいくつかの章は主に政治を扱っている。政治史という背景を抜きにスコットランドの社会的発展を理解することは不可能だと思われるからである。この点において、一六〇〇年より以前のスコットランドの政治的状況に関する私の見解は、近年の注目すべき研究のいくつかとは異なっている。中世末期のスコットランドが無秩序な世界ではなかったという意見、あるいは一六世紀の派閥争いの重みを一八世紀議会の党争と同程度のものとする考え方は受け入れがたい。私の考えでは、一六世紀世界に内在する凶暴性と、一八世紀世界に内在する秩序の間には大きな隔たりがある。そして、歴史のどこかに転換点があったはずなのである。本書のほかの章では文化史を扱っている。私はこれらの章では思い切って妥協した。自分自身が興味を持ち、感銘を受けたことを中心に取り上げており、包括的に論じようと努めたとは言いがたい。公平な視点でより広い領域を論じられた方が望ましかっただろうし、少数のエリートに属する文化ではない、民衆の多様な文化をもっと紹介すべきだったであろう。スポーツ、踊り、フォーク音楽の類である。それぞれの章の最後に参考文献をあげておいたので、関心を持った読者は探求を続けてほしい。

　本書の残り部分は、宗教改革から選挙改正法までのスコットランドの社会機構や人々の生活状況を扱っている。この題材をテーマとするのはもちろん本書が初めてではない。H・Gグレアム『一八世紀におけるスコットランドの社会生活』（一八九九）は今なお色あせていない古典的名作である。L・J・ソーンダース『スコットランドの民主主義　一八一五―一八四〇』（一九五〇）は一般の読者にはほとんど知られていないが、戦後発表されたスコットランド史では最も独創的で優れたものである。ほかに、マージョリー・プラント『一八世紀におけるスコットランドの家庭生活』（一九四八）なども無視できない。私の研究はこれらの研究に取って代わろうとしているわけでも、対抗しているわけでもない。私はある程度長い期間のスコットランド史をできる限り大局的に捉えようと試みた。これまでの研究にはないアプローチをとり、私なりの視点を提示しようとした。

　図版の出典は多岐にわたる。以下の組織や個人は快く複製を許可してくれた。スコットランド国立図書館、スコットランド国立肖像画美術館、スコットランド文化財記録保管所、スコットランド公文書館、建設省、大英博物館、グラスゴー大学図書館、エディンバラ大学図書館、エディンバラ公立図書館、カークウォール公立図書館、ダルハウジー伯爵、ステア伯爵、サー・ジェイムズ・ハンター・ブレア、そしてエグリントン伯爵である。出典はそれぞれの図版の下に記してある。

　本書の執筆にあたっては数多くの人のお世話になった。深く感謝している。S・Bソール教授は初稿のほとんどすべてを読み、数々の鋭く有益な指摘をくださった。スコットランド国立図書館の司書、そして総合登記所の職員は非常に親切で有能であり、彼らのおかげで快適に研究を進めることができた。研究上のあれこれの問題で相談に乗ってくれた人々は、（しばしば無意識のうちに）私を励まし助けてくれた。皆に心から感謝している。読者が本書を楽しみ、関心を持ってくれるのであれば、彼らと私の努力は十二分に報われたことになる。

エディンバラ、一九六八年　T・C・スマウト

今回の再版に際して、同僚や読者から指摘を受けた事実誤認をいくつか訂正することができた。彼らの手助け――しばしば非常に綿密で、きめ細かいものだった――のおかげで、本書の内容はより正確になったであろう。心から感謝している。

エディンバラ、一九七〇年　T・Cスマウト

ペーパーバック版に寄せて

ペーパーバック化にあたってテクストを再び改訂した。細かな修正を加え、曖昧さを解消することが主な目的であった。誤りや問題点を指摘してくれた友人や読者の方々に、改めて感謝したい。しかし二つの点では、本書の結論に関わる修正を行った。グラスコー大学のJ・ブラウン博士との会話や講義を通じて、私は中世末期スコットランドの抗争の性質について以前とは異なる印象を持つようになった。また、エディンバラ大学のA・F・マクファーソン氏との議論を通じて、スコットランドの大学における労働者階級の学生に対する評価を若干改めた。二人が本書の現時点での結論に同意するとは限らないが、大いに感謝している。また、本書を改善するために力添えをしてくれたすべての方にお礼を申し上げる。参考文献については、最新の出版物の紹介を捕捉した。

一九七一年六月　T・Cスマウト

日本語版に寄せて

A History of the Scottish People が日本語に翻訳されたことをうれしく思う。スコットランドの事例は、日本の読者にとって非常に興味深く、重要性の高いものと思われるからである。スコットランドは、日本と同じように、急速な近代化に成功した。それはまさに突然起こったことであり、スコットランドの外側から見ればまさに予想外の出来事であった。しかし歴史家は、後で顧みるという恵まれた才能のおかげで、当時の人々が気づかなかったこの成功の支えとなったものと成功の理由を見出すことができるのである。

一七〇〇年には、イングランド、オランダ、フランスは、国際社会において経済的に裕福で活力に満ちた先進国であると考えられていた。オランダはもはや最強の国ではなかったが、最も豊かな国であると考えられていた。当時のスコットランドは貧しい国であった。国全体が貧困に喘いでいたわけではないが、これまでの進展がたちまち中断してしまうような経済危機に直面していた。それでも、半世紀もしないうちに、スコットランドは物質的な進歩の面からヨーロッパで最も急激に成長した地として認められるようになった。さらに国外の人々は、スコットランドの経済的な活力と成長をはっきりと目にするだけではなく、知識人たちの名声や今日「スコットランド啓蒙」と呼ばれる時代の兆しに感銘を受けた。同時に、それとは対照的に見えたハイランド地方の後進性、すなわちルソーの言う「高潔な野人」を生み出したヨーロッパの一つの祖国のようなものにも魅了されたのである。

そのような外国人の一人に、洞察力の鋭いフランスの若き貴族アレクサンドル・ド・ラ・ロシュフーコーがいた。彼は一七八六年にポーランド人の家庭教師とスコットランドを訪れ、三つの地域に分けられた国家について述べた。一つは「豊かな地域」で、そこでは「人々が本当に裕福だと感じていて」、イングランド人とさえ肩を並べるほどである。次に挙げるのは「目下発展中の地域」で、「土地は労の報われないところだが、農民はその一部を開墾するためにすべてを捧げる……仮に、たとえばイングランドへ移ればずっと暮らし向きがよくなるというのに、愛国主義のようなものが農民をこの骨折り損の土地にとどまらせている」。最後がハイランド地方で、そこの住民はほかのスコットランド人とまったく異なっているかのように振る舞う……ハイランドの人々はハイランドと切り離せない存在であり、世界一美しい場所があったとしても、決して自らハイランドを去ることはないだろう」(注)。これは現代の発展途上国に、あるいは後の一九世紀の日本にどれほど似ているであろうか。

五〇年後、スコットランドは、ちょうど後世の日本がそうなるように急速に「世界の工場」となりつつあった英国に不可欠な構成地域となった。しかし、スコットランドは特有の伝統と悲劇性を保ちつづけた。まさしくラ・ロシュフーコーが慣習と好みの点で非常に独特であると感じたハイランド地方では、特にそうであった。

本書はその変容の物語であり、それを理解するためには少なくとも宗教改革の時代までさかのぼらなければならない。スコットランドは貧しかったが、多くの小さな町と、重要な成功を遂げた少数の大都市、特にエディンバラと一七世紀に次第に同様の道をたどったグラスゴーを擁していた。男性に基礎的な読み書き能力があるという点においても、町にゆかりの深い貿易や商業の技量が若干あるという点においても教育水準は高かった。また、外の世界に発信する文化があった。それはヨーロッパを意識したものであり、なかには国際的に名声のある人物がいた。さらに、一般の人々には移住という考えが広く浸透していた。多くの市民が国外で勉強したり働いたりしたのであるが、これは初期の日本とは非常に異なっていた。法がないという中世後期につきまとった問題は、おそらく後世の歴史家に誇張されたのであろうが、一七世紀に(内戦にもかかわらず)明らかに抑えられた。ハイランド地方とボーダー地方で長年やっかいな騒ぎを起こしていたところは鎮圧された、ハイランド地方は別個の土地のまま、反乱分子の可能性を秘めた場所でありつづけたのであるが。一七世紀末にスコットランドを後背にとどめていたのは、イングランドとオランダに遅れをとった農業部門のためであり、重商主義時代に対外市場が縮小したことで資本の蓄積が窮境に追い込まれたためであった。

一八世紀および一九世紀初期にこのような難題は解決され、可能性を秘めていたことが現実となった。とはいえ、特にハイランド地方は大変大きな犠牲を払うことになった。一七〇七年のイングランドとの合同は重要であったものの、それだけでは経済的な成功を収めるのに十分ではなかった。合同によって、スコットランドはヨーロッパ最大の共通市場を成す要素となり、国内での市場使用料は徴収されなかった。それは最終的に、イングランドに家畜と亜麻布を販売すれば田舎での改革の導火線となることを示したのである。その一方、大英帝国に参画したことで、グラスゴーの商人は豊かになる手段を得て、土地所有者の子孫はアメリカやインドで帝国の職務に就いて財産をなした。農業改革への動きはある意味で愛国主義の表れであった。最初に土地所有者によって始められ、それから教会関係者が加わり、最後に成功した農民自身が加わったのである。一八〇〇年までに、ハイランド地方以外でのスコットランドの農業では、特にエディンバラ周辺のロジアンにおいて、近代化が大成功を収め、イングランド人からさえブリテンのなかで最もすぐれていると認められるようになった。産業は次第にジェイムズ・ワットやイングランドのアークライトのような技師や発明家による発見の恩恵を得て、炭田や工場と結びついていった。ますます都市化していったが、この時期には必ずしもそうとは限らなかった。

スコットランドは、一八六〇年から一八九〇年にかけての日本のように、知識人や政治家の指導者が経済発展を促進させようという願望、多少なりとも対外的な依存状態、つまり植民地状態を避けようという願望によって邁進していた。しかし、スコットランドの活力は、ラ・ロシュフーコーのような観察者の目には積極的で勤勉な根気強い一般の人々のなかにあるとますます思われるようになっていった。そのような一般市民の社会の特徴は教会、教育、伝統と密接な関係があったが、それらはすべて一七〇七年以前にさかのぼるものであった。

ジャコバイトのロマンス（一般に考えられているほど、すべてがロマンティックあるいは浮世離れしているとは限らなかったが）は別として、著しい啓蒙の時代の開花は、おそらくスコットランドの物語のなかで海外の人々の関心を最も引きつける部分である。日本の研究者は、アダム・スミスとデイヴィッド・ヒューム、トマス・リード、アダム・ファーガソン、ウィリアム・ロバートソン、ジェイムズ・ステュアート、デュガルド・ステュアート、そのほか大勢の思想の研究において世界のなかでも最も傑出している。このような人々の功績は集約されて、現代世界における哲学、経済学、社会学の思想を強く支えるものとなっている。本書はこのような人々の生涯の背景を綴ったものである。しかし、本書はまたそのほかの多くの事柄について、特に、有名にもならず、成功も収めなかったようなスコットランド人の生涯を扱っている。勝者だけではなく敗者についても記されている。外見上はどんなに成功し繁栄しているように見える社会でも、すべての市民を幸福にする社会はないからである。まさに日本の場合と同じように、産業化の始まりは人間の苦悩を伴うものであった。そのため本書は、貧しい人々、農業の変革から何の恩恵も得なかったハイランドの人々、畑、炭田、工場で働き、社会的地位が改善された場合もあるが必ずしも向上しなかった人々について記している。さらに本書は多くの中流階級の人々について記している。彼らは少しも財をなさなかったが、農民や商人と同程度の申し分ない上向きの生活水準に達した。農民や商人は家族に対する大望を抱いていたが、できる限りを尽くして家族に教育を施し、養い育てるほかはみずからが功をなすには至らなかった。みずからもまたわずかばかりの成功を手にし、まずまずの生活を享受できればと願っていたのである。

歴史とは複雑でやっかいな代物である。その複雑さや二面性を示そうとしない歴史書は、歴史という学問領域において十分役割を果たしているとは言えない。これまで筆者が歴史の研究人生で味わってきたように、日本の読者が本書を読んで大いに楽しんでくれることを願っている。

二〇一〇年九月　T・C・スマウト

(注) Norman Scarfe, To the Highlands in 1786, the inquisitive journey of a young French aristocrat (Woodbridge, 2001), p.223.

イントロダクション　中世　一〇五〇—一五六〇年

第一章

スコットランド国民の起源

一　初期の王国

一〇六六年、征服王ウィリアムはヘイスティングズの戦いで勝利を収めた。一〇五七年、スコットランドの王位をかけたアバディーンシャーのランファナン近くの戦いで、ゲール人の王子マルカム・カンモアはマクベスを討ちとった。ウィリアム王は戦いの勝利によって、ブリテン島で最も肥沃で広大な、統治のしやすい土地を支配することになった。一方、マルカムは勝利によって、イングランドよりもずっと実りが少なく、まとまりのない、孤立した土地の王になった。そこはかつてローマの侵略者たちが完全には征服しきれなかった、あるいはしっかりと掌握しきれなかった土地である。いずれの勝利も、王位をめぐるあさましい野望を語るエピソードにすぎない。ただ、歴史の大きな流れから見れば、いずれも二つの国の社会的発展における転換点であったといえよう。

マルカムの王国は荒野であった。領土の半分以上が不毛な山地で、大きな花崗岩から成るハイランド地方が、フォース・クライド線以北の地域の三分の二以上を占める。規模からすれば、イングランドに面したギャロウェイから南部高地《サザン・アップランド》にかけての高い障壁を圧していた。数世紀にわたって計画的な土地改良を続けたにもかかわらず、スコットランドの約八〇パーセントの土地は今日でも荒野、荒れた牧草地、あるいは不毛の土地として区分される。ベリックシャーの湿地帯やダンフリースシャー、スコットランドのくびれた胴部にあたるフォース湾岸とクライド湾岸地域、アンガスシャーの一部、アバディーンとブラック・アイル間のマリ湾岸地域などでは、いくつかの谷間は肥沃な土壌となる可能性が大いにあった。しかし、最良の低地ですら今日よりはるかに森林の割合が高く、橋のない川によって二分されたり、浅い湖や沼地があったり、土地活用が容易ではない。「現代のスコットランド地図を広げ、沼地あるいは沼に由来する地名の多さを知ったら、わずかでも定住の地が見つかったことに驚きを覚えるだろう」(1)。中世では、手つかずのこうした環境が珍しい動物の生態系を守り続けた。そこには、今でも数多く存在するアカシカ、ノロジカ、ヤマネコ、ライチョウ、サーモンも生息し、今は絶滅した数種の動物――ビーバー、オオカミ、オーロックス、イノシシも棲んでいた。また、数ははっきりしないが人間もおよそ二五万人くらい住んでいたといわれるが、確かなことはわからない(2)。実際には誰もが、なんらかの形の農業を営んで暮らしていたのである。とりわけ牧畜業――多毛の牛やヤギ、小さくて茶色いソーア羊（セント・キルダ島で飼育され、現代も見られる）を群れで飼育する生業は、単純な穀物の耕作より当然ながら重視されていた。スコットランド東部の数少ない非常に恵まれた地域では、一〇〇〇年前でもその逆のことが行なわれていた。比較的温暖で、夏場には乾燥する気候と肥沃な土地が、種をまく農夫にとっては好都合であった。しかし傾斜が険しく、水はけの悪い泥炭に覆われた西部の山地では、当時だけでなく後世に至っても、農業だけでなく狩猟や漁業もまた、大切な営みだったに違いない。

こうした初期の時代、スコットランドの人々は大きな集落をつくって暮らしていただけではないようである。ロジアンの一部だけは例外で、そこでの集落の形態はスコットランドよりも東部イングランドに近い。おおむね人々は小さな集落をつくり、集団をなしていた。南部では小村と呼ばれ、スコットランドでは、少なくとも後のち農地区とよく呼ばれるようになる。家屋は、芝か石、獣皮か小枝などでつくられ、スコットランドの荒天に耐えられるように、その一部がしばしば地下に潜っている。エディンバラ、スターリング、ダンバートンでは、要塞化した岩々の上に町らしき集落が残存するものの、都市生活を示唆する形跡はほとんどない。一二世紀までは貨幣がなく、精巧な技術もあまり見られず、マルカムの治世までは外の世界との組織的な貿易もどうやら行なわれていなかったらしい。スコットランド唯一の地の利といえば海であり、細長い入り江が国土の奥深くまで伸び、外部との交流を円滑にするチャンスとなっていた。旅は海路も陸路と危険を伴う点は等しかったろうが、海路の方が距離が長くとも、無駄なく簡単に人や物を運ぶためには適していた。

スコットランドの人種は、暗黒時代にブリテン北部を占領、あるいは侵略した五つの人種に由来する。最も古い人種は古代ケルト人の一派で、敵からはピクト人と呼ばれ、ローマ人を相手に戦ったタキトゥスが、赤毛と長い手足という特徴を捉えたことから、今でもそれがスコットランド人らしさとして風刺画となっている。紀元五〇〇年頃までに、彼らはフォース・クライド線以北に集中するようになり、主な集落はファイフからマリ湾にかけた国の東部一帯に広がった。今日でも方々に残るピクト人のシンボルストーン（パースシャーのメイグルにある立派な博物館に収集）や、ピットで始まる（ピットロッホリーのような）地名はその名残りである。スコットランド南西部にはブリトン人が住まい、ダンバートンからカーライルまで広がるカンブリアの地域を占領し、また現在のカンバーランドおよびウェストモーランドにあたるソルウェイ湾南の広大な地域も領有していた。ブリトン人は南部ケルト人のなかの北側に住む半数で、通称「古代ブリトン人」と呼ばれ、ローマ人がイングランドから撤退したときに、侵略していたゲルマン民族のアングル人によって、ウェールズやスコットランドへと押しやられた人々であった。アングル人自体はさらなる肥沃な土地を探すうちにノーサンバーランドの拠点から離れ、七世紀にロジアンに大きな北部集落をつくった。それより約二世紀前、「スコッティ（スコット人）」と自称する別のケルト人一派がアイルランドから侵入し、ダルリアダすなわち現代のアーガイル周辺に定住した。同族の第二派がギャロウェイからブリティッシュ・カンブリア西部を侵略し、その後何世紀にもわたって独自色が非常に濃い社会を確立した。最後に、八世紀末、スカンディナヴィアからノルウェー人が来襲し、北部や西部の島々、ペントランド湾岸、ウィグタウンからサザーランドにかけての西側海岸地帯に定住した。この猛襲とイングランドやアイルランドにいたほかのノース人（古代スカンディナヴィア人）たちによる侵入によって、スコットランドやボーダー地方の先住民たちは包囲され、九、一〇世紀には、ケルト人やゲルマン人とのつながりが断ち切られた。これらの五つの民族はそれぞれ独自の言語を持ち、どの民族も好戦的で、それぞれ地理的に異なる地域に集まっていた。初期には相互の文化交流や浸透が多少あったことは間違いない。それゆえに今日も、アングル人の十字架がスコットランド南西部やファイフで見つかったり、ロジアンでケルト語の地名とアングル語の地名が混ざり合ったりしているのである。とはいえ、マルカムが即位したときには、スカンディナヴィア人以外のすべての人種が同じ王家に忠誠を尽くしていたことは注目に値する。

先住民たちが孤立して、スカンディナヴィア人に脅かされていた当時、数世紀かけて主にスコット人が王国の合同を成し遂げた。八四三年、ダルリアダのケニス・マカルピン王がまずピクト人に勝利し、彼らを臣民として、フォース・クライド線以北にアルバ王国を建設した。九七一年、イングランド王エドガーがアルバの王にロジアンを譲渡したのである。ノーサンブリアのアングル人太守をさしおいて、そのようなことをする権利がエドガー王にあったかどうかはかなり疑わしいが、一〇一六年、アルバの王は南部アングル人との戦いにおいてその借りを返した。九四五年、スカンディナヴィア人との戦いにおける援助のお返しとして、同じエドガー王からカンブリアが譲渡された。カンブリアの北半分、ダンバートンを中心とするストラスクライド地方に住むブリトン人たちがスコット人王子を自分たちの王と認めたとき、証書による譲渡が現実となった。一〇三四年までには、ピクト人、スコット人、ロジアンのアングル人、ストラスクライドのブリトン人がそろってアルバ王に対し、忠誠の念を抱くようになっていた。

ダルリアダの男たちは兵力では最高に強く、外交術でも抜きん出た巧みさを見せつけ、王国ではアイルランドからのケルト色が濃厚であった。しかし、ケルトの王国であろうとなかろうと、国家と呼ぶのはいかなる意味でも誤りといえよう。あらゆる地域あらゆる人々に適用しうる法の概念が、いまだなかったからである。法律という言葉が聞かれだすのは中世の時代がかなり進んでからであり、ケルト人地域、アルバ、カンブリアだけに適用された「ブリトン人とスコット人」の法律や、アングル人の住むロジアンやギャロウェイで使われていた法典などが、徐々にできあがってゆく。ギャロウェイの法律は少なくとも一三八四年までは維持されたものの、スコットランドの住民たちは統合された一国の民であるという認識はいまだになかった。一一三八年のスタンダードの戦いで進軍する軍勢に加わったイングランドの年代記作家は次のように記している。「この軍隊は、ノルマン人、ドイツ人、イングランド人、ノーサンブリア人、カンブリア人、テヴィオットデイルおよびロジアンの人々、通常はギャロウェイ人と呼ばれるピクト人、スコット人によって構成されている」(3)。この戦いの主な敗因は、無能なギャロウェイ人が先頭で戦うと主張したことと、総崩れになって国へ帰る途中ずっと、味方の軍勢同士で戦い続けたことであった。実のところ、スコットランドは統一された国家というよりは、異なる特徴と慣習を持った人々の合同体と呼ぶほうがずっとふさわしく、至るところで反乱や内紛が起きやすい傾向にあった。彼らはただ、王という一個人への忠誠で結ばれているのであった。この忠誠さえ確かなものとはいえない。マルカム・カンモアがマクベスを討ち取ったように、マルカムの前任者の多くもまた非業の死を遂げていた。

マルカム即位の直前に見られる教会の状況ほど、イングランドやヨーロッパから、スコットランドの孤立を強くうながす動きはほかにない。スコットランドでは、まず六、七世紀に、アイルランドやノーザンブリアからやってきた聖コルンバをはじめとする伝道師たちの努力によってキリスト教への改宗が広まった。五世紀には早くも、ギャロウェイ人が聖ニニアン（いくぶん謎につつまれた人物）やほかのキリスト教司祭たちによる布教を受け入れていたという説もある。六六四年のホイットビー会議以後、イングランド北部の教会に従い、八世紀初めには名目上、教会はケルト系の慣習に代わって、ローマの慣例を受け入れた。その後、スカンディナヴィア人による包囲が起こり、事実上は外の世界との接触が絶たれた。スコットランドの教会はイングランドや大陸の宗派とは違う、独自の儀式や戒律を発展させていった。たとえば聖職者は必ずしも独身でなくてもよかったのであるが、それは道徳的な緩みが原因というよりも、ローマの宗規を知らないためにそうなっただけである。ほとんどの寄付金は平信徒の手に委ねられていた。教会芸術が表す特有の形式は美しかったが、一一世紀の人々の目には、ただ古めかしくて偏狭なケルト様式であった。マルカム三世の妃で、並外れた才能をもつ敬虔な聖マーガレットが試験的に改革を試みるまで、スコットランドの教会は、そのように、最初の至福千年期の変わり目以来、ヨーロッパ南部から押し寄せた改革運動の影響を受けずにいることができた。

これが今から九世紀前のスコットランドの特徴である。一五六〇年以前の歴史を紐解く、序章の目的は、中世スコットランド人の社会生活に詳しい説明をつけることでなく、一一世紀半ばから一六世紀半ばの、国家としての発展に疑問を投げかけることにある。この孤立した、異なる人種の寄せ集めを、何がスコットランドとしてヨーロッパの国家へと変容させたのか。人々がみずからをピクト人、スコット人、ギャロウェイ人、アングル人、ブリトン人、ノルウェー人だと主張するのをやめ、さらにはハイランド人とローランド人という垣根を越え、自分たちを新しく融合させていったのはなぜなのか。この問題を解き明かさなければ、スコットランド人のその後の社会史を語ることは難しいに違いない。

二　ノルマン人による統率　一一〇〇―一二八六年

一三世紀の終わりまで、スコットランドはマルカム・カンモアと聖マーガレットの子孫である非凡な王たちによって統治され、彼らは皆、自分たちの祖先ケルト人アルバの伝統よりもヨーロッパ文明の価値観を大切にした。マルカムとマーガレットは南部の外国人たちをみずから宮廷へ招き入れた。夫妻の死後は、そうした人々の多くは恨みを抱いたアルバのケルト人によって追放されたり、殺されたりしたものの、南部の影響は夫妻の息子たちの治世にしっかりと根づいていった。最も若く有能なデイヴィッド一世（在位一一二四―一一五三）は即位する前に、イングランド南部のノルマン王朝の宮廷で四〇年間のうちの大部分を過ごし、そこで妻と、一四州を領有するハンティンドン伯爵の地位を得た。彼は主にその領土から冒険好きで熱意あふれる家来をたくさん集め、征服王ウィリアムによって建設されたアングロ・ノルマンの王国の制度に強い敬意と愛着を抱く彼らとともに北へ赴いた。彼の孫マルカム四世は、祖父の精力と熱意を献身的に引き継いのである。獅子王ウィリアム、アレグザンダー二世、王朝を完成させたアレグザンダー三世はみんな、外国の理念に心酔し、そのうちの二人はイングランドから妻を娶《めと》った。マルカムの死後、一世代かそこらで、王家は血統的にも心情的にもノルマン系になった。コベントリーのウォルターは一二一二年に彼らについて次のように述べている。「家系、生活様式、会話、文化においてフランス風である」(4)。どこにでもいるノルマン人はローマやヨーロッパの伝統を受け継いでいたので、王たちが多国民から成る自分の国に対して、内面的には均一性を押しつけ、外面的には同時代の観念との調和を求めるよう仕向けたとしても、不思議はない。

彼らが活用した手段は四つ――封建制度の導入、教会の改革、自治都市の建設、政治組織を通しての有効な個人の管理、であった。なかでも、封建制度の導入が最も重要である。デイヴィッドの統治以前に、スコットランド土着民のあいだにどのような組織体があったかはほとんど知られていないが、ケルト人社会は明らかに部族社会で、あらゆる自由民と族長とのあいだに実在する、あるいは架空の血族関係を基盤に成り立っていた。それぞれの部族は別個の地域を占領し、部族民のあいだで所有権が発生している段階で、社会的階層（ブリトン人やスコット人の法では伯爵、豪族、自由民、平民という呼称が示されている）が組織され、部族によって異なる法を持ち、そうした部族の法は代々、賢人によって記憶され、その子孫へと引き継がれていった。そうしたやり方が単純であるとか画一的であるとか考えることは誤りであろう。原始の社会はたいてい複雑で、混乱した状態にある。ノルマンの王たちが厳格で整然とした封建制度を導入しようとした一因はそこにある。理論的に封建制度は、部族主義とは正反対のもので、土地単位を基盤とし、血族関係や人間関係とは無縁である。封建制度下の国では土地すべてが王のものとみなされ、すべての権限は王に帰属する。王は、土地を臣下に分け与える場合、土地とともにある程度の責任を負わせていた。封建制度用語でいうならば、「君主」が「封臣」

に「封土」を授与したということになる。授与は忠誠の誓いの儀式によって行なわれた。封臣はある権限と支配を与えられた王の代行者であり、王が秩序を保つのを助けて、城を守っていかなければならなかった。さらに、土地と権限を与えられる代わりに、奉公——たいていは、戦時に武装して馬に乗って家臣とともに駆けつけることと、王の求めに応じて宮廷や枢密院（後の議会）に列席することなど——が、誓いの儀式の折に約束させられた。家臣は封土の一部をやはり同様の儀式によって、配下の家臣に「再封」することができた。同じ過程をいく度か重ねてピラミッド型組織の底辺にいる農民にまで分与を及ぼしていった。底辺の農民には領主の保護と土地耕作の権利以外は与えられなかったが、領主に対しては勤労奉仕と農作物納入という重い義務を負わされた。封土そのものは世襲制で、相続人がいなくなると、ただちに土地は領主に召し上げられた。同様に、相続人が未成年であると、成人になるまでのあいだ、財産管理の権利と利益は領主のものとなった。謀反や離反には否応なしに没収の罪が科され、封建組織全体が頂点にいる王を支えるようにつくられていた。王とは、すべての土地の究極の所有者であり、すべての正義の源でもあった。頂点にいる強い一個人がすべてを支配するというやり方は、まとまりのない中世の国を統治するうえできわめて有効な手段であったといえる。

スコットランドの封建化はどの程度まで徹底して行なわれていたのであろうか。デイヴィッド一世の最初の封土授与を受けたのはすべて、イングランドからついてきたノルマン人やブリトン人たちであった。彼らは皆、ロジアンやカンブリア南部、王室私有地に配置され、そうした土地で新参者は土着の貴族社会に立ち入らなかった。マルカム四世（一一五三—一一六五）や獅子王ウィリアム（一一六五—一二一四）の治世になって初めて、全人民に対して封建主義という方針が本腰を入れて打ち立てられた。マルカムはノルマン人やフランドル人とともに組織的にブリティッシュ・ストラスクライドの入植を行い、ウィリアムはフォース・クライド線を越えてアンガスとパースに同じように入植した。王の外来の家臣たちは結局、アバディーンやマリのような遠隔地であるゲール人地域の封土を与えられても、従順に受け入れた。

その上、次第にアルバの土着民の貴族社会で中枢をなすケルト人伯爵たちが、王との封建的関係を持つようになった。こうした事態は、新旧の秩序を融合させようして起こったものである。伯爵たちの多くは封建制度の主に対する伝統的な「騎士としての務め」を要求されてはいない。なぜなら、初期のケルトの伝統により、戦時には大勢の一族や家来たちを召集する義務をすでに負っていたからである——彼らの場合、この義務は、与えられた土地に対する忠誠に基づくものではなく、仕えているアルバの君主に対する伝統的な尊敬に基づくものであった。伝統的な影響の強いこの地域で、古いやり方で古い儀式が行われていたことが、古いケルト人同士の血族の結びつきを存続させる力となっていた。さらに、土着の貴族たちが急速にノルマン人の家系と婚姻関係を結ぶようになり、この絆に対する尊敬は支配的な階級全体へ広がった。ミス・グラントの説によれば、「単なる封建的な関係に、古くからある単純な氏族《クラン》の絆が加わったことで、何かもっと温かな情のこもった関係が築かれていった」[5]。ここでいう「氏族」とは、単に血族の意味である。

国王による改革が必ずしも反対されないわけではなかった。だが、スコットランドと呼ばれ、愛国意識の基盤になるものはまだ何もなかったので、王への反抗といってもばらばらでまとまりを欠き、その土台になっているのは愛国心というよりもさまざまな慣習に対する抗議であった。特に、マリやギャロウェイのケルト人たちのなかには、よそ者やその当世風の考え方に反抗を繰り返す勢力がいた。さらに、(保守派ではないゲール人貴族の助けを借りて)彼らが鎮圧されたあとも、ノルマン人の成熟した封建主義はハイランド西部の要塞からは締め出される形で続いていた。とはいえ、デイヴィッド二世の特許状にあるように、西部の族長に対して封建制の土地譲渡を行なったという事実はある。本当のところ、封建制において強制力を持つ城や騎士をもってしても、王は荒ぶる国の一端を掌握できたにすぎなかった。このようにして、アングロ・ノルマン一族が持ち込んだ封建制度は、ローランド地方におけるアングル人、ブリトン人、スコット人、ピクト人の古くからの区別をなくす上では一役買ったが、地形が災いしてスコットランドの三分の一にあたる北西の高地へは浸透しなかったために、かえってローランド人とハイランド人のあいだにかつてはほとんど存在しなかった溝をつくってしまった。この溝は、封建制度以外の要因によって、さらに深まっていき、一層顕著になっていく。

教会の改革は、社会的影響の深さからいっても、封建制度の導入の次に位置づけられなければならない。聖マーガレットは土着の聖職者の会議を召集し、ほかのキリスト教世界にならって、彼女自身が「野蛮な」儀式と呼ぶ、ミサを唱える偏狭な慣習をやめて五日間の断食を行なうよう説得した。彼女はまた、自分が後に埋葬されるダンファームリンにスコットランド初のベネディクト会修道院を建設した。さらに、そこへカンタベリーから呼んだ修道士を配置した。その後、その修道院はダーラムにあるノルマンの大聖堂を模倣して再建された。ベネディクト修道会の組織化された強さと宗教修行はひときわ目を引いた。その頃、この国では、リーヴェン湖に浮かぶセント・サフス島のカルディーン修道会に代表されるような、比較的締めつけのゆるい「荒野の隠修士」タイプの修道院生活が営まれていた。多くの教会では平信徒が大修道院長の肩書きを手に入れ、教会の収入で私腹をこやし、聖務日課の祈りを唱える修道士の数を少なく保っていた。

しかし、聖マーガレットが死んでもなお、改革は遅々として進まず、さらなる成果を上げるべくデイヴィッド一世に引き継がれた。彼が成し遂げたことは、多数の教区で構成される司教区を管理の基盤とする教会制度の確立であった。司教自体はスコットランドで目新しい存在ではなく、征服王マルカムの治世以前にも、セント・アンドルーズなどでは、そこを中心にした、特にきまった管区を持たない「スコットランド司教」がいた。目新しいのは、司教区網の完備と系統化の徹底であった。一二〇〇年までには、王国には一一の司教区ができあがっていた。それぞれの司教は大助祭や地方司祭の助けを借りながら、限定された管区を治めた。どの司教区にも、司教選任の責任を負う聖堂参事会規則によって運営される新しいあるいは再建された大聖堂区域があった。セント・アンドルーズに残る堂々たる大聖堂跡やエルギンのさらに壮麗な建物跡を見ると、中世の王国において司教区には何か重要なものが付与されていたことがわかる。(封建化された地域内の)どの人口密集地にもおそらく新しい石造りの教会があり、そこの牧師は自分の教会区の人々の精神的な幸福に対して責任を担っていたであろう。雑然とした初期の教会組織(教会区ですら、アングル人のロジアンにしかなかったらしい)と比べたら、非常に対照的であった。再組織された教会が統一の力になったのは、どこでも同じローマ宗規に則って、どこでも同じ変わることのない祈りの言葉を口にし、どこでも同じ教義を説くことによって、人種の坩堝《るつぼ》であるスコットランドに同一の礼拝習慣をもたらし、封建社会の絆よりもさらに浸透力のある方法で共通の精神的絆を誕生させたからである。しかしながら、西部ハイランド地方ではやはりほかのどこよりもその絆は弱かった——ハイランド地方の中心部には大聖堂がなく、極西の広大な教会区における牧師の職務は極端に成り行きまかせなものだったに違いない。

教会改革のもう一つの方法は、大修道院の創設であった。一一〇〇年以前、フォース・クライド線以南では、よくも悪くも修道院の建設はなきに等しかった。それから一世紀後、コルディンガム、ケルソー、ドライバラ、メルローズといった有名な修道院がボーダー地方に建ち並び、西のダンドレナンやペイズリー、東のニューバトルやホリルードなどにも有名教会が出現した。この線を越えた旧アルバ領では、ケルト人修道士たちがヨーロッパの宗規に従うよう強いられ、さらに多くの新しい教会がそれにならうようになった。アンガスシャー、パースシャー、ファイフ、インヴァネス以北のビューリーにある、スクーン、リンドース、クーパー、アーブロースの教会がそうした例としてあげられる。しかし、荒涼とした西部の海岸地方や島々に修道院はあまり見られなかった。修道院がわずか五つと、托鉢修道会の修道院一つが中世にこの地域に建てられただけで、どれもほとんど話題にすらならなかった。

デイヴィッド王はみずから、クレルヴォーの聖ベルナールを賞賛し、勤勉と隠遁の美徳を強調したシトー会、ティローン会、プレモントレ会の修道院制度をとりわけ奨励した。これらの修道院の多くは一二、一三世紀における経済の先駆者となっていった。すなわち、ボーダー地方の大修道院はこれまでにない規模で牧羊を行い、シトー会のニューバトルの修道院は率先して炭鉱や鉛鉱に乗り出し、クーパーの農場では王国随一といえる規模で農耕に取り組むのである。アウグスティノ修道会の教団は、王宮付近に新しくつくられた教会施設や、戒律の必要性を感じていたケルト人一派が善意で再建した教会に大いに好まれた。アウグスティノ修道会の名声を支えたのは、給費制度、厚遇、誠意あふれる説教であった。その後、一三、一四世紀になると時代の流れが変わり、隠遁生活を送ることをやめて説教師や聴罪師として外へ出てきた托鉢修道会の教団が好まれるようになった。そのため、ドミニコ会、フランシスコ会、カルメル会の教会は主に都市に据えられた。エディンバラのグレーフライアーズ教会もその一例である。各教団は、精神面、文化面、経済面において、それぞれ独特の影響力を発揮した。それぞれの教団は国外から入ってきたもので、修道院の独居者となるべくイングランドやフランスからやってきた修道士たちに端を発した。特にティローン会やシトー会の教会はつねにフランスの母院と密接な関わりを持ち続けていた。修道会に属さない聖職者たちによる教区の組織化は西洋の教会の伝統をしっかりと根づかせ、それゆえに「修道会に属する」聖職者の導入によってスコットランド社会の主要部にヨーロッパ文明の新しい細胞が移植されていったのである。

こうした変化はさらに意義深い成果をもたらした。学問に通じた識者たちの組織が国内で初めてできあがり、共通の目的を持っていた彼らは、どこに住んでいようと（文明の進んだ大聖堂のある町、港町であるセント・アンドルーズであろうと、ボーダー地方の荒涼とした僻地であろうと）、いっこうに意に介さなかった。こうした識者たちはスコットランドのなかで最もヨーロッパ的な人々で、彼らによってスコットランドの国境を越えて影響を及ぼす最初の息吹が吹き込まれた。スコットランドの学者はときにはヨーロッパの学者の同僚になったり、多くの場合は弟子になったりして名を知られるようになり、十分に時が経てば自国へ戻った。
聖職者はまた、ひとつには君主制と個人的に強いつながりを持っていたため、「スコットランド国民」という意識をまとめることに誰よりも貢献した。当初は一致団結して、独立を目指して戦う必要があり、こうした国民意識を持たせることが大切であった。トゥイード川以北の教会には一四七二年まで専属の大司教がいなかったので、上に立つ者がなく、不安定な立場に置かれていた。一〇七二年以降、イングランドのヨークの大司教はたびたびスコットランドを自分の管区として吸収しようとし、歴代教皇からも吸収を甘受させようとする相当な圧力がかけられたが、スコットランドの王や聖職者たちは頑として交渉を拒み続けた。

にもかかわらずその後、一一九二年に、ローマ教皇はイングランドの王たちとの諍《いさか》いを避けるためにみずからの方針を一転させる。すなわちスコットランドの教会はローマにだけ従う「愛娘」の扱いとなり、一二二五年、スコットランド司教の管理下で独立した宗教会議を開く権利を与えられた。このようにして、スコットランドの教会は一個の独立した国家的存在として認められるようになった。一三世紀に、スコットランドの教会はその独立性をさらに強く主張し、ときには教皇特使の権威をも無視して法にも従わなくなり、独立戦争勃発後には、ローマ教皇による国王の破門ですら拒むほどになっていた。一三一〇年頃、スコットランド教会はロバート・ブルース王に感動的な忠誠の誓いの言葉「スコットランドの王として正式に認める……王国の忠実な民たちはこの王と生死をともにする」を送った。その一〇年後、アーブロースの大修道院でスコットランド独立宣言が行なわれ、大修道院長らしき人物は以下のように書き記している。その調子の高い言い回しには、一四世紀当時の強い愛国意識がにじみ出ている。

われわれ一〇〇人が生きている限り、イングランドの支配下におかれることに同意はしない。なぜなら、それは名誉にも、富にも、名声にもならないからである。われわれはただ、自由を求めて闘う。その自由とは、誠実な人間が生きている限り、決して失うことはない。

スコットランド変革への三つめの手段は、自治都市《バラ》の建設である。一二世紀以前から、町や商業というものは存在していたが、共同体という意味での自治都市――そこでは、（移民でも土着民でも）商人は国内外の取引を行なう際に支援してもらえる特殊な権利を与えられた都市は、まったく新しいスタイルであった。デイヴィッド一世はイングランドからこのアイディアを拝借した。最初の自治都市としてよく知られているのは、ベリックとロックスバラであるが、エディンバラとスターリングもごく初期からの重要な自治都市であった。最終的に、この四つの都市の成文化された法律がほかのすべての都市における法律や特権の基準となる。アバディーン、パース、ダンディー（さらに、宗教都市のセント・アンドルーズ）は、この特権を行使することで、外国との傑出した取引をした。フォーファーも一二世紀早々から重要な都市とみなされる。これらの都市はいずれも立地条件に非常に恵まれていたので、国王から特権を与えられなくても、おそらくは発展を遂げていたであろう。都市の規模を過大視しないことが重要である。フロワサール年代記は、一四世紀後半のエディンバラを「スコットランドのパリ」と呼んだが、家屋は四〇〇軒足らずで、一五五〇年頃のスターリングには成人男性は四〇五人しかいなかったと記している(6)。さまざまな範疇の（現代の感覚でいえば、小村程度の）小さな自治都市が多数つくられた。一二、一三世紀に、デイヴィッド一世と後継者たちはそのような都市を意図的に新王宮のそばに配置し、王国遠隔地の人々を文明化したり、服従させることに利用した。極北ではディングウォールとインヴァネスが、西方ではエアとレンフルーがそのような都市の例としてあげられる。一一三〇年以後、スコットランドでは自治都市が急激に増えていくが、その多くは王によって建設された「王許都市《ロイヤル・バラ》」で、そのほかは教会やときには貴族によって建設されたものであった。山地やクライド湾からペントランド湾にかけての西海岸以西にはこのような自治都市がひとつも建設されなかったことは注目に値する。こうした地域はまたしても、王による支配力がうまく届かない場所とみなされたのである。

自治都市の建設と増加は社会に大きな影響を及ぼした。同じ時期に起こった都市建設と人口増加に促されたのは間違いないが、さまざまな商業取引の強化が一斉に行なわれたことにより、農民たちは町へ出て、皮革や羊毛皮を売ったり鉄や塩を買ったりするようになった。町同士の交易が行なわれ、異なる地域の余剰農産物を交換し合うようになった。自治都市は海外とも交易を始め、シトー会の羊毛とフランス産ワインやフランドルの布地が交換されたりしていた。このようにして、交易する人々はヨーロッパの世界とも通じるようになり、さらに戦争や暴力が経済的な崩壊を招くことから、平和や秩序の維持を努める都市に住む少数の商人たちとも通じるようになった。自治都市組織の画一性は、修道院や教区教会の画一性と同様に、またしてもスコットランドに全体としてのまとまりのようなものを作り出していった。王許都市は特別視され、封建体制の枠外に置かれていた。王許都市は個々に自治を行なうようになっただけでなく、一三世紀末になると、重要事項を裁定する四都市法廷を発展させていった。さらに、これを母体に、一六世紀には、正式議会の共同体すべてをまとめて、王許都市協議会をつくり上げていった。特権の効力は国内にとどまらなかった。たちまち市民（すなわち、商人や職人の資格を与えられた、自治都市の住民）が自分の自治都市のある地域で独占権を手に入れ、それによって多種多様な後背地での商業取引が行なわれるようになった。売買や賃借に関する取り決めは、ダンフリース、インヴァネス、エディンバラ、エアにおいて大きな違いはなかった。このようにして、スコットランドのローランド地方のすべての人々にとってまた新たな結束が生まれたのである。

おそらく最も重要なのは、自治都市に居住する住民がケルト語やゲール語を話す人種が多くなかったということであろう。「スコットランド王国の要塞地や自治都市はイングランド人の居住地として知られている」と、ニューバーグのウィリアムはちょうど一二〇〇年以前に記している[7]。おそらく彼は、彼らの主要言語はイングランドの一方言だったといいたかったのであろう。というのは、自治都市の市民名簿からわかるように、フランドル人、ノルマン人、イングランド人、（あるいは、少なくともアングル人）、スカンディナヴィア人はみんなこぞって、新しい自治都市に移り住み、ベリックやエディンバラといった南部の大都市だけでなく、インヴァネスやディングウォールのような北部の小都市にも移住したからである。王が彼らを好んだ理由は想像するに難くない。彼らはみずからのわずかに進んだ社会で工芸の技術や商売のしかたを身につけていた。それらは経験不足のケルト人にとって目新しいものであった。なぜ彼らがわざわざ移住してきたのか、その問いに答えるほうが難しい。ことによると、一六世紀のスウェーデンや一九世紀のアフリカのように、一二、一三世紀のスコットランドは、経済的に有望な国、つまり貧しくても才能のある者なら土着民との売り買いで、かなりの暮らしをすることができるに違いないところだとみなされたのかもしれない。もしも古いスコットランド語がいくらかでも基準になっていたら、アングル人やスカンディナヴィア人が移民たちのあいだで優勢な存在となっていたかもしれない。中世のあいだに、ローランド地方全域でケルト語が廃れ、やがては消えていった、その理由は何だったのか――スコットランドの文化史上、これほど不可解ななぞはあまりない。このなぞを解く鍵は、テュートン（ゲルマン）人が小集団をつくって国中に移り住んだことにあるように思われる。彼らは聞きなれない言語を使って、暮らしに必要な多くの商業取引を行なっていたに違いない。

最後の、四つめの手段は、カンモアの王たちが有力な君主となり、社会変革を推し進めていくことであった。政治組織は封建制度を管理するために展開された。ノルマン人の住むスコットランド（ハイランド地方西部の三分の一と島々はまたも除外）は、教会の目的のため教区に分けられていたように、行政上の目的のため州に分けられた。各州の中心には王城が築かれた。州は州長官と呼ばれる王直属の官吏によって管理されたが、そうした官吏たちはノルマン人の移民か、あるいはケルト人の伯爵だったかもしれない。その地位は当時、いかなる場合も世襲ではなくなっていた。また、その職務は多岐にわたった――王の名の下に宮中会議を開き、やがては州内に封土をもつ封臣たちへの裁判権をもつようになり、上訴された訴訟を審理するまでになった。州長官は防衛の責務を負い、王城を保守したり、領主を動かしたりする役目を担っていた。また、君主への小作料を徴収する責任を負い、法廷から発せられる王命の執行を委ねられていた。法廷を取り巻く組織そのものも速やかに整備された。さまざまな王吏のなかでも宮内官と司法長官は調整官吏として特別な役目を負った。どちらも巡回裁判官となった。宮内官は王許都市を巡回して、増収に努め、都市の公正が保たれているか、また、都市が合法的に治められているかを確認していた。司法長官は同様の目的で各州を巡回し、州長官を監督し、国王が留保して陪審前に審問するような訴訟の審理にあたっていた。州長官と王吏たちが責任をもって監督に当らなかったら、封建体制、教会、および自治都市の結束はしばしば崩壊していたであろう。

王はまた、スコットランドで最強の軍事力をもち、反抗する臣民たちを抑制したり、領地を拡大したりするために、その力を活用していた。それぞれちがう時期に、たとえば強力な政治的反対勢力となったマリやギャロウェイに忠誠を強いるには、軍事力にものをいわせるしかなかった。スカンディナヴィア・ケルト人の指導者サマーレッドはアーガイル出身の優れた族長で、南部の島々でノルウェーの王の権力を打ち破り、その後ノルマン王朝に目を向け始めた。一一六四年、その彼の飽くなき野望から、マルカム四世を救ったのはほかでもない軍隊であった。スカンディナヴィア人たちに対する王の勝利は、二つの段階を経て達成された。まず、獅子王ウィリアムの時代にケイスネスが奪還されたが、その後、一二六三年のバーグスの戦いの後になってようやく西部の島々がノルウェー王マグヌスによってスコットランド王に正式に譲渡された。だが、この勝利はほとんどが幻想にすぎなかった。というのも、その後長いあいだ、島々と本島西部の大部分を支配したのは、封建制の役人たちではなく、サマーレッドの子孫たちだったからである。しかし、王の軍隊の最大の失敗といえば、カーライル南部のカンブリアのこの地域をスコットランドの領土としてとどめておこうとしたことである。マルカム・カンモアはソルウェイを越えた地域をわがものにしようとしてウィリアム・ルーファスと戦っている最中に命を落とした。デイヴィッド一世が王位につく頃には、この地域はイングランドの領地だという既成事実ができあがっていた。

ノルマンの王たちの影響を受けて一二八六年以前のスコットランド社会がどのように変容したか、要約するとどのようになるであろう。まず第一に、スコットランドは一層ヨーロッパ的な国になった。新しくて強烈な文化的な力——封建制度、教会改革、自治都市、強力な中央政府および地方自治はすべて南から入ってきた。第二に、スコットランドは一層まとまりのある国になった。オークニーとシェトランド（一四六八年から一四六九年にデンマーク人から獲得した）を除いて、現在スコットランドと呼ばれている地域では、ある意味で国王が大君主とみなされていた。とはいえ、北西の三分の一の地域では、この君主の地位は有名無実のものであった。東部および南部の三分の一では、文化変容の力強い感化の波が、アングリア、アルバ、カンブリア、ギャロウェイ、ケイスネスの人々にゆっくりと浸透し、法律や慣習や国民性において一層統一された国がつくり上げられていった。第三に、これらの地域を統治するノルマン人たちの成功はハイランド地方とローランド地方のあいだに決定的な亀裂を生じさせ、王の権限がほとんど及ばないゲール文化の地域と、王の統治がうまくいってますますヨーロッパ化が進んだ地域との相違を際立たせた。

しかし、変容の完成度を過大視しないよう注意しなければならない。スコットランドはただ単に、アングロ・ノルマン人が支配するイングランドの文化圏であったわけではない——ケルト人の血族の情と教会の独立主義が混ざり合った結果、そのようにはならなかったのである。それだけでなく、一二、一三世紀のローランド地方では、自分たちをスコットランド王の単なる臣民というよりはスコット人そのものであると考える人々がいたるところに住んでいた。獅子王ウィリアムの特許状にはまだ、「忠実なる臣民たち、フランス人、イングランド人、スコットランド人、ウェールズ人、およびギャロウェイ人」と記されていた。誰が「ハイランド人」で、誰が「ローランド人」なのかは、サマーレッドのような君主にさえもよくわかっていなかった。カンモアの王たちは開拓者であり続け、一層広範囲に、一層徹底的に、自分の法制度の及ぶ地域を押し広げていった。支配地域の限界はいつの間にかおぼろになっていった。フォース湾以北と南西部では、おそらくゲール語がまだ大部分の人たちの共通語として残っていたのであろう。

ある意味で、一三世紀のスコットランドは三つの部分に分かれていた。まず中心部は、中世のセント・アンドルーズ司教区、すなわちアバディーン、ダンディー、パース、スターリング、エディンバラ、ベリックの王許都市を含む地域で、この地域は最も富裕で、統治も安定していた。さらに遠方へ行くと、ギャロウェイから、キャリック、ハイランド中央部、マリを越えて、サザーランドやケイスネスまで至る大伯爵領地帯が広がっていた。このあたりではケルト色が強く、統治力はやや不安定で、長引いたり成功したりすることはまれとはいえ、反乱が頻繁に起きていた。さらに先の、ハイランド西部や西部諸島では、教会や王の支配は形ばかりのもので、住民は気随気ままに過ごしていた。このような形で統治されたスコットランドは以前に増して、真の統一としっかりした内政力をもつ安定した国への道を歩み始めたかのように見えた。だが、中世の後半に、まず独立戦争という心傷つく経験があったが、それは、スコットランド国民としての意識を高める一方で、ノルマンの王たちの業績を無に帰す出来事でもあった。

三　中世後半におけるローランド地方

一二八六年以降、スコットランドの政治は二重の不運に見舞われた——イングランドからは恨みを買い、ひ弱で救いようのない王たちからもきわめて長期にわたってしばしば苦しめられた。イングランド相手の戦いは珍しくはなかった。マルカム・カンモアは南部を五回も侵略しようとして、最後の戦いで命を落とした。デイヴィッド一世はスタンダードの戦いで敗れた。獅子王ウィリアムはアニックで捕らわれの身となった。アレグザンダー二世はロジアンを略奪しようとするイングランド軍の攻撃に耐えた。とはいえ、一一〇〇年から一二八六年のあいだで、戦いが起こっていたのはほんの一〇年にすぎない。そのほかは平穏な時代であり、イングランドとスコットランドの王室間には偽りなき友好関係さえ築かれていた。国境の両側の異なる民族がいがみ合うということもほとんどなかった。国境を行き来する両側の人々は、互いにみずからをイングランド人とスコットランド人というより、アングル人とカンブリア人だと思っていた。たいていの戦争は南部カンブリアに対するスコットランド側の権利主張が原因であったので、スコットランド側からイングランドへの侵略がほとんどで、その逆はなかった。

一二八六年以後、両国の関係はまったく違うものになっていった。アレグザンダー三世と、その後継者であるノルウェーの乙女（アレグザンダー三世の孫娘）が死んだ後、エドワード一世はスコットランド王を自分の臣下とし、スコットランドをイングランドの封建制度上の属国にしようとした。合法的な議論が結局は空前の軍事力と驚くべき手際のよさを行使した侵略へと変わり、それがその後の両国の争いのパターンとなった。ロバート・ブルース王の下でスコットランドは息を吹き返し、一三一四年のバノックバーンの戦いで大勝利を収めて、イングランドの主張を退けた。彼の死後、一三三三年にはベリック郊外のハリドン・ヒルでスコットランド人大虐殺が起こり、ふたたびスコットランド人は立ち上がった。その後の一〇〇年間は断続的な交戦状態が続き、スコットランド人はハディントンからダンフリースにかけての南部諸州からイングランド人を追い出すことに励み、それは一四六〇年にジェイムズ二世がロックスバラ城を奪還しようとして殺されるまで続いた。ベリック・アポン・トゥイードは永久に奪還されることはなかった。国王同士は半世紀ほど休戦したが、ボーダー地方の臣民たちにはその状態はもはや愛想をつかされていた。一五一三年、ふたたび戦争が勃発し、フロッデンの悲劇的な会戦によってジェイムズ四世が命を落とした。フロッデンの戦い後はふたたび休戦となったが、一五四二年のソルウェイ・モスの戦いや、「手荒な求婚」、さらに一五四七年のピンキーの戦いにおいても、スコットランドは敗北したのであった。

こうした戦いのもたらす影響は、一五四四年にハーフォード伯が、ヘンリー八世に報告した記録によって明らかにされている。それによると、彼は、エディンバラ、リース、ホリルード、およびニューバトル大修道院、ハディントン、バーンティスランド、ダンバーに火を放って略奪をし、牛一万頭、羊一万二〇〇〇頭を奪ったのであった。一五四五年にも、(ドライバラとメルローズを含む）七つの修道院、一六カ所の城、五カ所の「市の立つ町」、二四三カ所以上の「村」において略奪行為をしたと記録されている。これほどの規模の略奪はたしかに異例で、できすぎた話ではあるが、ボーダー地方の戦士たちは戦争や平和の勅令などほとんど意に介さず、一五四四年にヘンリー八世がハーフォード伯に命じたとおり、「抵抗すれば、男でも女でも子どもでもかまわず銃や剣を向け……行きついた町や村はどこであれ徹底して破壊する」ことに、長いあいだ慣れっこになっていた(8)。

きわめて長期間にわたる戦争は、スコットランド社会にさまざまな影響を及ぼした。まずあげられる最も永続的な成果は、ローランド人たちを単一民族として融合させたことである。一四世紀やその後の戦争の結果、異文化が溶け合う坩堝《るつぼ》が生まれ、人々は古い民族的な忠誠心を失い、結集力の強いスコットランド国民——独断的で、戦争好きな、快活で、愛国心の強い、自由を愛する国民となっていった。「スコットランドは戦いのさなかに生まれた」と古い諺があるが、これは言い得て妙である。一四世紀の公文書を読めば誰しも、新しい国民としての誇りがいかに大きく、奥深いものであったか、実感することができる。

スコットランドが受けた残り半分の苦難は、王室の統治にかなりの能力不足があったことに起因していた。一三二九年にブルース王が亡くなり、その後の一世紀、二人のスコットランド王（デイヴィッド二世とジェイムズ一世）が合わせて二九年間もイングランドで捕らわれの身となり、また別の二人の王（ロバート二世とロバート三世）はまったく絶望的な無能さで合わせて三五年間、統治を続けた。そのためある年代記作家の言葉を借りるなら、正義そのものがこの王国から追放されたかのようであった。一四二四年に拘束を解かれたジェイムズ一世は改革を進める強い君主となり、王の失われた威信の復活に心血を注ぐ。一四三七年、刺客の剣によって彼の治世は終わりを告げ、その後約二〇〇年ものあいだ、スコットランドの王はみんな、幼くして王位に就くこととなった。ジェイムズ二世は六歳で即位し、ジェイムズ三世は八歳、ジェイムズ四世は一五歳、ジェイムズ五世は一歳、スコットランド女王メアリーは生後わずか一週間、ジェイムズ六世は一歳で、それぞれ王位に就いた。このように一四〇六年から一五八七年までの一〇〇年以上ものあいだ、未成年の国王と摂政による政治が続いた。この異常な不運を招いた事態は、幼い王がたとえ成年に達して強い力をもつにいたっても、派閥貴族が巧みに摂政政治を操り、フランスやイングランドは内政干渉を企て、軍事力だけがとりえの主義主張のない者たちが束の間の権力を握る機をうかがっているという状況であった。

このような状況のなかで、まず領主たちが幼い王の地位に匹敵するくらいの諸特権を手にし始めた。封建制度は統一のための手段ではなく、派閥争いの手段になっていった。州長官は任務を遂行できなければ交代させられる行政官ではなくなり、その地位は州の最高貴族の世襲財産として代々受け継がれるようになった。以来、王に仕えていた司法長官は、いわゆる王立州裁判所や王城による行政を監督する立場から次第に退いていった。封土の秩序を守るという封臣としての義務は、「領主《バロン》裁判所」〔以下、バロン裁判所とする〕を維持する権利へと変わっていった。法廷では、ますます多くの犯罪が王への上訴なしに審理されるようになり、ついには、領主と小作人のあいだで起きた諍《いさか》い（たいていは原告と裁判官を兼ねていた領主がいい思いをする）だけでなく、死刑や「地下牢と絞首刑」の裁判を含む多くの訴訟をも手がけるようになった。一四世紀の最高貴族たちの多くは相続譲渡できる「地方管轄権」を獲得し、広大な領地をもつ王のあらゆる権限を代行する者として合法的に認められるようになった。王吏や王の令状は形式上はこの限りではなかった。だが、法廷は大反逆罪以外のあらゆる訴訟を審理する権利をもつことになった。この規模での特権や権力の譲渡はたいてい、既成事実の承認にほかならなかった。王がきわめて頻繁に統治に失敗したので、貴族が代わりをつとめ、地域社会が崩壊しないように、あるいは強い隣国に封土を横取りされないように自由に采配を振るっていた。だが、このようにして既成事実を認めたことによって、王は後に王権を回復することが一層困難になったのである。たとえば、ジェイムズ一世が中央政府や王による裁判を復活させようと躍起になっていたとき、足をひっぱったのは、前任者による度を越した権利の譲渡であった。この王を殺した者は、貴族の自由を脅かす暴君を殺したと信じていた。王の死によって、国はふたたび未成年の王による混乱の時代――幼い王をわがものにしようと派閥同士が、果てしなく争い続ける時代へと逆戻りした。

このような乱世の兆しが頻発するなかで、中世末期のローランド社会の特徴が次第に形成されていった。人々は安全を求めて貴族の周囲に固まり、貴族も固まって団結してはいたが、さらに強い力によって統率されない限りはもともと衝突しやすい傾向にあった。もちろん、ときには成人した王がかなりの統率力を発揮することもあったが、セント・アンドルーズ教区以外の地域では、その統率が長続きすることはめったになかった。王権の中心地に近いところで、乱世に後戻りすることへの怖れから人々はまず領主に忠誠を示し、王への忠誠は後回しにした。中央から遠く離れれば離れるほど、貴族に対する忠誠心が一層強まり、王への忠誠心は一層弱まった。ボーダー地方の人々は王に対してほとんど忠誠心を抱かなくなっていたが、ただ、ヒューム、アームストロング、スコット、チザムなどの一族は中央政権を軽蔑しながらも、自分たちにとって好都合のときには王への忠誠を示した。ボーダー地方の人々は、国法を著しく軽視し、イングランド人やほかの隣国の貴族の保護を強く求めたがゆえに、中世後半において、ハイランド地方と同様に、ほかの地域とは一線を画する生活の場をつくり上げていった。

中世後半におけるローランド社会の第一の特徴は、住民が地方貴族と結びつき、地方貴族がそこの中心につながっているという点である。たいていの場合、この結びつきの本質は封建制によるもので、領主の土地所有権や、臣下としての権利や義務が基盤となっていた。貴族の小作人たちは戦いに備えた兵力となり、現物や金銭で小作料を納めることによって領主を経済的に支えた。しかし、いつもそうだったわけではない。「忠誠の契り」によって生じた「自発的な」協力によるつながりもあり、その場合、貴族はその地域の弱小レルド（地主）を勢力圏に引き入れ、ときには土地を譲渡することもあったが、多くの場合には、兵役や忠誠と引き換えに保護を与えるだけであった。家臣とは別に、血族関係による結びつきもあった。それぞれの貴族は、無条件で献身的に尽くしてくれる同姓の紳士階級に取り巻かれていて、別姓の紳士階級との諍いが起こった場合には、貴族に正当な理由があると判断されると、同姓の貴族の味方になり、保護を与えた。経済的に見れば、「紳士階級」といえども小作人と大差はなかったと思われるが、領主と血族関係にあるならば、誰でも一族として権利をもっていた。保護を受けられる有力な一族が勢力を強めると、その姓も一緒に力を強めた。北東部のハントリー伯爵家（ゴードン家）が興隆し始めると、分家すべても興隆し、アバディーンやバンフ一帯ではゴードン姓をもつ小作人が急増した。ダンブレイン大聖堂が代々チザムという姓の司教に管理されるようになると、付属の教会も代々チザムという姓の聖職者によって管理されるようになった。「まだダグラス一族でない者は、ダグラス家に逆らうなかれ」。一五二六年から一五二八年にかけて、ローランド地方で血族による連携力が最高潮に達していた頃、スコットランド全域でそのような言葉が口にされていた。封建制度と一族の忠誠心が組み合わされたことで、その後、貴族たちは団結力のある不滅といえる集団へと変わっていった。法的には王による財産没収によって封建的なつながりを絶つことは可能だったが、一族としての忠誠心を根絶することはまったく不可能であった。

このような血縁関係による大きな連帯組織が無秩序を招くようなことはなかった。連帯組織が大きければ大きいほど、混乱を抑止する力も大きかったといえるであろう。すなわち、隣り合う弱小男爵二人が力のある別の男爵に臣従することによって、共倒れを回避できるというわけである。このようにして連帯組織を広げていったおかげで、一五世紀のスコットランドは無法地帯にならずにすみ、無法者の一団同士が絶えず争い合ったり、衝突したりして多くの人命が失われるというようなことは避けられたらしい。その一方で、連帯組織が大きくなればなるほど、二つの連帯組織同士が偶然にあるいは野望を抱いて衝突した場合には、広範囲にわたって大惨事が起こりうるという危険をはらんでもいた。絶え間ない混乱に対してというより混乱に対する絶え間ない不安感から、人々は互いに用心深くなり、社会体制の変革は遅々として進まず、ちょっとした暴力にも一層傷つきやすくなっていった。

このように、血族関係を尊重することが、中世後半のローランド地方の人々の、もうひとつの顕著な特徴であった。当然のことながら、血筋のよい一族は、経済状況や社会的な階級などまったく無関係に、誰もが誇りを抱いた。一六世紀のフランスでは、貴族を自称するみすぼらしいスコットランド人を揶揄する、次のような言葉があった――「あの男はスコットランド国王の縁者である」。だが、この哀れな男は伯爵や男爵の身分を主張したわけではない。彼が主張したのはもっと大切なもの、すなわち、無比の高潔さと勇気をもった一族に属していることであり、そのおかげで、彼は他の一族の伯爵や男爵や平民にも引けをとってはいなかった。このため、スコットランド社会では民主主義が浸透しなかったというのも、いく人かの解説者が指摘するように、血族は、同じ姓を持つ同族の者に敬意を表し、世襲である階級を重要視していたためである。とはいえ、息子が父親に抱くように、同族の伯爵や男爵に対して大いに尊敬の念を抱いてはいても、みじめな服従を強いられるような関係を持つことはなかった。血族関係の全体的な状況は複雑で、平等主義と家長制が混ざり合い、卑下することなく家柄を尊ぶものであった。それはケルトの影響を受け継いだものであり、ほかの地域には馴染みが薄かったので、スコットランド以外では野暮ったいものに見えた。

合法的な奴隷制度は、中世後半の社会ではどの階級にも見られない。この点も、多くのほかの国には見られないスコットランドの特徴である。奴隷制度がなくなったのは中世に入ってからのことで、ケルト時代のスコットランドでは、経済面での重要性は明らかではないものの、奴隷制度はすっかりお馴染みであった。一〇七〇年のイングランドへの侵略後、多くの囚人が捕えられ、イングランドの年代記作家によれば、「いまや、どこの家にもどこの村にも、イングランド人の奴隷や女中がいる」(9)。ノルマン人もまた、農奴制を認めており、彼らの契約書にはよく、ほかの物品と同じように売り買いできる土着民のことが記されている。たとえば、獅子王ウィリアムの時代に、「ボンデの息子エドモンドと彼の弟ギルミカエル、彼らの息子や娘、およびその子孫ら全員」が市場に連れて行かれて、三マルクで取引された、というぐあいであった(10)。しかし、こうした制度は一四世紀には徐々に根絶された。土着民についての記録は次第に少なくなり、一三六四年の記録が最後となった。この社会変革についての当時の記録は何もない。農業は大部分が農奴による労働力に頼っていたとしたら、重要な変革であったはずであるが、国家存続のための戦争や法体系の全般的な崩壊と比べたらさして重要なことではないと、考えられていたのであろう。

奴隷制度の衰退の理由はいまだによくわかっていない。国家の危機となんらかの関係があったかもしれない。隣国や敵国イングランドから自由を約束されれば平気で裏切るような者たちを自分の領土に入れる危険を冒す領主はまずいなかったであろうし、封建制度で上に立つ者たちは皆、自由民のほうが農奴より兵士として役に立つことも承知していたに違いない。しかし他方では、農奴制の消滅には、地理的変化や経済的な変革など、もっと幅広い背景があったことは無視できない。一二、一三世紀には、ブリテンやほかのヨーロッパ諸国同様に、スコットランドでも人口が増加したに違いないし、田舎の貧しい人々は、土地を手に入れられるなら、たとえ体面を傷つけられるような条件つきであっても、ありがたいと思ったであろう。ところが、一四世紀後半、一三四九年を皮切りに、スコットランドはいく度もペストに襲われることになる。

スコットランドで、初めてペストが流行《はや》り始めた。
その勢いはすさまじく、
噂では、三分の一の人々が
すでに命を落したという。
スコットランドでは、一年かそこいら
猛威を振るいつづけている。
このようなひどい悪疫は見たことがない。

この国のペストは猛烈な勢いで
男も、女も、幼子も、
容赦なく殺していく(11)。

人口の三分の一が死んだという、ウィンタンによるこの記述は、単なる詩的表現ではないであろう。少なくともその当時から一四〇一年までのあいだに繰り返しペストの流行があったと考えれば、この記述はあながち嘘とは言い切れない。それは、イングランドを襲った腺ペストの最初の恐るべき流行がもたらした惨状にも匹敵する。戦争による大量の死者数に加え、ペストで桁《けた》外れの人命が失われたことにより、人口と土地とのバランスは激変したに違いない。それ以後、情勢は農民にすっかり有利になり、領主たちは自分の土地に小作人を確保しようとあせるあまり、誰にでも個人としての自由を与え、多少好ましくない条件でも受け入れるようにすらなった。いずれにしても、一四世紀半ば以降の約三〇〇年間に、スコットランド人の農奴はまったくいなくなったようである。

スコットランドの有名な聖職者で歴史家でもあるジョン・メジャーは、一五二一年に、上級の小作人階級が法による自由とともにどれほど著しい精神的自由を手に入れたかを書き記している。彼は、フランスの小作人よりもスコットランドの小作人の方がはるかに「洗練されている」とみなした。大多数の評論家たちがスコットランド人について粗野で薄汚いと書いているのを思えばおかしな話であるが、メイジャーは、スコットランドの小作人が着こなしや武装において下級貴族と張り合おうとしていた(「小作人は貴族に一撃を与えられたらすぐにやり返す」)と、いいたかったようである。同時に、小作人は領主に対して献身的な愛情を抱き、自分の封土をもち、馬や武器を持つのを楽しみにしていた。だからこそ、領主の争いをわがものとして、「正義であろうとなかろうと、領主に好感を抱いている限り、命をかけて戦おう」と決意できたのであろう。なかには実力のある小作人もいて、彼らは「領主から土地を借りて下の者に耕させ」、また、領主の家来として息子たちには奉公させながらも、役に立つ手工芸の類はすべて「戦争に不向きな卑しむべき訓練」であると考えていた(12)。そのような者のなかには、中世後半のこの時期に固定賃借料で永久借地権を獲得した借地人もいた(六章参照)。メジャーはそうした農夫たちを次のように評している——彼らにとっては、明らかに耕作よりも戦争が人生における喜びなのだから、こうした人々が申し分のない農民層になることはあり得なかった。こうした集団のあいだでは血族のつながりが特に強く意識されていたであろう。そうであれば、彼らと下級の紳士階級あるいは自由土地保有者を区別してもまったく意味がなかったかもしれない。彼らが農耕させるために雇った「使用人」すなわち転借人は、貴族（領主）に対して忠誠心などさほどもっていなかったが、そうした小作人でも自分より上の小作人のすぐそばで生活するうちに、みずからの社会的目標をそれぞれ持つようになっていった。

中世後半のスコットランドは時期尚早の階級闘争を偶然に免れた。階級闘争は一三八一年の農民暴動でイングランド社会を揺るがし、テューダー王朝に新たな不安を生み出したり、一五二〇年代の争いではドイツとユトランドを引き裂いたりした。スコットランドの農村社会は、たいてい戦争や争いごとに立ち向かえるよう組織されていたし、領主への義務と血のつながりによってしっかりとした結びつきができていたため、経済的な利益のために違う道を行くという考えは生まれなかった。イングランドの農民のあいだでは「アダムが穴を掘り、イブが糸を紡《つむ》ぐ。さて紳士階級はだあれ？」という問いかけがよく聞かれたが、身分の差を認識してはいるものの、はっきりとした階級意識のないスコットランドでは、これはあまり意味のない問いであった。

こうした社会を招いたのは、主として政情の不安定さであった。この不安定さは、農村部にも断続的な貧困をもたらしたが、これは、度重なるイングランドからの侵略や領主同士の争いによる物的な破壊や市場の崩壊が原因というよりも、悲惨な事態が起こるのではないかという住民たちの危機感が原因で起こったものであった。強力な隣国の襲撃によって、生涯をかけて心血注いできたものが一瞬にして無に帰すかもしれないなかで、徹底的な農業改良を行なおうと考える領主はほとんどいなかった。土地の保有条件として、生産力より戦闘力を最高に高めておくことが必要であった。つまり、最良の農民よりも最良の兵士のほうが最良の土地を保有するための財産であった。耕作したほうが収益がよい土地でも、耕作よりも牧畜業のほうが好まれる傾向があった。緊急時に動物は即座に避難させられるが、持ち出せなかった穀類は焼けてしまうからである。法と秩序のこの根本的な問題がローランド地方で解決されなかったら、スコットランド人は貧民のレッテルを貼られたままだったであろう。また一方で、中世後半に、スコットランドが貧困から抜け出せずにいたのは社会的混乱だけが原因というわけではなかった。市場の不足、悪天候、肥沃で乾いた土地の欠如、国民の無教育、農業技術への無関心といった要因が重なり合って、最強の国王の治世下であっても、農村経済の根本的な変革は遅々として進まなかったのであろう(13)。

四　ハイランド人の登場

一四世紀になって、ハイランド人が独自のアイデンティティをはっきり自覚して初めて登場したとき、計り知れないほど重要なまた別の展開が起こった。一三八〇年の著作で、アバディーンの年代記作家フォーダンは、スコットランドの文化が二分されている様子を初めて記している。

スコットランド人の作法や慣習は、使用する言語によって異なる。スコットランド人のあいだでは、二つの言語、すなわち、スコットランド語とテュートン語が使われている。テュートン語を話す人々は沿岸地方や平地に住み、スコットランド語を話す人種はハイランド地方や遠くの島々に住んでいる。沿岸地方の人々は土着の民で洗練された気質を持ち、信頼でき、勤勉で都会的、身なりもきちんとしており、気さくで穏やか、礼拝にも熱心だが、敵の悪に対してはいつでも立ち向かおうとする傾向がある。一方、ハイランド地方や島々の人々は、野蛮で荒々しい民族で、無作法で独立心が強く、略奪好き、のん気で、素直な温かい性質をもち、顔立ちは整っているが服装は見苦しく、イングランド人やその言語に対して敵意を抱き、同族内でも異なる言葉を話し、きわめて冷酷である(14)。

恐れと軽蔑の入り混じった口調で、敵意をこめて表現されたこの一節は、ハイランド地方のゲール人社会に対する当時の見方をよく表した一例であり、ローランド地方では六世紀近くものあいだ、こうした見方が残っていた。フォーダン以降の中世の作家はみんな、文化的な区分をしている――ジョン・メイジャーは「野蛮なスコットランド人」と「普通のスコットランド人」という表現を使い、また彼の後継者の多くは単に、「アイルランド人」と「スコットランド人」という呼び方をした。一四世紀後半になって、これまでにないほどにその深い亀裂が際立ってきたのはなぜだろうか。

ノルマン人のスコットランドで、外国勢力の進出がどのようにしてハイランド地方西部の要塞へ向いながら次第にゆっくりと力を失っていったかは、すでに述べたとおりである。それは、ノルマン人のセント・アンドルーズ司教区のほぼ全域と極北西のケルト人地域全域に段階的変化を残したが、あまりにも緩慢な変化だったため、当時の人々はほとんど気づかなかった。一方ではスカンディナヴィア人によって周囲を取り囲まれ、また他方ではノルマン人の王たちの気勢に圧迫され、当時のゲール語とその文化はそもそも廃れ気味であった。一四世紀になると状況は一転した。一二六三年、島々ではノース人の勢力が急速に衰えたあとすぐ独立戦争が起こり、また、スコットランドの君主制の一部が弱体化したためにゲール人勢力が急速に盛り返し、山地の要塞を拠点にし始めた。スカンディナヴィア人による楔《くさび》が打ち壊され、ゲール・アイルランドとの強いつながりが復活したことで、イングランドからの侵略に対するロバート・ブルース王の戦いが再燃した。その後、歴代の君主たちは指導者としての立場に立てず、そうした権力の空白を埋めるために、サマーレッドを祖とする王朝が西部で興った。島々の領主（ドナルド一族の族長はみずからそう名乗った）は中世後半に権力の頂点にいて、沿岸地方西部の他の族長たちを非常に強い力で支配し、スコットランドにおける第二の王朝と呼べるほどの勢力を誇った。結局、一四九三年、ジェイムズ四世によって彼らは権力も財産も没収され、王位を主張することもなく、支配力を失っていく。一六世紀に、ハイランド地方ではさらに社会的混乱が増し、それまで以上にローランド地方の人々と対立するようになった。

その頃、山岳地の南東部周辺では、一四世紀の王権衰退によって、封建貴族たちがみずからの目的のために土着の人々と結びつく機会を得た。バドノッホの狼がその最もよい例である。王の息子であり、王に任命されてバカン伯爵となった彼は、族長を集めて、王の州長官と戦って城を破壊し、ローランド地方の奥地にまで入り込み、略奪行為を繰り返した。一三九〇年、年代記作家は次のように記している。「激しい、悪意を抱くハイランド人とともに」彼は、「フォレスの町を焼き、セント・ロレンス教会の内陣や大執事の牧師館も焼き払い、続く六月には……エルギンの町全体、一八カ所の司教座聖堂参事会員の崇高で美しい牧師館とその牧師たち、さらに嘆かわしいことには、高く崇敬されていた壮麗なマリの教会までをも、そこに保管されていた書籍類や特許状、そのほか、国の貴重な資料などとともに、すべて灰にした」(15)。同様に、ノルマン人の血を引く東部の一族の多くは、新しい環境下で力を維持するか、略奪行為を繰り返しながら、みずからハイランド地方の族長へとおさまっていく。このように勢いづいた山岳地のゲール人たちがさまざまな文化の入り交じった地域から丘陵地帯全体へ勢力を伸ばし、ノルマン人のセント・アンドルーズ司教区の人々と出会い、両者間に狭い緩衝地を設けたり、あるいはまったく設けなかったりして、交流を始めた。この両極端な人々が対峙したとき、文化間の衝突が露骨に表れた。一四世紀後半まで、ハイランド地方ではゲール語が使われ、ローランド地方の大部分ではイングランド語が公用語だったのだから、当然のことながら、この対峙は文化間のみならず人種間の衝突にまで及んだことは容易に理解できる。

ハイランド人が氏族《クラン》単位で組織されていたことは古くからよくいわれてきたことであるが、彼らの社会と中世後半のローランド社会との実質的な相違を見極めることはそれほど簡単ではない。氏族で重要なのはその成員同士が、血のつながりによって固い絆を持つことであった。それは土地とは無関係であった。ゲール語の「クラン」(氏族)という言葉は、家族や一族を意味するにすぎない。中世の「氏族制度」について語ると、ハイランド社会はひどく形骸化されていたと思われるかもしれないが、最終的にそれはきちんとした形へと具体化されていった。氏族の最高の地位にある族長《チーフ》は、氏族の分家の首長である分家長《チーフテン》と密接な血族関係にあった。分家長に従属する人々は山地の卑しい牧夫に至るまで、ときには本当に、ときには作り話の上で、相互に、そして族長と、血族関係にあった。話を裏づけるのが難しい場合、共通の祖先をでっち上げる必要もあったが、できるだけ遠い昔の、英雄的な祖先が好まれた——たとえば、マグレガー一族は、一四五〇年にはコーマック・マクエアベルダという人が先祖だといっていたが、一五一二年にはケニス・マカルヴァン王が先祖だということになり、ついには、「より神秘的で、さらに偉大な英雄」ローマ教皇聖グレゴリウス一世が先祖だということに落ち着いた[16]。氏族は軍務や食糧を提供してリーダーを支え、リーダーの裁きと庇護を受けていたが、それはローランド人が「封建制の」上位者に従うのと同じであった。しかし実際には、ハイランド地方の族長は、部下の忠誠を得るために土地を持っている必要はなかった。一五九〇年、カメロン、マクナブ、マグレガーの族長たちは、一族の者たちをほかの族長の小作人としてハイランド地方の半分の地域に散在させていたが、自分たちは明らかに土地を持っていなかった。一五六二年、ハイランド地方のはずれで事件が起きた。ハントリーのゴードン伯爵がスコットランド女王のメアリーと戦うために、封建制の上位者としてマッキントッシュにいた自分の小作人たちを呼び寄せたが、途中でマッキントッシュ族の族長にその小作人たちを首尾よく横取りされてしまった。マッキントッシュの族長はハントリーと戦うために、氏族の上位者として小作人たちを呼び寄せたのである。この種の小競り合いが起きた場合、経済的あるいはそのほかのあらゆる種類のつながりは、ほとんどいつも氏族間の忠誠によって断ち切られた。

にもかかわらず、封建制度がケルト人由来の氏族の特徴に染まっていったのとまったく同じように、氏族もまたノルマン人由来の封建制度の特徴に染まっていった。中世後半のハイランド地方の族長や分家はみんな、国王や互いから受けた封建制の特許状によって土地を所有した。その特許状は、小作人や領地に対して、事実上、絶対的な支配権を認めるものであった。特に強調すべき点は、中世のハイランド地方には、氏族の土地という概念（つまり、農民が遠い昔から長年使用している土地の所有権を認められるという概念）がなかったことである。長年の使用からなる土地の所有権は、古くから継続していたものとして、一九世紀の小作人たちにも広く通用していたし、さかのぼれば一八世紀にもそのような考えは見られた。だが一六〇〇年以前は、そのような考え方はなかった。一五九九年、アイラの領主マクドナルドは、王との和睦に役立てるために、キンタイアの自分の領土から「氏族の人々すべて」を移動させることを厭《いと》わなかった。また、氏族の人々たちも、領地の拡大によって自分たちも領主から新たな土地をもらえるかもしれないという期待はあったにせよ、領主を悦ばせるためなら、土地を移動させられることも厭わなかった。当然ながら、領主が保有する土地には主に領主の氏族の人々が住んでいたが、小作人のなかにほかの氏族の者が混ざっていたり、自分の氏族の者が他の領主の土地で暮らしたりすることもあった。しかし、族長は他の小作人を説得して自分の氏族に入れたいという強い気持ちをつねに抱いていた。そのため、反逆者、無法者、「破産者」ですら土地を見つけて、姓を変えることができた。ハイランド地方東部では、ノルマン人やフランドル人由来のグラントやフレイザーのような封建制領主たちが、「族長」との真のつながりとして古い一族の逸話を受け入れ、驚くほど短期間に小作人たちを「氏族の者《クランズメン》」へと変えていった。

族長の継承は氏族にとって重要な事柄であり、勇猛果敢で適切な判断を下せるリーダーが求められた。ここにも封建制度の影響が見られる。というのも、古いゲール社会の法では、長子が自動的に世襲するという封建的な考えはまったくなかったのである。血族のなかから最適な男性の後継者を決めることが、スコットランドのアルバ王国では、おそらく最も普通となる慣例であった。一五世紀頃までに、こうした例は少なくなったが、それでもなくなったわけではない。一五一三年、モイダードのマクドナルド一族は、その残虐な気質を理由に前族長の長男を退けて殺害し、代わりにその叔父を後継者とした。一五五〇年には、長子相続制という封建的な慣例がほぼ定着し、論争の本質を取り除くことによって、氏族の生活をより安定したものにした。

非常に印象的なのは、当時の人々がハイランド人について記すとき、ローランド人との相違点として氏族制度を特にあげなかったことである。フォーダンはハイランド人について、「見苦しい身なり」で、ゲール語を話し、法による秩序もない、野蛮な人々であると記したが、氏族制度についてはまったく触れていない。メイジャーも同様で、「荒っぽいスコットランド人」はほとんどが遊牧の民であると記し、また、一部のハイランド人は「卑劣で残忍な族長に支配され……紛争に明け暮れ、平和よりも戦争の方が日常化している」と書き残した。だが、これは彼がローランド地方の貴族について記した非難の言葉とたいして変わりはない。その貴族たちは「同じくらいの身分の者同士がたまたま隣り合わせれば、喧嘩《けんか》や流血沙汰がしょっちゅう起こり……家臣たちも顔を合わせれば争ってばかりいた」。また、一五七八年に、レズリー司教はハイランド人について、ゲール語を話し、野蛮で、服装も文化も違い、「主人に命令されれば」いつでも戦う、と書いている。しかし、ここでもまた、「大きな一族を持ち……ときには一族を守るために、ときには王国を守るために、隣国と命がけの戦いをした」のはローランド地方の貴族だったと記されている(17)。

したがって、ハイランド地方とローランド地方における農業社会の社会構造の違いは、主として重点の相違である——ハイランド地方社会は封建制度によって修正された血族のつながりを基盤とし、一方、ローランド地方社会は、血族のつながりによって緩和された封建制度に基づいていた。どちらの社会制度も貴族的で、階級意識がなく、戦争志向であった。さまざまな相違が両者間の亀裂を一層深くしたが、それは人種や文化に起因していたからであり、背景には、ゲール語存続の問題や、教会、自治都市および王による支配がその地域でゆきわたるのに困難をきわめていたという問題があった。実際には、ハイランド地方の暮らしは一六世紀の境界地方の暮らしと非常に似ていた。どちらも起伏にとんだ土地柄で、また、王宮から離れた場所だったという同じ理由による。レズリーは、ボーダー地方で反目し合う一族について、ハイランド地方の氏族のようだと表現している。ジェイムズ六世は二つの地域の混乱をまるで同根であるかのようにとらえ、そのための立法措置を講じた。また枢密院はハイランド人であろうとローランド人であろうと関係なく、どちらも「同族主義」だと見なした。結論として、スコットランドの高地《アップランド》地方の社会生活を決定づけたものは、敵対的な暴力の存在およびそれに対する恐怖心だったといわざるを得ない。社会的あるいは経済的な変革は、そのような恐怖心を乗り越えられた場合にのみ、可能となった。とはいえ、内外の戦争によって引き裂かれた国はスコットランドだけではない。一五世紀には、程度の差こそあれ、フランスやイングランド、そのほか多くの国が同様の問題を抱えていた。こうした問題がそれぞれ解決されて初めて、さらなる物質的繁栄が望めたのである。

変革の基盤となったのは何であろうか。中世後半のスコットランドにおいて法と秩序の力がどのような意味を持っていたか、手早く要約してみることには価値がある。まず、王室政府というものがあり、王が成人である場合は、うまく機能しうる状況にあり、実際にうまく機能していた。ジェイムズ一世から五世までの王たちはみんな、貴族階級を支配しようとする戦いを放棄しなかった。なかには、貴族を統治するために新しく有効な手段を講じたりして、短期間で勝利を収めた者もいた。砲撃能力はその一例で、巨大な鋳《ちゅう》鉄製の大砲（残存しているもののなかでは、モンス・メグが非常に有名）がスコットランドに入ってきて、一五世紀には王に独占されていた。それらは持ち運びに不便で、使用には危険を伴った——ジェイムズ二世はロックスバラの包囲攻撃の際、大砲に吹き飛ばされたが、そのおかげでほかの何ものもなしえなかった難攻不落の城を攻め落とすことができた。

ステュアート王朝はまた、新しい法組織を考案し、男爵が審理する法廷から分離して独自に訴訟を起こすことができる、王の「訴訟依頼人」という概念を活用した。ジェイムズ五世は一五三二年に民事控訴院を設立し、恒久的な新しい土台を築いて王による司法制度を発足させた。総会機関（男爵や聖職者階級の代表が王の周囲に集まる）と議会機関（男爵、聖職者、自治都市民が一堂に会す）が一四世紀以降、念入りにつくり上げられて、法令を発布するために活用された。組織そのものは概して不十分だったが、少なくともきちんと方針だけは打ち立てていた。侵略、内紛、未成年の王による統治が繰り返された二世紀以上ものあいだ、ステュアート王朝が王権を保ち続けたことは、非常に注目すべき点である。スコットランド人は領主に対してと同様に王に対しても忠実（従順ではなかったが）だったのである。ケルト人の家系への尊重は、災いにもなれば、救いにもなったのである。

ロックスバラシャーのハーミティジ城。メアリー女王の治世の、15世紀の城はまだ物々しかった。窓の開口部下には弾頭を出す箇所がある

王権以外には、二つの機関――教会と自治都市が、社会の秩序を支えた。自治都市は、周囲でどれほど混乱が起ころうと、不思議なことに、何の影響も受けなかった。自治都市が略奪行為を受けることはイングランド人による以外はほとんどなかったが、一部ではハイランド人やボーダー地方の人々によって略奪されることはあった。たとえば、一五四〇年のセルカーク自治都市の特許状には同市について次のように記されている。「イングランド、リデスデール、そのほかの壊滅した地域」と接近していたため、「しばしば、焼き払われたり、侵略されたり、破壊されたりした」貴族たちは概して、都市の略奪よりも、農村での権力や一族の名誉をかけて争うことのほうに関心を寄せていた(18)。そのうえ、自治都市では戦争にいつでも対応できるよう住民に用意させていた。自治都市民は誰でも、市民と認められる前に甲冑や武器の用意ができることを示さなければならず、また、城壁での見張りと防備の任務をいつでもこなせるよう準備しておかなければならなかった。地方の貴族は町屋敷を持ち、代表を通じて自治都市の行政に深く関わっていたに違いないが、そのような武装した住民たちの地域社会を攻撃したり、敵に回すことには本心では気が進まなかったのであろう。住民たちにしても望みはただ、

平和に物をつくったり、売り買いしたりさせてほしいということだけであった。

理由はともあれ、宗教改革以前の世紀に、町はゆっくりとではあるが着実に、経済的に豊かになり、交易も盛んになっていった。地方の遅れが足を引っ張ることがあっても、そのために全体としての発展が妨げられることはなかった。特に一五世紀の後半、イングランドとスコットランドの王の間で平和が保たれた時期は目覚ましい発展が復活した。この頃には、リンリスゴーのセント・ミカエル教会やスターリングのホリルードに代表されるような、一層荘厳な町の教会が建てられた。そうした教会には礼拝堂づき牧師が多数いて、祭壇は裕福な商人や職人たちによって寄進されることが多かった。また、この時期には多くの領主が独自の自治都市を建設した。一四五〇年から一五一三年にかけて、男爵によって五〇もの自治都市が建設されたが、すべてが長続きしたわけではなかった。だが、より規模が大きくて成功を収めた王許都市は、北はベルゲンやダンチヒから南はボルドーやスペインに至る、広範囲の商業ルートを持つことによって、ヨーロッパ世界に窓を開き続けたので、そこから物品や文化的な考えが王国へと入ってくることができた(19)。

教会はまた違う状況にあった。一四世紀半ばから、ヨーロッパ各地でそうであったように、組織としての精神生活が堕落の一途をたどることに頭を抱えていた。スコットランドでは、教会独自の自由が蝕まれることによって、堕落が急速にひどくなった。王が司教や大修道院長を任命する権利を得て、それを悪用してまだ年端も行かぬ自分の庶子を位の高い聖職者に任命するようになったのである。また、貴族が修道院や大聖堂を管理するようになり、あたかも自分のものであるかのように教会の土地を接収した。次章で明らかにするように、一五六〇年頃までに、教会はたいてい世俗的な平信徒になすがままにされて、その基盤は堕落して世俗的になり、教区教会は信者もなく寂れて、司教は不道徳のために笑い種となり、集会も礼拝を侮辱するような内容になっていた。しかし、この暗澹たる状況のなかでも、いくつか明るい光を例外として見出すことはできた。一五世紀のあいだに、偉大な聖職者が多く輩出されたのである。たとえば、司教ワードローは、一四一〇年にセント・アンドルーズでスコットランド初の大学を創設し、司教ターンブルは一四五一年にグラスゴー大学を設立した。また、司教エルフィンストンは一四九六年、アバディーンにキングズ・カレッジをつくり、スコットランドで初めて印刷業の後援者となった。彼らはスコットランドの文化的生活や教育的な評判のために誰よりも貢献した。一六世紀に登場するジョン・メイジャー、ヘクター・ボイス、歴史家であり社会評論家でもある司教レズリーも、エルフィンストンと同様に、ルネッサンス期のイタリア、フランス、ドイツの新しい人道主義の学問を自国に導入しようとした。宗教改革前の偉大な詩人ウィリアム・ダンバーも、実は聖職者だったらしい。組織としての教会は低迷していたかもしれないが、個々の聖職者たちは文化的な運動を尊重しつづけたおかげで、そうでなかったら、その運動はずっと低調であったであろう。

このように、王室、自治都市、教会という三者の組み合わせが、スコットランド社会の潜在能力をひどく蝕んでいた民族固有の不安定さに対抗する力となった。世紀半ばが近づくにつれて、内在する無秩序の脅威は恐ろしい現実となって表れ、スコットランドは周期的な動乱を繰り返し経験することになる。イングランド人による略奪、貴族の内紛、教会のあきれるほどの醜聞は、一五四二年にジェイムズ五世がこの世を去ってから、一層ひどくなっていった。まさに夜明け前の暗闇である。王室、自治都市、教会はそれぞれに、思いもかけない新たな権力を携えて、自国にその存在を主張しようとしていた。

第一部　改革の時代　一五六〇―一六九〇年

第二章

宗教改革

一　改革へ向う背景

ジュネーブでカルヴァン派の教義を身につけた改革派の聖職者ジョン・ノックスは、一五五九年五月一一日、パースの由緒ある立派な教会、セント・ジョン教会で、「偶像礼拝を激しく攻撃する」説教をした。その結果、当時ノックスが「兄弟たち」と呼び、数年後には「ごろつきの群集」と評した暴徒が、教会の飾りつけの祭具を破壊し、フランシスコ修道会、ドミニコ修道会、カルトジオ修道会の修道院に押しかけて略奪行為に及ぶ。激怒した女王の摂政、ギーズのメアリーは、説教師と暴徒と化した市民を処罰するため政府軍をひとまずスターリングに召集し、パースへ差し向ける準備を整えた。これに対し、ノックスとその支持者たちは、ローランド地方の隅々から、貴族とレルド（爵位貴族でない地主）の軍を呼び集め、みずからを「スコットランドにおけるイエス・キリストの忠実な会衆」と称し、王権に反対して「正当な防衛のための武力」を振う覚悟を固めた。内紛にしばしば悩まされる国では、反逆は珍しくなかった。摂政メアリーは、個人的であれ政治的であれ、自分の敵対者がことごとく異端派の味方であることを認めざるを得なかった。しかし今回は、貴族の派閥間の権力闘争よりも、はるかに重大な問題がからんでいた。この反乱は、政治においても宗教においても、みずからの置かれている状況に不満を持ち、はっきり意見を述べるあらゆる階層の多数の人々に支えられた大民衆革命だからである。パースで始まった騒乱の結末はスコットランド社会に最も深甚な影響を与えた。それまでのスコットランドは、五年にわたりローマ教皇庁と特に緊密な連携を保ってきたカトリック国家であった。改革後、スコットランド議会はプロテスタント国家であることを宣言し、ローマ・カトリック教会から自立した――以来、その立場は何世紀も変わらなかった。その前の一〇年間、スコットランドは一時的にフランスの属国となっていた。しかしそれは、二五〇年に及ぶイ

ジョン・ノックス。この絵はA.ヴェンソウンによるもので、ホンディウスによって印刷され、1586年に初めて出版された

ングランドとスコットランドの敵対関係が行き過ぎた結果にすぎなかった。その後、イングランドはスコットランドの揺るぎない同盟国となり、ブリテン統合への道をゆっくり歩み始め、最初に一六〇三年の同君連合に次いで、一七〇七年の議会合同となって結実した。両国の合同は年を追うごとにさらに強まり、二〇世紀になるとついに、さまざまな政治的信条を持つスコットランド人にとって、民族としてひとつのアイデンティティを持ち続けること自体が危うく思えるまでになった。スコットランドにおいては中世世界の終焉は宗教改革とともに始まり、ようやく近代世界が胎動を始めたのである。

　宗教改革の始まり方や、改革の形を見ると、必然的な流れであったと思わせるものはなかったが、一五五九年以前の一時期からスコットランドでは宗教改革が待ち望まれていた。理由のひとつは、過激な扇動者がたいまつを投げ入れることができる火口《ほぐち》がたくさんあったことである。というのは、スコットランドの教会が長いあいだ腐敗の極みにあることは、誰の目にも明らかであった。一四世紀後半すでに、スコットランドの修道院は評判を落とし、教皇庁にも「さまざまな歪みが生じ、衰退している」と報告されるものもあった。一五世紀になると、伝統的な修道院制度の規律の緩《ゆる》みに愛想をつかしたジェイムズ一世が、きわめて厳格で禁欲的なカルトジオ修道会をスコットランドに導入し、ほかの修道院を徐々に感化していこうと考えた。しかしながら、国王がパースに創設した修道院は別にして、ほかにはなんら影響を与えなかった。それゆえに、平信徒のほとんどは一般の修道院や托鉢修道院への寄進をやめて、町の教会や共住聖職者教会付属施設（ミドロージアンのすばらしいロスリン礼拝堂のような）に寄付をした。そこでは常任の司祭が、寄進者のためにミサを行っていた。こうした司祭といえども、非難される行いが何もなかったわけでないのは明らかであった。一四五六年には、リンリスゴーの礼拝堂づき司祭が町の教会の書物、食器類、法衣を質入れしないことと、快楽のために「妾を継続して囲わない」ことを宣誓させられた。この事例から察すると、信者たちは問題の司祭がときには妾と楽しむことには、それほど抵抗を感じていないように思える。

中世後期の出典にありがちなことであるが、当時どれくらいの数の聖職者がこのような体たらくだったのかは必ずしも定かでない。だが、一五世紀から一六世紀に移ると、大量の文献が登場して曖昧さが払拭される。当時も立派に旧来の禁欲生活を維持していたパースのカルトジオ修道会の修道院を除いて、スコットランドの修道院は一五五九年には霊的な教えの伝達機関であることを止めて久しかった。それはいまや単なる資産団体になっていた。資産の管理はしばしば俗人の手に委ねられ、ときには修道院の土地からの収入を自分の懐に入れるために、手段を選ばず大修道院長や「参事会員（文字どおりの意味では「保護者」）」の肩書を確保した在俗の聖職者に握られることもあった。この意味では、国王こそが最も悪質な違反者であった。たとえば一五三二年、若干二〇歳のジェイムズ五世は、全員庶子の幼い息子三人を、それぞれ名ばかりではあるが、ケルソーとメルローズの大修道院長、セント・アンドルーズとピッテンウィームの小修道院長、ホリルードの大修道院長に任命する勅許をローマ教皇からもぎ取っていた（イングランドのヘンリー八世と係争中であった教皇は、要求を拒否してスコットランド国王の機嫌までも損ねる危険をあえて回避したのであった）。のちに第四子がコールディンガムの小修道院長、第五子がカルトジオ修道院の大修道院長となった。このようにして国王は見事に、教会の経費で自分の庶子たちに十分な収入をあてがったが、修道院側は幼児をかしらに頂く茶番を押しつけられた。とはいえ、一般の修道士たちはその頃までには、日常生活での物質的恩恵にたっぷり浸っていた。修道院は豊かで、俗人の大修道院長の下でさえ、彼らの取り分は潤沢であった。もっとも修道士の数は非常に少なく、一五五五年のメルローズ修道院にはたったの一六人しかいなかった。敬虔な修道士の暮らしの魅力が薄れたことと、すでにいる修道士たちが新しい兄弟たちを率先して受け入れて、分け前を共有しようとしなかったのがその理由である。全体として彼らの暮らしぶりは、品行からいえば、まず卑しからぬもので、みだらな振る舞いでしばしば非難を受けたのは大修道院長だけであった。しかし修道士たちの知的水準は信じがたいほど低かった。宗教改革が始まってすべてが終わるまで、スコットランドのどの修道院でも内部からその賛否について発言が聞かれなかったことは、きわめて異様というほかない。

同じく托鉢修道会の修道士である、アウグスティノ修道会会員とフランシスコ修道会士、ドミニコ会士とカルメル会修道士がこのあと比較的活発な動きを見せる。自治都市に彼らの修道院が建てられたので、地元の教区教会の司牧に交じって俗人に説教するには、積極的に宗教改革の論争にかかわらずにはすまなかった。実のところ、彼らは賛否双方の唱道者を出した。物乞いを本来の職業とする修道士の托鉢という任務そのものが、施しがもっと欲しいのは自分たちのほうだと感じている貧しい自由都市の住民に恨まれていたのは確かであるが、托鉢修道会の修道士たちは格別に豊かでも、堕落しているわけでもなかった。一方、修道女たちはといえば数はとても少なかったが、男の修道士より恥さらしなありさまで、たいてい読み書きができず自分の名前さえ書けなかった。一五五六年のローマへの報告は彼女たちの身持ちの悪さを雄弁に物語っていた。規律が守れず修道院を逃げ出すこともしばしばであった。一六世紀半ばまで、スコットランドの父親が娘を修道院へ送ることよりひどい仕打ちはなかった。例外はエディンバラ郊外のシエンヌ女子修道院くらいで、パースのカルトジオ男子修道院にひけをとらないほど、ここは修道女のために例外的に厳格な基準を保っていたと思われる。

これが修道院で暮らす修道士、托鉢修道士、修道女の状況だとしたら、修道会に属さない在俗司祭の実情はどうだったのだろう？　彼らは長年にわたって、政治的理由だけで地位が決められる位階制に染まっていた。一五世紀になると、国王は自分がスコットランドの教会の司教職に望む者をローマ教皇に任命させることが可能になっていた。こうした状況下では、聖務日課をこなす宗教的資質はほとんど考慮されなかった。王室の観点から見た高位聖職者の第一条件は、王権の支持者であることであった。貧しい国では、国の高官や王室の子息たちが司教職に就いて、みずから体制を支える力になれれば、大いに好都合だからである。ジェイムズ四世は庶子の息子を一一歳でセント・アンドルーズ大司教の座に就けることでその先鞭をつけた。もう一人の大司教で、一五四六年、プロテスタントの刺客に暗殺された悪名高い枢機卿デイヴィッド・ビートンは、三つの高額聖職録を同時に保有し、性道徳の面でも人目をはばからずにふしだらな生活を送っていた。その後継者のハミルトン大司教も教会内では評判どおりの改革者であったが、「節度ある、慎重に調整された性欲」を保つための一〇週間に及ぶ医学的処方を受けることに、なんら違和感を抱いていなかった(1)。

しかしながら、高位聖職者、大修道院長、参事会員の貪欲さはしばしば、彼らの個人的生活より重要な意味を持った。何世紀にもわたって、教区の収入を「割り当てる」ことは習慣化しており、一六世紀には教区の八、九割で、その資金が大聖堂や司教の居住用の城、共住聖職者教会、大修道院などの施設に流用されていた。したがって魂の救済は、収入が足りない司祭代理の手に委ねられ、彼らは、教区住民から自分の生活給をしぼり取るのにあらゆる手段を使わざるをえなかった――彼らは同時に、複数の収入源を持つ聖職兼務者になった。つまり収入を補充するため副業として物を取引きする商人になった。教会の儀式を行うために教区民から最後の一ペニーまで巻き上げ、埋葬税として慣習になっている雌牛と布地を受け取るまで、貧乏人の埋葬を拒否することもあった。また、聖体拝受を受ける者が復活祭の司祭への献金をすっかり吐き出してしまうまで、秘蹟を施すのを拒んだりもした。一方で教会の建物は、維持費不足もあり、また苦労して維持しても戦争が起これぱたちまち灰燼《かいじん》に帰してしまうとの危惧から崩壊寸前であった。一五五六年、ベリックシャーでは二二の教会が遺棄されており、壁がないもの、屋根のない教会もあった。たいていの教会には窓や洗礼盤、法衣や書物がなく、そのためミサができなかった。民間伝承では、ジョン・ノックスの信奉者のせいにされている教区教会や大修道院の破壊のうち、改革派に原因があるものはごく一部にすぎない。大半は旧来の教会の恥ずべき怠慢と、イングランド軍の破壊、特に「手荒な求婚」と世にいう、ハートフォード伯の部隊がエディンバラに侵攻した際の残虐行為と徹底的な破壊や、大修道院の建物の持ち主であることが多かった大土地所有者の長年の放置によるものであった。

こうした教区の世話をする聖職者たちが、しばしば惨めなほど卑しいことが多いのも驚くにあたらない。教会の資料には、ほろ酔いで祭壇に立つ司祭や、ラテン語でも英語でも祈祷書がほとんど読めない司祭など、全般的にあらゆる位階の聖職者が、神を汚す淫らな生活に染まっている証拠がたっぷりある。一五六二年、カトリックの聖職者を「この上なく好色で恥ずべき存在」と呼んだのはイエズス会士であった。それが誇張でなかったことは、聖職者の嫡出認知の手続きが非常に多く、スコットランド人の六〇〇人のうち二人が司祭になったこの世紀半ばで、認知手続きをした七人のうち二人もが聖職者の私生児であった事実が裏書きしている(2)。このような状況では、世間の人々は教会とその活動をあからさまに軽蔑する態度をとった。一五五二年の一般諮問会議が不満を述べたように、「ミサの儀式を軽視し不敬な態度をとる人々や、教会での説法中に下品におどけたり振る舞ったり、こともあろうに冷やかしたり、教会のポーチや裏庭で罰当たりな値引き交渉にかまける人々がたくさんいた」(3)

とはいえ、スコットランドの旧カトリック教会はただ腐敗のために崩壊したのではない。一六世紀にヨーロッパで改革運動に火がつき、いま宗教の置かれている現状は皮肉や無関心で済まされるものではなく、神と人間に対するとてつもない犯罪であると知らしめたからであった。世紀半ばまでには、ヨーロッパの半分がローマ・カトリックの至上権とミサに訣別を告げていた。大まかにいって、ドイツの一部とスカンディナヴィア全体が、一五一七年にヴィッテンベルクで初めて明確に宣言されたルターの革命的教義を奉じ、ドイツの残りの部分、低地諸国（現在のベルギー、オランダ、ルクセンブルク）とフランスとスイスの一部が、ジュネーブのジョン・カルヴァンの一層過激な教義に従った。イングランドは独特のプロテスタント改革に邁進《まいしん》していた。残るヨーロッパの半分は、ローマ教皇による教会統治と保守的な神学理論に忠実に従ってはいたが、それ以外のすべての点ではやはり改革を求めていた――一五四五年に始まったトレント公会議は長引き、ようやく一五六三年、聖職兼務の乱用および聖職者の不品行と無知を許さないとする、国家の枠を超えたカトリック教会の決意を世界に知らしめた。スコットランドにおける問題は、なぜ改革が始まったのかではなく、なぜカトリックの規範の改革ではなくプロテスタントを奉じたのかにあった。

スコットランドの教会において保守派が失敗したのは、たしかに国王の支持がなかったことによるものではなかった。なぜなら、王室は教会の維持による既得権を持っており、大修道院長の職を占有し、官吏を司教職に就け、また重税を課すことで、教会からの収入をいまや比較的容易に懐に入れられたからである。同時に、保守派自身の完全な無関心のせいでもなかった――旧教会にも（その腐敗ぶりにもかかわらず）「篤信の母が放縦なふしだら娘に息の根を止められている」と宗教機関の蓄財を批判したジョン・メイジャーのような、大胆に内部批判をする者がいないわけではなかった。一五四〇年になると、そうした声は孤立した少数意見ではなくなっていた。ヨーロッパ大陸やイングランドの改革の嵐、「聖職者の不誠実さと無秩序」について議会での鋭い批判、とりわけ王国内での異端論の拡大などが重なって、多くの聡明な聖職者たちは、手遅れになるまえに保守的なカトリックの改革を切望するようになっていた。一五四六年のハミルトン大司教の就任は保守派にぎりぎり間にあう改革の機会を与えた――一五四九年、一五五二年、一五五九年と続いたスコットランドの教会の一般諮問会議で全体的な改革案が示され、なかには驚くほど過激な提案も含まれていた。教会の不道徳な行状が容赦なく糾弾された。大学は改革される必要があり、役職に就いている聖職者は審査を受けなければならず、司教たちは私生活を改めるべきであるとされた。また教区教会と修道院の立ち入り検査が求められた。すべての聖職者は説教と、俗人を導くことに重きを置くべきであるとされた。また放置されていた教会は再建しなければならなくなった。一五五二年、大司教みずから教理問答書を出し、ある意味でルター派の考え方に非常に近い教義による、聖体と義化についての問答も取り上げられた。この文書にはローマ・カトリックの最高の指導者としての教皇の地位については何も述べられておらず、それどころか教理問答の神学上の論調は、半ば以上異端に近づいているとして、トレント公会議に集った神学者たちに衝撃を与えた。しかし計画は頓挫し、最後の一般諮問会議が審議を進めていた同じ年に、信心深い会衆と称するプロテスタント軍が武装蜂起したのである。

この失敗には多くの原因があった。第一に、とりわけ平信徒がやかましく求めている改革は、教区レベルで聖職者がまずまずの基準の勤めを果たすことであった。だが、ハミルトン大司教の提案は学識ある貴族や卑しからぬ修道女や、清廉な司教を生み出したかもしれないが、教区収入の横領という由々しき大問題の処理に失敗し、食費にも事欠く司祭代理を援助できず、その貧困がまねくあらゆる職権乱用を放置した。第二に、保守派の動きは鈍すぎたため、果たして彼らは誠実なのかどうか、もっともな疑念が生まれたことである。一五四九年の一般諮問会議が画期的な改善をなしえていれば、状況は変わっていたかもしれない。だがその布告はおおむね死文に過ぎず、首座大司教や多くの司教たちは、改革派に期待されていた清純さも熱意も示すことなく従来の暮らしを続け、一〇年後には手遅れとなった。第三には、人々の心にひとつの共通認識があったことである。それは、聖職者の腐敗は位階制から発し、位階制は摂政とからみ、摂政はスコットランドをフランスの属国という腹立たしい立場にし、そのフランスはカトリック信仰と好戦的なローマ教皇による教会統治に結びついていたというとらえ方である。浴槽に浸かった大事な赤子をそのままにして、汚れた湯だけ捨て去ることができると思う人はほとんどいなかった。いっそのこと綺麗な湯を張って、新しい赤子を連れてくるほうがよかった。このように一五五九年、プロテスタントは手を差し伸べるべき新しい赤子を得たのであった。

宗教的な急進主義は、明らかに、スコットランドの土着の伝統に深く根を張ってはいなかった。一五世紀に、イングランドのウィクリフの教えに従った異端派ロラードの運動が断続的に火の手をあげ、ロラードに感化された二人の外国人がパースとセント・アンドルーズで火刑に処せられたことぐらいであった。その後、一五二五年に、スコットランド議会でルター派の書籍の輸入禁止令が布告され、ヴィッテンベルクの大物異端者が北方でも信奉者を増やしていることを裏書きした。その三年後、パトリック・ハミルトンが神による義認についてのルター派の教義を説教したとして火刑になり、さらに一五三〇年にはティンダルの英語訳聖書の大規模な密輸入が発覚し、一五三五年にはさらなる反異端法が制定された。一五四六年には二人めの有名な殉教者がでた。聖書にその典拠が見当たらない教義や礼拝儀式はすべて拒否するというスイスのプロテスタントの教義を説教したとして、ジョージ・ウィシャートが処刑されたのである。その後プロテスタントの信者数は雪だるま式に増え、一五五五年から一五五九年のあいだには英語による祈祷書を使い、偶像崇拝としてミサを弾劾しつつ、主要な都市で会衆の組織が網の目のように張り巡らされ、ノックス自身がそうであったように、主として旧教会を脱退した聖職者が説教師として奉仕して組織を支えた。一五五九年までにはスコットランドの多くの地方で、既存のものに代わる教会が生まれており、なんらかの革命的一撃で勢いがつくのを待っていた。

しかしながら、プロテスタントの教義が勢力を伸ばしたのは、その戦術が保守派のそれより過激で、熱狂的で、疑惑を招きにくかったからだけではなかった。社会に戦略的に正しい砦を築いたからでもあった。なによりもまず、それは自治都市で成功した。そこではノックスが述べているように、「他国と行き来することが多く、本物の教義を聞き、ローマ・カトリックの教義の慢心と虚飾がおおっぴらに非難されるのを目の当たりにしていた」(4)。商人や船乗りによって、プロテスタントの説教師の活動は絶大な支持を得たのであった。ひとたび都市の城門のなかに入ると、その教義は深く根を張った。神の御前においても、聖書のなかに神の言葉の真の意味を読み取る能力においても、俗人は聖職者に劣らないというその教義が、自信にあふれ教養もある自治都市の市民の心に響いたばかりか、職人や商人のギルドの仲間内で秘密を厳守し相互に協力する伝統、そして共通の利害のためにはほかの都市住民とも協力する伝統が、都市を、秘密の小区画からなる教会組織を維持する理想の場所にしたのであった。また都市には、もうひとつの強みがあった。一六世紀の都市には、偶像崇拝に対する嫌悪感を力説し、修道院の厨房には塩漬け牛肉がたっぷりあることを喧伝する扇動者に駆り立てられて、烏合の衆となり、いつ教会を襲って略奪したり、何かほかの華々しい偶像破壊の行動に出てもおかしくない貧民が集中していた。こうした状況は大変革が近いという宣伝にもなり、また政府に報復行為を取らせることにもなるだろうが、報復が大きな効果をあげる恐れはなかった。一五五九年五月の蜂起はまさにこのような暴動に誘発されて起ったものであった。そのときノックスは、カルトジオ会修道院と托鉢修道会を襲撃しようと、パースの群衆を煽ったのであった。同じような暴動は二、三週間のうちに、ダンディー、スクーン、スターリング、リンリスゴー、エディンバラで続発した。以来、これに似た策略が典型となり、二〇世紀の革命的文筆家たちに大いに歓迎されることになった。

とはいえ、都市の占領は運動の第一段階にすぎなかった。自治都市は決定的影響を与えるには小さすぎた。十分に武装した軍を擁し、先頭に立って王権に敵対し、勝敗を決する相当な数のレルドや有力貴族たちを勝ち取ることが次に必要であった――一五四六年、プロテスタントの一団が枢機卿ビートンを殺害してセント・アンドルーズを占領し、城内に一年間立てこもったが、結局失敗に終わったクーデター未遂事件は、この事情を十分に立証している。有力な人々を確保する作戦は一五五七年には成果をあげ始めた。この年、プロテスタントの五人の貴族がプロテスタントの礼拝を確立するために「すべての力、財産、生命をも賭ける」ことを誓う盟約に署名した。ここに至るまでに、伝道者たちは純粋な信仰の問題を超えた、意見が相違し不満の感情が高まっているいくつかの問題を処理した。そのひとつは、経済上の反目で、アンガスやエアシャー、南西部のそのほかの地域の弱小レルドの間で特に根強かった。彼らは比較的貧しく、貧しい国土において目立って羽振りのよい教会関係者に、重税の十分の一税を払わねばならないことを嫌悪していた。宮廷貴族とは違い、総じて彼らは親族を教会の要職に就けたり、俗人参事会員や俗人の大修道院長になって、修道院の収入を懐に入れるなど出費を埋め合わせるチャンスに恵まれず、この不満はさらに募った。二つには、アーガイル伯、モートン伯、アラン伯に率いられた貴族の大派閥があり、彼らは一五五四年に摂政ギーズのメアリーが政権を引き継いで以来、国政から完全に排除されてきたとして不満を抱いていた。第三には――これが最も普遍的な問題であったが、摂政がスコットランドを裏切って、この国をフランスの一属州にしてしまったという気分が行き渡っていたことである。一五四八年にはイングランドから王国を救うために、フランスとの同盟は必要であった（これが初めてではない）。だが、一五五四年以来、ギーズのメアリーは極端にフランス寄りの政策をとり、フランス人を政府の高官に登用し、一五五八年にはフランス皇太子が幼いスコットランド女王メアリーと結婚するに際して、スコットランドに古くから伝わる王冠をパリへ送り、何がなんでも二つの国を不平等なまま統合しようとしていると思われた。結果は改革派に非常に有利な、大衆受けする方程式が導き出された。もし愛国者なら反フランス派であり、だとすれば親イングランド派でプロテスタントである。逆に、プロテスタントで親イングランドであれば、反フランスとなり愛国者ということになる。

それゆえに、宗派の貴族たちは一五五九年、プロテスタント信仰の擁護と「外国人への隷属と専制政治」から国家を解放するという二つのスローガンを掲げた。それでも、イングランドの援助がなかったら、彼らは敗北していたであろう。スコットランドの宗教改革を成功に導いた最終的要因は、一五六〇年初頭、エリザベス一世の艦隊がフォース湾に入港し、摂政の後ろ盾、フランスの大軍の補給線を断ち切り、ほとんど敗北が決まっていた諸侯たちを土壇場で救ったことであった。一五六〇年二月、エディンバラ条約により、スコットランドの国内問題からフランスを締め出し、スコットランドとイングランドのあいだに新たな、前途多難を思わせる同盟関係が築かれた。六月の議会でスコットランド女王メアリーの名の下に（ただし法的威力はなかった）、ノックスのスコットランド信仰告白とプロテスタントの教義が受け入れられた。プロテスタントの宗教改革は成った。だがいったい、どんな性格の改革となるのか問題はまだ残っていた。

二　プロテスタント宗教改革の経過　一五六〇―一六九〇年

一五六〇年、スコットランドの改革派教会が世間にその姿を見せるが、その時点では、現在われわれが思い描く特徴をすべて備えていたわけではなかった。続く一三〇年間に、改革派教会は変化し発展を遂げ、教会の方針も試行錯誤を繰り返しながら、信仰上の所信の微妙な意味合いの違いを調整し、ようやく一六九〇年、長老、執事、牧師から成り、長老会《キルク・セッション》、中会《プレスビテリ》、大会《シノッド》、教会総会《ジェネラル・アセンブリー》の組織によって運営される、一八、一九世紀の長老主義教会の原型が姿を現した〔長老会が最下位で、総会が最上位の機関となる〕。安息日厳守主義やピューリタン主義とも、常ではないがしばしば連携し、聖職者はすべて同格であるとされた。最初からその全体系はジョン・ノックスのなかで練られていたのであり、その実現が妨げられたのは、国王と司教の世俗的駆け引きが原因であったに過ぎないと考えられることが多い。ところが実際は、ノックスは、長老主義をなじみの薄い、もしかしたらある意味で不合理な制度と見ていたであろう。というのは、一五六〇年から一六九〇年までの改革の進展は、ゆっくりした系統だった過程であり、そのなかでさまざまな特徴が取り入れられては激論が戦わされていたからである。なかでもアンドルー・メルヴィルや一七世紀の神学者の理念と高い志は、少なくともノックスのそれと同じくらい重要であった。このあとの章で改革派教会が社会に与えた衝撃について触れるとき、改革派教会はいつも同じものであったと思い込んで足を掬《すく》われることなく、この運動の進展の過程を追わねばならない。

もっとも、初期のプロテスタント教会の立場は法的にはこの上なく漠然としたものであった。一五六一年八月、フランスから帰国したスコットランド女王メアリーは、事態の変化を既成事実として受け入れながら、六月議会で決まった法案を批准せず、それどころかみずからがカトリック教に改宗したのである。そのため一五六七年、幼児のジェイムズ六世を立てた反乱軍によってメアリーが退位させられるまで、改革派の立場は非常に不安定なものであった。おそらくこの政変によって、新しい教会の改革への歩みは、予想された苦難に比べてより穏やかなものになった。旧教会の収入が直ちに新教会の自由になるように願っていたノックスを憤慨させ、また幻滅させたことに、議会はなんとしてもカトリックの聖職者に、その後の生活維持のために従来の収入の三分の二の保有を認め、修道院が資産保有しつつ存続することを許した。修道僧たちはそこから自分の取り分を引き出し、俗人の修道院長や参事会員たち（会衆派の貴族たちも少なからず含まれていた）は土地の権益を持ち続けた。旧教会の聖職者たちは宗教的儀式、とりわけミサを執り行うことを厳しく禁じられていたが、違反しても制裁力はほとんど発揮されなかった。あえてミサを行なおうとするものはまれで、一人か二人だけが信仰を貫いてカトリックの殉教者として死を選ぶ。司教たちでさえ、宗教改革に反発して国を去ろうとした者は一人だけで、三人がプロテスタントに加わり、自分の教区での活動を通じて、改革派教会の計画推進に協力した。おそらく、さしたる敵意を伴わずにプロテスタントへ移行できたのは、スカンディナヴィアの国々だけであったようである。それと比べて、イングランドでは大虐殺があった。スコットランドでは「ヘンリー八世、メアリー、エリザベスへと続くテューダー朝のイングランドで目につく、血の凍る処刑台と薪積みの作業とは無縁だった」(5)。

このような憎悪の欠如は、スコットランド宗教改革の初期段階で、神学的内容が比較的未熟であったことがその一因と考えられる。ハミルトン大司教の教理問答書が出された一五五二年でさえ、旧教会がどの程度までプロテスタントの立場へ移行できる素地ができていたかは、すでに言及したとおりである。新しい教会はカルヴァン主義であった。しかし（ローマ・カトリックのミサを「偶像崇拝」として全面禁止するという決定は別にして）、一五六〇年以降の一〇年で、教会が最も緊急に処理を迫られていた仕事は、新しい教義による説教ではなく、長年にわたりいかなる司牧の配慮もほとんど受けていなかった人々に、実質的な信仰生活上の配慮を行き渡らせる方法を構築することであった。こうした改革派の、本来は実践的で、主義主張にこだわらない目標のおかげで、国全体がほぼひとつにまとまった。指導理念は二つだけであった――第一に、教区は教会の営みの最も重要な単位であり、前面に立つべきであるとしたこと、第二に、聖職者の旧来の悪癖が見かけを新たにして繰り返されるのを防ぐため、教区の運営に平信徒が幅広く参加し、監督することが許されるとしたことである。その結果、会衆は毎年選出される長老や執事の選挙権を得て、牧師とともに長老会の構成員となった。牧師はまた会衆によって選ばれ、長老会に従属するとされた。牧師の任務は聖職者として説教を行い、また当時のイングランドの方式に範をとった典礼に則って聖礼典を執り行うことであった。だが、新しい教会は当初、甚だしい人材不足であったので、聖職者としての訓練の足りない者が祈祷や読唱をする職務に指名されたり、また（一五七二年以降では）洗礼や婚礼をとり行うこともあった。牧師の上には監督が置かれ（ドナルドソン教授が説得力豊かに示したように）、実質上それは司教に相当した(6)。最後に最高議決機関として教会総会が登場した。教会側に国家から教義上の独立を勝ち取りたい願望があったからではなく、ほかのヨーロッパ諸国と大きく異なり、教会には頭に頂くべきプロテスタントの君主がいなかったからである。スコットランド女王メアリーがその座を占められないのは明白で、そのため、彼女の地位は、旧スコットランド議会の構成を正確に再現した身分制議会《コンヴェンション》――貴族とバロン、自由都市の代表、選出された牧師から成る監督たちの三身分で構成される会に引き継がれた。教会の体制には、まだ長老派と呼びうるものはなかった。教会総会が生まれた事情は別として、教会の体制は多くの点でオランダのルター派の制度に対応しており、現代用語では「主教制を加味した会衆教会制」と適切に表現されるようになった(7)。実際、一五七二年のリース協約で、空席になっていた古い司教座にプロテスタントの主教を就かせる妥協策がとられたことで、スコットランド教会はきわめて主教派に近いことを明確に示し、国王は主教候補者を推挙するが、教会総会は彼らをその統制下に置くことになった。ノックスは晩年、リース協約を条件つきで祝福した。条件をつけたのは、この妥協策によって主教たちが狡猾な国王の道具に成り下がるかもしれぬと危惧したからであるが、ともあれ、喜ばしいことではあった。

きわめて学術的な新しい神学理論が教会に流れ込み、宗教改革の性格を変えようとする動きが起ったのは、ノックスの死後間もなくのことであった。その動向の主役は一五七四年、六年間のジュネーブ滞在のあとスコットランドへ戻り、グラスゴー大学の学長に着任したアンドルー・メルヴィルであった。彼は海外で、テオドール・ベザの斬新な長老派の教義に触れ、強い影響を受けていた。この教義は当時カルヴァン自身のスイスの改革派教会を混乱に巻き込んでいた。メルヴィルの見解は当時のスコットランドの慣例にはまったくそぐわなかった。その第一点は、牧師を教会員の上に置いている以上、いかなる形の教会統治であろうと聖書に反するとしたことである。メルヴィルは初期キリスト教会が聖職者位階制をとっていたと信じるにたる根拠を見出せなかった。第二点は、牧師を監督することが必要だったので、牧師と終身身分の長老を構成員とし、長老会、中会、大会、教会総会の組織で運営される教会法廷の機構が創設されるとしたことである。新たな中会の任務は牧師の審査と認可であった。教会総会は議会のような三身分を代表する性格を失い、ほかの教会法廷の代表者する牧師や長老の集まりとなった。第三点は、教会の権威は国家権力とは別個のものであり、教会によって境界を明確にされた良心と信仰の問題に関しては、教会は国家の上位にあるから、国家は教会に平伏すべきであるとしたことである。メルヴィルの全体系は牧師の力を強め、平信徒の力を弱める傾向があった。さらにいえば、神権政治の芽を内包していた（実は、それはノックスの構想にも一部見られたものであった）。彼の主張はこうだった、「牧師たちが神の助言と共にあるというのに、王の議会など必要あろうか」(8)。

その後一〇〇年の歴史は、教会内部での長老派と主教派の衝突と妥協の産物であった。一五七八年、激しい論争の末、教会総会はメルヴィルの提案を承認し、部分的には新しい（プロテスタントの）教義を受け入れながら、教区段階での一定の問題については長老派の実践的な解決策を採り入れた。特に財政面については、メルヴィルは、聖職者、俗人、王族のいずれの手のなかにあろうが、旧教会の全財産を教会のものとして要求するノックスの主張をよみがえらせた。しかし議会はその決定を批准せず、一五八四年には国王が反撃に出て、教会に対する王権の優越性を再度主張し、さらに主教の地位の合法性を宣言すると、事実上、主教たちをみずからの教会統治の道具にした。対極にある二つの立場はこのような形で衝突したが、勢力争いは妥協をも生み出した。一五九二年には議会は中会と大会を教会法廷として正式に認証し、主教職の実権を一時停止した。その後の一六一〇年、国王は主教が中会と大会の永久首座として認められるように仕組んで、管理主教制を再導入した。同時に、教区教会のために、以前よりずっと潤沢な財政的支給を受取れるように手配した。この最後の妥協案はほとんどの政治家と聖職者に広く受け入れられたようであるが、メルヴィル陣営の過激な聖職者の一団は、公然と説教することが禁止されたあとも、私的な集会で説教したり、法の目を潜って書物やメモを回覧したりして、長老主義の大義を保ち続けた。一六三〇年には、長老主義に一身を捧げる牧師の数は少なかったが、彼らの情熱と使命感は、何があろうと年月を超えて生き延びた。彼らの熱意と勇気に動かされた一般市民のなかに支持者が生まれていた。大衆がどのように受け止めていたのかをはっきり示す資料はほとんどないが、次に引用する手紙にその一端がうかがえる。プレストンパンズのジョン・カーなる人物が一六三四年、ロンドンの仕立屋に書いた手紙で、ニュー・イングランドの植民地の事情を尋ねている。

あの国へ渡って行きたくなる……は多くなるであろう。高位聖職者による迫害が続いているとしても、迫害されている牧師よりも、まれな才能に恵まれながら、合法的に聖職就けない若者や、見入りの良いさまざまな職に就きながら、清廉潔白に生きてゆくことに苦労している若者が六〇人近くもいることのほうが私には気がかりです(9)。

とはいえ、もしスコットランドとイングランドの王を兼ねたチャールズ一世が、国事において、絶望的なヘマを重ねたのでなかったら、一六一〇年の決定が永続しなかった理由を説明できない。

一六三八年のスコットランドの主教制の廃止は、最終的に全ブリテン諸島を凄まじい内戦の嵐に巻き込む、新しい革命的状況の兆候となる最初の事件であった。スコットランドでは一六二五年のチャールズ一世の王位継承以来、王室に対する怨恨が渦巻いており、事態は悪化の一途をたどっていた。貴族や大多数の弱小レルドは、一五四〇年には旧教会の財産であったすべての土地と十分の一税の徴収権を取り戻すという、国王の度重なる脅しに震え上がっていた。国王が威嚇を実行に移せば、スコットランドの世俗の土地所有者のほとんどが影響を免れなかった。自由都市の市民たちも同じように、チャールズの財政政策により彼らに押しつけられた重税と、都市債務の負担増に苦しんでいた。その後、一六三六年と一六三七年に国王は新しい教会政策の詳細を発表した。それはスコットランドの教会の慣習を、イングランド教会のそれに同化させる長い道のりの始まりであった。とりわけ問題となったのは、新しい政策は即興での祈祷を今にも禁止しようとしたこと、教会総会、中会、長老会にはまったく触れず、スコットランド人に新しい祈祷書の使用を強いたことであった。その祈祷書はミサと、それ以上にカンタベリー大主教ロードを戴く、英国国教会のカトリック的な儀式を思い起こさせるものであった。スコットランド人の現実の感情をまったく把握していない人間でなければ、そこまで突き進めることはしなかったであろう。国王のこの決定はそのようなわけで全面的な反乱の大義と口実を提供することになった。

このようにして一六三八年、エディンバラのグレーフライアーズ教会での劇的な光景のなか、スコットランド人を代表する人々が国民的な異議申し立ての文書、国民契約（ナショナル・カヴェナント）に署名するために集った。バロンを含む貴族が最初の日に、翌日には自由都市の市民と牧師が署名した。その文書は「ローマ・カトリックの教義・統治制度」に対するスコットランド人の過去の闘いを列挙し、自由な集会や議会で礼拝の変更が以前には認められなかったことへ抵抗することを宣言し、これに反対する何人にも屈せず、自分の信仰を守るよう署名者に誓約させた。だが署名した者のなかには、後の局面で王党派として内戦を戦うことになる者も多く含まれていた。文書は反王党派でも反主教派でもなく、国王に対する人々の忠誠を明言し、主教たちによって教会制度そのものが攻撃されないよう配慮していた。とはいえ、署名した者のなかには、初めから主教制の廃止を目的とする少数の確信的長老派がいた。国王は国民契約に署名した者すべてを謀反人とみなし、スコットランドへ軍を動かす準備を始め、この少数派の思うつぼにはまった。やがて、長老派の勢力が雪だるま式に拡大し始めたそのとき、チャールズは条件つきで降服し、この約二〇年間で初めて教会総会を招集することに同意した。国王が驚愕したことに、教会総会は主教制を廃止した。そのようになったのも、長老派は教義原則に従ったまでで、貴族の出席者の大半は、国民に不人気で、頑迷な国王の政策を支えていた主教たちの言動にうんざりしていたからであった。チャールズは教会総会の行動を違法と宣言し、ふたたび軍を召集した。ここに至ってスコットランド人は、国王に対する敵意と明らかな不信から長老派のもとにほぼ完全に団結し、初めて持ったみずからの軍、国民契約軍を召集し抵抗の準備を開始した。

一六三八年、陰から表舞台に登場し、国民契約運動の宗教的指導者として名乗りを上げた少数派の熱狂的メルヴィル支持者たちにとって、この日はまさに主の輝かしい日であった。それはまた高位聖職者が占めていたスコットランド教会を浄化するため、神が約束した第二次宗教改革であり、長老派の統治の確立を意味した。彼らの言葉は黙示録的予言の仰々しい口調を帯びていた。スコットランドは選ばれた国に違いない。「おお、スコットランド、ありがたきかな、汝の名は聖書に記されてあり」。スコットランドはキリストが「主の麗しい花嫁とした」神聖なる教会である。彼女は新しきイスラエルである。「イスラエルとこの教会は大いなる類似点がある。主に誓いを立てた、ただ二つの国」ゆえに。そうであるならば、スコットランドは偉大な仕事に召しだされた。もはやこの国は地上で最も完璧に改革された教会となった。いまやイングランドとの合一を求めるべき時。それが成れば、全ブリテンの契約長老主義の栄えある十字軍が大陸へ侵攻し、ローマへ軍を差し向けるのを止めうるものがあろうか。「国王イエスが権杖を手に王位に就くまで、神の平和はないであろう」(10)。戦いの神がスコットランドに味方しているのに、だれがスコットランドを打ち負かせよう。「兄弟たちよ」穏健派は思わず叫んでいた。

いまの時代に求められているのは、視点を変えた内省であり、より穏やかな思慮である。世界の地図を一覧せよ、そしてスコットランド王国がこの地上のすべてではないことを知れ。またイングランドとの統合が実現しても、巨大な島とはなりえないのだ(11)。

しかし、このような言葉は一六三八年から直後の数年間の世論の趨勢には、ほとんど影響を与えなかった。一六四〇年、国民契約軍は北部イングランドへ進軍し、ニューカッスルを占領した。一六四三年には、イングランドの反国王派に軍事援助を与える約束の見返りに、「神の言葉と最良に改革された諸教会の例に従って」イングランドとアイルランドに長老主義を押しつけようとするイングランドの議会派と「厳粛なる同盟と契約」を結ぶ。同じ年、ブリテンとしての完全な統一性を保つ基礎となるべき「ウェストミンスター信仰告白」が起草され、スコットランド議会と教会総会によって、スコットランドの教区教会の信仰基準として取り入れられた——だがイングランドで取り入れられることはなかった。こうした奇妙な偶然のめぐり合わせで、スコットランド教会をその後何百年にもわたって導いてゆくことになる礼拝儀式や教義、統治形態が正式に文書化されたのは、宗教改革によってでも、エディンバラにおいてでもなく、その八〇年後、一〇〇人以上のイングランド人のなかに八人のスコットランド人が参加してロンドンで開かれた神学者会議においてであった。

国民契約派の人たちが、みずから黙示録に導かれ洋々と踏み出した幕開けのときに、その七年後、妥協を知らぬピューリタンで、また妥協を知らぬ反長老主義者でもあったイングランド共和派の将軍、クロムウェルの武力のまえに、彼らの大義が灰燼に帰するとはだれも予想しなかったであろう。一六四四年の契約派軍の二度めのイングランド侵攻から、一六五〇年にダンバー、続いて翌一六五一年にウースターでクロムウェル軍がスコットランド軍に圧倒的な大勝利をあげるまでの一連の出来事は、すべてが非常に複雑に絡み合っていた。まず、スコットランドの王党派、モントローズの反乱があり、ニューアークでスコットランド軍が国王を捕虜にし、国王をニューカッスルでイングランドに引渡すと、国王は処刑された。さらに、新しい国王チャールズ二世がスコットランドに到着し、「厳粛なる同盟と契約」を受け入れ、復位のため支援を取りつけようとしたが徒労に終った。契約派の敗北は、政治的、軍事的な偶発的事件のせいだけでもなく、その活動方針が人間には一般に実行が難しかったからでもない。指導者たちが国全体に多大な宗教的規制を押しつけようとしたからである。それは、そもそも改革の発端となった国王と主教の強圧的支配以上に、スコットランド社会で伝統的に権力を持っていた階級が嫌悪するものであった。このようにして契約派は、初めに国民契約に署名した人々の大多数を遠ざけてしまった。また彼らの戦いの残酷さが、彼らの凋落を加速させた。彼らの信仰は狂喜のあまり暴走を始めた旧約聖書のそれであった。そして、スコットランド史上初めて神の名の下に住民に残虐行為が加えられた。かくして一六四五年、モントローズ率いるハイランド軍がレズリー将軍の契約派軍に敗れたフィリップホッホの戦いのあと、女性や子供を含むすべての捕虜が「神の意志」のスローガンのもと虐殺された。傭兵として欧州の三十年戦争に従軍した職業軍人でさえ、ときに牧師たちの凄まじい復讐熱に吐き気を覚えたほどであった。この後また同じような状況に遭遇したレズリーは、契約派の牧師に次のような言葉を投げつけている。「黙示録の士よ、いやというほどの殺戮はもうこれまでにせよ」(12)。

クロムウェルは一六五三年に教会総会を廃止し、その軍事政権はローマ・カトリックも高位聖職制も許可しなかったが、スコットランド人に宗教上の融和策を強いた。だが、一六六〇年に父から王位を継承したチャールズ二世は、むしろもっと永続性のある決定を下した。主教制をふたたび導入し、教会総会には手を触れようとはしなかったものの、長老会、中会、大会からなる長老主義体制と主教制を統合し、一六四〇年代に勢力を拡大したピューリタン派の礼拝儀式をも容認した。ピューリタン派はときに極端に走りすぎて「主の祈り」でさえ危険な、神を冒瀆する祈祷書とみなした。

とはいえ、一六六二年から一六九〇年まで続いた長老派の二度めの妥協は、教会側にも国王側にも、一六一〇年のときのように決して広く受け入れられたものではなかった。三〇〇人近い聖職者たちが生活のすべを奪われ、いやいやながら主教の統治を受け入れた。なかには断固とした反対の立場をとる者も多く、スコットランドと神との契約が単なる政治的行動で断絶されうるとは信じられず、国王や主教たちをキリストに背く神の被造物とみなした。その上さらに、共同体内でみずからの支配権が直接的に脅かされていた貴族やレルドや自治都市市民の場合と同じ意味合いで、一六六〇年以降の教会総会の教義上の苦情を自分たちにとっての脅威とは考えなかった下層階級のなかに、明らかに契約派の運動の支持がかなり広がっていた。一八世紀のロジアンのような地区で、宗教上の見解を異にする契約派の人々の名前と業績に敬意が払われていたことから判断するだけでも、ローランド地方では広く農民たちが、控えめながら彼らに同情的だったと思われる。これに対し、追放された牧師たちが秘密教会を維持しうるほど多くの支持者を集められたのは、エアシャー、ダンフリースシャーとギャロウェイ地方、ボーダー地方の中央部、ファイフとイースター・ロスの一部、それに二、三の自治都市だけであった。南西部では契約派は家の外で集まり、その野外説法には大勢の人々が勇者たちの話を聞きに来た。そこは小規模なレルドと彼らに雇われた百姓たちが例外的に多い地方で、謀反人の教会に通うことで上層階級に反抗したとしても、たまたま出くわした地主に借地からの立退きを迫られる恐れなく行動できる土地柄であった[13]。ほとんどの大貴族は間違いなく契約派を嫌悪していた。

政府は何であれ野外の「秘密集会」は治安を乱すものとみなし、武力で潰《つぶ》そうとした。一六六六年の南西部での蜂起とエディンバラへの進軍は、ルリオン・グリーンでの契約派の敗北で終わった。だが、抵抗はそれで終ったわけではなく、「契約せざる」国家と教会に対する激しい憎悪が和らぐこともなかった。一六七九年、セント・アンドルーズ大主教、ジェイムズ・シャープが過激派に暗殺され、それに続いて西部地方で始まった「終わりのない殺戮の繰り返し」は、反乱軍と牧師を追跡するためこの地方へ投入された政府軍のハイランド騎兵による残虐行為、エディンバラへ連行された捕虜や容疑者への拷問、一方的な裁判、死刑執行や流刑などがこの時代を特徴づけている。こうした成り行きと、抵抗を根絶しようとする国王軍の度重なる失策が、逆に抵抗の目的を与え、契約派に多くの殉教者を出させ、彼らの手の汚れを隠すことに役立った。

しかしながら、チャールズ二世の弟で王位を継承したジェイムズがローマ・カトリック教徒でなかったら、契約派がスコットランド中に影響力を持つ上流階級から、幅広い共感と支持を勝ち取れたかどうかは疑わしい。ジェイムズがローマ・カトリックの教徒であったことが、スコットランド人を反国王の立場でふたたび団結させるに必要な一事となった。一六八五年、ジェイムズ七世が即位するやたちまち、自分の教義を含むすべての宗派に対する宗教的寛容を提案してみずから泥沼に落ち込んだ。おまけに、ここでふたたび専制政治に舵《かじ》を切った。一六八八年、スコットランドとイングランドの両国で、もう一度国を揺るがす激震が走った。国王が貴族によって王位から引きずり下ろされたのである。しかも、愚かしくまた媚びるように王を「神の寵児」として支持してきたスコットランドの主教たちは（イングランド人とは異なり）、負け組に公然と浴びせられる恥辱にまみれ、またもやどうしようもなく困惑していた。

スコットランド教会の新しい体制（一九二一年まで続いた）が身分制議会の審議を終え、一六九〇年にウィリアム三世によって批准された。一五六〇年以降のあらゆるほかの決定と同じく、これもまた妥協の産物であった。一方で、主教制が廃止され、教会総会が復活し、その下部構造は以前と同様、大会、中会、長老会から成っているところから、それは明らかに長老主義的すぎるものであった。また礼拝形式と教義にウェストミンスター信仰告白に基づくピューリタン的性格を色濃く残していた。また他方では、神権政治はにべもない扱いを受け、教会は議会の法令に従い、教会の破門に対応する民事処罰は廃止された。あらゆる階層の大多数のスコットランド人は、このようにして確立されたスコットランド教会につき従った。それが法的に帰属する唯一のものであった。それでもなお、五〇〇人もの年老いた聖職者がそれを甘んじて受けることはせず、聖職を捨てた。スコットランドの主教制教会は彼らが起源となっている。だが保守的な北東部以外では、彼らは幅広い大衆の支持を得られなかった。契約派の残党もまた新体制の教会の外にとどまり、キャメロン派として南西部で一定の信奉者を維持し、一八世紀初めに同じ地域で起こった小規模な分派、ヘブロナイトの運動によって強化された。主教派や長老派で体制に従わない者は、一般に内向きになり権威に盾つくこともなくなった。キリストの名においての武力闘争は終焉を迎えた。

したがって、一六九〇年の新体制の確立をもって、スコットランドの教会史に一線を引き、宗教改革の完成を宣言することは可能である――しかし、ジョン・ノックスもアンドルー・メルヴィルも冷静には見られなかったであろう結末であった。その道筋は複雑で、ときには動乱もあった。最終的に明らかになった教会の性格に劣らず、その苦難の歴史がスコットランド人の生活に最も深い影響を与えた。教会の変化がもたらした社会的影響については、次章で見ることにする。

第三章

改革教会の社会に対する影響

一　教会の戦略

　プロテスタントが初めて勝利を収めた一五六一年一月、ジョン・ノックスと説教者たちの小集団は、貴族や地主の代表者会議で、精神改革のための全国的な計画の草案を提出した。彼らの提案は、神の御言葉を説き、聖礼典を執り行うべき「真の教会」を設立するという、教会の定石を越える計画であった。そこで示されていたのは神の国のさらなる壮大なヴィジョンであった。その古い考え方はカルヴァン派の信者たちが聖アウグスティヌスの『神の国』から拝借してきたものであり、それによると、教会を介して聖職者に服従する地上の社会は天上の神の国を完璧に模倣することになるはずであった。『規律の書』は哲学的な論述書ではないが、あらゆる条項において厳格で観念的な社会神学がはっきりと示されていた(1)。

　まず第一に、スコットランドはひとつの国家であるから、教会もひとつだけであるべきで、すべてのスコットランド人は神の改革教会の会員にならなければならない。第二に、「良き法律と厳しい施行」によってしっかりと統治を行なうのは国家の義務である。神の国では、教会が神聖な道徳律を解釈するとき、耳を傾けるのも国家の義務である。特に、モーセの律法が示していたような、殺人、神への不敬、姦通、偽誓、および偶像崇拝（改革者にとっては主にミサの儀式を行うことを意味する）といった犯罪は行政当局によって死をもって罰せられるべきである。

　しかし、懲戒の権力を国家だけに託しておくことはできなかった。教会もまた、その権威を必要としており、その権威なしでは「教会の面目が立たない」のであった。教会の懲戒の領分は、慎重かつ厳密に定義されていた。「市民の剣なら無視するか、あるいは罰せずにおくような罪の譴責《けんせき》と矯正が教会の領分となる……泥酔、行き過ぎた行為（暴飲暴食、乱れた服装）、私通、強制取立てによる貧民への圧迫、不正な計測による売買で貧民を騙《だま》すこと、みだらな言葉や生活は、教会が神命に従ってきちんと処罰すべき領分」であった(2)。処罰を与えるにあたり、教会は国家の支援を得るばかりでなく、改革前のカトリック教会と同様の権力を持ち、改心しない者をこの世のすべて聖礼典や人の交わりから締め出し、死後、地獄に落ちる罪を負っていることを警告する役目を担っていた。最終的に、「罪を犯せば、統治者も統治される者も、この王国に属する者はみんな、同様に罰を受けなければならない」。このようにして、神政の種は蒔かれた(3)。

懲戒の制度は、全国的な教育組織によって補われるべきものであった。なぜなら、懲戒とは罪を犯した大人を矯正するものであり、子どもの魂に触れる教育によって罪を回避できるかもしれないからであった。子どもはそもそも無垢というよりは「篤信を持たずに」生まれてくるのであって、「細心の注意を払って、この王国の若者たちに有徳をもたらす教育をし、信仰心を身につけさせることが必要である。神の栄光の向上を切望し、その恩恵を次なる世代へつなげたいと願うのであればなおさらである」(4)。この目的のため、どの教会にも教師が送り込まれ、誰もが教育を受けられるようにしなければならない。必要であれば、貧しい者には無償で教育が施され、豊かな者には、きちんとした管理の下で教育が行なわれるようにすべきである。『規律の書』には大学の改革についても細かな規定が載せられている。大学は聖職者や教師の志願者を訓練する責務を負っていたのである。

最後に、ノックスと同志たちは、経済的援助を受けるに値する貧民たちへの義務感を世の人々に喚起させた。こうした貧しい人々は、古い時代と不運の犠牲者、あるいは人の貪欲さの犠牲者なのであった。「私たちは、あちこちで抜け目なく物乞いをして歩く、怠け者の乞食たちの支援者ではない……だが、未亡人、父無し子、老人、虚弱者、不具者、貧しい同胞や労働者たちには、イエス・キリストの恩恵を分け与えたまえと、人は願うに違いない」(5)。病人、老人、未亡人、父無し子、つまり一六世紀に無力な貧民と呼ばれた者には教会から「相応な必需品」を与え、王国内で物乞いをしないですむようにされるべきである。健康な貧民には労働の義務を負わせるべきだが、「以前の教会の土地を所有する地主が小作人に対して無慈悲な取立てを行なえば、天罰が下るだろう」と地主は警告されていた。改革教会は、社会的な責任を負わせることをひとつの方針としていた。

この社会宗教的事業の経費は古い教会教区の十分の一税で賄《まかな》われ、牧師の援助、学校の建設、貧民の救済に充てられるものとされた。以前の司教や大聖堂の土地は大学を維持するために利用されることになった。修道院の土地は、事実上役人の手に渡ってしまい、回収不可能とみなされ、『規律の書』にも回収を試みよとは書かれていなかった。代表者会議は、財務規定には条件をつけたが、その文書を有効な青写真として受け入れた。実際には、土地持ち階級の人々は、すでに自分たちが宗教改革以前から専有している旧教会の土地や収益が新しい教会によって横取りされるかもしれない取り決めに猛反対であった——彼らは修道院の財源にも手をつけていたのである。一五六一年末、枢密院は『規律の書』で予見されていたものとはまったく別の財政案を出した。それによると、まず、旧教会の聖職禄全体の年間収益の三分の一が王と新教会に分配された。残りの三分の二は旧来の所有者、すなわちローマ教会の聖職禄所有者の手に留められるものとすることが正当とされた。「二つは悪魔にやすやすと渡され、残りのひとつを神と悪魔で分かち合わねばならない」と、ジョン・ノックスは怒りを込めて記している。『規律の書』には法的効力がなく、教会は事業を実現するための費用を手にすることができなかった。しかし、その書は趣旨の告知書として残り、趣旨の実現と修正が以後一世紀半の社会史における重大なテーマとなった。

教会の戦いはまず、スコットランドで教会そのものをキリストのからだ（聖体）として認めさせることから始まった。女王メアリーが廃位した一五六七年は、事実上、国が正式に教会を聖体として認めた。ノックスが望んだ神権政治そのものというわけではなかったが、（クロムウェル統治下の一六五七年から一六六〇年にかけては別として）それ以後少なくとも一八世紀までは、スコットランド教会の牧師だけが法的に聖職者としての任務を遂行することができた。ノックスが望んだように、スコットランドのあらゆるところで、ミサを行なうことは重罪とみなされたが、旧教会の聖職者のなかには殉教者になろうとする者などいなかった。ある者は最高額の罰金を支払い、またある者はヨーロッパへ逃亡した。改革派の牧師になる者もいた。「統計があまりに不正確で人数を推定することさえ懸念されるが、改宗して、新制度下の旧管轄地で牧師を続けた者の割合は、少なくとも全国で四分の一はいたであろう」(7)。そのほか大勢の人々は旧教会の収入の三分の二を所有できることに満足して、新教会に協力するでもなく、旧教会の復活に手を貸すでもなかった。旧教の俗人信者たちは見せしめによって覇気をそがれた。少なくとも自治都市では、長老会と市参事会によって改宗するまで「果てしない干渉、虐待、説教、さらし者、投獄、追放、家屋没収、破産」の苦行を強いられた(8)。ローマ・カトリック教は一六〇〇年までにはほぼ消滅していたが、大貴族の影響が強い地域は別であった。北東部のハントリー伯やダンフリースシャーのマクスウェル一族は血族を率いてその土地で非常に強い力を持っていて、意に添わない改宗を強いることは難しかった。しかし、どの地域でも、カトリックが過去の語り草となるのは時間の問題のように見えた。

ところが、実情はまた違っていた。北部地方、特に（つねに牧師がきわめて少数しか配置されていなかった）ハイランド地方では、旧教会の退潮が著しく、後任の新教の牧師の投入が間に合わないほどであった。多くの遠隔地では宗教的空白がカトリックの頃よりも一層増え、一六九〇年以後も長らく続いていた。一六四六年、バドノッホではゲール語を話せる牧師が見つからなかったために、どの教会にも牧師がいなかった。ロカーバーでは、かつては三つの教会が一八〇〇マイル四方の土地を受け持っていたのだが、教会が退いたあと、その土地の住民は異教徒と化していた。「キリストの降臨があったことも、安息日や来世があることについても何も教えられず、それは国家の罪といわざるを得ない」状況に置かれていた(9)。一六〇〇年以後、そうした地域には、フランスのドゥエーにあるスコッチ・カレッジからイエズス会の牧師が派遣された。彼らはみずからの受難を顧みずに復活したカトリックの教えを積極的に広めた。いくつかの地域ではその頃にカトリックが浸透し、それが今日まで続いている――バラ、サウス・ユーイスト、グレンモリストン、アバーターフ、グレン・ゲイリーは、そうした地域の例である。一六四三年(10)、バラのマクニールの礼拝堂では「二体の偶像、すなわち、衣装や装飾品に飾られた聖母子像」が見つかり、地方の宗教会議では物議を醸したであろうが、一七世紀のそのような状況のなかでは手の打ちようがなかった。

遠隔地ではあっても、カトリックの温床となった地域は別として、スコットランド国教会は一九世紀までカトリック教に悩まされることはほとんどなかった。一六九〇年までは、プロテスタントの教会内部でも分裂するほどの甚だしい問題は起こらなかった。一五七四年から一六三八年にかけて、教会組織をめぐる見解の違いが長老派と主教派間の緊張を招いたが、教会の統一や継続を乱すほどのものではなかった。一六一〇年以後、メルヴィル派の牧師には対抗する教会を創設する気力も能力もなかった。一六四七年以後しばらくのあいだは、契約者たちの内部紛争によって組織はばらばらになりかけたが、それでも教会は統一の様相を保っていた。一六五七年、クロムウェルの簡潔な寛容令布告によって、それ以後三年間に、アバディーンシャーやロクスバラといった農村部でまだ会員数の少なかった会衆派、再洗礼派、クェーカー派の勢いが増したが、一〇年も経つ頃には、それらはふたたび少数派に戻っていた。一六六〇年の王政復古のあと、契約を結んだ長老派、特に南西部の者たちは非常に強い反対を示したが、亡命者たちは支配権を得て教会とふたたび結びつく希望を決して捨てなかった。

この点で、スコットランドはイングランドやほかの北ヨーロッパのプロテスタント諸国よりも強い結束力を示した。(主教がいようといまいと)長老会と中会を基盤とする政府の内的な強さは、概してさらなる強さや勢いをもって離脱しようとする者たちの動きを封じていた。離脱が起こったときですら、政府は(南西部でそうであったように)教会そのものよりさらにカルヴァン主義的な色彩を保っていた。圧倒的多数のスコットランド人にとっては、国によって認められたスコットランド国教会こそが唯一本物の教会であると思っていた。このようにして、神政国家の基盤は完全に築かれた。

共同社会において、教会がどれほど真の忠誠や尊敬を人々に抱かせたかはまた別の問題である。一五六〇年に権力を手にした頃、改革教会はとてつもない困難に直面していた。国中のあちこちで教会は荒廃し、礼典や礼拝は嘲笑のうちに行なわれ、人々は教会や聖職者に対してひどく無関心になっていた。そうした障害は一日で乗り越えられるものではなかった。ロカーバーをなどいくつかの地域では、二〇〇年ものあいだほとんど解決の糸口を見つけられず、概して一七世紀を通じてハイランド地方では進展は緩慢であった。とんでもなく不敬な話が後を絶たず、それは宗教改革以前のローランド地方を連想させた。一六七一年の時点でグレン・アーカートでは二五年ものあいだ、聖餐式が行なわれていなかった。一六七二年、ダンリヒティーでは二人の地主が教会で決闘をした。一六七四年、ダンセルの牧師は土曜の夜にインヴァネスで飲みすぎて、日曜日に説教を行なうことができなかった(11)。また、同じ長老派のボルスキンでは、人々が教会に連れてきた犬たちが地面から突き出ていた人骨を奪い合った(12)。多くの教会が荒廃し、懺悔用の腰掛け以外の家具はすべてなくなった。北部の多くの地域では――丘陵地だけでなく、ローランド地方の平野部でも、信仰よりもカトリックの「迷信的な」習慣がはびこり、長老派は井戸や古い礼拝堂を巡礼したり葬式に偶像を持ってきたりすることを罪とした。一六四三年、ダンリヒティーの聖フィニアンの古像がインヴァネスの市場で公衆の面前で燃やされた。一六五六年、アップルクロスからブルーム湖にかけてのウェスター・ロスの広い地域では、プロテスタントらしき住民たちが聖モーリー(別名、モールルバ。モリー湖は彼の名にちなんでつけられた)を崇拝して儀式――雄牛を生贄《いけにえ》にし、聖なる場所を右回りに回り、石を崇め、乳を捧げる儀式を行なっていることがわかり、ディングウォールの長老たちはかなりの衝撃を受けたに違いない[13]。そうした儀式は、彼らのプロテスタント教会とも、ローマ・カトリックの教会とも、かけ離れたものであった。人々は新しい教会の教義よりも、妖精やトロール（巨人）のそれと同じように、古い聖人の力を強く信じていたのである。牧師がハイランド地方の人々に一家そろって礼拝に行くよう熱心に説き、欠かさず説教を聴くことの功徳をいくら訴えても、無駄であった。信仰心はいずれ広まるのだが、一九世紀以前の丘陵地や島嶼地方ではそれほど速くは浸透していかなかった。

ローランド地方、特にテイ川以南では、ハイランド地方のパースシャーおよびアーガイル付近と同様に、新教会は一層迅速に、そして徹底的に成功を収めていった。とはいっても、すぐに成功したわけではなかった。教会の財政状態がともかく不安定だったため、一七世紀の初め頃までスコットランドの多くの地域では聖職者の地位は空席で、教会の荒廃や礼典の軽視はよくある話であった。教会はまず、自治都市において勝利を収めた。そこでは長老会が住民全員に、日曜日および平日の説教を聞きに行くよう強制し、礼典を遵守し、長老や牧師を敬うよう働きかけた。町の治安判事であり、多くの場合長老会の長老を兼ねている市参事会員たちも熱心にそれを支援した。自治都市や農村部では、日曜日になると、住民がみんな、教会に出席しているかどうか確かめるために公認の「捜査官」が巡回し、違反者には罰金が科せられた。長老会の議事録によれば、全員出席を強制する方法は非常に効果的だったようである。一六五〇年、クーロスの住民が「礼拝の時間ずっと家にいた」罪で告発され、長老会でひざまずいて過ちを認めた。彼はもう一度同じことを繰り返したら、公の場で懺悔することになると宣告された。ほかにも多数の欠席者がいたなら、このような事態にはならなかったであろうから、この住民のケースは例外中の例外であったと思われる[14]。また、一方で、長老会は「教会での居眠り」に対する法令を通過させなければならなかった。このことから、住民のなかには独自のやり方で消極的な抵抗を示す者がいたことがうかがえる。

教会当局に対してあからさまに秩序を乱す行為があった場合もまた、きちんと対処された。一五六一年、クレイルで市参事会員の妻が集会で牧師を「説教壇から下ろせ」と叫んだ[15]。こうした他意のない人々を罰することは簡単であったが、マリスカル伯の息子ギルバート・キースのような者を罰するのは困難であった。この男は姦淫の罪に問われたのであるが、問おうと思えば、さらに五〇以上もの罪を列挙することができたであろう。彼は懲罰に服することを拒み、数年にわたって長老たちを悩ませ続けた――彼は教会には足を運ばず、ヨハネ祭前夜に通りで（迷信的な慣習とみなされている）焚き火を焚き、教会の窓を割り、ドアに銃弾を打ち込んだ。しかし、七年後に彼は捕まり、会衆の前に立たされ、「ひどく慎ましやかな態度で、まず神に、そして牧師や治安判事にお詫びをし、許しを乞うた」(16)。大きな自治都市の威信をかけてこのように有力人物を見せしめにしたのであるが、一七世紀の長老会が小地主に罰を与えることは珍しくなかった。たとえば、コリントンで、さらに地方のミドロージアン教区でもそうした処罰例が見られる。

町の教会では、一五八〇年頃までにだいたい成功を収めていたが、農村部では次の半世紀をかけて成功を成し遂げた。ローランド地方の平均的なスコットランド人はきちんと教会に通い、適度に説教にも耳を傾け、適度に長老会を敬うようになったと思われる。総会が望むとおりに個人礼拝や家族礼拝に励む者はわずかしかいなかったが、なかには総会が大事にする熱心な少数派もいた。そうした個人の信仰心はまず自治都市民の間で当たり前となり、続いて、地方の、特に小地主や大規模小作農たちのあいだに広がり、彼らのなかには息子を牧師にする者も多かった。

しかし、二つのグループにおいては、改革教会の及ぼす影響にはいくぶん限界があった。一つめのグループは貴族たちであり、地方における貴族の個人的な力は、たとえ長老会が意を決して声を上げようとも、その非難をものともしないほど絶大であった。一六四〇年代にはアーガイル侯やキャシリス伯のように、敬虔で熱心なカルヴァン主義者になった貴族もいたが、多くの貴族たちは教会に対してひどく不熱心で、社会を支配する彼らの力を教会が損なおうものなら、いつでも打って出る気でいた。契約派の活動のひとつの結果として、一六四九年、貴族は教区牧師選出時の地方においても発言権を一時的に失った。すると、彼らは「牧師になるのは、いまじゃ召使の息子や農夫といった身分の低い卑しい者たちばかり」といって敵意をむき出しにした(17)。

問題の二つめのグループは、多数の放浪者たちである。この五体満足な貧民たちは根無し草の生活をして教会からも国家からも見捨てられた者として扱われ、教会の法も、国家の法もまったく顧みなかった。人口増加と経済硬直化のせいで、一六世紀には放浪者の数が増えたという根拠がわずかにあるが、社会全体で彼らがどのくらいの割合を占めていたのかは明らかでない。一五九六年、総会は、大勢の働かない貧民について、「正当な職につかない者たち――笛吹き、バイオリン弾き、歌手、たかり、道化、筋金入りの乞食らは、売春宿で暮らし、教会に足を運ばず、わが子に洗礼すら受けさせない」と報告されている(18)。一世紀後、ソルタウンのアンドルー・フレッチャーは、丘陵地に集まって飲み騒ぎ、近親相姦や犯罪や不敬な楽しみにふける「何千もの」浮浪者たちは諸悪の根源であるといった。それでも、こうした例外を除けば、一七世紀の教会は人々から深い尊敬を勝ち得て、ほかのすべての階級に甚大な影響を及ぼした(19)。『規律の書』の最初の目的は、ハイランド地方の奥地を除いて、一六三〇年までにおおむね達成された。

二　神聖なる規律

教会の成功は、会衆の品行を取締まる規律の強さによって大いに助けられたが、また同様に、市当局の支援がなければ、その成功はあり得なかった。カトリック信者や教会欠席者や不信心者に対して自治都市の治安判事が宗教と無関係な力を行使できることが初期の長老会にとってどれほど重要だったかは、これまで見てきたとおりである。判事は教会に対する支援をさらに拡大し、教会が不道徳と認めた者に対してさまざまな形で罰を下した。さらに、国家は、牧師たちの判断に屈するつもりはなかったものの、道徳的な軽犯罪一切を国王に逆らう罪と認めた――一五六三年には姦通が、一五六七年には私通が、一五七九年には安息日破りが、一六一七年には泥酔が、それぞれ罪とみなされた。この体制できわめて重大なことは、不道徳を続けて教会の精神社会から破門された者は、国家の市民社会からも追放されるということを人々に認識させることであった。一五七二年に、破門された者は職を保つことも、法的に証言することもできないとされた。一六〇九年には、破門者は土地や小作料やその他の収入を得てはいけないとされた。主教を通して教会の王室支配が行なわれていた時代には、破門は時折起こる程度であったが、一六四〇年以後、総会の神政主義の契約者たちは道徳的および政治的反逆者を繰り返し破門したため、計り知れない混乱と不和と憎悪をもたらした。破門に伴う法的な処罰はチャールズ二世の主教制においても存続されたが、復活した総会がふたたびその独立を悪用しないように、一六九〇年になって、教会による破門がついに禁止されたのは以上の理由による。一七一二年の寛容法では、治安判事が「教会の非難や出頭命令に応じるよう個人あるいは複数の人々に対し、強要してはならないとされた。「支配者であり被支配者」でもある王国の全住民は教会に従属するという『規律の書』の中心的な主張は、メルヴィルやその後継者たちによってさらに大げさな言葉で繰り返し述べられてきたが、寛容法などの法律によってついに打ち砕かれた。必然的に、その後、教会規律の脅威は明らかに弱まり始めたと人々の目には映った。

宗教裁判で特に憎むべき罪とみなされたものは何か、それを探ることはきわめて興味深い。当初からずっと本書の扱う時代の最後の最後まで通してみて、主導権を握っているのが主教派であろうと長老派であろうと、教会が最も注目してきたのは性犯罪であった。たとえば、セント・アンドルーズの長老会では、一五六〇年から一六〇〇年のあいだに一〇〇〇件も、つまり二週間に一度、性犯罪が審問された。エディンバラでは、一五六六年にキャノンゲイト教会が扱った六〇件のうちの四〇件が性犯罪であった。――セントカスバート教会では、一六八一年に二七件、一六九一年に三四件、一六九九年に一八件の性犯罪が審問された[20]。

性犯罪の多くは姦通か私通であった。前者は後者よりも重罪とみなされ、犯罪者は厳罰に処せられた――たいていは、懺悔服を着せられ、帽子をかぶらずに裸足で教会の入り口に立たされ、それから会衆の前で懺悔させられた。これが六カ月ものあいだ、ときには数年にわたって、毎週日曜日に繰り返され、さらには鞭で打たれたり、罰金を科せられたりもした。逆らう者はほとんどいなかった。というのは、一五六三年から一五八一年の法律によって、「明々白々な姦淫」の罪を犯して教会の罰を拒んだ者は司法当局によって死刑にされることもあると定められていたからである。

私通は姦通よりも罪は軽かったが、この言葉はさまざまな犯罪の総称として使われていた。「売春」は都市での問題であり、特にエディンバラのキャノンゲイトやハイストリート小路付近に密集していたたくさんの売春宿は教会会議や市参事会員たちにとって悩みの種であった。男はたいてい公開懺悔の罰を受け、売春婦は「町一番の汚水溜り」に潜《もぐ》らされた後で追放された。農村部や小自治都市では、行きずりの性交渉はもっとありふれたものであった。一六一七年、サー・アントニー・ウェルダン（スコットランド人嫌いの彼の言葉はあまりあてにならないが）は、次のように述べている。「私通は人々にとって娯楽であり、そこで男は精力を示し、女は生殖能力を試す」[21]。それでも、不純行為は厳しい長老会の目を掻《か》い潜《くぐ》って行なわれ、妊娠によってばれるのが常であった。教会は父親探しに躍起になり、可能ならば結婚を強要し、最後には双方に数週間、懺悔服を着せて罪を償わせた。正式な婚約後の同棲や「試験結婚」の場合は、また事情が少し違っていた。これらはスコットランド人がスカンディナヴィア人やほかの人種と分かち合ってきた中世以前からの社会的慣習であったが、改革者にとってはそれ自体が不道徳であるばかりか、神聖な結婚の儀式を脅かすものであった――多くの男女は宗教的な儀式なしで、喜んで一生添い遂げるようと誓い合っていたのである。こうした同棲者も懺悔の罰を受けた。多くの同棲者は悪いことをしているという意識がなく、戸惑いと憤りを覚えたが、子どもが洗礼を受けられなくなることを恐れ、敢えて反抗する者はいなかった。私通の類とされるさまざまな犯罪には、一五六七年の法令に基づいて罰金が科せられ、その法令は一六九〇年までに数回追認された。

性的な違反者に対する取り締まりの効果を推し量ることは容易ではない。それは放浪する貧民にとって気にかけるほどのことではなく、またハイランド人にも大して影響を及ぼさなかった。そのほかのスコットランド人のあいだでも、乱交や婚前交渉が減ったかどうかは定かではない。総会ではしばしば効果なしとみなされたが、現代の評論家も次のように述べている。「事件が頻繁に起こるために深刻性が薄れ、（現代の警察裁判での有罪判決のように）おそらく規律は改革を促進するというより困難にしていたといえるだろう」(22)。一九世紀後半、私生児の統計が初めて明らかにされ、それは、スコットランドにおける性的道徳観の変化が普遍的でも永続的でもないことを裏づける資料となった。すなわち、多くの農村部において、結婚前に妊娠したり出産したりすることは、ごく普通のことだったのである。

それでも、このような取締りが一世紀半もの間続けられてなお成果がまったくなかったというのはとても信じがたい。少なくとも、教会のそうした努力によって、世間の人々の外面的な姿勢は、一五六〇年以前の（罪を罪とも思わない）寛容な態度から一七世紀の厳しい糾問によって罪を罪とする態度へと変化した。長老会がきちんと役目を果たしている限り、罪を犯した者はみんな、一層後ろめたい気持ちでこそこそと行動しなければならなくなった。教会が特に強く働きかけた人々――自治都市の市民、小地主、大規模小作人らの道徳的変化は恒久不変に見えた。以来、多くの中産階級のスコットランド人のあいだで性道徳をきちんと守ることへの尊重が顕著となったが、一八、一九世紀になっても、ひそかに売春宿に通う中産階級の者たちは少なくなかった。

そのほかにも成果はあったに違いない。私生児を産み落とした少女が、会衆の前でさらし者にされるという恐怖と恥ずかしさから、赤ん坊を殺してしまうこともたびたびあった。評論家のなかには、教会の規律のせいで嬰児殺しが増えたと考える者もいた。一七世紀半ば、ピューリタンの宗教裁判が最も激しく、狂乱状態に陥ったなってきた時期に同性愛もまた増えたという指摘があるが、同性愛が前より多く行われていたのか、見つかった事例が多くなっただけなのか、またしても明確ではない。同性愛には恐ろしい罰が待っていた。「少年から老人に至るまであらゆる年齢の罪人が数カ月に一度審問を受け、エディンバラのカースル・ヒルでは、ときには二人が同時に、焚刑に処せられた」と、ロバート・チェインバーズは一六五七年の『国事年報』序文で記している(23)。

改革者が性的犯罪者の告発に力を注いだ理由を示すことは容易でないが、ひとつには聖書に反する行為だったことがあげられる。おそらく、性的犯罪は具体的で、証拠をつかみやすいという点も大きな理由であったであろう。ベッドで女と一緒にいるところを捕えられたり、地域社会内で父無し子が誕生したりすれば、誰の目にも何が起こったかは一目瞭然である。その一方で、貪欲、高慢、不誠実、独善的、偽善といった大罪は目に見えるものではないために定義を下すのが難しく、教会はそれらの罪を裁判で追求することができなかった。しかし、長いあいだの取締りの結果、民衆は、不道徳といえばもっぱら性的不道徳を連想するようになり、そのほかの犯罪は軽視されるようになっていった。現在に至ってもなお、プロテスタントの社会はみずから背負い込んだこの重責から逃れられないままである。

ほかの方面では、ごく初期の改革教会は、ピューリタンの道徳観を強要しようとはしなかった。教会が特に力を入れていたのは、集会での中傷、不敬な言動(一五八一年、議会が神の名を汚す言動に対して罰金を科すという法律を通過させたが、国家は大罪とみなすことを拒んだ)、殺人、故殺、暴行などのさまざまな犯罪行為、当局が罪に問わないような偽証を取り締まることであった。事実、総会は、クリスマスの見回りや、安息日の市場開放に不賛成の意を示した。だが、クリスマスの見回りは一五七〇年代以前はさほど教会を悩ますことはなかったらしく、安息日の市場開放禁止は、教会の議事録に残されているとおり、のちに知られるモーセの安息日厳守主義に基づいているというより、説教の時間に注意力が散漫にならないためのキャンペーンの一環であった。また、教会は一般的な道楽に関しても取り締まった。一五六二年、ノックスは次のように述べている。「説教者はすべての悪行を驚くほど猛烈に非難している。それでもなお、貪欲、貧民への虐待、不節制、どんちゃん騒ぎ、宴会、節度なきダンス、売春といった罪は、決してなくならない」(24)。しかし、だからといってこの時点では、教会はまだ、後になったようなピューリタンであったというわけではなかった。ノックス自身もダンスを徹底的に咎《とが》めてはいなかった。また、一五七六年、「牧師をビヤホールに出入りさせてよいものか」という問いに対して、教会は驚くほど穏やかな回答を出した。「飲み屋に出入りしてビールやワインをたしなむ牧師や読経師には、秩序を守らせるために訓戒を与えるべきである」[25]

ピューリタニズム（清教主義）はメルヴィルの長老主義と同時に、根づき始め、一五七四年から一六一二年頃まで多方面において顕著になった。クリスマスやヨハネ祭前夜などの伝統的な休日は、新たに一層徹底的に非難されるようになった。大かがり火《ボンファイア》、巡礼、ダンス、祝歌《キャロル》をうたうことなどのような、休日の活動すべてが禁止されたが、だからといってそのような習慣がすぐになくなるわけではなかった。クリスマスに仕事をしない者は罰せられた。牧師は、会衆の手本となるべく髪を短くして地味な服を着るよう、総会から強制された。一五八一年、議会は平信徒の服装を制限するという倫理規制法を通過させた。総会は、カード遊び、暴飲暴食、「華美な服装、みだらな会話」を姦通や近親相姦と同列に扱い、結婚式や葬式での酒宴をも非難した。とりわけ、安息日厳守は一層徹底させられた。一五七九年、日曜日には労働全般、身体を動かすレクリエーション、飲酒をすべて禁止すると、議会が決定を下した。さらに、総会は、日曜日にダンスや旅行を行なうことも追加して禁止した。こうした禁止事項は長老会の組織を通して強制され、多くの場合は民事法廷によって支援され、情勢はピューリタンの厳しい道徳観を押しつける方向へ進んでいるように見えた。

しかし、しばらくのあいだ、時流は止まった。ジェイムズ六世や大勢の平信徒や牧師たちが断固としてピューリタンに反対を示したのである。「よい牧師を大切にし、高慢なピューリタンを憎め」と、王は長男に助言を残している。有能な主教団の復活によって、王がふたたび教会をしっかりと掌握できるようになるとすぐ、厳しい規則は緩められた。たとえば、セント・アンドルーズの大主教は安息日に教会の職務を終えてから、いくぶんこれみよがしにゴルフを楽しんだ。一六一八年のパース条約では、教会暦年の五大祝日を祝うことが定められ、一六二〇年、大主教はクリスマスを祝わなかったセント・アンドルーズの仕立て屋を投獄した。ピューリタニズムの緩和に対して教会会議で反感が出たり、パース条約をあまり厳しく遵守させないように王が気をつけたりしてはいたが、しばらくのあいだ、スコットランドにおけるピューリタンと反ピューリタン間の感情のバランスはうまく保たれていた。

一六三八年、このバランスは契約者によって突如崩され、強制的なピューリタニズムの第一段階よりもさらに厳しい第二段階が約三〇年かけて国中に広がった。「かつて一二月二五日の金曜日はクリスマスの日と呼ばれ、聖なる救世主の誕生を祝って、説教を聞き、賛美や感謝の祈りを神に捧げ、隣近所や仲間同士でおめでとうと言葉を交わして、喜びを分かち合っていた。今では、その日に説教を聞くこともなければ楽しい祝いの会もなく、歩き回ることさえ許されない。この日は仕事の日とされ、怠けたり祝賀を催したりすることは牧師から禁じられている。それでも、人々はあえて反抗しなかった」と、アバディーンのパトリック・スポールディングは、一六四一年に年代記に次のように記している。続く一六四二年には、「四月一〇日の復活祭の祝日に、アバディーンではかつてのように宴会用の肉は売られなくなった……肉屋の主人はこのようなひどいことは初めてだといった」(26)。古い法律がふたたび制定されたが、たいていはさらに厳しい罰を伴っていた。長老会ではそれを実施するための厳正な試みがなされた――特に、葬式や結婚式での酒宴は攻撃の対象となり、「猥褻と堕落の温床」といわれた。一六四九年、総会は、いかなる場合も「ふしだらなダンス」をしてはいけないという法律を通過させた。

契約者支配の後に続いたオリヴァー・クロムウェルの政権は、教会のやり方に反発を示しながらも、こうしたピューリタン的な傾向を全面的に支持した。一六五六年、議会はスコットランドの安息日厳守主義を支援する法を通過させ、酒場通い、ダンス、不敬な音楽を聴くこと、洗濯、ビール醸造やパン焼き、「不敬な散歩」、旅行、その他世俗的な行為を日曜日に行なうことが禁じられた。自治都市当局と長老会はその運動に力を入れ、ときには地方主導でその運動は拡大されていった。たとえば、ファイフのセレス長老会は日曜日に遊ぶ子どもを罰した。一六五七年、安息日には水汲みも、家の掃除も、灰を捨てることも公然と禁じられていた。一六五二年、グラスゴーでは、長老会が会衆の過失を密告する雇われスパイを任命した。しかし、一六〇三年の時点ですでに、「主教制の」アバディーンでは同様のことが起こっていた(27)。

当然のことながら、これらの運動は地域社会の幅広い階級のあいだで不人気だったが、必ずしも大多数の人たちがそうであったわけではない。多くのスコットランド人が喜んで王政復古を迎えたのは、大方、退屈で画一的な生活が終わるであろうと思ったからに違いない。ピューリタンに対する激しい反抗があちこちで起こり、「大勢の人々がまるで憎しみをまき散らすためにこの世に送り出されかのように振る舞っている。信仰心などどこかへ行ってしまったようだ」(28)。復活した主教制の教会組織は激しい反発を招かぬように気を配り、一六六一年、一五七九年に制定された安息日厳守の法を慎重に制定し直した。同時に、結婚式や葬式での贅沢を制限し、ピューリタン的な倫理規制の法案の通過に努め、それらは一九世紀まで法律集として残存した。一六九〇年以後、長老派総会は長老会を通して斬新かつ厳格な試みを人々に押しつけ、しばらくのあいだ、社会は一六四〇年代のような雰囲気になった。それでも、破門に対する国家の支援がないまま、時流はふたたび変わった。一八世紀が進むにつれ、抑圧的な法律は次第に遵守されなくなっていった。一七六〇年までに最もピューリタンの性格の強かった教会のほとんどが分離派教会となり、その頃にはスコットランドの教会組織から分かれて、小作人階級や町の職人層から支援を集めていた。もしも一九世紀に、ピューリタン的気運が驚くほどの盛り上がりを見せなかったとしたら、すべての伝統は自然と消えてしまったことであろう。

この点においてもまた、教会がどれほど成功を収めたか判断することは難しい。一七世紀に、スコットランドは、ピューリタンの国になったのであろうか。北部のハイランド地方ではまったくその逆で、そのようにならなかったことはたしかである。そこでは牧師自身が総会を無視し、格子柄の派手な服を着て歩き回ったり、盟約支持者の時代ですら日曜日に教区民とともに酒を酌み交わしたりしていた。おそらく、テイ川以北のローランド地方にも教会の影響はそれほど及んでいなかったであろう。熱心な牧師がしばらくのあいだは、教会を通してピューリタンの規律を押しつけようとしたが、会衆にはほとんど関心も持たず、王政復古となってからは、ピューリタニズムに固執する気持もまったくなかった。ただ、安息日の尊重だけは、ピューリタニズムのほかの定めよりも深く浸透していったようである。

スコットランド南部では、ピューリタニズムへの反応は一層複雑であった。貴族や浮浪者はそれぞれ違ったやり方でピューリタニズムを無視した。南部の多くの地域で、安息日の遵守は、一八世紀に入ってもなお長いあいだ迷信的習慣にでもなっているかのように、徹底して続けられていた。だが、教会会議がどんなに厳しくても、規律を守れない弱い人間たちもいた――粉屋は水車を止めるのをしぶり、製塩業者は火を消すのをしぶり、漁師は網を放置するのをしぶり、神が安息日を晴れにしたなら、どこの農夫も収穫や種まきをやめるのをしぶった。一六七二年になってもエリーでは日曜日に公然と市場が開かれていたし、一七〇五年にもアンストルーザー・ウェスターで市場が開かれていたが、どちらの場所でも大昔から市場は開かれてきたのであった。ピューリタニズムはおそらくそうした地域でも生活様式としてしっかり根づいていたであろう。積極的にせよ消極的にせよ、盟約者の伝統に則って、小地主、小作人、自治都市民のあいだで、家族礼拝やカルヴァン派の敬虔な信仰の営みが真剣に行われていた。一六六〇年以後の信仰離れに最も衝撃を受けたのは、影響力を持つ少数派であり、一六九〇年以後、彼らは神の規律の実現のために総会を支援して引延ばし作戦を試みた。ほかの人々はせいぜい、心からのピューリタンでないことに罪悪感を覚えるくらいであったが、そのことはその後数世紀にわたって、スコットランド人の国民性に影響を与えた。

三　教育と貧民救済

これまで見てきたとおり、罪人を罰するという改革者の計画は、当初から教育のための意欲的な事業計画の一環とされていた。カトリック時代のスコットランドでは学校が多数設立されたため、幸運にも改革者たちは、以前の伝統に則って計画を進めることができた。ヨーロッパの標準と比べると、カリキュラムや教授法は狭量で旧式であった。三つの大学（セント・アンドルーズ、グラスゴー、アバディーン）がすでに創立されていた。主要な自治都市すべてと、カークウォール、モントローズ、ブレヒン、マッセルバラのような小都市には、唱歌学校とグラマースクールがあった(29)。唱歌学校では、音楽を教え、聖歌隊員を養成することを主目的とし、グラマースクールでは読み書きやラテン語文法の基礎を指導した。地主の邸宅には家庭教師がいて効果を上げていた。一五六七年の、合同契約者に「自筆で署名した」男爵は二一六人のうち二〇〇人にも上っていたが、自分の名前を書けなかったのはわずか一六人だけであった。

改革者たちはこの状況をさらに発展させて、各教区に学校をつくり、各自治都市に大学かグラマースクールを設立しようとしたが、掲げた目標どおりには、計画がなかなか進まなかった。高等教育においては、早い時期から進展が見られた。一五七四年から一五七九年にかけてメルヴィルがセント・アンドルーズとグラスゴーの大学を改革し、エディンバラ大学には一五八二年に設立特許状が与えられた。また、改革者がいくら働きかけても王が動こうとしないので、一五九三年、アバディーンにはマーシャル・カレッジが新しい大学として設立された。その一方で、初等教育は財政難のために当初から頓挫していた。地方のあちこちで学校がつくられ、牧師はしばしば本業と同時に、教師の役目まで果たさなければばならなかった。自治都市では旧来の学校がそのまま存続した。歌唱学校や多くの新設校は改革されたグラマースクールか通常の教区学校に改編された。音楽の指導は低調になった。一六〇〇年までに国全体の教育水準が著しく向上したとは考えにくいが、子どもたちがきわめて粗末な学校教育しか受けられなかったわけではない。たとえば、ジェイムズ・メルヴィルは、一五六〇年代にロギー・モントローズの村の学校で自分が受けた授業について、非常に興味深い記述を残している。その村の学校では、教区牧師が教師を兼ねていた。メルヴィルは教師から教理問答、祈祷、聖書、ラテン語文法、フランス語を教わり、ホラティウス、ウェルギリウスとキケロ、エラスムスについて学んだ。彼はまた、アーチェリー、フェンシング、水泳、レスリング、ランニング、ジャンプにゴルフまで習得した。しかし、おそらく当時でもほかの時代でも、子どもにそこまでの教育を与える村の学校はそれほど多くはなかったであろう(30)。

一七世紀には、教育をめぐるさらなる動きがあった。一六一六年になると、「資金調達に都合のよい手段を持っている」各教区は学校を設立せよという枢密院の条令を受けて、ついに国が教会の支援に乗り出した。一六三三年、必要な寄付金を準備するために土地所有者には課税を義務づけるという条項を追加した上で、議会はこの決議を承認した。だが、「資金調達に都合のよい手段を持っている」という一六一六年の決議での文言には抜け穴があり、地主たちは、腹を決めてかかれば、それを税金逃れの手段として使うことができた。契約者たちの時代には、教育事業がふたたび重要視されるようになった。当初から、復活した総会は学校への関心を表明しており、それは一六四六年の法律で具体化された(31)。この法律によって、土地所有者は例外や言い逃れなしに教区学校設立のための寄付を強いられた。このようにして一六六〇年以前の五〇年間に、学校の建設が大いに進んだ。たとえば、ファイフでは、王政復古までに、ダンファームリン長老会教区のすべてに教師を置き、カークレディー長老会でも一四教区のうちの一三教区に教師を配置した。セント・アンドルーズとクーパー長老会では、一九教区のうちの一七教区に教師を置いた。エア長老会では、半分以上の教区に、アバディーンシャーのエロン長老会では八教区のうちの六教区に、それぞれ教師を配置した。北部の多くの地域では、これほどうまくはいかなかった。ハイランド地方の北部や北西部には教区学校がまったくなかったらしいが、インヴァレーリやディングウォールなどの自治都市ではほかに類のない学校が好条件で設立され、西方諸島のマクラウドの土地からローズマーキーのグラマースクールへと子どもが通ってくることもあった。

このように学校の普及には地域差があったが、教会の監督外で（とはいえ、地方の長老会には黙認されていたが）個人に経営されていた多くの「技芸学校（アドベンチャー・スクール）」を考慮するなら、一六六〇年のスコットランド人の識字率は、一世紀あるいは一世代前と比べて飛躍的に高まったといえる。さらに重要なのは、契約者や前任者たちが後世のための教育事業の土台をしっかりと築いていたということである。一六六一年の法律規定は一六三三年当時に戻ったが、その後三〇年にわたって学校網は拡大され続けた。ドナルドソン教授は、「国民契約前までには絶対ないにしても、革命前までに、ローランド地方の教区に学校があるのは当たり前だった」と「いくぶん確信をこめて」断言している(32)。一六九六年、一六四六年の規定を練り直して、「年齢に応じた」義務教育を盛り込んだ法律が定められ、スコットランドにおける初等教育は、一八七二年までこれに準じた。

一七世紀のスコットランドの子どもは五歳になると入学することになっていたが、多くの子どもは七歳になるまで学校へ行けず、最初は非公式の私塾に入ることが多かった。そこで五年ほど教育を受けたあと、もっと大きな自治都市の学校へ行ったり、能力次第では直接大学へ入って学んだりしたが、奨学金を受けなければ、この時代の貧しい親たちは子どもを八歳過ぎまで在学させることができなかった。在学中、子どもは懸命に勉強した。年間を通して正式に定められた学校の休日はなかったが、農村部の子どもたちは収穫期には学校を休まざるを得なかったので、多くの教師は農民生活の事情を考慮して夏季には一カ月以上の休校措置を取った。夏季の授業は、たいてい朝の六時から始まって八時間から一二時間も続けられ、そのあいだに朝食と昼食のための休憩時間がそれぞれ一時間ずつ設けられていた。一週間のうちの六日間、幼い子どもたちをそれほどに長い時間、机に縛りつけておくことはできないので、週のうちの二、三日は身体を動かすための「遊びの日」とされた。一六四〇年、エアシャーのダンドナルド学校では次のような規則があった。「生徒が人の道にあるまじき遊びをしたり、服を汚したり破いたり、怪我をしたりしないよう、教師は目を配ること」(33)。

カリキュラムは教師の知識次第でさまざまであったが、どの学校でも宗教上の指導と善行——ピッテンウィームでは「敬神と行儀作法」が自慢の種であった。エロン長老会の議事録第一巻には、子どものこのような落書きが残っている——「神への畏敬は知恵の始まり」(34)。誰もが読み書きを学んだ。多くの学校では、年長の子どもたちや優秀な子どもたちにラテン語も教えていた。自治都市では算数を学ぶこともできた。ほかの教科の授業はあまりなかった。最も重きが置かれたのは敬虔な心を持つことであり、どの科目でもそれは同じであった。英語を読むための教科書は聖書だけであった。体罰は教育の一環とみなされて、非常に頻繁に行なわれた。革紐鞭の過度の使用を長老会が嘆く一方で、不十分な使用もまた非難の的であった。一六七五年、アバディーン長老会は中会を通して、次の三点について教師に回答するよう促した。教理問答を教えているか、朝晩および食前に感謝の祈りを捧げるよう指導しているか、「親への反抗は悪い行ないであるから、罰当たりな言葉を口にしたり、嘘をついたりした場合、罰を与えているか」(35)。

しかし、最良の教師は、教育を画一的で罰を与えるばかりのものではなく、知性を育むものと考えていた。教理問答は教えなければならないものであるが、子どもにどのように説明したらよいか。聖書は読ませなければならないものであるが、神学上の基本原理として聖書を使うことはできないか。多くの学校では――たとえば、ダンドナルドの学校では、日曜日の説教には必ず子どもたちを参加させ、内容をきちんと理解しているかどうか月曜日にテストをした。教会当局は、町の役人に支援されながら、教師が保守的かどうか厳しく監視した。教会が熱心で厳格なカルヴァン派を貫く限り、教区の子どもたちは神の国のよき支援者になっていくはずであった。教会が熱意を失えば、子どもたちの思考訓練は改革者が意図するものとはまるきり違った社会的価値を持ち得るのであった。

改革者が後世に残した別の大きな社会制度は、スコットランド救貧法である。ここでもまた、土台が何もなかったわけではなかった。一五世紀以来、中世の教会と国家が認めていたように、貧民は二つのカテゴリーに分類された。身体が丈夫で放浪している貧民は怠惰であるとされて罰を受け、老齢・病気・障害によって助けを必要とする貧民は社会の慈悲を受ける権利があるとされ、「王の乞食」あるいは「青色上衣」として認められた。各教区が居住している貧民に対して責任を負わねばならないという根本方針は一五三五年の法に基づくものであり、こうした特徴はすべて改革後の貧民救済法制定によって具体化された。

ごく初期の改革者は、仕事をしない放浪者には反感を抱いていたものの、虚弱な貧民や農民、労働者に対しては擁護者になろうとした。改革運動の手始めは「貧民召集」で、貧民を集めて修道士の財産を「本来所有すべき人である」貧民に譲り渡すようにとの通知が大都市の托鉢修道院すべての扉に張られた。一五六〇年の『規律の書』では、教会の基本財産の一部を使って貧民救済の基金とすることが提案され、地主の小作人に対する経済的抑圧が禁じられていた。教会の方針についてのこの初めの趣旨表明では、教会規律の領域は貧民に対する多くの罪を含むとされていた。ノックスの計画では社会的正義が非常に前面に出して明示されていたため、一五六五年に、外国のカトリック信者が「異端者に対して自由を約束し、税金をつぎ込み、教会の物品を分け与えようとする、そのようなことはマホメッドでさえしなかった」と、感嘆の声を上げたほどであった(36)。

ノックスの追随者や継承者によってこの計画の実行は完全に失敗に終わったことは、これは神の国の歴史において最も憂鬱な部分になった。まず第一に、改革者たちは旧教会の基本財産を専有しそこなったために、十分の一税の収入に救民法の基盤を置くという表明された趣旨を実行できなくなった。もし実行されていたら、ヨーロッパの歴史上、ほかに例を見ないものになったであろう。教会の財政がきちんと整えられる頃には、ノックスの案は忘れ去られ、貧民救済のための資金調達は、主として教会に寄せられた任意の寄付金に頼るという別の、もっと伝統的な方法が制度化されていた。第二に、しばらくすると、教会は地主による経済的抑圧を禁じるという役目を忘れた――総会がそのような件に介入しようとしたのは一五九六年が最後であった(37)。そのとき、総会は「この王国内の土地に関する一般的な不正行為」を列挙し、「この国でよく行なわれている、貧しい小作人への経済的抑圧は残酷極まりない」と述べた。その後は抗議の機会が多々あったにもかかわらず、主教制教会からも契約者たちからも一六九〇年以後の長老教会からも、抗議の声は聞かれなかった。たとえば、一七世紀には、炭鉱夫の奴隷化が行なわれていたが、教会からは何の不満も出なかった（七章一六四頁参照）。教会の規律を通して貧民を保護するという意図も同様の運命をたどった――不公平な搾取の事例がごくたまに自治都市で初期の長老会によって取り上げられたが、その扱いはほとんどがすぐに司法長官へと回され、懺悔の罰を受ける犯罪者はごく少数であった。セント・アンドルーズでは、一五六〇年から一六〇〇年にかけて告発された性犯罪者は一〇〇〇人以上もいたが、高利貸しで告発された者はたった一人であった(38)。一七世紀に経済的な犯罪で告発された者はいないも同然であった。地方でも都市部でもおそらく事情は同じだっただろうと思われる――地主、商人、職人たちは長老会の内外で教会の支援者として重要な位置を占めていたので、教会はそうした中級階級の人々が私利私欲に走って罪を犯しても目をつぶっていたのである。怠け者には厳しく罰を与え、虚弱な貧民には寛大な処置をという古くからの伝統は、教会と国家の営みにおいてまたもや名ばかりのものとなった。

宗教改革以後に改正された正式なスコットランド救貧法は主に一五七九年の法に基づいていた。その法では、元気な乞食はすべて捕まえて鞭打ちの罰を与えること、虚弱な貧民はすべて私設救貧院に入れ、教区内で物乞いをすることができる記章を与えること、教区内の貧民を支援するために教区住民には救貧税を課すこと、と定められていた。この法律の大部分は一五七二年のイングランドの法律を手本にしていた。一五九七年の新たな法律では救済監督の任務が長老会に委譲され、さらに一六一七年の法律では放浪者の処罰と教区民への課税が地方判事と保安官の役目とされた。特に王政復古後には、さらにいくつかの法律が制定され、それらは主に働かない者たちに有益な仕事をさせることを目的としていたが、ほとんどが施行されずじまいであった。法律全般のうち実際に使えるものはほんの一部にすぎなかった。スコットランドでは相変わらず浮浪者があふれ、エディンバラの判事が述べたように、拘置所不足のために貧民の十分の一を収容することすらままならなかった。地方の共同体は中央当局から税負担を強いられることに反対していたので、虚弱な貧民が救貧税の恩恵に浴することはめったになかった。この件に関しては一六二三年に驚くべき事例があった。当時は作物のできが悪く、多くの農民が実りのない土地を捨て、飢えから逃れるために施しを求めて国中をさまよった。枢密院は全国的な飢饉に危機感を覚え、住民全員の救貧税を一時的に引き上げるよう判事に命じた。枢密院はさらなる課税は不可能だと認識していたようであるが、恒久不変の税率引き上げなど結局は無理な話であった。いくつかの州からはうやむやな返答が返ってきた。イースト・ロジアンの判事はこれ以上税を徴収するならストライキに入ると脅しをかけてきた。「税金は不快で、課税は忌むべきものである。このような課税は誠に遺憾であり、社会福祉の利にならないばかりか、信用を失うことにもつながりかねない」(39)。

イングランドでは、強制課税に対して初めのうちは反対があったものの、一七世紀後半までには実際に広く行き渡り、その収入は教区の監督者（俗人の役人）の手で分配された。しかし、スコットランドでは、強制課税に対する反抗が長期間にわたって成功を収め（一七〇〇年になってさえ、救貧税は二、三の教区でしか導入されていなかったらしい）、貧民救済は教会の手に委ねられたままであった。教会が自由に使える基金の財源は、礼拝時に貧民のために集められた献金、遺言で貧民に譲られた金や土地からの収入、道徳的犯罪者から徴収された罰金、葬儀用馬車や衣装の貸出料などであった。最も裕福な教区においても、その基金の額は概して非常にささやかであった。

受け取り人の肉体的および道徳的な事情を慎重に調査したあとで、この基金は牧師やその代理によって虚弱な貧民に分配された。一六二一年、アバディーンでは、毎日欠かさず礼拝に出席し、月曜日には必ず教理問答を受け、家には客を招かず、神の名を汚すようなことのない貧民にだけ、院内救助が与えられた。しかし、ここまで厳しいのは異例であろう(40)。たいていの救済は貧民の家で行なわれた。大きな自治都市には私設救護院もあったが、その数は十分ではなかった。たとえば、アバディーンでは、一六四〇年代に九〇〇〇人もの貧民がいたのに対して五つの「救貧院《ホスピタル》」しかなく、五〇人ほどの貧民を収容できるだけであった(41)。大きな自治都市では「教護院」があるところも多く、そこでは浮浪者がなんらかの有益な仕事に取り組んでいた。教護院は非常に小規模で(アバディーンでは一〇人しか収容できなかった)、あまり有効ではなかったが、健康な貧民が救済を得るにはそこに入る以外になかった。

農村部では、作物の収穫が順調であれば、このようにわずかな救済でも、自力で生活できない貧民たちを飢えから救うことはできた。小さな地域社会の長老たちは誰がもっとも救済を必要としているかをしっかりと把握していたであろう。とはいえ、長いあいだスコットランドでは、教会の慈善にすがることは個人的に不名誉なことだと考えられていた。不作の折には、教会はわずかな収入で大勢の人々を救うことはできず、お手上げ状態であった。一八世紀になると、このような危機の際には、しばしば地主が救いの手を差し伸べた。彼らは別の地域から仕入れた穀物を転売したり、値引き販売したりした。救いの手がもっと早い時期から差し伸べられていたかどうかはまだ明らかにされていない。いずれにせよ、一六九〇年代の飢饉は救済不可能であったといえるが、このことについては六章で詳しく述べる。必然的に、農村部では救いようのない場合もあり——つまり、一六九〇年代がそうであるが、そのようなときは、たとえ資金を十分に確保して入念な計画を練り上げたとしても、満足な貧民救済はできなかったであろう。

一七世紀におけるスコットランドの貧民対策はお粗末な限りであり、改革者が「貧民召集」を扉に打ちつけた頃に抱いていた理想と熱意から非常にかけ離れたものになってしまったことは隠しようのない事実である。

四　宗教改革の余波

一五六〇年の『規律の書』で略述されていた神の国は、一六九〇年には失敗が明らかになっていた。スコットランドは神政国にはならなかったのである。教会の規律は、国が破門から手を引いたときから必然的に力を失っていった。総会はある種の道徳的価値観のために防衛戦を戦っている最中であり、その価値観はノックスの意図とはいくらか矛盾するものであった。貧民に対する教会の本来の方針は、すべての認識において歪められていた。ハイランド人と浮浪者はどちらもカルヴァン派の理想にたどり着くことができなかった。貴族と社会的「支配者」たちは「支配される者」たちといっしょに教会に服従させられはしなかった。その一方で、社会を変えようとした教会の努力はぬぐうことのできない印を残した。多くの人々は敬虔で熱心なプロテスタントになった。性に対する人々の態度も大きく変わった。ピューリタニズムはローランド地方南部のいくつかの社会で根づき、その教育制度の発展は目覚ましかった。教育制度は過去のものよりも、また、イングランドやほかのヨーロッパ諸国のものよりも、ずっと進んだものになった。こうした事実は、長い目で見たスコットランドの国としての発展とどのような関係があるのだろうか。また、特に一八世紀後半において、経済的および文化的レベルで全国的な開花が見られたが、宗教改革とはどのようなつながりがあるのであろうか。

マックス・ウェーバーの名論文は、カルヴァン主義の高まりとヨーロッパ社会における資本主義経済の高まりとの密接な関係を示唆している(42)。人間の「天職」や勤勉および倹約の美徳に重きをおくカルヴァン派の倫理は、金貸しに対する中世のタブーを打破し、富の獲得を神の御加護の印とみなすものであり、経済的な個人主義を根づかせるのに理想的な土壌を提供したといわれている。スコットランドほどカルヴァン主義が浸透した国はあまりないが、一五六〇年から一六九〇年にかけてのこの国の状況を見る限り、ウェーバーの説を裏づけるものは何もない。この時期、どの形にせよ宗教改革が経済的な個人主義の高まりを促進したという証拠は見当たらないのである。それどころか、王許都市の特権、オランダへの交易制限、ギルド（商人や職人の団体）の権利のせいで、中世の自由競争は制限されていた。一五六〇年以後の一世紀のあいだ、地方社会ではこうした制限がそのまま残っていた。一六六〇年以降、四〇年かけてゆっくりとその制限は消滅していくが、消滅の理由は宗教とは無関係のように見える。カルヴァン主義のスコットランドでは、ほかのヨーロッパ諸国よりもその制限がいつまでも尾を引いていた。

これもまた不思議な話ではない。長老会の倫理は道徳的な行ないのために厳しい集団規律を押しつけるものであり、それはギルドや自治都市の伝統とぴたりと一致した。ギルドや自治都市には、市民としての、あるいは経済上の行ないのための集団規律があった。このため、教会は地域社会の枠組みを強化し、ギルドや自治都市はそのなかで栄えた。倫理的な問題を提起するのがギルドだったのか教会だったのか、たやすく答えることはできないであろう。たとえば、一六世紀の総会はまるでギルドのように、市場で品物を買い占めて高く売るのは罪悪であると言明した。また、一七世紀のスターリングの商人ギルドはまるで教会のように、日曜日に店を開けたり教会で帽子を被ったりすることを公然と非難した。商人の徒弟年季奉公契約書には、もし徒弟が「私通や密通などの不道徳な罪」を犯した場合、さらに二年の奉公を追加すると書かれていた(43)。

また、聖職者の公的文書や商人の私信を見る限り、「神は善行に報いて富を与える」という考えに重きを置いているようなふしは見当たらない。それらの文書に見られるのは、「神は罪に対して経済的苦難を与える」という考え方である。まず、全国的な苦難の例をあげると、一六世紀後半と一七世紀におけるすべての飢饉は国家の罪に起因すると考えられた。次に、個人の苦難の例をあげよう。一六八八年、毛糸を密輸してロッテルダムでスコットランド商人が捕まったとき、彼は無念な胸のうちを友人に明かしている。「これは私にとってたいへんな受難だ。ここにとどまっているのは、母国に帰れば嘲笑が待っているだけだと思ったからだ。神が私の借金を帳消しにしてくださるのではないかと望みを抱いていた。だが、私は嘆かわしい罪にみずからを落としいれ、逃れる希望も打ち砕かれた。不公平な全能の神に、私は従い、謙虚であろうと願う。なぜなら、すぐそばに神はいるのだから。船がうまく来れば、見張りを避けられたはずだったのだ」(44)。また、投機的事業が失敗した場合、それはなぞめいた神の摂理であるとされた。「きみは不景気に不安を抱くあまり、すべてを一番いいように定める神の摂理に従っていないように見える」(45)。このような考え方は、会計簿よりもみずからの魂に商人の目を向けさせるものであり、明らかに経済的な発展に水を差すものであった。

とはいえ、スコットランドの歴史を長い目で見れば、カルヴァン主義が経済活動の拡大や文化的生活の強化に貢献したことは否めない。教育は万人にとって必要不可欠であるというノックスの考え方は、後世への最も重要な遺産であるといえよう。一八章で触れるように、一八世紀には前世紀よりもさらに学校が普及していく。都市の中産階級や下層中産階級の教育においては新しい試みが始められた。大学は（聖職者によって）改革されて、収容人数がさらに拡大され、カリキュラムは一七世紀よりももっと総合的になった。これらはすべて、以前に築かれた土台をもとに進められたのであるが、宗教的な伝統を重視することなく行なわれた。一七八〇年、ローランド地方のスコットランド人にとって、ほかのヨーロッパ諸国よりもずっと幅広くて進歩的な自国の教育制度は自慢の種となった。初等教育では、ローランド地方の農村部・都市部およびハイランド地方の人々に読み書きを教えた。この初等教育と、幅広い中産階級の人々に施された中等教育および大学教育の普及は、文化面に非常に大きな影響を及ぼしたに違いない。こうした教育のおかげで、国民の能力が後にも先にもないほど花開くことになったのである。

もうひとつの影響は、制度よりも心理面に作用したもので、ここでふたたびウェーバーの説が取り上げられる。それはスコットランド人の特徴とされる真面目さの形成に関わりがある。人生の真の目的は何かという問いに対して、カトリック教会でも改革教会でも、魂が天国に行けるようにすることだと答えてきた。スコットランドの教理問答書に出ているように、「神の栄光を称え、永遠に神とともにあるように」。中世後半の多くの平信徒は、たとえその問いについて考えていたしても、教会税を納めていれば時が来れば赦されて、どんな生活をしていようとも天国に行けるものだと考えていた。神学者によって多少教えは違ったが、不品行な世俗の聖職者の道徳講和や説教をわざわざ聞きに行く者はほとんどいなかった。宗教改革後、改革者はローランド地方の人々に教会で道徳的な教えを聞かせるだけなく、天国へ行けるかどうかは地上での堅実な暮らしぶり——信心深さはもちろんのこと、まじめな態度、質素倹約、勤勉さ、社会的立場での義務を果たすことによって決まるのだと説いた。子どもたちは幼い頃から、人生とはまじめな巡礼の旅であり、生まれたばかりの完全な無垢状態から始まって、神の完全なる叡智に至って終わる（死ぬ）のだと教えられた。神の恵みの証明は敬虔な生活を送ることであり、これこそが励むべき実質的な目標とされた。「カルヴァン主義の神は、信者にただ善行を求めるだけでなく、善行を行なう生活によって統一体系をなすことを求めた……このように、一般人の道徳的行為は目標のない非組織的なものであってはならず、一貫した行動様式であることが求められた」と、ウェーバーは述べている(46)。

一五六〇年以後の最初の一世紀のあいだ、敬虔な生活を送ることはやりがいのある目標として掲げられ、そのためにこの「行動様式」が指導された。長老会、町役人、土地持ち階級、そして国家そのもの――スコットランド社会における支配的組織すべてが、信仰に身を捧げる人間を尊重した。安息日を厳守し、教会に出席し、家では家族で祈りを捧げ、教会の餌食となるような罪を犯さないことが人の道として求められた。その後に起こったピューリタニズムからの一部の激変は、一六三八年から一六六〇年にかけての宗教的な規則に起因するもので、その後一六九〇年以後には、古い理想を守ろうとして総会が後衛戦を繰り広げ、ついに一八世紀になってピューリタニズムが自己防衛的になるにつれて、宗教的狂信はゆっくりと時間をかけて廃退していった。ピューリタニズムの廃退理由については、宗教論争に疲弊した社会に目を向ければ十分であろう。その論争は一八世紀になってもなお、一部の人々のあいだでは心ゆくまで続けられたが、その頃には有力な中産階級や地主たちはほとんど興味をなくしていた。国内では、激しい宗教的感情は神の都へつながるどころか、主教派と長老派間の終わりなき口論や、さらには長老派内での紛争を引き起こすばかりであった。対外的には、スコットランドはヨーロッパ全般の動きに影響を受け、ヨーロッパでは宗教に対してより寛容になり、イングランドやオランダやフランスの知識人のあいだでは世俗的な物の見方が一層浸透して、スコットランドはそれらの国々を手本にしようとした。

多くの人々は人生は目標に向かう巡礼の旅であると教え込まれてきたので、極度に私的な信仰心はもはや最終的なゴールとして不十分であった。世の人々はそのような信仰心を嘲笑の的にしていたかもしれない。けれども、子どもの頃からの教えは強烈で、彼らが自分の子どもたちに与えた教えも同様に強烈であった。人々の道徳観が非組織的なものから組織的なものへと一度かわってしまうと、社会は以前の状態になかなか戻れなくなるものらしい。それゆえに、節制、勤勉、社会的役割を果たすこと、とりわけ、人間には明確な目標に向って強制的および計画的に仕事をする必要があるということを、人々は後世に伝えたのであった。

真剣な信仰心が意に満たないものであるなら、目標として何が代わりになりうるのか。一八世紀後半、スコットランドは次々と訪れた経済的な好機を並外れた力でつかみとった。すべての「カルヴァン派」の特質は純粋な実利主義的目的へとすりかえられた。スコットランドは文化面でも黄金期を迎え、それは今まで経験したことのないようなものであった。一八世紀には一意専心で事業、農業、商業に没頭する人々が多く、文化面ではアダム・スミス、ジェイムズ・ワット、サー・ウォルター・スコットといった錚錚《そうそう》たる顔ぶれがそろうに至った。こうした一意専心は、一七世紀に会衆に規律を押しつけようとした教会の長老たちのエネルギーを思い出させる。このように、カルヴァン主義は宗教としての力を失いつつあるちょうどそのときに、長い時間をかけて人々の精神的な力となり、解放されていったようである。実のところ、体系的なカルヴァン主義はそれだけでエネルギーを消耗し尽くすものであるから、これより早い時期に人々の精神的な力となって解放されることはあり得なかった。

ほかの著述家は、宗教と精神的変化（経済的な能力を最大限に引き出すもの）との別のつながりを示唆している。特に、マクレランドは、独立独行を意識的に訓練して身につけさせられた四歳から一〇歳の子どもたちがどのようにして高い「達成の必要性」を発展させていくかについて論証している。その訓練では、一方で（無視や無関心によって）子どもがわが道を行くように仕向け、また一方で過度な制限や権威主義の下に置いた。革新への欲求や、責務を受け入れて決定を下そうとする欲求を含む人間の本質を、マクレランドは論証しようとしたのである(47)。フリンは、一八世紀初めのイングランドにおける非国教徒の分派（特に、会衆派やユニテリアン派）の育児法がマクレランドの考察した訓練とどれほど合致するか、そして、英国における産業革命で数多くの企業家や発明家がこうした分派から輩出されていることを、明らかにした(48)。スコットランドで同様の事情が存在したかどうかは定かではない。だが、少なくとも、「神への敬虔と善行」という伝統的なカルヴァン派の教えが、正統性や秩序を伴ってやや薄らいだとき、いくつかの点でマクレランドのいう「中道」に近づき始めたかもしれない。マージョリー・プラントは、一八世紀における上流階級の育児が以前ほど権柄ずくではなかったという証拠を数多く示した。それでも、この世紀前半におけるスコットランドの育児はイングランドの育児よりも厳しかったと、彼女は考えている(49)。

結論としてあえて断言すると、ローランド地方のスコットランド人が産業革命の開拓者として大きな役割を担ったことも、一七四〇年以後にスコットランドで文化的啓蒙が見事に開花したことも、宗教改革の展開の過程と反動によってある程度は説明がつくと言えるであろう。すなわち、まず初めに、スコットランド人に人生は目標に向かう真摯な旅でなければならないという考えを植えつけ、次に、その目標は必ずしも純粋に宗教的なものでなくてもよいと強調する――このようにして、スコットランドには大きな変化が訪れた。カルヴァン主義が経済成長を引き起こしたといっているわけではない。カルヴァン主義があったからこそ、あらゆる必要条件が整って成長の好機が訪れたとき、スコットランド人はその好機を十分に活かせるような国民になっていたのである。

第四章

政治改革

一　派閥社会

一六世紀後半は、ヨーロッパの貴族たちのあいだで邸宅の建築が盛んに行なわれた時代であった。イングランドでエリザベス朝の領主館といえば、本来、壁は薄くてガラスを多用した、美しい庭のある、頼りない邸宅ばかりであった。スコットランドで同等の領主の館といえば、依然として城であり、中世の城ほど仰々しいものではないにせよ、兵器庫、弾薬庫、格子窓、砲門、鉄門など、軍事機能を満載した、防備のかたい建物であった。一世紀後にはこのような違いはなくなっていた。一六八〇年代になると、サー・ウィリアム・ブルースがスコットランドで初めて、伝統的な邸宅を次々と設計したが、ヨーロッパのルネサンス期の様式を取り入れたそれらの邸宅は、広い間口と均等な窓割りが特徴であった。ホープタンやキンロスの邸宅では、薄い壁で召使や客人用の部屋を囲った。グラームズやクラセズの城の厚い壁は、武装した男たちがみずからの身を守るために造られたものであった。近代国家の法律や秩序がついに中世後期における貴族社会の派閥争いに取って代わり、混乱が払拭され始めていた。邸宅の変化はスコットランド史上、宗教改革と同じくらい重要な出来事であり、このような時流を顕著に表していた。

とはいえ、中世後半の王たちが政治問題を放置していたわけではない。ある意味で、イングランドで捕らわれの身となっていたジェイムズ一世が帰国した一四二四年に、すでに政治の再建は始まっていた。ジェイムズ一世ははっきりとした目標のある政綱を掲げて、デイヴィッド二世の死去（一三七一年）以来、スコットランドにつきまとっていた混乱に終止符を打とうとした。一四九三年、島々の領主たちの財産を没収した（短い期間だったが、これはハイランド地方の混乱を一層ひどくした）ことで、この政治改革にはさらに拍車がかかった。また、一五三二年、民事控訴院を設立したことにより、王室による法の力は一層強くなった。ステュアート朝で成人に達した王たちは、外縁勢力に対抗するため、少しずつ中央権力を強化しようと尽力した。不運なことに、さまざまな改革が行われても、王権の基盤はなかなか安定しなかった。王たちの苦労が幾度も水泡と化したのは、未成年で王となった彼らの子どもたちが、社会をふたたび混乱へと陥いらせたからであった。

あるとき、国は摂政に支配されていた
またあるときは、ルター派の律法主唱者に支配されていた
反逆者がどんどん増えて
従う者はほとんどいなくなった
弾圧が激しくなるにつれ
誰もが戦闘態勢を強いられて
当時の農民たちは犠牲となった(1)

ジェイムズ五世の治世下に、サー・デイヴィッド・リンジーが記したものである。一五四二年にこの王が世を去り、ふたたび政府は長期間、不安定な状態となり、その衰退期は約半世紀近くも続いた。一五四〇年代から一五五〇年代にかけて、スコットランドはフランスとイングランドのあいだで抵当物のような扱いを受けていたので、好転の兆しはほとんど見られなかった。一五六〇年代になって、気が進まない国王に対し、反対制派の領主や領民たちによって押しつけられた宗教改革が始まった。一五六一年に女王メアリーはスコットランドに戻った――悲しい話であるが、彼女は王室の屈辱と市民による騒乱を招き、結果的に貴族同盟によって監禁された後、イングランドへの逃亡を余儀なくされた。一五七〇年から一五七二年にかけては甚だしい混乱期で、貴族の摂政が目まぐるしく交代したが、最後の摂政モートン伯は、一五八一年に処刑されるまで統治を続けた。翌年、当時一六歳だった若きジェイムズ六世が長老派の伯爵らに誘拐され、リヴェン城に一年間拘束された。彼の脱出後、王政の見通しはようやく明るくなった。しかし、また別の有力者の一

団が国王派の重鎮を拉致するという事件が起こり、派閥争いの道具として要人が誘拐される危険は依然としてくすぶり続けた。反抗的なカトリック教徒のハントリー伯とエロル伯が敗北した一五九五年、争いはようやく下火になってきた。誘拐事件が完全になくなったのは一六〇三年であった。この年、ジェイムズはイングランドの王位も継承し、統治のためにロンドンへと赴いたので、誘拐から身を守ることができるようになった。このようにして、政府は彼の前任者たちすべての成果をしのぐほど発展していく。これまでは王の弱さはすなわち貴族の強さを意味し、貴族の強さは権力の乱用を招いた。ジェイムズは騎士道に幻想を抱くことなく、一五九七年の『王の贈物』では、貴族階級の「傲慢な考え」を次のようにまとめている。貴族たちは体面を保つために、うまい汁を吸いながら、次の三つの不正を犯していた。

一　近隣の卑しい身分の者たちを弾圧して奴隷化し、見返りを何も与えずに、奉仕させ、従わせること
二　たとえ法に背こうと、家来や従属者に汚れ仕事をさせること
三　近隣者から不愉快なことをされたと感じたら、すぐに武器をとり、神や王や国家のことはさておき、相手一族を勇敢に打ち負かすこと(2)

「勇敢に打ち負かす」というやり方は、一六世紀のスコットランド人の特徴そのものである。そこでまず思い浮かぶのは、ハイランド地方の闘争であろう。北部の歴史は、ゲール族の伝統のなかで受け継がれてきた氏族同士の争いに彩られ、その様子は比較的史実に忠実な枢密院の記録簿にも残されている。たとえば（おそらく一五七七年頃に）、マクラウド一族の集団によってイッグのマクドナルド一族が洞窟で窒息死させられたという血も凍るような話。一五八六年、アイラのマクドナルド一族のもてなしを楽しんでいたマクレーン一族が裏切られて攻撃を受けた一件。一六〇三年、キルクリストでグレンガリー・マクドナルド一族によってマッケンジーの教会にいた会衆が焼死させられた事件。そして同じ年に、グレンフルーインで、無法者のマグレガー一族を罰するために当地に派遣されていたカフーン一族が待ち伏せにあい虐殺された事件などなど――例をあげればきりがない。最後の例が特に衝撃的であったのは、処罰の現場を見るのを楽しみに、カフーン一族とともに行動していたローランド地方の多くの学生たちが戦いに巻き込まれ、マグレガー一族によっ

て殺害されたからである。このような争いのほとんどは一部の地方だけにかかわる出来事であったが、ときには同盟関係や血族関係によって、小さな私闘の火種がより広範囲へと広がっていくこともあった。一五九〇年、こうした火種がゴードン、グラント、マッキントッシュ、キャメロン、コーダーのキャンベル、ローランド地方のダンバーの氏族たちに同時に、広がった。それから五年後、ゴードンの族長ハントリー伯とキャンベルの族長アーガイル伯のあいだで起こった政治的争いは、本島北部のほとんどすべてを巻き込み、内乱と呼べるほどに拡大した。結局、キャンベル支持者たちがグレンリヴェットでハントリーに敗れ、さらにはハントリー自身が国王軍を前に撤退を余儀なくされ、内乱はようやく収まった。

だが、闘争は北部だけで起こっていたわけではなかった。ボーダー地方の荒地でもおぞましい事件は絶え間なく起こっていた。特に、中部の境界地域ではカー一族とスコット一族の争いが頻発し、西部の境界地域ではマクスウェル一族とジョンストン一族の争いが絶えなかった。後者は国王による無分別な官職授与が地方の状況を悪化させたというひとつの具体例である。一五七九年、ジョンストン一族のジョン・ジョンストンが西部境界《ウェスタン・マーチ》の長官に任命され、ロード・マクスウェルが異議を唱えた。一五八二年と一五八三年、彼は長官に対抗して三〇〇人から四〇〇人の兵士を集めて、「長官を痛めつけ、その家を焼き、友や親族を殺したり捕虜にしたりした。一度めは八〇件、二度めは三〇〇件もの家々が焼き払われた」(3)。一〇年後、今度はマクスウェルが長官に任命され、ジョンストンが怒る番になった。一五九三年、両者はドライフ・サンズで激突し、それぞれの一族の追随者と血族による壮絶な闘いのさなかに長官は殺された。境界の両側ではこのような一族が権力を握っていたことから、一五六〇年に境界両側の国同士で平和条約が結ばれたにもかかわらず、境界を越える侵入が珍しくなかったのはあまり驚くべきことではない。一五九六年には、セスフォードのカー一族がイングランド東北部のアニックまで攻め込んだ。バックルーのウォルター・スコット（リデスデールの番人）はカーライル城に驚くほど大胆な攻撃をしかけてイングランド人の長官の手中からキンモント・ウィリー・アームストロングを救い出した。イングランドの側からスコットランドに襲撃をしかけることもときおりあった。その一方で、争いのあいだ、境界の両側の人々は互いに一団となって助け合うようになり、必要なら、イングランド姓の者がスコットランド姓の者と結託して、別のイングランドあるいはスコットランドの一族に対抗するということもあった。ボーダー地方の住民として、両側の人々はみんな、わけもなく柔順でおとなしくしているように強いるエディンバラやロンドンのやっかいな政府よりも、互いを同じ仲間と考えていた。

スコットランド中央に位置するローランド地方の平野は、当然、ほかの地域よりは統治しやすかった。だが、闘争や混乱の話がめったになかったからといって、平穏だったと誤解してはならない。有名な一例としては、エアシャーの血の復讐があげられる。それはカニンガム一族、モントゴメリー一族、ケネディ一族の分家一族による、とりわけ卑劣で残酷な争いが一世紀以上も続いた。ガーデンのフォレスター一族の話もまた、啓示的な例である(4)。サー・ジェイムズ・ファーガソンによれば、これは「その時代には決して例外的ではない出来事」だった(5)。アレグザンダー・フォレスターは中規模のレルドで、「世襲の林務官およびトゥーウッドの番人」として下級王吏の地位を得て、スターリングの市長を数回務めた。彼は近隣の住民をよく脅していた。一五九二年、近隣の一人が係争中の境界のことで枢密院に訴え出たとき、フォレスターは家臣を呼び集め、「一〇〇〇人もの騎馬兵と歩兵に戦闘態勢をとらせて」、貴族たちが状況を実地調査するのを力ずくで拒む。国で最も厳粛な法廷がこのような横暴かつ個人的な行為によって侮られたことにより、人々の憤りは暴力的な争いへと発展し、不当に扱われた者たちは法の手続きを踏まずに好き勝手に裁判を行なうようになった。まもなく、地元のブルース一族とリヴィングストン一族がフォレスター一族に対抗して同盟を組んでいく。これに対してフォレスター一族は、スターリングシャーで最も有力で支持の厚い貴族であるマー伯爵の庇護を求めた。あるとき、フォレスター一族の指導者が「党派的な男たち」によって待ち伏せされて殺害された。すると、マー伯爵の指示によって、挑発的な葬式の行列がリヴィングストン一族の領地内を練り歩いた。州内で公開戦争と呼べるようなものが勃発し、王の紋章官補が数々の不法行為を理由にフォレスター一族をスターリング・クロスから追放しようとしたが、この哀れな紋章官補はレルド(フォレスター)の息子二人に殴り殺された。この後、不和は急速に修復されていった。というのは、紋章官補を殴り殺した友人たちが遠方に追放され、マー伯爵が不安を覚えたからであった。王が国をまとめようと奮闘しているさなかに、このような事件がときに非常に激しく、しかも州の中央で起きうる状況からして、スコットランドの王政が抱える問題がいかに大きかったか見当がつく。

こうした争いは絵になるようなものではなかったが、レルドたちにとっては勇壮に見えたらしい。たとえば、当時、キンテイルのマッケンジーの族長について「彼は非常に血気盛んな男で、みずからの楽しみのために、焼き払い、侵略した」と同時代人の一人は記している(6)。襲われる方の身になれば、それは恐ろしく残忍で破壊的な行為であった。「男も女も子どもも家も、作物も何もかもが、容赦なく殺害され、焼かれ、破壊された」と、ウェスター・ロスのコイジーチでマクラウドによる襲撃のあとの召喚状に書かれていた(7)。さらにずっと南のキンタイアでは、一五九六年の同様の略奪で、農地にあった三四四の境界標識のうちの八一が打ち捨てられ、さらに一六〇五年には、全体の三分の一にあたる一一三が破壊された。ボーダー地方でも状況はほとんど変わらなかったが、少なくとも東部では襲撃のさいに可能な限り人命は助けられたといわれている。その一方で、王国の最も秩序ある地域――ロジアンやファイフでは、しばしば事前に対策が講じられていたため、襲撃による物的な破壊は最小限に抑えられていたようである。ジョンスクリーチのような建物（イースト・ロジアンのガーバルド近くの弱小レルドの邸宅で、残存しているものは珍しい）では、もともと一階部分には窓がなく、厚い壁で囲まれて、明らかに家畜の収容場所にあてられていたようであるが、単なる遊び心からこのような造りになったわけではなかった。

派閥争いは、社会的および経済的な面で当時の農村の生活にさまざまな影響を与えた。たとえば、ハイランド地方とローランド地方の一族同士を結びつける複雑な血族網や攻守同盟を決定づけ、「忠誠の契り」というスコットランド独自の慣習を生み出した。この契りによって、有力な領主と血縁関係にない下級の男爵またはナイト爵は強い領主の庇護を受け、その代わりに、領主の行いや大義を支えて「命がけの争い」にも手を貸す約束を交わした。こうしたつながりはすぐに、王政を妨げる諸問題に対抗する盾となった。血縁関係や同盟関係で相互に結ばれれば、人々はみずからの憎しみを組織の外に向けるようになり、王国内の集団同士は長いあいだ、平和にバランスを保つことができる。ヨーロッパ大陸で対立する国同士が長いこと平和を保ってきた原理と同じである。しかし、平和が長く続くということは、結局、王の権力に頼ることであり、やがてその権力があまりにも強大になりすぎて、貴族たちは私兵団で敵を倒すこともままならなくなった。

一六世紀には、貴族の存続は依然として家臣や同盟次第だと考えられていた。「派閥争いに明け暮れるスコットランド人は、多くの家臣を抱え、年貢として納められる食糧を消費し尽くし、金不足の生活を送っていた」と、フィネス・モリソンは手短かに記した。彼は一六一七年に一五九八年のことを記述したので、ここでは過去形が使われているが、その二〇年のあいだに状況は少し変化した(8)。農業が衰退し、町の発展を維持したり産業界の進歩を可能にしたりするのに十分な食物が市場に届かなくなったのである。とはいえ、たとえ豊富に穀物があったとしても、経済的な遅れを取り戻すことは困難だったであろう。社会的混乱は、結局、封建制度から逸脱した人々——土地を持たない「破産者」、高値で汚れ仕事を引き受ける領主、王や領主による正義が容易に届かない未開の地で山賊や海賊をして楽しく暮らす者に居場所を提供したといえよう。現代人が発展とみなすスコットランド全体の重要な進歩は、この国を蝕む不安定さをなくすことにかかっていたといっても過言ではない。

二　王権の勝利

ジェイムズ六世は何をなすべきか明確に理解していた。一五九七年、王は息子に宛てて次のように記している。「この野蛮な争いを根絶するまで休んではいけない。野蛮な連中の名は他国では知られていない。これがフランス語やラテン語で記されているなら、連中の正しい名を明記することはできないが、遠回しな表現で伝えることはできよう」(9)。これが書かれる以前から、ジェイムズ六世は争いをとめるためにいろいろと手を打っていた。二八年後、彼の後継者が王位にのぼりつめたとき、その仕事はだいたい成し遂げられていた。スコットランドは、ヨーロッパのほかのもっと平穏な国々と比較すれば、ところどころまだ不穏な地域もあったが、それでも以前よりはずっと落ち着いた秩序ある国になっていた。いくつかの点において、彼の後継者は仕事がやりやすい状況にあった。王がイングランドに身を置いてスコットランドを統治するようになったことは利点があった。いく度も派閥争いの道具にされた暴徒たちで、町は物騒で激高しやすい場所になっており、かつての王にとっては、ホリルードの気楽な雰囲気でもって国民と接することは耐えがたいことであった。それが今では、しつこい要求や脅迫から王自身が身を守るようになったのである。また、ジェイムズは英国の王として、スコットランドだけの王のときよりも、臣民に賞罰を与える権力を一層、掌握した。争いは主に近隣の者たちに負けたくないという貴族たちのむき出しの野望が要因となって起こったが、一六世紀に、特にハイランド地方で状況が悪化したのは、人口増加によって土地所有欲が過熱したことも一因であった。ジェイムズ六世の治世中、すなわち一五九〇年から一六一〇年にかけて、飢饉と病気が繰り返し蔓延し、人口増加率に歯止めがかかったらしいという点で、おそらく王は幸運であったといえよう（七章一四七頁以降参照）。

さらに、王はある種の住民層から協力を得ることができた。彼らは貴族たちの私利私欲に対して潜在的に敵意を抱いているか、あるいは無関心で、一六世紀初頭から数が増え始めた人々であった。こうした人々に対して王はまず主導権を握り、王の庇護を与えて、彼らが王から離れてほかの私心ある派閥の道具にされたりしないように取り計らった。王許都市《ロイヤル・バラ》の住民はつねに平和を願っていた――動乱は商いの妨げになるからである。ジェイムズは、王による厳しい監督の下、王許都市の代表者会議を定期的に開催することを奨励した。男爵やレルドはまた別の集団であった。一五世紀後半から一六世紀にかけて（六章参照）、彼らには教会や王の土地が封土として提供されたことで並みの広さの土地を永久相続権つきで手に入れた。彼らの多くは一般的に貴族と血縁関係になく、ただ保護してもらうことだけを求めていた。伝統的に彼らは政府の支持者であり、王が領主よりもしっかりと治安を守れるということを示せば、王の側につくはずであった。一五八七年、王は州市民権法（廃れてしまった一四二八年の法令の練り直し）を提案し、弱い立場の男爵たちで議員団を組織し、地元の有力な貴族たちの力を相殺できるようにした。さらに、王は、契約領主として知られる腹心の友を集めて議会の議事運営委員会を発足させ、枢密院の監督のもと、実質的にあらゆる立法上の権力を掌握した。

法律家たちもまた、本能的に王を支持した。彼らの暮らしは法をきちんと尊重することによって成り立っていた。おそらく逆説的には、彼らの仕事は幅広く、かつ重要なものであった。というのは、社会の人々が封土占有権に関する証書や証文が意味する保障について気づき、侵害された場合には最終的に法的手段によって財産を取り戻せるという期待を抱いたからであった。ジェイムズ六世はその専門職がきちんとした組織に発展するよう心を砕いた。一五八七年の法令によって公証人には資格と訓練が義務づけられ、一五九四年には法廷外弁護士会ができ、一六一九年には試験に合格した者だけが入会できる弁護士会がつくられた。ジェイムズは、控訴院を法律の土台とし、そこに重きをおくことを公言した。しかし、王の国事への取り組み方にはある特徴があった。すなわち、裁判官の任命はなおも王の特権とされ、枢密院は暴動が起こった際に支配権をもつ上位裁判所として残され、王権を守るために必要であれば、王は躊躇なく裁判にも手を加えたのであった。

また、改革教会の存在もあり、教会の力が浸透していくにつれて、世俗的な血族関係や現世的な君主制に対して不適切な忠誠心が生じ始めた。一方で、教会は無秩序、抑圧、乱闘にははっきりと反対を示した――こうした問題に関する総会での発言は、君主の発言とまったく同様に厳粛に扱われ、ノックス自身が、行政から放置された無法者に対して法的手続きを行なう役目を担うようにと教会に提案した。また一方で、教会は、敬虔なプロテスタントと見える派閥争いに肩入れしすぎて、市民がもめごとを起こす危険を大きくしてしまいがちであった。ジェイムズは一六歳のときにカトリックびいきの疑いをもたれたレノックス公のもとから力づくで連れ出されたため、その襲撃者だったリヴェン一族を教会が支援することは絶対に許さなかった。結局、王は司教制を復活させ、一六〇六年、長老派の厄介者アンドルー・メルヴィルを追放することで、教会の問題を解決した。この先、総会と司教は、王許都市の代表者会議、議会、民事控訴院と同様に、枢密院に先立って、派閥争いや個人の権力の乱用を防いで中央政府を支援する総指揮役へと変わっていくことになった。

しかしながら、ジェイムズがみずから「王の治国策」と呼んだ、統治に必要な巧妙さ、忍耐強さ、スコットランド人に対する理解の深さが最もよく成果をあげたのは、貴族を扱うときであった。彼がもっと軽率だったら、貴族に正面攻撃をしかけて、手に負えない革命を引き起こしていたかもしれない。謀反を起こしうる者に対しても反感を抱かせないようにするのが、ジェイムズの術策であった。ローランド地方のある有力な一族（リヴェン一族、ガウリー伯）だけは彼の初期の治世に汚点をつけた多くの反逆罪によって根絶されたが、ステュアート家の分家であるそのほかの一族――ハミルトン家、キャンベル家、ゴードン家、ダグラス家、アースキン家などはそれぞれの土地で地歩を固め、数世紀前からずっとそうであったように宮廷で歓待された。ジェイムズはどの一族も丁重にもてなし、ひとつの一族だけをひいきしないように気をつけた。両者間のバランスが不意に崩れたとき、嫉妬や恐れが引き金となって、派閥争いが簡単に起こりうるということを、ジェイムズは未成年期の経験から知っていた。同様にジェイムズは封建制の司法権を徹底して無効にしようとしなかったために、地元での貴族の権力はさらに強まった。この生ぬるい政策により、イングランド流に治安判事を任命しても、判事の力は無きに等しく、領主の権力と無関係に判事が力を行使することは不可能に近かった。

最後に、国王は確実に信頼できる者たちを枢密院の議員として選んだ。伝統に則って大貴族を権力の中枢に置かざるを得なかったが、次第に、大事な実務は献身的で仕事のできる一握りの者たちがこなすようになり、彼らは家柄よりもその能力を買われてそうしたポストに就いた。女王顧問官であった彼らはオクタヴィアンズと呼ばれ、一五九六年にジェイムズから国庫を預かった――オクタヴィアンズはその道の専門家八人で構成され、その多くは小地主の息子で、王室のそれぞれ違った部署で長期間、顕著な業績をあげていた。一六〇七年、国王はロンドンで次のように発表した。「スコットランドのためにいおう。余はここでペンをとり、統治を行なう。余が書き、それらは枢密院の役人によって実行に移される。このようにして、余はスコットランドを治める。何人も剣によって、国を治めることはできない」(10)。しかし、結局のところ、組織を使いこなしたためというよりは、一人一人の個性や国民感情をよく理解したからこそ、王は成功を手にできたのであった。

ローランド地方では、王によってもたらされた平和の恩恵は、一七世紀初めから実感され始めていた。もっと早くからその兆候は表れていたともいえる。実をいえば、首尾一貫した社会的および経済的変革がそれほど迅速に進むはずはなかった。旧弊な領主たちが住民と土地の伝統的なあり方を考え直さない限り、変革はあり得なかった。そもそもそうした保守主義を一世代で消すことは不可能であり、平和がいつまでも続くと仮定して、家臣たちを解散させ、城を打ち壊す者などいるわけもなかった。一六三二年、サー・ロバート・カーは古い一族の塔の建て替えについて、「また物騒な世の中になるかもしれないから、外敵に強い」不便な窓は残しておくようにと、息子に警告している(11)。にもかかわらず、社会が安定してきた結果として、食糧供給の一般水準は向上したようである。新しく屋敷を手に入れた人々――特に法律家や廷臣などのなかには、家来用の部屋や防衛設備をまったく設けず、自分たちだけが暮らす家を建てる者たちが現れ始めた。ピンキーのアレグザンダー・シートンの屋敷や、ペンケイトランドのウィントン伯の屋敷はその好例で、どちらもエディンバラの東、数マイルのところにある。両家は、イースト・ロジアンやミドロージアンで、土地の生産性を高めるために初めて石灰を使った。さらに、フォース湾の両岸に沿って数多くの塩田や炭鉱が開発された。もともと活気があった場所にはクーロスやプレストンパンズのような小さな町ができたが、そこはスコットランド初の工業地域であったと考えられるべき一帯である。

王許都市でも、秩序が繁栄をもたらしたように見えた。最も重要な都市はもちろん、多くの小さな都市でも、国内外の交易が盛んになるにつれ、人口が増加し富も増大していった。今日、スコットランド東部の古い商業都市を目を大きく見開いて歩いてみれば、一六世紀後半の二、三〇年から一七世紀初めの二、三〇年にかけて日付を刻印した商人や職人のために建てられた石造りの家が多く残っていることに気づくはずである。その楣《まぐさ》にはたいてい、「神の恵みに感謝して」と刻まれている。一六〇三年に宮廷がホリルードから引き上げ、控訴院や枢密院の法律家たちが一層、活発に活動したものの、実質的にはエディンバラにできた空洞を埋めることはできなかった。概して、以前よりも多くの船がスコットランド製のリネンや皮を積んでロンドンへ行き、イングランド製の消費者物資を積んで戻ってきた。都市の増加した人口を支えるために、多くの船はバルト海諸国やノルウェーまで航海し、穀物や木材や鉄を持ち帰った。石炭やスコットランド特産の塩の輸出量が増えてくると、フランスやオランダからの製品をさらに多く輸入できるようになった。もちろん、都市の繁栄がもっぱら政府の質の向上によるものだとは、簡単には言い切れない。政府の状況が悪くても都市活動が活発だった例はある。王室政府が最悪な状況にあった一五四〇年代でも、たとえば塩の輸出やスウェーデン西部との貿易は盛んに行なわれていた。一五世紀にも、好ましくない状況（一章三一、三二頁参照）にあった新旧の自治都市が互いに発展を遂げた例がある。実際に無政府状態にでも陥らない限り、ある程度の限度はあるにせよ、都市というものは繁栄することができたのである。

しかし、ボーダー地方では、和平は確かに経済的な潤いをもたらした。国王は二つの地域を同一政府の下で統治したほうが楽だと気づき、一六二〇年までに手に負えない争いを非常にうまく抑えこんだので、多くの者たちは家でじっとしているよりはスウェーデン王のために戦おうと移住した。コペンハーゲンの公使はデンマークの国王に次のように説明した。「イングランドとスコットランド間の平和は回復したが、同時に、人口が増えすぎて、国民はひどい貧苦にあえぎ、職不足が深刻である」(12)。交易はボーダー地方の人々にとって略奪に代わるまじめな娯楽となった。家畜商人はギャロウェイからロンドンの市場まで妨害を受けずにたどりつけるようになり、グラスゴーの自治都市民はその道すがらにリネンを売り歩いて財を築き、南部の諸州では羊毛の生産量が増えた。一六二三年、サー・ウィリアム・シートンは、この最後の事実は「尊敬すべき王が両王国を治めるようになって以来」、行なわれるようになった「堅実な政治」のおかげであるといった(13)。

ハイランド地方では、事情はかなり違っていた。地方の特質上、あるいはコミュニケーションが未熟なために、氏族間の争いはさらに激化し、避けがたくなっていた。秩序への切望だけでなく人種的偏見によっても煽られた王の政綱が、『王の贈物』のなかで略述されている。

ハイランド地方では、住民を大きく二つに分けることができる。まず、本島に住む者たちはだいたいが野蛮ではあるが、いくらかは文明化されている。島々に住む者たちは野蛮きわまりない……野蛮で頑強な者たちを根絶あるいは追放し、その地に文明を植えつけ、文化的な社会への改善を願う(14)。

国王はまず、スコットランドのほかの地域と同様に、ハイランド地方全域にも法体系に対する尊重が浸透していくよう期待しているということを表明した。一五九七年、ハイランド地方の地主はみんな、土地の所有権の証拠を呈示し、不謹慎な行いをしないよう保証人をたてることを命じられた。従わなければ、土地を没収すると宣告された。一六〇八年、政府はハイランド西部で問題を起こしている有力な族長たちを船のなかへおびき寄せるという策を講じ、成功を収めた。その族長たちはアイルランドの血族と陰謀を企てていたのである。島嶼《とうしょ》地方のマクドナルド一族とアントリムのマクドネル一族のあいだにそれほど大きな差はなかった。彼らはほかの族長とともに強制的にアイオナの会議に行かされ、イーコムキルの盟約を承諾したあとで、ようやく解放された。このようにして、彼らは法に従い、互いに平和に暮らし、土地に教会を建て、封建制度による小作人の負担を減らし、子どもにローランド地方で教育を受けさせることを約束させられた。家に戻ってその約束を文字どおり守る族長は一人もいなかったが、その後、彼らは中央政府を以前に増して尊重するようにはなった。

第二に、ジェイムズは植民地化の方針を打ち立てた。アイルランドのケルト人と島嶼地方のケルト人のあいだの氏族の複雑な同盟や派閥争いは、一六世紀のスコットランド人とイングランド人の双方にとって統治の妨げとなるばかりだったので、そうしたケルト人のあいだに楔《くさび》を打ち込むため、ジェイムズはアルスターの土着の貴族から土地を取り上げ、その地に組織的にローランド地方のスコットランド人やイングランド人を入植させた。ここまでは全面的に成功したが、キンタイア、ロカーバー、ルイスにローランド人を入植させることでさらに計画を達成しようとする努力はそれほど成果をあげなかった。ロカーバーの植民地化は計画倒れに終わり、ルイスの計画も実を結ばなかった。ファイフからの入植者は一五九八年から一六一〇年のあいだに三度も足がかりを築こうとしたものの、「野蛮で残忍な、たちの悪いハイランド人」に追い出されてしまった。ハイランド人は入植者たちを陸地で襲い、その海路を断った。キンタイアへの入植は一部のみうまく進んだだけで、完全とはいえなかった。アーガイルの状況が悪化したとき、入植者の多くはアントリムへと移動した。

また、王は第三の方法でも、大いに成果を上げた。これは族長が支配する土着の社会を敵に回すことなく、逆にうまく利用するやり方であった。王は貴族たち――特にアーガイル伯キャンベル、ハントリー伯兼サザランド伯ゴードン、シーフォース伯マッケンジーらの援助を取りつけたのである。それぞれ丘陵の南側、東側、北側にある彼らの土地には砦が築かれ、彼ら自身の考え方は半ばローランド人に近かった。この三つの氏族はどれも非常に有力で、政府の仕事を任されるようになっていった。支配者としての彼らの野望と、秩序を保とうとする王のねらいがここに一致したのである。たとえば、キャンベル一族はマクレーン一族を犠牲にしてさらに力を強めるよう奨励され、アイラの乱暴者マクドナルド一族の力を私闘によってそぐようにそれとなく示唆されていた。さらに、マグレガー一族を根絶せよと、キャンベル一族にとってはうってつけの任務まで仰せつかった。なにしろマグレガー一族はグレーフルーインの戦いで勝利し、キャンベルの名を汚した宿敵であった。「食事用の先の丸いナイフ以外の武器を持っていたり、四人以上で集会を開いたりした場合、マグレガー一族は害獣のごとく狩られ、死刑に処せられた。さらに（彼らにとって最も不名誉なことだが）、その名を無理やり放棄させられた」(15)。キャンベル一族のある族長は土地の賃料と兵役の免除は認めるが、その代り、グレガー一族に対しては必ず火を放ったり虐殺するように義務づけた。また別の族長はマグレガー一族の頭《かしら》に対して狼の頭と同額の報酬を与えた。

このようなやり方は、ハイランド地方に平和をもたらすこととはかけ離れていた。しかし、成功する族長はみんな、国王を支援する腹づもりのできた人であり、世のなかで成功するには、鋭い剣を家にしまっておくのはもちろん、すぐれた弁護士をエディンバラに控えさせておくのが賢明である、という教訓が世間に知れ渡っていた。ハイランド地方のはずれでこうした一族の力が強まったことで、ローランド地方での無差別な襲撃はとりあえず減った。ロッヒールのキャメロンからグラントの地主に宛て襲撃についての明るい調子の手紙は示唆に富んでいる。グラントの地主は、従者の一人が傷つけられたと信じ、次のように書いている。「ありがたや、同じめには遭わずにすんだ。友よ、わが家来たちはきみの領土にいなかった。だが、マリの領地では住民すべてが被害を受けたようだ」(16)。マリ湾沿岸はスコットランドのなかでも最も生産性の高い土地になる可能性がありながら、危険きわまりない土地だったため、住民が平和に農業を営めるようになるまでに長い年月を要した。

三　反動と王政復古　一六二五―一六九〇年

一六二五年にチャールズ一世が王位を継承したとき、スコットランドはこのように適度に穏やかな繁栄を続けていた。その後一二年ほどは、父がつくり上げた行政機構と慎重な立法政治がうまく機能し、平和が続いた。しかし、チャールズは父王ジェイムズにそなわっていた狡猾さも、治国策を練る能力も、妥協する直観力も持ち合わせていなかった。四歳のときに放り出された社会というものに対して関心がないばかりか、知識を授けられることもなかった。このようにして彼はスコットランドにとって危険な君主となり、ついには北部に革新的で異質な教会方針を持ち込むという失態を犯した。このときの彼は、慎重に積み上げられた火薬の上に松明《たいまつ》を持ったまま倒れ込んだようなものであった。改革教会の多くの人々にとっては、ジェイムズ六世によってあてがわれた以上に司教の力が拡大することはローマ・カトリック的であり、新しい祈祷書によって公示された礼拝の形式（擬似的な英国教会の形式）もまた、ローマ・カトリック的にほかならなかった。貴族より以上に自治都市民やレルドたちが長老教会に対して平信徒の支援体制をつくっていたが、宗教改革以前から平信徒たちがわが物としてきた十分の一税や教会の土地を主教に寄付するよう求められて、どの階級の地主たちもすっかり動揺した。貴族たちもまた、不在で手際の悪い王による数々の冷遇に苦しめられていた。彼らにとって王が奨励する主教制は「王らしくなく、不自然」であり、以前に行なわれた枢密院の作り直しよりも受け入れがたいものであった。王のやり方は、彼らを権力の源から遠ざけ、期待も影響力も持てない辺境の田舎貴族という立場へ追いやるものであったのである。それゆえに、国民盟約は、ロンドンから何も見ないで悪政を行なう王に対する、社会の指導者たちからの控えめな抗議の声であった。署名者を反逆者として扱うことで、この契約を革命の証拠に変えたのは主としてチャールズ本人であった。その結果、彼は、これを利用して主教制をくつがえそうとしている狂信者たちの思う壺にはまった。

その後一〇年間は争いが続き、スコットランドはさまざまな面において時代に逆行しているように見えた。貴族たちはふたたび馬に乗り、小作人たちを連れ戦闘に出かけた。アーガイル侯爵は契約軍のしもべとして副王の立場を熱望した。彼の出世に伴って一族の力も強まり、キャンベル一族の勝利はモントローズのハイランド軍勢のなかに拮抗する勢力を生み出した。そして、古い恨みが再燃した――キャンベル一族の小作人たちがパースシャー、クラックマナン、アーガイルで、北部から来た者たちに襲われて虐殺されたのである。キンタイアでキャンベル一族が勝利を収めると、今度はマクドナルド一族が殺害されるか追放されるかした。ブランデー一樽で誰それかまわず放浪者や破産者を釣り、王の名の下に襲撃や略奪を繰り返しながら国中を練り歩く、カークーブリシャーのロード・ケンミュアのようなまごう方なき悪党たちもふたたび姿を現わすようになった。

破壊が増えて、生産量が落ち込むにつれ、無秩序によるつけが回ってくるようになった。平和なアバディーンシャーの谷間では幅出し機の上で乾燥させていた格子柄の織物が、南へ急ぐハイランド人たちの手によって織屋の家もろとも焼き払われた。ファイフ東部の小自治都市の出身だった漁船の船長と息子たちはキルサイスの戦いで死んだ。一六五一年、人口でも富でも首都に次ぐ第二の自治都市ダンディーは、イングランドの軍隊によって残忍な略奪を受けた。この頃には、デンマークの海峡で税を払うスコットランドの船はせいぜい一〇隻くらいだった――戦いが始まる前には、毎年、一〇〇隻以上の船がバルト海の市場に行き来するために、そこで一息入れるならわしであった。戦いの足音とともに、飢饉と疫病が蔓延していった。またしても、派閥争いや混乱や貧困が当たり前の世のなかに逆戻りしたようであった。

だが、結局、封建時代の混乱の再来は一時的で、現実離れしていた。聖職者にとってだけでなく、地主や市民や法律家にとっても、戦いは信仰に関わるものであった。どの一族がどの領地を取るかなどは、どうでもよいことであった。こうした階級の支援なしには、どの党派も成功は望めなかった。血族関係に訴えるまえに、人々の心をつかむ宗教的政綱を掲げなければ、どの党派にも忠誠を誓ってもらうことは望み得なかった。これが以前にも増して一層、明確になり、戦いが終わった後で、政府が掲げた主要項目は宗教的な妥協案ばかりであることがはっきりした。チャールズ二世はそれを主教制の枠内で実践した。ジェイムズ七世は完全に失敗し、王位を失った。ウィリアム三世は長老派の枠内で実践した。アン女王はイングランドと合同するためにはこうした枠組みが必要だということを思い知らされることになった。貴族を懐柔することは依然として重要ではあったが、無難な教会方針でほかの階級の人々を懐柔することのほうがはるかに重要であった。

第二に、内乱のあいだに封建的な軍団は近代的な戦闘が行われるようになると、軍事的に弱体であることが明らかになった。レズリー将軍はフィリップホーでモントローズ侯を破ったが、それは、彼が三十年戦争で軍役についていたことで力をつけた、傭兵を使いこなす専門的技量の持ち主であったからであった。ダンバーの戦いの後、クロムウェルは主な自治都市に本職の守備隊を置いて国の平穏を保った。ディエルは傭兵あがりの不道徳な男で、ロシア皇帝に軍人として仕えた経験を持ち、王政復古後は、盟約を掲げた反逆者たちの恐怖の種となった。いざとなれば、訓練を積んだ兵士たちの小集団がディエルを支えた。この先、貴族が陰謀を企てるとしたら、ただ家来たちの腕力を当てにするだけではなく、政治、法律、宗教の力を巧みに利用しなければ勝ち目はないと思われた。

一六五一年に戦争が終結したとき、クロムウェルの軍政は非常に効果を発揮していたため、敵対する盟約者たちでさえ、これほど国の秩序が保たれたことはかつてないと認めるほどであった。にもかかわらず、戦いによる破壊、占有地に対して課せられ重い税、イングランドとの一時的な合同、などの影響が弱りきったスコットランドに重くのしかかり、不慣れな競争社会に引き込んだために、国の繁栄は阻まれた。ただ、例外として、塩やリネンの交易などはイングランドの市場にすぐ便乗して一層盛んになった。

一六六〇年以後、チャールズ二世は合同を破棄して祖父の築いた体制に戻り、統治はふたたび、枢密院、従順な王許都市代表者会議、王の条項によって支配される議会、司教制教会の手に委ねられた。彼の政治はジェイムズのときと同様に、バランスとコントロールが重要だったが、封建制の権力はあらゆる面で弱くなっていたので、巧妙である必要も個人的にバランスをとる必要も以前ほどなくなっていた。もし彼が高等弁務官を副王の地位につけて守り続け、貴族のあいだで副王への反感があまりに高まったときに解雇するということを知っていたなら、法組織を高く尊重しつつ、国を統治できたに違いない。チャールズ二世の治世において最も知的な業績は、ファウンテンホール、マッケンジー、ステア、民事控訴院の上院議員らによってなされたものであった。一六八一年に出版されたステアの著作『スコットランド法原論』は、初めて首尾一貫した完全な体系としてスコットランドの法律を示したもので、昨今のある歴史家が述べているように、「近代の法体系の特徴はほとんど、彼の哲学的法体系と市民解説者の統合に負っていた」(17)。

さらに、王政復古とともに、特に都市に住む人々のあいだでは、経済がふたたび活性化するかに見えた。食料は非常に安値になり、その状態が続いたが、これは一六四〇年代に伝染病が流行って消費者が減少したことが一因かもしれない。商人たちが大挙して以前の市場で取引を再開したが、外国では関税率が上がっていたため、以前のようにたやすく輸出することはできなかった。グラスゴーの人々はおそらくほかの人々よりも抜きん出ていて、違法で規模も小さいながら、アメリカのイングランド植民地を相手に新しい貿易の基礎を築いた。一六六五～一六六七年と一六七二～一六七四年のオランダ戦争によって被った損失は大きかったが、一六七四～一六八〇年にかけて北ヨーロッパ全体が戦争をしているあいだ、ブリテンは中立の立場を保ち、これによって得たものは大きかった。枢密院の政策に奨励され、商人たちは小さな工業を始めた——エディンバラやグラスゴー付近の、砂糖精製、製紙業、上質な毛織物業などはその最たるものである。古い工業も復活し、栄えた。炭鉱や製塩の工業主はいくつかの新しい港（ファイフのウィームズ、エアシャーのソルトコーツなど）を造り、また、アバディーンシャーでは一六七〇年代は格子柄織物の黄金時代となった。衰退や後退ももちろんあったが、商況全般を見れば、まずまず順調といえた。

内陸では、城というより邸宅と呼ばれるようなものが主流となり、サー・ウィリアム・ブルースによる魅力的な建物が多くなった。新築する余裕のない者たちは古い建物を改築した。ストラスモア伯は次のように書いている。「古い様式の塔や城には我慢ならない。牢獄のような家に住んで喜ぶ者などいようか。そうした家は、封建制と同様にまことに時代遅れである。州内が以前より文明化されてきたのは喜ばしいことである」(18)。実際には、この時代でさえ、アバディーンの主教が震え上がったように、ハイランド人がローランド地方との境界にやってきて、肥えた家畜や未婚の娘を力ずくで連れ去るというような事件はあったものの、北部の険しい山地ではほとんど一世紀のあいだに侵略や無法状態はほとんどなくなっていた(19)。ほかの場所では、一般市場が驚くべき発展を遂げたが、フィネス・モリソンが記したように、小作料としての穀物を消費する家来が減ったこともひとつの要因だったに違いない。「当時、大広間が消えてモダンな食堂が主流になったという事実は、貴族の作法や慣習が非常に変化したことを表している」(20)。一五一七年から一七七〇年のあいだに自治都市外で市場の許可が下りたのはたった一度きりで、一五七一年から一六六〇年にかけてはせいぜい一〇回ほどであった。ところが、一六六〇年から一七〇七年のあいだには、少なくとも二四六回も許可が下りた。

こうした状況のもと、さらなる変化が起こり、市場の拡大によって囲い込みや土地保有条件の大改革、農業生産力の最大化などに基づく新しい農業形態がつくりだされるものと、誰もが期待したかもしれない。当時のイングランドやオランダの例を見て、農業にも変革が必要だということをスコットランド人は十分に理解していた。この時点でさらなる変革が起こらなかった理由は明らかでないが、供給量が新たに増えた割には需要量がそれほど変化しなかったことが一因と考えられる。また、輸入の機会も制限されていた。穀物はスコットランド東部の川沿いの低地からノルウェーへと運ばれ、家畜はボーダー地方の多くの地域からイングランドへと輸出されたが、外国政府から制限条件を押しつけられて、取引は著しく妨げられた。人口の緩慢な増加（人口は中世に減少して以来、一六九〇年になってもまだ完全には回復していなかった）と、収入をもたらし、雇用を活気づける工業部門の相変らずの不足によって、国内の需要は伸び悩んでいた。それゆえ、農産物の価格は低く、小作料も低いままで、地主にとって資本の蓄積は至難の業であった。だが、地主にとって、数世紀にわたって社会の伝統とされてきた体制を捨てるほど大きな経済的動機はなかったようである。このような状況下で地主たちが体制を変えようとすれば、それは新しい土台を完全に壊し、地方社会（地主はまだ地方社会の擁護者とみなされていた）の反感を買い、利潤が不確かな事業に資本投下することになりかねなかったであろう。

要約すると、政治改革はローランド地方にさらなる秩序をもたらした。政治改革は土地持ち階級の家庭の習慣に重要な影響を及ぼしたが、改革そのものが土地の経済的再建を成し遂げたわけではない。一方で厳しい制限を受けながらも、他方で経済的な発展が促され、スコットランド経済は中世よりもさらに数歩前進した。結局のところ、政治改革がなければ、一八世紀になってさまざまな環境で見られる農業や製造業の大きな変化はなかったであろう。どんな状況であれ、政治が適度に安定し、外国からの侵入や内乱を適度に免れていることが、経済の急速な発展にとって必要な条件である。政治改革そのものが経済成長をつくり出すわけではないが、それを可能にするのである。

第五章

田舎——共同体と農業

一　農業区

一六九〇年頃のスコットランドの人口は約一〇〇万——現在の一五分の一程度で、今よりずっと均等に、全国に散らばって暮らしていた。一七五〇年になってもスコットランド人の半分はテイ川以北に住んでおり、優にその四分の一が、今では全人口の七パーセントが住むだけのハイランド五州で暮らしていた。さらに、一六九〇年の都市部には一五六〇年より多くの人々が住んでいたのは確かであるが、最も多めに見積っても全人口の一〇パーセントから一五パーセントほどにすぎなかった。スコットランド人の八割から九割は農村に住み、耕作地からの生産に依存して暮らしていた。彼らは、圧倒的に、田舎の人々であった。

当時の人々の暮らしぶりがどのようなものであったかを思い描くには、歴史をふまえた想像力が求められる。まず手始めに、地図から今ある道路網のほぼすべてを消さねばならない。それに代わるものは集落から集落へ網の目状にうねうねと続く小道である。——動物の蹄《ひづめ》でデコボコに踏み固められたその道は牛にはぴったりであり、荷かごや布袋を左右に振り分けて背負ったり、ぬかるみの上でソリを引く強靭なポニーにも適しているが、四輪の荷馬車は普通は通れない道である。大きな自由都市を結ぶ長距離道路はもちろんあった——グラスゴーからスターリングとボネスを経由してエディンバラへ、グラスゴーからペイズリーやニューアークへ、リースからビガー経由ラナークシャーの鉛鉱山へ、エディンバラからハディントンあるいはダンバーに至る道路などでは、一七世紀から荷馬車がしばしば使われていた。うまく辿りつけるかどうかは天候次第であった。乾燥した夏季にはファイフ地方やその他の地区で、貴族は四輪馬車を使うこともできた。しかし、テイ川以北では、一六七八年に作られたアンガスのエドワード地図に「ドンデイとブレヒンを結ぶ王の道」とし

農業改革以前の農場。1690年頃のファイフ、ダンファームリン。J・スレザーの『スコットランドの舞台』より

て、麗々しく載っている幹線道路といえども、車輪のある乗り物は通れなかった。陸上交通の状態は農民の暮らしの反映でもあり、彼らにそういう暮らしを強いる原因ともなった。移動させるべき物がもっとあったなら、道路をよくしようとする動機が生まれたであろう。道路事情がよければ、農民はよろこんで市場に参加し、穀物を売ろうとしたであろう。この悪循環が解決されたのは、ようやく一八世紀になってからのことであった。

農耕地の全体像もまた今日のそれとは大きく異なっていた。碁盤の目のように区分けされた耕地の代わりに、荒れ地のように、どこまでも広がる土地を思い浮かべなければならない。そこにはエニシダの茂みが散在するだけで、吹き荒れる風から森や防風林で護られることもなく、集落の周りの耕作地と放牧地の境界に幅広く土を盛った「ヘッド・ダイク」を別にすると、垣根も壁も土手もなく、まったく区分けされていなかった。ヘッド・ダイクの向こうの放牧地はほとんどが、雑草の生い茂る茶色い荒れ地であった。そこで作物として植物が栽培できる可能性はなかった。ヘッド・ダイクの内側の耕作地ではリグ（地条）と呼ばれる細長い作付け地が起伏を描いて続き、雑草が繁茂する畝で区分けされ、巨石（今日ではほとんど取り除かれている）を置いて境界の標《しるし》とし、現在より標高の高い丘陵地まで耕作されていた。斜面は排水の役目を果たした。渓谷の幅が狭いところでは、丘陵の頂が飛び地の畑となりうるところは耕されたが、そのほかの傾斜地はイグサのような固い干し草になる雑草を取るだけで、あとは放置するほかなかった。湿地帯という厄介な土地柄のせいで、中世初期に修道院が孤立無援のささやかな努力を試みたものの、そのあと誰も手をつけようとはしなかったのである。沼地の泥を跳ね上げ、難渋する馬にまたがり、汚い宿を転々としながら、このあたりの様子を書き残した当時のイングランド人の旅行者にはそのすべてがひどく憂鬱に思え、小ぎれいで、きちんと柵で囲まれた故国の農場に比べて、ここは著しく遅れていると見えた。後世の訪問者たちの心を打ち、ロマンティックな陶酔に誘う山々でさえ、当時はぞっとするところでしかなかった。景色に賛嘆の声を上げられるのも、一定の快適さがあってこそなのである。

　こうした旅人はイングランドで見慣れた村落がないことも記録に留めている。古代にアングル人のノーサンブリア王国の一部だった南東部にだけは、イースト・ロジアンのダールトンやステントン、ファイフのセレスのように、大邸宅、城、教会、宿屋、目抜き通りや公園沿いに集中する多数の農家などを中心に発達した集落があった。なぜそうなったのか正確にはわからない。ひとつの見方としては、白亜層つまり石灰岩質の地方がそうであるように、水はどこにでもあり、水源の周りに集中して住む必要がなかったからといえる。別の見方をすれば、耕作可能な広大な土地を手に入れるのが困難だったからである。耕作に適した土地は散らばっており、その周りに集落ができていたからである。ロジアン以外では農業といっても、そもそも羊飼いが主流で（いくぶんかの耕作基盤を持ってはいたが）、一般に牧畜は土地を耕す農業より、農地を分散させるようである。

　したがってスコットランドでは、集落の基本単位は抽象的な「農地」を念頭に置いたハムレット（小村）となった。その基準は（少なくとも初期には）、牛や馬が組みになって犂《すき》を引くプラウ・チーム一組で耕せる面積で決められ、ときには二、三組のプラウ・チームが耕す面積とされることもあった。ハイランド地方では、しばしばこれはバラと呼ばれ、ローランド地方ではファームタウンあるいはクラハンと呼ばれたり、たまたまそこに教区教会があればキルクタウン、水車小屋があればミルタウンとなり、そこに農業主がおらず貧しい農場労働者だけがいるならコト・タウンと呼ばれた。こうした小村は一教区に十数個は優にあり、のちに耕作地が拡大したときにも同じように、あちこちに孤立した農家が急増した。集落は時の経過とともに、無計画に拡散したように見えるかもしれないが、慎重に調査すればプラウ・チーム、別称「プラウゲート」を基にした単位が見えてくる。

「農地」はあらゆる方法で分割し、耕作することができた。一人の農業主が耕作地をそっくり借りることもあり、経済力の弱い農民に土地をまた貸ししたり使用人として雇って、思いどおりに耕作することもできた。オクタータイアのラムジーはスターリングシャー東部とパースシャー南部に広がる大渓谷について、「このあたりでは頼みの綱はオート麦で、借地人は世間並みにそれぞれ一組のプラウゲートを持っていた」と記録に残している(1)。二人から四人、ときには八人、一六人、二〇人（それぞれに相当数の転借人がいた）もの農業主が「共同借地人」として農地を共有することも多かった。そこにはまた、さまざまな取り決めがあった。最も原初的なやり方では、農民が共同で土地を保有して共同で耕作し、収穫物はみんなで分け合い、地代は一括して支払った。こうした「集団保有」はロスやクロマティで行なわれ、ヘブリディーズ諸島の一部では一九世紀初頭まで続いていた。だがほかの地方では一六、一七世紀ですら、これが行なわれていた証拠は見当たらない。もう少し洗練された耕作法が「ランリグ」分割法であった。複数の小さな耕作地を他の共同借地人とのあいだに分散して保有し、土壌の良し悪しによる不平等の解消を目指した。「周期的ランリグ制」のもとでは、細かく分割された耕作区画は、一定の期間をおいて借地人のあいだで交換された。「固定ランリグ制」では、借地人は永遠に単一の区画にしばりつけられた。この二つを調整した中間形態が「ランデール」分割で、最小区分の耕作地をいくつかのブロックに統合して、ほかの共同借地人のブロックと混ざり合うように配置した。このようにして最終的に、現代の小規模農場のように耕作地を完全に区分けし、ひとつの統合された耕作地に分割できる段階に達したのであった。一七世紀にどの形式が最も支配的であったか断言はできないが、この頃すでに集団保有制は主としてハイランド地方に限られており、周期的ランリグ制がどうやら優勢であったらしい。固定ランリグ制も、それより多かったランデール制も普通に行われてはいたが、ローランド地方全体に広く行きわたるほどではなかった。統合した耕作地は非常にまれであった、と普通思われているが、おそらくこれは誇張であろう。たとえば、アンガスシャーのパンミュアの地所では、耕作地は東西南北の四つの借地に分割され、各区画は単一の借地人が一定の年数を借り受け、そのあとは別の区画へ移った(2)。借地再分配という旧来の伝統をふまえて、統合された四区画は短期の借地期間の満了時に交換されたようだが、決定的な証拠は乏しい。

共同借地制度はその方式がどうであれ、必然的に農耕の共同作業を促進させた。ランリグやランデールで土地を保有する農民は、共通の作物を同じ順番で作付けし、種を蒔くのも収穫するのも同じ日にして、他人のものと混在する自分の土地を耕作することになった。共同体のために犂を引く家畜も提供しなければならず、またそのほか包括的な合意に基づいて、やるべきことがたくさんあった。イングランドではオープン・フィールドを耕作するとき、自分の地条に何を作るかについて、いくつかの選択肢があったようで、一七世紀には進取の気性に富んだ借地農によって、カブさえ生産されるようになっていた。一方スコットランドではそのような変則的な例は見当たらない。育つ作物の種類が非常に少なく、オート麦かベア（大麦《バーリー》の原初形）しか収穫できないこともしばしばであったからである。分散した地条を統合できた者でも、共同作業はまず免れなかった。例外とされたのは、農民がそれぞれ十分なプラウ・チームを持っていて、借地の境界まで難なく耕作でき、彼らが手を貸す意味がない場合だけであった。そのようなときでも、村の牛や羊は共通の広々とした荒れ地で放牧されているので、その群の番だけは、共同体の一員として果たさねばならなかった。

とはいえ、共同作業をうまく進めるのは難しかった。田舎の村落には農民同士の些細《ささい》な口論ですべてを台無しにしてしまう危険がつねにあった——自分のリグを耕していたら、隣のリグに誰かが石を投げたとか、収穫時につい不注意に鎌をふるって、わずかなオート麦を隣のリグに飛ばした者がいるとか、あるいは収穫の秋に、最後に刈り取る作物がまだ残っているのに、刈り取り後の切り株が多くなった畑へ誰かが牝牛を放す、などさまざまであった。不和の程度を越さないように、争いごとを管理する制度を考案することが必須となった。最も単純で効果があるのが慣例に従うことであった。オート麦の種蒔きや、牝牛を牧草地へ入れる日を決めるのは賢明な策であった。選択の余地を残したら、細かいことをいって日程に同意しない農民が、多かれ少なかれいるからである。また、適作地の三分の一をつねにベア用に残しておくことも、それが共同体でエール（麦芽醸造酒）を日常的に消費する度合いに合っていれば、大きな問題にはならなかった。厄介だったのは時が経つにつれて慣例が神格化されることであった。より良い耕作方法が知られるようになったり、市場作物を作る重要性が増し始めると、農民の盲目的な慣習頼みが躓《つまず》きの石となり、全体としてみれば地域の利益につながりそうな諸変化をしばしば阻害することがわかった。早くもチャールズ二世の治世時に、ピーブルズシャーでこれに気づいた人物がトゥイードデールの農民について次のように述べている。

彼らは勤勉で注意深い人々なのだが、意地っ張りで頑迷で旧い習慣に固執するところがある。なかには、穀類を低温から守る効用があると理屈をいって、雑草を抜こうとしない者がいたり、下生えの成長を害するからと木を植えなかったり、干草の匂いや色を良くする手間を省いておきながら、放置されてかび臭くなった干し草は、牝牛を発情させる効果があるのだと言い張る者もいる。また五ないしは六フィート丈の葦を無駄に刈ってしまうと危惧して、小さな沼地に排水のための溝を掘らず、はるかに多くの牧草を失ったりしている。すべて農場経営に必要なことだと言い張るが、土地に負担をかける農民たちのこうした気質が、全般に小さくて痩せた牛を育てることになり、市場での売り値を下げる。だがそれ以外の点では、彼らは将来に備えて準備を怠らない、忍耐強い人々である(3)。

バロン裁判所（領主裁判所）が開設されたことで、協力関係をつくる手段であった慣例重視のやり方はその不備を補うことができた。バロン裁判所には二つの機能があった。まずこの裁判所は、しばしば多くの農業区から成るレルドの領地の借地人たちが寄り合い、慣習の解釈を確かめ合う場所となった。もうひとつは、レルドの私的な裁判所の役割を果たし、これをとおしてレルドは領地を支配し、地代と自分に対する賦役の支払いを強制し、レルドや共同体の利害を損なう罪を犯した農民は処罰できた。こうした小さな裁判所はいくつか現存しており、ファイフのセレスのそれには、扉に「正義に神の祝福があらんことを」の標語が刻まれている。

これらの裁判所の性格はレルドたちの活力と利害に左右され、時と場所で異なったが、次にあげる二、三の例にあるように、その根底には単一の目的があった。一七世紀初めにパースシャーで実在したハイランドのレルド、グレノーキーのキャンベル家のバロン裁判所はスコットランド議会の小さなレプリカのようで、国王が「聖職者、貴族、平民の三身分の同意」に従って立法を行うように、彼らは「すべての平民と借地人の助言と同意」によって法を定めた。キャンベルの法廷で「決められ、布告された」ことの多くは、農作業に関するものであった。ムアの草を焼くのは三月に限定され、ヘッド・ダイクは毎年補修すること、ピートを切り出すには「ローランドのピート鋤《すき》」以外の道具を使ってはならず、しかも穀物畑でピートを切り出してはならなかった。借地人は樹木を植え、害獣を殺す義務があるとされ、もっと不可解なことには「新月から満月になるまでの時期以外は」イバラや植物のトゲを刈ってはならぬと命じられた。多くの法令が社会秩序と関連していた。密猟者や流れ者に隠れ家を提供してはならなかった。妻は夫が屋敷の敷地内にいなければ酒を飲んではいけなかったし、職工が一枚のプレイドを作る手間賃は一ファーロット〔ファーロットは穀物の量の単位。三〇ポンド余り〕の粗挽き粉が限度とされた。一六二二年には製粉業者は庭師とサイコロやカード遊びをしないよう命じられた。一六二五年にはエール売りが、すでに酔っ払っている平民に酒を売ったとして罰金を取られており、一六二九年には他人の家の床に反吐《へど》を吐いた男が罰金を取られた。「食事のあいだに飲みすぎたと白状した」からであった。一六二三年には、父親に死なれた子供たちを餓死させたとして、ある借地人が訴えられた。この男はその一家の牛を借金の担保として取り上げたらしかった。同年、レルドは一五人の陪審団の前で開かれた厳粛かつ重大な法廷で、男爵領内で牛、羊、その他の物品を盗んだ一組の夫婦を訴追した。その結果、妻のマクレガーが鞭打ちのうえ領内から追放され、夫は絞首刑になった(4)。ここに登場するキャンベル一族は家長制社会であるハイランド地方の氏族の分家長で、自分の借地農や一族の人々の日常生活の細部にまで深く関与し、厳しく管理していた。バロン裁判所が軽罪でもって有罪とした男を絞首刑にするなど、一七世紀初期のローランド地方ではまずありえないことであった。

しかし、ローランドのバロン裁判所の記録にも、グレノーキーのキャンベル家のものと大差ない気風をうかがわせるものがある。ロクスバラシャーの男爵領スティッヒルでロバート・プリングルとその後継者が一六五五年からが開いた裁判記録によると、一七世紀のローランドで裁判を行なうレルドの態度は、概して個人的な思惑が少なくなく、入念な審理とは言い難かったことがうかがえる。プリングルの善悪の判断基準は長老会を支え、教区民に規律を守らせる信心深い牧師や平信徒たちのそれと同じであった。なぜなら彼は「教会の規律が世俗の下級判事たちの助力と同意をいかに必要としているかを慎重に考慮して」、一六六〇年、および一六六四年にふたたび、自分の裁判所の補佐人に対し「誰であろうとすべての人間に対して、長老会が出したすべての布告と命令を執行するよう命じた」のである。その五年前、彼は（「平民と借地人の同意」を得られた可能性はなかった）、男爵領内では何人《なんぴと》なりとも「過度な飲酒はもちろん、節度ある飲酒も、口汚い罵倒や嘲弄を浴びせることも禁じ、信心深い行為を嘲ったり……他人を呪い、毒舌を吐き、神聖なものを冒瀆することは罷《まか》りならぬ」と命じていた。子供たちを学校へ行かせなければ、両親に一〇ポンドの罰金が科せられた。暴動を起こしたり、安息日を守らなかった者は、教会の扉の前でさらし台にさらされた。そのほかの点では、裁判所は主として、田舎の日常のささいな規則違反を裁いていた——地代や賦役の不払い、債務問題、借地人の牛や鶏が互いの畑へ不法侵入したとか、境界線にからむもめ事などであった。ピートの切り出しや、エンドウの種蒔きから堤防作りまで、決まった時期に行なわれるそのほか多くの農作業のルール作りも担っていた(5)。

三番めの例、キンカーディンシャーにあるユーリのバークレイ一族の裁判所では、レルドはクェーカー教徒であった。そのため地主たるレルドは長老会とは無関係で、放縦や道徳基準の無視に関する判例を探しても無駄である。レルドは自分が借地人の身分を不法に迫害していると陰口を囁かれているのを耳にすると、非難に応えるべく一六六九年、みずから法廷に立つ覚悟を固めた。困惑した農民たちは、「告訴する理由がないと認めたことについては」訴追を辞退した。とはいえ、前述のプリングルと同様、バークレイもやはり、地代と賦役についてのレルドの権利は厳しく行使し、植林を命じ、共同体内で債務決済できるよう調整し、領内の鳥獣の密猟から借地人の殴りあいなどの軽罪まで処罰し、全体としては近隣の農業経営にも配慮していた(6)。もう少し北のアバディーンシャーにあるフォーブスの男爵領では、同じように教会規範の下支えには無関心で、むしろ地代や賦役に対するレルドの権利を行使し、暴力の処罰、債務の決済を進めるほうにはるかに熱心であった(7)。

バロン裁判所はレルドが主宰するが、通常はほとんど補佐人が代行していた。当然レルドの言い分は通りやすいということになるが、いつもそうであるとは限らなかった。たとえば、一六二七年、グレノーキーのキャンベルが藁の収穫量について借地人に訴えられ、彼が要求した量の半分しか認めない裁定が下ったこともある。法廷は通常、四人から一四人の借地人からなる陪審団で構成され、ローランド地方では彼らを調停人と呼ぶことが多かった。ローランド地方でもハイランド地方でも村落共同体や男爵領には、バロン裁判所ほど正式ではなく規模も小さいが、しばしば仲裁人や治安官が審理を司る法廷があるといわれている。そこでは純粋な農業問題をより多く扱い、「軽犯罪を裁く」ことは少なかった。たとえばスティッチェルではバロンの裁定を助けるために一五人の「査問委員会」が指名され、同時に、「隣人とのあいだで疑問の余地があり、論争になりうるすべての問題」に、レルドの土地管理人の「助言と同意を得て」裁定を下すために、別個に九人の「調停団」が選ばれ、課税査定と公的な徴税を行い、双方に平等な裁きを下す」ことを目指していた。イースト・ロジアンのイェスターの借地農裁判所はバロン裁判所と同じく、地主であるバロンの補佐人と、借地人が選んだ、もう二人の補佐人で構成されていたが、制度のうえでバロン裁判所とはまったく異なっていた。借地農法廷は年に三回開かれるが、一七六〇年には、「太古からのイェスターの農民法」であるとうたわれている三七条からなる法体系が存在しており、もっぱらヘッド・ダイクの保守や迷子になった家畜の問題や、誰かが裁判で許可された以上の牛を共有地に入れて放牧地を荒らした、などの問題を扱った(8)。これが農民間の軋轢《あつれき》を最小限にとどめ、農業・牧畜を営んでゆくうえで大きな役割を果たしていたのは明らかであった。

ハイランド地方では調停人はいくぶん民主的な原則にそって、借地人側から選ぶこともできた。ローランド地方では普通レルドにより上から強制され、経験豊かな借地人がその任に指名されていたようである。どちらの場合でも、いくぶんかの協議を伴ったようであるが、古くからの慣習に盲従したかははっきりしない。おそらくこれが原因となり、一八世紀になると調停人とその法廷は実用性を失って廃れ、イングランドから借用した新しい農耕システムを携えて、有無をいわさず借地人たちに指図する効率本位の土地管理人に取って代わられたものと思われる。これがしばしば敵愾心《てきがいしん》を呼び起こした。レルドの財産を侵害する卑劣で身勝手な事例は――一七世紀にもなくはなかったが、一八世紀にはあたりまえになった――自分では農業を営まない者たちによって、昔からの習慣と意思疎通のルートがまったく考慮されずに、農業の営みが指図されていることが一般に見かけられたのである。

二　農地

このように規制され管理された伝統的な農耕は、現代人には奇異で効率が悪いように思える。地域差がありすぎ、どんな形であれ一般化することはほぼ不可能なので、簡潔に述べるのは容易ではない。

耕作地がどこででも「インフィールド（内耕地）」と「アウトフィールド（外耕地）」に二分されていたことはほぼ間違いない。この用語は耕作地域を区別する言葉ではなく、しばしばまとまりをなして混在している二つの土地の種類の違いを表している。インフィールドは耕作可能な土地の四分の一ほどにすぎないが、一般に肥沃で何年も続けて穀物が収穫できるので、休耕の必要はなかった。アウトフィールドは土地が痩せており、数年間休耕したあとで、ようやく数年間オート麦が栽培できた。

インフィールドは共同体の飲料用穀物、つまりベア（大麦）や四条大麦などを産出する地区で、春になって（スコットランド南部では四月）耕作地が掘り起こされて三週間ほど経つと、種が蒔かれた。通常、飲料用穀物の作付けはインフィールド全体の三分の一から四分の一で行われた。例外はギャロウェイで、耕作地全部をこれに充て、したがって毎年同じ土地に飲料用穀物が栽培された。ほかでは別の種類の作物と循環して耕作され、一般的には堆肥《たいひ》が施され、一回の作付けに対して全国平均で四種類か五種類の穀物を収穫していた。収穫後は──刈り取り時に穀粒を無駄にしにくいからと、何を収穫するにも長柄の草刈り鎌より片手使いの三日月型の鎌が好まれたが、ベアは農民が家でモルトにし、醸造して家庭内で消費された。だが、農民のなかには醸造したエールを農場労働者や、収穫が足りずエールが作れなかった借地農に小売する者もいた。ベアは非常時には粉に挽いて食用にしたが、普通はスープを取るのに使うしか用途のない、劣悪な食材と考えられていた。

イースト・ロジアン、ファイフ、ベリックシャーのマースやアンガスの一部では、インフィールドの四分の一以上の耕作地を小麦に譲り、そこここの区画でエンドウやインゲンなども作っていた。亜麻や麻もまたインフィールド作物で、ひとつのリグにたっぷり堆肥を施し、その農家が必要とする分だけ栽培されることが多かった。どの家でも必要に応じて、自家製の麻縄をない、亜麻布を織った。だが特にクライド湾沿岸やテイ川下流など、ところによっては亜麻布作りが農耕と結びついた借地人たちの専門職となり、原料の亜麻は輸入商人から買ったり、自分で栽培したりしていた。こうした家内工業製品は一七世紀には早くも、スコットランドやイングランドのあちこちの市場で広く流通し、農業経済に押し寄せる工業化の波を体現していた。それは一七〇七年のイングランドとの合同ののち、社会的にも経済的にも一層重要性を増すことになる。

もうひとつの作物オート麦は、もっとありふれたインフィールド作物であった。アウトフィールドの土壌でも育つ唯一の作物でもあったので、スコットランドの主要農産物──食料穀類として国中で最も多く作られていた。オート麦用の土地はたいてい秋に犂《すき》で掘り起こされ、ベアの種を蒔くより前の早春、しばしば早くも二月に種がまかれた。インフィールドのオート麦畑には、堆肥はほとんど施されなかった。ここではオート麦を二、三年作るとベアに転作され、これが三年に一度、おのずと土壌に肥やしを与える効果をあげた。だが穀物の生産が途絶えることはなかった。アウトフィールドでの農耕方法はさまざまであった。地ならしもしない土地に種が蒔かれることもあれば、土地がやせて一時的に耕作不能になるまで同じ区画で栽培し続けることもあった。しかし、(ギャロウェイやアバディーンシャーやイースト・ロジアンでのように)土地を八ないしは一〇の「草むら」や「沼地」に分割して、休耕が明ける前の年、一時的に柵で囲った一区画に家畜を放って、動物の糞で少しは地味をよくして、形式的な輪作を行なうところもあった。オート麦の平均的な収穫量は、厳しい言い伝えにあるように、「ひとつは次の生産のため、ひとつは飢えをしのぐため、ひとつはレルドへの支払いのため」のもの以上ではなかったようである。この時代のオート麦は近代農業で使われる滋味豊かなものではなく、野生種に近かった。

収穫を終えると、ローランド地方の農民は借地条件で決められた製粉所へ運ばねばならず、粉に挽《ひ》いてもらうために、たいてい高い「粉挽き場使用料」を支払わされた。スコットランド中でこの隷属的な条件は恨まれ、あの手この手で支払いが回避され、使用料の徴集はバロン裁判所の主要な任務となった。この結果、製粉業者は共同体社会において、一目置かれると同時に、嫌われ者になった。しかもこの状況は一地方だけでなく、ヨーロッパ全体に広がっていた。「みなが私を嫌うなら、大いに結構、こちらも一切斟酌《しんしゃく》しない」。それが彼らの言い分であった。製粉所はさらに多くの点でバロン裁判所に徴用された農民の労働に支えられていた。領内の裁判所や堰《せき》を修理するのも、古い挽き臼が壊れると、最寄りの採石場から新しい石を運ぶのも農民の仕事であった。挽き臼用の石運びなどは、共通の利益のための重労働をとおして、地域をひとつにまとめるよい機会ともなった。人々は丸い石の縁から中心に向って若木を心棒のように突っ込んで、転しながら悪路を運ばなければならなかった。この作業を首尾よくやり終えるには重労働と大量のエールが必要であった。一方ハイランド地方では、水車型の製粉所はまれで、自家製の手動のひき臼で粉を挽くのが普通であった。主婦たちはたいてい、少量の粉をわざわざ製粉所へ持ち込まなくともいいように、こっそりひき臼を持っていた。

農地の家畜のなかでも、プラウ・チームはローランドのすべての地区で最も重要で、なくてはならないものであった。

ジュラ島の仮小屋（シーリング）。夏季に丘陵地で牛を放牧する牛飼いたちの仮住まい

犂を引くのは馬でも雄牛でもよかった。土質の影響もあり、現場で使われる犂の重さによって動物の数は変わるが、これが一農業区の共同借地農の数に影響した。石に耕作を妨げられない平坦地では、扱いづらい耕具（先端の犂刀のほかはすべて木製）を使って、固くじめじめした冬の土を掘り起こすのに雄牛一二頭が必要とされた。その場合、一人が雄牛一頭を拠出するとすれば、その農業区の借地農は一二人となるであろう。土壌が異なり、キンタイアのようにとりわけ岩の多い土地では、四頭の馬が引く、より軽い犂が有効になり、そこでは農民は四人でいいかもしれない。しかし、借地農の数がいつも犂を引く家畜の数と一致するとは限らなかった。たとえば、キンタイアにはホース・フットと呼ばれる犂の刃先があるという。どうやらこれは馬一頭が引く犂の四分の一の大きさで、馬四頭で引くプラウ・チームが使う犂の一六分の一だったようである——おそらくホース・フットの持ち主の四人は、なんらかの方法でそれを連結して家畜に引かせたのであろう。ギャロウェイでは、八頭から一〇頭の雄牛で土を掘り起こす地区もあれば、馬を使う地区もあった。だが牛を使うと時間がかかり、効率が悪かった。それでも農民たちは土地の事情が許す限り牛を使いたがった。牛は馬より脱糞が多く、畑の肥やしになり、飼い葉も安く、解説者の言によれ

ば、労役に使えなくなれば、また「よい値」で地元の家畜商人に売ることもできたらしい。

馬やポニーは荷の運搬用にも飼われ、町や炭鉱の近くでは借地人のなかに運搬を専門にする階層が生まれ、石炭や布地、ピートや農産物を農業区から市場へ運ぶことに、ほぼ全精力を傾けていた。一八世紀中頃のアロアには、アースキン炭鉱の石炭を波止場地区に運ぶこうした階層の人々がいた。「手押し車と大差のない」荷車を使い、運搬業で手一杯なので、彼らの小さな農地はまったく打ち捨てられ、一面にハリエニシダが生い茂っているありさまであった、と伝えられている。

農耕や運搬に使わない家畜の群は、農民にとって、食料や衣類に直結するものとして重要であった。田舎の家庭はどこでも、牛乳、チーズ、バターを得るために少なくとも一頭の乳牛を飼っていた。南西部地方とハイランド地方の特産となっている肉牛のブラック・カトルは食肉や皮革、牛脂になった。それらはまた、地主に支払う地代の代わりに物納されることもあった。ヤギは乳製品用としても食肉用としても重要で、とりわけハイランド地方には驚くほどヤギが多かった。一七世紀末には一年に一〇万頭分のヤギと子ヤギの皮革がロンドンへ出荷されていた。羊は丘陵地帯のどこにでもいたが、ハイランド地方にいるものは体が小さくて茶色い、毛むくじゃらの種で、国境付近のボーダー地方のものは大型で、ふんわりした羊毛で被われていた。羊はまた、毛織物はもちろん羊肉や羊脂になった。農民は家畜を自分で製品に加工することに長けていた。男たちは皮をなめして靴も作り、家族が使うには十分な腕前があり、羊脂から自家用のろうそく用グリースを作ることもできた。妻たちは羊毛を糸に紡ぎ染色した。だが村でそれを専門職にする人々は、紡いだ糸で布を織った。

牧畜に関して農民が抱える日々の重要問題は、各人が何頭の家畜を飼育できるかを決め、共同体の共有地に適切な群を入れるよう手配することであった。この両方の問題に調停人が重要な役割を果たした。飼育してよい家畜の数——共有地を調査したうえで査定された——は、一般に借地の広さに基づいて昔からのしきたりによって決められた。だが解釈の違いや曖昧さが生じたときには、問題は調停人に委ねられた。割り当ては牛かその同等物に換算して算出された。たとえばインヴァネス近郊では「査定の一単位は四頭の羊を維持しうる牧草であった。ここで、羊八頭は牝牛一頭半またはヤギ四〇頭に相当し……と計算された。ヤギと羊の評価の不均衡の理由は、羊が牧草をすっかり平らげてしまったあとには、タイムなどのハーブ類しか残らず、ヤギを放牧する以外にはほとんど価値がなくなるからだった」(9)。最も新しい資料では、このシステムは牧草地に草を食む動物を入れ過ぎる結果を招いたとしており、ヤギ四〇頭が本当に牝牛一頭半と同等とされるなら、スコットランドがほかと較べて樹木の少ない国になった理由も、少しはわかる気がする。もっともパースシャーではヤギを羊と同等にしか評価しない査定もあった。

調停人は羊番の管理もしていた。どんな形式であろうと囲い込みはめったになかった――あっても馬のための放牧地を柵で囲ったり、翌秋には犂を入れることになっているアウトフィールドの区画の土手と土手のあいだに、一時的な柵を作ったりするくらいであった。そのため、ほとんどの動物は羊飼いに見張られて、村落のまわりの土地を悠然と動き回っていた。肉牛や羊は草深い牧草地やヘッド・ダイクの外の湿原で夏を過ごし、収穫が終わると刈り取った後の株が残る畑に入ることを許された。乳牛や馬は一般に手元に置かれ、リグとリグのあいだに残った雑草が生える畝に縄でつながれるか、「低地」あるいは「焼畑地」と呼ばれる、村落の近くの少しはましな牧草地に閉じ込められた。そこは冬には洪水に見舞われるが、いかなる管理も受けてはいなかった。また、不注意なあるいは利己的な農夫は即座に処罰された。たとえば、イェスターでは動物が麦畑に入り込まないように、五月三日から収穫の最終日まで、夜間に家畜を家の外に放しておくことは許されなかった。また、跳ね馬は畑に駆け込まないように両脚を縛られ、また気づかぬうちに隣村の財産に損害を与えることがないように、村落の動物たちと別の場所で家畜を飼うことも許されなかった。

ハイランド地方では放牧地区が非常に広く、小さな耕作地の周りに人が住む集落は遠くに散らばっていたので、家畜を季節移動させることは理に適っていた。夏の盛りが近づくと、借地農はみんな、放牧地に入れる乳牛、子牛、去勢牛の「査定を受けて」、山間部の「シーリング（仮設小屋）」へ移動した。山間部では丘陵の水源の周りに夏草が生い茂り、女性と子供たちはここで家畜の世話をして、一カ月ないしは六週間を過ごし、バターやチーズを作り、収穫時期になって畑仕事に呼び戻されるまで仮設小屋で暮らした。ハイランド地方でもローランド地方でも、放牧主は自分の家畜を害獣や家畜泥棒から守らねばならなかった。一六二一年の記録では、グレノーキーのキャンベル家が所有するパースシャーの領地では借地人たちはそれぞれ、狼の駆除のために毎年「鉄製のクロスカット（罠《わな》）四台」を拠出しなければならなかった。狼は一六九〇年頃には絶滅したが、牛泥棒の根絶にはさらに長い年月を要した。

家畜の群を維持するための難題が、一二月から四月の荒涼とした数カ月に発生した。この時期は、刈り取ったあとの切り株も食べつくされ、シーリングもムアの沼地も牧草も、なにもかもが役に立たない茶色い荒れ地になった。根菜作物はまだ知られていなかった。麦わらは冬の飼料として使われ、オート麦を束ねたものは多少ながら馬のために取っておかれた。干草に似たものは、農民がいつも夏場に刈り取っておく沼地に生えるごわごわしたコヌカグサやエニシダしかなかった。だから寒い季節が始まる前に、多くの家畜が市場で売られ、また自家用に屠殺処理された。生き残った家畜は、地面に雪が降り積もり始めるとき与えられる、ごわごわの飼い葉を足しにして、敷地の周りにあるものは何でも食べて生き延びるほかなかった。ふたたび牧草地に放たれるときには、家畜は衰弱して、ムアの荒れ地に辿り着くことすら難しかった。ハイランド地方では、農民が家畜を家や牛舎から出して、体力を回復させるために草原へ連れて行く日が「リフティング・デイ」として公式に定められた。家庭から出る残飯や動物の内臓、まき餌などを餌とする豚や家禽はこうした苦難を免れた。しかしながらハイランド地方ではどこでも、豚肉について偏見にみちた迷信が根づいており、ローランド地方でさえ豚肉は控えられた。一方、家禽はどこでも飼われていた。

一七世紀には農家はどの程度まで自給自足していたのであろうか。ここまで述べてきた多くのことがその程度をおのずと示しているが、この国の劇的に異なる地理的状況そのものが、農業のバランスに地域差を生み出し、その結果、生産物の交換を促進した。たとえば、すでに示唆したように、ハイランド地方では、農民は主として山間部で羊や牛を飼って生活し、富は保有する牛、羊、ヤギの数に換算して評価された。オート麦は土が掘り返せるところならどこでも育ったが、全体としてこの地域は穀類を他所から買い入れ、肉牛を外部へ売り、生産物の交換はハイランド・ライン沿いに点在する辺境の町（ダンケルド、ダンブレイン、キリミュア、インヴァネス、ディングウォールなど）で行われた。これとは対照的に、東部の沖積低地からマリ湾の沿岸地方、アンガス、ファイフ、ロジアンの各州へ広がる、巨大な三日月形の肥沃な土地では、人々は元来が農夫であり、富は自分の農地が生み出す穀類の量で計られると考えていた。彼らもまた、余剰品は自由都市や高地地方《アップランズ》の市場で売りさばき、穀類は北海の彼方にまで送られることもあった。アバディーンシャーやスターリングシャーの高地や、国境に近いボーダー地方や広く西部地方一帯では牧畜がふたたび優勢となり、東部から西南端のウィッグタウンシャーまで広く羊が飼われ、羊毛を生産していた。羊毛は未加工の状態でも毛織物としても、ヨーロッパにまで商売を広げる可能性があった。というのも、ギャロウェイやエアシャー南部は、もともと肉牛ブラック・カトルを特産品とする地方で、一七世紀には早くも余剰家畜を遠くロンドンの家畜取引市場で売買していたからである。しかし、こうした高地のなかに点在するベリックシャーのマース、アナンデール、クライズデールなどの肥沃な大渓谷はどこも、近隣地方の物産と交換するために余剰穀物を生産していた。たとえば、ギャロウェイの肥沃な低地のように、「大飢饉でもないかぎり十分に自足でき、ムアランド（荒れ地）にたっぷり糧食を供給できる」といわれた地域がたくさんあった。またミニガフのような小規模な市場もたくさんあり、「ムアランドから来た男」が沖積低地の男から「大量の粗挽き粉とモルト」を買い、ウィグトンでは毎年二回開かれる馬市が、アンナンデールから来たボーダー地方の人々でにぎわい、ブラック・カトル市場にはダンフリースの食肉業者が大勢で訪れ、毛織物の市にはエディンバラ、グラスゴー、エアからの商人が集った(10)。またそれほど商業目的ではない市も開かれていた。

八月九日には、カーカンダーズの教会構内で、セント・ロレンス・フェアと呼ばれる市が開かれ、あらゆる種類の商品が売られる。だが、市はたった三、四時間しか続かず、そのあとはここに集った人々が大勢で群がって酒色に耽り、臆面もなく、とんでもない淫らな行為に及ぶのだった(11)。

このことから、スコットランドを国内および国外との食料品の取引に伴って地域特化が進んだ国ととらえることは正しいし、取引量は一七世紀後半をとおして（最後の節で考察したように）増え続けていた。だが、外面的な違いがあるにもかかわらず、別の視点に立って、スコットランドの農業共同体が持つ根本的な均一性を認識することは重要である。耕作地と牧草地のバランスはまちまちであっても、すべての農家はもともと複合的な経営をしており、耕作地からは、共同体のためにパンやエールや亜麻糸を作りつつ同時に、牧草地からは、ミルク、食肉、皮革、羊毛を作り、荷役用の動物を育てていた。どちらの要素が支配的になるかは地理的条件で決まった。完全にどちらか一方に集約するには至らなかった。

さらに慎重な調査が示すところでは、市場での取引も、貨幣の使用でさえ、公認された市場やフェアの数から単純に想像するより、ずっと制限されていた。アバディーンシャー奥地のバカンはよく整備され、スコットランドのなかでも都市化の進んだところで、一七世紀後半には穀類をフォース湾へ、さらにノルウェーに売っていた。以下はチャールズ二世の治世時にこれについて述べた資料である。

生活に必要なものはすべて簡単に手に入るので、この国には人がたくさん住んでいる。貴族であれ、平民であれ、人々の仕事は労役と農業である。ほかの熟練を要する仕事は、純粋に必要なものを除いて、ほとんど従事する者がいない。概して、誰もが年季奉公で習得するくらいの技術を身につけて、日常的に使っているので、ここでは専門技術を職業にしようとする動機がほとんど生まれないのである。

言い換えれば、この地方は労働の分業化がまだ原初的段階にあり、村に職人が登場するのが遅れているともいえるのである。それでも、人頭税による収入記録によれば、一六九〇年代のアバディーンシャーには自家営業をする職人がいたことが判っている。資料によると――

かくして、穀物がこの国の生産物のすべてになる。それがよい値になると、職人の親方や弟子たちの懐も潤う。だが逆の場合には、たいてい彼らは金がなくて大いに困窮する。この国の女たちのほとんどが、紡績や靴下作りやプレイド織りに雇われている。それをアバディーンシャーの商人が海外へ持ち出す。このようにして平民は貨幣を手にすることになるが、ほかにはそれを手に入れる方法はないのだ(12)。

この資料の書き手がここで、平民は妻たちの稼ぎに頼るほかには貨幣を手に入れられなかったというとき、その数字は必ずしも聞き伝えによるとは限らない。農業労働者や農家の使用人の雇用状況を最も早く、余すところ無く説明しているものが、一六五六年にミドロージアンの裁判官が出した賃金査定である。リストアップされた上層部の人々――「完全農夫（自分の仕事を手助けする使用人を雇える農夫）」、「半農夫」、牧夫、請負人（または脱穀人夫）たちは、報酬を一切金銭では受け取れなかった。そのかわり、彼らには食糧で支払われたり、裏庭がケール畑になっている小屋を無料で借りられたり、オート麦、ベア、エンドウなどが栽培できるインフィールドのいくばくかの土地を得たり、二、三頭の家畜を牧草地に入れる許可を得たりした。身分の低い使用人や未熟な職人、年少者や女性たちだけが、何がしかの現金を手にしたのであった(13)。このことからわかるように、スコットランドの首都の周縁部でさえも、労働の対価を現金で受け取ることは、村落共同体内の切れ端のような土地を得るより浅ましく、好ましくないこととされていた。一六九六年のアバディーンシャーの人頭税収入記録には、まさに同様の状況が記録されている。土地の転借人や牧夫はまったく金銭を得ていないようで、土地がまったく借りられない者にだけ賃金が支払われていた(14)。

これらの事実が、現代社会とこのような社会とのあいだにある深いギャップを歴史家に再認識させてくれる。一七世紀スコットランドの農民文化とアジアとアフリカの後進性の強い種族の文化とのあいだには、彼らの直接の子孫である現代スコットランドの農民文化とのあいだより、はるかに大きな類似点があるのである。

第六章

田舎——土地保有と生活水準

一　地主

これまで述べてきたような賃貸の土地からは、二種類の収入を得る必要があった。ひとつは、農民がみずからの家族を扶養するための収入、もうひとつは、地主を支援するために支払う賃料である。地主は王の下でスコットランド社会のリーダーとして特権的な地位を得、その数はそれほど多くはなかった。地所がごく小規模だった南西部は別として、おそらく土地を相続し、売買する権利を持つ者は五〇〇〇人以下であったろう。地主といっても誰もが同じではなかった。縁なし帽子《ボンネット》を被ったレルド（小地主）〔以下ボンネット・レルドとする〕と貴族とでは、経済的な力も、社会的特権も、他者への影響力も非常に違っていた。階級の序列を理解するためには、封建制度の法によるスコットランドの伝統の複雑性を理解する必要がある。封建制の法によって、すべての地主は封臣あるいは下級封臣として扱われ、すべての土地の究極の所有者である王から相続できる土地を与えられていた。

ピラミッドの頂点には、数の上では一〇〇にも達しない強大な一族、すなわち貴族やハイランド地方の主要な族長たちが君臨していた。彼らは、貴族の身分によって、また、領民に直接の領主として認められているという事実によってきわだった地位に置かれ、農民は土地を保有する代わりに領主のために臨時費用を出したり、さまざまな責務を果たしたりした。領主一族が絶大な権力を持つ場合もあった。ステュアート朝の王族以外で権力を誇っていた四つの一族（ハントリー、アーガイル、ハミルトン、アンガス）のなかでも、ハントリー侯家は最も有力で、「ハントリーの土地八四ダヴォック」、肥沃な北東部で約二万エーカーもの土地を支配していた。一七世紀に授爵したハディントンやホープタンなどの伯家の土地はこの十分の一にも及ばなかったであろう。その他の地主は——大多数がそうであったが、貴族階級ではなかった。彼らは総体的にレルドという肩書きのもとに一括《ひとくく》りにされ、直接王に仕える者もいたが、大部分は貴族に下級家臣として仕えていた。土地の保有形態は「被後見保有権」と「賃貸農地権」の二つが一般的で、それぞれ大きく異なる特徴があった。

被後見保有権の方が古くからあり、「最も封建制度らしい保有権」だとステアは述べている。それは中世最盛期の騎士の土地保有権に由来するもので、デイヴィッド一世やマルカム四世のノルマン社会でよく見られるような、個人の義務が不可欠とされる土地保有権であった。被後見保有権を有する者はみんな、領主のために兵役を強いられ、領主を歓待し、召集されれば貴族裁判所に出廷する義務を負っていた。このようにして、貴族は私闘や公の戦いにおいて封建制の軍勢を召集する力を維持し続けたので、一七四五年の反乱以後、被後見保有権は廃止された。被後見保有権を有する者はイングランドの地主と同様に、土地を相続・譲渡することを保障されていたが、その土地は保有者の交代時や結婚時には召し上げられることになっていた。これは権利保有者が死亡したさいには領主に土地を返還すべきだという理論に基づいていた。権利保有者の交代は、保有者が死亡してその相続人が成年の場合に見られた。権利を引き継ぐ者は土地をそのまま占有するために、土地の一年分の収穫に相当する金を支払わなければならなかった。「後見権」は権利を引き継ぐ者が未成年の場合に発生した。領主は未成年者が成人になるまでその土地を管理し、小作料を搾取した。相続人が未成年か女性の場合には、結婚を強いられることもあった。領主は利益をもたらすと判断した相手と被後見人を、本人の同意なしに結婚させることができたのである。相続人がいない場合、土地は領主に「没収された」(返還された)。何年も大切に守ってきた土地の管理が一夜にして無効とされる、古くてわずらわしいこのような慣習は一六世紀後半や一七世紀まで見られたが、一六九〇年頃にはハイランド地方だけに残る独特な保有権となっていた。

「賃貸農地権」の起源はもっと新しく、個人の責務よりも金銭が基盤とされたために封建的色彩はずっと薄かった。これは、領主にまず「草代」として多額の頭金を支払い、その後「永代借地料」として定額の地代を払い続けることで、土地の永代所有権を手にすることができるという仕組みであった。被後見保有権と同様に賃貸農地権を有する者は、土地を永代にわたって相続できるのが普通であった。だが、被後見保有権と違って、兵役や裁判に関する義務はなく、任意の臨時費用を徴収されることもなかった。賃貸農地権が流行《はや》ったのは一五世紀後半から一六世紀前半にかけてで、王室や教会が早急に多額の金を必要としていた頃のことである――その必要額は明らかに被後見保有権を持つ者からどんなに徴収しても到底足りないほどであった。その後、比較的安定した地域の貴族も地代を金銭で納めてもらうほうが有利であると考えるようになり、一七世紀が終わらないうちに、南部や東部では被後見保有権はほとんどなくなった。

　賃貸農地権を獲得するための費用は安くはなかった。土地は（たとえばストラサーン全体で一区画というように）大きな区画で借地化されることが多い上に、草代は高く、借地料は純粋に経済地代となるよう初めから設定されていた。このような事情のため、土地が売りに出されても農民には手が届かなかったかもしれないが、古くからの貴族、地主、商売で儲けた都市からの移民、行政官や司法官にとっては土地を買い増したり、初めて手に入れたりする絶好のチャンスとなった。インフレが雪だるま式に膨らみ――一六世紀を通して貨幣価値の低下が非常に進み、最初の土地購入者たちは、固定借地料の実質的な価値低下によって経済的立場が著しく向上した。こうした状況のなかで地主が力を持ち、王を助けて貴族の争いを抑えるようになる一方で、領主たちは家臣の契《ちぎ》り（これによって、困ったときには互いに助け合うことを約束する）を結ばせたり、血族にだけ領地を与えたりすることで、借地人たちの忠誠心をうまくコントロールしていた。

　しかし、いくつかの地域では、特にエディンバラから遠く離れた土地や土地購入に意欲的な者が多いそのほかの主要都市では、教会や王室がさらに安い料金や小さな区画で土地を譲渡するようになったため、大規模農民（たいていは土着の小作人たちで、彼らについては、一三七頁参照）が保有地を増やすチャンスとなった。これがおそらく、ボンネット・レルドすなわち小規模自作農の起源で、彼らは農奴とともにみずから土地を耕した。ギャロウェイやクライド川南部および西部には多数存在したが、ほかの地域ではごくたまに存在する程度であった。イングランドのヨーマンに相当する自作農はスコットランド社会においては比較的珍しかった。

　貴族、レルド、ボンネット・レルドという三つのグループは相続できる土地を保有し、地主と呼ぶにふさわしい者たちであった。貴族とレルドはともに、みずからは働かない不労所得生活者であった。ボンネット・レルドは経済的な立場からすると大規模農民に近かった。そのほかに、抵当貸しや借地仲介人《タックスマン》がいた。彼らはときには不労所得生活者、ときには農民、ときにはそのどちらにもなり、厳密には農民とは呼べない者たちであった。しかし、土地の相続権を持っていないので、地主と呼ぶわけにもいかない。この両者はそれぞれまったく異なる特徴を持っていた。抵当貸しは単に地主の債権者であり、負債がある限り、地主の土地の一部を保有し、自由に使用することができた。こうした抵当権は仲間の地主が保有することが多かったが、ときには地主一家の次男以下の息子や、行政官、あるいは商人の一家が保有することもあり、彼らは抵当貸しとして出発することでその土地に永続的な足場を築こうとした。また、ときには大規模農民が抵当権を保有することもあり、そうした農民はうまく資本を蓄えて地主に金を貸せるほどになった。借地仲介人はもっとオーソドックスな借地人で、ハイランド地方とその近隣地域のみに一七世紀初め頃から姿を見せはじめた。族長の近親者（兄弟、従兄弟、長子以外の息子など）が数年間あるいは一、二世代にわたって大きな区画を賃借りすることはよくあることで、彼らはその土地で副王のように振る舞い、必要であれば、意のままに動く武装した家来たちを引き連れて現われた。借地仲介人も族長に借地料を金品で支払うが、小作人からそれ以上の金品を得て、その差額で暮らしていた。だが、ときには、利益のためにみずから農業を営むこともあった。そうしたケースがどのくらいあったのかはよくわかっていない。というのは、（キンタイアのような）いくつかの地域では、「借地仲介人」という言葉は、領主と農民の仲介人という受身的な立場の親族や副王を意味するよりむしろ、借地権を一定期間与えられて耕作する小作人という意味の言葉として使われていたという複雑な状況があった。通常は、準軍事的な社会でなければ、仲介人の土地保有を正当化する理由はあまりない。一八世紀後半、ついに法や秩序によってこうした仲介人は形態が古いとされ、姿を消すことになった。

族長や貴族から借地仲介人や抵当貸しに至るまで、いわゆる土地持ち階級は、主として地代（小作料）で生計を立てていた。土地の低い生産性に対して地代は重く、普通は全体の生産高の三分の一ほどとされていた。農耕では、オート麦なら生産量の三分の一、大麦なら四分の一を種用として取り分けておかなければならなかったので、農民が自分の生活の糧として残すことができるのはほんのわずかであった。

地代は、農業の種類や農地の地理的位置によって、金納または物納された。農耕が盛んな地域では、主要な地代は穀物で何ポール〔ボールは重量の単位。一四〇ポンド〕に相当するか換算されて物納されることが多かったが、イースト・ロジアンやファイフのような地域では、一六二〇年頃、州の「穀物価格」制度ができ、その年の穀物の価格に基づいて穀物地代と同価値の金額が決定され、物納から金納への換算が広まりつつあった。牧畜が盛んな地域では、生きた家畜で支払うのではなく金納されることが一般的であったが、ときには銀や現物で支払われることもあった。ここでも、市場が活性化し、城内で家臣を養う必要性がなくなるにつれて、物納から金納への換算が発展していったと考えられる。一七世紀半ばのアンガスでは、地代を一目見れば高地地方のものか低地地方のものかすぐにわかった――一六三六年、地代は、グレネスクでは四〇二六マルク〔マルクは貨幣単位。三分の二ポンドに相当〕、メンマーでは「穀物八〇チョールダー以上」〔チョルダーは穀類の単位。約八クォーター〕、レスノットでは穀物九チョールダーと一二七三マルクとされていた(1)。ハイランド地方の中央部および西部の広大な牧畜地帯では、地代はもっとさまざまであった。農民のなかには生きた家畜で地代を払う者もいた。そうした地域では銀が少なく、市場もほとんどなく、族長一家は大人数で食物の消費量が多かったため、それは理にかなったことであった。一七二八年に、ロッヒールのキャメロン一族の娘は、自分たちとローランド地方の領主との収入の違いについて次のように述べた。「わが家を支える地代は金銭ではなく、家畜と農産物です」。しかしスカイ島では、一七世紀には中間借地人が家畜商人として南部を相手に商売をしていたため、マクラウドの土地では早くも一六七〇年か一六八〇年頃にはすでに地代は主に銀で支払われていた(2)。一般論として述べることは難しいが、一七四六年のジャコバイトの敗北によって商業の発展を妨げるものは何もなくなったが、その半世紀も前から遠隔地では市場の及ぼす影響は大きかったといえよう。

主たる地代と十分の一税以外にも、レルドは農民からさまざまな物や労働奉仕を受け取っていた――地域によってその内容はさまざまだったが、たいていの場合、非常に多くの鶏、豚や羊、チーズなどで、亜麻を栽培する地域では亜麻布が提供された。農民は、地主館の屋根葺き用および家畜肥料用の藁を供出し、暖房用のピート運びを強制された。レルドが菜園をもっている場合は、その収穫や耕作も農民の仕事とされたが、一七世紀頃にはそうした奉仕はあまり見られなくなった。過剰なまでのさまざまな金品の納入があり、総地代は実に多彩なものであった。一六七一年、パンミュア男爵領の地代は次のようなものだった――主たる地代として、小麦一一〇ボール、大麦五五三ボール、粗挽き粉五九七ボール、麦芽二ボール。それから、三一ダースの肥育鶏、一七ダースの雌鳥、一三ダースの「食用家禽」、一五ダースのひな鳥、一四ダースの亜麻布、三〇ダースの鳩、インゲン豆三ファーロト〔ファーロットは穀物の量の単位。一ボールの四分の一〕、麦藁八〇「スリーヴス」、「フォーク」(おそらく刈り取り用鎌)二二本。さらに、スコットランド貨幣七九八ポンドに相当する「銀税および教区牧師の俸禄」(3)。

こうしたさまざまな地代の徴収と処理は、ローランド地方では雇われ管理人や取立て代理人の手を借りて、ハイランド地方では借地仲介人を介して、行なわれた。北東部では、レルドは取り立てた粗挽き粉、オート麦、ベアを大きな「穀物倉」か納屋に保管し、田舎の人々に小売りしたり、地方の自治都市の市場に卸したりした。また、一七世紀によく見られたのは、穀物倉から直接王許都市の商人に売り渡すというやり方であった。そうした商人たちはノルウェーやフォース湾沿岸、あるいは市場が利用可能なその他の沿岸地域に穀物を運んでいく。ときには、地主が独自に船をチャーターするか所有するかして、自分の責任で穀物を輸出することもあった。たとえば、シーフィールド伯はこうした交易のために数隻の船を所有していたが、一六九〇年以後、フランスとジャコバイトの私略船によってバカンとフォース湾を結ぶ沿岸航路を断ち切られ、大損害を被った。地代を家畜でもらうハイランド地方の族長たちも同じような問題を抱えていた。一六四〇年、グレノーキーのキャンベルは、約一〇〇〇頭のブラック・カトルのために牧草と牧夫を探さなければならず、一家で年内に消費しきれない牛たちを売り払う必要に迫られた。パースシャーの地主にとってはたいした問題ではなかったのだろうが、所有する家畜を南へ移動させる途中で敵対する一族から激しい攻撃を受けずにすまない内陸部の一族にとっては、頭の痛い問題だったに違いない。

地主と農民の関係は、支配して金品を受け取る側と、服従して金品を差し出す側という単純なものではなかった。一六〇〇年までには、どの地域の地主も小作人たちの保護者として、あるいは戦いのときには彼らのリーダーとして、社会的に重要な役割を担っていた。一六五〇年頃には、ローランド地方ではこのような役割は見られなくなっていた。ハイランド地方では（土地の所有地と氏族が必ずしも結びついていたとは限らないが）、その後一〇〇年にわたって地主のこうした役割は続いた。軍事を正当化する時代から数世代が過ぎても、地主は地代の水準よりも、所有地にいる小作人の数の方を重要視する古い考え方に執着していた。こうした考え方のために、経済的なつながりが弱くなり、農業体制の変革も進まず、さらにはできるだけ多くの小作人に提供しようとしたことから、農地の細分化に拍車がかかった。忘れてはならないのは、バロン裁判所での司法上の特権が農村ではしっかりと機能し、小作人同士がもめ事を起こしたさいには迅速かつ公正に裁きが行なわれていたということである。最後に、地代の徴収は必ずしも一方的なものではなかった。特にハイランド地方や西部の農民は「スティールボウ」保有権をもっている者が多かった。これは地主自身が土地とともに農具や種を提供するもので、フランスの「分益農民」と同じであった。この保有権が他の保有権よりも小作人にとってより恵み深く有益であったとは限らないが、移住してきた農民に農業を始める運転資本を提供していたことは確かである。こうしたことが行なわれていない地域でも、不作の折には地代はしばしば免除され、深刻な飢饉のときには（少なくとも一八世紀には）地主が自分の倉庫にある穀物を市場よりも安い価格で分配した。両者の関係は本質的に温情主義的だった――氏族内ではとても人間的でとてもあたたかな温情主義が見られ、どんな階級にいる者もひとつの家族に属しているようであった。だが、血族のつながりが弱いローランド地方では、比較的に冷めた温情主義が見られた。また一方で、温情主義の度合いは小作人の数によっても違っていた。地主にしても、不作の折に小作人を追いやって、土地を空けたままにしてさらに数年間地代を得られないよりは、地代を一時的に免除してやる方が得策であった。だが、土地を欲しがっている小作人が列をなしているような場所であれば、地主もそれほど寛容にはなれなかったに違いない。

もちろん、地主の暮らしぶりは地代の総額によってさまざまであり、また、軍の一行をもてなすか否かによっても違っていた。ジェイムズ六世の治世に、西部島嶼地方の、サー・ロリー・モア・マクロードらしきある有力な族長はダンヴェガンで、アイルランドやスカンディナヴィアの伝統に則って、家臣、親族、笛吹き、フィドラー、詩人を集め、騒々しい歓待を続けていた。ゲール人詩人ニール・モア・マクミュイリッヒは当時のことを次のような詩に残している。

ハープの音もにぎやかに、陽気な酒盛り、
憎しみや裏切りはどこへやら、
金髪の若者たちの笑い声が響き、
誰もがエールに酔い、酒のほてりに燃えるよう……
来る日も来る日も、二〇回も杯を重ね、
すすめられれば嫌とはいえず、
それでもなくならない酒肴……(4)

実際、ダンヴェガンには食糧も酒も豊富にあった――一六八〇年代には、族長は地代として年に九〇〇〇羽もの雌鳥を手に入れ、スカイ島からだけでも四〇〇ストーン〔ストーンは重量の単位で約一四ポンド〕ものバターを受領していた。一七世紀の初めに、別のハイランド地方の城では、フレイザー一族の族長ロード・ロヴァットは大量の食糧を消費していたと伝えられている。その家族や客人たちは、一日に一〇ストーンもの麦芽や粗挽き粉を使い、年間では七〇頭の牛をはじめ、鶏肉、羊肉、鹿肉および猟で仕留めた獲物の肉などを大量に消費していた。彼は自分の領地の鮭と引き換えに、フランスからワインや砂糖や香辛料を輸入した。一六三一年に彼が亡くなったときには、五〇〇〇人の武装した兵士たちが豪華な葬儀に参列した(5)。

ベン・ジョンソンの友人ジョン・テイラーは一六一八年にスコットランドで楽しい休日を過ごし、次のように述べた。「貴族は三〇、四〇、五〇、あるいはもっと多くの召使いを抱え……五、六人の伯爵や領主に加えて勲爵士、郷紳、その家来たちをもてなすために、四日から五日ものあいだ、豪華な宴会を催す。三、四〇〇の人や馬が来ようとも、ただ食事を与えるだけではなく宴会を、いや、ただ宴会をするだけでなく晩餐会を開くのだ」。また、テイラーはハイランド地方のパーティーにも足を運び、ブレイマーの狩場でマー伯が催した野外宴会の様子を次のように記している。

調理場はいつも土手の片側に設営され、多くの鍋ややかんが湯気を立て、大量の串焼きが次々にひっくり返され、あちこちで乾杯の声が上がる。鹿肉が焼かれ、牛肉は煮込んだり焼かれたりされ、その他には、羊肉、山羊肉、子牛肉、兎肉、新鮮な鮭、鳩、雌鳥、肥育鶏、ひな鳥、ヤマウズラ、オオバン、黒ライチョウなどが並んでいる。おいしいエール、サック酒（シェリー酒）、白ワイン、クラレット（赤ワイン）、テントやアレアント（アリカンテワイン）、そのほかの極め付きのきつい火酒（ウイスキー）も用意されていた(6)。

これこそが派手に飲み食いをする社交界というもので、貴族たちはこぞって、大盤振る舞いで客人たちをもてなしたのであった。

一七世紀の貴族館の備えつけ家具については訪問者からの報告が少ないのでよくわからないが、初期の頃はあまり豪華ではなかったらしい。架台式テーブルと（しばしば高座に置かれる）領主用の「ハイボード（テーブル）、たんす、食器棚、長椅子、数脚の椅子やスツール、箱寝台が主な家具であった。(タペストリーはあまり見られなかったが)壁には腰板が張られ(漆喰は珍しかったが)、天井には松材が使われ、床にはカーペットの代わりに藁が敷かれた。テーブルには陶磁器や食卓用金物(フォークやナイフ)の代わりに木製の大皿やスプーン(ときには白目製の器物)が置かれていた(7)。ハイランド地方の男たちはみんな、短刀をソックスのなかに入れておき、短剣兼テーブルナイフとして使用した。

しかし、貴族のなかにはもっと贅沢できる者たちもいた。クラックマナンシャーのキャンベル城、アーガイル伯の寡婦屋敷における一五九五年の家具目録は実に内容豊かであった。そこには、四柱式寝台数台、タペストリー一八枚、「ヴェルヴェットの椅子」、白いダマスク織りの布か革を張ったさまざまな折りたたみ椅子などが含まれていた(8)。四〇年後、もっと快適を求める時代になると、(地主もカーテンを使用するようになり、)ローランド地方のハディントン伯は、大きなベルベットの椅子数脚、赤い革張りの椅子二〇脚、油絵、聖書の場面を織り込んだタペストリー多数、「豪華なレースやフリンジのついたフランス製の布張りベッドを含む固定ベッド、椅子、スツール、ベッドカバー、テーブルクロス」、鏡、ラグ、カーテン、銀器四〇枚を所有していた(9)。宝石、皿、先祖伝来の家財は貴族の家の秘蔵品であった。一六三二年、バロッチにあるグレノーキーのキャンベル家では、銀のカップ一揃い、初代の地主がロードス島でトルコ人相手に戦ったときに使い古した「鶏卵の半分ほどの大きさの」砥石、ジェイムズ五世から一族に送られたダイヤとエナメルで細工された金の円盾、ジェイムズ六世妃から送られたしゃれた金のアクセサリーが大切に保管されていた。同じ頃、エグリントン伯爵家では、二つのオルゴール、エナメル細工のぼんぼん時計、銀縁の眼鏡が愛蔵品とされていた(10)。

時代が進み、軍事に備える必要がなくなってくると、マナーにも革新的な変化が起こり、ハイランド地方の貴族たちにも影響を及ぼした。ダンヴェガンではロリー・モアの子孫がもてなしのやり方がまるでなっていないと、詩人たちから猛攻撃を受けていた——正直者は陰でこそこそ食べたりしない、と。その頃、スコットランドでは王政復古時代の貴族は友人たちとともにダイニングルームで飲むことはあったが、農民や家来たちとともに食事をすることはなかった。貴族たちは相変わらず大食漢であったが、それでも消費量はずっと減った。絵画、立派な銀製食器やナイフやフォーク類、質のよいオランダ製リネン、輸入ベッド、イングランド製椅子などがチャールズ一世の治世に家庭に入ってきて、次第に定着していった。おそらく地代の多くが物納から金納へとかわったことによって、地主たちはただ暴飲暴食するばかりではなく、現代の家持ちたちと同じように、家財を競って購入するようになっていったのであろう。

どの時代でも族長や貴族と同じような恵まれた暮らしをしている地主はあまりいなかったが、財源が潤沢ならば、みんなそのようにしていたに違いない。一七世紀の典型的な地主（ロスシャーの地主たち）の例を二つあげて、この節を締めくくるのがふさわしいであろう。まず、一六六三年、バルナガウンのある地主の一週間の食糧はこうである——一日に少なくとも一回は肉を食べ、その他にスープ、豆、タラ、ニシン、鶏肉、ビール、パン、砂糖少々を摂取していた。次にあげるのは、一六三八年、イースター・ファーンの小地主の家財目録である——架台つきテーブルと長椅子、片側テーブル、衣類でいっぱいの箪笥《たんす》三つ、深鍋、平鍋、水桶とカップ、塩鮭用の大桶三つ(11)。規模的にはずっと小さくなるが、ここでも、すでに述べた大きな家と変わらない一般的な生活様式が見られる——つまり、飲み食いするには十分な生活費があり、自由に使える金もいくらかあったのである。物を購入する習慣はやがて、大地主や貴族からもっと身分の低い者たちへと広がっていくが、当時はまだ、収入が少なすぎて比較的に貧しい階層の者たちは物を買うどころではなかった。実際、南西部の小地主などは極貧で、物質的水準は農民たちと変わらなかった。

二　農民

いうまでもなく、スコットランド人の大部分は農民であった。おそらく四人のうちの三人は農民と呼ばれる人々だったであろう。地主同様に、彼らも土地保有や農場社会の経済的地位によって社会的階層を成していた。

地位が一番高いのは、地主や借地権保有者から直接に農地の賃借権や共同借地権を与えられた小作人で、これは王から直に土地を与えられた貴族の地位が一番高いのと同じである。ハイランド地方では、定期不動産権はすべての農民に行き渡らなかった——高地のある峡谷ではひとつの農場に一ダースもの含有財産権者がおり、分け前はごくわずかで、農作業を手伝わせるために農奴や小屋住み小作人を雇う余裕はなかった。しかし、ローランド地方の一部の地域では、（しばしば農業主とか自作農とか呼ばれる）小作人は農民のなかでも貴族のような暮らしをし、使用人を雇うことも多く、普通はハイランド地方の小作人よりもずっと大きな土地を保有していた。実のところ、彼らは法的には無権利賃借者でしかないのに、なかには郷紳《きょうしん》の称号を要求する者もいて、こうした名ばかりの称号をもらえば税金はずっと重くなった。ある地方の歴史家は人頭税について次のように記している。「そういう場合でも、郷紳になりたいという要求を放棄すれば、課税は免れ、放棄の旨は紋章院の登録簿に無料で記録された。しかし、アバディーンシャーではそうした恩恵に浴する者はあまりいなかった」。封建制や氏族制が軍事力の基盤となっているような地域では、領主や借地権保有者の求めによって、小作人は戦いに駆り出された。小作人よりも下の階層に求められたのは、おそらく、攻撃を受けた場合にみずからの身を守ることぐらいだったであろう。

農業主より下位の者、すなわち転借人は、農業主に耕夫（作男）、脱穀者、牧夫として雇われる、小作人、小屋住み小作人、牛飼いたちであった。この三種には身分的な差はほとんどなかったようである。みんな、小屋と菜園を持ち、わずかであるがインフィールドの肥沃な土地を耕作し、家畜を数頭放牧する権利を持っていた。農業主の農場内で労働奉仕することが主な地代となり、おそらく地主に鶏を一、二羽送っていたことであろう。場所によって微妙な差異はあったが、「小作人」は「小屋住み小作人」よりもいくらかよい暮らしをしていたようである――前者には家畜多数に肥沃な農地一エーカー、後者には牛一頭に狭小の農地、というところであったかもしれない。「牛飼い」は貧しい小屋住み小作人に過ぎず、家畜の番をする役目を負っていた。アバディーンシャーでは「女性の牛飼い」が多く存在し、このことからときには未亡人にこうした小作保有権が与えられていたと推測できる。概して、田舎の靴屋、織工、仕立て屋はその仕事をもちながら、同時に、インフィールドの耕作地を持つ小屋住み小作人でもあった。

最底辺には、土地を持たない労働者たちや屋内使用人たち違いて、それらの者たちは男も女も労賃として金や物を受け取っていた。多くは農業主の家に下宿し、そのほかは「通いの使用人」であった。おそらくその多くは小作人、小屋住み小作人、貧しい小作人の家の若者たちだったであろう。小屋住み小作人の家のほかの者たちは自分の家の仕事をした。一六五六年のミドロージアンの査定を見ると、「すべての作男」は耕作やそのほかの手伝い仕事を継続するように――可能な限り、息子に引き継ぐように強いられていたことが読み取れる。牛飼いも同様の義務を強いられた。小屋住み小作人の妻たちはたへいんな重労働をこなさなければならなかった。一六五六年当時、作男の妻たちはみんな、毎日朝から晩まで収穫を手伝い、夫とともに干草を刈り入れ、ピートを掘り、石灰窯を手入れし、肥料を施し、牛小屋を手入れし、脱穀するために稲叢を庭から納屋へ運び、籾殻をあおぎ飛ばした。女性が重労働をこなさなければ、農業は成り立たなかったのである(12)。

少なくともローランド地方では、小農、小屋住み小作人、使用人の合計数は小作人の数を上回っていたようであるが、この階層の人々がスコットランド全体でどのくらいの割合を占めていたのかはわからない。一六九六年のアバディーンシャーに限っては確かな証拠があるが、それでも教区によってかなりばらつきがあった(13)。たとえば、グレンミュイックのディー川沿いの教区には一〇三人の小作人がいて、転借人は九人だけであった。六二人の人々は使用人（そのうち三分の一は土地所有者の使用人とされ、小作人ではなかった）で、その多くは男性であった。隣の教区のミグビーでは、対照的に、小作人一七人、転借人三一人、使用人一一人（うち地主の使用人七人）という割合であった。また隣接のターランドでは、小作人三四人、転借人三二人であったが、使用人は六五人（そのうち土地所有者の使用人は一二人だけで、全体の三分の二が男性）であった。実質的にはもっと差があったかもしれない。というのは、ターランドのような土地では、使用人のすべてが完全に土地をもっていないというわけではなかったからである——なかには「無償で」働く者もいたと記されている。高地の峡谷グレンミュイックでは社会構造においてハイランド的な要素が強かったが、ミグビーやターランドではそれほどではなかった。

全国的には、既婚者で土地を持っていない使用人の割合は非常に少なかったが、その割合は人口圧の程度によって変化し、また、地域によって転借に対する慣習の違いもあった。ハイランド地方では、一八世紀には、そしておそらくはそれ以前から、小作人や転借人はすべての息子に可能な限りの土地を分け与える習慣があったらしい。しかし、イースト・ロジアンでは、ギフォードやイェスターのブアロウ裁判所が農業主が所有しうる小屋住み小作人の数について課税評価額を設けており、農業主は家畜の保有数同様に、農場の規模によって小作人の数も決められていて、三人以上小作人を持つことを許されなかった。小屋住み小作人はみんな、耕作ができなければならず、好人物である証明書が必要で、さらに貴族の役人によって正式に承認されなければならなかった(14)。こうした規則が普及していた地域では、小作農のあいだの人口圧が保有地の細分化を招くことはなかったが、土地を持てない成人男性の数は増える一方であった。あぶれた者たちは町

（または海外）へ移り住むか、その地方社会のなかで土地無しでできる仕事を見つけるかしなければ生きていけなかった。

農業主であろうと小作人であろうと、ハイランド地方に住んでいようとローランド地方に住んでいようと、どの小作人も保有地に対しては法的な権利がなく、長年の使用によって権利が認められるということもなかった。農業主は自由農民か、一年から六年の短期借地権を保有しているか、どちらかであった。小農、小屋住み小作人、牧夫はきまって自由農民であった。農民の立場は一六世紀のあいだに広い範囲で悪化した。イングランドの謄本保有権者とほぼ同じ立場の、「土着の小作人」階級は慣例的な（記録にない）相続保有権を失っていった。

一五世紀には、このような土着の小作人は教会の土地に多く存在し、それより数は少なかったが、王領や平信徒の地主の土地にもかなりいた。そうした農地は手ごろな地代で借りることができ、しばしば（平信徒の土地では）軍事的奉仕を義務づけられた。その保有権は父から息子へと長期にわたって妨げられることなく相続されてきた。一六世紀になると、王領も教会の土地も封土として与えられるようになり、耕作地を購入できる者は小地主となった。次第に、土地は、特許状のない保有権をほとんど尊重しない新しい地主や、一刻も早く草代の多大の経費を取り戻そうと躍起になっている地主の手に渡っていった。中世後半のヨーロッパでは、疫病の発病率が当初より減ったために急激な人口増加が起こり、地代は高騰し、保有地は減らされ、新しい家族が割り込んでくれば古い家族は追い出されるか不利な条件を飲むしかなかった。耕作地は可能な限り広げられ、一六二〇年頃には、いくつかの地域で、穀物の土地の生産力を高めるために石灰づけも行なわれていたが、短期的に見ると、生産力は人口増加にまったく追いついていなかった。

封土をもたない土着の小作人たちは、一六世紀の終わり頃には占有地から追い出されていた。北東部では、「土着の小作人たちは大昔から先祖代々受け継いできた土地で、ささやかな地代を払いながら誠実に務めを果たしてきたのに、マリ伯ジェイムズはそうした土地から彼らを追い出し、もっと多額の地代を払う新参者にその土地を与えた」(15)。この場合、マリ伯の小作人たちはチャタン氏族の一員でもあったため、族長を巻き込んで領主への武力による報復が行なわれた。このように武力に訴えるケースはまれだったが、スコットランドの法律では土着の小作人を救う手立てはなかった。イングランドでは、謄本保有者への打撃を疑いもなく和らげる慣習を裁判所が尊重したので、多くはやがて自由保有権を持つヨーマンになった。スコットランドの法律はローマ法に基づくもので、記録に残らない慣習は考慮されなかった。土着の小作人は一六〇〇年までにすべての地域でほとんど姿を消したが、地方では多少残っていた。

主として人口の増加が原因であるのは間違いないが、小作人階級の多くの人々の暮らしは、一六世紀には悪くなる一方のように見えた。一五一三年にジェイムズ五世の治世が始まって以来、世間では法外な地代に対する不満が募り、王は地代を安定させるためにいくつかの有効な法案を通過させた。知識人たちはこの時代の耐えがたい実利主義に対して詩や散文で反対の声を上げげた。いうまでもなく、地主は経済的諸力を利用して、小作人から過剰な賃金を搾り取っていたのである。このような悪事が広がったのは人間の欲のせいだと世間では考えられていたようだが、理由はそれだけではない。この国では農業の効率が悪く、工業の雇用は限られ、さらにどの農民も土地を欲しがり、どの地主もみずからの身を守るために多くの小作人を抱えることを好んでいた。人口が少しでも増加すれば、保有地を分割して各家庭への割り当て分を減らすか、土地無しの者の数を増やすか、そのどちらかしかなかったであろう。一六世紀には、増えすぎた人口のせいで、いくら土地を分割しても足りなくなるとかがあった。そのため「破産者」、浮浪者、泥棒の数が増え、これもまた土地の実利主義と同様に社会問題となっていた。

土地の生産性を著しく高めることができれば、あるいは余剰人口を農業以外の雇用で活用できれば、困窮は避けられたかもしれない。たとえ地主が普通利己的な人間ではなく有徳の鑑《かがみ》だったとしても、スコットランドの経済も社会も、人口増加のひずみによって農民を苦しめずにはおかないような構造になっていた。だが一方で、一七世紀に疫病や飢饉（一六四〇年代や一六九〇年代は特にひどかった）が蔓延したためにふたたび人口増加に歯止めがかかり、一八世紀初めには、法的にどんな地位にいようと、農民はふたたび農場でかなり安定した仕事ができるようになった。

農民社会の貧困を考察する上で、一七世紀の資料は大いに役立つ。まずは、農業主の家を舞台としてみよう。こうした家はもはや残存していないが、一六二九年にクリストファー・ラウザーはランガムである家を訪問し、次のような記述を残している。その家は、ルイス島でつい最近まで人が住んでいたブラックハウスに似ていたらしい。「私たちが身を横たえたのは、貧しい草葺屋根の家で、壁は石の部分もあれば芝土の部分もあり、小枝を束ねたドアがついていた。頭上では、クモたちが所狭しと巣をつくっていた」。これは、彼がもっと前の頁で記した家と同じもののようである。「わが領主マックスフィールド家の門前にあるフォーデのジョンの家では、真ん中で火が燃えていた」――すなわち、土の床の丸い炉床で火が燃えていて、そのピートの煙はまっすぐに垂木まで上っていき、屋根の穴から外へ出ていった(16)。

六〇年後、トマス・モアラーがローランド地方の一般的なスコットランド農民の家について初めて詳しい記述を残しており、それを読むとランガムの家がいかに典型的なものであったかがわかる。

村にある庶民の家は粗末で今にも壊れそうに見える。壁はモルタルを使わずに固めた数個の石、その上には何本か木材を置いててっぺんで集まるように棟造りにしているが、見栄えは悪く、強度もない……家の外壁には一インチの厚さの芝土を張り、大きめのタイル形のものを木釘で留めて、折にふれて取り替えている。それもしょっちゅうという感じである。こうした家にはたいてい煙突がなく、屋根の小さな穴から煙を外へ出していた(17)。

建材の選び方や建築技術は地域によってさまざまであったが、木が少ない地方ではどこでも、家で最も大切な部分は屋根の梁であった。バロン裁判所では、引っ越すときに屋根の木をもっていった者に特別な罰金を科していた。壁は芝土や石造りで、ときには粘土に藁を混ぜた壁土や編み枝で造られることもあった。家の高さはたいてい人の身長より低かっ

アイラ島の定住者の小屋。「貧困にあえぐ人々と、彼らのみすぼらしい住まい」

た。屋根葺き材は芝土、ヒース、藁だったが、藁は家畜の飼料とみなされ、建材として使うのはもったいないとされた。これまで見てきたとおり、煙突がある家は珍しかった。木や石の床、また天井というものはなく、たとえ窓がついていたとしても、ガラスなしの小さな四角い開口部がついているだけであった。

農業主の家は、その家族、寄宿している使用人、家畜たちが暮らしていけるだけの広さがなければならなかった。人々はひとつ屋根の下で（といっても一部屋で、というわけにはいかなかっただろうが）暮らしていた。少なくとも家畜は人間の居住空間とは板で隔てられた家畜小屋で飼われていた。伝統的な家についての記述（一三章参照）によると、家長と妻は夜には箱ベッドで眠り、子どもや使用人は火のそばの藁布団で格子柄の布にくるまって休んだらしいが、なかには、もっと部屋数や箱ベッド数が多くて、プライバシーが守られている家もあったようである。

農業主の家の家具は、ベッド、肉入れ箱、スツール一、二脚くらいのもので、他にはほとんどなかった。一五九六年、羊四〇頭、山羊二〇頭、畜牛一五頭、馬四頭を所有していたパースシャーの借地人は、家財道具として、チェスト一つ、ポット一つ、ヤカン一つ、真鍮製ポット一つ、イス一脚、皿二枚、カップ二つ、木製銘々皿六枚を所有していた。また、羊・山羊・畜牛を各一二頭、馬二頭を所有していた別の借地人の持ち物は、ポット一つ、粗布製大袋一つ、シーツ一枚、平鍋一つ、鋤一つ、スツール一脚、イス一脚、カップ四個であった[18]。一六四九年にローランド地方のロスシャーで亡くなった借地人は、たくさんの穀物に加えて大きな牛六頭と雄牛一頭を残し、家財道具はさらに充実したもの——四台の大テーブルと付属の長イス、イス六脚、背もたれつきスツール二脚、収納ベッド、大きなチェスト四つ、小さなチェスト二つ、木製銘々皿六枚であった。同じ地域で一六九七年に亡くなった別の借地人は、穀物や肉と一緒に、馬四頭、畜牛一二頭を残した。小地主と同じくらい裕福な暮らしを送っていたらしく、チェスト九つ、固定ベッド一台、イス三脚、スツール二脚、小テーブル二つ、さまざまな木製銘々皿、カップ、スプーン、（この階級にしては珍しい）真鍮《しんちゅう》製燭台、リネンのタオル、ベッドカバー、テーブルクロスとナプキンを所有していた[19]。一七世紀の生活水準についてひとつの結論を導き出せるほど十分に、当時の家財目録や遺言書の研究が進んでいるわけではない。だが、一七世紀の終わり頃、穀物を生産する州に住む農業主は、世紀初めのひどい困窮状態からはすでに抜け出していたとはいえるであろう。

小屋住み小作人や小作人の家は、農業主のつつましい住居の標準よりも劣っていた。一六七九年に、トマス・カークは次のような記述を残している。

庶民の家はたいへん粗末で、土壁と藁葺き屋根がせいぜいであった。だが、さらに貧しい者たちは見る影もないような悲惨な家に住んでいた。泥やヒースなどで造った狭苦しい住居に、男も女も子どもも豚のように一緒に暮らしていた。芝土が豊富な地域では、人々は一本の材木も使わずに、芝土でアーチ型の屋根の小屋を造った。家が十分に乾燥して燃やせるほどになるとそれを燃料にし、人々は新しい家に移り住んだ(20)。

カークの記述の他にも、一八世紀初めに地主が小屋住み小作人を追い出して、こやしの山の上に小屋を置いたという記述や、同時期のハイランド地方の家――編み枝造りの簡素な住まいで、出入り口といえば四つん這《ば》いにならなければ通り抜けられないような穴が地面近くにあるだけの挿絵も見つかった。これらがなければ、歴史家たちは、カークの記述を誇張ではないかと考えたかもしれない。

これに関連して、スコットランドの田舎の住居の初期の建築図面を考察することは興味深い。一七〇一年の日付がついた図面では、地主の農園への入り口付近に、一組の石造りの小家屋が設計されていた。場所はおそらくブレヒンだと考えられている(21)。片方は鶏の世話係の家、もう片方は農場監督者の邸宅だと記載されていた。どちらも、横一三フィート縦九フィートの一部屋に、横二フィート縦三フィートのガラスをはめていない窓があり、ある片隅には煙突のついた炉床、また別の片隅には箱ベッドと呼ばれるものがあった。それぞれの家のわきには座るところが三つある屋外便所が設置され、そこから排泄物が肥溜めに落ちて溜められ、やがて農場の肥料として消費された。この奇妙で不潔な便所の設備以外は、カークによって記された小屋住み小農の住まいの水準よりはいくらかましだといえよう。少なくとも、外観は家らしく見える。

小屋住み小作人の家屋内の所有物については、よくわかっていない。というのは、彼らは遺言状を残さず、役人が押収したくなるような物もほとんど持っていなかったからである。察するに、彼らは肉入れ箱、カップ、皿、スプーン、料理用深鍋などは持っていたであろう。ベッドはあったりなかったりで、不ぞろいのスツールくらいしか人に自慢できるようなものはなかった。今日でも発展途上国の農民社会では物的財貨の不足が見られるが、当時のスコットランドでは約半数の人々がそれと似たような環境で生活していたと考えられる。

スコットランドの農民の服装は旅行者たちによって書き残されている。ハイランド地方では、主な衣服は（一八世紀まで知られていなかったが）キルトではなく、ベルトのついたプレイドであった。これは長いウールの毛布のようなもので、日中は外套として、夜は掛け布団として活用された――家畜の群れと戸外で眠らなければならない牧畜民にはうってつけの衣類であった。こうした衣服が農民、借地仲介人、族長によって着用されていたが、その品質は着用者の富裕ぐあいによってさまざまであった。切れ込みのあるダブレットや長い靴下を身につける者もいた。みんな、縁なし帽をかぶり、底の薄い靴を履いていた。ハイランド地方の服装については、次のような記述も残っている。

プレイドの長さは七、八ヤードほどある……それで首から膝までをすっぽり覆い、右腕だけはたいてい自由になるようにしていた。多くの人々はその下に膝丈より短いチョッキやシャツを着ているだけであった。そうした肌着類と同じほどの長さでプレイドを身体に巻きつけて真ん中でベルトをすれば、ズボン下やズボンをはく必要はなかった(22)。

ローランド地方の農民もプレイドを着用していたが、それほど長くはなく、ズボンといっしょに着るのが普通であった。ここでも、階級によって服装には大きな差があった。地主は、モアラーが記しているように、「急ぎの仕事が入っているか、天気が悪くておめかしするする気になれない」ような時以外は、誰もがイングランド人のように装っていた。農民の妻たちはリネンのスカートをはき、プレイドを頭から被って胸のあたりでピンで留め、膝まで垂らしていた。居眠りを助長することになるので、プレイドを教会で使用することは長老会によって禁じられていた。妻たちは子どもたちと同様に裸足で、「それなのに、夫は靴を履いている。妻にこのような仕打ちをするとは冷たいものだ」とモアラーは記している。

この記述からわかるのは人々の服装の水準が低いということぐらいで、彼らは悪天候からどうにか身を守れる程度の服しか纏っていなかった。だが、貧しくてもできるだけ身なりを整えたいという思いは誰の胸にもあって当りまえである。この思いは、収入が必要最低限でむさ苦しい家に住む、現代のアフリカや西インド諸島の人々の思いと似かよっていよう。「みんな、服装には最も金をかけようとしていた」と一六六二年に、ジョン・レイは記している。「生活費のほかに山羊を一〇頭飼えたら、むさ苦しい小屋を出て、郷紳のような服を着ようと、誰もが思っていた」(23)。一八世紀の服装に関するこの自尊心は、経済的に重要な役割を担った。すなわち、安くて色鮮やかな布地の需要が高まったために、産業革命にも火がついたのである。

農民の食事の水準は、少なくとも穀物の価格が以前の高値から下がった一七世紀後半には、現代の経済的にきわめて未発達な社会に見られる水準よりかなりましになったようである。当時のスコットランドで飢饉が蔓延していたとか、深刻な栄養失調で衰弱する人が多かったとかの記録は、当時の旅行記には見られない。食物は毎日あまりかわりばえしなかった。農業主も小屋住み小作人もオートミールが主食で、使用人の給料はほとんどオートミールで支払われることが多かった。オートミールは、ミルクと混ぜてポリッジにしたり、水を混ぜて薄粥にしたり、練り物やパンやバノックを作ったりした。雌の山羊や羊や牛を飼っている者は――田舎に住む者は誰もが飼っていたが――、夏のあいだに大量のミルクを飲み、また、肉の備蓄が減る冬に備えてバターやチーズをたくさん作り、春の草が芽吹いてふたたびたくさんのミルクが供給されるのを待った。ハイランド地方の人々は余った乳製品を、ローランド地方の人々が持ってくる肉と交換していた。ローランド地方の小屋住み小作人の畑ではよくケールが栽培され、やがてハイランド地方でも栽培されるようになった。ケールは大麦やオートミールと一緒にスープの具にされた。家禽は卵を産み、その肉はスープの材料にもなった。ニシンやそのほかの魚類・貝類は地方の人々のあいだで広く食されていたが、新鮮な獣肉をたびたび口にできるのは農業主やハイランド地方の一部の小作人に限られ、彼らの食卓でさえ肉は毎日出るわけではなかった。小屋住み小作人にとっては、肉はぜいたく品で、祝祭のときぐらいしか口に入らなかった。どの階級でも、標準的な飲み物といえばエールで、祝いのときはエールとともにブランデーやウイスキーを飲むこともあり、ワインは地主に独占されていた。一七世紀後半になると、ある物が農民の必需品に加わった――シェトランドからギャロウェイにかけての地域では、一六九〇年頃、噛みタバコ、嗅ぎタバコ、巻きタバコが盛んになった。これ以外の物はぜいたく品とされた。現代の栄養士の目から見れば、この時代の食事は不十分極まりないものであった。それでも、あからさまな栄養失調にはならないほどに十分な食糧はあったし、冠婚葬祭でかなりの暴飲暴食をするくらいの余裕もあった。アンドルー・シムソンによれば、ギャロウェイの一般の人々は「食糧不足が深刻な年は別として、普段は食うには困らなかった」[24]。限られた食生活とはいえ、それだけは確かなようである。

「食糧不足が深刻な年は別として」とシムソンは記しているが、この条件が重要である。このような社会では、ひとつの穀物への依存度が非常に高く、局地的にオート麦の不作が起こった場合でも、農民の生活は食糧が豊富で安定した状態から収入源の少ない貧困状態へと落ち込み、飢饉になることすらあった。食糧不足の深刻さは、種蒔きや収穫期の天候によって左右され、なおかつ食糧に対する人口比率によっても変わった。一六世紀後半はひどい食糧不足であった。五〇年のうちの二四年ものあいだ、食糧価格は異常なほど高騰していた。飢饉の年ばかりというわけではなかったが、一五七〇年代から一五九〇年代にかけては多くの人々が餓死した。一七世紀の前半はいくらかましになった。一六六〇年前は一七年も飢饉の年があり、その多くは一六三〇年から一六五〇年のあいだに集中していた。その後、唐突に事態は好転した。一六六〇年から一六九五年にかけては、穀物価格が高騰したのは四シーズンだけで、その他の時期には価格は比較的落ち着いていた。この記録は、一六九五年から一六九九年のあいだに四年連続で深刻な食糧不足に陥ったことで無に帰した。その後家畜のあいだで伝染病が広がったり、一世紀のあいだ、深刻この上ない飢饉が起こり大勢の人々が死亡した[25]。これは「ウィリアム王の邪悪な年」として、人々の記憶に残った。

このような食糧不足がやがて解消されていく要因についてはいろいろと考えられるが、特に一六四〇年代の伝染病によって生じた人口圧の緩和と、一七世紀後半の市場の発展、それに農業生産物の増加が相まってもたらされたと考えるのが最も妥当であろう。一六九〇年代の大飢饉はたぶん（特に春先の）天候異変によって引き起こされたものであり、それより以前の三〇年のあいだに人口が増加し続けていたために、一層悪化したに違いにない。その後、穀物価格は急速に低い値に戻ったが、これは当時の人々の倫理観の高さの賜物ともいえるであろう。

食糧不足になると、農民たちはまず、穀物以外の物に頼ろうとした。ハイランド地方の人々はチーズで、ローランド地方の人々はニシンで食いつなごうとしたのである。だが、どちらも摂取しすぎれば、深刻な腸の病を引き起こしかねなかった。（またもや今日のアフリカの部族と同じように）ハイランド地方の人々は、食糧不足になると、オートミールに生きた動物の静脈から抜いた血を混ぜて食べていた。一六二三年から一六二四年にかけての飢饉の折、グレノーキーのバロン裁判所では、「地主の畜牛から血を抜いた」として訴えられた農民がいた。さまざまな雑草、イラクサ、モルトかすなども非常食となった。それも食い尽くすと、人々はついに次年度のための種用穀物も食べ始めた——このようにして、二年連続して食糧不足が起こり（一六二三年～一六二四年、一六五〇年～一六五一年、一六七三年～一六七四年）、本格的な飢饉を招いた(26)。持っているものをすべて食いつぶしたとき、農民は農地を捨てて、家族とともに物乞いをするしかなかった。スコットランド社会でつねに存在していた浮浪者の大群は、不作のときにはものすごい数に膨れ上がり、こうした年にはアイルランドやスカンディナヴィアへの移民の数も倍増した。

さまざまな時代においてスコットランド社会を悩ませてきた飢饉のなかでも、一六九〇年代のものは一番記録が多く、一八四〇年代にアイルランドで起こった大飢饉と同様に、人々の記憶に残った。一〇〇年の後、スコットランドの牧師たちが統計的記述を編集しようとしたとき、遠隔地のマル島、アバディーンシャー、インヴァネスシャー、ファイフなどの農村の教区でも、当時の食糧不足の生々しい実態について知ることができた。たとえば、トリバーンの牧師は、教区での葬式数が普段は年間に二一回ほどなのに、一六九七年には一一四回、一六九九年には八一回もあったと記していた(27)。（ダンフリース、リンリスゴー、モントローズなどの）大きな自治都市では、市場が活性化され、食物の輸入も可能であったため、食糧不足を避けられることも多かったようであるが、それでも、リースの通りでは餓死する人が確かにいたし、大都市の教区オールド・マハーでは、一六九六年から一六九八年にかけての葬式の平均数は以前に比べて五〇パーセント増になっていた。住民の三分の一、あるいは半数が死亡したかよそへ移住したという農村もあった。国民全体の死亡率はそれほど悪くなかったとしても、事態は依然として深刻であった。一六九九年に、ロバート・シバルドは周囲の悲惨な状況を次のように記している。

ある者は道端で餓死し、ある者は通りで倒れ、哀れな乳飲み子は母親から満足な乳をもらえず、死にかけている。至る所で貧しい民の顔には死相が現われていた——顔はやつれ、表情は空ろで、身体も弱り、悪寒や下痢があるときには、すぐさま治療しなければ、死亡する恐れもあった。普段から放浪している乞食たちばかりでなく、労働と勤勉によってそれなりの生活をしていた多くの家持ちたちも、貧困のために住まいを手放さざるを得なくなっていた。彼らは子どもとともに物乞いをし、やむにやまれず手に入った物は何でも食べ、腐った食べ物や、伝染病を引き起こす恐れのある病いで死んだ動物の肉さえも口にした(28)。

これらは決して誇張ではない。この時代の悲惨さについては、ほかにも多く者たちが書き残している。道端で草をくわえたまま横たわる死体があったとか、キリスト教の葬式を確実にしてもらうためにみずからの身体を引きずりながら墓地へ向かう者がいたとか――そのような記述がたくさん残っているのである。アバディーンシャーのマンキッターでは、一世紀後までも語り継がれた話がある。ひとつは、名の知れた抵当貸しが食べ物がなくなって家を追われ、海岸近くで生肉をくわえたまま死んでいるのを発見されたという話。もうひとつは、父親の死体を教会へと運んでいた農夫が途中で疲れ果て、近くの農家の人に「後生だから、この死体を埋めてくれ。それがいやなら、野菜畑の土の上にでも立たせて、羊の番でもさせてくれ」と頼んだという話である(29)。

農村生活に関するこの章は、人々のさまざまな記憶で締めくくるのがふさわしいであろう。避けがたい大惨事が周期的に繰り返され、そのせいで一六九〇年以前の農民たちの心には諦観と絶望感が植えつけられていった。このような状況から抜け出すことこそが、その後数世紀にわたる経済革命の最も重要な課題であった。スコットランドの過去に思いを馳せる者は、一六九〇年代についてぜひとも熟考すべきである。

第七章
自治都市

一　自治都市の構造

一六、一七世紀のスコットランドという田舎社会には多くの自治都市《バラ》が存在したが、人口の多い都市は比較的に少なかった。一七世紀末のエディンバラは人口が三万を超えており、イングランド第二の都市ブリストルに対抗していたのは事実であるが、そうはいっても現代のダンフリースやエアドリー同様その人口は決して多いとはいえず、しかも高層の集合住宅と狭い路地に人口が密集していたので、その面積はわずか長さ一マイル、幅四分の一マイルに過ぎなかった。内戦の時代に、グラスゴー、ダンディー、アバディーンは、二番手の地位を獲得しようと互いにしのぎをけずっており、おそらくそれぞれの町は一万の人口を抱えていたようである――これらの町は現代のプレストウィッチやガラシールズより少し小さかった。その後アバディーンとダンディーはその規模を縮小したが、グラスゴーは一七〇〇年頃には人口一万二〇〇〇から一万四〇〇〇の町へと発展していった。ともかくこの時期に、人口が五〇〇〇を超えていたと思われるのは、ほかにはパースだけであり、そのほかの自治都市は、インヴァネス、エア、スターリング、ダンフリース、ジェドバラ（すべて一〇〇〇から四〇〇〇の住民がいたと考えられる）といった地域の古代の中心地から、アーガイルのインヴァレーリ、バンフのカレン、キンカーディンシャーのインヴァーバーヴィー、イースト・ロジアンのノース・ベリックといった何百、何千というよりは何十単位で人口が数えられるような小さな地域まで、規模も立場もさまざまであった。

これらの大小種々の自治都市はすべて、王許都市《ロイヤル・バラ》の名で知られる特権集団に属しており、一七世紀には六〇から七〇存在した。さらに、大荘園《バロニー》を成す都市〔以下、バロン都市とする〕が、一七〇七年以前には二一〇も存在した。大半はきわめて小さいもので――典型的な例はダンフリースシャーのランガム、エアシャーのキルマーで、人口は一〇〇を下まわっていた。ただ、一部の都市は比較的豊かで人口も多く、エアシャーのキルマーノックのように、地域の王許都市のなかでも最も近隣にある競合都市たちをしのぐ場合もあった。一五六〇年から一六九〇年のあいだに自治都市がさらに数を増やしていったことには疑いの余地がなく、宗教改革後に、新たに一九の王許都市と七五のバロン都市が生まれた。また、これらの都市の人口も増大していった――大きな王許都市であるエディンバラ、グラスゴー、アバディーン、ダンディーのすべてで、一六四〇年代の疫病の流行で人口増加が鈍るまで、同じ世紀のあいだに規模を二倍または三倍に拡大させたようである。そして、フォース川流域に急速に増えていたバロン都市のなかで、サー・ロバート・シバルドが、一六六〇年に死に瀕している男の記憶のなかでは一軒しか家がなかったが、今では「人口の多い大きな教会区が二つ」ある土地として、ボネスを例にあげることができるほど都市は成長した(1)。限界があったとはいえ、町の成長は、スコットランドの人口が、一六世紀後期と一七世紀の特徴である商業や産業の新しい機会と結びつき、総体的に増加したことのひとつの結果であった。

自治都市は本来、国内外の交易を発展させる権利を国王から認められた、特権を持った共同体であった。王許都市は、主として、バロン都市よりさらに広範囲の商業的特権を持っていたことによって、バロン都市とは区別されていた。当初は、王許都市だけが海外交易を行い、海外の物品を小売りすることができた。あらゆる王許都市には、「特別行政区」として知られる地域があり、最初の最も重要なものが設立されたときには、州長官の管轄地や州と同じくらいの大きさだった可能性がある。ここでは地元産の商品であっても、王許都市の市民だけがいかなる種類の小売業でも行うことができた。のちに創設されたバロン都市と小さな王許都市は、もともとの特別行政区の包領を与えられたが、はるかに小さな地域でほかに比べ小さな権利を保持した。あらゆる自治都市は、いくつかの自治権を持っていた――たとえば行政長官を選ぶ、規約を定める、商人ギルドや職人ギルドを結成する権利を持っていた。しかし、王許都市のみが、単独で合法的な代表を出す権利を持っており、代表を議会に送ったり、委員を共通の関心事である経済・財政上の問題に関して法律を制定する王許都市総会に送ったりすることができた。

このような特権は王許都市に、国家のなかにある国家に属しているという意識を植えつけた。それは、バロン都市を「自由のない町」と描写したり、彼らの田舎の後背地を「内陸地方」と呼んだりすることに鮮明に現れる感情である。そしてその感情は、農場の苦役労働者には未知の文化を紹介した北ヨーロッパの港と日々接触することによって強められた。このような排他性はおそらく、自治都市のまったく存在しない場所で定期市や市場が急激に増え始めた一六六〇年以降、また王許都市が事実上外国貿易の独占権のすべてを失った一六七二年以降、多少は弱まった。にもかかわらず、そのような法律上の刷新は、実際に起きたよりも大きい過去との断絶を示唆している。実際には外国貿易はほとんど全面的に王許都市の商人の手に握られていた。国際交易の支部的存在とはいえ、比較的商売に関係がなく、内向きの社会の典型である大きな自治都市の特色は、まだ変わり始めたばかりであった。

このような自治都市の制度的な構造は、各都市の同様の経済的な機能や、互いに複製された勅許状によって決定されているため、あちこちに置かれたミツバチの巣箱と同じくらいそっくりであった。おのおのの自治都市には、正市民と非正市民というひとつの基本的な分類があり、さらに正市民集団のなかに商人と職人とのもうひとつの区分があり、それぞれが商人ギルドと職人ギルドに組織化されていた。自治都市のメンバーである特権は、正市民だけにあった。自治都市の住民でそれ以外の者たちはただの住民で、内陸地方の田舎者と同様に、治安判事を選んだり、商人になったり職人になったりする権利はなかった。

正市民になるにはいくつかの方法があった。通常は、自治体にいくらか金を支払ったうえで、町の徒弟台帳に自分の名前が載っていることを証明しなければならなかった。一六、一七世紀では、最も新しい正市民は、現在の正市民の息子か、義理の息子のいずれかであった。彼らは、縁のない他人よりは少額の入会金と、短い期間の徒弟修業で父親の跡を継ぐことができた。正市民の娘と結婚した者は（エディンバラでは、その娘が「評判がよく裕福な汚れなき処女」であるという条件で）、同じ権利を得ることができた。このことから見て、商人と職人の娘が結婚市場において高嶺の花であったことが確認できる。そのほかの、生まれや愛情運にあまり恵まれない者たちは、やや高い入会金を払って、徒弟修業を終えたあと一定期間待たねばならなかった――グラスゴーではさらに二年間余計に待たねばならなかった。しかしながら、縁のない他人や「外から来た人間」は、ほかの自治都市ですでに商人や職人としていかに能力を認められていたとしても、認可を得るためにはかなりの金を支払わなければならなかった。エディンバラでは、徒弟修業をしていない、縁のない他人の入会金は、一五五〇年の旧スコットランド貨幣で五ポンドであったのが、一五六四年に二〇ポンド、一六〇〇年に六一七ポンド、そして一六四七年には一七〇ポンドと上昇し、一六五四年にはふたたび六一七ポンドに下降した。商人ギルドやなんらかの職人ギルドの認可を得るためには、またかなりの費用がかかり、現に正市民の血族でない者は、さらに待機期間が必要な場合もあった。しかも議会は、新入会員の道徳的、財政的な資格に関して全般的な監視を行った――たとえば、一五八五年のエディンバラ市議会の議定書によると、「彼らが正直で分別があり、社交上手でない限り」、そして「抵当に入っていない一〇〇〇マルク相当の動産」を持っていない限り、商人ギルドへの入会は認められなかった。「みずからの技術を使用して働く便利な労働者」の資格を得るには五〇〇マルクが必要であった(2)。そういった統制によって、単なる雇われ職人や使用人や一般労働者は、最大の自治都市の最高段階の市民権から事実上排除されたのである。だが最小の都市では事実は必ずしもそうではなかった。

正市民のなかで、商人は社会的、政治的に最も有力な集団であり、さまざまな点において、単なる職人より自分たちを高く位置づけた。このようにして、一五八八年にある毛皮商人の入会を許可したエディンバラの商人ギルドは、彼に職人ギルドを脱退することだけでなく、彼の妻と召使が、「家の外にある共同の調理室をまったく」使用しないこと、「町中で肉料理の皿」を運ばないことを約束すること、またエプロンをつけたまま通りに現れないことを強いた(3)。どうやら彼の妻は、副業としてしばらく外で料理を提供していて、このことが毛皮商人の家族としては社会的に容認されるかもしれないが、商人の家族としては断じて許されないということであった。

商人ギルドの第一の目的は、独占権中の独占権を維持すること、自治都市の内外で、自由商人である正市民だけが享受できる共同体の外国貿易の権利を、野心的な職人と非自由民から保護することであった。そのため彼らの時間の多くが、特権がないのに外国製品を小売りしたり、船長に渡す賄賂と海外で売りさばくちょっとした包みを持って密かに船に乗り込んだりして捕まった人々を罪に問うことに奪われた。

ギルドの第二の目的は、商人が議会を支配することができる組織を提供することであった。自治都市の業務におけるそのような商人の独占権に対して、一五世紀半ばから一七世紀初頭まで、職人たちは繰り返し、しばしば暴動の形をとって闘った。この点において彼らは部分的には成功したが、彼らの敵を根本的に排除することは決してできなかった。一五八四年のエディンバラの市条令は表向きの妥協策を提供し、ほかの町でも広く模倣された。しかしながら、市長の代理人や、四人の行政長官、ギルドの長老、財務担当者の席はすべて商人に留保された。そして残りの一八議席のうち、一〇の議席はつねに商人に確保されることとなり、八議席だけが職人のために確保された。これに反して、グラスゴーでは、一六〇五年の市条令で、議会の議席は商人と職人にほとんど同数が与えられた。だがグラスゴーもまた独特で、たとえばアバディーンとエアがそうであったように、移動することに手の込んだ妨害をせずに、職人が商人ギルドに移るのをたやすく許可した。これによって、一七〇七年の議会合同以前ですらスコットランドの都市の商業団体のなかでグラスゴーが成功していたことの説明が多少つくかもしれない(4)。

多くの自治都市で起きていたように、古い議会が新しい議会を選択する権利を手にすると、小さなエリート集団が商人ギルドのなかから出現し、権力の座について地位を固めることが可能になった。このようにして一七世紀初頭のダンディーは、ウェッダーバーン、グッドマン、ハリバートン、クレイヒル、それに結婚や相互利益という絆で結びついたほかの六つの一族によって支配された。伝えられるところでは、一六世紀末のアバディーンではその本部が八〇年間、一族同士で相互に結びついている小さな派閥によって占められていた。何の制約も受けない特権の結果として、必然的に汚職がはびこった。市長の友人には契約の便宜がはかられ、自治都市の資産は人をばかにしたような安い賃貸料で親族らに貸し出され、正市民の権利は個人の利益のために売却された。一六九〇年よりずっとのちになってもスコットランドの地方議会は相変わらずの汚職で悪名をとどろかせていた。

議会の規則はほかの点でも情けないほど私利をはかるものになっていた。例を挙げれば、議会が、ある商品を市場で売る価格を固定させるのは通常のことであった。典型的には、定期的に規制された商品として、ワインやホワイトブレッドや裕福な正市民が必要とする食料品――オートミールのような貧しい人々向けの食料品はひどい欠乏状態にないかぎり、たいていの町で統制されなかった。また、行政長官は、長老会が教会の規則を行使するのを援助するのに多大の精力を注いだ。だが彼らの努力は、安息日に人々を教会へと連れてきたり、物乞いや売春婦を罰したりすることにのみ注がれた。はなはだしく法外な高利や他の形の経済的な搾取によって貧乏人を虐げることに反対したノックス派の指令にも、ほとんど反応した形跡がない。

議会はまた、彼ら自身の規制を実施することに、それ自体すぐれたものである場合ですら無能であった。たいていの町は住宅が密集しており、また大半が主として木でできた家で、ノルウェー産の板で床を張って仕上げをしていたので、ひとたび火災が起きれば共同体の生活を危険にさらす原因となった。自治都市はこれを重要視して、数多くの条例を通過させ、建設業者があまりに密集して建物を建設したり、可燃性の物質を非常に高い比率で使用したりするのを制限し、砂糖や石鹸を煮たり蝋燭を作ったりする危険な仕事は、広々とした隔離された場所でのみ行うことを命じた。だが不運にも、しばしばそういった規則が守られないか、または機能せず、恐るべき大火災が繰り返し町をなめ尽くした。このようにしてエディンバラは数え切れないほどの火災に苦しみ、一七〇一年には、先の四半世紀に市の中心部に建てられた、新しい見事な建物をすべて失った。ダンファームリンとケルソーの二つの自治都市は、一七世紀中の不慮の火災によって（それぞれ一六二四年と一六八四年に）完全に破壊されたようである。こうした大災害のあとにはしばしば、国中の教会に、家や家族をなくした人々のための寄付金が寄せられた。

衛生上の問題においては、自治都市の行政部の無力さはさらに深刻であった。エディンバラでは住民が彼らの汚物を「ガルディー・ルー」（「そら、水だ」）と叫びながら窓から投げて始末するのが通常のことであった。もっと洗練されたやり方は、路地のひとつの上に突き出している小部屋を作ることであった。そのようにすれば排泄物は直接、通行人の頭の上に落ち、家の壁を汚すことはない。だがせいぜいよくても、汚物が道の端に山となって積み上げられていた。議会はふたたび、人々にこのような振る舞いに及ぶことを思いとどまらせる規則を通過させたが、自治都市が、肥やしの山を移動させるために馬と荷車つきで男を雇ったら、その地域は運がいいほうであった。

伝染病が大発生すると、怠慢のつけはしばしば悲劇的な結果をもたらした。当時の人々は普通それを疫病またはペストと呼んだが、実際には多くの種類がある――クマネズミにいる蚤が媒介する腺ペスト、シラミが媒介する発疹チフス、汚染された飲み水や再発性の夏の下痢によって運ばれる腸チフス、ハエが運んで来る無数の赤ん坊の命を奪う伝染病などである。どの病気について言及しているのか判断するのはしばしば困難である。だが、人の排泄物の山が町中で腐敗し、井戸にしみ込み、あらゆる種類の害獣や害鳥や害虫を引き寄せる危険はわかっていた。ギルバート・スキーンは、一五六八年に書かれたスコットランドの町の伝染病に関する論文のなかで、次のように述べた。「悪臭を放つ腐食したと不潔な物が自治体の通りや小道を占領し腐った野菜、濡れたリント布、麻布、水につかった皮革のひどい悪臭、……鼻をつく汚物と腐肉」(5)。彼は、まだ埋葬されていない人間の体の放つ危険性に、特に注目していた。疫病の危険が生じるやいなや、議会は大変厳しい隔離規制を課した――感染した町から来た船は沖に停泊するか、あるいは乗組員と船荷を、たとえばインチカム、インチキースのようなフォース湾内の島のうちのひとつに降ろすことを余儀なくさせた。そして感染した地方から陸路で訪れた者は、城門内での商いを許されなかった。そのようにすることで、おそらく疫病の蔓延を制限するのにいくらかは効果があったであろうが、いったん疫病が町のなかに入ってしまうと、それを抑制するためにできることはほとんどなかった。そこで議会は、医者と「清浄剤」を外部から調達しようと試み、子どもたちには屋内にいるように命じ、家に疫病の死者が出たのを隠そうとした者には追放という罰を与え、汚染されたものを燃やした。だが概して疫病は抑制されずに、行き着くところまで行き、ときには恐るべき大量死をもたらした。

スコットランドの疫病の歴史は、町にとってだけでなく国全体の人口統計学の歴史にとってもかなり重要なことなので、この段階でしばらくその歴史の概略を辿っておくことは価値のあることである。思い起こせば、一四世紀には黒死病の名で知られる腺ペストの前例のない大発生が記録されており、一三四九年とその後の数年間で全土が荒廃した。それから一四〇一年までのあいだに、同じ病気が三回続いて大発生したが、最初のときとほぼ同じくらいに広くまん延し、猛威をふるった。こういったことが、人口を一四世紀初頭より三〇パーセントかそれ以上減少させた可能性がある。その後、小康の時代が三〇年ほど続いたが、一四三〇年代にさらにまた数度の大発生が起きた。一四五〇年にふたたび、「全土にペスト性の疾患による大量死」が起き、一四七五年にはこれよりはずっと小規模の発生があった(6)。一四九九年から一五〇〇年の疫病は全土に広がったようだが、初期の頃の最悪さとは比べ物にならない。一五一四年、一五三〇年、一五三九年の大発生もまたおそらく、一〇〇年前の頃と比べたら、その重大性においてはまったく限られたものであった。

一六世紀後半の総体的な状況はさらに複雑である。間違いなくひどい大発生が何度かあり、たとえば一五四五年、一五四六年、一五六八年（これはエディンバラではかなり深刻であった）、一五七四年（主にフォース湾沿岸部）、特に一五八四年から一五八八年の発生は、当時の人が伝えた話では、エディンバラで一四〇〇人、パースで一四〇〇人、セント・アンドルーズで四〇〇人以上、カーコーディで三〇〇人の死者を出した。これら町ではそれぞれ、その死者の数が全住民のうちのかなりの比率を占めたに違いない。にもかかわらず、疫病に冒された地域は、国内の南東部に、しかもおそらくはその町だけにまったく限定されていたようである。たとえばコールダーウッドは次のように述べた。その病気は「エディンバラ、セント・アンドルーズ、セント・ジョンストンそのほかのほとんどの主要な町で猛威をふるった」(7)。だが、その病気が村を襲ったとは一切言及しておらず、エアやアバディーンのような南東部以外の町には、一五四六年からその世紀が終わるまでまったく疫病が発生しなかったのがわかる。したがって、大多数のスコットランド人にとっては、一六世紀は比較的疫病の危険がなかった時代だと思われる。

一五九〇年代の後半になると、どうやらこの発生状況は変わったようである。一五九八年にダンフリースで発生した疫病は、ダンディーとマリシャーの田舎に広がった。まもなくエディンバラやファイフやグラスゴーの近辺に迫り、一六〇六年までには「国の多くの地域に広がり、一部の地域、特にエア、スターリング、ダンディー、セント・ジョンストンの町で荒れ狂った」(8)。一六〇八年には疫病はふたたびダンディーとパースに戻り、翌年おさまった。このように疫病が一〇年間猛威をふるい、地方を襲い、同じ自治都市に数回戻ったことは、初期の頃の短く激しい突発的な流行とは別の種類のものになった可能性があること、そして一地域での一時期の被害はそれほど目立ってはいなくても、全体としては、より多くの人命を奪いさえした可能性があることを示唆している。また、いくつかの地域では疫病と時を同じくして飢饉による死者も出ていた。

一六二四年の小規模の発生は別として、一六〇九年から一六四四年まで、スコットランドは感染性の病気の襲来を免れていたようである。だが、一六四四年に疫病が発生して四年間勢いが衰えず、契約派とモントローズの軍隊行進したりしたことによって、また、その双方の軍隊から逃げてきた避難民によって、国内のあらゆる地域に伝染した。その病気が何だったのか、誰にもはっきりとはわかっていない。その疫病は、通説では、腺ペストだったということになっているが、立証されてはいないようである。発疹チフスだった可能性もある。発疹チフスは、二、三年後にデンマークでかなり類似した環境下で発生し、全人口の約二〇パーセントにあたる人々の命を奪った(9)。アバディーンでは明らかに一六〇〇人の死者（人口の約五分の一にあたる）が出て、リースでは二四二一人の死者（人口の約半分）が出たが、スコットランドに大量死を招いたのが何の病気だったのか誰にもわかっていない。その疫病の特徴は、地方を恐ろしいほど荒廃させたことであるが、何百年後になってもある地域ではそのときのことが記録されていた。このようなわけで、一九世紀のキンタイアでは、「老人たちが、疫病はエアからドゥナヴァティーまで白い雲に乗ってやって来て、ほとんどの地域の上で広がるといっていたものだ」。言い伝えられるところでは、サウスエンド教区全体で煙を吐き続けたのは三本の煙突だけであったという。これは大げさな話かもしれないが、伝染病から三年たった一六五一年の、キンタイアのキルカムキル教区の賃貸住宅の調査では、五五件の保有物のうち二九件が完全な毀損、一三件が一部毀損と記入されたことが示されている(10)。これは、一六九〇年代の飢饉の時期（またこれも伝染病と同時に、起きた）とともに、確かに一七世紀の二つの大きな殺戮の時期のひとつであった。

この大虐殺ののちは、一七世紀のスコットランドでは、流行性の深刻な病気のさらなる発生はほとんどないようである（だが、天然痘の検討については、あとの一一章を参照）。腺ペストは一六六五年と一六六六年にふたたびロンドンを襲っが、スコットランドはその災いを免れた――おそらくは議会と枢密院により、一様に実施されたきびしい隔離規制によるものであろう。肥やしの山と汚染された水の供給によって、人の命と健康が大量に失われ続けたが、それは断続的に押し寄せる大波のように人の命を一挙に奪うのではなく、絶えず都市部で高い死亡率となってあらわれ、特にそれは子どもに顕著であった。だが人々はこれに慣れ、町の生活につきものの危険のひとつとして受け入れ、一八世紀後半から一九世紀になって町がさらにずっと大きくなり、密集して、危険になるまで、あえてこの状態を変えようとはしなかった。

二　商人階級

地方自治の記録をひもとくとわかることかもしれないが、スコットランドの商人は、社会的弱者を罪に問うたり、公金を横領したり、町に悪政をしいたりすることに全精力を注いだりはしなかった。彼らはどの商人よりも商人であり、会議室よりは自分たちの執務室でより多くの日々を過ごし、商売の成功に一か八かの勝負を賭けた。

彼らは通常、十代の初めに徒弟として商業の世界に入った。アローアの持続のない自治都市の住民の息子で、一六六八年にスターリングの商人ギルドの会員アンドルー・ラッセルの徒弟となったトマス・ミッチェルの年季奉公が、このあたりの事情のいい例になるかもしれない。トマスは五年間主人に仕えることになった。許可なく外出したらその期間に加えて二日間、またもしも彼が（神が禁じた）「私通や不貞のような不道徳な罪」を犯すほど愚かであれば、さらに期間は二年間延びる。その代わりに主人は彼にベッドとテーブルを与えて、「国内および国外での」商売のあらゆる技術を教え込み、少なくとも三回は彼を商品の積荷とともに海外にやり、ラッセルが適切と判断する限りはオランダ語の学校に入れてオランダ語と算術を学ばせることを請け負った。トマスの修業にかかる費用の支払いとして彼の父親は、商人が望めばいつでも「アロウェイの峡谷の石炭をたっぷり一五〇チョールダー」を届けると約束した(11)。オランダ語の学習に関する条項を除けば、この取り決めはおそらくかなり典型的なものであった——少年は比較的早い時期に、徹底した商業教育と、のちの人生で彼の多くの仕事の場となるであろう北海の向こうにある港への旅の危険と興奮を味わう機会も与えられた。

訓練が終わると徒弟は、正市民になる資格とギルドに入る資格とが同時に、与えられた。非常に多くの志願者らがそうであるように、彼自身が商人の息子であれば、これはごく簡単なことであった。だがさもなければ、彼はさらにまた一定の期間待機するか、高額の入会金を支払うか、あるいは商人の娘と、望ましくは彼自身の主人の娘と結婚するか、いずれかの道を選択することを余儀なくされることになる。誰もが最後の道を好んでいた。そうすることで徒弟たちには、安い入会金と、持参金としての多少の現金、そして完璧な社会的信用のしるしが手に入った。また商人たちはそうすることで、娘を簡単に片づけることができ、自分が年をとっても、しっかりした商人の家族にめんどうを見てもらえるなにがしかの保証を得ることができた。妻をもつのは商人には実際に不可欠のことであった。というのは、夫が商売で家を留守にしているとき、仕事の管理は彼女にかかっていたからである。多くの未亡人もまた、新しい夫と結婚し、新しい夫がギルドに入るまで、亡き夫の仕事を続けることがまったく可能であることを証明した。新しい夫らもまた、彼女たちと結婚することでギルドに入ることができた。結局これらすべての方法が失敗に終わっても、一人前になったばかりの徒弟には、移住という道がつねに開かれていた。一六、一七世紀の北ヨーロッパとバルト諸国には特に、貧困に倦み疲れたか、あるいは自国での制約に耐えきれずに海外に活路を求めてやって来た若いスコットランド人の商人があふれていた。事実上スコットランドとの一切の接触を絶ってスウェーデン人やドイツ人に帰化した人たちもおり、極貧の行商人の「スコター」もいれば、なかにはストックホルムやワルシャワやラティスボンのとても裕福な正市民になり、大型金融機関や王室の物資調達に関わっている人もいた。またほかの人たちはスコットランド商人が頻繁に出入りする港、たとえばロッテルダム、ベーレ、ボルドー、エルシノア、ロンドン、ダンツィヒなどにとどまり、同郷の仲間たちが、慣れない言葉や慣習で人々と取引をしようとする際に、代理人として彼らを手助けした。ロッテルダムで代理業者として二五年間暮らしたのちにふたたびスコットランドに戻ったアンドルー・ラッセルのように、結局は帰国した人たちもいた。彼らは物質的な富と、スコットランドの自治都市を豊かにするためのヨーロッパ社会に関する知識の両方を持ち帰った。

王許都市の商人たちの商業的な活動範囲は、まだイングランドやオランダの商人ほど広くはなかったが、後背地の農民のそれに比べると、きわめて大きな地域を包含していた。エディンバラ（外港としてリースを使用している）、ダンディー、アバディーンは毎年彼らの船を、ノルウェー北部のトロンヘイムとバルト海内側のダンツィヒから、ロッテルダム、ベーレ、またビスケー湾岸のノルマンディーとラロシェルとボルドー、そしてときにはスペインまで通商路に沿って送った。ファイフのクレイル、ピッテンウィーム、イースト・ロジアンのダンバー、アンガスのモントローズといった実に小さな町からさえ、スケルデ川のデルタや、ノルウェーのフィヨルドや、あるいはデンマーク海峡に、きわめて規則正しく船が現れた。冬季に閉鎖される前にデンマーク海峡を通って故郷に帰る、最終の西ヨーロッパ船の何隻かは、たいていクレイルから来たニシン船で、ストックホルムかダンツィヒで魚を売ったあとスウェーデンの鉄を積んで帰る途中であった。西岸のグラスゴー、エア、ダンフリースの商人ギルドは、アイルランドやフランスとの交易を第一に考えたが、一七世紀終盤になると、西インド諸島や北アメリカ本土にある英国植民地やカナリア諸島との定期的な直接の関係を発展させた。彼らはまた、ミンチ海峡の海図にない水域を通ってノルウェーやバルト海に船を送ったり、ボネスまでの道を、その特権のない自治都市を経由してオランダへ向かう交易の物資補給路として使うようになったりした。

いずれのルートであれ、そこを専門にしている商人というのはほとんどいなかったが、彼らがとりわけ集中して訪れる場所なら多数あった。オランダのゼーラント州にあるベーレは、王許都市総会が任命した管理者の全般的な監視のもとに、中世以来ずっとスコットランド商人が、商品を陸揚げするための「指定取引所」を設立する特権を有してきた土地で、一七世紀にはロッテルダムに次第にその地位を奪われてはきたものの、明らかに多くのスコットランド人が活躍した場所のひとつであった。スコットランド人が長年ワイン取引に関して他の外国人よりも特別な権利を与えられていたボルドーもまたそのようなもうひとつの場所である。ストックホルム（一五九〇年以降スウェーデンの鉄を求めていた）とロンドンの二つの都市もそのような場所であった。とはいえ北アメリカと東スウェーデンを除けば総じて、一六九〇年にスコットランド商人がたびたび訪れていた場所は、一二九〇年にすでに彼らが知っていた場所とたいして違いはなかった。スコットランド商人の相対的な貧困のためか、その階級の企業経営のなんらかの失敗のためなのか、いずれにしろ彼らが、イギリスとオランダの商人を北極から東インド諸島に至る新しい商圏に引き寄せた大発見の時代の航海の意味をほとんどまったく無視したことは、宗教改革以後の時代の商人をめぐって残念に思わせることのひとつである。一七世紀のスコットランド人には、ロシアやイタリアほど遠いところへの航海する旅はめったにない冒険で、一六九八年にダンディーの船がスピッツベルゲンから戻ってきたとき、詳細を自治都市の船積みリストに記入した町の役人は、貿易上の地理にあまりに疎かったため、スピッツベルゲンはシェトランド諸島のどこかにあるらしいとのコメントを書き添えていた(12)。

決まった交易路を専門にしている商人がほとんどいなかったのと同様に、決まった商品を専門にしている商人はなおさら少なかった。この時代には、「トウモロコシ商人」や「ワイン商人」や「タバコ商人」という言葉はなんの意味も成さなかった。平均的な商人の輸出品は、彼がスコットランドで、海外市場に適していると判断できるあらゆるものから構成されていた――たとえば、あるエディンバラの男は一年で、ケルソーのクエーカーの商人から羊毛を買ってスウェーデンに出荷し、パースの定期市でリンネルを買ってロンドンの市場に出し、アバディーンシャーの羊毛製品をフランスに送り、フォース川のニシンをダンツィヒ奥地のポーランド人カトリック教徒用に、マリ湾のトウモロコシをノルウェーに、そしてアローアあるいはポートシートンの石炭を買ってロッテルダムに出荷した。そしてその代わりに彼は、スウェーデンの鉄と、ノルウェーの材木と、ポーランドの亜麻布、あるいはライ麦、ボルドー産の美味な赤ワイン、クラレット、そしてオランダとロンドンの洗練されたえりすぐりの製品や植民地風のぜいたく品――教会の鐘から針まで、また氷砂糖や干しスモモから薬店の薬や職工の染料まで多岐にわたる品物を輸入した。あるものは彼がみずからの自治都市の市場で売ったが、ほかのものは客の直接の注文に応じるために輸入されたものであった。あとの残りは、沿岸の大きな自治都市からもっと小さな都市へ、あるいははるか奥地へと再配分された。一六九六年、ウィリアム・ラムはエディンバラからジェドバラに向けて、ひと包みのオランダの商品（真鍮の平鍋、菓子焼き用の鉄盤、干しブドウ、紙）を荷馬で送り、バルト諸国の麻の積荷を、少し遠くのオークニーや、ダンファームリン、ガラシールズ、そしてダンフリースの商人たちにも分配した(13)。この時代の後半の特徴は、特にエディンバラやグラスゴーのような大きな自治都市の商人の活動が、小、中規模のそれをかえりみずに発達していったことである。彼らは外国の輸入品をフォース川やクライド川から間接的に受け取ることにますます甘んじるようになっていった。

とはいえ、貿易は悪名高い危険なビジネスということになっており、リスクを単独で引き受けたがる者はほんの少数であった。商人の仕事はほとんどすべて、彼の同輩と共同でなされた。もし彼が船を所有するなら、ほかの商人と共同でそうした――嵐で沈没するかもしれない一隻の船を単独で所有するよりは、八隻の船を八分の一所有するほうがはるかによい。もし商人が自国で商品を購入して別の人間の船を借り上げるか、あるいは外国製品を輸入する場合でも、その取り決めはだいたい同じであった――彼は友人らとともに二分の一または四分の一の危険を冒した。このような取り決めは通常、正式のあるいは永続的な提携には帰着しなかった。というのは、商人の協力関係は概してその冒険的な事業が続くあいだしか存続しなかったからである。たしかに、親類や友人たちと繰り返し取引をする場合もあったかもしれないが、彼はつねに自由にそのつながりを断ち切ったり、他人と取引をしたりした。そして、統合された商人による会社が台頭し、ライバルたちとの熾烈な競争に巻き込まれる将来が、はるか向こうに控えていた。

実際には、攻撃的な競争は商人ギルドに不審な目で見られた。彼らは会員たちを依然として、他人を出し抜くことや、商品が認可された市場で一般の目に触れる前に買占めたりすることなど、中世風の罪状で罰していた。ギルドはまた時折り依然として会社組織の通商団体そのものとして機能していて、会員に船を貸し出したり、外国商人が町にもたらした船荷を買い上げたりしていた。商人のなかにある、くもの巣のような家族関係や、価値ある特権の共通の守護者であるという感覚や、有力な小さいエリート集団において社会的接触を持っているという親近感が、無情な物質的野心を美徳とする個人主義の概念に対抗する力となって付加的に働いた。この点で、エディンバラの市長で、グラスゴーのタバコ・ロードの時代以前のスコットランドでは飛び抜けて裕福な商人だったサー・ウィリアム・ディックの話は、悲しくもあり教訓的でもある。彼は、一六三九年に国民契約軍の援助に、旧スコットランド貨幣で五〇万ポンドを超える莫大な財産のすべてを投げ打つほどの夢想家で、その結果ひどい貧困のなかで死んでいった。サー・ウォルター・スコットは作品の一節で、ダンズで野営中の軍隊に支払うために、一ドル銀貨の入った麻袋がサー・ウィリアム・ディックの執務部屋から荷馬車へと移されるのを驚きをもって目撃したエディンバラの民衆の記憶をいきいきと語っている。サー・ウィリアム・ディックは敬虔な行為によって一ペニー残らず財産を失ったが、ピューリタンの賛同を得た。当世のへぼ詩人によれば、

あれほどの運び出しは、いくら誉めても誉めきれない、
大きな損害に終ったとしても(14)。

サー・ウィリアム・ディックの富の十分の一でも誇ることのできた商人はほんの少数であったろう。たとえば金細工師のジョージ・ヘリオットは、エディンバラで最も裕福な正市民であったが、彼は、少なくともその財産の一部を、王室の財政処理をすることで作ったようである。ディックの場合はスコットランドの租税の取立てを請け負っていた。一六三八年に亡くなったパトリック・ウッドのように商業と産業にのみ関わっているほうが、より普通のことであった。帳簿から判断すれば、彼もまた裕福な男ではあった。彼は「三万ポンドの価値のある縄工場の麻、二万一〇〇〇ポンドの漁具そのほか、コッケンジー、プレストンパンズ、カーコーディ、ウィームズ、ボネスの『製造された塩』で一万四〇〇〇ポンド、石炭（三八六四ポンド）、ニシン、バター、四頭立て馬車、カリ。ボルドーへの投機八〇〇〇ポンド、スペインへ一七〇〇ポンド、カナリア諸島へ七八三ポンド、ケーニヒスベルクとダンツィヒへ一万ポンド、それに神々しいウィリアムとイソベルおよびドルフィングへの出資。締めて価値総額は一〇万ポンド（旧スコットランド貨幣で）少々……貸方は、ほぼすべてを計上する用意ができていた……」(15)。

総体的に商人階級は、貴族階級の最も裕福な人々を除けばスコットランドのほかのどの階級よりも、物質的な満足度において間違いなくまさっていた。ほかのことと同様、彼らにぜいたくな暮らしをする経験と機会を与えたのは、ヨーロッパ世界との商業上の接触であった。自分の船が荷下ろしを待っている二〇〇〇パイントのクラレットを積んで港に停泊している商人にとって、食卓に赤ワインと干しプラムを並べるのはなんの造作もないことであった。彼の妻は、単に夫の輸入品から好きなものを選ぶことで、イングランド産の布地のドレスを身につけ、オランダ製のベッドの掛け布を注文する

ことができた。彼にしてみてもいくらかの出費ではあるが、もともと彼はすべて卸売り価格で手に入れているのである。フランス、ロンドン、オランダ、そしてバルト諸国への商人の旅はすべて、絵や銀の皿を買ってきたり、おそらくは宗教的な本を集めてちょっとした蔵書にしたり、時計や鏡に投資したりする機会と動機を提供した。小さい田舎町の商人たちですら、農民には誰ひとり、レルドでもほとんど経済的に賄えないような生活をしていた。そのようなことで、一六四一年にジョン・デニューがイースターロスのテインという小さな町で亡くなったとき、あとには旧スコットランド貨幣で三二二ポンドの価値のある世帯道具が残った。それは、ベッド、テーブル、食器棚、大型の収納箱、木製の長い腰掛け、腰掛け、椅子五脚、羽毛マットレスのベッド六台、シーツと毛布のセットが五組、長枕、クッション、カーテン、ナプキン四ダース、一四枚の白目の皿と大きな木皿、真鍮の鉢、四つに枝分かれした燭台、酒用のセラーにグラス五脚などであった(16)。

このように生活の快適さにおいては優位に立っていたものの、商人階級は、地主のようにこれみよがしにひけらかしたり、過度に飾り立てるということは決してなかった。総じて彼らの家はこじんまりしていた。三部屋か四部屋ある住まいは、カウゲイトやウエストボウあたりのエディンバラの集合住宅のひとつの階にあり、ほかの階には職人や法律家が、また屋根裏部屋には一般の労働者が住んでいたりした。商人階級の家は、商人のアンドルー・ラムが自分のためにリースに建てた豪邸（現存している）や、サー・ウィリアム・ブルースがウォルター・ギブソン市長のためにグラスゴーに建築した家（現在は取り壊されている）よりはるかにこの階級の家らしい特徴を持っていた。家事をする女中が一人か二人は欠かせなかったが、大勢の使用人は不要であった。ギルドの仲間の会員に対してしかるべきもてなしは提供されねばならなかったが、猟にかまけている伯爵たちのように消費自体を盲目的に崇拝しようとはしなかった。彼らが地方の広域にわたって好印象を与える可能性はなかったうえに、商人ギルド内にすみやかに定着して、ずっと先の一七世紀中頃には極端なピューリタニズムに転じたカルヴァン派の教義が、度を超えた虚飾を強く批判していたので、現実に浪費をする動機はなかった。そのうえ、見せびらかしと借金が破滅への近道だということを商人ほどよく知っている者はどこにもいなかった。

このような相対的なつましさは、スコットランドの商人が共同体の他のどの階級よりも流動資産——私設救貧院や貧しい商人の子女のための学校に基金を寄付することで慈善事業に流れる金、一七世紀に設立された紙工作品や砂糖の製造所といった新たな産業に投資する金、利子を取って貸しつける金を持っていることを意味した。こういった金は、彼らが成功しており、かつレルドであることに由来する社会的な権力と威信を望むのであれば、彼らにたやすく地主階級に移行する能力を与えた。土地を購入するかまたは受け戻し権を喪失した抵当物件を手に入れることで地主になる者もいれば、結婚によってそうなる者もいた。というのも商人は地所を持つ娘を軽んじない傾向があったからである。同様に、持参金がたっぷりとある商人の娘を軽んじるレルドはほとんどいなかった。その結果、主要な自治都市の周りには、所有者がレルドであり、また、商人である土地が環状に広がった。何世代かで地主としてさらに傑出したり、また何世代かでレルドとしてさらに傑出したり、またレルドの息子が純然たる商人になったり、商人の息子が純然たるレルドになったりした。そして彼らの娘たちが彼らの息子たちとお互いに自由に結婚したため、二つのグループ間の相違は実に不鮮明なものになった。この傾向はグラスゴーの周辺で特に著しかったとはいえ、エディンバラ、ダンディー、アバディーンの周辺では同様でなかったと考える理由もない。

概して、彼らの物質的な資産や、比較的高い貯蓄の傾向、それに社会で上昇していく能力、また社会で彼らより下の階級の人々から活力をもらう能力（少なくともグラスゴーでは）、そして彼らが入口の階段の向こうにある大いなるヨーロッパの地平を認識していることなどを考えると、スコットランド商人は、イングランドやオランダの商人ほどではないにしても、多くの点で共同体で潜在的に最も精力的な階級だと思われる。そのような中産階級の人々による感化がなかったら、一七世紀と一八世紀において、社会と経済の変化は遅れをとっていたであろう。

三　職人と非自由民

正市民階級で二番めの、社会的に下のほぼ半分の層を構成している町の職人は、スコットランドの自治都市のごく初期の時代からすでに存在していた。だが一四五〇年以降になってようやく、彼らは正式なギルドの形で自分たちを組織化し始めた。一六世紀を通じて彼らの組織はすべての主要な町で依然として増え続けていた。一六〇〇年までにエディンバラとグラスゴーにはともに、選出された組合長のもとに「同業者の法人組織」がそれぞれ一四ずつあり、ダンディーには九つ、パースには八つ、スターリングとアバディーンには七つずつあったが、レンフルーのような、いくつかの比較的小さく有力でない地区にはたったひとつしかなく、ほかのブレヒンのような地区に至っては、一七世紀になるまで職人はまったく組織になろうとしなかったようである。

職人ギルドの目的は、商人ギルドのそれと同じように、主として特権を持った市民の小集団の権利を非自由民の物騒な要求から守ることであった。典型的な例として、グラスゴーの鍛冶屋や、金細工師や、馬具金物師、そして馬具屋、留め金屋、武具師、それにほかの金属細工師らが、一五三六年に「鍛造工の法人団体」設立の許可を申請し、資格のない者の仕事により「甚大な苦痛と損害」をほかの正直な正市民が被っているという訴えに根拠を与えた。彼らはさらにまた「三人のすぐれた親方により試験をされ、仕事をする資格があるとわかり」、職人ギルドに認められた会員でない限り、誰もこの町で金属製品の売店を出すことは許されないという最初の規則を作った。続いて彼らは、かなりの時間をさいて「いいかげんな仕事」を見つけ出したり、近隣のゴーバルズからの鍛造工が彼らの市場になだれ込んで来るのを阻んだり、特権のない金属細工人を商人が私用の仕事に雇うのをやめさせたりした(17)。

このような活動は、消費者の利益のためであり、売りに出されている商品の品質の高さを保証するためであるとして外向けにはきれいごとを並べていた。だが実際には、主として生産者の利益を守るのに力を貸し、それによって生産者がとてもたちうちできないようないかなる競争をも逃れることができた。スコットランドの製造業者は全盛期に、その製品の質が悪いことで、ヨーロッパの半分に知れわたっていた。また、商人たちは、鉄製の深鍋や馬のくつわのような外国のきわめて粗末な消費材を輸入してはやすやすと市場に出し、自治都市の手工業者の製品と張り合って販売することを許されていた。この状況は、ギルドが表立って結成されたときのさまざまな任務を達成するのに情けないほど効力を失っていたことを示すものであることは一見してすぐわかる。だが、外国にあった中世のいくつかのクラフト・ギルドの記録が示すとおり、そして実際にスコットランドの銀細工品の記録が示すとおり（八章一七二頁を参照）、本来ギルドの仕事は必ずしも悪いものではなかった。おそらく問題は、ギルドのまずい訓練にあると同様、スコットランドの市場の性質にあったのであろう。スコットランドで裕福な階級といえば商人と貴族だけであったが、彼らの生活は、自分たちが望んだ海外からの品質の良い商品で満たされており、スコットランドの職人を収益力の低い共同体に奉仕させた。そこではいかなる商品においても第一の要件は、安価であることであった。工場の設立と大量生産の時代が来る前は、安価であることはすなわち質が悪いことを意味していた。実際に、時間と材料を切り詰める以外に、手工業において費用を削減する方法はなかった。

他方では、スコットランドの職人が外国から学ぶことに少しも乗り気でなかったことも認めねばならない。たとえば一六六一年に議会が、「腕のいい職人」が海外から来て繊維製品製造の指導者として働くのを奨励する法案を通し、彼らに固有の特権を与えて定住するよう説得しようと提案した際、自治都市は激しく不満の意を表した。海外からの労働者が来ると――たとえばグラスゴーの砂糖製造所に――地元のギルドは、自治都市の裁判所で取るに足らない告発をすることで彼らの生活が困難になるように精一杯のことをした。

ギルドはその方針が閉鎖的だったのと同じく会員数も少なかった。一六〇四年にグラスゴーの一四の職種のギルドは全体でもわずかに三六一人で（商人ギルド二一三人に対して）、七、八千人の用を足していた。最大のギルドは仕立屋で会員数六五人、続いて麦芽製造人と靴屋がそれぞれ五五人と五〇人。職工、鍛造工、パン屋、樽屋、毛皮商人、大工がおのおの二〇人から三〇人のあいだで、肉屋一七人、石工一一人、帽子職人七人、染物師五人、外科医はたったの二人であった。こうした数と内訳の明細はたいていの大きな自治都市を象徴しており、それ自体がギルドの活動の簡素な性質、「貧しい階級の日々の必需品、パン、衣類、履物、住宅」のみ供給できることの説明になっていた(18)。エディンバラの金細工師のギルドの場合のように、ギルドのなかに高級な手仕事をする職人が多数いて、別個のギルドを結成してもおかしくないときでも、職人たちは新たにギルドを結成しないで町で最小の集団にとどまっていたケースがある。

通常職人ギルドへの入会は、商人ギルドの場合と同様、徒弟制度を通してなされた。その制度がどのようなものかを示すため、ここでグラスゴーの鍛造工をふたたび例として取り上げる。このギルドでは徒弟は通常、食事と衣服を与えられる代わりに七年間の奉公を求められた。食事とささやかな賃金を受け取る場合は、あと二年奉公が延びた。この期間の終わりに彼は「試作品」、または作品見本（武具師ならハイランド連隊兵の剣のつかで、鍛冶屋なら蹄鉄と八本の釘だったようである）を作り、三人の「親方である試験官」によって作品の審査を受け、承認されねばならなかった。そして正市民になる料金を支払ったうえで、自由民になることができ、独立した親方として仕事をする許可を得た——が、組合長職に投票したり立候補したりできる名誉ある「ギルドブラザー」の地位を獲得するには、あと四年間働かねばならなかった。そのうち最初の二年間は、徒弟や使用人の手を借りてはならないとされた。それからさらに金を払って、ギルドの正真正銘の会員となることができた。一三年という訓練と試験の期間と、いかなる鍛造工も一度に二人以上徒弟を置いてはならないという規定とが相まって、高額の入会金より以上に、ギルドへの新人加入を制限するのに効果をあげた。商人の場合と同様、支払う料金は外から来た人間よりも、ギルドブラザーの息子や義理の息子のほうが事実上安かった(19)。

すでに刊行されているエディンバラの徒弟記録には、ひとつの業種が自治都市周辺の田舎からどの程度新人を雇い入れたかが示されている（しかし、エディンバラ市内で父親のあとを継いだすべての職人が完全に網羅されているわけではない）(20)。ロジアンでは——特にクラモンド、コスターファイン、ギルマートン、ピルトンといった近くの教区から来ていたが、また同様に、ハンビー、アローアのようなやや遠い場所からもやって来た——多くの新人は「賃借権保有者」つまり小作人の息子であった。多くは、半径三〇から四〇マイル内にある小さな自治都市の出身で、隣接したダルキースやマスバラのような地域や、クレイル、クーロス、アンストラザー、キングホーンのようなサウスファイフ沿岸の町や、ビガー、インナーリーゼンといったもっと近隣のボーダー地方から来ていた。数人はこの区域内のやや大きな自治都市から来ており、スレート工はセント・アンドルーズから、白目細工師はダンファームリンから、住民はリンリスゴーとハディントンから来ていた。他方、その半径の向こう側では急速に首都の吸引力は弱まった——グラスゴー、カークウォール、アバディーン、パース、エルギン、ダンフリース、サンカー出身の人々の記録を見つけることも可能ではあるが、探し回らなければならない。それらの地元の大きな自治都市には明らかに、エディンバラに圧倒されない吸引力があった。また、エディンバラ地方のほとんどの職人の徒弟は、商人の徒弟よりも明確に社会的に低い階層の出身であった。後者は他の自治都市のレルドまたは商人の息子である場合が多かった。最も小さい自治都市の場合を除いて、前者がレルドの息子であることは決してないといってもいいほどで、商人の息子であることもそう多くはなかった。彼らは農民や他の業種の職人や水夫の子どもで、「肉体労働者」の子どもの場合すらあった。

しかしながら、いったんギルドブラザーの地位に到達すると、職人は共同体で一定の威信のある人間——ギルドの組合長、あるいは地方議会の議員になることができた。そして特に商人が弱い位置に置かれている奥地にある自治都市でのある事例では、町の治安判事にさえなることができた。このようにしてハディントンでは、一五七五年に職人の市長が選出され、一六〇〇年のバンフでは役人はすべて貧しい人々と漁師と職人だといわれた。あまりの様変りに王許都市総会は仰天した。職人はまた、彼らが作ったものを商人ギルドを通さずに顧客に直接販売したり、一部の奥地の品物を売買したりする権利を主張することで、一六世紀における彼らの経済的な立場を改善させた。このような特権を獲得するために彼らは熾烈な戦いを繰り広げたが、結果としての解決策は町によって異なった。アバディーンでは一五八七年から、職人が、輸入された品物、魚、獣の皮、皮革、羊毛といった「必需品」は売買できないが、バターと羊と染めてない布の売買はできるということで合意に達した。羊と布の売買は許可するが、皮革と羊毛の売買は禁止するというのは、ことによると細かすぎる区別だったともいえる。

このようなわずかの収入にもかかわらず、エディンバラの金細工師と一定の薬剤師を除けば、裕福のうちに一生を終えたり、その生涯で商人並みの安楽な生活を送る経済力を持てる職人はほとんどいなかった。たとえば、この時代の終わりにエディンバラで、商人は二人か三人の女中を置いている場合が多かったが、女中を二人以上置いている職人はほとんどいなかった。職人の技能が非常に利益をもたらし、小さな地所を購入したり、レルドに金を貸しつけたり、自治都市の新しい工場に投資したりできる毛皮商人とか仕立屋を見つけるのもまたとても珍しいことであった。多くの者にとってギルドの主要な恩恵は、利益を得るための機会を与えられることではなく、貧困の恐怖に備えて防衛することだったに違いない。いずれの職人ギルドも、困窮した気の毒な会員の家族のために定期的に金を集め、多くは、グラスゴーの同業者病院のような私設救貧院を経営した。またどこの職人ギルドでも、亡くなった会員が見苦しくない葬儀をあげるための喪服を貸し出した。職人ギルドの会員になることは、本質的に、競争と貧困の両方を遠ざけてどうにか食べていくことをもっぱら目的とした、非営利的な友愛組合に属することであった。鍛造工や靴屋として飛び抜けて出世することはできないが、ひどくおちぶれることもまたなかったのである。

商人と職人のみが正市民であった。ほかのすべての住民は、町の統治方法についてなんら発言権を持たず、そこで暮らすことで自然に生じる特権もない「非自由民」であった。ときおり非自由民には、貴族の町屋敷を管理する家令や、法律の専門家である弁護士、事務弁護士、書記といった、かなりの数の裕福な世帯主が含まれていた。しかしながら彼らの多くは、市民権は与えられるものの、通常、議会に参加したり取引を行ったりする実質的な権利はない「市民待遇」の地位につくことで町から名誉を与えられていた。たとえば一六九四年のエディンバラの人頭税還付の際、民事控訴院で仕事をしていた法律家は、町の中央の地方行政区で、九一七世帯対七一七世帯で商人の数を上回った。尊敬すべき未亡人もこのグループに入る。彼女たちはしばしば下宿屋を経営していた。一六九四年にエディンバラの中心部に住んでいた世帯主の二〇パーセントは女性であった。このうちの大多数は未亡人だったに違いない。もっとも、多数派であることがまた尊敬すべきであるということにはならないが。

しかし一般的にいって、非自由民という言葉は、特権を持たない貧しい人々や、いずれの大きな町でも人口の大部分を構成する階級と同義であるが、彼らにはなんの権利もなく記録も残っていないので、相対的に彼らのことはほとんど知られていない。職人ギルドの親方のもとで賃金労働をしている日雇いの労働者もおり、彼らは少なくともギルドの慈善事業の恩恵を受けることはできた（彼らが以前に徒弟の年季を勤めていた場合）。最終的にどのくらいの数の日雇い労働者が、一本立ちした職人になれる見込みがあったのかはわからない。大半は、明らかに貧しい雇われ人として人生を終えた。たとえば一六九四年、キャノンゲイトの職工ジョージ・ブルーアーはヒュー・クリスタルの使用人であったが、みずからのことを「体の弱い貧しい男でヘルニアが原因で働くことができない」といい、日雇い大工で既婚者のジェイムズ・サーヴィスは次のように言った。「私たちにはまったく何もなく、子供たちにパンを買ってやることもままならない」。非自由民階級の他の者たちは、正市民の使用人（召使）で、彼らの自宅か仕事場で働いていた。このうちの多くが女中だった――たとえば一六九四年のエディンバラの中心部では、男性の使用人が一一五人、徒弟が一四四人いたのに対して、四九二人の女中が五四八の所帯で働いていた(22)。女中を雇うことは「一定の社会的地位の象徴」であり、貴族や法律家のなかには、七人も八人も女中を置いている家もあった。

その他の非自由民は通常、熟練を要しない不定期の労働者より多少ましな程度で、自営である場合が非常に多かった。あらゆる種類の市場の運搬人や、ときには行商人も少しおり（正市民の権限のもとでささいなものを販売することを許されていた）、牛追い、荷馬車屋、石炭商などがいた。ダンディーの議会は、彼らが請求する料金を統制する手段を持っために、「組合長」のもとで彼らを組織化しようと試みた。一七世紀後半までには、首都のすべりやすい通りを中産階級の人々を安全に運ぶかごかきも出現した。沿岸には漁師と水夫がいた。小型船の船長は正市民で、クイーンズフェリーやモントローズのような小さい町の商人と社会的に同等である場合が多かった。グラスゴーですら一七世紀初頭には漁師である正市民がいた。また、エールを細々と商う人々（ほかに生計の手段のない極貧の未亡人の場合が多かった）や水運搬人、それに牛乳売りもかなりいて彼らは町で牛を飼っていた。最後に、売春婦、浮浪者、泥棒などもいた――エディンバラやリース男爵領郊外の自治都市やキャノンゲイトは、犯罪者が迷宮のような高層の集合住宅や路地に、長老会のきわめて勇敢で押しの強い役員たちを除くすべてのものから安全に身を隠すことができる場所として悪名高かった。

尊敬すべき人も、また同等に堕落した人も含めて、そういった人々の生活は困窮をきわめていた。不具の年寄りたちは玄関先の階段に座って、傷を見せて物乞いをした。不作のために、商人がポーランド産かアイルランド産の穀物を市場で高値で売っているかたわらで、路地で死にかけているのを真っ先に発見されるのはきまって困窮した人々の子供たちであった。このようにして一六〇〇年には、「エディンバラで、オート麦のわらの一束が四〇シリングで販売された。また幼い子どもたちが大勢死んだ。一日で六人か七人が埋葬された」(23)。

ある時期に売られていた頑丈なよろい戸をつけることが正市民の義務だったときがあった。一六世紀以降スコットランドは、明らかに職人と貧しい人々が大勢含まれている都会の無名の群集が、宗教的な指導者や政治家にあおられて、熱狂させられ暴徒化するという現象を目の当たりにした――宗教改革の際にパースで、ノックスが行い、議会合同の前夜にエディンバラとグラスゴーで、ほかのなにがしかが行ったように。とはいえ、群集はみずからの目的のために自発的に決起することもできた。チェインバーズが一六八二年にあったそうした出来事を詳細に記している。

エディンバラの通りである暴動が起きたのは、ささいな罪で投獄されていた数人の若者が、オレンジ公に仕える兵士として連れ去られようとした結果であった。リースロードで船に乗るために監視つきで通りを行進させられていた若者らに、女たちが呼びかけた。「強制されたの？　違うの？」若者たちが答えた。「強制されてだ」と。すると群集のなかからざわめきが起きた。通りに座って陶器を売っていた女が監視役の男に陶器の破片をいくつか投げつけると、ほかの人々は建てかけの家で武器になりそうなものを見つくろって、彼女のあとに続いた。兵士たちは群集に向かって発砲し、九人が撃ち殺された。「この群集のなかで最も目立った動きをしていた三人が捕えられて裁判にかけられたが、有罪とはならなかった。治安判事らはその職務怠慢と臆病さを厳しく非難された」(24)スコットランドの全人口と比べると、都市の労働者階級（無産階級）は多いとはいえなかった。しかし、ときとして、特にエディンバラでの、生涯を通しての貧困に対するまったくの無防備さと、ときおり爆発させる暴力的な抗議は、この階級を会議室に座っているとりすました商人たちと同じくらい早熟な階級のように見せている。

四　農民である正市民と坑夫

数千人の人口を持つこうした大きな自治都市の考察から、人口が二〇〇から三〇〇以下の小さな田舎へ視点を移すことは、以前の章で見てきたレルドと農民の世界へ、道のりを半ば以上逆戻りすることである。一番小さな田舎の自治都市であっても、それが形の上で王許都市であれバロン都市であれ、通常は、大きな町とそっくりの構造を持っており、彼らがそれを十分に活用した場合には、大きな町の特徴が多く見られるようになる。したがって、決して大きな地域ではないが、ボーダー地方にあるホーイクのバロン都市には、職人の長々とした名簿（靴屋、肉屋、染色職人、馬具金物師、麦芽製造人、石工、毛皮職人、金属細工人、仕立屋、毛織物縮充人、職工、大工）が存在していた。また、馬の放牧や鶏の侵入のような純粋に農業にかかわる事柄についてだけでなく職人の仕事の質と市場の規制についても苦心する議会とがあった(25)。にもかかわらず、小さな自治都市の生活には、概して十分に都会的とはいえない、二つの特徴があった。ひとつは、領主の支配的な存在であった。実をいえば大きな自治都市でさえ、政治を有力者の策謀から守るのはしばしば困難であり、これはときどきあることだったが、貴族やその家令が市長に選ばれたときでさえ、自分の地所で行使しているのと同じくらい綿密な社会管理を行うことはほとんど望めなかった。しかしながら小さい田舎の自治都市では、領主なら、彼が選択すれば、完全にその土地を支配することができた。非常に多くのバロン都市は実際にその存続を、地主に負うていた。彼らは慎重に共同体を計画し、租税や増大する地代からみずからの利益を得ることができるように市場の権利を獲得した。マクスウェル家は、一六二一年に同じ名字の者たちに一二区画の土地を永代租借地として与えることでランガムを創設し、ステュアート家は一六七七年に、同様の方法でニュートンステュアートを作った。彼らはいったん自治都市を計画すれば、正市民が、上からのなんらかの指示なしで、市長と行政長官、参事会を自由に選ぶことは許可しようとしなかった。多くの小さい王許都市の運命はさほど変わらなかった。インヴァレーリの自由民は、アーガイル公爵によって正式に承認された治安判事しか選ぶことができなかった。クロマティは、領主に完全に制圧されたので、王許都市総会から実際に脱退し、バロン都市として新たな勅許状を受け入れる屈辱を甘んじて受けた。

小さい自治都市の第二の特徴は、農業との関係が密接なことであった。大きな町には、農業を営む一部の市民と、不定期の労働者として干し草や収穫の時期に開放耕地に出る大勢の市民がいた。これに対して、小さい町では、正市民がまず第一に農民であり、副次的な職業として、ほんの言い訳程度に商人または職人の仕事をしていた。エアシャーのキルマーがそのいい例である。この地では正市民の権利は、七エーカーの土地をグレンケアン伯爵から永代租借地として与えられることによって得られた。伯爵は四〇区画の隣接する土地を細かく企画して勅許状を得ることでひとつの自治都市を作ったのである。自由民はまた、都市の政治や、市場の権利、貿易の排他的な独占権、そして男爵領内で手工業を営むためのあらゆる組織も持っていたが、彼らの生活は地域内で販売する野菜の栽培にかかっていた。同じ州にあるニュートン・オン・エアでは、共同体に水夫、漁師、職工の層が含まれていた。にもかかわらず自治都市の法律は、主として農業の組織化に関するもので、二〇〇エーカーの牧草地と一五〇エーカーの耕地を四八人の自由民に分配したり、ターフの刈り込みや雑草の集積を統制したり、町の民衆を雇って作業をさせたりした。彼らは午前中、角笛の合図で正市民の牛を放牧し、夜になると牛を連れ帰って休ませた。このような自治都市の光景を、プライド教授が次のように論評している。「土と密接に結びついており、主として土地の活用に頭を悩ませている狭い小さな共同体のひとつである」(26)。それは、裕福なあるいは進取的な商人階級を育てるというよりは、農民の価値を不滅のものにしがちな社会環境であった。

小さい自治都市のあるグループは、これとはまったくちがう特徴を持っていた――地主が夾炭層《コールメジャーズ》を開発したり、天然塩田を作ったり、輸出を容易にするための小さな港を建設したりし始めた場合は、必ずフォース湾岸に出現した石炭と塩の町が選ばれた。フォース川の源にあるアロアとボネス、プレストンパンズ、イースト・ロジアンにあるコッケンジー、ウィームズ、ファイフのメスィルはすべてこのタイプであった。クーロスもそうであり、これらの都市のなかで唯一の王許都市で、今日の英国で一六世紀の産業都市が最も良い状態で保存されている例である。これらの共同体は実際には、耕地や商人や職人とすっかり絶縁しているわけではなかった。クーロスにはなお、少数の快適な商人の家が保存されており、金属細工人の地元の組織は、ガードルアイロンの製造で全国的に名をなしていた。しかしながら、彼ら全員のうちで特徴的な住民といえば、炭鉱や天然塩田の職人であった。そして彼らは、時代の経過とともに、スコットランドの労働史上で匹敵するもののない地位の低下に苦しんだ。

地位の低下へと向かった最初の重大な一歩は、一六〇六年のスコットランド議会が定めた法律で、以前の雇い主から雇用から解放した証明書の提示がない限り、坑夫、石炭運搬人、製塩業者の雇い入れを禁じるというものであった。もしも労働者が証明書なしで雇用されると、彼らは満一カ年のうちに連れ戻され、泥棒としてきびしく罰せられる可能性があった。この法律は、一六四一年に定められた別の法律によって、地表で採鉱する者にまで適用されるようになり、一六六〇年に両方とも批准された。のちの決定はその法律を、炭鉱または天然塩田での雇用を受け入れる人間はそれにより自分を死ぬまで農奴にしたことを意味すると解釈した。彼は、農奴の身分となった仕事からの離脱はできないかもしれないという但し書きだけで、彼の雇い主によって売買され、相続されうる採鉱用の備品のひとつとなった。

農奴制はいったん確立されると二つの方向に広がった。その後、一六〇六年の制定法の第二条も批准され、雇用主が浮浪者を拘束して鉱山あるいは塩田で働かせることが公認された。おそらく数はそう多くなかったとはいえ、確かに一部のあわれな人々が捕らえられ、炭坑で生涯を農奴として暮らすよう宣告された。一七〇一年に至ってもなお四人の男が、裁判所から鉱山での苦役を宣告されている。一人は、鉄の首輪をつけさせられたが、それには次のように銘記されていた。「一七〇一年一二月五日、アレグザンダー・ステュアートはパースにおける盗みの罪で死刑の宣告を受けたが、司法官により、アルバのサー・ジョン・アレスキンに終身奴隷として与えられた」(27)。二つめは、坑夫の子どもたちを盲従させて鉱山で働く親たちのあとを継がせるために、「手付金を渡す」慣習が使われたことであった。「手付金」とは、赤ん坊の洗礼式のときに、子どもを坑夫に育てるという約束をするお返しに坑夫とその妻に与えられるプレゼントである。その約束に法的な拘束力はなかったから、子どもは理論上は成人して満一年たたないうちに鉱山を出て行ったかもしれない。だが実際には、それが農奴制を世襲のものにした。というのは、教会の圧力のもとで立てた誓いなど法律上は欺瞞だとは坑夫は誰ひとり思わないだろうからである。

農奴制は、たぶんその世紀の後半まで鉱山では一般的なものではなく、ことによると決して全般的なものとはならなかったのかもしれない。一六四〇年代に入ってもなお、間違いなく大勢の坑夫が依然として、年に一度の契約で、鉱山から鉱山へ自由に移動していた形跡がある。にもかかわらず、農奴制が広まるにつれ、坑夫のすべての家族にとって、信じられないほどの地位の低下という結果に帰着した。彼らは皆雇い主の所有物とみなされ――「在庫品目録には、ジン・ホースの価格や、立坑坑口にあるパンチ・ウッドの在庫と同じように、彼らの価値が含まれていた」(28)。「採炭夫」であるその男を地下で彼の妻が手伝った。妻は「運搬人」として働き、石炭の入ったかごを鉱山の険しいらせん階段を上って立坑坑口まで運んでいた。子どもたちは男の子も女の子も、六歳か七歳になると鉱山に入り、両親のためか、あるいは子どものいない採炭夫のための「よその」運搬人として働いた――このように一六八一年のボネスでは、一三人の採炭夫を、二六人の身内の運搬人と、一一人の「よその」運搬人が手伝っており、そのうち男はそれぞれ五人と一人であった。農奴の社会的な評価はとても低かったため、一八世紀のファイフの一部の地域では、農奴以外の人々は、神聖な場所で自由民の隣りに彼らが葬られることを認めようとはしなかった。

農奴制を坑夫と製塩業者に首尾よく課そうとする試みは、まったく別個のものではない。鉛鉱夫は（実質的にはラナークシャーのレッドヒルズに唯一の共同体があった）、一六〇七年から一六九八年のあいだにまったく同じ方法で農奴になった。その後雇用主は、彼らの技術がその仕事に欠かせなかったイングランド移民を、おそらく条件を受け入れるよう説得するのが難しいという理由で、彼らを農奴の身分から解放した。一七世紀後半の北東部のレルドのなかには、自分の土地の漁師を農奴だと主張する者もいた。だが地位をおとしめようとする企ては、漁師が船に乗って突如姿を消すことで回避された。一五七九年から一六七二年のあいだに、議会は、必要に取りつかれていた「貧乏な人々を仕事に就かせる」必要に取りつかれていた議会は、一五七九年から一六七二年のあいだに、物乞いや孤児や貧しい子どもたちをつかまえて私的な用事や市営の「工場」で何年間か働かせることを雇用主に許可する一連の法案を通した——少女は一八歳、少年は二四歳までの場合が多かったが、ときには一生の場合もあった。それらの法律の語調は、雇い主に「すべての横柄で力の強い物乞い」をつかまえることを許可する一六〇五年の法律に典型的に表わされていた。雇い主は「彼らに焼きごてを押したうえで、奴隷として所有することが可能であり、その後誰かが脱走した場合には、所有者はふたたびこれを行ってもよい」のであった。しかし実際には、この法律のもとで被害をこうむった不幸な人々はほんの一握りだったようである。それがあまりにも苛酷だったので、治安判事がその使用をためらったに違いないのと、逃げ出して路地に消えることが簡単にできる町では、奴隷として労働力を確保するのがきわめて困難であったと思われるからである。

坑夫と製塩業者が実際に苦しんだのは、主として、十分な成功の見込みで農奴制を課すのが実行可能だった場所で、彼らの職業がそれ以外になかったためである。共同体は小さく、貴族の管理者が監視する田舎にあり、たいてい彼らの仕事は地下で行われていた——つまりあらゆる要素が脱走を困難にした。彼らの仕事は、熟練を要しないものであったから(この段階の進展状況では)、農奴という並びで統合することが可能であった。しかも炭鉱主には、枢密院に場所を見つけて貴族になったばかりの一族が多く含まれていた。彼らは、貧しい人々の有益な雇用とスコットランド経済の拡大を促進する公共の利益のための立法として粉飾しながら、自分自身の利益のために法律を公布することができた。

他方では、単に農奴制を課す機会があったからといって、それが即座にとらえられるというわけではなかった。イングランドでも、産業は同様の場所に位置し、そうでなくても同様の道筋で統合されたのであるが、結局、坑夫は自分たちの自由を確保した。これらの二つの国の違いは、中世の彼らの足跡に求めるべきかもしれない。イングランドでは、農民が彼らが賃借した土地で営む仕事として、あらゆる種類の採鉱が何世紀も存在しており、領主とは無関係に採掘して売却する「自由な坑夫」として、しばしば慣習上の権利を確立していた。これは、一五四〇年以降に大規模な拡大が訪れた際に、その仕事に精通しており、領主が経営する鉱山でも喜んで労働力を提供する多くの一族がいたことを意味した。スコットランドでも一二世紀以来ずっと、採鉱が続けられていたが、修道院の土地で営まれており、規模も小さかった。また、地主が直接、設立していたらしく、農民に職権が委ねられることはなかった。いずれにせよスコットランドの法律のもとでは、労働者たちが慣習上の権利を確立することはできなかったであろう。その結果、ほぼ一五八〇年以降にスコットランドで産業の拡大が始まったとき、イングランドに比べるとはるかに小さい基盤からではあるが、同等の早い速度で発達し、だが同種の新人を引き寄せることができなかった。ファイフとロジアンの農民たちはその仕事を、グロテスクで異様で、彼らの純粋に農業的な伝統とはまったく相容れないものとみなした。

農奴制はこのようにして坑夫たちの開き直りによって崩壊した。その頃、国の特権階級にある雇用主の集団はそれを十分な安い労働力確保を可能にする手段と見ていた。一七世紀の社会は、一六〇六年、一六四一年、一六六〇年、一六九〇年のどの年にも抗議の声を上げなかった。教会も国家も一様にそれを、経済的窮地から抜け出す単純で賞賛に値する方法と考えていたのである。発言力のない産業労働者である農奴の運命は、スコットランドの政治にたずさわる歴史家たちに立ち止まって熟考する時間を与えるはずである。農奴を最も基本的人権を与えられていない人々と無意識の常識として正式に認めようとする闘争で、すべての論争者たちがためらったなら、一七世紀の内戦や契約や革命はどのような意味においても人の基本的な自由に関わるものであるなどと主張できはしないだろう。

第八章
文化と迷信

一　文化上の成果

一六、一七世紀は、知的、芸術的な達成がめざましい時代であった――ガリレオとケプラー、それにニュートン、デカルトとロック、ルーベンスとレンブラント、シェイクスピアとモリエール、ベルニーニとレンといった名前をあげれば、ヨーロッパ的精神の幅と深さを思い起こさせるに十分であろう。こういったすべての点から判断して、スコットランドは貧しい小さな国で、地理的に見ても辺境の地であったかもしれないが、間違いなく孤立してはいなかった。若者たちはフランスやオランダの大学へ――イタリアの大学へまでも進学した。貴族たちはフランスや（一六四〇年以前は特にユグノー地方へ）、ロンドンや、北海沿岸の低地帯を訪れた。商人たちはあらゆる種類の外国の書籍や、洗練された職人の作品を、イングランドやヨーロッパから輸入した。このようにして多くの方法で、新しい刺激がスコットランドにやって来て、スコットランド固有の文化のゆるぎない中世の伝統を、豊かなものにしたり鼓舞したが、圧倒したり消し去ってしまったりすることはめったになかった。スコットランドは相対的に、ヨーロッパに負うている知的な負債をほとんど返済できない債務者であったが、一五六〇年以降の一世紀半のあいだに、外の世界が、西欧文化の一般的な蓄積に大いに寄与していると考えた少なくとも二人の学者が現れた。ラテン語学者のジョージ・ブキャナンと数学者のジョン・ネイピアである。

ジョージ・ブキャナン（一五〇六―一五八二）のほうが、ずっと際立った名声を博した。スターリングシャーの弱小なレルドの息子で、一四歳までキラーンの教区の学校で教育を受け、大学はセント・アンドルーズとパリへ進み、ジョン・メアの教えを受けた。ラテン語が学術的な言語として広く使われていた時代に最も偉大なラテン語学者として、そしてスコットランド、フランス、ポルトガル、イングランドの学究的な社会に等しく精通している人物として、彼は多くの点で、ルネサンス時代の国際的感覚を持つ学者の典型であった。一五六〇年まで、成人してからの人生のほとんどをフランスで過ごした。宗教改革後ようやく、彼はプロテスタントの大義を支持するため、生まれた土地に恒久的に戻った。そしてメアリーを取り巻く宮廷の派閥のなかでいち早く動き、ジェイムズ六世の家庭教師という有力なポストを獲得し、少年期の彼に絶大な影響を及ぼした。王はブキャナンの厳格なジュネーブのカルヴァン主義に決して賛同しなかったが、ブキャナンは彼に、学問に対する敬意と特徴的なラテン語のアクセントを叩き込んでいく。王は、「全世界が知っている」と、同君議会合同後のエディンバラ大学での演説で語った。「私の師であるジョージ・ブキャナンが、この大学の偉大な教師であることは。私はラテン語もギリシア語も彼の発音を手本としているので、わがイングランドの臣民がそうでないのが残念である。なぜなら、間違いなく彼らの発音はこれら二つの学問上の言語の優雅さをまったくそこなっているからである」(1)。

ブキャナンの当時の名声は、彼のラテン語作文力の驚くべき腕前によるものであった。彼の多彩な詩、劇的な悲劇、政治についての警鐘的教訓の書である『スコットランド人の王権法について』(そのなかで彼は、暴君殺しを擁護した。だが、王はただこういっただけであった。「私はブキャナンを詩人として認め評価する」と)、そして最後に『スコットランド史』、これらすべてが発表のたびに、その表現方法の完璧さで当時の人々を驚嘆させた。ある当時の人間は彼のことを「この時代でずば抜けて偉大な詩人」と呼び、ドライデンですら彼のことを、その死から一〇〇年後に、「現代のいずれの作家にでも匹敵し、彼よりまさるのはほんの少数の古典作家だけである」と表現した。ことによると、かつてこの種の異口同音の知的な喝采を得たスコットランド人は、一三世紀のドゥンス・スコトゥス（彼はスコットランド人ですらなかった可能性があるが）を除けばブキャナン以前には皆無であり、それ以降もほとんどいなかった。

だが、不幸にも、今日ではもはやブキャナンを傑出した天才と見るのは困難である。現代の古典文学者は彼の詩を、そのような詩のなかでは出来がよいといえるものの、古代ローマのものよりはやはりずっと劣るとみなしているのである。彼の戯曲や歴史書や政治的な思想はすべて、翻訳されたものでは凡庸な知性を示しており、本来のラテン語の巧妙さが隠れてしまったに違いない。一七世紀には彼には大勢の模倣者や後継者がいて、彼を越えようとしてはしくじった。もっとも「アバディーンの学者たち」は、首尾よくヨーロッパのラテン語系詩人の最高に洗練された一派としてスコットランドの伝統を存続させた。にもかかわらず、ルネッサンスが達成したもののうちこの最も中世的な分派は、ラテン語が学問上の言語からすたれた言語に凋落するにつれ、知的な行き止まりにあることを証明し、ブキャナンの名声もそれとともに薄れていった。かつては詩人および劇作家としてウィリアム・シェイクスピアよりもはるかに名を馳せていた彼が、生まれた国でも外でも今ではほとんどまったく忘れ去られているのは皮肉なことである。

だが、マーチストンのジョン・ネイピア（一五五〇―一六一七）の場合はまったく異なっている。ブキャナンと同じく彼もレルドの息子であった。ネイピアは父親がまだ一五歳のときに、エディンバラに隣接する、現在はネイピア・カレッジ・オブ・テクノロジーのシンボル的存在であるタワーハウスで生まれた。ブキャナン同様、彼も最初はセント・アンドルーズに送られて、のちにさらに高い教育を受けるために外国へ出た――「ジョンをフランスかフランダースの学校にやる。国内ではいい教育が受けられないからだ」と、オークニーの主教である彼のおじが記している。だがブキャナンが彼の作品ですぐに国際的な名声を得たのに対して、当時ネイピアを数学者と認める人間は、仮にいたとしてもほんの少数であった。彼の国内での学問的な評判は、一冊の書物によるものである。そのなかで彼は、ローマ教会が黙示録に出てくる緋色の女であることを一般に納得のいくように論証した。そのほかに、論争好きなレルドとして、また風変わりな発明家としても知られていた。彼は、新しいタイプの炭鉱用スクリュー式排水装置の勅許専売権を持っており、農業用肥料として塩を使う実験をし、軍事用の集光レンズと、戦車のような自走式装甲車を作るという夢のような計画を抱いた。彼の真剣な仕事ぶりは、少数の国際的な数学者の集団にしか評価されなかったが、そのなかに二人の偉大な天文学者ティコ・ブラーエとケプラーがいた。ケプラーは一六一四年にネイピアが対数の存在を明らかにしたことを、最大級の熱意をもって歓迎した人物の一人であった。この画期的な発見はヨーロッパの科学を啓発する数学的な閃光のようなもので、コンピューターの発明が二〇世紀にもたらしたと同種の重要さをもつツールを一七世紀に提供した。つまり素早い計算法の助成に計り知れない役割を果たしたのである。またネイピアはやや度が過ぎたことまでやった。象牙色の細長い棒からできている「ネイピアの骨」が、古代の計算盤を除けば初めての計算機を組み立てようとした試みを象徴している。今日、彼の偉大さを否定する者は誰もいまい。歴史はブキャナンよりも彼に対してやさしかった。彼の学問の分派は衰退する代わりに、科学という庭で最もよく実を結ぶ木々のひとつに成長していった。

しかしながら、ネイピア以外で一六、一七世紀に科学に一生を捧げたスコットランド人はほとんどいなかった。当時の人間で唯一注目に値するのはティモシー・ポント（一五六〇―一六一四）という地図製作者で、彼はイングランドのエリザベス朝の偉大な地誌学者キャムデンの作品に鼓舞されて、スコットランドのすべての地域の詳細な地図を作成するというきわめて困難な課題に取り組んでいく。彼の仕事には、ハイランド地方での興味深いが注意を要する危険な作業も含まれていたが、彼は生命を危険にさらしながらもそれを進めた。彼の死後もストラロックのロバート・ゴードンと、その息子であるロージーメイのジョン・ゴードンによって続けられ、その成果の一部が一六五四年にブラウのアムステルダムの地図で発表された。ただ、スコットランドの学問分野の評判にはいくぶん外聞の悪いことではあるが、地図の残存している原稿はまだ完全に出版されてはいない。

一七世紀の後半に、チャールズ二世のロンドン王立協会の初期のメンバーのなかに、少数のスコットランド人がいた。そのうち最も重要な人物であるジェイムズ・グレゴリー（一六三八―一六七五）は、アバディーンに生まれ、マーシャルカレッジとパドヴァで教育を受け、天文学者および数学者として国際的な名声を得た。特に彼は世界で最初の反射望遠鏡を発明した。彼の兄弟と甥（どちらもデイヴィッド・グレゴリーと呼ばれていた。その一族は何世紀にもわたって高名な数学者あるいは医学者を世に出し続け、『英国人名辞典』に載った人物が九人おり、すべてジェイムズの父親、アバディーンシャーのドラモークのジョン・グレゴリー師の血筋を引いている）とともにジェイムズ・グレゴリーは、スコットランドとアイザック・ニュートンの仕事をつなぐ主要な存在であったので、ニュートンの数学は、オクスフォードやケンブリッジで教えられる以前に一八世紀初頭のスコットランドの大学で教えられた。アバディーンから一七世紀に実にしばしば学問的威信のあるりっぱな成果が出たことが印象深い。この土地の大学は、エディンバラやグラスゴーやセント・アンドルーズの大学よりもはるかに、教会の神権政治の要求に対して抵抗力があることを証明した。スコットランド南部の単科大学は、アンドルー・メルヴィル以後、ロバート・ベイリーのような最も破壊的なカルヴァン主義の聖職者たちの手に落ちる傾向にあった。ベイリーはグラスゴー大学の学長で、キルウィニングの牧師であり、国民契約の際には、「無益な作家の幾多の書物を焼き捨てることに喜んで同意」し、そのなかにはジョン・セルデンやヒューゴー・グロティウスの書物や、あの「きわめて無知な無神論者」で「愚鈍な異端者」であるデカルトの作品も含まれると書いた(2)。

一七世紀終盤の何十年間かは、サー・ロバート・シバルド（一六四一―一七二二）の驚くべき多才ぶりもまた光彩を放った。彼はファイフのレルドの息子で、クーパーの自治都市学校と、エディンバラとライデンの大学で教育を受けた。アーチボールド・ピトケアン（彼もまたアバディーン生まれである）とともに、一六八一年にエディンバラに王立医科大学を創始したのは彼である。これが、卓越した医学教育でのちにスコットランドが名声を得る最初の小さな萌芽となった。後年、彼はこの大学の初代の医学部教授となったが、カトリックとしての彼に対する宗教的な迫害から、あまり長く教鞭を取ることはできなかった。彼はまたスコットランドで初めて、考古学や、魚や鳥や植物や鯨の博物史の調査を始め、一六六七年頃エディンバラに植物標本室としての植物園を設立した。今日あらゆる哺乳動物のなかで最大のシロナガスクジラはシバルドのナガスクジラの名前で、また英国の高山性の花々で最も小さくて希少な品種のひとつが、彼の名にちなんでシバルディア・プロクンベニスと呼ばれている。そして彼はティモシー・ポントの地理の仕事を一歩先へ進めた。ジョン・アデアに命じて初めて海岸の調査を始め、スコットランドのさまざまな地域の地誌についての詳細な説明書を初めて収集したが、それらはのちにマクファーレンの『地理集成』で発表され、一八世紀のサー・ジョン・シンクレアの『スコットランド統計報告』の着想の源となり手本となった。多くの自然科学の分野で活気のある研究の伝統が発達したのは、彼の広い好奇心が出発点であった。シバルドは、同じ時代に生きていたグレゴリー一族や法律家のステアとマッケンジー、そして建築家のブルース同様、議会合同後の時代のスコットランド啓蒙運動の父の一人となった。

にもかかわらず、一五六〇年から一六九〇年のあいだのスコットランド本来の主要な文化的功績は、ブキャナンのラテン語の伝統にも、ネイピアの科学のそれにもあるとはいえない。かりに、法律家たちや少なくとも二人の神学者、つまりアバディーンのコルスの主教派ジョン・フォーブスと、クエーカー教徒のロバート・バークレー（文化の狭い定義の範囲外となるのでおそらく不当であろう）らの実に多くの知的な功績を度外視するとすれば、スコットランドの最大の功績は、この土地特有の言葉による詩、建築の技術、そして銀細工にある。すべてをあわせ考えればこれらの分野での国民の功績は、通常認められているよりはるかに際立っていた。

詩においてスコットランド人は、すばらしい二重の遺産を持つ時代に入った。一方で、作者の起源が遠い中世までさかのぼり、今やきわめて洗練された花を咲かせようとしているバラッドの伝統があり、他方では、特にダンバー、リンジー、ダグラスら宮廷で活躍した「偉大な詩人たち」の伝統があった。彼らはここ半世紀のあいだにスコットランドの言語に文学的な力と美しさを与えており、宗教改革後の彼らの継承者がそれを利用し、あるいはたとえそうでなくても、中世後期の黄金時代の達人を凌駕していたであろう。

バラッドは、すぐに歌い、英雄的行為をしきりにたたえ、超自然的なものを真に受けやすい国民による作者不詳の民間伝承の詩であった。決して意識して文学的に作られたり、工夫されたりしたものではないのだが、それらのうちの最高の作品が持つ力には計り知れないものがある――その力は物語の効果的な使用や、美と暴力と不気味さが一体になったイメージに起因しているものである。オーデンの詩の定義にある「憶えやすいことば」なのである。その質の高さを十分証明するいずれかの行を抜粋するのは至難の業だが、このバラッド（おそらくアバディーンが起源で、一七世紀初頭のもの）からの以下の詩行が役に立つかもしれない。この歌は、ある水夫が昔の恋人のもとへ戻り、夫と子どもを置いて自分と一緒に海に帰るよう女を説得したことをすでに語っている。二人が乗船したのちに、女はその船も水夫ももはやこの世のものではないことに気がつく。

「おお、泣くのはおよし」と男はいった
「いくら泣いても　おれは知らぬ
イタリアの川の岸辺に咲く
百合の花を見せてあげよう」

女が後ろを振り向くと
男の身の丈は伸びていて
豪華な船の天辺よりも
高く聳《そび》えていたのでした。

暗雲たち込め　風はうなり
眼もくらむような稲光
真っ白な雪の精が　うなる波間で
悲しそうに泣きました

男は一番高い帆柱を手で砕き
船首の帆柱を膝で砕き
豪華な船を真っ二つにして
海の底に沈めました

ルネサンスからは遠く離れていたのでイタリアがまだ妖精の国である時代のこのような詩を、同時期の宮廷詩人の流麗な飾り立てた言葉で作られた詩と対比させると実に興味深い。次の一四行詩のなかで、アレグザンダー・モンゴメリー（一五四五―一六一〇）は、ルネサンスの表現形式のしきたりと、年老いたスコットランド人の喜びを、頭韻法を用いて結びつけ、きわめて感覚的な洗練された効果を生み出した。

昨晩あなたの身体を寝床に横たえたとき
私はあなたからあまりに甘美な接吻を奪ったので
私の生命までもあなたの唇に吸い込まれた。
その時から私の霊はあなたから離れたがらず、
あなたを追って私の身体から逃げ去った。
私の肉体は今や鍵のように冷たい。

だが、私は死の危険におののいて
霊を取戻すため愛情をあなたに送った。
だが愛情もすっかりあなたにほだされて、
同じようにあなたのところにとどまろうとする。
あなたは三者をすべて虜にしてしまった、
また戻ってくるよりもこのままの状態がいい。
ただ、あなたの吐息で追われないならば。
あなたの腕のなかで死を迎えるとしても。

もう一人の宮廷詩人アレグザンダー・ヒューム（一五六〇？——一六〇九）は、ジェフリー・グリグソンによって「『夏の日』は……ある一日（そのように思える）を書いたもので、彼が生まれたベリックシャーとポルワースのローランド地方と、また彼が法律を学ぶ学生として四年間を過ごしたフランスを混ぜあわせた——大喜びで息切れがしている詩」と称された詩を書いた。その詩は荒野の薄霧と、ヒバリやタゲリやタシギの声から始まり、「テニソン風の静かな朝へ……そして猛烈な熱さの真昼へと続く」。

深い、紫色の海は穏やかで、
砂浜よりもずっとなめらか。
いつものように打ち寄せる波は
陸地のように安定している……
舗道に敷き詰められた青い石からも、
どのしっくいの壁からも、

熱い日の光が照り返して
あたり一面を燃え上がらせる——

そして「煙がまっすぐ立ちのぼるひんやりした夕暮れ」で終わっている[3]。

ここでは無作為にわずかな断片を引用することしかできない。バラッドについての場合と同じように、この時代の宮廷風の詩についても、上質のアンソロジーのみが、読者に詩の持つ真実の豊かさと驚くべき幅の広さ——抒情的でなまめかしいものから、教訓的であけすけに人を罵倒するようなものまでを示すことができるのである。そしてそれは、現代の英語に慣れた目には一見すると複雑で難しい言語に固執するという労苦に十二分に報いてくれる。

スコットランドにおいて宗教改革は詩の創作にどのような影響を与えたのであろうか。宗教改革が、まだ十分に定着していない音楽の技能を（カトリック教会の聖職者が典礼のために少年たちを訓練する歌の学校での音楽教育を禁止することによって）、また演劇を（彼らが放埒さや迷信を助長したという理由により公演を阻止することによって）ただちに葬ってしまったと考えられているのと同じように、詩作についても即座に荒廃させたと考える人間もいる。だが実際には、宗教改革後数十年間、演劇や音楽の公演は続いた。ノックスは演劇の公演に同行し、戯曲を書くのを手伝いさえしたようである[4]。一五七四年以後のメルヴィルが権力を握る時代まで、教会は演劇に敵対していたわけではなかったし、演劇はあと四半世紀のあいだは王室の保護を受けることすら可能だったのである。宗教上の式典での音楽は、国民契約の時代まで間違いなく積極的に教会によって奨励され、個人の家庭では一七世紀を通して演奏された。一六八九年、商人のアンドルー・ラッセルはオランダにいながら、ヴァージナル（ハープシコード）を習わせるためには娘をアバディーンにやるのが最善だとさえ考えていた[5]。詩においてもそうであった。バラッドのなかで最も完成されている実に多くのものは、一五六〇年から一六二〇年のあいだに作られたものである——たとえば「サー・パトリック・スペンス」「クイーンズ・マリー」「チェヴィーチェース」、「キンモント・ウィリー」などである。そしてまた宗教改革者たちの勝利は、宮廷の技巧をこらした詩を終わらせることもなかった——またモンゴメリー、ヒューム、サー・リチャード・メイトランド、アレグザンダー・スコット、そしてさほど有名ではない大勢の人々が、一五六〇年から半世紀のあいだ、「偉大な詩人たち」

の様式で作品を書いた。実際、詩の伝統をそこなうどころか、宗教改革は当初は独特の貢献をした。たいていはスコットランドの宗教改革の詩のことをただの政治的なへぼ詩であるとか、世俗的な歌を神聖な目的にばかばかしく適合させたものであるという見地で考えるが、これは正しいとはいえない。たとえば、『スコットランド詩編歌集』がある。それに、教会が一七世紀のピューリタニズムに顔を向けた際に賛美歌本から徐々に流出した二、三のすばらしい作品もあった。そのひとつがこの美しい祝歌《キャロル》であり、そこにはカルヴァン派というよりルター派に近い感情が表現されている。

われらにとって至福の子が生れた
われらにとってかれは宝で、手放せない
われらにとって、かれは冠を頂く王である
キリストが、われらを御心にかけてくださった
　われらのために尊い血を流された
　われらのために無礼な張りつけにされた
　われらのために幾多の争いで身を挺された
　キリストはわれらを御心にかけてくださった
かれの次に聖母をたたえなければならない
いつまでも強い心をもって
産みの苦しみに耐えられて、われらを煩いから救われた
キリストがわれらを御心にかけてくださった

スコットランドの詩の伝統における最初の深刻な断絶は、宗教改革の時期ではなく、その二世代あとに起こったが、それは宗教上ではなく政治上の理由からであった。一六〇三年の王位統一によりホリルードの宮廷が破壊され、それとともに、ダンバーからモンゴメリーに至るまで、この国の洗練された文学的な詩をすべてはぐくんできた環境もそこなわれ

た。同時に、シェイクスピア、ジョンソン、ダンの時代のイングランドの詩の光明は、スコットランドの知識人に、彼らがさながらろうそくに群がる蛾のように引きつけられるひとつの理想の形を提供した。新しい世代の詩人たちは、きわめて知的で器用であったが、彼ら本来の言語での技巧というものを放棄し、標準的なイングランドの言葉による詩のほうを選択した。

私は知っている、月下のものはすべからく朽ち果てることを、
そしてこの世にある死すべきものの行く末を、
大いなる時代にもやがては終わりが来ることを、
この上なく美しい国にも悲運な昼夜が待ち受けていることを。

ホーソーンデンのウィリアム・ドラモンドによるこのような詩は、サー・ウィリアム・アレグザンダーの詩と同じように、イングランドの形而上派の詩人のそれとおそらくは混同される場合もたしかにあった。だが、作風はまだ彼らにはなじみのないものだったので、ドラモンドも一七世紀初期のほかのいかなるスコットランド人も、イングランドの最高の詩人とは比較にならなかった。

二番めの、ことによるとさらに大きな詩への打撃は、一六三八年以降の契約派のピューリタンの勝利とともに訪れた。ピューリタニズムが必然的に芸術に対して敵対的であるというわけではない——同時期のイングランドは、ミルトンのような詩人やバニヤンのような作家を育んでいく。しかしながらスコットランドのピューリタニズムは、厳しいまでに教条的で糾問主義的な性格を持つようになった。そして教会総会が勝利すると同時に、スコットランドの想像力に富む文学に心的外傷《トラウマ》が生じた。彼自身が相当な詩人であった反ピューリタンのモントローズ侯の死から半世紀のあいだ、みごとな詩の一行も、ローランド地方のスコットランド人のペン先からはほとんど出てこなかった。宮廷の伝統はむろん失われたが、ホーソーンデンのドラモンドにすら後継者がいなかった。バラッドは、王政復古時代の南西部の契約派の受難についてのまずいへぼ詩と、ロバート・センピルとフランシス・センピルによって書かれたひと握りの牧歌的な詩のなかで次第

に衰退した。比較的うまい詩人といえば、ラテン語で作品を書いた「アバディーンの医者たち」と、ハイランドの詩人たち、特にダン・ヴェガンのマクラウド一族の宮廷にいてゲール語で詩を書いた、たとえばメアリー・マクラウドのような、詩人たちであった。翻訳されたものでもメアリー・マクラウドの歌は美しく、以下のように雅歌の同一音の反復が用いられている。

ロデリック、ロデリック、
城の向うのロデリック、
おまえは私の歓び
そして私の楽しい音楽、
おまえは私の薔薇園
そして私の髪をとかす櫛、
おまえは私の果樹園
そこにある林檎は……

ハイランド人は実際、一七世紀に別の高みに到達した。ダンヴェガンの偉大なバグパイプ奏者、ドナルド・モアとパトリック・モア・マクリモンは、ピーブロッホの柔軟さのないパターンを変形させ、「子どもたちへの嘆き」のような組み立てで、それを古典的な美と力の頂点にまで引き揚げた。一方ハイランド地方の反対側では、一六五三年にクロマティのサー・トマス・アーカートがラブレーの第一著書の才気のある、奔放な翻訳を出版することで、ピューリタンの抑圧をほめたたえた。自分は「ノアから数えて五代めの直系」であり、神が創造しアダムと名づけた最初の人間を造った赤土にまでさかのぼるというみずからの系譜の断片を、クロムウェルに送りつけた男は官僚には決して理解されなかった。

それにしても、ローランド地方におけるスコットランドの想像力に富む文学の衰退をどこまでピューリタンに責任転嫁できるかを知るのは不可能である。もしもだれかある個人が、長老会と説教が彼に課そうとした抑制や社会的抑圧の重みから逃げたとしても、スコットランド語（彼はその言葉で考えたり話したりしていた）が今や、彼にとってはまだあまりなじみのないイングランド語の、あかぬけしない方言とみなされていることに気づいて、彼の霊感が阻害されることは十分ありそうなことだったからである。ことによると一七世紀後半のスコットランド人が、表現があからさまで危険な言葉の世界に身を置いていたときよりも、感情的でない静かな言語での創作においてのほうがはるかに雄弁であったことは驚くべきことではないかもしれない。

建築は実に、内戦の時代を除けば一五六〇年から一六九〇年までほとんどずっと黄金時代を迎えていた。フォークランド、スターリング、リンリスゴーにあるルネサンス様式で造られた中世の大修道院や一六世紀初めの王宮が実証しているように、早くから傑出していた長い伝統はあるものの、そのようにいっても差し支えはない。宗教改革後の建築物はほとんど完全に世俗のもので、教会の富を自分たちの懐に入れることで利益を得た貴族やレルドのために請け負われた。あるいはまた、より静かな土地で商売上の利益を追求する機会が増大して金を稼いだ町の商人たちのために、もっとささやかな規模のものが請け負われた。だが教会の建築に関しては不毛な時代であった。宗教改革者たちははるかに貧しくて、教区にすでにある教会をプロテスタントの礼拝に適合させる以上のことはできず、しばしば主祭壇を壊して、新たな側廊《アイル》を身廊《ネーヴ》に対して正しい角度で建て、T字型の教会堂を造った。時折り資金があるときは、簡素ながらも良いものを建てた。バーンティスランドには、一五九二年建築と記してある、何もない壁に彫刻のある華美な家具が引き立つ、独創的で満足のいくデザインの正方形の教会がある。エディンバラでは、トロン教会が一六三七年以来オランダ様式を見事に試みた建築例とされていたが、今日では市営トイレの前庭にそのさびれた面影が見られるものの、かつての姿を認めるのは難しい。ギフォードには、レルドによって建てられた、とても美しく釣り合いがとれていて魅力的な外観を持つ王政復古後の教会がある。今は荒塗りされた壁に白い色が塗られており、ことにすばらしい。

一五六〇年から一六六〇年まで、貴族やレルドのための建築物に普及していた様式は、一般に「スコットランドのバロニアル」と呼ばれている。同じ時代のいくつかの町にある建築物には――たとえばエディンバラのロイヤルマイルやファイフの小さな自治都市ではおなじみのことであるが通称はない。外面的には、バロニアルの家も中産階級の市民の家もヨーロッパ大陸の影響を大いに受けているようである。たとえば玄関口の装飾や、炉棚《マントルピース》は雰囲気がヨーロッパ風であ

要塞化した城から田舎の邸宅への変化。上は、16世紀後半のクレイポッツ城。下は17世紀後半のキンロス・ハウス、サー・ウィリアム・ブルースの家

る。それらが実際に低地帯から、彫刻された石として時折り輸入されていたことが記録に残っている。多くの城や一部のタウンハウスの彩色された天井もまた、ヨーロッパ風の外観である。近くで見ると、外国の図案帳を輸入して使っているスコットランドの室内装飾家によって模倣されているのがわかる。至るところに明らかに国際的なルネサンス装飾の趣がある。それはさらに先へ進んだのだろうか。そして建築物の基本的な形とデザインに影響を与えたのだろうか。小塔のある屋根の輪郭にフランスの城のなごりを、いらか段をつけた破風造りにオランダのタウンハウスの影響を思い描くのは、たいていの場合容易なことである。しかしながらそういった類似はほとんどいつも偶然のようで、近くで見ると、その類似もきわめて微々たるものであることがわかる。その様式は基本的にスコットランドのもので、一五世紀の直立したタワーハウスをこの土地の石工が進化させたのである。地方では、新しい城のほうが古いものより手が込んでいて装飾的だったものの、まだいくつかの点においては防御的であった。町では、人々はカントリーハウスに鏡を取りつけてはいるが、防御を強調する必要はなかった。

カントリーハウスの特徴の一部は、クレイポッツとクレイギーヴァーという二つの見事な例によって明示することができる。またダンフリースシャーのアミスフィールド、アンガスのグラミス、キンカーディンシャーのクラテス、あるいはエルチョ、そしてパースシャーのメンジーズ城からも十分に引き出すことができたであろう。都市規模での同じ特徴の多くは、たとえばクーロスにある書斎、スターリングにあるアーガイルの家、リースにあるラムの家といったもっと大きなタウンハウスに見られる。スコットランドはこの時代の建築物が豊富である——あまりに豊富なので、地元の行政当局で最もひどいところでは、壊されてもかまわないと今でも考えているくらいである。一五六九年にダンディーの外側に建てられたクレイポッツは、きわめて防御力の高い要塞である。その設計は正方形の本丸に、対角線上に配置された二つの円形の塔がついたものである。城内の壁は厚くていかめしく、何の装飾もないまま三階まで直立しており、小さな窓と、すばやい掃射で城の側面を防御するためのおびただしい装薬孔があった。これらはすべて実に中世的であるが、一五世紀のひと城ならば銃眼つきの胸壁が造られていたはずの場所に、クレイポッツの場合は、円形の塔へと持出しで張り出されたひと続きの優雅な正方形の部屋が造られている。実のところこれは、その屋上にさらにカントリーハウスが建てられている城であり、楽しみを享受しようとする野心家のレルドの、また断続的な争いごとにふけっている土地でそうすることの困難

1620年頃アバディーンシャー、クレイギーヴァー城。おそらく典型的なスコットランドの貴族の館。出入り口が一つしかなく、鉄の扉や鉄格子によって守ることができるようになっている

さの、完璧な象徴なのである。

一六一〇年から一六二六年のあいだにアバディーンの外に建てられたクレイギーヴァーはもっとはるかに洗練された建築物である。その基本的な意図は当時は十分ありふれていたある趣向にあり、二つのタワーブロックをL字型になるよう一緒に配置し、蝶番《ちょうつがい》でつないだらせん階段で別の住宅棟につながっているというものである(6)。ここでもまた、下のほうの壁は何の装飾もない簡素なものであるが、むきだしの石壁のままではなく、色づけされた石灰と砂利でおおわれている。そして、持出しで張り出された蛇腹層と、小塔と小尖塔の繊細なバランスが際立っている上階へ向かって聳《そび》え立っている。「それは芸術作品として、スコットランドがヨーロッパの建築界のトップクラスにあることを主張している……全体としては、考え抜かれた比率や、一点に集中する垂直の線や、曲線的な角によってすらりとした線を達成している……不適切な密集も、細部の誇張も改良の余地を示唆するものではない。きわめて完璧に、地上

で軽く静止している、まさに理想的な姿である」(7)と、ステュアート・クルーデンは述べ、これを見た者はすべて支持するだろうと断じている。クレイギーヴァーは明らかにクレイポッツほど好戦的な社会に属するものではないようである。もっとも一六二六年にも、建築業者は思い切って地上に窓を作ることはせず、頑丈な門あるいは鉄製の柵によって襲撃者に対して容易に閉鎖できる狭い入口だけを設けた。

直立した様式のタワーハウスが一七世紀前半で優位を占めていたが、社会状況がより落ち着いたこととイングランドの建築様式の影響を受けて、徐々にその地位を明け渡した。平和なロジアンでは、ジェイムズ六世の廷臣や公僕らが、防備のないスコットランド－テューダー様式のピンキーハウスとウィンストンハウスを建設した。後者の建築家ウィリアム・ウォレスは一六二七年、エディンバラでヘリオット救貧院に着手した。彼はスコットランド伝統のタワーブロックを四棟建設し、それらをおそるおそるイングランド様式で四つの水平の並びで連結した。外観は不格好であるが、中庭は実にすばらしく、似ているのはたぶん偶然なのであろうが、デンマークのエルシノアにあるクロンボルグ城を小規模にしたものをほうふつとさせる。ダンフリースシャーのクイーンズベリー公爵のために一六七五年から一六八九年のあいだに建てられたドラムランリグ城は、同じ混成案の、もっとあとの時代のさらに豪華な試みであった。これらすべての建築物は国民の嗜好を城郭風の伝統から引き離しはしたが、大部分のレルドが軍事的な機能を跡形もなく取り去った住居を好み始めたのは、内戦において個人の軍隊が敗北し、クロムウェルやチャールズ二世が圧政を強いたのちのことであった。

王政復古後の時代のスコットランドの建築は、ファイフの弱小レルドの息子であるサー・ウィリアム・ブルース（一六三〇頃―一七一〇）の非凡な才能によって特徴づけられた。彼は廷臣として王室の職務に就き、一時は「王の測量官で建築作品の大家」となるまでに成功した。彼がどこで教育を受けたか、どこで建築に興味を持ったかはわかっていない。城からカントリーハウスに至るまで、様式上の変化を可能にしたのはなかんずく彼であった。彼はスコットランドにパラディオやイニゴー・ジョーンズのヨーロッパ風の古典主義を紹介し、彼自身の作風でそれを発展させ、この建築様式を新しい方向づけで今までにない水準にまでもっていこうとする一八世紀のスコットランドの一派の先駆者となった。ブルースは生涯アマチュアで居続けた。彼は異なった手法でさまざまな建築物に取り組んだ――国王のために建てたホリルードハウス宮殿や、ローダーデール公爵のために建てたサルステン城は、フランスとイングランドの建築物についての彼の広い知識を披露している⑻。同時に、彼は、単なる模倣者を越えており、徐々に彼の古典主義を完成していった――彼自身の家であるキンロスハウスは、当時のイングランドの田舎の大邸宅に試みられていたものよりも進歩した古典主義のデザインであった。すべての彼の建築物には、いったん明確に理解すると忘れられない個々の特色がある。第一に、彼の建造物はみごとな材料で造られていた。キンロスの家は蜂蜜色と茶色の石で造られていた。第二に、彼が建物の外観と窓から広がる眺めの両方に眼識があり、建物が実に念入りに周りの風景のなかに配置されていた。キンロスの小さなドアを開けたときに、邸宅の前から続いている並木道を通って町はずれの宿までの眺めを、また背後に広がる本格的な庭園とリーヴェン湖の水門を通ってメアリー女王が幽閉されている湖上の島への眺めをぐるりと見渡せるのは、実にすばらしい瞬間である。そしてバルカスキーでは、眺望はバスロックに照準が合わせられている。第三に、素材の対比による装飾上の可能性に対して、本質的にみごとな感覚を示していた。プレストンフィールドでの革の掛け物や、ホープタンでの松と油絵の際立った使用例が典型である。最後に、それらの住居にはすべて否定しがたい壮麗な感じが漂っているとはいえ、現存する邸宅の部屋は（彼は自分でその邸宅をすべてデザインすることができた）楽しく心地よくに過ごすことに細心の注意を払って規模の程度を決めていた。ブルースの家であっても、威圧されたよそ者だと感じることはあり得ない。概して彼は、豊かな才能と独創的な精神を持った芸術家で、当時の人々からとても崇拝されており、自分のもとでウィリアム・アダムを含めて次世代のすぐれた建築家を養成したので、次の世紀に大いに有益な影響を与えた。

ところで建築物の調度品については、スコットランド人は第一級のものにはほとんど貢献しなかった。ジェイムズ六世の治世に、大邸宅の壁をおおっていたタペストリーは、フランス北部のアラスかどこかから輸入されたものであった。肖像画の技術もまだきわめて幼稚であった――最初にすばらしい評判をとった、アバディーンのジョージ・ジェイムソン（一五八八？―一六四四）には十分に能力はあったが、彼を「スコットランドのヴァン・ダイク」と呼ぶのは見当違いのお世辞にすぎない。王政復古後のスコットランドの家には、スコットランドの絵画よりオランダやイングランドの絵画のほうが多いようである。家具職人としてもスコットランド人にはほとんど卓越した点が認められなかった――最上の家具のほとんどはこれもまた輸入されたものであった。それゆえ、唯一、すぐれた銀細工品の技術において、スコットランド人がまれに見るほど傑出していたのは驚くべきことである。一六世紀後半に、エディンバラの金細工師たちは、一連のりっぱな装飾的な大杯——銀箔を施した共同の酒杯と木製の鉢を創作した。そのうちエディンバラのジェイムズ・グレイとジェイムズ・クロフォードによる最も見事な三作品、タラクの大杯、ギャロウェイの大杯、クレイギーヴァーの大杯が、鑑定家から最高の賞賛を浴びた。

それらの作品は最も洗練された好みでも十分に満足させるほど優雅で印象的であり、それでいて多くの完璧な出来の大陸の作品や、テューダー朝時代のイングランド製の皿でもだいなしにしてしまう贅沢さや場違いな巧妙な仕掛けなど何ひとつない(9)。

一七世紀に、とりわけ一六一七年に教会区のすべての教会に洗礼式用のたらいと聖餐杯の準備を命じる法律が制定されたあと、チャーチプレートの製作が急激に発展した。そのうちエディンバラのギルバート・カークウッドによる優美な釣り合いのとれた杯が、一番数が多く、また美しかった。最後にこの世紀の後半に、銀細工師が銀の酒杯、つまり取っ手の二つあるシンプルな形の飲酒用の器を製作した。これはもともとは角や木で作られていたものだったが、耐久性のある金属でかなりの水準まで模倣されていた。それらすべての最高級の達成品、大杯や聖餐杯や酒杯において、広口の取っ手つき水差しや儀式用の職杖といったほかの多くの作品においてと同様に、スコットランドの金属細工人は、煩わしくない線とみごとな均整に対するセンスを示し、それは途絶えることのない伝統として一八世紀へと続いた。これはすぐれた建築物と同様に、少なくともピューリタニズムが決して葬り去れなかったもののひとつであった。

二　魔女の迫害

一七世紀はヤヌスのように対照的な二つの顔を持っていたといわれている。スコットランドの芸術的な達成は多くの面において、一五六〇年から一六九〇年のあいだに、それ以前の数世紀にわたる独自な中世の伝統が最高潮に達した。一方で科学的な達成は、大したものではなく、もっとのちの時代で開花する伝統が始まったに過ぎなかった。もっとも、この章で考察しようとしている三つめの現象である魔女の迫害は、過去にも未来にも属してはいない現象であった。宗教改革前の時代と、議会合同後の時代で、記録に残っているスコットランドで処刑された魔女の数は両手の指で足りる程度であるのが、一五六〇年から一七〇七年のあいだでは三〇〇〇人をゆうに超え、ことによると四五〇〇人もの人々が当時の人間から魔女だと思われたために非業の死を遂げたのは異常なことである。イングランドではその五倍の人口を抱えながらも、魔女として殺された人間は一〇〇〇人程度しかいないと考えられている。この裁判所が許可した殺人の独特の波は、歴史家の真剣な関心を引くに十分に値する。

むろん、新奇なのは殺人であって迷信ではなかった。中世のスコットランド人は聖人の存在を信じていた。聖人たちの寵愛は、いけにえを捧げるか巡礼の旅に出ることで獲得できた。また悪魔と妖精の存在も信じられており、彼らをおとなしくさせておくには、丘の斜面に牛乳を捧げるか、「古き良き男」のために地面に小さな種子を置いておけばよかった。聖職者が持つ力も信じられていた。彼らは聖人に仕えているからである。同様に魔女の力も信じられていた、彼女たちは悪魔と親交があり、病や傷を治して良いことをするためか、あるいは、呪いをかけたり破壊したりして悪いことをするために、悪魔の持つ超自然の力をコントロールできた。しかしながら中世のスコットランド人は魔女を迫害しようなどとはめったに考えなかった。それは聖人や妖精を迫害しようとするようなもので、ほとんど成功を見込めない無謀なふるまいだと思っていたのである。この世の霊は善いものでも悪いものでもみんな傷つけることなどできず、人間が魔女に対してできる精一杯のことは、オートミールと牛乳で彼女の機嫌をとることであった。薬草で病や傷を治すちょっとした知識があり、人を罵倒するのがうまい老女は大勢いたに違いない。彼女たちはやもめ暮らしをしているうちに魔女と思われているほうが得策だと考えた。それは不吉で孤独な生業かもしれないが、さほど危険ではなかったのである。

宗教改革の頃、この状況に大きな変化が起きた。当初、純粋に知的な理由で魔法を耐えがたいものと思い始めたのは、社会の指導者たちであった。最も重大な影響を受けたのはおそらく大陸からで、最初はドイツからであった。一五世紀後期にドイツでは、二人の聖職者ヤーコプ・シュプレンガーとハインリヒ・クレマーによる、いわゆる魔法概論『魔女に与える鉄槌』が出版された。この書物はヨーロッパの田舎のさまざまな迷信を体系化したもので、どうやら悪魔と魔女たちが人間と神聖な教会に対抗するために組織的に巨大な陰謀をめぐらしているらしいという内容であった。一四八四年に教皇が、魔法使いの根絶を喜び、その任務を二人の著者にゆだねるという文書を発表したため、同書は二五版を数えた。宗教上の指導者や王子らが悪魔の火をなんとか踏み消そうと躍起になり、ドイツ、フランス、スイス、ロレーヌ、スカンディナヴィア、バスク地方、それにヨーロッパのほかの多くの地方で、カトリックもプロテスタントもそれから一世紀半のあいだ、次々に襲う魔女迫害という波になぎ倒された。この件に関するたいていの数字は疑わしいことは認めざるを得ないとはいえ、控えめに勘定された数字でもドイツだけで十万人以上が処刑されたという。

ヨーロッパを旅したりヨーロッパの文学（『魔女に与える鉄槌』だけではなく、ルター派やカルヴァン派やカトリックの権威者らによる作品）を読んだりする知的なスコットランド人が、外国の権威者が魔女の脅威を真剣に扱っていることに感銘を受けたのは疑いない——彼らがヨーロッパの政治的手腕や、政治的、宗教的思想の他の様相に感銘を受けたのと同じようにである。カルヴァン自身次のように宣言した。「聖書はわれわれに教えてくれている。この世には魔女がいて、彼女たちは殺されなければならないということを……神ははっきりと命じられている。すべての魔女は処刑されるべしと。そしてこの神の法は、万国共通の法である」(10)。ジェイムズ六世は一五九七年に、魔女の存在や、彼女たちの国家にとっての潜在的な危険性を否定した不敬なイングランド人を論破するために、驚くべき学究的論文『悪魔学』を出版した。とりわけ、カルヴァンの影響を受けたノックスは、セント・アンドルーズの少なくともひとつの魔女裁判において、身をもって積極的な役割を果たし、スコットランドの法律家たちは、モーセの文言「汝、魔女を生かして苦しむなかれ」を文字どおりに解釈して熱心に教会を支持した。今日、思考力のある人間にとって結核やポリオを根絶する必要が明確であるのと同じくらい、一六世紀後期においては魔女を根絶する必要が、さまざまな宗教的、政治的意見を持つ思考力のあるスコットランド人にとって明確になりつつあったと言っても言い過ぎではない。それは国家のひとつの病気であるとみなされたのである。

魔女の迫害はプロテスタントが独占していたわけではなかった。だがおそらくスコットランドでは宗教改革によって、魔女への攻撃が知識人や指導者だけの運動ではなく、有力で人気のある聖戦となったのは確かであろう。プロテスタンティズムはまず第一に、人が公平に懐柔することができた中世風の善と悪の霊の世界を破壊した。聖人を崇拝するのは今や美徳ではなく迷信であった。だが、妖精のために牛乳を供えたり魔女にオートミールを与えたりするのは、迷信ではなく罪であり、サタンの手先を積極的に支援する行為であった。古い中立性は道徳的に不可能となり、律儀な牧師や熱烈な信徒たちは地元の魔女たちを告発することを強いられるようになった。初めて血の味を知ると、告発は良心のなせる行いではなく（最初はそうだったのであるが）、やむにやまれぬ楽しみとなった。そこには、当時の人々が彼ら自身であれ他人であれまったく心のなかにあるとは断じて認めることのできないという深い精神的な理由があった。

時折の裁判で政治的な犠牲者が魔術を用いたとして告発されたにもかかわらず、教会が魔女に対して行ったのと同じ方法で、カトリックに対する系統的な調査に決して着手しなかったのは、一見して奇妙である。ヨーロッパでは、魔女狩りと異端狩りとの関連は普通のことであった。そのことは、スコットランドの魔女狩りのもうひとつの特異性と関係があるかもしれない。ヨーロッパではどの階級も免除されることはなかったのに対して、スコットランドでは土地持ちの階級や最も裕福な自由都市の市民らが魔女として告発されることはめったになかった。犠牲となったのは主として女性で、農夫や、田舎や町の職人や、小屋住み小作人の妻たち、または貧しい年老いた未亡人たちであった。少数派である男の「魔法使い」も同じ階級から引っ張り出されてきた。また、ほとんど浮浪者に近い笛吹きや鍵掛け屋も若干いた。魔女狩りの相手がカトリックの場合は、必然的に地元の長老会と、カークーブリーシャーやアバディーンシャーの一部ような、スコットランドで生き残ったカトリック教の活動の中心を形成した地域のカトリックの名士らとのあいだに、正面からの衝突があったに違いない。とりわけ、デイヴィッド・マシューの言葉で、カトリックは反キリストの信奉者であるとカルヴァン派はみんな知っていたので、誰もロード・マクスウェルやハントリー侯爵と真っ向から衝突する危険を冒すつもりはなかった。「神は侮られるようなものではなかった。そしてこのことが彼らに、カトリック教徒はいずれは本来の場所に行くであろう、と確信させた」(11)。

しかしながら魔女は、とにかく論理的にはレルドをも対象に含まなければならないことを抜きにして、見つけ出された。だが実際には、上流階級にもときどき邪悪な慣習を疑われる者がいることはいた。たとえば、一六九二年に亡くなったステア伯爵夫人には、部屋のなかを飛び回ることができるという噂があった。またゴードンスタンの四代めの准男爵であるサー・ロバート・ゴードンは、影がないといわれていた（彼がローマで妖術黒魔術を学んでいた頃に、ある日、悪魔

ノース・ベリックで魔女たちに説教する悪魔。挿絵の他のシーンは、イースト・ロジアンの魔女と「魔法使い」たちが裁判で告白した出来事や魔力について記したもの

が間違ってサー・ロバートの影を取ってしまったのだ)[12]。こういった事実にもかかわらず、魔術の拠点は下層階級のなかにあると突き止めることが可能であった。彼らは確かに薬草による治療を行ったり、伝統的な呪文の言葉を唱えたり、ときにはもっとひどいことにも手を染めた。一五七六年にロスシャーのレディ・ファウルズは、継子と彼の妻を厄介払いしようと思い、ラスキー・ロンカートという身分の卑しい魔法使いを雇った[13]。彼は、バターで作った像に魔法の矢を投げつけることで二人を始末することに失敗すると、もっと効果を狙って殺鼠剤を使用した。実際、病気を治そうとした良い魔女と、毒を使った悪い魔女のあいだには、両者とも悪魔と契約を交わしたに違いないのだから、なんら違いはありえないと、神学も法もはっきりと説いた。「スコットランドの山腹の二部屋しかない家に座って、見せしめの天罰よ下れと叫ぶことは、サタンの降臨を求める行為だ」[14]。別の言いかたをすれば、身分の低い人間が魔女と呼ばれても、上流階級の人間が彼女を救いに来る理由はなかった。だが、身分の低い人間でもカトリック教徒と呼ばれると、彼女を自分と同属と認めた上流階級の人間が、おそらく彼女を擁護したであろう。たまにいる上流階級

の妖術使いについては、土地の人々はいつも、サタンも結局侮られるようなものではなかったのだ、と考えることでみずからを慰めることができた。ゴードンスタンの人々はみんな、サー・ロバートが死んだ夜、悪魔が馬車を駆って彼の城までやって来る物音を聞いたという。

その新しい宗教の教義自体が魔法の特徴に影響を与え、その狂信的な帰依者をさらに増やし、さらに病的にしたようである。そのため本草家にすぎなかった部類の魔女に加えて、魂を悪魔に売り渡したと本当に信じている、惑わされた悪魔崇拝者の層が現れた。純真な田舎の人々に及ぼす説教者の力を過小評価してはいけない。彼らは日曜が来るたびに、雄弁なすさまじい説教を聴衆の魂に注ぎ込んだ――地獄の業火や自己のなかにある悪魔についての恐ろしい警告やら生々しい描写、みずからの努力と精神的な奮闘で救いを得ようとする者の絶望についての、そして宿命についての鋭い主張といったものをである。一部の会衆が、彼らは取り返しがつかないほど永遠の断罪を受けており、そして今もって断罪を受けているのは悪魔のしもべであり、彼らは魔女となって儀式を模倣しており、それが魔女裁判での告解で広く公表されるのだと信じるに至っても驚くべきことではない。魔女の告解はたいてい胸が悪くなるような拷問のあとで無理強いされたものであったが、なかにはみずから進んで自白した女たちもおり、カルヴァン派のすさまじい攻撃に精神がおかしくなって幻覚を見ているかのような筋の通らない話をとりとめもなくぶちまけた。地獄のさなかにあった彼女たちは、いくばくかのオートミールを得るために田舎の人々の人の好さにつけ込んで、不正だが優しい調子で利を得ていた魔女の頃からずいぶんかけ離れたところに来てしまったのである。

スコットランドではヨーロッパと同じように、魔女の迫害は社会的な病気のようなもので、毎年一定の命が失われるというよりはむしろ、潮が満ちたり干いたりするように犠牲者が出た。三、四回の激しい流行があり、そのときには四〇〇〇人あまりの人々が死亡した。一五九〇年から一五九七年までのあいだと、一六二〇年代の後期、一六四〇年代、そして一六六〇年から一六六三年までである。迫害は、魔法を使ったかあるいは魔女に相談した者に死を命じる法令を議会が出した一五六三年以降に始まったが、一五九〇年までは裁判は断続的で、つねに有罪判決に終わるということは決してなかったし、たとえ有罪判決でもつねに処刑に至るということも決してなかった。だが、一五九〇年にノース・ベリックの魔女集団の裁判に誘発された報道が全国的に広まったあと、最初の大きな魔女狩りの流行が勃発した。拷問を受けたあと魔女集団の何人かが、嵐を起こして船を難破させ、デンマークから花嫁と一緒に帰国する途中の王の殺害をもくろんだと告解したのである。ジェイムズ六世自身が、ノース・ベリック教会の真夜中の集会でサタンがいかにして彼女たちに説いたかを証人が説明するのを聞いた――「彼はスコットランド国王のことを痛烈に非難しました……王は彼にとって世界で最大の敵であると」。この背筋も凍るような証言は、知的だが容易に信じやすい王を嬉しがらせた。彼は家臣らの熱心な協力で、悪魔に望まれた代理人迫害の大きな波を引き起こした。一五九八年にその波がおさまり始めると、教会は、有罪判決を受けたあとで魔女たちを釈放した治安判事に対して「最大の非難をもって……処分する」とおどした(15)。

その後突然の中断があり、一五年間比較的少ない件数で推移したあと、ふたたび徐々に勢いをつけて、一六一〇年代よりも一六二〇年代のほうがはるかに件数が増え、一六二八年から一六三〇年までのもうひとつの流行の波がやって来た(16)。「長老会が優勢になると必ず、魔女が有名になる」といわれていたが、この迫害は教会の主教派が強い権力を握っている時期に起きた。このときの何がそれを引き起こしたのかははっきりしないままであるが、一部の人間がそれを非常に都合がいいと思ったことは明らかである。ロジアンの二代めの伯爵が、みずから命を捨てたことを暗示させるような状況で死んでいるのを発見された。彼の家族は、そのような不名誉な認識に異議を唱えようと、魔法による伯爵殺害で裁判にかけるため二人の疑わしい魔女を収監するよう枢密院に請願した。「神に栄光があるように、公平な牧師が罪人たちをこらしめ、貴族の名声と名誉が疑いを晴らされ取り戻されるように」(17)。

次の波は、一六四〇年代の契約派が勝利をおさめているまったく違った状況で訪れた。その頃教会総会は国全体の総体的な新たな改革と、さまざまな形の不道徳な行為に対する強力な粛清運動を呼びかけていた。そして一六四〇年、一六四四年、一六四五年、一六四九年に、長老会と裁判所に、率先して魔女を探し出して殺害することを求める法案を通させ、その結果、一六四三年と一六四四年に、そしてふたたび一六四九年と一六五〇年に、裁判に持ち込まれる件数が急激に増えた。最後の波は王政復古後にやってきた。一部は、イングランド政府が一六五〇年代にこの国を支配した際に、スコットランドの裁判所に魔女裁判を半ば禁止するよう課した結果であった。一六六一年に抑制された鬱憤が爆発し、一〇年間地元のコミュニティで放置されてきた事例が裁判にかけられた。しかしながら一六六三年までにスコットランドの当局は、急激な反動を経験するようになっていった。一六八〇年以降、成功裡に終わる裁判はだんだん珍しいものとな

靴屋。1789年以降、靴職人の多くは不屈な急進的急進派として知られた。C. スミスによるこの絵は1810年頃のスケッチとみられる

り、一七〇〇年以降はほとんどまったく聞かなくなった。

迫害は、時間においてと同様に、場所においても流行があり、ずっと何の反応も示さなかった場所もあった。ヘブリディーズ諸島全域とハイランド本土（パースシャーを除く）では、一七世紀の最悪の時期でも魔女裁判の話は伝えられたことがなかった。こういった場所は、つい最近まで根強く魔法が信じられていたほど、国のなかでも最も迷信深いほうの地域だったにもかかわらずである(18)。もっとも彼らは、さらに古い中世のものの見方を保持していた。つまり、良いことをする魔女もいれば、悪いことをする魔女もいるのだが、超自然的なものたちがはちの巣をつついたような騒ぎにならないように、すべて寛容に扱うべきであるという考えであった。ハイランド地方で最も悪名高い迫害は、一六六二年に起った地主チザムによる、一二人の親切

なマクレーンの賃借人の裁判と拷問であった。だがこれは当時の人々によってさえ、真実の魔女裁判ではなく容赦のない追い出しの事例として受け止められた――世をすねた地主チザムは明らかに、自分の店子たちに対して、知りうる限りこの上なく残酷な方法で自分の恨みを晴らそうとしたのである。ローランド地方の一部の地域もまた、ほんの短期間、魔女裁判を経験した。アバディーンは一五九〇年代に恐怖によってひどく脅えさせられたが、それ以降は、国の他の地域が大騒ぎになっている時期ですら驚くほど平静な状態が続いた。オークニーは一五九四年と、一六一六年と、あとは断続的に一六五〇年まで苦しみを味わったが、その後はまれであった。対照してみるに、ダンフリースシャーとロスシャーの迫害は一六二五年以前はきわめて異常だったのが、さらに一〇〇年近く続き――スコットランドで最後に魔女が死んだのは、一七二七年に、ドーノックの州裁判所副判事に有罪判決を下されたときのことであった。そのほかの地域、ロジアン（ダルキースは絶望的な場所であった）、ファイフの南、クライド渓谷、パースシャーの一部は、スコットランドで魔女に対する反感が生じれば必ず継続的な迫害の波が起きたようである。これはおそらく、その地域の人々が、迫害の最初の推進力となる裁判所や法律家や教会総会と近しい関係だったことが理由であろう。エアシャーやギャロウェイ（のちに民衆の契約派運動の本部になるが）は、ダンフリースが興奮状態にあるときですら決してひどく影響を受けることはなかった。説明するのは難しいが、どうやら排除された牧師と独立心の強い農民のあいだに、大地主と治安判事に対抗する強力な社会的結託があったようである。もしも有力な証人と裁判官の意見がまったく合わなかったら、熱狂的な魔女狩りなど決して起こりえないであろう。

魔女狩りの発作的な特徴は主として、その忌まわしい性質とそれに伴なう集団ヒステリーによるものだったに違いない。その通常のパターンは、ある女が魔女であることを疑われ、地元の共同体で告発され、裁判にかけられるというものであった。彼女がすでに自発的な自白をしているのでない限り、裁判が始まるまでに有罪の証拠、つまり自白を強要する必要があった。自白は、親指締めや足かせはめといった道具の使用などのこの上なく苛酷な拷問によって、あるいは容疑者を眠らせないこと（「魔女の発見のためにスコットランドで使われる最も効果のある手段」）によって、またあるいは針刺しで引き出すことができた。最後のものは、「その技術に熟練した」男がその女の全身を針で刺して、痛みに無感覚で、悪魔が専有の証拠としてつけたと考えられている、いわゆる「魔女のしるし」（たいていの場合ほくろか母斑）を見つけるというものであった。これだけで罪の立証には十分であった。いったん「自白」が引き出されると――そして犠牲者には実質的に、結局は自白する以外の選択肢はなかった「魔女」は彼女の「共謀者」を告発するよう促された。魔法はつねに一三人の魔女の集会で行われると信じられていたからである。多くの場合、すでに痛みと恐怖で半ば気が狂ったようになっている女は、地元の一二人の女たちの名前をでたらめにあげることがあり、今度はその女たちが拷問部屋に連れていかれ、またさらに名前をあげるように要求された。ささいなひとつの事件から、何年も続いて国を滅ぼしかねない発作的な魔女迫害の波が起きることがあった。

自白は読んであまり面白いものではない。それはたいてい、傷や病いの害のない治療を認めることから始まり、狂気じみた幻想へと続いた。たとえば一六六二年、ネアンのイゾベル・ガウディーは、教区教会で悪魔の洗礼を受け、夜集まってごちそうを食べたり呪いをかけたりする一三人の魔女の集会に参加したことを自白した。自白によれば、彼女は、魔法で地中へ下り、妖精の王や女王と共に祝宴に出たこともあった。彼女は空を飛ぶことができ、意のままに野ウサギや猫やカラスになることもできた。熱や坐骨神経痛で人を苦しめることもできた。また隣人の牛の乳を取ったり、麦芽醸造酒を薄めたりもした。彼のベッドの上にゆでたヒキガエルや切った爪の入った袋をつるして、牧師を重い病気にさせたりもした。悪魔が彼女にくれた小妖精の石矢じりで農夫を殺したり、蝋で作った像にピンを突き刺してレルドの子どもを殺したりもした。ときどき悪魔が彼女をたたいたり強姦したりした。「彼はよく私たちみんなの体中を、ひもだの、鋭いむちだのでぶちました。まるで裸の幽霊みたいでした」。悪魔は雄鹿か、雄牛か、それとも「とても大きくて黒い乱暴な男」であった(19)。

このような突拍子もない話や、魔女を棒に吊るして絞殺したあと、松やにを塗って火あぶりにするという処刑を公開の見世物にしたことの効果は、想像がつく。民衆の恐怖とサディズムが入り混じった感情は病的に興奮した状態に達し、老女はひとりとして正気でいられないほどになった。一六六〇年頃、サー・ジョージ・マッケンジーに自分の話を語った哀れな死刑囚のような女が大勢いたに違いない。

（彼女は）私にこっそりいった。彼女は罪を犯した覚えがあったから自白したのではなかったと。だが、彼女は食べ物を得るために働く貧しい人間だったから、魔女として非難されては、自分が飢えることになるとわかっていたと。というのは、今後誰も彼女に肉も住む家も与えてはくれないだろうからである。そして男たちはみんな彼女をぶったり、しつこくつきまとったりするだろうと。だから彼女はこの世にいたくなくなった。そこで彼女は悲痛な涙を流してひざまずき、彼女がいったことを立証してくれるよう神に呼びかけた(20)。

スコットランドでの魔女迫害が最初に減少したのは、マッケンジーのような法律家が疑い始めた頃であった。魔女の存在をではなく、彼女たちを法に照らして裁くために使われた手段の正当さをである。早くも一六二〇年代にいくぶんこの徴候が見られる。このとき初めて告発された者に弁護士がつくことが認められ、また、不当なあるいは取るに足りないケースが持ち込まれていないかを、主教が確認することを枢密院が要求した。証拠の多くが「非常にあいまい」のように見えたからである。しかしながら一六三八年以降の出来事がこれらのすべてを逆転させた。魔女として告発された者を生きて救い出すことはまたふたたび困難になった。一六六二年になってようやく、枢密院が勢いを取り戻し、魔女裁判で無実であるのに誤って罪で処罰された、一部の特に残虐な事例に法律家たちの良心が目覚め、初めて重要な改革が行われた。枢密院の許可がなければ針刺しを行うことは違法になった。告解を強要するためのいかなる拷問も違法になった。自発的な自白がなされた場合は、治安判事が、告発された者がまったく正気のようであるか確認することが義務づけられた。魔女の発見者にそのような抑制がかかったことで、実際、大量の自白、大量の有罪判決、大量の処刑の時代は終わりを告げた。裁判に持ち込まれる件数はますます少なくなり、告発された者でも処刑に至る者となるとさらに少なかった。

にもかかわらず、スコットランドでは知的階級ですら、悪魔の有力で有害な代理人となる魔女など存在しないと認める心の用意ができたのは、一六六二年からかなりの年数がたってからのことであった。そして、一般の人々が魔法に対する信仰を捨て去るにはまたそれから長い年月がかかった。一七三六年に遅まきながら、ウェストミンスター議会によって、英国で魔法を禁じる法律が廃止されたが、その後長いあいだこの採決は、なお分離教会の一部の信者によって、「明白に神の法に背くもの」とみなされた。それでも結局、ドーノックの州裁判所での論争で、娘をポニーに変えた罪で老女が絞殺されてからたった九年後のことであった。

第二部　変容の時代　一六九〇―一八三〇年

イントロダクション

本書の第二部では、革命に始まり、発明に終わる時期を扱う。

革命によってジェイムズ七世は王位を追われた——多くのスコットランド人にとっては、国の歴史が断ち切られたようなものである。一三七一年から続いた王朝、ステュアート朝が途切れたのである。それまでにも王朝が途絶えそうな時期はあった。たとえば幼少期に王位を継ぐことになった中世の歴代の王は、摂政にとって格好の餌食であったが、両者の関係が崩れることはなかった。封建的忠誠心に篤く、血筋を重んじる国民が、王位の横取りなど許すはずがなかったからである。チャールズ一世は打ち首になり、王位を剥奪されてこの世から消えた。それはスコットランド軍がイングランド軍にチャールズ一世を引き渡したあとに起こったが、死刑執行令状に署名した者のなかにスコットランド人は一人もいなかったし、判決に賛同する者もいなかった。チャールズ一世の死に衝撃を受けた国民は、チャールズ二世とステュアート朝を守るため、即座に一致団結した。だが、その四〇年後、身分制議会と教会総会は、ステュアート朝の王を廃し、代わりにオランダ出身のよそもの（ウィリアム三世）を迎えるという案を支持した。国全体を見回してみると、どこもかしこも、エディンバラの代表ほどその決定をよしとしているわけではなかった。その証拠にエディンバラでは小規模ながらも内乱が起こることになった。この内乱で、王党派のリーダー、クラヴァーハウスのダンディー子爵がキリクランキーの戦いで命を落とし、ハイランド軍はダンケルドで敗北した。ウィリアム三世はひとまず安心したが、一七一五年と一七四五年のジャコバイト蜂起もむなしく、その後、スコットランドの王座に自国王朝の王がおさまる機会は二度と訪れなかった。議会合同よりも、こちらのほうが「古い歌の歌い納め」をよく表している。

ジェイムズ七世の廃位は、一七世紀の変化を要約し、さらに一八世紀のようすをうかがわせる象徴的な出来事でもあったといえよう。それは同君連合あっての出来事であった。一六八八年から一六九〇年のあいだのスコットランドの反逆者たちは、イングランドが事前の行動、ハイランド軍との戦いに際してイングランドからの援軍の派遣、ステュアート王朝の忠臣はブリテン島北部の少数派にすぎないとするイングランドの一致した世論に支えられていた。これは、一八世紀に、それまで独立していたスコットランド議会の地位をイングランドが奪ってしまう前触れであった。同じように、革命は、ローランド地方の地主の性質が変わっていたからこそ起きた出来事であった。ローランド地方の地主は、封建的な強い忠誠心と反骨精神を兼ね備えた軍事上の大立て者から、害のない温厚なブリテンの土地持ち階級へとその性質を変えていた。彼らは自分の地所を守ることにきゅうきゅうとしていた。気まぐれな王に地所を没収されなければそれでよかった。イングランドとスコットランドのホイッグ党員は、このときまでにほぼ同じ前途への見通しを持つに至ったので、同じような思惑から、ジェイムズの王位継承に反対した。これもまた一八世紀の前触れであった。既定の法、財産、および政府の地主に対する統治への尊敬は、一九世紀の九〇年代までに揺るぎないものとなり、唯一、選挙法改正を求める急進派が抗議したものの徒労に終わった。最後に、一六八八年から一六九〇年の革命は、王が、ローマ・カトリック教をふたたび取り入れただけでなく、教義の実践まで許そうとしたことへの民衆による熱狂した一大拒否運動であった。国民の強い反発は、国民の信仰にかける情熱が強まり、王朝への昔からの忠誠心が弱まったことを明らかにした。一六八八年以降の安定によっても、一八世紀への膳立てが着実に整っていった。長老派制によるスコットランド教会が法定教会として確立され、以後、スコットランド教会は、さまざまな脅威や分裂騒ぎを乗り越え、そこでの決定が、少なくとも国家に関する限り、教会問題を最終的に解決するものとなった。以上のように、ステュアート朝最後の王の死は、過去に終止符を打つと同時に、未来への出発点となった。第二部の幕開けにふさわしい出来事である。

第二部が扱う時代を締めくくるのは、Ｊ・Ｂ・ニールソンが一八二八年に特許を得た、熱風炉を使った製錬法の発明である。これによってスコットランド人はようやく鉄鉱石の豊かな資源を活かせるようになった。鉄鉱石そのものは一八〇一年にデイヴィッド・マシェットによって初めて発見されていたが、そのまま手つかずになっていた。「スコットランドにおける産業革命」が始まったといえそうな年はたくさんある。一世代前の歴史家たちはしばしば一七五九年をあげる。最初の近代的な製造業であるカロン製鉄所がフォールカーク近くの未開拓の土地で事業を始めた年である。とはいえ早合点は禁物で、つづく一七六〇年代に目ぼしい出来事はなく、古い経済体制から大きく脱却することにはつながらなかった。一七八三年のほうがより順当であろう。その年にはアメリカの独立戦争が終わり、時を同じくして綿産業が飛躍的な発展を遂げた。スコットランド各地で、ランカシャーの新しい工場技術を採用したのがきっかけであった。一七八〇年代以降、スコットランド経済は、産業部門で急速な伸びを見せた。だがそれも今日では付随的なものだったと捉えられている。すなわち、農村の社会構造の変化、運輸事情の改善（フォース・クライド運河とモンクランド運河の完成、道路の建設など）、さらには人口分布と人口数の変化（その影響でスコットランドの伝統的な社会機構はばらばらになった）に付随した現象として受け止められるのである。一八三〇年以前に、製造工業のうちで革新的な技術変化があったのは、スコットランドでは、繊維産業に限られていた。重工業つまり製鉄業、製鋼業、造船業の興隆は、石炭鉱業の発展とからんで、鉱石を活用できるかどうかにかかっていた。そしてそれを可能にしたのは、ニールソンの製錬法だけであった。そこで本書では、およそ半世紀にわたって経済が目まぐるしく変化したものの、経済機構や制度面では、やはり、地方的、農業的な性質が色濃かったころを区切りとしてスコットランドに別れを告げる。

第二部では最初の三章を、一六九〇年から一八三〇年までの社会的安定と変化の概観に充てる――まずは、政府と教会の制度とそれぞれの性質の変化を見ていく。つづいて経済的、人口統計的な変化を見る。これは、経済学者W・W・ロストウの言葉を借りれば、スコットランドの「持続可能な経済成長のための離陸」の第一段階を伴う変化であった。社会史では、経済的な変化の原因分析にはあまり踏み込まず、記述にとどめておくのが常であるが、今回は、変化を促した諸々の出来事について後ろの章で論じることにする。初めの三章につづく六つの章では、異なる社会層を扱う――地主（ローランド地方では、大規模な農地改革が行われた頃、社会の頂点に立っていた）と自作農、小作農（変化の時代に、地主に従ったり、地主を支えたりした）。ハイランド人（彼らの世界は、経済、さらには政治のせいで打撃を受け、変化を強いられた）。都市部の中流階級（彼らのなかから商人や事業家、産業革命初期の発明家がたくさん生まれた）。それから最後に産業労働者という新たな階級（初めて社会に現れた産業プロレタリアート）を扱う。最後の二章では、知に焦点をあてる。一般的に、一八世紀から一九世紀の初頭は、スコットランドの教育の全盛期とみなされている。それが本当なのかどうかを検証し、教育と社会的・経済的変化との関係を考えてみる必要がある。なかでも、間違いなく上記の時代は、スコットランドが文化面で最も栄えた時期とみなされている。それはどのような点で、また、どのような理由からであろう。

とりわけ一七八〇年から一八三〇年までは、旧来の社会から産業社会へ移行する過渡期なので、本書で必ずしも十分に出現しつつある産業主義と密接に結びつく主題が論じられていないとすれば、その点をお許し願いたい。たとえば、都市部の急速な成長に関してはたびたび言及しているが、本書で取り扱えなかった一九世紀初頭のグラスゴーやエディンバラの公衆衛生や住宅事情の問題については、章を割いてはいない。ほかの多数の問題と同じように、一八七〇年代以降のスコットランドにおける産業社会の諸問題を質量ともにしっかり扱う別の本に任せることにしたい。さしあたり、本書の後半で特に注意を向けたいのは、一八三〇年以前のスコットランド社会の際立った事柄――変化に伴う諸問題や混乱に身を置きつつも、依然として農村社会の側面が強いことについてである。

第九章

政府と教会

一　スコットランドとウェストミンスター

一七世紀末から、以後のスコットランド全歴史に、多くの点で影を落とすことになった出来事がひとつある。議会の合同である。合同によってスコットランドは議会の自立を失い、二つの国が合一してできた新しい王国グレート・ブリテンのひとつの「地域」に成り下がった。その一方、イングランドとスコットランドの共同市場ができ、おかげでヨーロッパ有数の広さをほこる無関税地帯が手に入れ、世界屈指の巨大帝国にも自由に出入りできるようになった。一七〇七年は歴史の分岐点である。その年を境に過去の見方はまったく違うものになる。

とはいえ、合同は降って湧いた出来事ではなかった。スコットランドが、より広大なブリテンに吸収されていく長い歴史の一段階にすぎない（間違いなく大事な一段階であるが）。一一世紀中葉、マルカム・カンモアがイングランド人を妻に迎えたことに始まり、今なお、さまざまな意味でまだ終ってはいないひとつの過程である。あいかわらず礼拝ではスコットランド教会へ行き、スコットランドの最高法院で裁判を受ける。一七世紀の時点では、一七〇七年の議会合同の法案は一六〇三年の同君連合の片割れでしかなかった。完全な統合はジェイムズ六世以来、全君主の悲願であった。その最後の仕上げとなるのが議会合同であった。別の意味では、合同は一六八九年の当然の帰結であった。一六八九年、イングランドとスコットランドの貴族は、カトリックであるジェイムズ七世を廃し、プロテスタントであるウィリアム三世を王に迎えた。そうすることで、ブリテンの利害の一致と、君主の個人的な利害が、相容れないこともあると証明して見せた。一七〇五年から一七〇六年の法案審議中のときでさえ、スコットランドには自立という昔からの伝統と、単独の国として今一度栄える力があるという自負を否定する敵対者側の話から、イングランドに強いられている合同をつっぱねるのは並大抵のことではないことが、早くもスコットランド人すべてにわかってきた――合同を拒めば、またもや以前のように内部分裂や、王朝がらみの戦争、貿易上の妨害といった混乱の時代に逆戻りするのは目に見えていた。イングランドは、アン女王崩御後にそなえて、王位継承をめぐる激しい争いが起こらないように完全な合同を目指していた。そのような状況のなかで、スコットランドの議会では、大多数が連邦制という緩やかな統合を望んでいた。ほかにも三つの選択肢があった。すなわち、同君議会合同をこのまま続ける、完全に独立した国をつくる、議会を統合する、の三つである。これら三つのいずれよりも、連邦制のほうが望ましいと考えたのである。だが、イングランドが、両国の関係を強めるために、議会の併合は絶対に譲れないと考えていることがわかると、スコットランド議会は、分離よりも合同の道を選ぶ。今日の歴史家のなかには、合同は、スコットランドの有力な政治家が金品やブリテン政府での地位といった賄賂で買収された結果生まれたものにすぎないと主張する人もいる。たとえ、そのようなことがあったとしても、一八世紀初頭の十年間にスコットランドが置かれていた状況では、スコットランド単独でやり続けるよりも、イングランドと合同するほうが国にとっては賢明な策だったという一般的な見解を覆すことにはならない(1)。

今日の憲法学者は、いみじくも次のように主張している。すなわち、一七〇七年にスコットランドは、主権を放棄してイングランドに譲り渡したわけではなかった。イングランドとそろって主権を放棄した。そのうえで二つの国は合併し、新しい国をつくった、と。だが、その精神がそっくりそのまま法律条文に活かされてはいなかった。相互の関係は不公平極まりないものであった。スコットランドの人口はイングランドの五分の一しかなかった。富は（近年になって、地租、関税、および国内物品税の歳入額から算出したところによると）かろうじて四〇分の一に届く程度であった。以上の結果として、スコットランドはウェストミンスター議会で二〇六ある上院議席のうち、わずか一六議席、五六八ある下院議席のうち、四五議席しか割り当てられなかった。細かな点を除けば、スコットランドの政治的、経済的統治機関は、すべてイングランドの慣行に従うしかなかった。制度を設ける法案が、妥協のすえに、まったく新しいブリテンの統治機関をつくる見込みはほとんどなかった。このような理由で、スコットランドがイングランドに丸ごと吸収されるのを阻止する手立てはないも同然であった。ただし、法案でスコットランド教会とスコットランドの法廷は自立を保障された。この二つは、やがて効力が低下していくことはまぬがれえないとしても、いまもって同じ島を二つに区分する特色であり、同時に、今日ではスコットランド人としての自覚を呼び起こす根源になっている。

合同がもたらした政治方面のことで特に重要なのは、スコットランド議会の自立が消滅したことのように思えるかもしれない。だが、実際に失われたものは何であったのだろうか。イングランドには、エリザベス女王の治世以降、豊かにはぐくまれてきた議会が主導権を握る伝統があった。しかし、スコットランドにはそのような伝統はなかった。ジェイムズ六世とチャールズ一世は、つねに議会を法案作成委員会の後ろに追いやっていた。そのため、国王の意に沿わないものをあえて議会が発布したことは一度もなかった。一六三八年、国民契約が成立し、一時は議会が前面に出られたものの、クロムウェルが勝利したことにより、その試みはあっけなく芽をつまれてしまった。一六六〇年以後、チャールズ二世とジェイムズ七世治下の議会は、不穏で非難の絶えない時代を切り抜けたが、実際に重要な局面で国王から主導権を奪うことはなかった。そこで、一六八九年に至ると、もはや議会は正式のゴム印にすぎなくなった。

ウィリアムが王位に就いたことで、法案作成委員会は廃止され、枢密院の権限は制限されたが、その限りにおいて、憲政の状況は変った。一方、新しい議会は自立を望み、公正を疑われている選挙をみずから取り締まったり、国王が思わなくても新しい法律を提案する権利を手に入れるために立ち上がったりして、その意気込みを示した。このことが招いたとも考えられる争いが一六九五年に起こった。その年のスコットランド議会は、新たな国営貿易会社、すなわちスコットランド会社に設立の特許状を与えたのである。それを受けてスコットランド会社はすぐさま中立的なスペインの王が領有権を主張するパナマ地峡に侵入した。一方、その頃、ウィリアム三世とイングランドの大臣連は、スペインがフランスと軍事同盟を結ぶことをなんとしても食い止めようとしていた(2)。果たして、その後ロンドンは脅しや賄賂を巧みに使い分け、かつて法案作成委員会がそうしたように、スコットランド議会に対し、まったく同じような支配力を行使しようとした。しかしそれは、いつもうまくいくとは限らなかった。一七〇三年と一七〇四年の二年間、スコットランド議会はたしかに自立していたかもしれない。その頃、スコットランド議会は、ソールトンのアンドルー・フレッチャーの熱弁に応えて、スコットランドを「イングランドないしいかなる外国の勢力」からも救うため、やむをえず南と連携しそうなところまできていた。ところが、一七〇五年から〇六年にかけて、スコットランド人が併合の良し悪しを検討し、イングランド人がふたたび議員を思いどおりにしようと心血を注いでいた頃、スコットランド議会はまた攻撃にさらされることになった。このように一七〇七年の一見取り返しのつかない損失は、現代人が過去を振り返ってみたときに思われるほど、当時の人にとっては、重大な出来事と思われていなかった。

一七〇七年の合同後、スコットランド議会は、ウェストミンスターでのスコットランド議員の政治家生命と同じように、長いあいだ瀕死の状態で、もはやスコットランド社会の一般史とはほとんど縁がないくらいであった。英国議会にしても、一八世紀のあいだは、あまり活動的でも魅力的でも刺激的でもなかった。イングランド政府の土台を支えていたのは、ごますり的な票の数々であった。それを束ねていたのは老練な首脳陣であった。彼らは一方の手で再選確実な議席を振り分け、もう一方の手で役得の多い官職の席を振り分けた。彼らは、ウェストミンスター議会に有望株としてやってきた新米のスコットランド議員を見分けた。彼らは同僚議員の一人にスコットランド議員のまとめ役を任せた。するとスコットランド議員は少ししつけられただけで、かつて彼らの祖先が、スコットランドの法案作成委員会のいいなりになったようにイングランド政府のいいなりになった。

当然の成り行きかもしれないが、一七二五年にスコットランド議員の首脳部のなかで、初めて権力ある地位（非公式のものだがだれしも認める）を手に入れたのは、名にしおうキャンベル一族の二人、アーガイル公と、その弟アイラ伯であった。それまでスコットランドの議員は、ウェストミンスター議員としてのまとまりにやや欠けるところがあり、正真正銘の自立精神をかいまみせることさえあった――たとえば、一七一三年、スコットランドの議員は、スコットランドの麦芽一ブッシェルにつき一六ペンスの課税（麦芽税）を阻止しようとして力を合わせた。一世代のあいだ、キャンベル兄弟は二人で権力を独占した。とはいえ、実際に日々の駆け引きを行ったのは、ロード・ミルトンや、カロデンのダンカン・フォーブズといったエディンバラの法律家階級の有能な代理人であった。だが、一七六一年以降（ただし、一七六一年から一七六五年までの間は除く。その期間は、アーガイルの甥、ロード・ビュートがスコットランドに君臨していた。ロード・ビュートは一時期英国の首相も務めた）実際の政治は歴代の検事総長の手に委ねられた。検事総長は、政府が任命する職であり、エディンバラの法律家階級から選ばれた。なかでも飛び抜けて見事に力を振るったのは、ヘンリー・ダンダスで、彼の任期は一七七五年から、政敵に弾劾される一八〇五年にまで及ぶ。ダンダスは、いかにも紳士といった駆け引きを得意としていた。一七九〇年代に、ダンダスは、ウィリアム・ピットの政府の後ろ盾となり、スコットランドの政治家を無害な追従屋の集まりにとどめておいた。そのすきに政府はトマス・ペインの思想とフランス革命に触発された急進派による政治運動を鎮圧した。ダンダスがスコットランドを支配しているあいだは聖職への登用までもが政治問題になった。「この男が、いまの政府に対して節義ある考えを持っているのは間違いありません。彼は、すぐれた福音伝道者になるでしょう」と、ある紳士が、雇いの家庭教師のために禄つきの聖職を求め、ダンダスに書き送っている。「この教区は、広く、人口も多いですが、政治のことが話題になったとき、反体制を促すようすや、不心得なおもむきを見せたことは一度もありません。ですが、念のために調べました」と、先ほどとは別の牧師が同じ目的で自画自賛になるのも恐れず書いている[3]。ダンダスの失脚は、あまりにも思いもよらないことで「正気を失いかねない」ほど高い地位からの転落であったので、政府は後釜を据えることはできたが、制度を変えることはできなかった。政府の批判をダンダスほど見事に押さえ込んだ有力者は、その後現れなかったが、ようやく国が有力者の束縛から逃れられたのは、選挙法改正法案が作成された一八三二年のあとのことであった。

総選挙の腐敗は、いうまでもなくウェストミンスターのごますり政治と表裏一体の関係であった。スコットランドの有権者を少数に限ることにした仕組み（この仕組みをつくったのは合同ではなく、一六八一年のスコットランド議会制定法だった）は、腐敗選挙にとってはきわめて都合がよい仕組みであった。ただし、この仕組みが一七〇七年以前に大々的に悪用されたと信じる根拠はない。スコットランドの州選挙区用につくられた一八二〇年の有権者名簿には、二八八九人の名前しか載っていない。つまり有権者は、住人六二五人当たり一人の割合である。クロマティでは、九人の土地自由保有者の票で議員は再選となった。エアシャーは、州の有権者数が二四〇人と最大級であったが、それでも、全有権者が地主とは限らず、それどころか、地主が占める有権者の割合は比較的少なかった。一七七〇年代以降、いわゆる「証書男爵《パーチメント・バロン》」が、地主から不動産権利証書や地所の名義上の権利を譲ってもらい、自分が有権者になるという悪質な手口が盛んに使われるようになった。証書男爵は選挙権という特権をくれた人を支援すると約束した。そのため、ランカシャーでは自分の土地をほんとうにもっている有権者の数（六六人）が証書男爵の数（九五人）を下回っていた。この証書男爵たちは、ハミルトン公か当時の検事総長の、どちらかの子分であった。ハミルトン勢が下院で弁明したところによると、検事総長が、ずっとロード・アーチボールド・ハミルトンの票田だった地域の有権者を買収して、ハミルトン（やや改革派寄りの考えの持ち主）の議席を奪おうとしたせいで、たくさんの票を新たにつくる事態に追い込まれたらしい。自治都市の腐敗はさらに進んでいた。たとえば、エディンバラの議員は、有権者三三人の票で再選を果たしたが、この三三人の有権者は全員が市議会議員で、市役所内の自分の地位の後継者と、有権者名簿に登載される人を選ぶ権利があった。一八二一年におけるスコットランドの首都の人口は一三万八〇〇〇であった。人口が一四万七〇〇〇のグラスゴーは、たったひとつの政府の議会議員の枠をラザーグレンとレンフルー、ダンバートンと共有していた。選出にあたっては、四つの市議会の代表者による間接選挙が行われた。なお、グラスゴーの代表者は市議会の三二人の議員による投票で選ばれた。

一口に賄賂《わいろ》といっても握らせるものはさまざまであった。市参事会員にとって、むきだしの現金を贈るのは、さほどはしたないことではなかった。というのも、上部組織の市議会は、間違いなくロンドンの議会よりもさらに腐敗が進んでいたからである。ロンドン議会はさながら一個の小宇宙であった。ほのめかしの形で、次男を連隊将校の座に就けることや、甥を東インド会社の職に就けることが約束されたが、レルドにはそういった約束のほうが効果がありそうに思われた。ひとたび選ばれると、当選者は選挙にかかった膨大な費用を取り戻そう、もっと高い位置につこうとばかり意気込んでロンドンへと向かった。ロンドンで当選者がいうことと、なすことに有権者はたいして気にとめないのが普通であった。そもそも有権者自身の手が汚れきっていた。

政府とイングランドに対して露骨に媚びを売る体制には必ず非難がついてまわったが、一七二五年以後の長い期間、反抗の声がやかましくなった例はなかなか見つからない。一七九〇年以前、わずかにその気配を見せたのは（といってもやや事情は異なるかもしれないが）保守派の少数の人たちであった。彼らが悩んでいたのは、腐敗や、有力者の影響力そのものではなく、新たな広がりを見せた政治の動かしかたであった。「証書男爵」をつくって票を乱造するという行為は、一七七〇年代にヘンリー・ダンダスが政界に現れるまで見られなかったものである。つづく二〇年のあいだ、この行為に対して非難が飛んだものの、いずれも効果をあげなかった。同じように、一七八〇年代から本格的に政府は、聖職推挙権がらみのやっかいごとに教会を引きずり込み、一八世紀初頭のように教会と密接に関わっている人たちから激しい非難を浴びた。もうひとつ大きな改革の試みで槍玉にあがったのは、議会よりもむしろ、自治都市の腐敗した自治体であった。この現象は新しいどころではなかった。しかも変化のために闘ったのは中流階級であった。だが、自治都市の改革もまた一七八九年になるまで大した効果をあげなかった。

トマス・ペインによる『人間の権利』が一七九一年に、また『理性の時代』が一七九四年に出版された（一七八九年にフランス革命が勃発したこと、だが一七九三年にはフランスの民主政治に対する戦争が起こったことと結びついている）。その影響力は大きく、それまでの対立の構造を徹底的に改めることになった。ほぼ一世代のあいだ、上流階級の保守派と中流階級の大多数からの批判は聞こえなくなり、両者は鳴りをひそめた。革命が起こって、従来の体制が跡形もなく壊されるのを一様に恐れていたからである。抗議運動を牽引する力は新たなものに変わった。過激かつ急進的で、運動に加わった都市の職工階級と下層中流階級の多くを惹きつけた。また、すぐれた指導者になった人のなかには、上層中流階級の変わり者の一団もいた。急進派が既成の体制に立ち向かう話は後の章に譲り、ここでは以下のことを述べるだけにしておく。ブリテン島全域から代表者を集め、エディンバラで庶民による国民代表者会議を開こうとして失敗したが、これに続いて、一連の国事犯裁判が行われ、指導者たちは国外追放となった。以後、急進派の運動はまとまりを欠き、戦術も狭量になっていった。ある地区は、痛ましい反乱の数々を含む「急進派戦争」で活動の最盛期を迎え、絶頂のうちに敗れた。またある地区は、穏健な、つまり消極的な中流、上流階級の選挙法改正論者と手を結んだほうがよいと呼びかけた。中流・上流階級の改正論者は、しばらくすると、また勢いづくことになる。一八〇二年に『エディンバラ・レヴュー』誌が、法廷弁護士のフランシス・ジェフリーと、政治家のヘンリー・ブルーム、経済学者のフランシス・ホーナーといった三人の中流階級出のホイッグ党員の若者の手で創刊されたのは、画期的な出来事であった。一八一七年には『スコッツマン』紙も創刊された。この『スコッツマン』紙は急進派をなだめて、穏健な議会改革という公共的で平和な運動をさせるのがねらいであった。

一八二五年までに既成の体制を非難する重要な集団は少なくとも三つあった。まずは急進派である。この集団は、労働者階級も一部加わって民主主義を目指す運動をしていた。二つめは、中流階級に属す改革者で、この集団は、すべての資産の保全と、誠実な資産家すべてに参政権を与えて、国を安全にするための法令を自治都市と議会で制定することを求めた。三つめは、貴族階級に属するホイッグ党である。この集まりには、ハミルトン家とブリーダルベインのキャンベル家も含まれていた。彼らは地方政治の腐敗に業を煮やし、スコットランドに州特権を設けようとし、すでにイングランドにあるような厳密な統治を望んでいた。イングランドの州特権は、地所からくる財と権力を代表するものであった。もちろん、イングランドでも改革運動はさまざまな階級で起こり、その運動には多様性があった。それはブリテン政府の力がスコットランド議員だけでなく、追従的で、過半数を占めるイングランド議員にも及んでいる証拠であった。おかげでブリテン政府は、自身に向けられた非難をすべて無視したり、反対者へのわずかな歩み寄りさえ拒否できた。まだジョージ四世治下の政府のもとでは、ウィリアム三世治下の頃の統治であらかた間に合うかのように見えた。統治は、議会の有力者による駆け引きで行われ、大多数の国民の願いはないがしろにされた。しかし、一八三二年には大きな変化が訪れることになった。その一番の成果は、少なくとも、一八世紀のうちに、力と名声を飛躍的に高めていた中流階級の一部に選挙権が与えられたことである。（一五章を参照）。

二　法と無秩序

一五九〇年代以降のスコットランド社会にみられた大きな変化といえば、中央政府がしっかりと機能するようになったことである。にもかかわらず、それから一世紀たっても、治安は多くの点で国境の南（イングランド）よりも悪かった。一六八〇年には、二つの民族のあいだでの最後の大規模な戦いがケイスネスのアルティマーリクで起きた。武器をとって戦い合ったのは、シンクレア一族とブレドールバンのキャンベル一族であった。だが、それから九年たっても、モアラーはハイランド地方について次のように書くしかなかった。

年に一度か二度、ハイランド人は大勢で寄り集まって、ローランドに下りてくる。ローランドで略奪をすますと、ハイランドに戻り、また散り散りになる。しかも彼らには、たいてい何の迷いもない。略奪を楽しむのは、彼らにとってごく自然である。そのうえ彼らは略奪を、信念のようなものと、偏見に従ってやっている。いまだに彼らの多くはローランド人を敵だと思い込んでいる(4)。

当のローランド地方には、ハイランド地方よりもっと法が行き渡っていた。だが、自治都市には、昔から都市特有の暴動が起こることがあった（これはイングランドでも同じである）。また、地方には浮浪者があふれていた。一七世紀の論者は、この浮浪者たちを暴力に訴えて施しをふんだくると評してとがめた。ソルトンのアンドルー・フレッチャー（体の丈夫な物乞いは奴隷にすればいいと提案した）は、この問題に対する世間の不安をむやみにあおった。

つねにこの国には、ぐうたらな渡り乞食が押し寄せており、これまでいかなる法律もそれを阻止するにはいたらなった……彼らは貧しい借地人にとっていい表せないほど重荷となる。（パンやなにかの食糧を一日あたりおよそ四〇人もの悪漢に与えなかったら、必ずや住民はひどい目にあわされる。）そればかりか、乞食は、隣近所から離れた家に住む多くの貧しい人を狙って物を強奪する(5)。

たとえフレッチャーの言葉に誇張があったとしても、根拠がまったくなかったわけではない。たとえば、一七〇〇年に、三〇人の「ジプシー」の一団がジェイムズ・マクファーソンの指揮のもと、（レルドであるグラントの庇護もあったようであるが）、バンフ、エルギン、そしてフォレスの市場を恐怖に陥れた。どの町も確かにハイランド地方の辺境にあったものの、ハイランド地方の町とはみなされてはいなかった。この一団は、バグパイプの奏者を先頭に行進してやってきた。火縄銃を背負い、太めの剣や短剣を腰に下げていた。人混みにまぎれては、売りに出ている牛を入念に検分したり、商人間取り引きする契約を見張ったりして、誰が金を受け取るのかを確かめた(6)。それから彼らは、お決まりの行動に出た。結局、マクファーソンは絞首刑になったが、それまでの長いあいだ、地方で繰り返し略奪を行ったあげくのことであった。

一七〇七年の合同で、法と秩序の順守に関する最終責任は、イングランド政府に譲り渡されていた。市民がイングランド政府の法を順守する見込みはどの時代のスコットランドの枢密院も及ばないほど高かった。また、イングランドは問題が起きたときのために用意していた備えは、ステュアート朝のどの王も及ばないほど万全であった。このような高い目標と強大な軍事力があいまって、その後、より強い政府に向かう傾向は強くなった。民衆が武器を手にして起こす暴動は、フランス革命の頃、南で際立って多かったが、トゥイード川の北側では、それほどひんぱんではなかった。それは、スコットランドの労働者階級は、教育があるからだと、当時の人は得意な顔でいいたがることであった。そのとおりではあったが、スコットランド人がイングランド人と比べて静かだったのは、前の世紀の経験から、十分な武力と残酷さを兼ね備えた近代の政府の力に反旗を翻すには、それなりの用心がいると学んでいたからであるとも考えられる。

ロンドン側からすれば、議会合同後の主な問題はジャコバイトであった。テイ川の向こう岸に広がる丘陵地帯に潜むジャコバイトは、ブリテンのプロテスタントの支配階級全体にとって、あいかわらずアキレスの踵《かかと》だったのかもしれない。一六八九年年の内乱、一七一五年と一七四五年の二つの大きなハイランドでの蜂起、それに一七〇八年と一七一九年の、さらなる失敗に終わった二つの蜂起の企てを思えば、イングランド人が怯えたのも無理はなかったと思われる。しかし、一方でイングランド政府も王位僭称者も、反乱を招いたのは、どの程度までがステュアート家の大義への忠誠心ではなく、大氏族、キャンベル一族への憎しみであったのかを把握しそこねた。キャンベル一族は、自分たちよりも小さくて弱く、政治にうとい氏族を取り込んで着実に大きくなっていった。その強大化していく一族は、政府の政策を左右する主要な相手であった。なんといっても、一七二五年から一七六一年のスコットランドの政治を動かしていたのは代々のアーガイル公（キャンベル一族）であった。そこでキャンベル一族を使って、その近隣住民を支配し、社会に適応させるという考えは、ジェイムズ六世の時代以降、ずっと王室の政策のひとつであった。一七一五年と一七四五年の反乱が北（ハイランド地方）では目ざましい成果をあげ、南（ローランド地方）ではほとんど効を奏さなかったのは、この理由によるところが大きい。ローランド地方はキャンベル一族を特に憎んでいるわけでも、ステュアート一族を特に愛しているわけでもなかった。そうかといってカトリックの王子のいいなりになっているウェストミンスター政府に反抗するため、率先して立ち上がりたいとも思っていなかった。

ハイランド地方に対する政府の政策は互いに関係しあう複数の課題から成っていた。ひとつめは、キャンベル一族の強大化であり、二つめは一族を使ってハイランド人を勤勉かつ信心深い性質に変えることである。この二つに関するキリスト教知識普及協会スコットランド支部と合同軍の働きは後の章で改めて考察する。三つめは、なかでも一番わかりやすいものであるが、北に常備軍を置くことであった。常備軍は、フォート・ウィリアムや、フォート・オーガスタス、インヴァネスといった要塞に集中的に配置された（この政策は、もともとクロムウェルが始めたもので、ウィリアム三世とその後継者たちがさらに大きくしていった）。また、一七一五年のジャコバイトの反乱のあと、ジョージ・ウェイド将軍と、その後継者が、峡谷に道をつくり始め、迅速な対応が取れるようになった。ジャコバイトを牽制するために配置された軍隊の存在は、ハイランド地方特有の無法状態を緩和し、ゆくゆくは一掃するという目標にとって、ほかの何よりも効果があった。

その一方で昔からの習慣を一掃するには、もうしばらく時間を要した。一七一五年の反乱鎮圧から九年後、政府への報告書でウェイド将軍は、モラとほぼ同じ表現をあいかわらず使うしかなかった。

ハイランドの氏族のうちで、とりわけ略奪や強奪に夢中なのは、インヴァネス州の西にいるカメロン一族と、ロス州にいるマッケンジー一族ほか諸氏族（彼らは故シーフォース伯のしもべだ）、ケポックのマクドナルド一族、それにアーガイルシャーの辺境地帯にいるブレドールバン一族、それにマグレガー一族。彼らは一〇人から三〇人でまとまって出かけ、広い山岳地帯を越え、ローランドにやってくる……彼らは盗んだ牛を夜のうちに運び、昼には、ハイランド人がたくさんいる山の頂や森で足を止め、盗んだ牛を毎年この国の多くの地域で開かれている品評会や市で真っ先に売る(7)。

ウェイドが出した答えには、まず、フォート・ウィリアムとインヴァネスとパースとのあいだに道路と橋を造るという名高い事業があり、これは一七二六年から一七三三年までに大部分が完成した。また、そのほかにも政府に忠実な氏族に協力をあおいで、寝ずの見回りをしてもらうというのがあった。彼らは、黒っぽいタータンの制服を着ていたことから「ブラック・ウォッチ」（ハイランド連隊）と呼ばれ、政府に不満を抱いているジャコバイトや、牛泥棒を探した。見張りは驚くほど効果をあげたが、バリスデイルのコリン・マクドネルのような恐喝犯を完全に抑えつけるまでには至らなかった。マクドネルは、グレンガリーを通ってスカイ島に出る牛の群れにみかじめ料を課し、毎年五〇〇ポンド稼ぐ。ブラック・ウォッチをハイランド地方から引き揚げ、ブリテン軍の正規の連隊としてヨーロッパで戦わせるとは、政府も浅はかであった。すかさず牛泥棒はかつての勢いを取り戻し、たとえば、マリでは、バドノックスの一味による強奪が一度ならず起きた。加えて、ハイランド特有の無秩序が戻った。これはジャコバイトにとって都合がよかった。一七四五年五月、ブラック・ウォッチはヨーロッパのフォントノワで血みどろになりながらも勇敢に戦った。その三カ月後、チャールズ・ステュアート王子は、そっと裏へまわり、西方の峡谷に位置するグレンフィナンで兵を挙げた。だが、全体としてハイランド人は、すぐに武器を取らなかったので、チャールズは驚きもしたし、がっかりもした。たとえば、一七一五年に興ったスレイトのマクドナルド一族のような指折りの力を持つ一門は、王子に味方するのを断った。王子が、かねてから約束していたフランスの支援を得られないまま戻ってきたからかもしれない。その後起こったことを考えれば、彼らが用心したのにも十分うなずける。王子は、プレストンパンズで最初の勝利をおさめ、ダービーまで軍を進めたが、それでもロンドンに向かって行軍を続けるための十分な支援をそのほかのブリテン社会から得ることは叶わなかった。

続く不名誉な後退は、一七四六年、カロデンでのチャールズ王子とジャコバイトの氏族の大敗北で頂点に達した。その後は、反逆者に対する消耗作戦が待っていた。戦い自体の後には、捕虜になったハイランド人に対する残虐行為が待っていた。いわば見せしめであり、未来の反逆者の意気を削《そ》ぐのがねらいであった。反逆に関わった氏族の長は法令により、地所を奪われた。彼らの財産管理は、エディンバラの法律家が牛耳る地所没収委員会にゆだねられた。一族のものは、武器を携帯するのを禁じられた。ただし、牛の群れを市場まで追い立てていくときは別であった。牛追いが自分の身を守るのは、それまでどおり認められた。また、キルトを着たり、バグパイプを吹いたりするのも禁じられた。どちらも善良な市民がするには、粗野で好戦的だとみなされた。一層の用心のために、道路網が拡張され、フォート・ジョージに新たな要塞が建てられた。政府に忠実な兵士の居住地がカランダやキンロクスラナクスのような村に造られた。古代ローマの「コロニア」にならったもので、峡谷の住民を支配し、教化するのがねらいであった。ただ、兵士たちが性病にかかったのは遺憾だった(8)。ハイランド人の価値観をローランド人のものと同じにするためにキリスト教知識普及教会と製造業評議会、地所没収委員会は、あらためて多大な労力を注ぎ込んでいく。

その結果、ついに無秩序は姿を消した。ハイランド人は、リーダーを奪われ、カロデンの戦い（一七四六年）の敗北で頭が麻痺し、思想教育運動にさらされたことで徐々に反抗への意欲を失っていった。荒くれもので因習的な氏族も、最後には法の支配に屈した。一七七三年にドクター・ジョンソンとジェイムズ・ボズウェルが、滅びゆく族長制の社会を求めてハイランドの峡谷をあちこち巡ったときには、ハムステッド・ヒースで武器も持たずに二人きりでいるよりよっぽど安全だと思えるくらいになっていた。二人が見つけ出した氏族間の確執は、商いに関するものに限られていた。たとえば、コル島では、地元のマクレイン一族が、キャンベルの借地仲介人から管理されるのを避けたいがために、法外な地代を払う用意をしていた。一七八四年までには、そろそろ、取り上げた地所をもとの持ち主の家族に気前よく安い額で返しても危険はなく、そのほうが得策とみなされるまでになった。政府に、この寛大な手際よいに水を差す理由はなかった。

一八世紀に中央政府がだんだん有効に機能するようになった例としては、ハイランド地方の征服が最もよく知られているが、それひとつではない。政府は、ローランド地方にも、とりわけ町では、さらなる服従を期待し、また強要もした。自治都市の暴動は、一六、一七世紀によく起こった。たとえば、宗教改革や合同といった国全体の出来事がきっかけになることもあった。かと思うと地元の不満がきっかけになることがあった。たとえば、ワインを積載した船が外港に着いたときに、税関の役人が、はた迷惑な好奇心をおこしたことがあった。たまに、経済的な逼迫というわかりやすいきっかけもあった。たとえば、飢饉のときに、パン屋と粉屋が強欲だったせいで暴動が起こったこともある。暴動の例を挙げるには事欠かないが、ここでは数例にまとめよう。パースでは、宗教改革のとき、有名な暴動が起こった。ジョン・ノックスに焚きつけられ、どうやら立派な市民に率いられたらしい「庶民」は、托鉢修道会の修道院に押し入り、彫像や貴重品を盗み出した。ほかにも、それにまったく引けを取らないほど有名な暴動がパースと同じ時期にグラスゴーで起こった。プロテスタントの略奪者からいつ襲われるかわからない状態になった。カトリックの職人と徒弟がやむなく大聖堂を守るために集結したのであった。一六七八年に、グラスゴーの市長は、市内の通りで「卑しい」女たちに袋叩きにされた。市長はかつて、ある非合法の秘密集会の礼拝でこの女たちを妨害したことがあった。一七〇五年、エディンバラの暴徒は、イングランドの東インド会社の所有船、ウスター号の乗組員の解放を阻止した。ウスター号の乗組員は、スコットランド会社の船を襲ったとして不当な有罪宣告を受けていた。船員はリースの海岸で処刑され、政府は、いつもどおりやきもきしながらこの不祥事に対する遺憾の意を表明した。

合同から半世紀のうちに都市を舞台にした二つの有名な暴動が起こった。ひとつはグラスゴーを舞台に一七二五年に反麦芽税の暴動である。ウォルポールによる新たな課税案を支持する人々の家や地所が徹底的に破壊された。暴動には「下層民」だけでなく、身分も多岐にわたる非常に多くの人が加わった。この暴動は、行政部側にためらいや迷いがなかったら、手に負えないほどにはならなかったであろう。このような事態をそれまで鎮静化してきたスコットランドの枢密院がもはやその役目を果たさなくなったため、こんどは誰が事態に収拾をつけるのかと行政部は戸惑った。もうひとつはエディンバラを舞台にした一七三六年に凄惨なポーティアスの暴動である。暴動に先立ちグラースマーケットで行われた公開処刑の最中に、敵意を剥き出しにして野次を飛ばすものがいたことからある政府の役人ジョン・ポーティアスが、部下に見物人を狙って一斉射撃をするように命じ、見物人のなかにこの一斉射撃で死者が出るという事件があった。暴動は、その一件で有罪になったポーティアスを暴徒たちが監獄から連れ去り、公開処刑のあった場所で私刑（絞首刑）に処したものであった。暴徒と化したのは、職人や徒弟、労働者がほとんどだったようである。私刑の作戦は、軍隊の作戦のように緻密に練られた。街の門を閉め、城のすぐそばで騒動を起こさないようにした。ポーティアスを死に至らしめているあいだに守備隊が警戒態勢に入るおそれがあったからである。暴徒の規律正しさと、自分たちは正義の体現者だという意識は、ポーティアスを吊るすためのロープを調達しようと押し入った店に、代金として一ギニー金貨を置いていったことから明らかに見てとれる(9)。

このような事件は、アン女王のスコットランドでは公的には非難されているが、やむをえないと容認されているところがあった。ウォルポールのブリテンにとってみれば、王の政府の権威に対する許しがたい挑戦と思われ、暴徒が明らかに乞食と前科者からなる烏合の衆ではなくなっていたので、なおさら事態は深刻であった。政府は二つの自治都市に、首謀者を裁判にかけ損なったとして多額の罰金を支払わせた。治安判事は、以後、暴徒を鎮めたり、未然に防いだりするという自分たちの務めを改めて強く自覚するようになったが、力のある警察隊がいなかったので、完全な鎮圧は叶わず、一時的に降伏させることでよしとすることもあった（一五章三六五―三六六頁を参照）。

一七三六年から、その世紀の終わり頃（一八世紀末頃）までのあいだ、暴動の発生頻度はずいぶん減り、特に、政治変革をねらった暴動はまったく見られなくなった。ただし、騒動が完全になくなったわけではなかった。たとえば一七四〇年の飢饉の際は、エディンバラの暴徒が、ディーン村や、リース、ギルマートンの穀物倉を襲ったため、ある有力な穀物商は命の危険を感じ、町から大急ぎで逃げた。また、宗教がらみの暴動もいろいろと起こったが、なかでも一七七九年の暴動は一大事であった。「反カトリック派」の暴徒が、エディンバラやグラスゴー、そのほかの町々（ジェドバラのような小さい町までも）を破壊し、ローマ・カトリックが財産を相続することを禁じた宗教刑罰法の廃止に反対するデモを行った。だが、それでも一八世紀半ばのスコットランドの記録は、総じて、イングランドのものに比べれば穏やかであったといえる。一七八〇年にロンドンで起こったゴードンの暴動は、一七七九年にスコットランドで起こった「反カトリック派」の暴動と同規模のものであった。七日のあいだ、ロンドン市当局は暴徒を抑えられなかった。ロンドンでは軍の介入により二八五人が命を落としたのに対し、スコットランドでは死者が出たとの報告はまったくない。

一七八九年に勃発したフランス革命で、暴徒の底知れない力が、ヨーロッパ大陸で民衆運動を引き起こすきっかけになることが明らかになった。一七九〇年から一八二〇年までのあいだのブリテンの歴史には、いくつかの点で、この国でも、急進的民主主義革命を果たすために暴徒が利用されるかもしれないという懸念がつきまとった。当時、イングランドでは、不穏な動きが多かった。特に、一八一二年以後は――ロンドンでスパ・フィールズの暴動が起き、「ブランケット隊」がマンチェスターからロンドンを目指して行進し、「ペントリッジ革命」が起こり、ハダーズフィールドの「反乱」があり、また、一八一九年には、マンチェスターで、武装した義勇農騎兵隊が平穏なデモ隊を襲う「ピータールーの虐殺」が起きた。なによりイングランドではラッダイト運動があったのが大きい。ラッダイトとは、組織的、もしくは半組織的に機械を破壊するプロレタリアのことで、運動の最盛期を迎えた一八一二年には、レスターからヨークまでの範囲で一万二〇〇〇組いた――その数は、一八〇八年に初代ウェリントン公爵がポルトガルへの有名な遠征で率いた隊の数を上回る。同時期のスコットランドをみると、街頭デモがなかったわけではないが、驚くほど非暴力的であった。ここスコットランドでは、ラッダイト運動、つまり機械破壊運動は、まったく知られていないも同然であった。一八一二年までには、機械そのものはたくさんあったのであるが。スコットランドの急進的な運動は、たとえば、一七九三年に国民公会開催を呼びかけたときも、一八一二年にグラスゴーの職工たちが大規模なストライキを起こしたときも、暴力にうったえるのを入念に避けていたのが際立っている。たしかに、人が命を落とした暴動もあった――一七九七年にはトラネントで、民兵の新兵徴募に抗った一一人が軍に射殺された。また、一八一九年から一八二〇年にかけて開かれた人民大会は、スコットランドの西側の一部地域で暴動化し、官と民の双方が暴力に訴えた。一連の暴動は、一八二〇年にいわゆる急進派戦争に発展した。この急進派戦争には、当時イングランドで起こったプロレタリアによる暴動以上に際立った特徴があるが、急進派と、彼らが短期的には成果を上げられなかったことについては後に取り上げることにする。とりあえず、ここでは、スコットランドとイングランドを比べると、はっきりした違いがあることを指摘し、その理由のひとつには、一八世紀前半にブリテン政府がスコットランドに思い知らせた、その支配力の強さであっただろうと示唆するにとどめる。

合同以後、中央政府に強い力を持たせていった結果、ジェイムズ六世が生きていたら大喜びしただろうと思われるもうひとつ変化が起こった。それは、かつてジェイムズ六世が取り組んだものの果たせなかったことであった。その変化とは、一七四七年に地主の世襲制裁判権が廃止である（ほかに、一七四六年には、軍役による土地保有から、永代借地形式への変更もあった）。政府が、一七世紀の大半を通じてそのようにしていたように、生まれながらの半封建的な貴族階級の力に頼っていくつもりだったら、制度は存続したであろう。だが、一七〇七年以後、スコットランドはイングランドの軍隊を頼りにして国の安定をはかった。イングランドはスコットランドの貴族の封建的な権力を時代遅れとみなし、また、一七〇五年にイングランドの経済学者、チャールズ・ダヴィナントが言ったように、「腐敗した貴族政治に属するもの」……「借地人を極度に苦しませる存在」とみなした(10)。当の貴族は、自分たち自身がだんだんスコットランド人らしさを失いブリテン人寄りになっていくにつれ、この見解をますます気に病むようになっていた。スコットランドの法律家は、私有の裁判所があるせいで正しい法律が行き渡らないと考えていたし、実際、そのとおりであった。世襲制裁判権の廃止は（権利の持ち主に金銭面での補償をしてから）一七四五年のあと、スコットランドの国政を全面的に見直すさいに、その一環として実施された。地方管轄区域の裁判所と、執事管轄区、州裁判所の判事職は、すぐに姿を消し、バロン裁判所の法的権限は著しく制限され、一八世紀末までに自然に消滅した。古い組織が崩れ去ったのに合わせて、法にかなった州裁判所が設けられた。判事は王が任命した。これによって、公的な裁判の水準はイングランドと同程度のものになり始めた。スコットランドは、さらにもうひとつ、正しい方向へ歩を進めたのは、一八〇八年以降の一連の法令によって遂げられた民事控訴院の改革であった。この改革で、民事訴訟院はアウター・ハウスとインナー・ハウスの二つにわかれた（これによって入り組んでいた訴訟手続きが簡単になり、早く進められるようになった）。また、一八一五年から民事訴訟に陪審制を導入した。このように、裁判所はスコットランドで初めて、あらゆる意味で、合同以前の時代から引き継いだ制度と決別した機関になった。裁判所は議会よりも、地方自治体よりも、教会よりも早く、ある意味で、以前から改革を進めていた。

三　教会で起こった変化と分裂

一七〇七年以後、イングランドとスコットランドは政治と統治機関の面で、だんだん同じようになっていくであろう……このことは合同の前からわかっていたことである。だが、それと同じ現象が双方の教会でも見られたとしたら、ずいぶん意外な話になる。一六九〇年の和解で主教による支配を撤廃し、一七〇七年の合同で長老派をスコットランドの国教と認めたため、スコットランド教会と英国国教会とのあいだに横たわる溝は、永久に埋まらないし、狭まりもしないと思われた。たしかに教会内の制度や、秩序、それに信仰に関する考え方では、あいかわらず対極に位置し、どちらも譲らなかった。二つの教会は、とらえどころのない領域（だが、やはり現実的で重要なこと）、つまり、社会に関する見解と地位で同じ道を行くことになった。スコットランド教会は、英国国教会とまったく同じような立場になっていた。一七九〇年までは、長老派と、英国国教会のどちらの首脳部もピューリタニズムに割く時間がなかった。どちらも、当時の社会秩序は、そのままで神の意に十分かなっていると信じていたし、主の宗教観は、自分たちと同じように穏健なものと決め込んでいた。どちらも、そのようなのんきな思い込みに疑いを投げつけてくる教派の存在に頭を抱えていた。それぞれの教会内部には福音派がいたし、外部には分派、つまり非国教徒派か分離派がいた。

スコットランド教会に起こった変化は、なにより予想外のものであった。というのも、どうやら一六九〇年に主導権を握り、優勢を占めていたのがピューリタンだったらしいからである。たしかにスコットランド教会にとっては、一六四〇年代ほどよろこばしい状況ではなかった。政府は、民事法で破門を援護するのを拒む。また、テイ川より北に位置する地域は、復活した教会総会と少しも関わりを持たないのが常であった。半世紀近くたってようやく最後まで残っていた主教派の聖職者が、アバディーンの昔の教区にあったスコットランド教会からいなくなった。また、わずかに残っていた南西部の契約派も法定教会を抜け、「カメロン」派を興し、一段と厳格、かつ独自色を強めたカルヴァン主義に身を捧げた。

それにもかかわらず、教会総会が、その権力を使ってスコットランドを導き、道徳に厳しかった国に戻そうとしたのは明らかである。それは、一六六〇年以来、スコットランドが歩んでいるとピューリタンが思っていた道よりも道徳に厳しい道であった。一六九四年に教会総会は、この国の罪をあげ連ねている。

神は、不信心と不敬とで辱めを受けている。……罰当たりな言葉づかいや、ののしり、安息日破り、福音書による正餐式の軽視ならびに侮辱、敬虔と宗教的儀式に対するあざけり、私通、姦通、酩酊、瀆神、それに下品で忌まわしい罪と悪徳の数々にあふれている。

すぐに教会総会は、全部まとめて治す方法を打ち出した。牧師は「悪事を働くものにはいずれ神の裁きが下ると脅し、人々に罪と危険を自覚させ」ようとした。長老会は「恥ずべきことをした者には容赦なく教会規則を行使する」とした。聖職者と長老は指示に従い、各家庭を訪れ、穏当で適切な作法にのっとって祈りをあげているか、子どもに聖書の知識を授けているかを確かめることになった。使用人でさえ、職業や、教区を変えるには「正直でキリスト教徒らしい行動」を証明する書状が必需品になった。教会が監督をし、『規律の書』のねらいをさまざまな方法で思い出させる計画であった(11)。

このような方針で、疲労したようすも見せず、教会総会は一世代続いた。ほぼ毎年、断食日をもうけ「聖なる方がたいへんなご不興と、もっともな憤りを覚える」ことがないようにした。安息日破りを禁じる命令をふたたび出し、結婚式や葬式の場で騒ぐことを禁じ、踊るのをとがめた。だが、当然少しも成果はあがらなかった。教会総会の面々は、一七〇五年に「エディンバラの街中や、リースの桟橋と海岸、セント・アン教会の敷地内、クイーンズ公園内をぶらぶらと歩いている」人々が安息日を冒瀆したと悲しみ、一七一〇年には「ありとあらゆる不道徳は全盛をきわめ」、しかも「プロテスタントの地で、信仰のある人々が、輝かしい福音の照りわたる光に背を向けて」罪を犯していると嘆いている(12)。彼らは、人がかたくなに悔い改めようとしないことに戸惑った。

結局、このような法定教会の禁欲的な面にはひびが入ったが、変化はすぐに現れなかったし、一様にも、全域にわたるようにも現れなかった。一七二〇年代のある時期にピューリタニズムは勢いを失い始めたようである。一七五〇年までには、スコットランドの南部での勢いさえ、五〇年まえの同地のものと比べ明らかに低下していた。牧師の多くは、徐々に説教師としての、また熱心な戒め役としての旧来の性質を捨て、丁寧で控えめな紳士としての顔を身につけていった。神の言葉を上品な弁舌で飾り立て、貧しい人たちに服従と勤勉という最上の美徳を説き、スコットランドの文化水準にすばやく目をつけ、それを見事にそれをヨーロッパの啓蒙運動と自信をもって肩を並べるところまで引き上げた。上品な教会の全盛期は、一七六二年から一七八〇年までで勝利を収めた穏健派をエディンバラ大学の学長、ウィリアム・ロバートソンが教会総会で率いていた頃である。その意義を見事に伝えているのは、ロバートソンが指揮権を握ったときにアレグザンダー・カーライルによって書かれたスコットランドの聖職者への賛辞かもしれない。

すぐれた著作という分野において、この教会の牧師が上位に立っていなかったことはほとんどない……古代と現代の最良の歴史書の数々を書いたのは誰であろう。それは、この教会の聖職者。人間の悟性や能力を最上の明晰な文章で書いたのは誰であろう。この教会の聖職者。修辞学の最良の体系を書き、みずからの雄弁でそれを体現したのは誰であろう。この教会の聖職者。見事な悲劇を書いたのは誰であろう。この教会の聖職者。当代で最も深遠な学識を誇る数学者は誰であろう。この教会の聖職者。在職中の後継者の評判が高かったのは誰であろう。農業についての最良の論文を書いたのは誰であろう。貧しいと文句をいうのはやめよう。なにせほんとうに大層な貧しさなのだから！(13)

たしかに大層な貧しさであったが、それほど大層な牧師たちであっただろうか？

教会の性質が変わった背景には、複数の要因がある。いまでは破門されても民事罰を受けなくてもすむことになってピューリタンが、強くて長続きする印象を社会に与える機会はいよいよ減った。悔い改めようとしない違反者は、その気になれば最後の手段として長老会を笑い飛ばし、まんまと罰を逃れることもできた。「かまうもんか」と、一七四八年にキンカーディンシャーのフェッテレッソで破門にすると脅された男はいった。「毎年ローマ教皇は破門者を出すけど、破

門されて困ることなんてあるものか」(14)

ピューリタンの理想を挫《くじ》いたものとして、政府の態度の変化よりも大きな役割を果たしたのは、牧師の性質の変化であった。きっかけの一つはヨーロッパの知的動向であり、もうひとつは聖職者の任命方法が変わったことである。スコットランドの牧師は、スコットランドの大学で教育を受けた。スコットランド教会はノックスの時代から教養ある聖職者の集まりであることを誇っていた。スコットランドの大学は伝統的にヨーロッパと密に交流してきたため、海外の知識階級を刺激する、その時その時の合理的、自由主義的発想に、いつも無関心ではいられなかった。スコットランドの大学は、主としてフランシス・ハッチソン（一七三〇年から一七四六年までグラスゴー大学で倫理学の教授を努めた）先導され、哲学の分野でヨーロッパの啓蒙運動に多大な、しかもほかの国には真似のできない貢献を果たしていった。さらに続いて、デイヴィッド・ヒューム（教授の地位に就いたことはなかったが）や、アダム・スミス、アダム・ファーガソン、トマス・リードらがスコットランド啓蒙の担い手となった（一九章を参照）。だが、もしそれまでに神学上の制約がある程度ゆるんでいなかったら、スコットランド啓蒙はなかったかもしれない。ある程度の自由が神学にもたらされたことで、凝り固まっていた教会自身の知的視野がずいぶん広くなった。偉大な哲学者は、だれひとり言葉の狭い意味で神学者ではなかった。だが、彼らには、道徳上の問題や、人間社会の研究に関連する、分野ごとのばらばらな知識を連携させることへの並外れた関心があった。カルヴァン主義の古い殻を破ったのは、彼らなのである。ハッチソンと、その友人のウィリアム・リーチマンがグラスゴー大学の教授に任命された意

1750年頃、エディンバラの会衆に説教をするウェブスター博士

義についてアレグザンダー・カーライルは次のように書いている。

新しい学派がスコットランドの西の地域にできた。当時までそのあたりの聖職者は頑固で偏屈だった……この二人の教授のどちらも邪教を教えたわけではなかったが、学生の知を呼び覚まし、その幅を広めた。すると今度は学生のほうから忌憚のない質問が出た。その結果、率直で柔軟な意見が生まれた(15)。

聖職者の職制に多大な影響を与えることになったもうひとつのきっかけは、一七一二年の聖職推挙権法である。その法律で俗人の聖職推挙権保持者が、教区の牧師を推挙できる権利が一六九〇年以来、初めて復活した。一七世紀前半、俗人の聖職推挙権保持者がこの特権を使って、レルドの息子や友人に便宜を働いたのは、まぎれもない事実である。このようにして牧師になった者は、表面上はピューリタニズムの盛衰にあまり大きな影響を与えずに聖職者たちを支配した。一六九〇年以降、俗人の聖職推挙権保持者が一時的にその特権から手を引いた時代に、牧師がほかの社会層から選ばれたかどうかは、まだわかっていない。だが、一七一二年に聖職推挙権が復活したときには、周辺事情のほうが変わっていた。まず、地主階級は、イングランドを文化の手本とする傾向を一段と強めていた。そのため、英国国教会牧師がスクワイアー（郷士）に対して振る舞うと同じように、レルドに対して礼儀正しく友好的に振る舞う人物と牧師館に住まわせておきたかった。第二に、牧師を任命する権利があるのは会衆か、それともレルドかという論争が激しくなり、レルドから任命を受けた牧師は、自身をレルドの飼い犬とみなすしかなくなり、同時に、地主の見解や社会的な目標を共有しなければならなかった。最後に、教会は、検事総長が主導する政治がらみの聖職推挙権の制度に引きずり込まれた。その制度からは、狂信的なピューリタンも、ひたむきな人間も生まれそうになかった。

法定教会も変わる条件は揃っていた。清教主義から外れることに反対した者が、どんどん外に出て、個別に教会をつくったからである。一八世紀のスコットランドにおける教派の勢力図は複雑である。主教制もローマ・カトリックも大して勢力を伸ばさなかったし、大いに民衆から支持されたわけでもなかった。ただ、故国とのつながりのあるイングランドとアイルランドからの移住者のあいだでは別であった。イングランドから来たメソジスト派の牧師は、一見成功したようであった。特にジョージ・ホワイトフィールドは、一七四二年に全盛期を迎えた「キャンバスラング活動」で世間を熱狂させた。その「信仰復興運動」はスコットランドの西で起こり、一気に過熱したがすぐに下火になった。メソジスト派はスコットランドには深く根付かなかった。長老派教会に背を向けた最初期の集団には、たとえば、グラサイツ（ダンディー近郊のティーリングで牧師をしていたジョン・グラスが一七三〇年に設立）のような、自発的な信仰に重点を置く考えの団体と、キリスト教的愛を強調する団体や、ロバート・ホールデン（もと海軍少尉候補生。一七九九年に兄弟のジェイムズとスコットランドで初めての会衆派教会主義の教会を設立した）の支持者の集まりなどがあったが、どれも民衆から広く支持を得ることは叶わなかった。その点に関するかぎり非長老派の教会は重要ではない。

当のスコットランド教会は、一八世紀に手がつけられないほど分裂が進んでいた。一七四〇年の教会総会では、四人の牧師が免職になった。代表格はエビニーザー・アースキンである。スターリングの牧師で、聖職推挙権法に断固反対する仲間を集めていた。アースキンとその仲間は多くの点で契約派の厳格な伝統を引き、一八世紀の神学者トマス・ボストンの神学に影響を受けたが、柔軟ではなかった。ボストンは、イングランド人のエドワード・フィッシャーが著した宗教書『近代の神学の精髄』（一六四五）を一七一八年に再出版し、一大論争を引き起こした。恩寵の必要性や、個々人が敬虔な信仰をたゆまず行う義務を強調しつつも予定説を軽んじる姿勢は崩さなかったからである。結局、一七四〇年に起きた分離は、ひとつならず四つの反法定教会の長老派教会を生むことになった。旧光派の市民教会、新光派の市民教会、旧光派の反市民教会、新光派の反市民教会である。それぞれの教会の名前は、それぞれの考え方の違いをかたくなに示していた。まず、行政当局に誓いを立てることに合理性があるかないか、それから、一七世紀の盟約をいつまでも忠実に守っていくか、近いうちに多少修正を加えたほうがよいかで考えが分かれた。二つの新光派は、やや柔軟であり、一七世紀の盟約はいつの時代にも変わらず拘束力をもつわけではないと考えていた。この二つの派は、一八二〇年にひとつにまとまり、統一分離教会を設立した。一七五二年にあったスコットランド教会からの二度めの分離で、また新たな教会、救済教会ができた。ダンファームリンの牧師だったトマス・ギレスピーが率いた。この教会は、初めて分離してできた教会と共通するところがほとんどなかった。自由主義寄りの考え方を一層強め、イングランドの非国教徒からも影響を受けていた。以上のような教会は、どれも一六九〇年におこったカメロン派と連携しようとはしなかった。カメロン派は一八世紀に改革長老教会として再編された。

この込み入った話からさまざまな重要なことが引き出せる。第一に、反長老派が相当な数になった。一八二〇年までに統一分離教会は二八〇の団体を抱えることになり、その本部はスコットランドのセントラル・ベルトの西、より正確にはおそらくグラスゴーにあったであろう。グラスゴーでは、一八一九年までに人口の四〇パーセントが反対派だったといわれている。反対派は、法定教会と比べると総じてはるかにピューリタン色が濃かったし、敬虔でもあった。法定教会は、魔女告発を禁ずる法令のような、神の恩寵から外れるような真似を嘆き、あいかわらず長老会の場で苛酷な懲罰を行っていた。ほかではとっくにすたれていたことであった。法定教会は、特に小作人や職工といった下層中流階級を頼みにしていた。実際、一度めの分離を成功に導いたのは、聖職推挙権の問題に関する神学的見解ではないといえる。ほんとうの決め手は、教区の土地保有者が聖職推挙権を使って任命した牧師と教区民とのあいだにまったく共通点がなかったことだといえる。会衆席に座っていた貧しい人は、エビニーザー・アースキンの説教にさぞかし聞き入ったことであろう。「神の家に入る精神的特権は、貧しい人よりさきに金持ちに授けられる。そのようなことがまかり通る根拠は神の言葉のなかをいくら探しても見当たりません。ですが、この法令は、金の指輪をはめ、けばけばしい服を着た人を貴び、粗末な服や地味な服を着た人をないがしろにしています」(16)。最後に、広く民衆から支持されていた敬虔な清教徒の多数のリーダーが、スコットランド教会を離れた。そのあと彼らは、自分たち同士とも、法定教会内にいた一部の賛同者とも協力をしそこねた。それが教会内での反穏健派の地位低下につながった。

穏健派にはいつでも「福音派」とか「高教会派」と呼ばれている敵がいた。このような反穏健派の信条と、エビニーザー・アースキンの信条とに大した違いはなかったが、反穏健派は分離のときにアースキンについていこうとはしなかった。一七六二年頃から一七八〇年過ぎまで、反穏健派は無力に近かった。その後、教会総会の穏健派の統率者が、エディンバラ大学の学長、ウィリアム・ロバートソンから、セント・アンドルーズ大学の学長ジョージ・ヒルに代ったあと、反穏健派の信望は権力を握っていた穏健派とは対照的に高まった。「ヒルのもとでは、穏健派は醜態を演じ、礼拝はダンダスの利害関係者の集まりにすぎなくなった。主な聖職は縁故採用で埋まり、いくつかの教会の聖職禄兼任が横行した」(17)。反穏健派が復活できたのは、一八一一年にトマス・チャーマーズが福音主義を強く支持したおかげといってもよい。チャー

悔罪席。デイヴィッド・アランの絵は18世紀後半の状況を示している。幼子と母親、憤然とした祖母が前面に描かれている

マーズは、一九世紀初頭の若い牧師のなかでも、きわめて知力が高く、また勉強熱心でもあった。チャーマーズは一八一五年から一八二三年の極貧の時代にグラスゴーにあるセント・ジョンズの貧しい労働者階級の地域で聖職を務めたときの成功によるものであったが、それはスコットランドの情勢に大きな衝撃を与えた。福音派は一八三三年まで、教会総会で多数派になることはなかったが、この時代に、彼らがますます影響力をつけていったこと、また一八二〇年に統一分離教会が設立されたことで、本書が扱う時代の最後の十年間に、ピューリタン的態度に好都合な勢力が復活することになったとだけは確実にいえる。だが、見逃せない事実もある。四分の三世紀のあいだ、そのような勢力は非常に弱体で、ひとつにまとまることがなかったので、当時、社会の広い範囲にわたって寛大になっていく傾向が見られた重大な変化を食い止められなかった。

法定教会でピューリタニズムが弱まっていったようすは、さまざまな面に現れている。すでに一七二五年から一七五〇年頃には、教会総会が断食を強いることは、まれになっていた。国が一体となって懺悔をする儀式は、その後、不作や、軍事上の敗北のときに限られることになった。また、牧師と長老が教区の会衆の家を巡回し、家庭内で祈りをあげているか確かめたり、信条に探りを入れたりするのも以前よりまれになった。「受け継いだ教区で教理問答や聖書に基づく問答を行う習慣は、完全にではないにしろ、ほぼなくなっていた」とエアシャーの分離派牧師は、スコットランド教会信仰仲間を強く非難する調子で一七八〇年頃に書いている(18)。長老会という権力を濫用して公衆の面前での見せしめとして、処罰のときに教会の懺悔椅子に坐らせることもまれになった。早くも一七世紀には、貧しい人への寄付という名目で長老会に罰金を払えば、公の場での譴責を免じてもらえることも場合によってはあった。これは一八世紀に入り、時代が進むにつれ、広く行われるようになっていった。とりわけ一七六〇年から一七九〇年のあいだに、罪を犯した人をさらしものにする習慣は一気に減った。長老会の決断で変わった地域もあった。たとえば、ダンディー近郊のアリスでは、一七六一年に長老会が「いつもの場所で懺悔するのを拒むなら、罰金として一二ポンド払うこと」と決めた。また、ラナークシャーのカールークには、一般(つまり第三者)の参加を求めるとしても、その人数は一人に限るというしきたりがあった(19)。より広く行われていた形式は、罰金とあわせて長老会が内々に譴責《けんせき》を行うというものであった。ロバート・バーンズは、友人のガヴィン・ハミルトンが公の場で辱《はずかし》めを受けたことから、初の詩集であるキルマーノック版で長老会を諷刺し、大成功を収めた。教会に所属する学識豊かでしっかりと声をあげられる面々が、教会の懺悔の椅子を神の意思に基づく規律のシンボルとしてではなく、思慮の浅さと暴虐のシンボルとして捉えるようになっていたからである。一八世紀の末には、罰金でさえもまれになり、取り立てるとしても、性犯罪や泥酔に関する罪と、安息日のしきたりを破った罪にほぼ限られた。穏健派の聖職者の多くは、このような罪からでさえ罰金を取り立てるのを控えた。だが、福音派が復活すると、それに合わせて規律上の古い考えが戻ってくることもあった。穏健派が反対者に放っておいてもらえることはなかった。

もちろん清教主義は、戦わずして死んだりしなかった。有名な論争がいくつ交わされたが、なかでも、清教主義の衰退にまつわる年表をつくるのに役立ちそうなのは、演劇に関するものであった。スコットランドの長老派は、一五七四年以降、芝居小屋の誘惑とその俗悪な性質に対し、一貫して厳しい態度を取った。芝居小屋は「悪魔の神殿であり、しょっちゅう悪魔が肉体をまとって現れ、観客に取りついている。観客は悪魔をあがめている」(20)。と評する向きもあった。一七一五年には、首都にイングランドの役者が団体でやってきた。一七二〇年代から一七三〇年代にかけて、彼らはときどき戻ってきた。たえず治安判事に追い回され、長老会からは非難を受け、演劇関係者は違法すれすれのところで活動を続けていくしかなかったが、一七四〇年代に入ると、エディンバラに常設の劇場が完成し（コンサート・ホールに見せかけていたが）、民間からの支持も多数受けられるようになった。そして、一七五六年のクリスマス前日、首都は『ダグラスの悲劇』の上演に沸いた。世間を騒がせたその通俗劇は、作者がジョン・ヒュームというアサルスティンフォードの牧師だったことと、観客のなかに、紛うかたなきインバレスクの高名な牧師、アレグザンダー・カーライルがいたことで、一層世間を騒がせた。さらにそのうえカーライルは、みんなが見ているまえで酔っ払った観客と取っ組み合いのけんかまでした。二人とも穏健派の重要人物で、力のある友人が教会総会にいた。そのため、高教会派は憤慨したが、やむを得ず二人に対する攻撃を慎重に進めることにした。まず手始めに、エディンバラの長老会がリバートンのしがない牧師を一七五七年一月に上演された芝居を見たといって停職にした。「彼は罪を認めたが、芝居小屋へ行ったのは一度きりであり、そのときも他の観客の感情を害さないように小屋の隅に身を隠していたと申し開きをして寛大な処置を願った」。つぎに高教会派は目当ての大きな獲物に取りかかった。ヒュームは「みずから進んで」自分の教区を引き渡した。カーライルは教会総会から譴責を受けたが、教会の決まりを破ったという告発に関しては無罪になった。しかし、教会総会は、今後、スコットランド教会の牧師は誰であろうと「どんな事情があっても、演劇を見に行って」はならないと規定した(21)。だが、この新しい砦も時代の流れに突き崩された。一七八四年にセアラ・シドンズがエディンバラで舞台に立ったとき、教会総会は行事予定表を変え、代表の牧師たちが、大女優の演技（昼の部）を見逃さないですむようにはからった。一七六四年には、エディンバラで初めて公認された劇場が建ったが、その劇場は以前のように「幕間に劇をともなった音楽演奏」をはさむごまかしをしなくてもよかった。同じ年にグラスゴーでは、暴徒が、その土地初の常設劇場をこけら落としの夜に焼き払った。だが、西に住む人たちでさえ、しだいに演劇芸術に慣れ親しむようになり、一九世紀には熱心な常連客になった。

シドンズの舞台を見に行った牧師たちは、ウルブスターのサー・ジョン・シンクレアが質問紙を送り、教区のことを書いて送り返すように頼んだ牧師たちでもあった。シンクレアはそれをもとに『統計書』を編纂した。『統計書』は、すばらしい出来で、今でも頁をめくれば彼らがたちまち息を吹き返す。彼らは牧師の姿ではなく、知的な紳士の姿を見せる。クローバーの種をまき、鳥類学について考え、新しいリンネルの工場や新しい道路を称え、貧民救済にかかる費用にやきもきし、賃金の上昇は田舎の道徳観にどう影響してくるかと思い悩み、労働者階級のあいだにだらけたようすが見られないか絶えず気を配っている姿である。法定教会は、経済成長を陰で支え、スコットランドの社会福祉に少なからず貢献したといえるが、一方で、牧師を重大な罪を犯した背信者とみなす向きもある。

誓いを立てた主のしもべのなかに、崇高な福音伝道という務めを熱心かつ精力的に果たすのを拒み、文学研究や、教会所属畑地の、ことによると農地の耕作、または俗事にかまけているものが非常に多くいる。彼らは教区にいる上流階級と親交を深め、福音を伝えるべき下層階級とつきあうのを拒んでいる。そのようにして、貧しい人々に関わる問題を扱うさいには、教区の土地所有者が経費を削減できるように取り計らっている(22)。

もっともな意見であった。これは分離した牧師が書いたものである。自身がいる教会は、保守色が強く、昔ながらの教会の価値を体現していた。その価値は反長老派も持ち続けていた。また、スコットランド教会でも福音派の牧師がいる教区のなかには、そういった価値を持ち続けているところもあった。これまで見てきたとおり、一貫して反法定教会派の牧師は、ピューリタン色が強く、公の場で懺悔させることをやめるのに消極的で、家庭内での祈りと教育を重んじる傾向にあった。また彼らの主な支持者は、法定教会の牧師の支持者に比べると、社会の下層にいた。彼らは、厳格で、信心深く、ひょっとするとふさぎがちな性格であったかもしれない。だが、穏健な風潮にへつらったり、風向きしだいで態度を変えたりすることは決してなかった。

教会内の伝統主義者（つまり反法定教会派と福音派）と穏健派との対比にスコットランド社会固有の価値を見るのは無理な話ではない。前者は、どちらかといえば下層階級に位置し、家庭内や教会での祈りのさいに宗教的な教えをほどこすことで、子どもに伝統的な価値を刷り込んでいく。後者は、どちらかといえば上流階級に位置し、抑圧的な信条を教会が教えることはなくなったが、非常に多様な人間の営みを知的側面から探求するように促した。所属する社会階級が高くなった人は、二つの階級の著しい違いから、自身が目覚しい飛躍を遂げたことに気づいたかもしれない。伝統主義者は、幼い頃から、ひたむきな努力を通じてひとつの明確な社会目標を見つけたいという願いと、それを実現する能力を身につけていた。一方、穏健派は、目の前に幅広い選択肢が広がっていた。純粋に宗教的なものを除いて、その社会集団が認めるものなら何を目指してもよかった。特に、知的、芸術的、経済的成功が好ましかった。一八世紀から一九世紀の変わり目に多くのスコットランド人が秀でていた領域である。たとえばロバート・バーンズとトマス・カーライルは、かなり貧しかった。子どもの頃に、伝統主義的な宗教環境のなか、きわめて信心深い父から懇切丁寧な教育を受けた。その後、成人して、中流・上流階級から認められた世界に乗り出していったとき、彼らは文芸上の潜在能力を宗教とは無縁の形で最大限に発揮できた。ジョージ三世治下のスコットランドでは、教会という教会が一六九〇年直後と同じくらい厳格であったから、そのような文化が花開いたとは信じがたい。また、厳格なカルヴァン主義のなかで育ち、世に出た人が、特別な利益をものにしなかったとは考えにくい。幼い頃に受けたしつけの賜物であるまじめな性格は、より自由な環境で活かすことができた。こういった考えを組み立てるのは簡単だが、証明するのは難しい。本書の以下の章を読んで、前述の考えに賛成できるかどうかは、読者の判断するところである。

第一〇章

経済の変遷

一　テイクオフへの兆し　一六九〇―一七八〇年

天然資源を有効に活用できず、急速な人口の増加が進む世界で課題に取り組んでいる現代の経済学者は、発展途上国でどのようにして急成長を成し遂げるかという問題に頭を悩ませている。過去の平行現象を検証している経済史学者は、いわゆる産業革命、あるいは「テイクオフ（急速な経済成長の初期段階）」について同じように頭を悩ませている。テイクオフとは、世界中の先進国がその歴史上で経てきた段階、つまり、国家経済がゆるやかに変化する「伝統的」な状態から、成長し拡大し続ける「現代的」な状態へと様相を変えたある特定の一時期のことである。この段階に至る前は、程度の差はあっても、伝統的な経済は今日の発展途上国に見られる主だった特色を示している。国民の多くが生活の糧をみずからの土地から得ており、貧しく、総じて栄養不良で、粗末な住居で暮らし、わずかばかりの物品しか持たないのが普通である。変化の速度は非常に遅く、数十年間あるいは数世紀間、これといった物的発展は社会の大多数によっても、特定のだれかによってもなされることはない。

「テイクオフ」の段階では、対照的に、成り行きに多少の違いがあっても、必然的で自立的な近代経済への進歩が始まる。とはいっても、社会における「近代的な」特徴が十分に定着し、伝統的な特徴が影の薄いものになるまでにはかなりの年月を要することになる。テイクオフの最もわかりやすい特徴は急速に工業化が進むことであるが、同時に、それより少し前、あるいはほぼ同時期に起こった農業形態の変化も、テイクオフの特徴を示すものとしてたびたびあげられる。にもかかわらず都市や工業地域がその活力を急激に伸ばさないうちに、農業や地方の生活が必然的にその重要性を失っていき、それによって生じた断絶の力が招く社会的混乱があまりに大きいため、さまざまな社会階級の知的観察者の多くはそれが起こったという事実を非難するのである。しかしながら長い目で見れば、自立した経済成長が標準となるにつれ、産業革命によってより大きな利益が生ずることになる。たとえば、個人消費が新たな段階に達することで、国民の大部分がけた外れに多様な物的商品を手に入れることが可能になる。つまり、生活困窮者に資源の再分配を行うという社会福祉制度を通じて、社会的公正を成すという計画に投資することが初めて可能となるのである。近代イギリスにおいて、国民全員が富み、社会的公正を完成することはまだ成し遂げられてはいない。しかしながら、テイクオフ以来二世紀にわたって自立成長してきたことによって、祖先たちがその突飛きわまりない夢想の中でさえ想像し得なかった物質的な理想郷に、あと一歩のところまで近づいてきている。

今日のたいていの歴史家は、スコットランドとイングランドにおけるテイクオフはどちらも、一七八〇年頃に発生した同一の前兆の一部であると考えており、スコットランドでは主にアメリカ独立戦争の終結に向けて始まった木綿工業や農業の劇的な変化と関連づけられている。ほとんどの学者は半世紀ほど前から、スコットランド経済に重大な変化が起こり、その変化が一七八〇年代の大発展につながったという説に同意している。彼らは、少なくとも一八二五年までは、スコットランドが依然として、新しい経済が生み出した特色もさることながら、古い経済の特色を数多く残した支配的な地方国家であったことに同意するであろう。ここでは、スコットランドのテイクオフのタイミングと速度についての経済学者の役割と説明に口を挟むことはやめよう。スコットランド経済の転換期に至るまでとその後の主だった発展について、そして、本書の別の箇所で扱う予定である社会の変遷の背景としての一六九〇年から一八二五年までの期間について、年代順に説明を加えるというもっと単純な役割でよしとしなければならない。

一六九〇年とその後半世紀のあいだ、スコットランドでは、伝統的な発展途上経済のありとあらゆる弊害を、独特の深刻な形で表れた。事実、スコットランドは、すべての国々が、一八世紀の終わりに英国で最初の産業革命が起こる以前の状態だったという意味でだけでなく、産業化以前の経済においてさえ、共通の王によって結びついたイングランド、文化的結びつきの近いオランダやフランスといった、みずからを最も頻繁に比較していた国々より、貧しく、遅れていたという意味でも、発展途上国であった。そしてまた、一六九〇年までの一〇〇年間、小規模で断続的でありながらも、それとわかる程度にこの時代の特徴として上向きに発展してきた経済は、徐々に力を失っていき、停止状態となった。フランスに対する戦争が起こり、その後の相次ぐ商業上の問題を引き起こした。これが問題を部分的に覆い隠し、あるいは悪化させ、スコットランドの商人や生産者の多くは、いつの間にか伝統的なヨーロッパの輸出市場での競争に応じる自分たちの能力が失われていくことに気づいた。イングランドによって課せられたボーダー地方における関税と規制のため、ヨーロッパ市場での損失をイングランド市場で取り返すことはできなかった。

しかしながら、商業分野における窮境と不景気はやがて、全国的な大飢饉によって目立たなくなった。一六九五年にはいくつかの州で穀物が不足した。一六九六年には収穫高は全国で大いに落ち込み、翌年の春には多くの死者が出た。一六九八年はまたもや不作で、続く一六九九年も多くの地域で不作であったため、この状態から完全に回復することはできなかった。どれほどの死者が出たかは不明である。当時の人々は、人口の五分の一、四分の一、三分の一もしくはそれ以上の住民が死ぬか、土地を捨てて逃げ出したことを伝えている。一七世紀に別の北欧の国々で発生した、似たような災害が知られていることから、それは事実であるかもしれない。ジャコバイト派は、この飢饉は長老派に対する神の怒りだといい、長老派は、頑固者たちの罪に対する神の怒りだという。未発達の経済がさらした悪天候に対する脆さの恐ろしい例である。だが、このことが、農業の発展について最初に印刷された二、三の小冊子に刺激を与えたとしても、経済を立て直し、今回のような規模の災害を減らすか、または根本的に防ぐことの可能性については、だれ一人言及しなかった。

だが、これとは矛盾するが、スコットランド人が初めて経済的発展を社会が目指すべき目標として認識し始めたのも、歴史上はこの時期に当たる。ただしスコットランド人このように表現したわけではない——彼らは単にみずからを近隣諸国の国民よりも貧しい国民と認識していただけで、開発計画の立案と愛国的な努力によって今の状況に終止符を打つことができると信じていた。この考え方に沿って彼らが最初に決断した行動は、イングランドとオランダに巨大な富をもたらしている植民地貿易の一部を奪い取ることによって、両国に対抗しようという試みであった。だが、よく知られているように、ダリエン計画の失敗と、一六九五年以来スコットランド人が資金と希望の両方を大いに託していた「スコットランド会社」が事実上、破産したことによって、この試みは崩れ去ってしまった。一八世紀は憂鬱と落胆の空気の中で明けていく。貿易が不振な状態にあって、飢饉と植民地の喪失という決定的なニュースがスコットランドに影を落としていた。スコットランドはこの時点においてあきらめ気分に包まれた。ペニクックのサー・ジョン・クラークは数年後次のように記している。「これらすべての損失と災難の暗い影のもと、そして木々の合間にかろうじて見える空き地に座り込み、貧困は残ったものを糧として息をしている」(1)。

しかしながら、ダリエン計画の最終局面の五年間で、議会合同の成立とともに事態は新しい転換期を迎えた。その要因は非常に複雑である。多くのスコットランド人が、経済的利益はそのほかの多数の要素のひとつに過ぎなかったが、かといって重要性が最少というのではなかった。多くのスコットランド人が、大英帝国の共通市場を創り上げることが、自国の貧困に対する万能薬であると考えた。エディンバラで、イングランドから訪問中の宣伝者ダニエル・デフォーは、その才気あふれた鋭い文章の中で、関税障壁が下げられたのを利用して、ロンドンで取引されているスコットランド産の牛や亜麻布の共同市場における好機について力説している――それによって、資金と資本が北へと流れるようになり、スコットランドの負債の問題は朝露のように消滅し、財政状態は少なくともスコットランドが自国の天然資源、たとえば漁業や林業や鉱業といったものの開発に有効となるというのである(2)。それは確かに納得のゆく主張であった。というのは、約二〇年近くものあいだ、スコットランドの対ヨーロッパ貿易が衰退していたにもかかわらず、イングランドへの輸出は一七世紀を通して重要さを増していったからである。スコットランド人の大部分が自分たちの議会の消滅を悔やんではいても、経済が間もなく大きな発展を遂げるだろうと期待することでその苦さを軽減したのであった。

一世代かそれ以上のあいだに、スコットランド人はすっかり失望し、合同はダリエン同様まったく無用の薬であることが明らかになった。イングランドへの亜麻布の委託販売量はおそらく上昇したと思われるが、同時に、一七四〇年以前の発展の可能性を実現することはできなかった。なぜならスコットランド人が販売する製品の品質は、ロンドンにあって大陸との競争で張り合うだけの質には程遠かったからである。牛の輸出は伸びたが、北部における因習的な家畜の飼育場によって制限されている限り、供給力はがっかりさせるほど順応性に乏しいことを立証してしまった。アメリカに対するタバコ貿易は発達したが、グラスゴーでは、一世紀ものあいだ、イギリス人商人によってほぼ独占状態で占有されていた市場に強引に割り込むためには、猛烈な売り込み（と大量の密輸）が必要だとわかった(3)。この方向での迅速な進展はどの地域でもなかった。一方で、合同がスコットランド経済にもたらした弊害は過大に誇張されるのが普通であるが、イングランドとの競合によって、古くからあるスコットランドの諸産業は大きく混乱することはなく、まして廃れていくにまかせたことはまったくなかった。東海岸の貿易自治都市は、合同の直後に衰退してしまったわけではない。頻繁に主張されたこととはいえ、スコットランド人に課された重税が南へ流れてイングランドの国庫を膨ませ、それによって、スコットランドが「最後の一滴まで搾り取られて」しまうことはなかった。最も多大な損害はおそらく、イングランドに旅行したり定住したりしている貴族やレルドによってスコットランドでの地代が値上げされ、それによる費用が大幅にかさんだことによるものであろう。

しかしながら、一八世紀半ばより前の数十年間は、スコットランド経済の歴史において重要な新しい一歩であったことを示している。最初はゆっくりと目立たなかったが、変化の過程は、一七六〇年代に入って加速し始め、ついには一七七五年のアメリカ独立戦争の勃発までには、事実上スコットランド社会のすべての階級の人々が、さらに裕福な社会へと自分たちを運んでいく時代の勢いを感じていた。歴史をあとから振り返る有利さをもっていえば、スコットランドがイングランドと共に産業革命の分岐点へと向かい始めていたことがわかる。この流れが部分的には合同に依存したものであること、しかもデフォーの楽観論がもはやあまりに安直なものではなくなったことがわかる――この流れは何より、イングランドで始まり、その経済を発展させてきた刺激を与える力にスコットランドの亜麻布、牛、タバコの貿易が反応したものであり、両国の緊密な結びつきでそれぞれ互いに技術的な発展を迅速に伝達することを可能になったことを示している。当時の人々にとってさらに重要だったのは、両国の国家収入と国民一人当たりの収入の両方が過去において誰も経験したことのない形で上昇したことである。貧困に対する受身的なあきらめに取って代わって、スコットランド人の生活と文化のありとあらゆる面に精神的な輝きが生まれたのであった。

このテイクオフへの最初の前兆に見られる物質的な発展のいくつかについては、初期の未熟な製品と、当時のものとして残されている貿易の統計値によって、その一部を明らかにすることができる。スコットランドの第一産業である亜麻布製品は輸出補助金と製品評議員会によって賄われる資金による政府の支援を受けて、国内とイングランドとその植民地に市場を持っていた。一七三六〜四〇年、一七六八〜七二年のあいだに生産量にして三倍、売上高にして四倍になった。最後には年間約一三〇〇万ヤード近くにもなった。アメリカのチェサピーク湾からのタバコの輸入はさらに増加し、一七四一年の八〇〇万ポンドから一七七一年には四七〇〇万ポンドにまで伸びた。英国のタバコ貿易におけるスコットランドのシェアは同様に増加し、一七三八年には一〇パーセントだったのが、一七六九年には五二パーセントと跳ね上ったが、これはフランスのタバコ需要が高まったことに対して、イングランドよりもスコットランド企業のほうが上手く適応できたことが大きな要因となった。輸入されるタバコのほとんどが再輸出され、それによって、スコットランドに大陸へ販売できる物資が賄われ、古くからのヨーロッパとの商業的な関係に取り戻された。この復活した関係に新しく亜麻布産業用にロシアからの亜麻の輸入が加わった。バルト海の向こう端に新しい市場を開拓するにあたって、東海岸の商人は、当時大西洋の反対側で事務所を設立し、信用貸しをして、タバコ貿易を組織していた西海岸の同業者の事業に、ある程度対抗していた。ロシアへの航海は一七三〇年代の初めには年間一二〇隻だったが、一七七〇年代初めには一二〇隻と増加した。一七五五年までは、スコットランドの海外貿易に関する一般的な統計値はない。しかし、一七五五年から一七七一年までのあいだに公式な輸入額は二・五倍、輸出額（再輸出を含む）は三・五倍となっている。同時期にイギリスの海外貿易におけるスコットランドのシェアは全部で五パーセント以下であったのが約一〇パーセントへと伸びている。一方、一七六二年には、たとえば、輸入の八五パーセントと輸出の五二パーセントがタバコで占められており、これらの商業統計値は全体として、スコットランドの経済成長に関して誤った印象を与えかねないものである。グラスゴーの中継貿易は、重要なことには変わりないが、主として地元の商人と金融業者という一握りのグループにのみ富をもたらした。もちろん、その富のいくらかはそこから溢れて外部へとこぼれ出したが、それは、ボーダー地方で靴の、ダンファームリンで亜麻布の、マッセルバラで毛織物衣類の注文が、それもすべてアメリカ向けに輸出されてタバコの仕入れの足しにされるために、なされた場合であった。しかし、グラスゴーの貿易商人も、これらの商品をしばしばリバプールやベルファストで注文していた。全体として、タバコ中心の貿易は、主にスコットランド製の商品を扱う（後にそうなるが）貿易よりも、その与える影響はきわめて小さくなっていく傾向にあった。

海外貿易の伸びと同時に、バンク・オブ・スコットランド（一七二七年創立）やブリティッシュ・リネン・カンパニー（一七四六年に創立したが、現代においてももっぱら亜麻布貿易への融資を行っている）、いくつもの無許可の共同資本の銀行や合弁会社から成る強固な金融システムの発達が見られた。これらはいずれも、経済成長のある種の兆候であり、成長を後押しするものであった。スコットランド系銀行の総合的な資産は一七五〇年当時の約六〇万ポンドから一七七〇年には約三七〇万ポンドにまで増大した。

経済のほかの分野での発展は、特に農業という重要な分野ではそれほど迅速なものではなかった。しかしながら、一七七五年までには国のあらゆる地域にまで重要な変化が広がったのは明らかなようである。少なくとも、いくつかの地域では、どの農家も地主も新しい技術を使って、クローバーやカブなど新しい作物を生産する初めての試みがなされ、それによってフォルカークの定期市でイングランドの家畜商人に、より多くの家畜を売ることが可能になった。彼らは、ベリックシャーの農夫ジェイムズ・スモールが発明した、使い勝手の良い鉄製鋤を用い、土地を囲って分割し、小規模の畑、防風林、林、そして個人用の石造りの農家がまとまった、近代農業の典型とみられる形に整備していった。だが、このように田園生活における真の「革命」を成し遂げるに十分な発展の過程をたどったのはほんのわずかな地域だけであった。その最たる地域がおそらくロジアンであり、北東部のいくつかの私有地であり、エアシャーやダンフリースシャーなどの黒牛の生産地であった。しかしながら、これらの地域でさえ、農地全体の三分の一ほどは囲い込みされる気配もない状態であった。ほかの遠方の地域は、ロンドン向けの物資を求めて、はるか遠方までその仕入れ範囲を広げてきた家畜商人たちによって刺激された牛の貿易の可能性に新たに目覚めた以外は、恐らくはなんらの動きも起こりえないように見えた。それゆえ、先に紹介した名高い改良者の例にもかかわらず、農業変革の大いなる時代は、未来のアメリカ独立戦争の前夜までなおしばらく動きがないままであった。

亜麻布製品の大々的な成功があったとはいっても、同様のことは産業界の変革についてももっとはっきりいえることである。一七四〇年と比べて、一七七五年までには、開発された石炭と鉛の鉱山は数を増し、より深くまで掘られるようになったほか、製紙工場や嗅ぎタバコ工場、リネン工場、石鹸工場、染料工場、ガラス工場、蒸留酒製造所、ビール工場、そして小さな鋳造所といった、やや重要性に劣るものの、多くの製造業ができていた。しかしながら、三〇年後に目にするような、急成長する産業分野という華々しい印象を当時の人々に与えるほど多くの数には達していなかった。スコットランドは南部と比べれば依然として遅れた地域のようであった。典型的な産業の構成単位としては、一人の親方が徒弟と職人と一緒に、裏庭とそれほど変わらない大きさの敷地で職人規程の枠組みに従って仕事をするのが一般的であった。ひとつ、二つの大資本を投入した事業所、たとえばプレストパンズ硫酸工場（一七四九年創業）やカロン鉄工場（一七五九年設立）やレッドヒルズの鉛鉱やワンロックヘッド（当時飛躍的な事業の拡大を遂げた）などは、主にその目新しさで際立っていた。もっとも、それぞれの分野では、彼らはイングランドの同業の大多数と肩を並べることができたし、イングランド国内においてさえ、大事業所は当時まだ珍しい例外的存在であった。しかし、ゆっくり発展するエディンバラの新市街《ニュータウン》（一七六七年に建設が始まる）や、新たに計画されていたフォース・クライド運河（一七六八年にグレインジマスの新しい港でサー・ロレンス・ダンダスによって最初の鍬入れがなされ、一七九〇年に最後の掘り出しが行われた）など、いくつもの大事業は、活気づいている国スコットランドの象徴として重要な意味を持っていた。

一七七〇年代のこの繁栄に対して一時的で予測不能な突然の妨害が加えられた。一七七二年に、数あるスコットランドの無認可の合資銀行のなかでも最大手のエア銀行が、無制限に近い融資策の崩壊によって倒産したのである。この崩壊の影響の波紋が終るか終らない一七七五年に、アメリカ独立戦争が勃発した。しかし、タバコ商人らはこの事態を予測しており、ほとんどの場合、自分の資金を銀行の破産前に引き出していた。彼らは西インド諸島で新たな取引の好機を見つけ著しい成功を収めた。もし、一七七五年から一七八三年のあいだに記録された統計値に大きな躍進がひとつも見当たらなかったとしても、彼らが一七六〇年代のレベルと比べてほとんど損失を出さなかったこと自体、まさしく意義深いことだといえる。表面的に見れば、この時代に起こった出来事は、一六九〇年代を彷彿させるものであった。戦争があり、大企業が倒産し、一七八二年から一七八三年にかけての農作物の大不作（一八世紀に入ってまだ二度目であるが）まで酷似している。一七七二年、ロンドンの報道機関は、エア銀行の倒産の影響についての報告のなかで「スコットランド中の建物と農業の改良が中断した……エディンバラとリースのあいだの新興都市のすべてで機能が突如中断した。いいかえれば、ウィリアム王の時代にダリエン社が倒産し、グレンコーの大虐殺が起こった時と同じ衝撃がスコットランドを襲ったのだ」と伝えたが、これは必ずしも大げさな報道とはいえない(5)。しかし、これらの猛攻撃が経済へ与えた影響は、どちらかといえば一過性で実質の伴わないものであったという事実は、それ自体が、一七世紀終わり以来の経済発展をある程度示すものだといえよう。そして今、スコットランド経済は大いなる飛躍の一歩手前まできているのである。

二　産業革命　一七八〇―一八二〇年

産業革命は、国民がその当時送っていた社会生活の流れを中断させ、新しい未知の方向へと人々を向かわせたという意味で宗教改革と比較してもよい出来事であろう。それゆえに、スコットランドが一夜にして、田園的で伝統的な世界から抜け出して、新しい、産業の発達した、技術革新に基づく世界に遭遇したと推察してはならない。一七八〇年以降、都市部の増加と産業の拡大がスコットランドの経済生活に新鮮で活力のあるリズムをもたらした。しかし、これらの都市には、一八三〇年に至ってさえ、蒸気や工場の技術に頼って生活する人々よりも伝統的な手工業に頼って生活する人々の方が多く存在していた。一八三〇年までは、それまで同様、都市部で生活するより人も農村環境で生活する人の方がはるかに数が多かった。しかし一方では、最も遠方の辺境地やはるか彼方の島々でさえ、農村での生活はその基本的な点において、半世紀前とは根本的に異なったものになっていた。この四五年間は過渡期の混乱が目立った時代で、歴史家は、広範囲に及ぶ社会のあり方を特色づけるにあたって、新しい劇的な方法が大成功を収めたことを強調すべきか、あるいは、伝統的な生活が、革新的な事象と調和するにしろ対立するにしろ、生き残っていったことを強調すべきか、頭を悩ませるところである。

非常に重要な意味を持つのは一七八〇年代と一七九〇年代である。それまで事実上ないに等しかった木綿産業が前代未聞の速さで、他の追従を許さないほど大きな産業へと発展した時期である。それはまた、農業における変革の速度があまりにも急激に加速し、遅鈍で、改良に無関心な人たちを、規則に忠実な人たちによって嘲笑された例外者として置き去りにしていった時代でもある。その後、一九世紀最初の四半世紀のあいだは、木綿産業と農業において変革が論理的に拡大していったにすぎない。ニールソンの発明と、その結果として、一八二八年以降にスコットランドの重工業が発達するに至るまで、重要な新分野が経済の成長と変革の過程につけ加えられることはなかった。

なぜ一七八〇年代だったのか？　産業革命の発端に関する疑問はスコットランドに限ったものではなく、英国経済の歴史について発せられるものである。たとえそうだとしても、綿密な分析では産業革命の「原因」を明確にすることはできない。明らかなのは、もし英国の社会的、経済的発展が、ある程度の高さで安定していなかったなら、産業革命は起こらなかったであろうということである。英国社会はすでに前世紀のうちに政治的に安定した秩序あるものとなっていた。階級間での社会的な移動はヨーロッパの基準からすれば異例なほど容易になり、「財産」に対する世間一般の敬意によって、個人の経済的成功がより高い階層に移り、社会的成功をおさめる足がかりとなることを証明したのであった。

また一方で、特にイングランドは何世紀ものあいだ、織物製造や石炭の採掘や金属製品の加工などの伝統的な産業活動を享受しつづけてきており、それは、産業化以前の社会においてさえ、ヨーロッパのどの国よりも、多くの人口と、広い面積を占める田園地帯に影響を及ぼしてきた。産業と商業における成功はイングランドに並外れて裕福な中産階級を生み出した。一八世紀の市場は英国にとって特別に先行きの明るいものであった。国内では、人口が増加するだけでなく、収入のほとんどを食料に費やすヨーロッパの農民と比べて、全住民（少なくともイングランド南部において）が工業製品にお金を使うことに抵抗もなく、またその余裕もあると、多くの外国人から思われていた。海外では、北アメリカやインド、カリブ諸島などへ帝国が拡大したことで、英国の海外市場は大いに広がりを見せた。工業製品がそこへ流れ込み、またそこから輸入するという、事実上、市場を独占した状態を作り出していた。供給の面では、石炭や鉱石、肥沃な土地といった英国の天然資源はつねに豊富であった。一六五〇年以来、道路、河川、運河を利用した航海といった輸送手段の改良がなされ、かつてないほど便利になっていった。とりわけ、製品に関しての問題に、初めて体系的に対応した技術が功を奏した。ワットの蒸気機関、アークライトの水力紡績機、クロンプトンのミュール紡績機、コートの製鉄精錬法などがそれである。これらは、一七八〇年代の大躍進と活力の源となる主要な発明といえる。ごく簡単にいいかえれば、英国でのテイクオフの主な要因ということである。だが、これらがどのような割合で結びつき、この結びつきがどのように自立した経済発展へと続く連鎖反応を引き起こしたかということは、経済史学者がいつまでも議論し続ける問題である。

スコットランドでテイクオフが一七八〇年代に起こったのは、同時期に英国の南部で同様のことが起こったからだというのは、スコットランドのテイクオフの説明として適切であるとはとてもいえない。南部における進歩をいち早く利用したスコットランドの力は、一七八〇年以前に構築された自国の新しい経済力のなかに、そして合同という事実の上に蓄えられていた。牛の貿易が好調であることは、スコットランド農業の次世代における変革の先駆者となるであろう多くの人たちに、新たなる資金と視野を与えた。亜麻布産業の好調は、多くの取るに足りない存在だった者たちに資金と経験を与え、彼らは後に木綿貿易へと転身することになる。そしてスコットランドとランカシャーのあいだにビジネス上のつながりを作り上げ、それを通じて新しい織物技術が北部へと伝わっていったのであろう。海外貿易の好調、特にグラスゴーのタバコ貿易は、経済の成長には不可欠な輸出を伸ばし、経済の中心になる支えを提供した。このことは、ロストウが記した、次のような人材の輩出に多くの成果をもたらすものであった。

商売に専念する者、——きちんとした損益の計算に関心を持ち、
広い視野を持った者、さまざまな形でみずからの姿勢を
社会全体いたるところにまで伝えていく者(6)

だが、それだけであったと考えてはならない。注目すべきは、どんな理由であれ、一八世紀終わりのスコットランド社会には、商人という階級だけではなく、生まれながらの地主や農民、大学教授、法律家や聖職者、職人や小売り商人といった人々のなかにも、同様に正しく広い視野を持った人々——商売に専念し、きちんとした損益の計算に関心がある——が大勢いたということである。彼らはやがてスコットランド経済の性質である保守的な伝統の数々を覆し、そのエネルギーを新しく力強い方向へと舵取りをしていった。このような人々の存在は、いろいろな意味で国家の主要な経済的資産であった。一七八〇年以後数年間に、大きく広がっていった興奮状態は、彼らなしではおそらくあり得なかっただろうし、彼らの出現は、いくぶん、変革を決定づける時代に先んずるものであった。

一七八〇年代、一七九〇年代、そしてそれに続く数年間に一体何が起こったのだろう？　変革の規模をわかりやすく示すのには、統計値の流れを見るのがとても便利であろう。いくつかの分野では、数値によって当時の様子が明るみにでるのだが、最も具体的にしたいと思う分野についてはしばしばあいまいなままである。進歩の著しい二つの分野のうちのひとつが農業である。農産物に関する数値は知ることができないのだが、大まかに見ると、一七七〇年から一八二〇年のあいだにスコットランドの人口がおよそ一・五倍に増加し、後世の人たちはこれを食料事情がよくなったことの表れだとみ

なしていること、食肉の輸出が増え、穀物の輸入は恐らく人口の増加に対する割合にまったく変化がないことがわかっている。このような状況と背景に、スコットランド中の農家が以前と比べて五〇パーセント以上豊作であったと見積もるのは論理的にも正しいといえるであろう。これは最も少なく見積もった数値である。同時代の人、たとえばジョージ・ロバートソン（慎重で洞察力のある観察者であり誇張は一切しない）などはそれよりずっと多く増加したと記している。「今や、以前のスコットランド全体の生産量の二倍以上の食料が市場へと持ち込まれている。肉類が以前の六倍に増えた一方で、とうもろこしやその他の野菜の出荷量が二倍になったということは、目標により近づいたことになるだろう」(7)。

製造業の中で最も重要な部分については、統計値はもう少し正確で有用かと思われる。輸出業における産業革命の影響は、スコットランドの港から出る英国製品を載せた船の数が、一七七〇年代初めと比べて一七九〇年代の終わりには二．五倍に増加したという事実によって推し量ることができる。つまり、一七七〇〜一七七四年にかけては年間五〇万ポンドであったのが、一七九六年から一八〇〇年には一三五万ポンドとなり、一八一〇〜一八一四年までに数値は五〇〇万ポンドを超えている。増加したのはほとんどが木綿であった。その成長は部分的にはクライドへと入ってくる綿花の輸入高が急増したことでもわかる。一七七〇年から一七七四年に年間一五万ポンドであったのが、一七八九年には二〇〇万ポンド——その後一七九八年には二八〇万ポンドに跳ね上がり、一七九九年には三二〇万ポンド、一八〇〇年には四八〇万ポンド、一八〇一年には七五〇万ポンドとなっている。一八〇一年から一八二五年のあいだにさらなる成長が見られたことは確かであったが、この時点で増加の流れにストップがかかった。スコットランドで作られた木綿の一部のみがクライドへ直接輸入された。一八〇〇年を過ぎてから、大量の木綿製品が、マンチェスターのマコーネル・アンド・ケネディー社やA・アンドG・マリ社の綿紡績工場から良質の紡ぎ糸として出荷され、グラスゴーやペイズリーの職工へと渡り、良質な織物として入ってくるようになったようである。ここに見られる価格騰貴の傾向の一部は以前からある事業の資本の増大によって指摘されるであろう。一七九七年には九〇〇〇ポンド強にすぎなかったのが、一八一〇年にはおよそ九万ポンドにもなっていた(8)。

木綿は亜麻布産業に代わるものとしてたびたび考えられてきた。確かに西部ではそのとおりであったが、亜麻布の生産高は成長し続けており、一七七〇年代初頭には年間一三〇〇万ヤードであったのが、一七九〇年代終わりに二二〇〇万ヤードになり、それから一八一八～一八二二年には三一〇〇万ヤードへと増大している。全体として、織物が主要な分野であったことには疑いの余地はない。サー・ジョン・シンクレアは労働者の一〇人に九人は「製造業」で雇用されており（その内訳は六人が木綿産業、三人が亜麻布産業、一人が毛織物である）、最も近い部外者である「鉄鋼業」には毛織物に雇われる人数の半分しか割かれていなかったと考える。彼の統計的な総括論にどれほど重きを置いていいのかはつねに判断に苦しむところであるが、これが推論にすぎなかったとしても、おそらくは現代のほかの誰にも劣らない博識に裏打ちされてなされたものであろう(9)。

しかしながら、最も興味深い（そして信憑性の高い）統計の断片的資料のひとつは、規模の小さな製紙工業の上昇に関している。紙の生産高の上昇は、生産性の効率に関係するだけでなく、仕事上紙を消費する者（商品の包装用に大量の紙を必要とする）や一般の活字愛好者（その人たちの読む新聞や本や文房具を作るために紙が使用される）らの需要の高さに関係している。一七四〇年から一七四四年のあいだにスコットランドの製紙工場は年間八〇トンしか生産していなかった――「テイクオフの前兆」は、これが一七七〇年から一七七四年には三九〇トンに増加したという事実によって判断される。次の二〇年間で三倍（一七九六年から一八〇〇年には一一一四トン）にも増加し、一九世紀の最初の四半世紀には倍増（一八二〇～一八二四年には二四〇〇トン）した。最後の数字は最初の数字の三〇倍である。このことは、文化と経済の変革がめざましかった世紀の四分の三を照らす一条の明るい光の矢であるといえる(10)。

しかしながら、統計だけでは、当時の人々が自分たちの世界が変化することに伴う驚きと興奮の感覚を伝えるには微弱すぎる。この感覚をその真髄まで味わうには、一七九〇年代に編纂された『統計報告』の頁を繰るべきであり、下記のような一節に目を留めなくてはならない。この一節の中で、スコットランド低地のパースシャー、ミーグルの聖職者が、一七四五年以降の地方における農業の変化について考察している。

当時の国の状況は人々の理解を超えるほど未開な状態であった。最も肥沃な地域は開墾されぬまま放置されるか、あるいは何の工夫もなく耕作されるだけで、住民の大部分は文明から隔絶した状態である。上流階級の教育、作法、衣装、家具やテーブルは、現在の一般的な農民ほど開放的でもなく、上品でもなく、また贅沢でもなかった。普通の人々は粗悪な衣服を身につけ、これ以上ないほど粗末な食事に空腹をかかえ、みすぼらしい小屋に家畜と共に住んでいた……この国の住民たちをこのような野蛮な状態から解放し、勤勉な精神を高揚させるのは、大胆で根気強い事業だといえる。地位と財産と公共心によって有名なある紳士がこの使命を引き受け、成し遂げた……数年のうちに、国全体が改善された。小作人らは、まるで深い眠りから目覚めたように辺りを見回し、自分の畑が豊かな作物でいっぱいに覆われ、家畜どもは豊かな牧草地で肥え、家族は色鮮やかな服装に着替え、食卓には栄養たっぷりの食物が盛られているのを目にし、自分がかつて無知で愚かであったことに驚くのであった。地主たちも喜んだ……工場主や機械工、貿易商らは、便利で優雅な生活のための需要の伸びに追いつくため、今までの倍の努力をした(11)。

聖職者の文章はおとぎ話の雰囲気があり、単純であると同時に、奇跡のような話である。誰もいつまでたっても幸福に暮らせないなどということは信じられないし、そのような貧困や憤りやつらさが、囲い込みや泥灰土で土地を肥やす方法、カブの種を蒔く、牛を取引する、農場を作り、「台地に埋まった巨石」を取り除くなど、急激に変化する世の中で、なおも存在しつづけるとは信じられない。一世代あとの書き手たちは、伝統的な社会が急速に崩壊していく緊張感に、そして、ハイランド地方のような地域で生活様式の変化に対する最初の試みがなされた後で、頻繁に発生する失望と欲求不満の気配に、より敏感に気づいていた。しかし、一七九〇年代には、この変化はまだ、新しい農場経営を照らす最初の黄金の夜明けであって、これに疑念を抱くのは悲観論者だけであった。

初期の書き手と後期の書き手のあいだに見られる興味深い顕著な相違点のひとつは、一七九〇年代の書き手たちは、自分たちの土地に起こった変化は、そのほとんどが、馴染みのない技術の上に成り立っていることに気づいているが、その変化の様相には限界があるということである。たとえば、囲い込みの方法や輪作の考え、クローバー、ホソムギ、カブ、それにジャガイモなどの新種の作物、といったことのほとんどすべては、南部を真似して取り入れたものであった。一八二〇年代の書き手たちは、スコットランド人みずからが、農業学とでもいう共有の資源を持つに至るまでのあいだに成した、非常に貴重な貢献のことをはるかに詳しく書いている。彼らは単にテイクオフに便乗したのではない。彼らはその機動力に大いに力を貸したのであった。「ロジアン農業学」が一九世紀のイングランドで賞賛されるようになったが、それは一八世紀のスコットランドで「ノーフォーク方式」が模倣され賞賛されていたのとまったく同じであった。二つの点で特に、スコットランド人は道を開いて行った――彼らは農業用具の設計にきわめて優秀であった。一七六三年にスモールの鋤が発明されたのが好例であるが、それを手始めに、一七八六年のアンドルー・ミークルの動力脱穀機や一八二六年のパトリック・ベルの馬が引く刈取り機といった、より重要性の高い発明が続いた。そして、一九世紀もっと後になると、彼らは現代的な排水設備の先駆者となり、それによって、重く湿った英国の土地は、それまで自然に水はけのできる軽い土壌に限られていたが、ここに至ってある意味で革命ともいえる経験をすることができた。一八二三年、ディーンストンのジェイムズ・スミスが開発した下層土用鋤によって大躍進が始まるが、それからの先駆的な半世紀のあいだに、ハーミンストンのジェイムズ・アンダーソンのような人たち、半ばあるいは完全に忘れられた多くの農民たちが後に続いた。一八二九年にはすでにジョージ・ロバートソンが次のように記している。

何千、何万ものL字型の蓋つきの配水管、ごく普通の個人農場ででも作られていたものが、今日までの六〇年間で国中にいきわたり……現代農業学において進歩向上したすべてのものの中で、これほど掛かった費用に対して大きな見返りがあったものはほかにない(12)。

もし、彼が知っていたなら付け加えたであろうが、これは、次の世紀に全ヨーロッパの農業の生産性を高める最大の潜在力を持つものであった。

イングランドの技術がスコットランドで、最初にまず熱心に模倣され、その後も天与の工夫力によって、改良が加えられ進歩を重ねた歴史の一部始終は、木綿産業界にも見られる。スコットランド西部で発生した木綿産業は、二つの性質において、ランカシャーの活動の結果であった。ひとつには、イングランドの紡糸工業が、新たなジェニー紡機や水力紡績機やミュール精紡機が、地方での取引よりも大きな黒字を生み出すことに気づき、北方のスコットランド西部へと目を向けたのである。そこでは、熟練した亜麻布の職工が能力を十分に活用されることなく、一七七〇年代初めから良質の紡ぎ糸を渇望していた。結果として、ペイズリーとグラスゴーの労働者、職工、商人はそろって、亜麻布から木綿へと切り替えた。彼らは新しい技術と広範囲にわたる国際的な交流のおかげで、イングランドとの競争で有利になり、そのことをイングランド企業も察知した――一七八六年、サミュエル・オールドノウはランカシャーから声を大にして次のように言っている。「スコットランド人の厚かましさとしぶとさは天下一だ(13)。精霊ジェニーも瓶から這い出てくるだろう」。

豊富な水力と安い賃金が得られる地域に落ち着きたいというランカシャーの人々とその仲間たちの希望によって、紡績機も同様の道をたどってきた。一七八四年にグラスゴーを訪れたあとで、アークライトが「すべてを剃り落とす髭剃り」と言っている――これはもともと床屋であった発明家にふさわしい言いようである(14)。彼が北部で接触したのは織物業に携わる人たちであった――グラスゴーの「イギリス貿易商会」の一員であるアーチボールド・ブキャナンはダービシャーのクロムフォードで親方について工場で徒弟をしていた。デイヴィッド・デールは職工から亜麻糸の売買や輸入を手がけるようになり、一七八六年にはスコットランドで初の綿糸紡績工場をニューラナークに設立した（加えて、サザランドのスピニングデイルからソルウェイのニュートン　ステュアートに至るまで半ダースもの工場を建てた）。程なくして、成果をあげている、三日月形の水力紡績工場が現れた。自分たちの村に据えられ、アークライトの技術を駆使したものだった――ニューラナーク、バリンダロッホ、ディーンストン、カトリン、そしてブランタイアなどの場所が農業地域社会の安い労働力を利用し、近隣地域へ紡ぎ糸を売る拠点となった。織物中心の地元で手動やハーグリーブズ式の水力紡績機を使っている多くの小さな紡績会社が瞬く間に彼らに合流した。工業に携わるすべての人たち、織物業も紡績業も、水力紡績機を使う者も、ジェニー紡績機を使う者もミュール精紡機を使う者も、みんながイギリスの経験と発明のおかげだということに気づいていた。

だが、スコットランドが木綿産業における技術にみずから貢献するまでにはそれほど時間はかからなかった。たとえば、一七九七年に、グラスゴーのニール・スノッドグラスが亜麻打ち機を発明したが、これは、糸を紡ぐ前に織物に処理を施すための十分に満足のいく初めての装置で、一〇年後にはランカシャー中で複製された。ニューラナークのデール工場の工場長であったウィリアム・ケリーは一七九〇年に、クロンプトンのミュール紡績機に初めて動力を加えた。

ディーンストン工場のアーチボールド・ブキャナンは一八〇七年に、英国で初めて、総合的な木綿製造工場を建て、洗浄、綿打ち、紡績、織り作業のすべてが動力によって進められた。ジェイムズ・スミス（下層土用鋤の発明者と同人物）は一八一五年から一八三六年のあいだに、自動のミュール精紡機、スロッスル（精紡機の前身）、梳綿機の開発に多大な貢献をした。これらの人たちや彼らと同様の人たちは一世代前の人たちとは違って、ただ単にランカシャーの先導に付き従っていくしかない状況に満足しなかった。

しかしながら、スコットランドの木綿工業につきものの特徴として、手織り機による織物が、依然として機織の部分では主要な位置を占めていた。一八二〇年には、スコットランド内で力織機（機械織機）が二〇〇〇台ほどしかなかったのに対して、手織り機は五万台は存在したと思われる。これはスコットランドが技術的に無知であったということではない。ひとつには、スコットランドが余剰な低賃金労働力を有していた（一七章四二六頁を参照）ということ、もうひとつは、機械では作れない上質な品物を得意としていたことがあげられる。グラスゴーの木綿商人カークマン・フィンレイは一八三三年に次のように記している。

力織機が手織り機に取って代わったという推測には大きな誤りがある……力織機を使う製造者たちが作っても利益にはならないような製品、その多くを手織り機の職工は作ることができる。特に最高級品はすべてそうだ(16)。

一九世紀の最初の四半期のあいだ、技術的な能力と企業の機敏さにおいて、スコットランドの木綿産業は競合相手に高得点を許すことはなかった。

農業と木綿産業における巨大な押し上げによって、さまざまなさざ波や影響がスコットランド経済の胴体の隅々まで伝わっていった。それらすべてを追跡するのは不可能なことである。布地や織物の仕上げ業に対する需要は、漂白や染付けやプリントの人気を高めた。にわかに起こったヴェール・オブ・リーヴェンの繁栄、漂白剤製造のためのセント・ロロックス化学工場の設立（後に世界最大の化学会社となる）、この二つはその結果である。そして、木綿に関する技術は、幾多の困難を乗り越えて、亜麻や羊毛などの繊維にも有効であることを証明した――工場の形態は西部にとどまらず、ダンファームリン、ダンディー、アーブロース（亜麻布貿易の中心地）へと広がり、ついにはボーダー地方のメリヤス類や毛織物の町へも広がった。

最終的には工場ではその動力として水力よりも蒸気が使われるようになっていった。しかしながら、一八二五年以前の石炭の消費をより押し上げた刺激剤は、おそらく農場からもたらされたものであろう。彼らは酸性の農地に化学肥料として使う石灰石を燃やすために、莫大な量の石炭を必要としたのであった。このことはまた別の連鎖反応を引き起こした。モンクランド運河とフォース・クライド運河はどちらも一七九〇年には完成しており、一八二二年には合同の運河も完成した。つまり、それと同時に、ランカシャーの良質なスプリント炭はグラスゴーにもエディンバラにも、そして（沿岸貿易によって）そのほかすべての人口の密集する中心都市へも運ばれるようになったのである。より多くの石炭や石灰石を水路を使って運搬するためには、交通機関の毛細血管としての役割を担うため、整備された道路がより多く必要になってきた。有料高速道路のトラストや個人経営者らがスコットランド低地で大いに貢献し、政府もハイランド地方でテルフォードの計画による道路と橋の建設を推し進めるのを援助した。石灰石の増加は大麦の増加につながる。大麦が増えればビール製造会社と蒸留酒製造所が繁盛する。ローランド地方の合法の蒸留酒製造所の繁栄は、しかしながら、蒸留酒に対する税率が変えられことで激しくぐらついた――後者が上がれば前者が下がる、というように、ハイランド地方一帯で、そして都市部でも（エディンバラのトロン教会の地下祭室にも一台あったという）可動していた、違法な小型の蒸留酒製造機の登場によって蒸留酒は大幅な値下げを余儀なくされた。例の数をこれ以上増やしても意味がないであろう。テイクオフがいったん始まったら、経済的影響は無限に続くのである(15)。

近代における変化を要約することは、一八二〇年代までスコットランドの書き手が感じたと同様に難しい。彼らはスコットランドが都会人の住む国になったという実感は持っていなかった。一八〇一年には、人口が一万人を超える都市は七つしかなく、一八二一年でも一三しかなかった。自分たちが機械の番人になったのだと感じる者もいなかった。農業も、大きく様変わりしたにもかかわらず、依然としてきつい肉体労働に頼っており、建設、採鉱、陶器やれんがの焼成、製革、靴や衣服を作ることといった基本的な作業は変革の影響からは程遠いものであった。最も進歩し「機械化」された産業である木綿産業にあってさえ、一八二〇年当時、力織機を使っていたのは職工の二〇人に一人ほどにすぎなかったと思われる。彼らが感じていたのは、社会が、経済活動の規模と収益性を計り知れないほど増大させたことの不思議であった。サー・ジョン・シンクレアが蒸気機関について次のように語っている。

人々の満足と喜びは際限なく増大した。物質によって富と繁栄がもたらされ、安価さと便利さがどこにでもあった。動力によってか弱い人間の手が守られ、そこには限界がなかった。物事の最も御しにくい本質に対して精神の優勢が確立された。代々続いた労働に対する援助と報酬としての機械の力、その未来の奇跡に対する確固たる基盤が生まれたのだった(17)。

この点で、人々は物質的な成功が技術改革に帰するものだとした。後世の人たちもまた力説するのは、産業革命のこの局面である。しかし、シンクレアとその仲間はまた産業革命が同時に、道徳の勝利のようなものであると考える。怠惰に対する勤勉さの勝利、浅薄さに対する知性の勝利、消耗に対する活力の勝利である。

……壮観である……もとよりわずかな領土しか持たず、厳しく心挫かれるような風土に住まい、不毛の土地で勝利するために、自分らの活動と忠誠と才能を費やしてきた国民――彼らは精神の豊かさへと心を向け……農業、工業と商業、教訓、道徳、そして自由においてそれらすべてを一時に花咲かせたのだ(18)。

産業革命のこの局面は歴史家を困惑させるかもしれない。なぜなら、「勤勉さ」を木綿や羊毛の輸入高のように測ることはできないし、「怠惰」の失脚を手動の紡績機のように記述することはできないからである。実際、中産階級の道徳家らが使う批判的な専門用語すべてに嫌悪感をいだくかもしれない。だが、耐えなくてはならない。もし、当時の人々の多くが、一八世紀末の技術的そして経済的革命に取りかかるために必要な装備をした社会に対する共通の見解として、現実に起こった革命的な変化について語るのなら、彼らが意味するものが何であるかを考え発見するのは、社会歴史学者に課せられた役目であることは確かである。

第一二章

人口問題

一　変化の規模と増加による問題

スコットランドの人口統計史において、一八世紀から一九世紀初めにかけての時期に、いくつかの点で、経済史のテイクオフに比べられるような大きな変化が起こった。人口はそれまでは継続的に増減を繰り返し、数世代にわたって停滞することもあれば飢饉や疫病が原因で一時的に激減することもあった。しかしこの時期から、かつてなく継続的で大規模な増加が始まった。それと同時に、人口の分布にも変化が生じた。人口はスコットランド農村部すべてで増加していたが、この時期からは、それ以前はわずかな割合を占めるにとどまった都市人口が特に著しく増加した。全体的な人口増加と経済革命の関連性が完全に解き明かされているわけではないが、都市への人口集中が産業構造の変化に起因していたことはほぼ間違いない。こうした変化は新たな問題をもたらした。『ガーディアン』紙が一八三二年に指摘したように、「グレート・ブリテンのこんにちの製造業と、これを支える大都市の驚異的というべき急速な発展は世界の歴史上例をみないもの」であった。

人口動態の大変動を検証する前に、まず一六九〇年から一八二八年までの人口増加がどれほどの規模であったかを確認しなければならない。しかし事実がはっきりしているわけではない。正式な人口調査が行なわれず、記録も残っていないために、一七五〇年以前のどの時期についても、スコットランドの人口がどのくらいであったかはあいまいなままである。さしあたっては、一七〇七年の合同のときに流布していた数字をで間に合わせるしかない。おそらくスコットランドの無名な知識人の推測にすぎないのであろうが、それによると、当時のスコットランドの人口は一〇〇万強となっている(1)。国内のほとんどの地域ではその一〇年前よりも人口がやや減少していたはずである。一六九六年から一六九九年のあいだの飢饉の影響と、その後に大量の死者が出たことによる人口減少が七年間で回復したとは思われない。

人口について明らかにできる最初の状況は一八世紀半ばのものである。よりどころとなるのは、アレグザンダー・ウェブスター博士による調査である。ウェブスターはみずからの知的好奇心を満たすために、また政府から依託された人口調査に応じるために、さらには聖職者の寡婦および子どもの遺族年金制度の基盤作りのためにも、スコットランド教会の牧師たち（彼自身も牧師で、影響力のある立場にあった）を動員して、それぞれの教区の住民数を調べさせた。報告が不十分な場合は、ウェブスター自身が入念に算出して修正を加えた。この調査はのちに検証した学者からもまずまず信頼できるものと認められており、「当て推量という危険な海」に乗り出したにすぎないほかの一八世紀の人口調査とは一線を画している[2]。外部資料からは準備作業の一部が一七四〇年代に行われた可能性がうかがえるが、教区からの報告のほとんどは一七五五年のもので、調査はこの一年を対象としていたと思われる。いずれにせよ、ヨーロッパで行われた人口調査としては最初期のものであった。

ウェブスターが見積もったスコットランドの人口は一二六万五〇〇〇強であった。これは一七〇七年の合同のときの推測と比べても、また一七五五年にはすでに人口の継続的増加が見られたエディンバラ、グラスゴー、そのほか一つか二つの都市の成長率と照らし合わせても、納得できる数字である。ウェブスターの出した人口数は、ほとんどの農村地域の飢饉以前の人口数を超えていたであろう。

これより後は、かなり正確な数字が残っている。次の信頼に足る統計は一八〇一年の人口調査で、人口は一六〇万八〇〇〇であった。自然増加は海外への移出分が減っているはずだが、それを度外視しても、人口はなお半世紀で四分の一以上、つまり一七五五年以降、一年につき〇・六パーセント増加したことになる。一九世紀初頭になると増加にさらに拍車がかかった。一八一一年の人口調査では一八〇万六〇〇〇、一八二一年の調査では二〇九万一〇〇〇という数が報告されている。最初の一〇年間の増加率は一年につき一・二パーセント、次の一〇年間は一年につき一・六パーセントに迫る。後者はスコットランド史上その後一度も破られたことがない数字である。まとめると、スコットランドの人口は、一七五五年から一八二〇年までの六五年間でほぼ六〇パーセント増加したことになる。これほどの勢いで人口は成長していた。

表11-1　1755年と1821年の地域別人口分布

	土地面積 %	1755年人口 (単位・千)	割合 %	1821年人口 (単位・千)	割合 %
北スコットランド	72	652	51	873	41
中央ベルト地帯	14	464	37	984	47
南スコットランド	14	149	11	234	11

注）中央ベルト地帯はエア、ダンバートン、ラナーク、レンフルー、クラックマナン、スターリング、ファイフ、ロジアン、ダンディーを含む。北スコットランドはこの地域より北、南スコットランドはこの地域より南を指す。

表11-2　19世紀初頭スコットランド、主要都市の人口（単位・千）

	1755	1801	1821
エディンバラ	57.0	87.6	138.0
アバディーン	15.6	27.4	44.6
インヴァネス	9.7	8.7	12.2
パース	9.0	14.8	19.1
ダンディー	12.4	26.8	30.5
モントローズ	4.1	7.9	10.3
ダンファームリン	8.5	9.9	13.7
ダンフリース	4.5	7.2	11.0
グラスゴー	31.7	83.7	147.0
グリーノック	3.8	17.4	22.1
ペイズリー	6.8	31.2	47.0
キルマーノック	4.4	8.0	12.7
フォルカーク	3.9	8.8	11.5

注）エディンバラはリース、キャノンゲイト、セント・カスバートを含む。グラスゴーはバロニー・パリッシュ、ガバン、ゴーバルスを含む。アバディーンはオールド・アバディーンを含む。ペイズリーは修道院と教区からなる。

教区と自治都市の範囲を区別していないため、これらの数字は実際の都市人口よりも多くなっている。とくに、広大な農村地域を含むインバネスではそうである。18世紀なかばのスコットランドの主要な13都市は、おそらく同じリストになるであろう。ただし、セント・アンドルーズとエルギンがフォルカークとグリーノックを上回っていた可能性はある。

人口分布の特徴は、以下に掲げる二つの表を見るとわかりやすいであろう。表1ではスコットランドを三地域に分けて、それぞれの人口増加を示している。人口はもちろんすべての地域で増加したが、中央ベルト地帯の増加が北部・南部を圧倒的にしのいでいた。一七五五年には人口の半分以上がテイ湾からクライド湾までを結ぶ線より北に暮らしていたが、一八二〇年には割合が五分の二に下がり、以前は三七パーセントしか住んでいなかった中央ベルト地帯にスコットランド人の半数が暮らすようになった。

表2は主要な都市ごとの人口増加を示しており、人口分布の傾向をより明確に見て取ることができる。注目すべき点がいくつかある。第一に、中央ベルト地帯の人口増加は西側の都市を中心としていた。表の上から八つの都市は、どれもクライド川流域には属さない東側の都市である。うち六都市の人口は倍増したが、三倍になった都市はひとつもなかった（新市街の建設されたエディンバラですらそうであった）。表の後半の五都市はフォルカーク以外がクライド川流域に属する西側の都市で、人口はいずれも三倍以上、なかでもグラスゴーは四倍以上（七〇年間で合わせて一一万五〇〇〇人以上の途方もない増加である）、グリーノックは五倍以上、ペイズリーは六倍以上に増えている。次に注目すべき点は、一八二〇年には一七五〇年と比べて都市人口が大幅に増加していることである。一七五五年には人口一万を越える都市は四つしかなく、都市人口は人口全体の九パーセントを占めるにとどまった。一八二〇年にはその数は一三に増え、人口の二五パーセントを占めるようになった。人口四〇〇〇以上のコミュニティを都会に含めるならば、一七五〇年にはスコットランド人の八人に一人が都市人口だったのが、一八二〇年には三人に一人となったことになる。第三に注目すべき点は、逆に考えると一八二〇年になってもスコットランド人の一〇人に七人はまだ農村地域に暮らしていたということである。農場と村は依然として最も一般的な生活環境であり、多くの人がそこで一生を過ごした。

一八世紀イギリスの人口増加の要因については、ここ数十年間歴史家のあいだでさまざまな議論が交わされてきたが、意見の一致にはほど遠い状況にある。しかしスコットランドに関しては、ウェブスターが見積もった平均寿命を検討すればある程度のことは明らかにできそうである。一七五五年のスコットランドでは、出生率と乳幼児および子どもの死亡率の双方が非常に高かった。ウェブスターは、全人口一二六万五〇〇〇人のうち、一歳未満の幼児は四万九〇〇〇人を下らないと考えていた。ほぼ確実に、彼は調査期間の一二カ月のうちに母親の子宮から出てきたすべての子どもを生死にかか

表11-3　スコットランド人口の年齢層別構成比（パーセント）

	仮定 1755	現実 1821		仮定 1755	現実 1821
0—4歳	13.4	13.9	20—29歳	17.0	16.1
5—9歳	10.0	12.7	30—39歳	14.2	11.5
10—14歳	9.6	11.5	40—49歳	11.0	9.2
15—19歳	9.2	10.1	50—59歳	7.8	6.8
	42.2	48.2	60—69歳	5.0	4.8
			70—79歳	2.2	2.1
			80—　歳	0.5	0.6
				57.7	51.1

注）ウェブスターは、実地調査を行った牧師全員に住民の年齢を調べさせたわけではない。一方、1821年の人口調査では年齢が調べられている。ウェブスターは「最も信頼できる生命表をもとにした」計算と（彼は特に、エドモンド・ハレーが作成したドイツ（現ポーランド）の都市ブレスラウの生命表に関心を持っていた）、サンプリング調査——「スコットランドの多くの場所で、牧師は教区民を数えるだけでなく、それぞれの年齢を記録していた」——を組み合わせて年齢構成を見積もった。ウェブスターが計算だけに頼ったのであれば、彼が導き出した数字は他国のデータをスコットランドに強引に適用したものにすぎないとして片づけられたであろう。しかしウェブスターは計算結果をサンプリング調査で照合し、その結果、ブレスラウの生命表とはいくつかの点で異なるスコットランド独自の生命表を作らざるを得なくなった。このことを考慮すると、彼の出した数字は平均余命を計算しようとしたものとして受けとめるべきであろう。1821年のデータには、1775年のウェブスターの調査や彼による出生率の計算のような不安点はない。ウェブスターの報告書はJ.G.キッド編集の『スコットランド人口統計』(スコットランド歴史協会、1952年）に、1821年の人口調査報告書は1822年スコットランド議会文書第15巻に収録されている。

わらず、人口に数え入れている。ここから人口一〇〇〇人あたりの約三九という出生率を算出することができる（比較のために記せば、一八五五年から一八八〇年のスコットランドの出生率は一〇〇〇人あたり三四から三五のあいだで推移し、一九五〇年には一〇〇〇人あたり一八となっていた。ブラジルやエジプトといった途上国の現在の出生率は四三から四五である）。小児死亡率については、ウェブスターはによれば、四万九〇〇〇人いた一歳以下の乳幼児は、一〇歳を迎えるまでにほぼ半減すると見積もった。最も危険だったのは三歳までの子供であった。ウェブスターの調査から計算すると、三歳まで生きられた子どもの四分の三は二五歳まで生きており、これは若年期の平均寿命としてはよいほうであった。全体の平均寿命が短いため、人口の四二パーセントは二〇歳以下だったと考えられる。

この見積もりと、一八二一年の人口調査による人口構造と比較してみると有意義であろう（二四七頁の柱状グラフと、表3、4を参照）。ウェブスターの見積もりは、実質的には仮定である。この数値は、ウェブスターの保険数理表に基

表11-4　1755年の10歳以下の子どもの年齢構成（単位・千）

1歳未満	48.9	6歳	26.0
1歳	34.6	7歳	25.6
2歳	30.3	8歳	25.2
3歳	28.2	9歳	24.9
4歳	27.1	10歳	24.6
5歳	26.5		

注）ウェブスターの生命調べの表より

づく計算が正確で、長期間にわたって平均寿命に大きな変化がない場合、あるいは飢饉や疫病の流行による人口の急激な変動がなかった場合の人口構成を示している。一七五五年の人口構造がウェブスターの仮定どおりだった可能性はきわめて低いが、彼の調査に基づく保険制度が成果をあげたことを考えると、この平均寿命の計算もそれなりに実情に即していたと考えて差し支えないであろう。

その一方で、一八二一年の人口調査は、平均寿命ではなく、一人一人のスコットランド人（あるいはその親）に実際にどの年齢層に属するかたずねた結果を反映している。二つのグラフの違いは最も年齢の低いグループに顕著に表れている。一八二一年には人口の四八パーセントが二〇歳以下で、誰が見ても、若者の世界であった。

人口増加は、出生率か死亡率の変化、あるいは（他国への）出国と（他国からの）入国の差を把握することによって説明がつく。一九世紀半ばまではこれらの統計が取られていなかったので、ここに掲げたグラフが正確な数値を反映しているとはいえない。しかし、別種の資料と併用すれば、人口増加の主な理由を説明する助けとなるであろう。

まず、スコットランドにおいて人々の出入国が人口増加に与えていた影響は微々たるものであったと考えてよい。一七五〇年頃には、スコットランドの外への移住はきわめてまれで、わずかな人数がイングランドとアメリカに渡っただけであった。他国からの移入も取るに足らない数で、アイルランド人だけであったようである。ウェブスターの指示を受けて人口調査を行った牧師たちは教区内のカトリック教徒を数え上げたが、その数は中央ベルト地帯でたった七〇〇人であった（ただしラナークシャー全体で二人しか見つからなかったというのはにわかに信じがたい）。一七六〇年以降は人の出入りがより活発になり、一八世紀末と一九世紀初めの人口増加率に若干の影響を与えていると思われる。あるアメリカ人歴史家は一七八〇年までは、入国者よりも出国者の方が明らかに多かった。

は、移住のピーク時（一七六八―一七七五年）には、二万人以上が海外植民地へ向かったが、その三分の二は北部のハイランド人であったと推測している(3)。中南部のローランド人のなかには、職人や事務員としての仕事を求めてイングランドに渡る者もいた。彼らは比較的教育水準が高かったので、ランカシャーとロンドンの労働市場で重宝された。

一七八〇年代になると出入国のバランスが変化し始め、差し引き入国者が出国者を上回るようになる。一七九〇年代の『統計報告』にはすでに、貧しいアイルランド人の大量流入を懸念する牧師たちの声が記されている。アイルランド人は「迷信的な」宗教と馴染みのない慣習ともども、スコットランド西部の織物産業の盛んな教区に押し寄せていた。一八一九年、グラスゴーの人口調査を行ったジェイムズ・クレランドは、市内に一万五〇〇〇人ものアイルランド人がいると報告した。とはいえ、これでもまだグラスゴー市民の一〇人に一人であった(4)。ペイズリーやグリーノックなどほかの大都市、また東側の工業都市にも数多くのアイルランド人が移住していた。しかしアイルランド人の流入がピークに達するのはヴィクトリア時代を迎えてからである。一方で、スコットランド人の移住も脈々と続いていた。南部からはイングランドへの移民が細々と続き、北部からはアメリカへの移民が盛んになっていた。移住の次のピークは一九世紀初めに訪れ、最初の三年だけで一万人、その前後にも多数のスコットランド人が祖国を後にした。

しかし、入国者と出国者を差し引きすると、一七八〇年から一八二〇年までのあいだの入国による人口増加は多くても三万人を超えることはなかった。この間にスコットランドの人口全体は六〇万人以上増加している。したがって、人口増加の原因を明らかにするには、出生率と死亡率の変化を中心として分析すべきであろう。

二　出生率と死亡率

一七五五年のグラフはおそらく、すでに人口増加の始まった状態を示している。しかし増加がそれほど進んでいたとは考えられないし、増加速度もまだゆるやかだったに違いない。ウェブスターの調査で明らかになった出生率の高さは、当時のスコットランド社会では目新しかったもしれないし、目新しくなかったかもしれない（実際どうであったかは知るすべがない)。小児死亡率の高さはもちろん珍しくもなんともなかった。当時の状況は、アダム・スミスがハイランド人の家庭生活をとらわれることなく、感じたままに描いた、一七七四年の記述に近い。

貧困は間違いなく結婚の障害になるが、必ずしも結婚を阻むわけではない。子孫を増やすという点では、貧困は有益ですらあるかもしれない。餓死寸前のハイランド人女性は子どもを二〇以上産むことも珍しくないが、恵まれた生活を送る淑女は子宝に恵まれないことがしばしばである。……しかし貧困は……子どもを育てるにはまったく好ましくない……。スコットランドのハイランド地方では、子どもを二〇人産んでも手元に二人も残らないことが珍しくない、と私は何度も耳にした(5)。

スコットランドの平均的な家庭が実際に二〇人家族だったというわけではない。『統計報告』では、農村地帯の一八教区の情報をまとめて一七九〇年代の生活事情を伝えているが、これによれば一組の夫婦のあいだに産まれる子どもの数は平均して五人から七人だった(6)。また、綿工場で働く女性は生涯に七から八人の子どもを産んだという記録が一八三四年の「児童の雇用に関する王立委員会」に提出されている(一六章四一二頁以降を参照)。

一七五〇年から一八二〇年にかけての人口統計学上の大変動は、加速度的に進んでいた。これは、何年にもわたって非常に高い出生率が保たれ、あるいはさらに高くなったということだけで説明できるであろうか。大変動が起こりうる原理的な理由がいくつかある。発展途上国では、土地や仕事が不足すると妊娠に対する恐怖心が生じかねない。土地が足りなければ世帯ごとの借地も少なくなり、大家族を養うことも、子どもが若いうちに土地を分け与えることも難しくなる。仕事が足りない場合も大家族を養うことは困難になり、年少の子どもを働かせようにも仕事が見つからなくなる。しかし、一八世紀スコットランドの状況はその反対であったようである。世紀の初頭には、飢饉のせいで無人となった借地がかなりあったため、土地は比較的豊富にあった。地域によっては、このことが子どもを産み増やす後押しになったかもしれない。その後、ハイランド地方でジャガイモの栽培が始まり(二六一頁を参照)ローランド地方の農業生産性が高まると、面積あたりの人口扶養力が高まった。といっても、ローランド地方ではもはや農地だけで人口を支えているわけではな

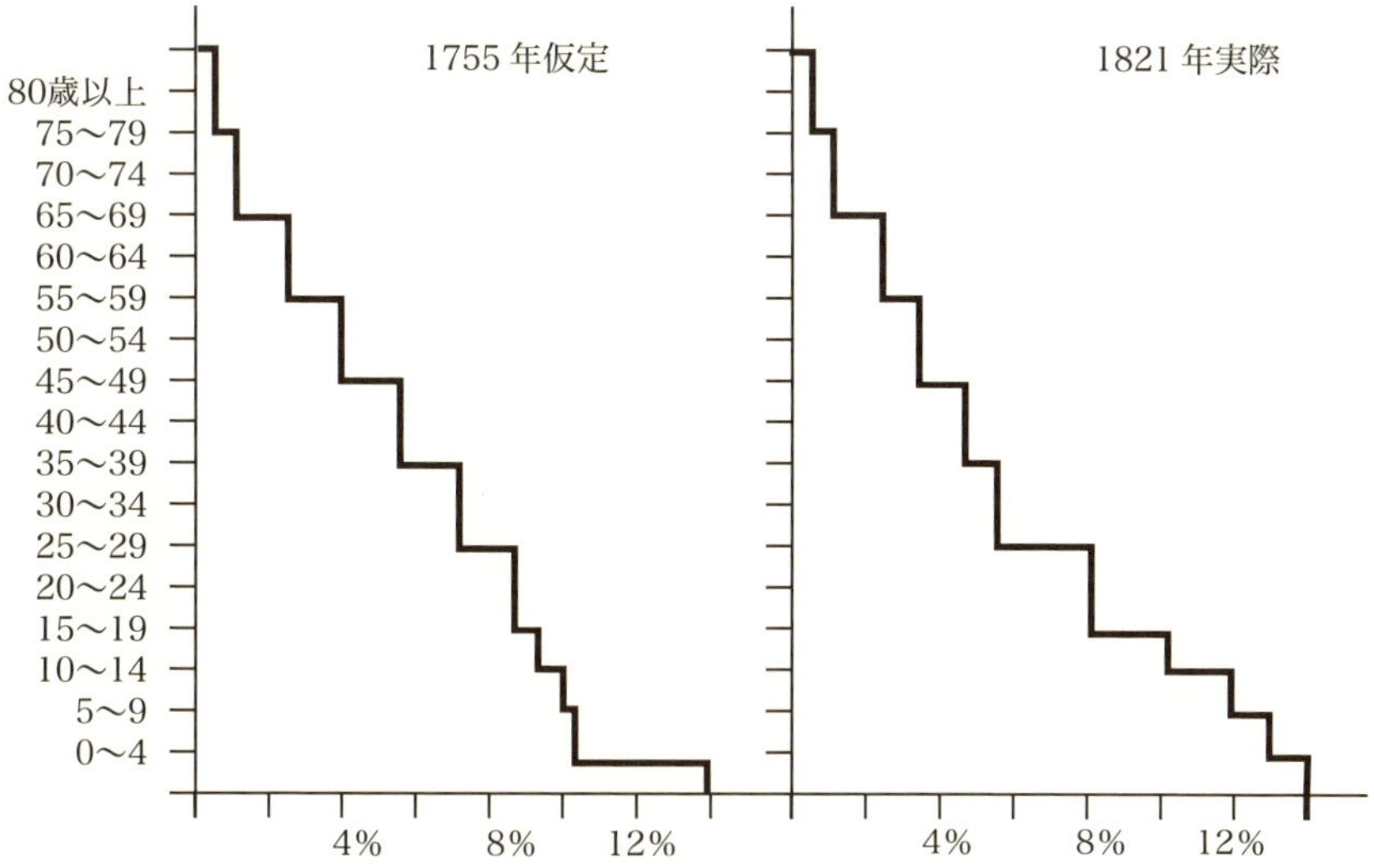

図11-1　スコットランド人の年齢別分布

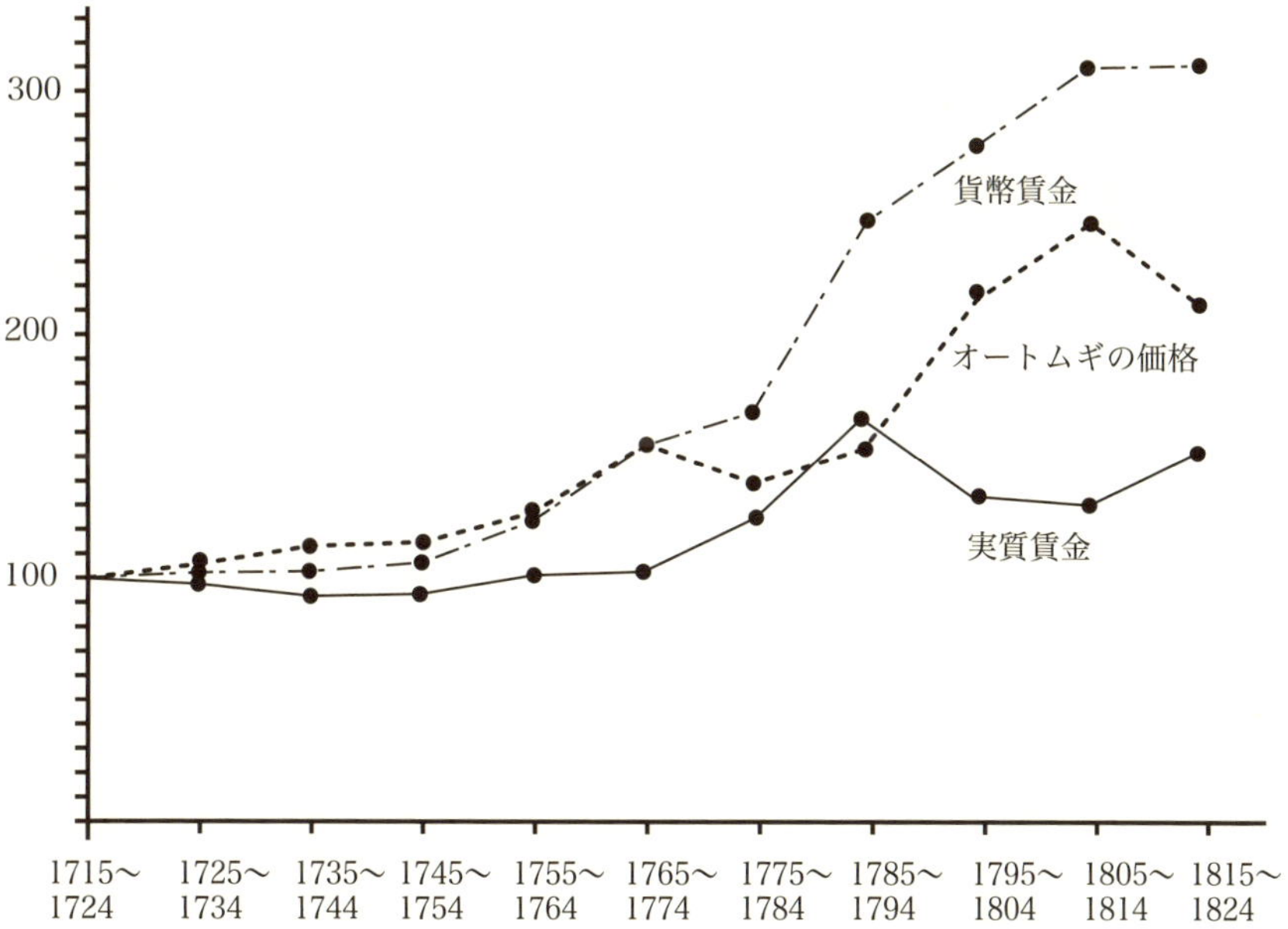

図11-2　ミドロージアン農場労働者の賃金変動

かった。リンネル工業、綿工業を中心に、女性と青少年を主な対象とする工場での職が増えていた。新しい産業はまずは農村部で、のちに都市部で大量の雇用を生みだした。

このような理由から、当時のスコットランド社会では妊娠に対する恐怖心が実際に弱まったとすれば、一般的な家庭で生まれる子どもの数が増えたとしてもおかしくない。子どもの増加は、たとえば女性がより若い年齢のうちに結婚し妊娠可能な年数が長くなることや、夫婦が避妊を行わないことで生じる。一八世紀の農民が行っていたと思われる唯一の避妊法は膣外射精であった。この方法は聖書において何度か言及されているので、スコットランド教会の信徒が知らないはずはなかった。一八世紀フランスで出生率が時折極端に低くなったのも、この産児制限法が実践されたためと考えられた。

しかし残念ながら、スコットランドに関する限りすべては推測の域を出ない。今のところは、結婚年齢が下がったかどうかも、膣外射精に頼ることが減ったかどうかも、そもそも膣外射精が行われていたのかどうかさえ不明である。私たちの手元にあるのは確かな証拠ではなく、現代の研究者による不十分な一連の相反する見解である。出生率は上昇していたという意見があれば、社会状況の変化により早婚はむしろ減ったとする意見もある。スモール諸島の牧師は『統計報告』において、一七八八年から一七九〇年にかけて住民の転出が続いたエッグ島の状況を次のように説明している。

この地方は人であふれかえっていた。早婚が多いせいであろう。土地が足りず、人々は必要最低限のものも満足に手に入らない生活を送っていた。このような状況なので、息子が結婚すると、父親が自分のわずかな土地（ときには農地のごく一部）を息子と分け合うということも珍しくなかった……(7)。

エッグ島の住民は主にジャガイモを食べて生活していた。スコットランド北東部のエルギンでは一方、農地の集約化が進み、小屋住み小作人は賃金のよい日雇い労働者に変化していた。しかし、とエルギンの牧師は続ける。

物質的な豊かさは……人口に大きな影響を与える。人々は豊かな生活を送るのに十分な収入を得られるまで結婚を遅らせるようになる。いいかえれば、年齢が進むまで結婚しないということだ……。あらゆる階級で、どれだけ多くの若い女性が結婚していないことだろう？　今世紀の初め頃、遅くとも一七四五年頃だったら、彼女たちはすでに大勢の健康な子どもを産んでいたはずなのに[8]。

このエルギンの牧師の問いかけには誰も答えることができない（彼自身が答えられないのはもちろんである）。しかし、これほどの規模の持続的な人口増加を、出生率の変化だけで説明できるものなのかどうかについては率直な疑問が出てきそうである。もちろん初めの段階では、出生率の高さが人口増加の引き金として重要な役割を担っていたであろう。ところでウェブスターの調査で特に目立つのは、乳幼児の死亡率の高さである。人口統計上の一般的傾向として、貧しい社会では家族が大きくなればなるほど最も幼い子どもが死ぬリスクが高くなる。大家族を抱える親が子どもにしてやれることは限られており、特に幼い子どもにしわ寄せが行くからである。したがって、持続的な人口増加が生じるには出生率が高いだけでは不十分で、同時に、乳幼児死亡率が低下する必要があると考えられる。

では、一八世紀スコットランドで、人々の命、とりわけ幼い子どもの命をかつてない規模で救うような要因があったのであろうか。可能性は三つに絞られる。すなわち、食生活の改善、天然痘の減少、そして（検証がより難しく、ほぼ間違いなく普遍性に欠くが）子育て法の変化である。食生活の改善は一八世紀半ばから大幅に進み、天然痘の減少と子育て法の変化はそれぞれその数十年後から効果が出始めた。したがって、いずれの要素も人口増加の勢いを保ち、促進させた可能性は高いが、増加のきっかけになったとは考えにくい。先に指摘したように、おそらく一七五〇年の調査の時点で増加はすでに始まっていたからである。

スコットランド人の食習慣は一八世紀にいくつかの点で変化した。上流階級で流行したガーデニングを手本として、農民は小規模な菜園を作るようになった。その結果、青野菜、カブ、ニンジン、各種ハーブや新鮮なフルーツなど、彼らの手に入る食材の種類が増えた。作物のなかには、特にカブやニンジンのように、畑での栽培に向くものもあった。世紀の終り近い数十年のあいだには、紅茶と砂糖が安価な消耗品として出回り始め、社会の上から下まで、幅広い階層の人々に影響を及ぼした。そして市場向けの家畜生産が増えるにつれて、農家での肉の消費も増えていった。これらの要素の恩恵を受ける人が増えるにつれて、人々の栄養状態は改善し、病気への抵抗力も高まった。しかし、地理的にも社会的にも影響がより広範囲にわたり、それゆえ先に述べた要素よりもはるかに重要なのは、ジャガイモが農作物として普及したことである。ウィリアム・マーシャルは、ジャガイモを「新しい時代がこの国にもたらした最大の恵み(9)」と呼んだ―ジェイムズ・ワット、リチャード・アークライトやトマス・テルフォードが輩出した時代にあっては、奇妙に響く言葉であるが、実は表面的に読み取れるよりもずっと深い意味がある。

ジャガイモは三つの点で重要であった。まず第一に、ジャガイモはスコットランド人の食事のバランスを改善し、ハイランド地方の町やローランド地方の大規模な自治都市といった社会地域で慢性的な壊血病を減らすのに貢献した。これらの地域では、当時の庶民にとって唯一の野菜だったケールがほとんど手に入らなかった。第二に、ジャガイモの登場により、過去何世紀にもわたって来る日も来る日もスコットランド人を支えてきたオートミールに代わる主食の選択肢が初めて生まれた。ジャガイモという二の矢を手に入れた農民は、子どもを増やすことも考えられるようになった。畑の片隅や庭でジャガイモを育てれば、家族の毎日の食事を補えるからである。「この穏やかな食品は栄養に富んだ根っこで、働き者の農民とその子どもたちに最適な食品だ」とサー・ジョン・シンクレアは一八一二年に書き記している。「スコットランド人が存続できたのは、ひとえにこの有益な植物がスコットランドに紹介され、大々的に栽培されるようになったからだ(10)」。第三に、(これはサー・ジョンの主張と重なるが)ジャガイモはオート麦が不作だったときの頼みの綱になった。一七〇〇年から一七五〇年のあいだ、穀物価格の上昇は非常にゆるやかであった。穀物不足が飢饉レベルに近づいた年(一七四〇年)もあったが、定期的な飢饉のたびに大量の死者が出なくなったことは、一八世紀前半に始まった人口増加の一因となったのであろう。しかし、穀物価格は一七五〇年から一八一六年にかけて、その時々でむらがあったとはいえ急激に上昇した。穀物不足も頻繁に起こった。一七五六年、一七六二年、一七七一年、一七八二年、一七九五年、一七九九年、一八〇〇年、一八一二年、そして一八一六年は、すべてが壊滅的だったわけではないが、いずれも不作の年であった。ジャガイモが人々の空きっ腹を満たしたのでなかったら、このうち何度かは人口が激減していたであろう。それ以前の、豊作より凶作が続くことのほうが多かった時代には当たり前であったように。

興味深いことに、上流階級の庭で始まったジャガイモ栽培(彼らは一七世紀末よりジャガイモを栽培していた)は、穀物価格の上昇と連動するようにして各地に広がっていった。オクタータイアのジョン・ラムジーは、ローランド地方では一七五七年の穀物価格高騰による影響が「ジャガイモという、二〇年前まではジェントリーの庭でしか栽培されていなかった根っこによって軽減された」(11)と日記に記している。一方ハイランド地方では、この時の穀物不足によりアウター・ヘブリディーズ諸島のルイス島、さらにはスコットランド北端のサザランドまでジャガイモが広がった（アウター・ヘブリディーズ諸島のユーイスト島とベンベキュラ島には、すでに一七四三年に伝わっていた）。ジャガイモは貧民の借地で盛んに栽培されるようになり、一七七〇までにはローランド地方のほぼ全域、その一五年後にはハイランド地方の一、二教区を除くスコットランド全域に広がっていたと考えて間違いないであろう。一七七一年の穀物不足時にはすでに、ジャガイモがスカイ島の「住民の救世主」だったとトマス・ペナントが記している(12)。さらに深刻な一七八二年の穀物不足では、最大の被害を被ったのは、インヴァネスシャーのアーダーシーアのようにジャガイモが導入されていない教区だったとされる。とはいえ、その年の飢饉が深刻だったのは、ジャガイモ自体の生育が「悪天候が続いたせいではかばかしくなく」、さらに「霜にあたってしまった」(13)ことが大きな要因であった。ハイランド地方では当然ジャガイモが主食になり、それまで主食に取って変わった。一方ローランド地方ではほとんどの場合、ジャガイモはカブやニンジンなどと並ぶ使い勝手のいい補助的な食材として定着した。しかし一八〇〇年には、ローランド地方に含まれるファイフでも、借地人や日雇い農夫のほとんどが自宅用のジャガイモ畑を作っていたという記述がある。書き手はさらに続ける。「この根っこがスコットランドで広く受け入れられてからというもの、この国は以前のようなひどい食糧難を経験していない。かつては飢饉に近い状態になることも珍しくなかったのだが」(14)。

当時のたいていの著作家は、ジャガイモのほかの二つの意義よりも、人々を飢饉から救ったというこの第三の意義により重点を置いている。このことに関連して、一八世紀のスカンディナヴィア半島に関する近年の研究が、食糧難の最大の被害者はほとんどの場合一歳以上の子どもだったと指摘していることは注目に値する。「凶作のあと、幼児の死亡率は豊作のときと比べて四分の一から三分の一増加した」とジルは記している(15)。ジャガイモは平常時に人々の栄養水準を向上させ、家族の人数が多く、貧しい家庭によりふんだんな食糧を提供しただけでなく、オート麦が不作だったときに死の恐怖を遠ざけていた。その意味では、ジャガイモは子どもの命を守っていたといえる。工場よりも蒸気機関よりも、ジャガイモこそが「新しい時代の最大の恵み」だと考えるのはそれほど的外れなことではない。

一八世紀のスコットランドは、疫学的にある程度恵まれた状況にあった。一三四九年以来一八世紀に至るまで人々を脅やかしてきた腺ペストは、西ヨーロッパからほぼ消え去っていた。これはペスト菌の媒介ノミを運んでいたクマネズミが、このノミが寄生することのないドブネズミに駆逐されたためである。一六四〇年代に大量の死者を出したと思われるチフスは、一七世紀末までの飢饉が起こった年に飢えで体力の弱った人々の命を奪ったが、一八世紀になってしばらく静まっていた。スコットランドではマラリアも一般的な病だったが、一八世紀末にぱったりと消滅した。これは気候変動により、北半球が一七八〇年から一八一五年頃まで寒冷期に入ったせいではないかと指摘されている。マラリア自体の致死率はさほど高くなかったが、患者、特に子どもの衰弱は著しく、ほかの病気を併発して亡くなることが多かった。しかし、こうした疫学的変化による人口統計への恩恵は、天然痘の増加によっていくらか相殺されたかもしれない。天然痘はジェイムズ六世の治世に初めてスコットランドで発生し、一六三五年には幅広い地域で大流行、一六四一年にはアバディーンで、一六七二年にはグラスゴーで(このときは少なくとも八〇〇人が亡くなった)流行した[17]。

一八世紀にはしたがって、天然痘がスコットランドで最も恐れられる流行病になっていた。流行は非常に頻繁だったので、比較的害のない現代のおたふく風邪やはしかと同様に、罹患するのは幼い子どもが中心であった。しかし天然痘は子どもにとって致命的な病であった。

天然痘が流行すると、軽度の場合は七人に一人、平均的な場合は五、六人に一人が亡くなるが、大流行の場合はじつに悲惨なことになる。三、四人に一人の命が奪われるのである。誇張を避ければ、だいたい六人に一人がこの病で死んでいることになる……スコットランドで、子どもが一年に五万人生まれるとすると、このうち天然痘にかからないのは二〇〇〇人だけである。残りの四万八〇〇〇人のうち、六人に一人が亡くなるのだから、スコットランドは毎年八〇〇〇人の子どもとその子孫を失っている計算になる……[18]

一八世紀のスコットランドに関する詳しい研究により、この数字は決して大げさではないことがわかっている。一七二八年から一七六四年までのキルマーノックでは、人口の六人に一人が天然痘で亡くなっていた。モンロー医師はエディンバラの一七四四年から一七六三年までの死亡記録を調査し，すべての死亡事例のうち，少なくとも十分の一は天然痘によるものだったと結論づけている。当時の社会では死亡者の半分が子どもだったことを考えると，天然痘による児童死亡率は二〇パーセントに迫るものだったに違いない。一八世紀末のグラスゴーの記録を調査したワット医師は，さらに悲惨な状況を明らかにした。グラスゴーでは一七八三年から一八〇〇年にかけて全死亡者の一九パーセントが天然痘で亡くなり，一〇歳以下の子どもの死亡原因の三分の一を占めた[19]。また死を免れたとしても，永続的な後遺症を負う可能性があった。

天然痘の制圧は二段階で行われた。最初に試みられたのは種痘で，一七三三年のダンフリースシャーで初めて大規模に行われた（スコットランド全体に広まったのは一七六五年以降であった）。一七九六年にイングランドの医師エドワード・ジェンナーが天然痘ワクチンの予防接種を開発すると，ほとんどすぐにスコットランドでも接種が始まった。種痘は，管理された環境で子どもに天然痘患者の弱い病原菌を接種し，軽度の症状を起こさせて免疫を得るものであった（接種により症状が出ている子どもは保菌者なので，たいていはベッドに寝かしつけられて隔離されていた）。早くも一七一五年には，ハイランド地方で種痘が行われていたという記録が残っている。子どもたちに「〈あばたさん〉と呼ばれる病原菌をこすりつけて」わざと感染させるのであった[20]。一方ワクチンの場合は子どもを牛痘にかからせた。牛痘は牛の天然痘で人間には害がないが，天然痘の免疫を得ることができる。いずれの方法も徹底的に行われれば，天然痘を根絶できたであろう。

人痘法によってもたらされた成果は，一七九〇年代の『統計報告』に収められた牧師たちの言葉が最も明確に伝えている。報告からは，地域差が非常に大きかったことがうかがえる。南西部のダンフリースシャーやギャロウェイのほとんどの教区，そして北のシェトランド諸島やオークニー諸島では，人痘法はその二，三〇年で多かれ少なかれ一般的になり，多数の命を救ってきた。ハイランド地方のほとんどの教区でも，諸島部には遅れをとったものの，かなり普及した。そして種痘を導入した地域では，例外なく効果が現れていた。たとえばパースシャーのフォーティンガルの牧師は「ハイランド地方はほかの地域に比べて幼児の死亡が少ない。種痘が広く行われるようになってからはとくにそうだ」[21]と記している。これは一牧師の意見にすぎないが，その二〇年前のアダム・スミスの記述とはずいぶん様相が異なるのがはっきりとわかる。

しかし、人痘法が大々的に行われたのはハイランド地方とソルウェイの奥地にとどまった。ローランド地方のほとんどの地域では人痘法への不信感が根強く残っていた。それでも東側の地域ではいくつかの成功例が報告されている。ファイフの例をいくつかみてみよう。クーパーでは、天然痘による死亡者数は何年にもわたって非常に少なかった。セント・モナンスでは、流行は「ある程度緩和された」。ルーカーズでは種痘を導入したばかりであった。しかしポートモークのように「種痘はけしからぬ行為である」とする地域も少なくなく、大都市ダンディーでは天然痘が大流行した年に五歳以下の子どもの死亡率が二五〇パーセントも上昇した。ローランド地方西側部のクライド・ヴァレーでは、天然痘対策はまったく進んでいなかった。グラスゴーでは子どもの半数が一〇歳を迎える前に死に、死因の三分の一が天然痘だったことはすでに指摘した。グラスゴーの記録が例外的だったわけではない。手当たり次第に例を挙げれば、ラーグス、レンフルー、イースト・キルブライド、カスカート、イーグルシャム、キルシスの各教区では、天然痘は相変わらず子どもの最大の死因であり、種痘を導入しようという試みはことごとく失敗に終わっていた。いいかえれば、種痘は人里離れた地方では定着して効果も現れていたのだが、人口流入が勢いよく進む都市部や工場を抱えた農村ではまったく効果がなかったのである。したがって、ハイランド地方、ローランド地方南西部、オークニー諸島とシェトランド諸島以外の地域で種痘が人口増加に与えた影響はごくわずかであった。

問題の根底には、スコットランド北部と中央ベルト地帯では種痘の受けとめかたが根本的に違うという現実があった。北の島々では、種痘は遠い昔から地域に伝わる風習であった。シェトランド諸島のイエル島には、ジョニー・ノーションズという人物がいた。彼は仕立屋、指物師、時計修理人、そして鍛冶屋であると同時に、素人医者として島の住民全員に種痘を施していた。

ノーションズは教育という後ろ盾を持たず、治療の規範にとらわれることもない。この分野では無比の存在。彼は数千人に種痘をほどこしてきたが、患者を一人も死なせていない……手術用のメスなどないので、彼は手製の小さなナイフを使って腕の皮膚をわずかに切り取る……傷口をふさぐために使うのはキャベツの葉だけだ(22)。

ジョニー・ノーションズを受け入れていた社会環境と、モンロー医師が一七六五年にエディンバラで直面した種痘への偏見のあいだには天と地ほどの開きがあった。種痘はエディンバラでは「神の摂理に逆らうものであり、したがって重罪であると見なされていた。なぜなら、子どもの命を危険にさらすかもしれない病を引き起こすのだから」(23)。一七九〇年代のクライド・ヴァレーの牧師や医師は、このような考えのもとに種痘に抵抗し続けた。イースト・キルブライドの牧師は、民衆は種痘のせいで「自分の子どもが体のあちこちを切られるのを心ならずも見届けなければならない」(24)と非難している。また、同様の主張はキンロスシャーやアバディーンシャー、さらにハイランド地方北東部のケイスネスでも報告されている。ハイランド地方の牧師の多くは、根強い偏見が克服されたのはごく最近のことだと記している。

ほぼ確実に、人里離れた地方のほうがこの敵意を乗り越えやすかったようである。そうした地域では、天然痘は大人もかかる病気だったからである。孤立した集落では流行はそれほど頻繁には起こらないが、ひとたび病に襲われると壊滅的な被害が生じ、子どもはもちろんのこと一家の大黒柱や母親も命を奪われた。したがって、天然痘の根絶は都市部よりも切実な課題であった。都市部では流行が頻繁に起こるため、亡くなるのは子どもだけだった。また、一般的にハイランド地方や田舎では、牧師や地主が住民の生活をより強力に支配していた。彼らが種痘をよいことだと思えば、下々の者にたやすく押しつけることができた。この予防法で、貧しい家庭の子ども（彼らを暖かい部屋のベッドに寝かせておくことは難しかった）の一〇〇人に一人か二人は命を落としたにもかかわらずである。都市部やスコットランド西部の織物業の村では、住民は牧師や地主の支配からもっと自由であった。種痘を受けさせた子どもが死ぬようなことがあれば、親は殺人者扱いされる。しかし子どもが「自然の天然痘」にかかって死んだのであれば、それはよくある神のなせる業であり、誰のせいでもなかった。

種痘が反発を招いたのとは実に対照的に、ジェンナーが開発したワクチン接種はあっという間に受け入れられた。ワクチンは完全に安全であった。グラスゴーにおける変化は特に目覚ましかった。一七九三年から一八〇二年までは、一〇歳以下の子どもの三六パーセントが天然痘で死んでいたが、ワクチンが導入後の一八〇三年から一八一二年までの数字は九パーセントにまで下がった。一七八三年から一八〇〇年では全市民の九パーセントが天然痘で死亡したが、一八〇七年から一八一二年では四パーセントに下がり、一八一三年から一八一九年では二パーセント以下となった。ただしワクチンを接種していない児童が市外から流入したため、一八三〇年代にはふたたび最大六パーセントまで上昇した(25)。グラスゴーは早くも一八〇一年に、貧しい子どもへのワクチンの無料接種を市の政策として始め、その後二一年間で二万五〇〇〇人の子どもに予防接種を行った。ほかの都市も同じような道をたどった。全体として一八二五年までには、天然痘は決して撲滅されたわけではないが、かつてのような圧倒的な脅威ではなくなっていた。もちろん、大きな転換点があったのは一八〇〇年以降であろう。一八〇一年から一八二一年の人口増加が異例のスピードで進んだのは、天然痘の脅威が減少したことだけが原因だったとしてもおかしくない。

これ以外の医学の進歩が果たした役割はおそらくわずかであった。たしかに、エディンバラ大学とグラスゴー大学は英国屈指の医師養成機関であり、世界的な名声を誇っていた。しかし、大学が世に送り出す医師の数は思いのほか少なかった。エディンバラ大学では一七七〇年代には年に二〇人、一七九〇年代には年に四〇人が医師免許を取得しているが、新米医師のほとんどはイングランドか海外に渡って開業したようである(26)。個々の医師が画期的な治療法を編み出しても、人手不足が障害となり成果は限られた。ラナークのウィリアム・スメリー医師は、一七五二年から一七六三年にかけて数々の論文を出版し、産科学の発展に大いに貢献した。スメリーの研究は実に意義深かったが、医師や熟練した産婆が足りない以上、そして産褥熱（女性が出産時に亡くなる大きな要因だった）の性質が正しく理解されていない以上、命拾いをするのは社会の上層の人々に限られた。

これより多少は効果があったと思われるのが、貧民が安価な医療サービスを受けられる病院と診療所をつくる動きである。一七四一年に設立されたエディンバラ王立病院は二二八床のベッドを数えた。一七二九年設立の初代の病院はわずか六床であった。首都エディンバラではまた、一八一六年までに三つの診療所が作られていた。エディンバラに続き、アバディーン王立病院が一七四二年に、グラスゴー王立病院が一七九四年に（一七三三設立の町立病院の後を継いだ）設立された。ダンフリース、ケルソー、グリーノック、ペイズリー、スターリング、ダンディー、モントローズ、エルギン、そしてインヴァネスなどの都市でも、一七七六年から一八〇七年のあいだに次々に病院や診療所が開設された。このうちいくつかの施設は、当時の医療水準を考えると非常にすぐれた実績を残した。たとえばエディンバラ王立病院では、一七六二年から一七七五年のあいだに入院した患者一万五六〇〇人のうち、一万一七〇〇人（七五パーセント）が回復した。一五〇〇人は症状が軽減し、亡くなったのは七五〇人だけであった。残り一五〇〇人のうちのほとんどは自分の意志で退院している。市の無料診療所では一七七六年から一七七八年にかけて七三〇人が薬を処方され、そのうち三〇〇人が回復、一七〇人が症状軽減、一八〇人には治療の効果が見られず、八人が亡くなった。グラスゴー王立病院では一七九四年から一八一四年のあいだに一万六四〇〇人の患者が入院し、一万一一〇〇人（六七パーセント）が回復、「それ以外の多くは症状が軽減した」。死亡者の数は残されていないが、一八一五年の一年では入院患者一三四〇人のうち九六人が亡くなっている。グラスゴーの各診療所では「二一年のあいだに四万人の外来患者が無償のサービスを受けた」(27)。

これらの施設の主な問題点は、自治都市にしか設けられていなかったこと、施設が小さすぎて市内の患者だけでも対応しきれなかったこと、衛生管理や感染に関する知識が実にお粗末だったことなどである。特に手術台は、外科医の腕のよしあしに関わらず患者にとって非常に危険な場所であった。

しかし、一人の医師の功績はより幅広く、直接的な効果を生んでいく。なぜならそれは病院にも、開業医の数や医師の能力にも関係がなかったからである。ウィリアム・バカン医師が、著作を通じて子を持つ親に与えたアドバイスのことである。バカン医師より以前には、スコットランドで最もよく知られた家庭医学の本はジョン・モンクリーフの『貧乏人の医者』(一七一二年）であった。子どものてんかんの治療法についての記述が、この本の限界を示している。

> 幼い、黒い仔犬を（女の子にはメスの仔犬を）窒息させて開腹し、胆嚢を取り出す。混じり気のない胆汁が三、四滴とれるので、少量の菩提樹の花の雫と混ぜて発作を起こした子どもに与える。まるで奇跡のように子どもは回復するだろう……(28)

この書物からバカンの『家庭の医学』(一七六九年から一八二六年のあいだに二二版を重ね、著者はウェストミンスター寺院の一角に永眠の地を得た）への変化は、妖術の時代からベンジャミン・スポックの時代への変化にも等しいものであった。バカンの出発点はエディンバラ大学時代の論文『幼い命の保護について』であった。彼が何よりも心を痛めていたのは、「グレート・ブリテンで生まれる子どもの約半数が、一二歳を迎える前に亡くなっている」という嘆かわしい事実であった(29)。

『家庭の医学』には良識と役に立つアドバイスが簡潔に記されている。生まれたばかりの赤子にワインやウイスキーを与えてはならない。赤子はミルクを好み、ミルクのほうがずっと体に合っている。いきなり冷たい水で行水させてはならない。温かいお湯のほうが適している。可能ならば、授乳は乳母に任せず自分の母乳を与えること。乳母は十分な世話をしてくれない。赤子の体を清潔に保つこと—「清潔さの重要性が十分に理解されているとはとうてい思えない(30)」。すべての子どもに対して、バカンは温かく清潔できつくない服（頻繁に取り替えること）と、乾いた寝床を勧めている。彼は最もありふれた病気の簡単で効果的な治療法を紹介し、「疫病よりも風邪を心配すべし」と忠告している。

バカンの主張はどれもしごく理にかなっていた。彼の教えが幅広く読まれ、そのとおりに実践されたのであれば、相当の数の乳幼児と子供の命が救われたに違いない。繰り返し増版されたということは、中・上流階級の主婦（文章のトーンから、彼女たちが対象読者だったと思われる）からそれなりの支持を集めたのであろう。より低い階級にはどの程度浸透したのであろうか。バカンは明らかに貧者にも働きかけようとしており、文中でしばしば彼らに言及している。「貧民の生活ぶりはスコットランドにおいてきわめて重要な問題だ」。「貧民向けの住居も乾燥していなければならない」。彼は「乳牛と人間が同じ屋根の下で暮らす」ような家庭の衛生問題について明確に論じ、せっけん製造人や炭鉱夫の職業病にも触れている。バカンは当時の社会の家父長的側面を意識していた。牧師やレルドが貧しい家庭の健康管理になにがしかの影響力を持つ可能性が高く、上流階級のあいだでは訪問看護のボランティアが人気を集めていた。また、召使いは女主人のファッションをまねるだけでなく、子育て方法もまねていたに違いなかった。彼女たち自身、上流階級の子育てに密接にかかわることが多かったからである。天然痘対策を別として、死亡率の低下に多大な影響を与えた医学の進歩がバカンの書物であることはほぼ間違いない。

このようにして栄養状態が改善し、天然痘の制圧が進み、バカンの子育て指南が世間に広がった。しかしながら、幼い命を救うためにこれだけの努力がなされたにもかかわらず、子どもの多くは生まれて最初の数年を生き延びても、結局は五歳から二一歳のあいだに他の病気にかかって亡くなった可能性が高い。天然痘による死を免れても、結局は多くが当時増加しつつあった別の病気で亡くなった。たとえば、はしかは一七三八年から一七八八年のグラスゴーでは死亡原因の一パーセントにも満たなかったのが、一八〇七年から一八一二年には一〇パーセント以上になった。ジフテリアあるいは急性喉頭炎は、スコットランド西部の一部では「子どもがかかりやすい最も危険な病気」となった。一〇代、二〇代の若者にとって何よりも危険なのは結核で、特に工業地域で患者が多かった――その病気について、「古老たちは、自分たちより上の世代では結核はめずらしい病気だった、と請けあった」(31)。グラスゴーでは、一八一三年までの六年間の一〇歳以下の児童死亡率が、少なくとも一七八三年からの六年間と同程度に高かったことをワット医師は示した。ジェイムズ・クレランドによれば、一八二一年になっても数字は半減しただけであった(32)。

それでは、結局とのころ進歩はあったのだろうか。とりわけ絶望的な記録はすべて都市部のものである。なかでもひどかったのは、無秩序な成長が猛烈な勢いで進み、衛生状態も住宅事情もおぞましい状態にあったグラスゴーである。児童死亡率はおそらくどこよりも高かった。グラスゴー、そして西部の繊維工業都市の人口は、市内で生まれ育った子どもよりも一〇代で移住してきた地方出身者によって増加していた。このような人口分布から考えると、一八二一年に至るまで総人口の増加に最も影響を与えていたのは、地方の教区での子育ての成功あるいは失敗だったに違いない。農村地域には都会にはない利点がいくつもあった。田舎の子どものほうが新鮮な野菜やジャガイモに恵まれていたし、種痘を受けている可能性が高かった。彼らの両親はバカン医師の教えの影響を受けていたし、衛生状態もましであった。どう考えても、し尿は生け垣の根元に捨てるほうが窓から通りに投げ捨てるより公共の利益に即していた。幼い命を奪う夏季の下痢は都市部で深刻であった。田舎の住居がとりたてて快適なわけではなかったが、ローランド地方では一八世紀に石とスレートの家が増え、暖炉で石炭が燃やされるようになり状況が改善した。

『統計報告』の記述はこの結論を後押ししている印象を与える。地方のほうが都市部よりおしなべて健康的だと記されている（これは想像どおりである）だけでなく、これらの地域はその数十年で状況が格段に改善したとのことである。その一方で、田舎は子育てには適していたが、大人は仕事を見つけにくかったために、地方の人口が増加するとともに職を求めて都市部に向かう移住者が増えた。大量の人口を引きつける都市部を住民にとって安全な場所にすることが、一八四〇年以降、数十年間の公衆衛生運動はで、最も大がかりな、しかし困難を伴う課題となった。

第一二章

ローランド地方の地主

一　社会的指導力と指導者たち

一九世紀半ばまでのどの時代においても、スコットランド社会は地主たちによって支配された。とはいっても、地主の権限は最終的には圧倒的な権力を持つ王によって左右され変更されるものであり、ときには教会の権威に影響され阻まれたりすることもあった。しかし、実際にスコットランド国民の大多数が暮す田園地方にあっては、土地を貸与し地代を得る地主の存在は、春に種まきの時期を、そして夏に収穫の時期をもたらす神の存在に匹敵するものであった。

一八世紀初頭に、この地主たちの権威はさまざまな出来事によって弱まるどころかむしろ強まっていった感がある。一六八八年から一六九〇年までの革命は英国の貴族階級の政治的勝利に終わり、一七〇七年の議会の合同法は、「主に貴族階級が望んだことによって」受け入れられた(1)。また、一七一二年の聖職推挙権法によって、土地所有者は明確にスコットランド教会の聖職者を任命できる地位に位置づけられた。やがて変化の風向きが徐々に反対方向に変わっていくことも事実である。一七四七年の世襲裁判権の廃止によってこの旧来の権利は衰退する。一七五〇年から一八二〇年にかけて都市の商業区が飛躍的に成長し、産業によって富を得る者が増えると、地主の特権に我慢できない者が社会に占める割合も大きくなっていった。一七八九年以降のフランス革命および急進派の台頭は、旧来の体制にとって一層大きな紛れもない脅威となった。しかしながら、一八二〇年代の終わりまで教会と国家の構造は変わらなかった。それまでのところ、地主たちは、無政府状態を恐れる中産階級を利用して都市部の富裕層を労働者から引き離し、各階層へ譲歩することでみずからの特権が侵されるのを防ぐ方針を上手に貫くことができた。議会の改革やほかの急進的な政治的見解を率先して表明する活動家ではない人々のあいだにも、かすかに変化の兆候が現れていた。「ジェントリーが公道を歩くと、普通の人々はみな帽子を脱いで挨拶したのは、そう遠いむかしのことではなかった」と、一九世紀初めにオクタータイアのジョン・ラムジーは書いている。「日曜日に礼拝に行くときに、まず最初にこの絶対的な神に礼をつくしてあいさつしなくなったのは、特権的な市民階級に反対する連中であった。今日ではこのようなことはあり得ない……これは時代の精神と結びついて起こったことだった」(2)。しかし、あくまで不満を抱く者も存在したというだけで、社会的な通念としては、一八三二年の第一回選挙法改正まで地主はその権威を保っていた。

地主の社会的指導力は、地主階級に存分に満足のゆく形で発揮された。まず、地主階級は国政に参加する権利を持っていた。貴族は、合同の後に称号を与えられた者であれば、一七八二年にようやく設立された上院に議席を持つ特権を与えられていた。また、どの貴族もウェストミンスターにスコットランド代表として送りこむ一六人の上院議員を選出する投票権を持っていた。貴族階級以下の地主は三〇人の州代表として下院議員になった。とはいっても、スコットランドの選挙システムにはいくつかの特殊な点もあって、たとえば一八一五年まで実際に投票権を行使していたレルドは約三人に一人だけであった(3)。そして、州には州の特権があった。一七四七年に世襲裁判権が廃止されるまで、貴族は、相続権のある土地、州裁判所の所管区、および王から与えられた領地に入りこむことができた。一七九七年に民兵法が成立すると、彼らは総督の地位を得た。一六六七年に各州の大地主に土地税の配分の義務を与えるために設けられた徴税委員の地位に就く者もあった。一六八六年からは治安判事の役割（普通はジェントリーが就任した）とともに、道路、橋、フェリーの監督を行うという任務も負った。一六九六年以降、所有地への学校設立という任務を得る地主もあった。地方判事の地位については、司法的な権力よりもむしろ、道路の維持のために土地の労働力を徴用する権限があるということの方が地主の権威を強めていた。そうはいっても、世襲制が廃れてゆく一方で司法権限は実質的に強化されていった。

すべての地主たちはみずからの教区内でも土地所有者としての特権を享受していた。おそらく最も重宝したのはこの権利だったに違いない。ここで彼らは家父長的な支配力を直接的に発揮できた。地主はスコットランド教会の聖職者を任命することもできたし、学校の教師の採用試験に関与することもできた。教区の思想的指導者であるこれら二つの役職に、その地位を安心して任せておける安全な人物を就かせることができた。長老会と一緒に教区の救済金の分配を決定する権利もあったので、地主に敬意を払わない者は教会の慈善の対象から外されるということにもなった。スコットランドの地主はブリテンで最も専制的であるといわれていた。一七〇〇年には、借地人は借地を改良しても、その報酬を受ける権利がなかった。実に一八世紀半ば過ぎまで、地主はバロン裁判所で借地人を裁いていたのである。一七四七年、最高民事裁判所長官は領地における世襲裁判権がなければ借地料の取り立てが不可能だとの理由で、この権利の全面撤廃に反対した(4)。バロン裁判所は次第に廃れていったが、借地料の徴収のためにみずからの法的権限を強調することが有効だと地主が考えた場合には取り立てが執行された。そこは地主の天下であり、虐待しようと思えばいくらでも不当に権力を行使することができた。

しかし、そのような機会があったにせよ、地主がいたずらに虐待の機会をとらえて権力を濫用してばかりいたと考えるのは安易でおそまつな典型化にすぎない。たしかに、地主は階級に利益をもたらすよりも私腹を肥やすことに熱心だったかもしれない。しかしながら、公式の文書や私的な記録によると、一八世紀の地主は何にもましてみずからが領地において家父長的な存在であることを誇りとしていた(6)。「土地所有者と借地人の関係は王子と平民のようなもので、互いへの義務と愛情を意味する」と、一七七六年に、キンカーディンシャーのロレンスカークのロード・ガーデンストーンは借地農に向けて言っている。「借地人に対して善き行いをすることこそが、土地を所有することの一番の特権である」。また、イースト・ロジアンにあるオーミストンのジョン・コウバーンは一七二六年に、「子供の繁栄よりもみずからの財産の繁栄を喜ぶ父親などいない」といっている。そして、スターリングシャーの、オクタータイアのジョン・ラムジーも一八〇〇年に次のように述懐している。「無私の精神がまったくないところには、純粋で魅力的な公的あるいは私的な善行というものはありえない。みんなが下層の者や従属する者に容赦ない取引を迫れば、社会は悲惨な状況に陥るだろう」(5)。一七二六年にはエディンバラ大学の法律学教授がこれと同じことを一年生に問いかけている。

地方の紳士が、みずからの資産に合わせて礼儀正しく質素に暮し、みずからの活動範囲内であらゆる不和を円満収拾し、またその地域全体の人々に秩序をもたらし、彼らにそれを快く受け入れさせること。地方の名士としてこれ以上に望ましい姿があるだろうか？(6)

このような暮らし方、このような慈しみ深い家長らしい威厳が好まれたからこそ、下層階級の者はたとえ自分と家族に経済的な犠牲を強いることになろうとも、可能なかぎり土地を購入したのである。一八世紀に入ってもこのことはまったく変わらなかった。たとえば、一七世紀を通して、ほかの多くの町と同じようにグラスゴーの商人たちは自由都市周辺の土地の売買に深くかかわった。一七〇〇年には婚姻や抵当権や購入によって所有権が複雑化し、近所の誰がもともとのレルドであり、誰がもともとの商人であったのかがわからなくなるほどであった。法律家もまた最後には農場経営に乗り出した。一七世紀には、ホープタンのホープ家、ステアのダルリンプル家、そしてローズホーとクロマティのマッケンジー家のような成功例が見られた。一八世紀にはロード・ケイムズ、ロード・ガーデンストーン、ロード・モンボドー、ロード・オーヒンレックなど、法律の歴史よりむしろ農業改良史において名を知られた法律家たちがいる。グラスゴー周辺で商人階級と地主階級の見分けがつかなくなっていたように、エディンバラの周辺では地主階級と法律家階級を区別することが難しくなっていた。

一八世紀半ば以降のスコットランドでは、かつてないほど多くの人々が地所を持ちたいと熱望していたことも疑いない事実である。いくつかの文献にその様子が記されている。ジョン・ラムジーはスターリングシャーへの移住者は主に三種類に分けられるといっている――植民地の東インドでもうけて金を持ち帰った冒険家、政府と契約や戦利賞金で不当に利益を得た者、クライド湾岸の土地が不足してきたために新しい農地を求めてやってきたグラスゴーのタバコ商人である。ロクスバラシャーのトマス・サマーヴィルは、移住者の大部分は「スコットランドの墓」と呼ばれたジャマイカ、とりわけ東インドからの植民地帰りの者であったとみなしている。彼は、ジェドバラ周辺だけでも、東インド帰りの冒険家によって購入された農園が八つあったことを突き止め、一七五〇年から一八一五年のあいだに国全体の三分の二の土地は持ち主が変わってしまったと確信していた(7)。この時期の終わり頃には、特にエアシャー、レンフルーシャー、および西部一帯で、木綿の貿易で富を築いた野心的な製造業者も土地購入に意欲を燃やし始めた。

土地の購入に経済的な努力が注がれるようになると、土地市場が活性化し地価が上昇した。やがて土価が上昇するにつれ、借地料も引き上げられた。というのも、新参の地主は土地購入にかかった費用をどうにかして取り戻すため、先代の地主よりも借地農から多くの金を搾り取ろうとあれこれ手段を用いたからである。どこかでその手段が成功すれば、それが手本となって、ほかの地主階級も自分にも収入を増やす可能性があることに気づき、地代を引き上げた。後にも述べるとおり、借地料の値上がりはおそらく農民に生産性を向上させる効果的な刺激剤だったともいえる。しかし、農民がこれを効果的に行うには、活気ある農作物市場という有利な状況と、改良農業のモデルが必要であった。ところが、法律家を例外にすると、ただちにこのような新しい農業技術を模索したり広めたりすることを実践できた新興の地主はいなかった。（この点については二八二頁にて後述する。）

地主階級に新たな勢力が参入したことが社会に与えた影響もまた複雑であった。一方では、スコットランドの地主階級が少数の名家の出身者によって独占されることが避けられた。今やこの階級にはさまざまな人間が属していた。この階級の外で多くの人生経験を積んできた者もいれば、自分がもともと属していたブルジョア階級の価値と社会的意図を尊重しつづける者もいた。彼らは中流階級と上流階級のあいだの都合のよい架け橋となり、それが両階級にとって利益となった。他方では、上院の政策と、永続的に不動産の相続権を限定すると定めた一六八四年からのスコットランドの法律の効力によって、新興の地主が爵位を授与されるに相当するだけの土地と影響力を得ることには歯止めがかけられた。それゆえに、貴族階級と、小規模、あるいは中規模のジェントリーのあいだには明確な区分があった—前者は名門の出で広大な土地を所有しており、通常はロンドンで政治に携わっていたため、当然ながらスコットランドの領地にいることがほとんどなかった。後者には新興の地主すべてと、スコットランド西部で一年のほとんどを所有地および所有地の近くで過ごす典型的な地主も含まれていた。

地主の数はどれくらいだったのだろうか。一八一四年のサー・ジョン・シンクレアは確信をもって記している。それによると、地主が七六五四の存在し、そのうち「大規模地主」が三九六、「中規模地主」が一〇七七、「小規模地主」が六一八一であった⑻。シンクレアは大規模地主を、一六七〇年当時の評価で二〇〇〇ポンド以上の価値の土地を所有している者、中規模地主は五〇〇～二〇〇〇ポンド、小規模地主は五〇〇ポンド以下の価値の土地の所有者と定義している。土地の価値が大きく変化していたため、一八一四年の実質の評価で確かめることは難しかったのであろう。ただおそらく、ひとつめのグループは貴族階級のほぼ全部を含み（家系は一〇〇に満たない）、最後のグループには、ラナークシャー、エアシャー、レンフルー、カーカドブライト、ダンフリースの、みずから農作業に従事するようなレルドが含まれた。それらの小規模地主の暮らし向きは、持ち家に住んでいるイングランド人全般よりもわずかに上という程度のものであった。彼らはたしかに地主ではあったが、領主ではなかった。シンクレアの定義による小規模地主の約四〇パーセントは西部の五州に集まっていた。地主の総数内訳では、間違いなく一七五〇年以降に地主になったばかりの者が高い割合を占めていた。それが具体的にどの程度の割合だったのかはわからない。また、一世紀前に比べて地主の総数が大きく増えたのかどうかは明らかではない。というのも、多くの名門は明らかに一八一五年以前の五〇年間にはすでに苦戦を強いられていた。それら名門の一家は負債の重荷に耐えかねて没落していった。負債の原因のひとつに、彼らは個々の生活で快適に暮らす水準をこれまでよりもずっと高く保つ必要に迫られていたことがあげられる。債権者は、資本や意欲の不足のために放置されている土地の潜在能力を知っていて、以前のように浪費者たちに情けをかけてやる気持ちがなくなっていたのであろう。

二　生活様式の変革

一七二九年、ボーラムのウィリアム・マッキントッシュは、『囲いこみの方法と手段に関する試論』で、みずからもその一員である階級を痛烈に批判しながら、スコットランドの農業様式がヨーロッパ諸国やイングランドに比べていかに活気がなく遅れているかということを大いに指摘している。それによると、この二〇年でこの国がいかに「進歩した」かという話を耳にするたび、では具体的にどのような点についてかと彼が質問すると、一様に、「合同以前に比べると、服装、食べもの、住居のあらゆる点で、ジェントリーの暮らしぶりがよくなった」という答が返ってくるのだという。それはいったい何を意味しているのだろうか。かつてのジェントリーは、「みずから飼っている羊の毛を妻が紡いで作った」素朴な毛織物で満足していたが、今や地主の妻ともなればフランス製やイタリア製の絹地に身を包んでいる。食事に関していえば、質素な肉料理や気取らないグレービーにはもはや飽き足らなくなっている。「今や食卓にはイングランド産のピクルスを添えた贅沢な料理が並ぶようになった。インド産のマンゴー、ケチャップ、アンチョビソース然りである」。

朝の来客は歓待されなくなり、むしろ疎まれるようになった。「かつては朝のビールはいかがですか、とよく聞かれたものだが、いまでは朝のお茶はいかがですかと聞かれるようになった。強いエールの入った大きなカップにトースト、そして健康増進のためにスコッチウイスキーを一杯という習慣は廃れ、その代わり今では、火には紅茶用のやかんがかけられ、ティーテーブルが置かれ、銀製や磁器製の茶道具がマーマレードやクリームや冷たい紅茶とともに運ばれてくる……とんでもないことだ」。そして彼は次のように締めくくる。「このような猿真似とばかばかしい贅沢が、はたして合同以降の進歩といえるのだろうか」(9)。

たしかに、いつの時代にも衣服の新奇なファッションと、快適な新しい生活水準を本質的に悪と考える人は多数存在するが、マッキントッシュはその一人ともいえる。しかし彼は、変化に不満を持つただのピューリタンのような頑固者というわけではない。彼はまた、一八世紀のレルドの生活様式の革命が広範囲にわたるものだったこと、その結果として、ほかの階級の人々にも広く影響を与えたという事実を報告している。革命はエールを紅茶に変え、グレービーをチャツネに変えたにとどまるどころではなかった。たしかに一方で、ジェントリーの多くがかつては貴族階級や大地主のだけの特権だった物質面での生活水準を享受するようになったことも事実である。しかしその一方では、彼らはより知性的な、より「洗練された」階級を作ったともいえる。その限りにおいては、彼らと彼らの生計を支えている農民たちとのあいだには、生活や体験や感情の面で大きな隔たりができていた。

一八世紀初めのスコットランドにおけるジェントリーの生活は、同じ世紀の終りにその後続のジェントリーが語るところによれば、耐え難いほど粗野なものだったようである。家屋がそのいい証拠である。たとえば、モニマスクのサー・アーチボールド・グラントのような初期の改良者は、古い城を抱え込んでしまったことを嘆いた。

銃眼つきの胸壁があり、六つの屋根は高さも向きもてんでんばらばらなうえに複雑に繋ぎ合わされており、しかもすべて腐っている。二階建ての二つの棟はやや新しいが、たいていの窓は屋根を見下ろしていて、さらに穀物庫、馬屋、家畜小屋、そこに集まる害虫もすぐ近くに見える。

ウエスト・ロジアンのホープタン・ハウス。中央のテラスはスコットランドの名建築家、ウィリアム・アダムの傑作

一七一九年に、彼はその屋敷を壊してそこに新しく「小さく快適な家……まさに五〇〇ポンドの家というもの」を建ててはどうかと忠告される(10)。その新築でさえも、世紀の後半の人々の目には家畜小屋同然と映ることになる。ジョージ・ロバートソンは一八二九年にロジアンの地主の屋敷を「幽霊のような陰気な館」と表現している。内部は暗く湿っぽく、装飾は皆無で、生活スペースもほんのわずかしかなかった(11)。いうまでもなく、その頃までにはアダムの一門の成功と、彼らのパトロンの趣味が成熟したことによって、つつましい田舎の家の快適さについての観念が変化していた。一八一四年の『一般報告』にはそれらの邸宅の典型のスケッチがある。それは中規模程度の土地（年間の利益が一〇〇〇から三〇〇〇ポンドの）の所有者に適した家である。「つつましいながら優雅」と考えられているデザインで、二階建てに寝室が六つ、応接室、食堂、客間、書斎、子供部屋、広いキッチンと使用人の部屋がある。また、八頭の馬と馬車が入る馬屋、醸造小屋、温室、園芸室もある。外には感じのよい柱廊があり、摂政時代風の鉢が屋敷を縁取っている。窓は大きくて風通しがよく、広々とした敷地には趣向を凝らして植物が配置されている。まさに、屋敷もその一部となって「風景を作って」いる。そういった屋敷の費用は、土地の価格抜きで三〇〇〇ポンド

と概算される(12)。ローランドの田舎をざっと見渡すだけで、一八世紀から一九世紀への変わり目にスコットランドのジェントリーがそのような屋敷をじつにたくさん作ったということがわかる。その多くは、一世紀前には貴族も羨むほどの家であった。

家屋と同じことが、家具についてもいえる。一八世紀の初頭の地主の家には、田舎の大工が作ったオーク材の家具くらいしか家具らしいものはなく、しばしばそれすら十分ではなかった。応接間であってもめぼしい家具といえばベッドくらいで、たいていの場合は戸棚のように壁に作りつけられた箱型ベッドであった。飲み過ぎて帰れなくなった客が一人か二人、そこに寝かされた。四つの柱のある「天蓋つき」のベッドは、世紀のもっとあとになるまで目新しく貴重なもので、特に裕福な領主だけが持っていた。たいていは地主が訪問客と面会する一階の部屋にこれみよがしに置かれていた。格好の例が、食堂の隣にベッドを備えた部屋があるホープタンの屋敷である。しかし、いうまでもなくこれはあくまでも貴族の屋敷であって、地主の屋敷ではない。一〇〇年もすると、地主たちは豊富な選択肢から優れたデザインの家具を選べるようになる。それらは主にマホガニー材を用い、ヘプルホワイト、シェラトン、チッペンデールなどロンドンの木製家具の名工のデザインを模して作られた。床にはイグサの代わりにカーペットが敷かれ、壁にはむきだしの漆喰《しっくい》や羽目板の代わりに壁紙が貼られ、天井には板の代わりに漆喰が塗られると、室内はずっと暖かくなり、防音効果ももたらされた。食卓には陶磁器、次にガラス製品が並ぶようになり、それからすべてが白目製の皿やカップに変わった。夫婦がかつて食事を分け合った木製の大皿は、すっかり時代遅れのものになってしまった。ナイフ、フォーク、スプーンに関しては、来客時には料理一品ごとに新しいものが出されるようになった。

家に劣らず、食卓に関しても大きな変化があった。世紀の初めには、夏と冬は一貫して野菜が一切ない大量の肉ばかりの食事が常であり、冬場は塩漬けの牛肉と鶏肉、ブロス、卵、魚、そしてもちろん、さまざまな料理法で食べる大量のオートミールでしのぐのが習慣であった。一八〇〇年までには、大量の食事を摂ることもなくなり、食事の内容もバランスの取れたものとなった。野菜の選択肢も増え（特にカブ、ジャガイモ、青物野菜）、果物も豊富になり、小麦のパンが多く食されるようになり、一年中いつでも新鮮な肉が手に入るようになった。一七三〇年以前にマッキントッシュが言っていたように、日中の上品な飲み物として、エールとウイスキーに代わって紅茶が飲まれるようになった。だいたいこれと同じ時期に、日が暮れてから紳士がたしなむ飲み物としてクラレットが登場し、やがてラム・パンチに取って代わられ

ベリックシャーのメラーステイン・ハウス。これもロバート・アダムの傑作のひとつ

た。紅茶とウイスキーのどちらが堕落した飲み物かという問題に関して、聖職者の意見は分裂していた。そうはいっても、彼らの議論の矛先はたいてい貧しい者に向けられたものであった。「スターリングシャーの村のある聖職者は、教区民にすんなりとこの問題を解決してもらった。彼らは最後の紅茶にいつも「紅茶の悪影響をすべて正してくれる少量のウイスキー」を垂らして飲むというのだった」(13)。

消費に関する習慣が流行の移り変わりにつれて変化するのは当然であるが、同時に、それは新しい収入の水準と期待水準に影響されるものでもある。服装についてはまさにこれが当てはまる。一八世紀初めの「タイ・ウィッグやジャック・ブーツ、大きな袖に、糊づけしてふくらませてかかとにボタン留めされたスカート」などは、堅苦しくなく、それでいて洗練された服装が流行った摂政時代の観点からすれば滑稽なものであった。しかし、残された証言が一様に指摘しているのは、衣装について大きく変化したのは、スタイルよりむしろ服の数だったという点である。世紀の初めには、たいていの地主の妻が一生のうちに所有するよそいきの衣装はせいぜい三着か四着であった。普段の生活ではキャップを被り、リネンのフロックや「みっともない」プレイドを身につけていた。また、平気で靴やストッキングを履いていないメイドを連れ歩いた。世紀の中頃までは上流階級の子女でも裸足や素足が普通であった。一七四五年、ロード・ジョージ・マリーは娘に忠告している。「つねに身だしなみをきちんとすること。特に足もとには気をつけなさい。おまえのような若い娘は、ことに靴とストッキングを身につけるべきである」(14)。一九世紀初頭には、男女ともに衣装戸棚に同時に、数種類の衣装が下がっていなければ、衣装が不足していると考えた。彼らは流行に敏感に反応したので、着なくなった服が使用人の手に渡るという光景も見られた。実際、初めて屋敷を訪れた客がさほどファッションに精通していない場合などは、どれが女主人でどれがメイドか見分けがつかないということになった。

これらのことが率直に明かしているのは、ジェントリー階級全体が一七〇〇年に比べて、一八〇〇年にははるかに快適な暮らしを享受していたということである。彼らは質の面でも量の面でも物質的にずっと豊かになっていた。しかしそれだけではない。彼らはみずからを祖先よりもずっと知的で洗練された人間だと自認していた。たとえば、故人への追悼という名目で友人の葬式で見境なく酔っぱらうことは、もはや正しい行いではなくなっていた。そもそも、たとえ結婚式の席であっても、酒に酔うこと自体が容認しがたいことになっていた。もっとも、法律家や相当な変わり者にはまだ慣習を鼻であしらうゆとりがあった。今や床に唾を吐くことはご法度で(カーペットが敷かれるようになった結果のひとつでもある)、表門の近くに家庭のゴミを置きっぱなしにすることは、その家がだらしない証拠とされるようになった。絵画を鑑賞したり、宗教書以外の本を読んだり、ピアノやスピネットの曲を演奏したり聴いたりすることが教養と考えられた。一七〇〇年頃にペニクックのサー・ジョン・クラークが残した省察の第二部で、彼は「私は絵画にはこの財力の者らしからぬ鑑識眼を持っており、音楽に関しては、ジェントルマンらしからぬ腕前を発揮した」と述べている(15)。これは世紀後半の者には奇妙なことに思えたであろう。アダム・ピートリーが一七二〇年に記した『正しい振る舞い方の作法』は、彼の階級の人々がイングランド風の「巧みな」作法の数々に呆れるほど執着していたことを示している。「時代の先端をゆく者に必要不可欠」な「話し方」、「発音の矯正とエレガントな朗読」が大流行し、リチャード・ブリンスレー・シェリダンの父が一七六一年にエディンバラを訪問し話し方の講義を行うと、その熱は一層高まった。スコットランド人がアイルランド人にイングランドの語法を習ったわけである。

礼儀正しい作法がますます必要となるにつれ、家族内の堅苦しさと、上流階級の子供のしつけの厳格さが緩和されていったのは逆説的ともいえる。このような事柄を一般化するのは難しいが、後世の人はしばしば世紀の前半の家庭内の厳格さを回想して驚嘆している。たとえば、子供は両親の前で話すこと、座ることを禁じられていた。女子は手紙のなかで母親を「奥様」と呼び、自分を「親愛なる娘、そして愚かなしもべ」と呼んだ。一七六〇年になると親と子供の間柄はずっと気安くなり、格式張ったところも少なくなり、またとりわけ父親に対する恐怖心は薄れていった。エリザベス・ミュア夫人が一七九〇年代を回想したところによると、一七四五年に東西インドへの冒険家が土地を購入し始めた頃に変化が起こったのだという。「父親は息子にまるで初めての友達のように接し、母親は自分以外の者が子供に馴れ馴れしくすることを許さなかった……子供に魔女や幽霊の話を聞かせる子守は追い出された。地獄や天罰を説く古い聖職者は見下された。精神は穏やかで寛大なものからのみ影響を受けるべきだとされた」(16)。

教育における変化には、表面的にはさほど目立っていなかったが、しかし、学校教育の質と目的が大きく変化していたことはたしかである。世紀の初め、貴族の子弟はたいてい家庭で個人教師に教育を受けていたのに対して、大部分のスコットランドのジェントリー階級の子弟は、「晴れの日も雨の日も、お弁当を持って」借地人の子供と同じ地元の学校に通っていた。おそらく一八〇〇年にはその比率も変わり、ジェントリー階級の子弟にも家庭教師に教育を受ける（あるいはスコットランドやイングランドの私立の寄宿学校に送られる）者が増えた。しかし、一部にはまだ、地主の息子は最初は地元の学校で一般の子供と一緒に教育を受けるべきだという伝統も残っていた。この世紀を通じて、男子が大学へ進学、あるいは留学することは一般的であった。あるいはヨーロッパ（金銭的な余裕がある場合）やイングランドに遊学する者も増えていたかもしれない。年若い息子のために軍隊、商業、法律などの各界に勤め先を用意してやるようなことはごく一般的であった。子弟はそのようにして法律や父親の土地運営の業務を学び、いずれ相続する土地の管理者としての地位に備えた。このだいたいのパターンは基本的には変わらなかった。地主階級の子弟は、つねに国の最高水準の教育レベルにあった（親に子供をそれだけ長いあいだ学校に通わせる資産があったからである）。つまり、一八世紀にスコットランドにおける教育の性質と目的が教区学校の水準から大学教育の水準へと変わっていったとき、まともにその影響を受けたのは地主階級の子弟だったということもいえる。この点については一八章および一九章で詳しく述べるが、おおまか

1750年頃のロイの地図によるハディントン地区。新しく囲われた長方形の農地と、その他の広々とした畑との差がはっきりしている

な結果として、狭い範囲の形式的な学問が打ち壊され、生徒の知的視野が広げられることになった。

一七三〇年代に現れ始め、一七六〇年頃に勢いを増していったこれらの生活様式における革命を、どのように説明すべきだろうか。明らかに、革命が（少なくとも物質的な側面において）持続したのは、この一世紀のあいだにジェントリー階級の実収入が増えたからこそである。しかしながら、これを借地料の値上がりによる当然の変化と言い切ることはできないようである。なぜならジェントリー階級が大幅な値上げを実施し始めたのは一七二〇年からさらに何十年かが過ぎた頃だからである。つまり、変化の原因としてもうひとつ、イングランドに倣いたいという人々の欲求があったことも考慮しなくてはならない。これこそが、マッキントッシュが合同の二〇年後に痛切に感じ取った、またピートリーやシェリダンを駆り立てた社会変化の一面であった。おそらく、高い教育を受けたスコットランド人でさえ、イングランドの裕福な地主階級と同席すると（実際、彼らとの接触の機会はだんだん増えていた）自分たちは遅れており、粗野な田舎者だと感じたであろう。イングランドにはより洗練された、より価値のある文化がそもそも備わっている、あるいは、ティーカップにおいてであれ、話し方においてであれ、農業技術においてであれ（この点は後述する）、南方のモデルに追いつき追い越すことこそが愛国者の義務である、という考え方を疑問視するスコットランド人の土地所有者はほとんどいなかった。さらに、地主階級には新興勢力の参入と影響があった。植民地帰りの者、戦争成金、商人たちは、洗練された外国で豊富に経験を積んできたばかりではなく、借地料以外の手段で築いた財産で豪華な暮らしを誇示することもできた。彼らに追いつく努力すらせず、ただそれを黙って見ている古参の地主の姿には悲痛なものがあった。

これら二つのことが刺激剤となって、地主が自分たちにふさわしいと考える生活水準が引き上げられた。彼らは借地料の値上げ（たいていの場合、これは所有地の農業経営の問題への新しい取り組みを意味した）や借金で問題を乗り切ろうとした。前者は長期的な解決策だが、つねに可能なわけではない。一七二〇年から一七八〇年にしばしば見られるように、地方の経済状況が良好でない場合には不可能であった。一方、後者は短期的な解決法であり、それ以外に手段を講じなければ、究極的には土地を欲しがっている各界からの新興勢力に土地を差し押さえられたり売却するということになった。このように、生活様式における革命は、一八世紀を通じてスコットランドの農場経営が効率化し、土地の所有者が次々に変わる一因にもなった。

三　改良者たち

一六九〇年のスコットランドは農民の国であった。地位や収入がまったく違っても、彼らはみんなある一定の土地を共有し、変化の兆しすらないまま何世代も受け継がれてきた伝統的な農業システムのなかで暮していた。一八三〇年になると、スコットランドの農村社会は、資産家の農場経営者と土地のない労働者の立場をはっきりと区別し、同時に、ヨーロッパの羨望の的だった新技術を柔軟に、また経験的に取り入れながら、高度に進んだ農業システムを運営するものとなった。これが、太古から営まれてきた農村生活に終止符を打ち、このまずっと受け継がれていく農村生活の始まりを告げる農業革命であった。それゆえ、歴史を全体として見たときに、一八世紀の地主について問われるべき最も重要な点は、彼らがこの大きな変化にどのように対応したかということになる。地主は農村社会の指導者である。彼らの土地が耕され、彼らの要求する借地料が支払われるとき、地主はどのような状況にあったのだろうか。農民の状況に関しては後ほど考察する。

一八世紀のどの時点を問題にするかによって、答は多少違ってくる。この革命はある時期ある特定の場所に起こったものでもなければ、猛烈な旋風が巻き起こってほんの数年のうちにすべてが変わったというものでもない。一七三〇年の革命的な変化は、一七九〇年の観点からすれば非常に弱々しい中途半端なものと見えたかもしれない。ある土地に何か変化が起こっても、それが隣の土地に広まるのでさえ半世紀もかかることが珍しくなかった。便宜的に一七八〇年頃で大まかに区分してみてもいいであろう。ただし、どこよりも先に変化を迎え、市場とも密接な繋がりがあったロジアンなどの一部の地域については、一七六〇年がより適切な境目といえるかもしれない。この時期以前の人口、食品の価格、地価、および借地料の増加率は比較的ゆるやかであり、いうまでもなく、一七四〇年以前にはたいていの変化の速度が非常にゆるやかであった。当時の経済状況は全般的に、現代的な生産方式を取り入れた農園にとって非常に好ましいものとはいえなかった。それでも、農業様式の改革を試みる一部の地主は、革新者および改良者として大いに活気ある役割を果たした。一七八〇年を過ぎると、ナポレオン戦争の終結まで物価と借地料は上昇しつづけ、田園地方の変化は以前よりずっと一般的に、はるかにより広い範囲に浸透した。今やすべての地主が新しい農業を奨励していた。しかし、変化に対する彼らの取り組みは、たしかに意義深いことではあるが、まだまだ積極的とはいえなかった。

初期の改良者は、事実上、全員が地主であった。地域農業を古くさいスコットランドの農村モデルから進歩的なイングランドの商業的モデルに変えようと試みるだけの資本、権力、精神的視野を兼ね備えている階級は、地方にあっては地主階級しかなかった。なかには見事な行動力と先見の明を発揮した者もいた。たとえば、所有地の伝統の厚い壁を見事に打ち破ったオーミストンのジョン・コウバーンのような人物である。いろいろな意味で、彼は第一世代の改良者の典型的な存在であった。彼は地方の判事の息子として生まれたジェントリーで、イングランドびいきであった。父親は一七〇六年に議会合同に際して任命された弁務官の一人で、彼本人は一七〇七年から四二年に合同王国議会の代議士を務めて、海軍本部委員の称号を授けられた。彼は農業に対して、商業的というよりもむしろ文化的な関心を寄せていた。これがひとつの要因となって、彼は、一八世紀のスコットランドをイングランドのレベルに引き上げようと努力した。一七一四年に土地を相続すると、彼はただちに所有地を水路と生垣で囲いこんでいく。四年後には、自作農家のモデルに従って（自費で）囲い込みを行うという条件で、借地農に登記の更新料を支払えば、一九年ごとに更新できる永続契約を認める制度を確立した。また所有地内の農場の建物をすべて改築した。みずから費用を出して、借地人の子弟をイングランドの農業先進地域に送り込み、最新の農業法を学ばせた。仕事でロンドンにいるときは、絶えず庭師や有力な借地人に指示を送りつけてはチューリップの植え方を教えたり、苗木や種を船便で送ったり、彼らの怠惰や無能さを叱責したりした。「わが土地の人々はまるで寝ぼけながら仕事をしているらしい。物事を工夫したり成就するという気概がまったくない」。彼はときに攻撃的とも映る率直さで次のように述べている。「窓や扉は小さくてみすぼらしく、アヒルのように首を縮めなければ頭をぶつけてしまうほど。これは彼らの賢い頭と高尚な考え方から生み出された習慣なのであろう。出来栄えの悪さや、最後の仕上げが甘いことを、彼らは倹約と呼んでいる」(17)。

彼の計画の第二段階は、田舎の農場を現代的なイングランド様式の村につくり変え、新しい農業の実践者が作った余剰の作物の市場として機能させることであった。彼は建物の調和や外観に厳しい規制を設けて「新しい町」オーミストンの土地を貸し出した。醸造所や蒸留所を建て、ブリーチフィールドを設け、アイルランドやオランダの労働者に亜麻の最善の処理法を教えた。同時代の地主たちは彼のこういった計画に熱中し始めた。ダグラスのサー・ジェイムズ・ホールは友人のマーチモント伯爵に、オーミストンに有望な五人の借地人を派遣したところ、彼らはよりよい農業について、それまでの人生で身につけてきたよりも多くのことを二日間で学んできた、と書き送っている。手紙には高揚した様子がうかがわれる。

> 彼の町はきわめて活気づいている……七歳の少年少女でも何かしらの仕事をしている。遊び時間以外に町で彼らを見かけることはない。鍛冶屋、靴職人、ロウソク職人、パン職人、麦芽酒製造者などがせっせと働いている……町にはそれらの商売の建物もあるし、市場も立つ。来季に向けて一六件の物件が契約されている……親愛なるマーチモント、またあとでもう少し詳しくお知らせしよう。私は彼の二倍の借地と借地人を集めた(18)。

不運にもコウバーンは手を広げ過ぎて一七四七年に破産し、ホープタン伯爵に土地を売却せざるを得なかった。しかしながら彼の成果が失われることはなかった。ワイト一家を筆頭とする彼の有力な借地人が、ロジアンとそれ以外の地域における新農業の指導者の地位を引き継いだ。

コウバーンの計画は、第一次の改良者の典型といえる。詳しい記録が残っているモニマスクのアーチボルド・グラントの事業と非常に似ている(19)。たいていの改良者は、まず囲いこみによって「自作農場」を作ることから始めた。彼らはイングランドの農場から新しい作物や習慣を取り入れ、みずからの手で、あるいは信頼のおける管理人と密接に連絡を取り合うことで農場を管理した。キンカーディンシャーのウーリーのバークレーを除いては、所有地のすべてをみずからの手による農場にしようとする者はほとんどいなかった――一八二九年にジョージ・ロバートソンは、地主が実際に耕作していた土地は二パーセント以下だったと述べている。農民をみずからの手本に従わせるために、地主たちは「あめとむち」の手法を用いた――一定期間中に新しい農業を実践することができない、あるいはその意志がない者には立ち退きを命じ、一方、協力的でやる気のある者には手ごろな借地料での長期間の安定した契約を与えた。なかにはコウバーンよりも寛大な地主もいた。彼らは旧来の農地に資金を注ぎ込み、囲い込みのために立派な塀や、新しい農場の建物を自腹で作った。あるいは、囲い込み後の五年から一〇年間の借地料を値下げすることで、その資金を間接的に援助する地主もいた。また、農地の区画の変更後は、地主たちは借地を離れることもなかった。一八世紀には時折貴族やジェントリーの招きでイングランドから熟練者が訪問し、農場を監督したり、地域の農場主の子弟に改良された方法を教えたりした。地主は従属する農民にいつでも親切に忠告を与えた。ときにはそれがうまく伝わらなかったり、相手の怒りを買うこともあった。ロード・ケイムズはシンクレア以前の地主のあいだで広く読まれていた農業に関する著作を残した人物であるが、ある時、大きな成功を収めた借地農で、所有地の他に八〇〇〇ポンドの財産を成したジョン・ハンターに次のようにいわれた。「領主殿、あなたが農業について話すのを聞いたら、生まれて間もない子供が話していると思う者もいるでしょう」(20)。

新しい農村の建設という点でも、多くの者がコウバーンに見習った。農村は領地内の作物の消費先として機能し（国内の交通がいまだにきわめて不便だった時代には、非常に重要な方策だった）、また、土地の区画整理の際に締め出しを食った小規模の借地農に職を提供することもできた。たとえば、アバディーンシャーのオークリーのジョウゼフ・カミンは土地を相続した一七三九年に囲い込みを始め、新しい農場の計画を立てた。彼は所有地内の借地農に取引の場が必要であると考え、年間たったの一一ポンドで借りられる「農場の荒地の部分」に村を作る計画を立てた。

しばらくのあいだ、彼は黙って周囲の冷笑に耐えた。みんなこの計画を突拍子もなく実現不可能だと非難した。しかしやがて、彼を嘲笑していた者も、評価が一定すると態度を改めた。彼はいく人かを説き伏せて土地を借りさせた。金銭的援助も熱心に行った。製造業者への報奨金も用意した。さまざまないざこざを仲裁もした。力づけ、相談乗ってやることで、みんなの最高の力を引き出した。やがてカミンズタウンに移住者がこぞってやって来るようになった……もともとの借地料一一ポンドが、今や年間一二〇から一五〇ポンドの利益を彼にもたらした(21)。

新しい農村を適切に機能させるためには、そこに農業以外の職業群を導入することが必要であった。漁業もひとつの解決策であったが、ハイランド地方や北東部以外の地域には向かない。それに代わり、醸造、蒸留酒製造業、製材業、布袋製造業、馬具商などの地域商売が奨励された。しかし、これらは非常に限られた範囲の雇用しか生み出さなかった。最も多くの将来有望な新しい雇用を創り出したのは織物業であった。一八世紀初めから半ば過ぎまで、地主は新旧の農村のリネン貿易と毛織物産業の成長の奨励に力を注いだ。そして以下の二つの重要な結果が生じた。地主はいつのまにかスコットランドの産業化の初期からの熱心な支持者となっていた。ひとつは、彼らの農村レベルの産業への一定した投資と融資が、結果的に産業化の萌芽を支えたということである。しかも、彼らはその援助がみずからの地位に匹敵、あるいはその地位を上回る社会的影響力をもたらすということを疑いも期待もしていなかった。もうひとつは、スコットランドの田園地方にすばらしい村々ができたことである。石造りの二階建ての家が並ぶ整備された集落が、不潔で混沌とした古くからの農業集落に取って代わった。これはイングランド南部の村を手本にしたものであるが、ドーセットのミルトン・アッバスのように、実用より装飾を目的とした一八世紀のイングランドの新しい農村モデルよりもずっと機能的であった。キンカーディンシャーにあるロード・ガーデンストーンのロレンスカーク、マリのゴードン公爵のフォハバーズ、バンフのフィンドレーター伯爵のニュー・キース、パースシャーのパース公爵のクリフとカランダー、国境近くのバクルー公爵のニューカースルトンはいずれも、一七三〇年から半世紀のあいだに、ローランド地方の荒野に一から築かれた主要な集落である。ハイランド地方には、たとえばクロマティのように、この時期に領主の意向で建て直された村がより多く存在した。一七三〇年からまる一世紀後までの期間で考えれば、おそらく新しく建設された村は約一二〇から一五〇に上った。

一七八〇年より前、改革者の数は二〇年前に比べて確かに増えていたものの、彼らはまだ領主のなかでも例外的存在であった。では、その例外とは誰だろうか。そして、彼らはどのようにして改良者になったのだろうか。さまざまな階層から名前が挙がる。まず貴族階級には、パース公爵、ゴードン公爵、アーガイル公爵、あるいはステア伯爵、ハディントン伯爵、ホープタン伯爵がいる。彼らは農場経営にみずから積極的に関わり、たとえばクイーンズベリー公爵のように、優秀な管理人に任せきりにすることはなかった。法律貴族階級の改良者は、特にロード・ケイムズ、ロード・ガーデンストーン、ロード・モンボドー、ロード・ニズベット、ロード・ヘイルズなどに象徴される。また、最も有名な初期の改良者であるオーミストンのコウバーン、モニマスクのグラントは法律貴族の息子である。ジェントリー階級にはボーラムのウィリアム・マッキントッシュ、ランキラーのトマス・ホープ、アークランドのロバート・マックスウェルなどがいる。彼らは新しい農業知識の普及のためにエディンバラで一七二〇年に設立された「改良者名誉協会」運営の立役者であった。ここに名前が挙がっていない改良者は、極小のジェントリーか、ロンドンやエディンバラと社会的接点がなかった者、あるいは、アバディーンなどのように、これよりやや遅れて改良者のリストに加わる者である。北部の中心地は独自に活気ある農業協会を作り、そこでは専門家や学者が大きな役割を果たしていた(22)。貴族はつねに仕事でどこかの都市に出かけていた。法律家は一七〇七年の合同法以降、エディンバラ社会の知的な要としての役割があった。コウバーンやグラントはロンドンの下院のメンバーであり、ウォルポールやタウンゼントなどのイングランドの偉大な農場主である政治家たちと日々接していた。ホープは新しいアイディアを探しにヨーロッパをまわった。彼は仲間に最新の耕作技術を実地指導するために、悪臭を放つエディンバラの南部の湖を干拓して牧草地を作った。つまり、改良者はみずからの領地内に引きこもって黙々と畑に向かうような田舎者ではなく、むしろ、彼らの階級のなかでも最も敏感で行動的な人物であった。彼らはアイディアや流行がすばやく熱狂的に伝わる大都市の緊密な社会に属していた。彼らは改良者になるだけの知識を備えた者たちであった。

なぜ改良者になったのだろうか。彼らは商才に長けていたわけではない。コウバーンは所有地をホープタン公爵に明け渡した。アークランドのマックスウェルは改良者名誉協会の幹事として頻繁に助言を行っていたが、結局は破産して協会の評判を落とした。ロレンスカークを変革したロード・ガーデンストーンは「多大な負債契約を抱え」ていた。そのために「正気を失いかけた」が、転がり込んできた遺産で危機を免れた。モニマスクのグラントは例外である。慈善協会の基金に関する不名誉な詐欺で下院議会を追い出された後、彼はより一層真剣に農場の運営に取り組み始めた。「少ないリスクで高確率の利益を生む事業」など存在しない、というのが彼の見解であった。農場経営によって、彼は資産とみずからの歴史的汚名の両方を回復することに成功した。

多くの初期の改良者が農業で利益を上げることができなかった理由は、彼らが先駆者であったこと、あるいは、所得が低く農作物の需要が少ない田舎で運営していたことのほかにもある。それはつまり、彼らは（モニマスクのグラントを別にして）経済上の必要性に駆られて農業に従事したわけではないということである。彼らを駆り立てたのは、何よりも時代の波、愛国心、そして農業システムに政治的信念を抱くことを賞賛したからであった。イングランドがこのスコットランドよりも豊かになったのは、まさにその信念があったからこそであった。彼らはオウィディウスとウェルギリウスからの引用をふんだんに散りばめた手引書で農業について学んでいく。隣人や借地農のやり方を見下していたので、種まきと刈り入れのための伝統的な日を見落とすこともあった。しかし、スコットランドの気候と土壌でノーフォークやバークシャーの農場をやみくもに真似ることは非常識なことであった。実際のところ、彼らは家の建設や造園、イタリア巡遊旅行に熱をあげるのと同じように、財力を誇示する趣味のひとつとして農業に従事した。オクタータイアのラムジーは、同じ階級のなかでは洞察力のある方だったようである。彼はスターリングシャーの初期の改良者について次のように書いている。

> 豊富な財産があり、それゆえすぐに金を稼がなければならないという義務も（今のところは）ない。ときに出費が収入を上回ることがあっても、改良農業でいつか取り返すことができると悠長に考えていた。実のところ、気晴らしと、優秀な農場主という評判が大きな動機だった(23)。

その結果、借地農のほとんどは、道楽半分の「ジェントリー・農民」の方法を見下し、変化の波が差し迫ってくるまで自作農場に見習おうとはしなかった。同じ地主階級にも、改良者を愚か者扱いする者が多くいた。自分に趣味に費やす金銭的な余裕がない者は特にそうであった。

結果的には、こうした素人の活躍は計り知れないほど重要な役割を果たした。彼らは経験と努力によって慣習を打ち破った。一七六〇年の時点で、ほとんどの州に「イングランドの農業」を実践する地主が存在した。一七八〇年には、その数は著しく増加していた。しかしこの時点では、借地農が実践する農業の一般構造はあまり変化していなかった。一八世紀の最後の二〇年間には、市場機会が増えるにつれて借地料および物価の上昇も速まり、各地に点在する改良者の農場が、付近の伝統的農業を実施している農場に比べて急激に利益を伸ばした。すべての地主が囲い込み農法を主張するようになり、また特に、借地農が自分たちの農業経験を実験したり応用させたりしながらジェントリー階級の農業技術の模倣や改良を始めると、スコットランドの農業が大きく動き始めた。このようにして初期の改良者は、変換にさきがけるモデルの役割を果たすにとどまった。改良者の地主たちの性格のためか、あるいは一七八〇年以前の経済状況のために、その多くは自分自身でそのモデルを完遂すること、変換を実行することができなかった。

一七八〇年以降、物価が急激に上昇するにつれて国中のいたるところで農業改革が実行されると、地主の役割はずっと消極的なものになっていった。といっても、がらりと変わってしまったわけではない。イングランドの優れた農業は相変わらず賞賛されていた。また、たとえばケイスネスの改良者であり、サーソーの建設者であるサー・ジョン・シンクレアは、大々的な田園地帯の調査の先頭に立ち、その最初の成果として『統計報告』を著したが、初期の改良者と同じ道をたどって最後には破産した。しかし、地主と借地農のあいだに、以前より大きな隔たりができた。地主は先を争って改良者になろうとしたが、あくまでも、農地を囲いこむこと、荒地を開拓すること、古い農村を壊して新しい農村を建設すること、旧式の輪作に新たにカブなどの作物を加えて年間を通して栽培すること、といった方針を決定したに過ぎない。決定の後に借地農に細かな命令を押しつけることはせず、彼らはイングランドの農業をスコットランドの環境に適用させながら改良していく作業を、全面的に農民の手に委ねた。

当然、地域によって差はあった。進歩の遅かった地域では、地主は積極的でリーダー的存在となり得る借地農を見つけることができなかった。その場合は、ケイスネスのシンクレアのように、地主自身が旧来どおり英雄的に立ち回らなければならなかった。しかし、この時期には、みずから借地農経験のある土地管理人が雇われるケースが増えていた。スターリングシャーのようなより中心的な地域では、借地農がすぐさま要領を覚えて地主を旧来の役割から追い出し、地主は喜んでその役割を退いた。「(改良農業を実践したふたつの借地農の) 努力を見て、他の多くの借地農が興味を抱き始めた。経済的に恵まれた環境にいる五〇人のジェントリー階級の農家が、無鉄砲で不安定な指揮を執ってみせるよりも、ずっと影響力が大きかった」(24)。特にロジアンでは、借地農が革新者として最大の影響力を持ち、地主は干渉を最小限にとどめるという例が一般的になった。やがて、このロジアンの農業をヨーロッパが手本にするようになった。ジョージ・ロバートソンは一八二九年にこの地域の状況を記している。

農業を適切に行うことは科学であり、さらには職業である。そこに要求されるのは、絶え間ない注意力と並々ならぬ勤勉さである。それゆえ、裕福な地主という独立した身分の者で、みずからの能力と時間をすべて農業に捧げようとする者はほとんどいなかった……地主たちが所有地にとどまれば、彼らの関心は耕作よりもむしろ地所を飾りつけることに向けられる。彼らは土地を囲い込み、種をまき、建物を造る。街道を建設し、橋を架け、水路や鉄道を敷く。庭園を設計し、門を建設し、その他さまざまな装飾を農村にほどこす。しかし、ありふれた農作業は土地の農民に任せる。これが地主の一般的な、そしておそらく賢明な態度であった。農民には経済的必要性があったので、骨の折れる仕事でもやり遂げた。彼らは経験に基づいていたので、たいていの場合それらの計画は非常に合理的で、経済的援助がある限りほとんど失敗することがなかった……田舎には数々の改良がもたらされ、それは現在も完璧な状態で残っている。これはひとえに、借地農が地主に過度の干渉を受けることもなく、彼らの見本に惑わされることもなく、みずからの手で農業を行った結果である(25)。

ほぼ一世紀前に比べれば、隔世の感がある変化である。一世紀前にコウバーンは、借地農の無能さを厳しく批判し、食べる物もろくにないのでは仕方ない、とこれを弁明した(「そして、ビールはこの世で一番愚かな発明品だ」)。農民の性質と環境が大きく変化した原因については次章で考察する。

一八世紀の終盤に向かって、地主がさらなる利益の追求に執着し、伝統的、上流階級的、愛国的な価値観を排除していくようになったという主張が多く見られる。借地農はもはやその土地の出身者か否かを問われることも、あるいは、勤勉で穏健な人間かどうかさえ問われることがなくなったという。彼らはただ市場にかなう範囲でなるべく高い賃料を提示されるだけであった。その賃料が払えなければ、先祖代々住んでいた土地によそ者が連れてこられた。村はもはや、住民の家や地主が支配する統治機関の集落である模範的な共同体ではなくなっていた。紡績工場主が最高価格で土地を借り上げ、彼は望みどおりに土地に住居や人手を取り入れることができた。オクタータイアのラムジーは、これらの動きを懸念して一八〇〇年に次のように述べている。

今やすべての階級の人間が、形態、様式、感情において変化した時代に生きている。改善されたものもあれば、改悪されたものもある。このあいだ、土地所有者や実業家が新しい処世法を説いてきたが、どれも私には粗野で無鉄砲で未熟なものに思える。実際、私が田舎のジェントリーになった一七五〇年から約二〇年間、粗野で強欲などと非難される地主は一人もいなかった……借地料の値上げが、大小にかかわらずすべての地主の主要な関心事になる日がくるとは予想もしていなかった[26]。

このたぐいの史実を検証するのは難しい。どの時代にも貪欲な地主、あるいは寛容な、ときに理想家の地主がいたものである。前者は一七八〇年以前から存在していた。モニマスクのグラントはたしかに粗野で強欲な人物だったようである。カランダーの借地料の引き上げ後、パース公爵の借地農が領主のために祈りを捧げることをやめてしまったことにも、それ相当の理由があったに違いない。後者は一七八〇年にも存在していた。ジョン・シンクレアの功績と同じく、エグリントン伯爵やその他大勢の地主の存在がその証拠となるであろう。しかし、地主階級のあいだに商業主義が普及したのも驚くべきことではなかったであろう。彼らはそもそもみずからが引き上げた高い生活水準を保っていくために金を工面する必要があった。多くの場合、初期の改良者がその例を示していた。実際的な職業分野でもまれてきた彼らは、前任の領主の時代からの古い借地農に対して、特に感傷的になることも配慮をすることもなかった。一七六〇年以前、長いあいだ借地農は不足がちであったが、一七八〇年を過ぎると借地契約は一時的にどこも売り手市場となり、利益を得る機会が増した。一六世紀や一七世紀初め、あるいは、強欲で支配的な領主に対する非難が高まった一六九〇年の飢饉直後を振り返る者は一人もいなかった。それらの長い時代の後に到来したのが、土地所有熱が高まり、借地農のあいだに借地契約をめぐる競争が起こる時代であった。

地主が（ローランド地方においてさえ）どういうわけか歴史的な役割を捨て、より現実的なものの追求に走ったという意識は、当時は苦々しく、後には批判的に受け取られた。これは工場主の〈自由放任〉と〈早い者勝ち〉という当世風の考え方とよく似ていた。家父長的存在が子供を売りに出すなどということが、好意的に受け入れられるはずもない。しかし一方で、それはビジネスの感覚でもあった。たとえばロバートソンのように、借地料の値上げは借地農から最も効率的な農業を、労働者から高い生産性を引き出し、町に豊富な食料がもたらされた、と断言している者もいる。また彼らは、地主がこれらの現実的な圧力をかけなかったら、ローランド地方でこれほど迅速に徹底して農業革命が実現することはなかったかもしれない、とも言っている。共同体への経済効果を最大限にするのは、温情あふれる家父長的態度とは限らないのである。

第一三章

農業革命期の農民

一　革命直前の農民社会の変化

一七六〇年以降、数世代にわたって続いた農業革命によって、スコットランドの土地は囲い込みが進み、農具が改良され、狭い農地が統合され、水のよどんだ沼地の排水が行われ、共有地が確保され、作物の穂類と輪作の農法に転換がもたらされた。この農業革命で、それまで非効率ではあっても尊ばれ、有史以来スコットランド人の大多数の生活の枠組みを規制してきた伝統的なスコットランド農業は、永久にすたれることになった。そのことによって、たいていの人々がみずから生産者である大部分の農村社会で、自給自足的に営まれていた農業経済と永久に手を切ることになった。すなわち、従来とは異なり、資本を持つ農場主と土地を持たない労働者が、消費者が多く住む大都会住民の食料をまかなうために主として生産する農村社会が誕生したのである。農民たちは与えられた役割を非常にうまくこなしたので、詳しい農業の方式はスコットランドの多くの地方で成功し、欧州諸国から羨望の目で見られるようになった。

旧来の農民社会の構造と農業の方法については、前の章ですでに明らかにした。大変革前の数世代にわたる農民の生活については、一八世紀の著作者たちが数多くの活気にあふれたくわしい記録を残している。バーンズの詩に描かれたものを除けば、紹介するに値するほど著名な作品はほとんどない。一八世紀半ば頃の数十年間におけるロジアンの農地を描いたジョージ・ロバートソンの『農村の思い出』が最もすぐれている。

ロバートソンが描く「自作農《ギュイッドマン》」は、当時の水準では裕福な小作人で、スコットランドのなかで最も肥沃な州に、一〇〇エーカーほどの耕作に適した土地を保有していた。たいていの農民ほど貧しくはなく、その農業もまったく旧式のものではなかった。『農村の思い出』には、ロジアンの自作農たちが毎年耕作地を変える輪作の場面はもちろん、共同で農業を営む場面も登場しない。囲い込み方式の農業ではないものの、彼らは比較的まとまった耕作地を持ち、家畜を共有地で飼育する以外は、独立した農業を営んでいたと考えられる。このように、農民の経済的地位は総体的に向上したが、同書では彼らの生活水準が以前と変わらないことが言及されているのがなお一層印象的である。彼らの豊かさが頂点に達しつつあった一七六〇年前後が描かれている。

自作農の家屋は、連なった農家の建物の中央にあり、納屋と畜舎にはさまれていた。納屋や畜舎はまったく同じような造りで、天井が低く、屋根は薄く芝生を敷いた上にわらを葺《ふ》いた構造である。農地に肥料を一年中絶やさぬよう、家屋から見下ろせる場所に、人糞と家畜の糞を蓄える大きな肥だめが作られていた。家屋は奥行き三〇フィート、幅一四フィート程度で、間取りは「表の間《バット》」と「奥の間《ベン》」の二部屋のみである。両者はまったく異なる社会生活上の目的で使われていた。

表の間は農場の社会生活の中心である。台所や使用人の居場所、家族全員が食事する場所として使われると同時に、召使いや自作農の娘たちが寝起きする場所でもあった。表の間の床は土間で、壁には漆喰《しっくい》を塗っていなかった。天井は通常作らず、梁《はり》がむき出しになっていたが、厚板を数枚渡して釘づけにし、食糧保存用の棚を作る家もあった。横一フィート半、縦はそれより長い窓がひとつあるのみで、菱形のガラスがはめてあった。表の間の最大の特徴は大きな「煙突《ラム》」である。煙突の周りには「炉の前に」座る形で半円を描くように腰掛けが置かれ、そこでは若者や男性の召使いが招き入れた客人とともに夜ごとに集っていた。住人から施しを受けようと物乞いが訪れ、暖炉のそばに座って、お返しに物語を語ったり、バラッドを歌ったり、近隣の村落のうわさ話を伝えたりもした。自作農は、領主や長老教会と比べて、「物乞いをして村から村へと渡り歩く、その日暮らしの流れ者」たちに親切であった。表の間の室内には、腰掛けのほかに箱寝台、陶器の皿、取手つきのジョッキ、スプーンを置いた大テーブル、さらに数多くの食器棚あるいは保存箱、紡ぎ車、その他の住宅用具が置いてあった。表の間は、その農家とつながりのある誰もがわけへだてなく歓迎されたので、暖かい、煙まみれの、あわただしい場所であった。その場の秩序と統制を司るのが女主人《ギュイッド・ワイフ》の役目であった。

奥の間は自作農の家族が使う部屋で、床はモミ材で張られ、壁には漆喰が上塗りされ、暖炉が壁の内側にはめ込まれていた。木造の天井があることもしばしばだったが、ほかの点では外観も規模も表の間と変わらなかった。自作農とその妻、幼い子どもたちが眠り、階級が自分と同等以上の客人をもてなす場として使われた。置いてある家具からは、奥の間が社交の場であることがわかる。彫刻がほどこされ、磨き上げられた色とりどりの椅子や小テーブル、女主人が「子育ての時間《バーンタイム》」に使う安楽椅子、食卓用リネン類を入れておく箱、箱寝台、それに多くの家庭では鏡や時計があった。ときには書き物机や書類整理箱があったりした。ロジアンの自作農は文字の読み書きができ敬虔だったので、聖書や、家族のものである他の本も常備していた。

ほぼ全員が契約派の子孫であるため、宗教心に篤く、同種の教義に導かれ、礼拝を尊んでいる。よって、かれらの所持する書籍もその傾向を持つものがすべてであった。たとえば、サー・ディヴィッド・リンジー、ブキャナン、ノックス、ラザフォード、バニヤンおよびボストンなどの著書である。さらに、ウッドローの著書もある。……彼らは自国の古い歴史にも興味を持った。たとえば、アバクロンビーの『伝記』、ブラインド・ハリーの『ウォレス』、ブルースとバノックバーンの物語、チェヴィーチェースの闘い、ダグラス一族、ロズリン・ミュア、ペントランド山地での蜂起、ドラムクロッグの闘い、ボスウェル・ブリッグの闘い、シェリフ・ミュア、カロデン、ダック・ウィリアム、プリテンダーなど、スコットランドで繰り広げられた闘いを描いた作品もある。それでも聖書ほど彼らに親しまれる書物はなかった……(1)

食事や衣類の面では、ロジアンはかなり恵まれていた。一六世紀から一七世紀の大半を通じてスコットランドを襲った飢饉の恐怖感は、一八世紀にはなくなっていた。一六九〇年代のウィリアム治世後の一七八二年までは、食料価格も安定し、かなり低かった。一七五六年から一七六二年まで物価が上昇したが、一七四〇年の飢饉では、ジェントリーたちが大量の穀物を輸入し、無料かごく安値で市民に提供した。したがって、普段は種類こそ豊富ではないにしろ、食糧不足で困るといった状況に陥ることはなかった。女主人は表の間のテーブルに、主人とほかの人たちの分の食事を同じように並べた。朝食と夜食は主にポリッジを食べた。晩餐では葉野菜や大麦のパンやエンドウ豆を入れたスープが供された。肉が食卓に並ぶのは週に二度、夏にはマトン、冬には塩漬けした肉が出された。だが表の間で主人は客とラム肉や鶏肉を食べることのほうが多かったようである。食材はすべて農場で生産したが、塩だけは外部から調達した。

衣類についても同様であった。ほとんどすべてが自宅で織った毛織物や亜麻布で作られた。「店で買うのは主人の黒のボンネットと女主人のベルベット製フードぐらいだ」とロバートソンは述べているが、おそらくある程度誇張しているであろう。農場で働く女たちが紡いだ糸は、近隣の町からきた職人の手で織られ、洗い張りされ、染色されたあと、地元の仕立屋によって「女主人の監視のもと、表の間のテーブルで」衣服に仕立てられた。靴も同じように、冬期間の食糧である塩漬け牛肉をくるんでいた牛革を使い、農家を巡回する流しの靴職人によって一家のそれぞれの人の足に合った靴が作られた。しかし、女性と子どもの大半は裸足が普通であった。

自作農のほかに、ロジアンの農民社会には、地主の家に住み込みで働く独身の使用人と、地主の農場でなんらかの仕事を見つけて働く所帯持ちの小屋住み小作人《コッター》がいた。ロバートソンによると、一〇〇エーカーの土地を持つ自作農は、未婚の使用人であれば、農作業担当として青年を二人、牛飼いとして少年を一人、脱穀者として一人（少くとも冬季には必要）、家事や雑役をこなす手伝いを二、三人雇うのが一般的で、全員が自作農の家族とつねに同居していた。男性の使用人と地主の成人した息子は、奥の間の上の屋根裏部屋（もしあれば）に寝るが、馬小屋で馬と寝泊まりすることもかなり多かった。女性の使用人は地主の娘と一緒に台所で寝たが、強風で煙突から煙が表の間に逆流するようなときは、牛小屋で一夜を過ごすこともあった。使用人たちのなかで重きをなしたのは既婚の「熟練農夫《ハインド》」で、自分たちが暮らす小屋を与えられ、妻や家族と一緒に農場で働いた。これらの使用人以外に小屋住み小作人が不定期に雇用されていたが、それでも干し草作りや収穫期には間違いなく必要とされ、スコットランドの不安定な天候が穏やかなうちに、大急ぎで収穫を終えことができた。自作農から仕事を与えられないときは、五から一〇エーカー、広くても一五エーカーほどの土地で取れた作物でしのぐか、稼ぎを補うため、機織りや靴作りなどの副業に就いた。

これらの使用人階級全体の生活水準は、自作農より明らかに低かった。たとえば小屋住み小作人の家は、建材が前もって用意できれば一日で建ってしまうほど粗末な造りであった。石壁造りの小屋で、壁は高さが五フィート、幅と奥行きが一二フィートあり、床は土間、屋根は丸太で組み、わら葺きであった。煙突はどの家にもあるわけではなかった——多くの小屋では、暖炉から立ちのぼる煙を屋根に開けた穴のほか、ドアや窓ガラスのない窓から排気していた。このようなあばら屋であったから、家具といえば箱形寝台ぐらいであった。部屋の四方がくまなく囲まれていて、前方の引き戸からしか出入りできなかった。「こうした造りになるのはほとんど避けられない。家のなかに家があるような構造で、主人が住む家であろうと召使いが住む家であろうと、箱形の寝台は避難場所となった」(2)。寝台のほかにはひと組のたんす、スツールが二脚、調理用鍋一つと金たらいが一つ、木製のマグが数個、動物の角で作ったスプーン一そろいという品々で、小屋住み小作人の生活が成り立っていた。オートミールを週に約一八リットル、それに見合った量のミルクが現物払いされる熟練農夫の、賃金の大半であった。野菜類は自分の畑で育てたものを食べた。未婚の召使いは同額の賃金を受け取り、主人の屋敷に寄宿していた。未婚の召使いたちのほうが、肉料理にありつく回数が少し多かったかもしれない。

このような農民社会では、使用人や小屋住み小作人は自作農よりも貧しかった——その差は物質的な面においてさえも種類というより度合いであった。自作農は生産した食糧を市場へ出して現金収入を得、それでもってレルドへの借地料や、現物では払えない賃金を支払った。とはいえ、明らかに収入の大半は家族の生活費や雇い人の賃金に消えていった。小屋住み小作人や使用人が手にできる現金はほんのわずかであった。小屋住み小作人は、妻が農場で働くことが家賃の代わりとなり、食糧は自宅の菜園や畑で自給自足した。自作農と使用人は社会生活面での結びつきが強かった。同じテーブルで食事をし、夜は一緒に暖炉を囲んでいる。昼間は畑で一緒に同じ仕事をした。子どもたちは青春期まで厩舎《きゅうしゃ》や暖炉の周りなど、同じ粗末な場所で、動物と一緒に、部屋にこもる煙を吸いながら眠った。その上、読み物や宗教の好みも同じであった。自作農は宗教書を買って読んでいたが、熟練農夫は、その土地を通りかかった行商人からアーチボールド・ディーンズの『キリスト教徒カー最期の語録』やアレグザンダー・ピーデンの『予言書』や『聖戦』など、もう少し安い値段の小冊子を行商人から手に入れては、安息日の午後、一家でキリスト教の教理について問答し合った後、子どもたちに読み聞かせた。熟練農夫も自作農のように家族礼拝の習慣を持ち、聖書のこまかな知識を共有するようにした。農民社会が、平均的な生活水準がとても低かったにもかかわらず、だれもが書物や教訓書を所有し、ある程度の知識と権威をもって聖書について定期的に議論することを習慣にしていたというのは、農村社会の発展を考える上でとても驚くべきことである。

ロジアンの生活を当時の平均的なスコットランドの農民像と考えていいのかという疑問が出るのも当然であろう。たしかにスコットランド全体では地主と小屋住み小作人には基本的に身分差があったが、多くの地方では、一〇〇エーカーほどの耕作地を持つ自作農はまったく見受けられない。小作人が自作農やレルドに取って代わられる地域もあった——南西部地方の一部とほかの地方のところどころでよく起こった――が、自作農などの生活水準はたいていの小作人と変わらなかった。スコットランド全域で、小作人と小屋住み小作人の家では、家屋も食事もほぼ同じようなもので、家具と衣類も同じ種類のものであったと判断してよいだろうが、ロジアンの農夫はとりわけ豊かな暮らしをしていたようである。たとえば一八世紀のウィッグタウンシャーの地主宅も表の間と奥の間がある石造りで、泥炭地オーク材の床、わら葺きの屋根という構造であるが、奥の間の壁は漆喰で仕上げられてもいなければ厚板も渡されておらず、青年たちが寝る屋根裏部屋もなかった。同じ州の小屋住み小作人の家にも表の間と奥の間があったが、奥の間には飼い牛が同居し、双方の部屋を区切るために箱形寝台が置かれ、牛が暖炉に近づかないようにしていた。ある著作者は、自分の母親は心得たもので、飼い牛が背後で二度めの排尿をする時間を見計らって、ポリッジを火にかける、と書いている(3)。アバディーンシャーのマニームスクのサー・アーチボールド・グランドが、土地差配人に、居住者を立ち退かせる際、小屋住み小作人の家を農場の掃き溜めに捨てるよう命じた理由もこれでわかる(4)。

ロジアン以外の農夫たちが自作農や熟練農夫と同等の信仰心を持ち、しかるべき教育を受けたかどうかは、各地域間の比較からは十分に明らかにできない。ロジアンの最下層に位置する農夫のあいだでも、エアシャーのレルドやバーンズの詩「小作人の土曜日の夜」の登場人物のように、宗教への関心が高く、熱心に文字を学んだ者がいたという証拠が残っている。

楽しい夕餉がすむと、
みんなまじめな顔をして、いろりまわりをぐるりと囲む。
父は家長らしい風格を持って、
かつて彼の父親の誇りであった大きな家庭用聖書をひもとき……

このような光景が、ローランド地方南部の多くの地域で見られたことはたしかである。テイ川を越えた北部のローランド人のあいだでも正式な読み書きの教育が普及してはいても、読書に対する熱意や庶民の宗教感情が徹底した高みに達していたかははっきりしていない。歴史学者らがまだ詳細な全体像を解明していないだけなのかもしれないが、ロジアン地域の社会が農民の生活水準が、それなりに最高度に達していただけでなく、識字率と宗教知識の水準でも最良の状態にあったと推察しても間違っていないであろう。この点については一八章で改めて考察する。スコットランドの農業革命が首都周辺の地方固有の知的特性にどれほど大きな影響を受けたかを考えることは興味深い。

二　農民階層の形成

農業革命末期に出現した一九世紀の農民は一八世紀のその革命が始まりかけた時期の小作人とは大いに異なる。自作農はわずかな資産を持ち、その日暮らしで、使用人と住居を共にし、口伝で受け継がれた、ほとんど旧来の方式で農業を営んでいた。その農民に取って代る農民は財産を持つ資本家で、中産階級の豊かさと将来性にあふれた人々であった。彼らは「土地持ちの利権」という自意識を見せつけるような、石造りの複数階建ての家に住み、監督対象にあった労働者とは明確な、そして厳格な区別をつけた。したがって、高い地位への上昇志向と社会の大幅な格差とが釣り合い、主人と使用人とのあいだに大きな溝が生じた。

新しい使用人も器用に農業をこなし、同時代の企業家や有力者らは、すぐさま農業改革における主要原動力と考えるようになった。イングランドの著名な人口統計学者マルサスは、一八一〇年の旅行記に次のように記している。「スコットランドにおける農業の改良は、第一に小作人の資本力と技能の向上による成果であり、地主の資本力による成果ではない」(5)。また、一世代あとのジョージ・ロバートソンも、マルサスとほぼ同様の意見を述べている。「耕作方式の改良と輪作による大幅な改良は、ほとんどすべて農民自身の力によるものであり、地主が関与した事例はないに等しい」(6)。彼らの意見は部分的には正しいが、新時代の農民自身が、サンザシの生け垣やチェヴィオット種の羊が導入されたのと同様、意図的かつ人工的に育成されたという事実を見落としている。自分の土地の改革に乗り出した一八世紀のレルドもまた、そこで働く小作人の改革に着手していた。

農園の改革に際して、レルドが実行しようとする方法はいくつもあり、耳を傾けたいと思う忠告もたくさんあった。権威ある立場にあった人々はみんな、一般論として、伝統的な小作人階級は怠惰で融通がきかないので、技量のある連中にだけできるかぎり条件の良い耕地を与え、耕作を奨励すべきだと考えていた。彼らはまた、土地が再編されれば、さらに広い耕地が当然割り当てられるということでも意見が一致した。

小規模農場は資本が不十分な上、二エーカー未満で囲い込まれた細々とした土地では、劣悪な農業が行われているという調査結果は、何度となく言及されており、この結果が覆ることはないであろう。貧しい農民はだめな者ばかりで、賃料が低くなれば低いほど小作人は貧しくなり、農業の質は低下する。無為と怠惰は蔓延する。小規模農場は、才覚と資産のある人から見放されている(7)。

こうした二つの考えが広く行きわたっていた一方、囲い込みされていない土地の小作人すべては、新しく囲い込まれた土地の農民になれる希望を持てないのは明らかであった。耕作地を拡張するだけでこの過激な状況はある程度緩和されたが、それでも彼らの多くは土地を持たない労働者階級に落ちぶれていった。土地を確保できた農民の階級はますます上がっていった。一七九六年、トマス・ロバートソンは土地所有者に、次の条件で小作人に農地を確保するよう奨励した。すなわち、それぞれの農民に一年を通じて管理に携われるだけの土地を持たせること、農民本人は農場で個人として手作業に従事してはならないこと、農民は仲介人や農場管理人を置かず、あらゆる管理業務を引き受けること、正規の賃貸契約に相当する担保を提出すること、「妥当な小作料」とされる金額を支払うこと、である(8)。実際、小作人は耕作や労働管理の能力に長けていなければならず、しかも資本を蓄積したり、生活水準を高める機会は奪われないものの、収穫の大部分を搾取されることになる。かつての自作農の時代では考えられなかったことである。

農業を改革するのに決まりきった方法はなかった。農業革命が早く始まった地方では、農民の地位向上はたいてい比較的ゆるやかで、数世代にわたって進展していった。一七六〇年代までは、カブラ栽培や石の防壁造りをいいつけるレルドの気まぐれを快く聞く耳をもっていた小作人は、家族に将来への夢を持たせることができた。なぜなら、地主から使用人

18世紀初頭にガートシェリーのベアード家が暮らしたウッドヘッド農場と、彼らが1808年に移り住んだハイ・クロス農場。住居の快適さが増しているのが見てとれる。とはいえ、1808年の住まいも幼い子どもにとっては改善が望まれる点が多かった。「ジョン・ベアードと兄弟たちは……屋根裏部屋で眠っていた。冬には、目を覚ますと瓦のすき間から吹きこんだ雪が布団に降りかかっていることも珍しくなかった」

のなかでも最も「勤勉」で、「賢い」と認められた小作人は、それ相応に、広い土地を借りることができたからである。彼らがある程度の用心と分別をもって新しい農法を取り入れ、土地を駄目にせずに済んだ（レルドのいったことをすべて福音として真に受けるなら、話は別である）。五〇年後に物価や小作料が上昇したときに、小作人たちは見返りを得たのである。同時代の記録によると、一般的な地代は一七〇〇年から一七五〇年までは変動がなく、一七六三年から著しく上昇し、一七八三年から一七九三年のあいだで二倍に、また一七九四年から一八一五年にかけてふたたび倍増した(9)。それまでにすぐれた技術による耕作や安定した土地の賃貸を経験した農家は、初心者よりも効率よく利益を上げ、資産を蓄積できる立場にあった。したがって、地元の地主が土地を競売や入札に出すと決めると（優良な農民には土地の保有を保証する手だてが必要だと農事評論家が主張したにもかかわらず、一七六〇年から盛んに行われるようになった）、近隣の農民より高値で買い取る資力があった小作人は、農地の規模をさらに拡大していった。その一方で、レルドが保有地の平均的規模を広げることだけを考えているなら、保有地を広げる機会を最もうまく利用できる資本と経験を持つ小作人をかかえておくほうがレルドにとってやはり有利であった。この原則をもとにごく初期に参入した農民の台頭が加速した。競争がだんだん激しくなる環境のなかで、農業技術面での判断力と抜け目のない商いの才覚を持ち続けた農家は、いく世代かで、非常に急速に、着実に、そして自然な形で上昇を遂げたので、過去との決別は目立たないものであった。ロジアンの平均的な農家は、危機に直面してそれを乗り越えたというよりむしろ、次々と到来した好機を手中にし、有利なものとして利用し、それを次の段階の足がかりにして社会的段階を登りつめたと考えていた。このようなものの考え方は、一九世紀初めの数十年間のロジアンの農民層が持っていた高い誇りと自尊心の一因ともなった。

ロジアン以外での農業革命の影響は、ひとつのカタルシスのような衝撃であったかもしれない。サミュエル・ロビンソンは、ロジアンとは農業的観点で対極に位置するウィッグタウンシャーでの生活を生き生きと描いている。ウィッグタウンシャーは一九世紀末まで地方特有の旧態依然とした農村社会で、ほとんど変化することがなかった。自分の意志で持っている土地に対し、昔ながら地代を昔ながらのレルドに支払う。立ち退きを要求されて土地を失う恐れはほとんどない。土地は、広々として隆起のある石の多い畑と、水たまりの多い広大な沼地、ハリエニシダの高い茂みがあるところであった。「魔術のような変化を生んだ」危機が訪れたのは、ボールドゥーンの古い農場をギャロウェイ伯爵一族に売却した一七八七年以降のことであった。新しい所有者はすぐにウィッグタウン裁判所で公開の競売を始め、最高額入札者に土地を賃貸した。競売にはスコットランド全土から農民が集まった。

地代は、ギャロウェイの農民にとって想像を絶する高い額であった……精力と資本を持つ者が畑に入り込んできて、大改革は、農民たちのささやかな夢をすっかり奪ってしまった。手になじむ不格好な木製のすきは過去のものとなり、鉄製の農具は、大地を切り開き、岩を砕く、「大きさも形もさまざまな金属の機械」の「ようなもの」に取って代わられた。排水工事や垣根作りがどんどん進み、その勢いにまさに驚くべきものであった(10)。

ウィッグタウンシャーの農家にとってはもはや逆戻りできない状態になっていた。引き上げられた地代に異議を唱えるか、追い詰められた末、よそ者が土地を買い上げるのを見守るか、どちらかしかなかった。ほかの多くの村もおそらくそうだったであろうが、ウィッグタウンシャーの地元民のなかでも本当に能力のある者は、ひと晩のうちに村を見捨てて出て行った。ロビンソンが続けて書いているところによれば、不運なボールドゥーン売却の一九年後には、競売で手に入れた土地を保持していたのはわずか三世帯で、全員がギャロウェイ出身者であった。ほかのよそ者たちは、新農法を強引に推し進めたものの、買い上げたとき当地の天候や地理的環境に無知だったため、開墾は失敗に終わった。ボールドゥーンの農場にいた小作人のうち、近代農業への転換を図れなかった人がどの程度いたのか、当然知るよしもない。また、一九年後にボールドゥーンの農場で働いていたのは、三世帯のギャロウェイ出身者以外は誰だったのかも判明していない。

農民階級は、一八三〇年代になっても、ローランド地方の各州がまとまりのある集団となり、価値観や豊かさの水準、農地の規模、管理手法がどこでも均一であるという状況には至っていなかった。一八一四年発行の『一般報告』では、狭い地域内で大きな格差が生じていたことを立証している。ピーブルズシャーでは、ムアフットで数千エーカーの牧場を営む「裕福でとても見識が広い」商店主の層と、渓谷で「わずかな資産を持ち、監督役を務めることはほとんどなく、普段は自分の畑を耕している」貧困な耕作者層に分かれた。地域の規模によっても大きな格差が生まれた。南東部のアンガス、パースシャー、ベリックシャー周辺に位置する耕作地の平均面積は各州とも約二〇〇エーカーだが、二〇〇〇エーカーに及ぶ農場もあった。ところが、エアシャー、ラナーク、レンフルー、ダンバートンなど西部の州では、二〇〇エーカーに達する農地はほとんど存在せず、ダンバートンシャーの平均耕地面積は七〇エーカー程度にすぎなかった。北東部のアバディーンやバンフで家畜を飼い、トウモロコシを栽培する農家は、両極である南東部と西部のちょうど中間にあたる(11)。

一九世紀の初めになっても、農民は、耕地面積が狭いほど、先祖に近い農法を採用していた。「一般的に農場が非常に小さい場合、農民に対してめざましい改良の効果も、意欲の高まりも期待できない」と、ドクター・ジョージ・スキーン・キースが記している。「ダンバートンシャーの小作人は保守派で、教育もわずかしか受けておらず、先代のやり方をやみくもに踏襲している」。スコットランドの大部分の地域では、こうした農民が一八三〇年代になっても大多数を占めていた。「ほぼ全員が、知識、教養、行儀作法の点で小作農の水準を上回り、多くの点で地方のジェントリーの品性を身につけている」ベリックシャーのマース（肥沃な低地帯）で大規模な農業を営む小作人とは大違いであった。「王国のなかでもほかのどの地域にもひけをとらないと認められている」イースト・ロジアンの農民たちとは当然ながら比較にならない。イースト・ロジアンの農民についての、キースの記述は所有していた豊かな興味深い。

これは、主として、彼らの祖先の多くが非の打ち所がない模範的な農業を実践したことや、彼らの大半が所有していた豊かな資産それに、彼らの受けた高水準の教育のおかげである。彼らの教育は、多くの場合、大学で仕上げられたが、その教育によって人生の早い時期から自由なものの考え方を養ったことで、彼らはトゥイード川の両岸に位置する同業者と交流し、あらゆる有用な改良策について最も適切な見解を得ることができた(12)。

このようなロジアンの農民が土地を基盤にして新たに生まれた階級の典型例となり、また、豊かな暮らしを実現させた、例の自作農の直系の子孫でもあることから、ここでふたたび話を戻し、小作人階級そのものが社会的枠組のなかで地位が上昇し、変化するにつれて、農業革命が、経済的に最も有利な状況において、どのようにして小作人階級の生活水準を向上させ、変化させせたかを検討しておく必要がある。

ジョージ・ロバートソンは、農家の調度品に反映された、変化の第一段階の様子を生き生きと書き表している。オーク材製の家族用大食卓は外国から輸入された、より繊細なマホガニー製のものに取って代わられた。また扉つきの箱形寝台(「家」のなかの「家」)は、四方をダマスク織りの布で覆った豪華な四柱式寝台となった。炉格子、羽毛ふとん、姿見、気圧計など、細かな調度品にも新たな変化があった。農民は、産業革命で安価な製品が手に入るようになった恩恵に浴した。たとえば「一七六三年にスタッフォードシャーのジョサイアス・ウェッジウッドが世に送り出したクリーム色のエレガントな陶器」は「数年で国中に普及した」。レルドの好みにならって、一〇〜二〇年ほど遅れて、陶器製の茶道具やパンチボウルが普及した。ランカシャーやラナークシャー産の綿織物が、分厚くて目の粗い毛織物やリネン織物の天下を脅かし始めた。近年における化学繊維の台頭に匹敵するファッション革命の始まりであった。このようにして当時の流行はとうとう次の段階へと進む。

結局、単純な形態の旧式農業が衰退し、より洗練された、資産を持つ市民が台頭した。きらびやかなテーブル、ワインクーラー、ソファ、長いす、なによりもエレガントなピアノといった調度品のほか、忘れてはならないのは上質な布で作られたカーペットである。こうした品々が農夫の奥の間を飾る調度品となった(13)。

このようにすばらしい調度品に見劣りしないよう、農家はすっかり見違えるほど立派になった。サー・ジョン・シンクレアは『一般報告』で、次のように述べている。「最近の農家は、農業改革の進展と農民の生活状態の改善が、ほかのいかなる時期よりも進んだことを明らかに示している」。彼は特に、読者である農民に推奨する四件の設計案を世に送り出した。そのうち三件は、ひと世代前なら領主が自慢したくなるような中流層向け住宅であった。残り一件は実際にイースト・ロジアンのティニングハム近郊で八四七ポンドの売値で建設中であった。均整の取れたジョージ王朝風の二階建てで、石造りのスレート葺きの屋敷であった。一階には三部屋の大きな家族向けの客間があり、台所、洗濯室、搾乳舎は別に用意され、使用人がそこで働き、食事を取った。二階には三部屋の寝室があり、一室は夫婦向け、一室は娘たち、もう一室は息子たち用の部屋であった。さらに大きめの子ども部屋があり、併設した小さな部屋はお手伝いにあてがわれた。シンクレアの計画では、大きく二つの社会階層区分が明確に定められ、ほかの二軒にも適用されていた。大規模なトウモロコシ農園の一家の場合、農園労働者の厨房は主人の厨房とは別に作られ、さらに裏の厨房があった。二階には家族の寝室が四部屋あるが、「召使い用の屋根裏の寝室」は別の階段を使うようになっていた。一〇〇エーカー未満の小規模な小作農向けの設計の場合は、かつての自作農の住居と同じで、表の間と奥の間の二間のみとなった。台所と居間のほかに物置や食料貯蔵室、流し場、搾乳舎があるという基本設計でも、上の階には三部屋の寝室があった(14)。シンクレアの描いた図と似た構造の家屋は現代のスコットランドでも数百軒残存しているが、古い建物を一掃しようという動きが活発で、現在のローランド地方で一七八〇年以前の農民の生活しのばせてくれる建物はごくわずかである。

家具が上等になり、家屋の形状が変わるにつれて、農民の知識や著作物への関心もまた変化し始めた。ジョージ・ロバートソンは、家庭礼拝や聖書に親しむ習慣がすたれていくさまについて嘆きながら書いた。それまでの宗教書に代わって「必ずしも害がないとはいえない作り話」が読まれるようになったことを目にとめている。とはいえ、結局のところ、彼が最も注目したのは、事情を知っている人はみんなびっくりするほどの知識欲に駆られて農業技術書が読まれていることであった。一八〇三年、スコットランドの政治家、ヘンリー・ブルームは、次のような書簡を不動産管理官のジェイムズ・ラックに送っている。

『農業者雑誌』が四二〇〇部売れました。そのうち、三〇〇部はアイルランド、およそ一〇〇〇部はイングランドで売れたものです……。それとは別に、本島の二カ所でほかとは異なる売れ行きの動向がある点に注目しています。注目すべきなのは部数ではなく、購買層なのです。イングランドで本誌を購入するのはジェントリー階級に限られています。ところがスコットランドでは、領主のみならず農民までもが購読しているのです(15)。

このようなことで、息子を大学に、娘をエディンバラの寄宿学校に送り出し、妻を馬車に乗せ、本を読んで成功への道を歩んだロジアンの自作農の孫については、一応の検討を終えたことになる。ロバートソンは、「彼らは農作業で肉体をあまり使わなかったが、勤勉さと農業経営への意欲で先代に優っていた。……農民たちの力によって、スコットランドが豊かになると同時に、彼らの知性も一層豊かになっていった」と、この上なく的確に述べている(16)。

三　土地を持たない農業労働者

昔からの小作人のなかに、成功して資本を持つようになった農民が多かったことはこれまで見てきたとおりである。また、同じように小屋住み小作人のなかからもこのような高い地位に上り詰めた者がしばしば出たのであった。オクタータイアのラムジーは、ベリックシャーの熟練農民から身を起こして、ヒューム伯爵が所有する「ハーセルの大農園」の初代監督を務めたジョン・ハンターの成功物語を紹介している。ハンターは投機的事業をいくつか成功させたのち、スターリングシャーの裕福な小作農になり、死亡時に八〇〇〇ポンドの財産があったという。「それまでの農法の欠点を十分に正した新農法で、徹底した改革を推し進め、財を成した数少ない人物のひとりであった」(17)。

ハンターに劣らず運に恵まれ、意欲的な農民であったにもかかわらず、先祖代々続けてきた低い身分をかたくなに守るつつましい農場使用人が非常に多かった。また、労働者としての身分に成り下がる、弱小の小作人はさらに多かった。ジェイムズ・サマーヴィルは成り下がった農民のかなり典型的な例である（息子のアレグザンダー・サマーヴィルは一九世紀の労働者階級についての古典的な自伝の一冊を著した）。サマーヴィルは当初、オッホルズの小規模自作農だったが、地主の土地合併計画によって土地を失い、荷馬車屋として生計を立てようとアロアへ移った。ところが、一頭しかいなかった馬が死んでしまい、代わりの馬を買う資金もなく、ファイフのライムキンで港湾労働者としての働き口を見つけた。同じ職場で働いていた兄弟が、船倉にたまった石灰の粉塵が原因で起った痛ましい事故で犠牲となり、その仕事から足を洗った。彼は、ハンターの出発地となったベリックシャーの新農法を取り入れた農場で、農業労働者、耕作者、石切工などの職を転々とし、ときには非常に危険な目にあいながらも働いて、生涯を終えた。出世したハンターのようにではなく、サマーヴィルのよう零落していった人がはるかに多かったのである。

このように、土地で生計を立てていた人々の大半が賃金労働者であるか、賃金労働者になるしかなかった。寒村部でこの階級が占める割合は一八三〇年に近くなるほどますます増加した。したがって、一八三〇年までに賃金労働者の生活が向上したのかあるいは悪化したのかという議論は、農村部に住むスコットランド人の大多数にとって、農業革命が恵みであったのか災いであったのかと問うことに等しい。答えの大勢は現在では明らかである。すなわち、この改革の時期のどこをとっても、農民の生活水準が急激に、あるいは長期にわたって、向上もしなければ、低下したこともなかったのである。一八二〇年代の平均的な雇われ労働者は、物資の面では一七六〇年代までの世代よりも恵まれていた（ただし、高度の熟練者でない限り、それほど豊かな暮らしをしていたわけではなかった）。一八世紀半ばまでの小規模小作人よりは暮らしぶりがよかったことだけは間違いない。だが、一八二〇年代以降については比較対象となった年代によって、また、該当する農場労働者の厳密な立場の違いによって答えが大きく異なってくる。

問題を複雑にしている要素のひとつに、多くの労働者が慣例的に賃金を現物で支払われていたことがある。既述のとおり（五章一一六頁以降を参照）、スコットランド全土における農場運営についての最も早い状況調査である、一六五六年のミドロージアン治安判事による賃金評価では、農場に自身の小屋を持つ熟練した既婚の作業者には現金で支払われたことをうかがわせる記述はまったく見当たらない。熟練農夫や兼業の熟練農夫、羊飼い、家畜小屋労働者の賃金は、ボール単位でオーツ麦やエンドウ豆が現物支給され、自給用の穀物を育て、牛を一頭か二頭飼える程度の土地が与えられた。この評価によると、総収入のうちわずかでも現金を受け取っていたのは、主人の家に住み込みで働いていた使用人だけであった。

現物による支払い制度はその後変更があったものの、撤廃はされなかった。ロジアンの熟練農夫の報酬は一八二〇年代になっても一部が穀物で支払われていた。毎年「決まった量のオートミール、大麦、エンドウ豆を、それぞれ一〇、三、二ボール程度」支払われた。このほか、牛一頭分の牧草、収穫した食糧、一六分の一エーカーの畑の所有権が与えられた。大家族を抱えているのでなければ、彼は村の商人や現物で支払われていない人々に食糧の一部を売った。とはいえ、熟練農夫はのちには総収入の半分から三分の一程度の報酬も現金で受け取るようになった。熟練した耕作者になると、一八一五年の時点で年間一五～二〇ポンドの現金を受け取っていたと思われる(18)。同時期の未熟な農場労働者、すなわち「日雇い労働者」は農場の建物から離れた場所に小屋やあばら屋を持ち、ほぼ全額を現金払いで受け取っていた。熟練農夫のように牛を育て、食糧を大量に貯蔵したければ、労働で得た現金で雇い主の農民から牧草やトウモロコシを市場価格で購入するしかなかった。

このように二種類の支払い方法が入り混じっていたことで、歴史家にとっては実質賃金の水準を算出するのが困難になる。ということは、報酬を現物で受け取っている熟練農夫やそのほかの優遇されている熟練労働者が、トウモロコシ価格が急騰したとき（一九六〇年代、一七四〇年、一七八三年、一七九四年から一八一八年のあいだに数回起こった）に、比較的に損害を受けなかったのに対し、だんだん数が増えていた未熟な労働者は現物で支給されることがなかったために、熟練農夫の家に住み込んでいないかぎり、過酷な貧困に耐えなければならなかったということでもある。穀物価格が下落した年には労働者に支払われる現物支給によって、熟練者と非熟練者のあいだに起こる格差は事実上縮められたであろう。反対に、穀物の価格が高い年にはその格差が、特に失業が深刻な場合は、大幅に拡大したであろう。

同時代の報告書と、現在入手可能な賃金と物価に関する数字をもとに、農場労働者の盛衰の移り変りを、大まかではあるが簡単にまとめることができる。一八世紀半ばまでは――すなわち農業革命が本格的にはじまるまでは――どの面から見ても、変化のはっきりした兆候はほとんどない。主な改良は目立たないものであった。深刻な飢饉に見舞われた一六九〇年代後半に、オートミールと大麦の価格は下落し、そのまま驚くほど安定して推移したが、長期的にはわずかに上昇傾向にあった。人々は飢えで死ぬことはなくなったが、一七五〇年代の身なりや、住居、衣服、あるいは賃金の水準が一〇〇年前より向上したことを示す証拠はどこにもない。

その後の四〇年間に目ざましい変化が起こり、生活は向上した。その最後の段階の一七九〇年代にスコットランドで公表された第一回統計報告によってその変化の内容を知ることができる。また牧師たちの報告もすべてそれと同じ内容を示している――現金払い賃金は一七五〇年代と一七六〇年代にそれぞれ数回大幅に上昇し、それにともない物価も上昇したが、所得ほど顕著な伸びを示さなかった。実質賃金と生活水準は、当時の家庭の購入品や食事、調度品からわかるが、国内全体で向上していた。この時期の所得の上昇率は、熟練していない農場労働者と耕作者がほぼ同じ程度に高かったようである。両者の現金払い賃金がほぼ倍増したのに対し、穀物の値上がりは約三分の一にとどまっていた。最も待遇が良かった時期は一七七〇年代半ばから一七八〇年代末までで、労働賃金の上昇が加速し、食糧価格を大幅に上回った。それから一〇年後の報告のなかで、牧師たちは、小屋住み小作人たちが二〇年前に初めて消費し始めた多くの品物――ジャガイモ、茶、砂糖、米――とともに、現在大量に消費している品物――バター、肉屋が扱う肉類、生鮮野菜――をあげている。その結果として温めて牛乳に入れる動物の生血、野草、粗雑な豆や大麦などの消費量は減っていた。それでもやはり主食はオートミールで、ジャガイモなどは副え物であった。主食の座を脅かされることのなかった「不滅のオート麦ビスケット」(ウィッグタウンシャーの労働者が名残り惜しんでつけた絶妙な呼び名) は一九世紀後半もかなり進んだところまで生き残っていた。

衣服の質も一八世紀末に向上した。きめの粗いリネン織物の国内消費量が上昇し、一七八〇年代からは、相次ぐ技術革新によって価格が下落した綿織物がリネンの競争相手として参入した。安価できめの粗いスコットランド製毛織物の売上も一七六〇年以降上昇したのは、貧困層の購買力が高まったこと以外に原因は考えにくい。靴も同様の傾向を示した。最も貧困な女性や子どもたちはまだ素足であったが、以前は靴がなくても平気だった層の多くが靴を買い始めるようになった。一七九〇年代までには、スコットランドの一部地域で九軒の靴職人が、一〇〇〇人の顧客を相手に仕事をするようになった。輸送手段の発展と炭坑の増加によって燃料価格が下落し、石炭を使うパースシャーのある著述家は次のように語っている。「私はほんの数年前、いくつかの地域を旅行したが、人々はひどく貧乏で、どの額にも貧困が刻まれ、どの顔にも飢えが塗り込められていた。労働者たちは、彼らのぼろの衣類もみずぼらしい小屋もとうてい寒さをしのげるものではなかったが、今や労働者たちは、父親世代の丈の長い服やのろのろとした歩み、無気力なまなざしを捨て、丈の短いダブレット、リネンのズボンを着用して、自分のもうけを得ようと働人のきびきびした足どりを見せていた」(19)。ロジアンの熟練農夫――当時も高い賃金を得ていた農村労働者――は、ベルベットのチョッキにコーデュロイの半ズボン、カーフスキンの靴、ネクタイおよび半ギニーの帽子というでたちで教会に姿を現わしていた。腕時計を買う者さえいた。

したがって、『統計報告』の時期に描写された様相は多くの点で活気のあるものであった。大多数の所得はまだまだ少なく、深刻な赤貧にあえぐ貧民がいたとはいえ、スコットランド人の大多数の物質的な生活水準は着実に向上しているという紛れもない認識を、外国人が抱いていたのは間違いない。だがその後二〇年間に、同世代の著述家たちは、貧困層にとって状況が改善されているという確信が抱けずにいた。一七九三年に勃発し一八一五年まで続いたフランスとの戦争は、急速なインフレを伴い、穀物価格を上昇させ、同時に、何度かの壊滅的な収穫減をもたらした。その間の歳月は農民にとって悪しき影響を与えることはなかった。利益も地代も上がり、囲い込み体制や農業技術が急速に変化し、食物市場の先行きは明るかった。賃金も確実に上昇した。問題は、賃上げがインフレ追いついていけるかどうかであった。熟練労働者の腕前は一流であったおかげで、固定手当として支給されていた肉と牛乳がインフレの緩衝材となり、戦時中の物価高騰にも十分対処できたのかもしれない。熟練していない労働者（農民の圧倒的多数を占めるが、その多くが熟練農夫の家に住み込む若者たちだった）の立場は思わしくなかった。彼らの賃金は、耕作者の賃金ほど短期間で、物価の上昇には追いつかなかった。大部分が現金で支払われたので、一七九九年、一八〇〇年、一八一二年、そして一八一六年に襲った不況で、トウモロコシ価格が一七九〇年代の二倍以上に跳ね上がったとき、彼らはひどく苦しめられた。この時期を生き延びたある労働者はそれがどのような状況であったか書き記している。

二、三年分の人間の食糧を確保するため、普段の生活のあらゆることを切り詰める——毎日少しずつ若者の心臓から血が無駄に流れ、長引く飢饉があったかのように消耗し、真っ白な骸骨のようにやせ細る——それは悲しい出来事であった。腹をすかしたまま冬の冷たいベッドに寝る……眠れば食べ物、ゆでたジャガイモの夢を見て……目が覚めると「魂がからっぽ」だと思い知る。ただそのときの気持ちを打ち明けても、心から共感してくれる人はだれもいない。悲しい体験をせめてわかってほしいと思う人もほとんどいない(20)。

ところが飢饉による死者は出なかった。辛い時期ではあったが、スコットランドの国中で死者が出た一六九〇年代と状況は変わっていた。

ナポレオン戦争終結後一、二年のうちに物価水準が下降を始め、一八三〇年までには穀物価格は多くの地域で一七九〇年代当時まで下落した。だが農業従事者の賃金水準はほとんど低下することがなかった。賃金の一連の相場を『第一回統計報告』と四〇年後の『新統計報告』とで比較したA・J・ヤングソンは、一七九〇年から一八三〇年のあいだに、熟練農業従事者の現金報酬は五〇〜六〇パーセント上昇し、非熟練労働者のそれはおよそ三分の一上昇したと述べている。ヤングソンがいうように、耕作者の技能が「著しく向上し」、地方の労働者の大多数の熟練度水準が「一七九〇年頃よりも多少上昇した」ためであろう(21)。一八二八年に、ジョージ・ロバートソンがミドロージアンの非熟練農場労働者を対象に実施した調査結果でも似たような見解が示唆されている。本書では二四七頁に調査結果のグラフを掲載している。その一方で、雇用の状況をこまかく分析すれば、いく分暗い面が見えてくる。ワーテルローの戦いに加え、デフレーションをともなった農業収益の落ち込みによって労働力が過剰になり、その解決は徐々にしか進まなかったようである。早くも一七八〇年代に登場し、広く使われるようになっていた脱穀機は、東部沿岸地域の農場まで普及し、それによって冬季に職を得ることが一層困難になるという問題が生じていた。単に賃金を検討するのではなく、スコットランドが農業で得た「所得」の算出を試みた唯一の歴史家である、ボウリーとウッドは、一七七〇年から九五年にかけて所得は倍増したが、一八三〇年までには四〇年前よりもそれほど大幅な上昇を示していないと断じた(22)。ゆえに、当時の景気動向をどのように見ようとも、一七九〇年以降には景気後退あるいはわずかな景気上昇があったということが、証拠に基づいて提示できるせいぜいの解釈なのである。

所得以外に、農業従事者の生活もについて別の面から検討しなければならない。まず、農作業における女性の立場についてである。少なくとも南東部では、はるか昔の一七世紀半ばまでは、労働者が借りたひと間の家賃は、妻の労働によって支払われた——一六五六年の記述によれば、ミドロージアンの女性たちは穀物の刈り取りとそれを脱穀機まで運ぶ作業のほか、家畜小屋の汚物を外に出す作業、それを畑に散布する作業、荷車での運搬、穀物のあおぎ分ける作業といった労働を義務づけられ、金銭や現物による報酬は一切支払われなかった。一八世紀には、この慣習が少しずつ改められた。カブが導入され畑の掘り起こしや栽培に年間少なくとも半年を要するようになったため、今まで以上に定期的な女性の労働力が畑で必要となった。カブ畑での労働は日払いであった。耕作者の扶養家族は労働を拒否できなかったが、新たな収入が家族にもたらされ、世帯によって貧富の差がかなり生じたに違いない。一八〇〇年までには、ロジアンの一般的な小屋住み小作人の雇用条件に、収穫期の刈り取り作業と脱穀の荷運びを無償で行う女性の「屋外労働者」を提供する義務、(一年に二〇日、三〇日、四〇日間無償で重労働することがある)、さらに、女性の日雇い労働者が、最高時給一ペニーで一日一〇時間労働する義務が含まれていた。

このような屋外労働者を無償で提供する制度のほか、一家の年少の男の子が日給六ペンス以下で家畜の番をするよう強制されたりする事実があったことから、耕作者の家族全員が雇い主である農民の意のままに労働に駆り出されていたといえる。地所を失い、熟練農夫となった低収入の小作人が、物質的には一家の収入が増えるからといって、扶養家族を屈辱的に差し出す行為に憤りを感じなかったとはとても思えない。この時期の熟練農夫は土地を転々とする集団へと転じて評判が悪く、農業従事者を機会である雇う年に一度の市をうまく利用しては、雇用者からすれば気まぐれとしかいいようのない理由で、別の雇い主を渡り歩く行為をたびたび繰り返していた。しかし、わずかでも条件のよい雇い主――普通より気前のよい、思いやりのある人間――を探し出せば、当時の状況では、家族の生活が想像以上に豊かになったかもしれないことは明らかである。こうした状況が家族の生活を逆の意味でおびやかすことになった。

このような境遇にある小屋住み小作人の住環境は一九世紀初期になっても、一六五〇年代よりもいくぶん向上したにすぎなかった。それでも家屋は以前よりも耐久性のある建材で建てられ、作りつけの煙突のおかげで、少なくとも暖かく湿気が少なくなっていた。アレグザンダー・サマーヴィルは両親と彼を含めた八人の子どもが住んだベリックシャーの「一並びの小屋の一軒」について次のように述べている。

およその広さが縦一二フィート、横一四フィートの家で、それほど高さはなく、大人の男性が身をかがめずに入れる程度である。天井はなく、屋根の瓦が下からそのまま見える。地面を覆う床もなく、戸棚や壁のへこみもない。火格子はあったが鉄棒がないのは、小作人がいったん運びこんで取りつけたのを出ていくときに持ち去ったからである。箱形寝台以外に部屋を隔てるものもない。桟で四つに区切られた小さな窓が一カ所あるだけ。このような家であった。それでもスプリングフィールドの熟練農夫の家に住まわせてもらえるよう、母は刈り取りや収穫、積みわら運びの仕事をした(23)。

窓でさえ必ずしも家の必需品ではなかった――サマーヴィルは自分の両親が「ガラスのはまった窓枠をひとつ作り、ベリックシャーのあっちこっちで何度か別の家へに引っ越すたびに、この窓枠を携えて移動していた」と説明している。スコットランドの農園の家屋や雇用条件はどん底まで落ち込んだが、耕作者向けの小屋のほか、独身の働き手や季節移動労働者に宿所を提供する制度が普及した。ここにも大いに資本力のある東部の農場がほかよりも条件に恵まれているという特色が見られる。大規模農場で穀物やカブ、ジャガイモを栽培するには比較的大人数の労働力が必要であるのと同時に、雇い主の家族が心おきなく暮らせるよう、雇い主と労働者を同居させないという決定が下されたからである。それまでは移動労働者の集団――たいていはハイランド地方か周辺の自治都市出身の刈り取り人――が知られてはいたが、今やその数はおびただしく増えていた。彼らの多くはアイルランド人で、「六人のマイケル――老マイケル、若マイケル、大マイケル、ちびマイケル、歌うマイケル、レルドのマイケル――がいた」(24)。というサマーヴィルが少年時代に出会ったアントリム出身の一行に似ていた。マースの気取った農民は、こうしたアイルランド人たちと一緒に家族の暖炉を囲むことがないようにと専用の住居を用立てたのである。

独身農場労働者の宿所は、男性が住む簡素な小屋にすぎなかった。クロマティの石工、ヒュー・ミラーは青年時代に、農場の建物の補修作業のため、親方と一緒にスコットランド北東部を渡り歩いていた。ミラーはときどき大勢が住む広い小屋に滞在したが、以下は、彼が見習いとして宿所暮らしを始めたばかりの頃、コノン川流域の大きな小屋で過ごしたときの記録である。

奥行きが三〇フィート未満の、切妻まで吹き通しになった、さびついたトウモロコシ窯のような小屋のなかに、二四人の労働者がひしめいていた。荒削りな板で作った粗末な寝台が両側にずらりと列を成していた。切妻の片側の壁面に沿って火が燃えていた……しらふの労働者数人がオート麦のクッキーを「焼こうと火にかける」作業に精を出し、さらに多勢の労働者が同じようにしらふで、夜食のポリッジを煮ていた。だが、その小屋の前に陣取っていたのは、酔っぱらって手のつけられない見習い衆の一群だった(25)。

彼はまもなく宿所での生活に慣れる。

ぼくたちは自分で荒削の板でベッドの枠を組み、干し草を敷き詰めた。ベッド前面に道具入れを置き、数千匹ものねずみが集まるので、オートミールの入った袋は、むき出しの梁からロープで吊るしておいた……ねずみはちょっとやっかいである。すぐ隣りで寝ていた仲間の一人は、就寝中にねずみに片方の耳をかじられた(26)。

宿所暮らしの労働者のなかには、六人以下のグループで行動するものもいた。一八三〇年、ウィリアム・コベットはファイフからダンファームリンに向かう際、そのような労働者を取材した。

宿所は、石炭を燃やす暖炉と、玄関と窓がひとつずつある小屋。床は土間であった。ベッドの枠が兵舎の寝台のように三台分釘づけされており、底には板が渡してある。寝具はとても目の粗い敷布に、同じく目の粗い毛織物の布団が一番上にかけられている。そのようなものしか見当たらないのは、部屋の面倒を見るのが男しかいないからに違いないと思われた。住人は男六人で、全員が帰宅している……一〇から一二ブッシェルの石炭が部屋の隅の、おそらく一六か一八平方フィートほどと推測される場所に積み上げられている。宿所には裏口も、トイレもない。ひとつのベッドの下には、しなびたジャガイモがいくつか転がっていた(27)。

宿所の人数が多いと、少なくともある種の「団結心」が生まれ、普通はその週の食事当番として温かい食事を作る担当が決まる。宿所の人数が三、四人の場合、モラルの低下が著しい。食事は冷えたものばかり、稼いだ金の大半がウイスキーに消える。ヒュー・ミラーはこうした環境のうらみつらみを雇い主にぶつけているが、その思いは前の世代には想像もつかないものであった。「たしかにひどいが、まったく当然でもあり、ある意味でまったく適正でもある」。ミラーとコベットは政治的には正反対の立場に位置していたが、双方ともに、宿所制度は道徳を低下させ、「暴力を招く」、悪意のある場所であると非難し、「ヨーロッパでも最も慎重で聡明で道徳心のある国民を、最も放埒で無責任で無知な国民におとしめる」と、田舎に住むスコットランド人に警告している(28)。

農民が集団で小屋に泊まって暮らすこの制度が、荒廃をもたらすものであることはだれもが否定しないが、道徳主義者たちには、有害の度合いを誇張していう本来的傾向があった。それでもこの制度は一八一〇年から一八三〇年にかけて急速に普及したが、スコットランドの限られた地域の、しかも一八三〇年に至ってもなお、その流域の少数の農業労働者に影響を与えるにとどまった。ミラーが言及した最悪の宿所は、「数州で」「数百人」を収容した事例であった。

このような変化のすべては、スコットランドの農場労働者全体の――おそらく宿所となる小屋が最も多かったイースト・ロジアンにおいてさえ――読み書き能力にはほとんど影響を与えなかったようである。読み書きができたというのはいかにも事実を誇張しており、農場の大勢の労働者は、あらゆる読み物に対してほとんど興味を示さなかったか、あるいは手に入れる機会がなかったのは間違いない。クロマティの宿所でヒノキのろうそくの明りをたよりに哲学や地質学の本を読んで知識を深めたヒュー・ミラーのような存在は例外的だったが、だからといって彼は孤立していたわけではなかった。たとえば、ミラーとは別のスコットランドの端にいたアレグザンダー・サマーヴィルは、「反市民派」であった。彼の父親が昔ながらの読書傾向を厳格に守り、エドワード・フィッシャーの『近代神学の神髄』や、エビニーザー・アースキンの『福音ソネット』を手元に置き、「天文学そのほか多くのテーマに関する一八人の著者による作品集」を読む人とともに石切場で働いていたことを書き記している。アレグザンダー本人は干草積み労働者からバーンズの詩集を借り、「読みふけり、すりきれるほど何度も読んだ」。鍛冶屋からは、ジョージ・アンソンの『世界一周の船旅』を借りて読んでいた。ダンバーの書店で、ジョージ・ミラーの『自然の書』を買うために半ギニーも貯金した。インナーウィックには地元教会が図書館を開いていたが、その蔵書量は、真面目な読書家には物足りなかった。「大部分が最もくだらない類いのくだらない物語や、宗教小説だった」。読み甲斐があったのは、ジョージ・ミラーが出版したひと月四ペンスの安価な小冊子や雑誌のほか、一八一七年にサミュエル・ブラウンがハディントンで始めた巡回図書館の蔵書であった。ミラーやブラウンの著作で手に入る書籍のほとんどが宗教書で、なかには世俗的な内容のものもあったが、ほぼすべてが道徳的意図しており、「『行商人がバスケットで大量に売りさばく有害図書』である低俗で下劣な呼び売り本を回し読みすること」を排斥する目的で売られていた。そのような本が出版されていることだけでもそれを求める一般人の好みが低水準であることを匂わしていた(29)。このようにしてスコットランド南東部の人々は一八二〇年代になると、一七五〇年代のように読書にいそしむ。本の種類も増えるにつれ、おそらくますます幅広いジャンルの本を読んだであろう。西部や北部の状況はよく知られてはいないが、かりに違いがあったとすれば、本の種類よりも難易度にあったと思われる。

四 農村の変化に対する農民の反応

一八三〇年、イングランドの田舎育ちで、熱狂的な急進派ジャーナリスト、ウィリアム・コベットはロジアンの農業視察のため北に向かい、「ほとんど馬や機械でトウモロコシや肉を生産する工場」と称した(30)。ロジアンと、当時彼が最高だと思っていたイングランド南部の農場とのあいだに存在する三つの驚くべき相違点に驚嘆した。スコットランド東部の農業は技術化が進み、はるかに高度になっていた。彼の目に映ったロジアンの労働者の窮状はさらに悲惨で、土地に対して抱き続けている抗議を自分からいい出す者はだれひとりとしていなかった。社会的紛争がくすぶりだそうとしていたその年、積みわらは焼かれ、新しい機械が打ち壊され、資産の破壊に手を貸したことで人々の身柄が移送され、ときには処刑されるという事件がいくつか起こるなか、コベットはイングランド南部から出発した。イングランド南部で騒動を激化させる原因となった脱穀機械による大規模農業はスコットランドでも同時期に採用されていたが、イングランド南部では断続的な社会的不安が頂点に達していた反面、紛争はトゥイード川の対岸にあたるロジアンには飛び火していなかった。イングランドの農園で土地管理人を努めていたスコットランド人は、故郷の農村部では、労働者は従順で規律正しいと自慢し、それがコベットの激しい怒りを買った。同じスコットランドでも工場労働者は長期間過激な運動に向かい、イングランドでは積みわらに火をつけるような騒ぎになっているのに、スコットランドの農夫はどうして落ち着いているのか、コベットはその理由を知るために来たのである。

コベットは心から疑問に思っていた。彼に引き出せる答えはせいぜいのところ不完全なものでしかなかった。彼は、スコットランド人が従順なのは、貧民救済の措置を受けるかどうかを牧師が受益者の性格をもとに決めるというスコットランド救貧法のせいでもあり、雇用の慣習のせいでもあると解釈した。スコットランドの法律では労働者が年間雇用契約を破ると厳罰に処され、新しい雇用者のもとで働くには前の雇用者と牧師の紹介状が必要だったため、農場労働者が現在の仕事から離れるのは五月の雇用契約時を除けば不可能であった。事実、救貧法を不公平だと感じるスコットランド人は農村部ではほとんどなかった。少なくとも熟練農夫の一家には、教区で施しを受けるのはなにより不名誉なことであり、まともな生活設計ではとうてい考えられないことであった。働き先を替えることについては、実際の法的位置づけがどうであれ、新しい仕事への就職機会は主に労働力市場の需給関係で決まった。熟練農夫がわずかでも条件のよい職場を探して農場から農場へとやみくもに移動するのをやめさせる目的で、紹介状制度が要求された形跡はない。

農業革命がはじまったばかりの一〇〇年前は、いわゆる平等主義者《レヴェラーズ》の反乱と呼ばれる蜂起があり、一七二四年の夏、ダンフリースシャーとギャロウェイで紛争が起こった。限られた地域での短期間の紛争だったが、スコットランドの歴史上初の階級闘争の性格を帯びた大規模な農民大衆運動となった。かつての紛争は政治的、個人的、宗教的なものだったが、経済的不公平が原因で決起し、闘う当事者が階級で明確に分かれた闘争はそれまでにはなかった。この事件以降、一七九〇年代に小規模かつ単発的な紛争はあったものの、農村改革に反対する大規模な組織的抗議運動は、一八八二年にスカイ島で勃発した自作農《クロフター》（小作人）の戦いまで起こらなかった。コベットの質問に対する回答のなかには、この紛争の独自の状況に根ざしたものがあるようなので、この点は慎重に検討する価値がある。

反乱の原因は追い立てであった。すでに自身の農園を持っていたレルドや大規模小作人たちは、合同から二〇年経ち、イングランドに家畜を売って裕福な暮らしをしていた。一方、小規模小作人は数の上で富裕層をはるかに上回り、畜産よりも収入が不安定な耕作に頼って生活していたが、一連の不作に見舞われ、地代の支払いがひどく遅れるという事態に直面していた。そこで小規模小作人を立ち退かせて牧畜場を拡大し、牧場に続く農場用建物の用地や入会地を確保し、堀で周囲を囲い込むレルドがあらわれた。立ち退き問題はこれで終わりかと思われたが（この前後の状況ではそうなるのが普通だった）、農夫たちは一時的に指導者を見つけ、共通目的を達しようとした。大規模小作人が一人か二人支援に回り、エディンバラの『カレドニアン・マーキュリー』紙は、「山の牧師」は、土地所有者が「（彼がそのようにいった）入会地の所有権を得ようとしているとして痛切に批判した」と報じた(31)。武装した男性数百人が蜂起し、堀を破壊してボールドーンのレルドの領地に侵入、五三頭のアイルランド産の牛を殺害した。アイルランド産の牛を輸入して飼うことは法律で禁じられており、しかも殺した牛は貧しい人々に分け与えられた後だったため、政府当局は当惑した。だが、このような手段で貧者たちが法を自分たちのものにできると思う人はいなかった。

農民たちは、スコットランドに古来より伝わる盟約の方策のもと団結して、南西部がどこよりも神聖な地であると崇めた。毎週火曜日によく統制の取れた会合を開き、囲い込みを三日かけて破壊してから週末はちりぢりに逃げていった。彼らは貧民の正当性を求め、土地の返還を求める「宣言書《マニフェスト》」も発表していた。ジェントリーは「徴税官」と名乗る平等主義者の一味を捕まえ、エディンバラ刑務所に護送した。スコットランド教会の中会《プレスビテリ》（「山の牧師」とは何の関係もない）は、彼らを神に背いた謀反人だと糾弾した。カークーブリの治安判事は騒擾取締法を読み上げ、集会を解散させようとした。平等主義者は、契約に束縛されない王の治安判事と聖職者は、市民や宗教的権限を不当に奪うと明らかに示唆している、一六四三年制定の粛正同盟の文面を治安判事らに読み上げて対抗した。牧師が陰で支援しているのが容易に見て取れた。

両者はこれまでの展開に警戒し、さらに地代の公平化を求め、牛の脚を切り取るなど、農民の要求と暴力が拡大したため、政府は六月に騎兵隊六人を送り込んでいく。両者の小競り合いが起こり、平等主義者六人が拘留され、秩序がある程度回復した。囲い込みへの夜襲はおよそ六カ月間続き、一〇月末には一〇〇〇人がサンカー近郊で集結し、ソービー教会の扉に宣言書がピンで留められた。襲撃はその後鎮静化し、拘留者は段階的に解放されていった。一、二人が植民地に送られたが、処刑には至らなかった。軍隊は摘発を回避し、政府は報復を求めた扇動者を退け、ジェントリーの中道派を支援した。政府当局はギャロウェイの殉教神話を彷彿とさせる紛争に新たに兵を募ろうとはせず、事態は終息を迎えたように思われた。

これでは平等主義者が何ひとつ達成しなかったように思えるが、一時的ではあれ、スコットランド全土に民衆の声を印象づけたことだけは間違いない。エディンバラでは平等主義者の主張を支援する小冊子が多数配布された。アバディーンシャーでは、モニマスクのサー・アーチボールド・グラントが、似たような事態に遭遇した場合に備えて教会組織の中会の警告的宣言の写しを保管していた(32)。ギャロウェイの地主が本質的に無慈悲な態度を取ったことと同時に、その後農民が起こした暴動に衝撃を受けた者は少なくなかった。ハイランドのレルドであり、改革に対する影響力を持つ作家でもあるボーラムのマッキントッシュは、一七二九年の『随想集』で、次のように同情的な姿勢を表明している。「庶民を正しく働かせる上で、正義と感謝の心は消すことのできない恩義であると定められている」。彼はそのように書いているが、ギャロウェイの立ち退き命令は、全国の農民を囲い込み制度に反発するよう仕向け、(散発的でまとまりに欠けてはいるが) 堀が破壊され、若木が抜かれるという事態が蔓延していると報告している。農民への威嚇を頼りにしても無駄であった。「犯人を捕えてばかりいても、紛争の息の根を止めることにはならない。その数は地主側を上回り、囲い込み政策を疲弊させるという事態を一度ならず目撃している」(33)。ボーラムは、土地の生産性向上が最終的には農民のみならずレルドにも利益をもたらすため、農民たちは闘争に勝利するはずだと考えた。また、一九世紀にハイランド地方で起こった騒動に先立ち、小作人には土地を確実に保有する規範的な権利があると忌憚のない主張を行った唯一の地主のようでもある。

スコットランドの庶民はこの国に住む正当な権利を持ち、地代を支払えば、受け取った地主は庶民を領地に住まわせる義務を負う。全能なる神は額に汗した働いた者にパンを与え、苦行をつとめる場としてスコットランドを与えたもうた。われわれ地主と同様、小作人もたしかに土地の相続権を持っている(34)。

平等主義者の反乱では土地の権利を求めたものの、この権利が広く公に認められたわけではなかった。だが非常に高圧的な改善者の行為を食い止め、農民の感情を配慮する態度を少しでも示すようになるだけの威力はあったようである。同時に、農業革命そのものの進展もいったん滞った。特にギャロウェイでは一八世紀末までその傾向は強く、ジョン・シンクレアと同時代の新聞記者は、この地域の改革は依然として比較的に遅れていると感じた。

にもかかわらず、平等主義者は孤立した活動を継続し、一七五〇年までには、ウィリアム・マッキントッシュによれば、自然発生的に散発するサボタージュ活動ですら珍しくなったというところまで終息した。農村の伝統的生活習慣の消滅に反対する声は弱まり、やがて消えていった。平等主義者そのものの行く末から考えると、二つの解釈ができるであろう。まず、ローランド地方では農業の変革がほとんどなかったため、ギャロウェイの第一段階でのほかならぬ「人口減少」と貧困化の様相を呈したと思われる。囲い込みは通常、耕作地の拡大と農法の多様化を伴い、牧草地の耕作や家畜小屋作りは伴わない。荒れ地やムアを改良して耕地とすることが多い。したがって平均規模の農場の拡大があっても、かつてはレルドから直接住居用の土地を得ていた農民たちの多くが、かなりの広さの土地を維持した。それまで小規模な小作人や転借人、小屋住み小作人だった農民、また農地の再編成で土地を失った農民にとって、囲い込みされた農場には職があった。囲い込まれた土地は土地配分法に従って大勢の地主に土地が分け与えられ、他の地所と同様、通常は大勢の人々が住む場所とそれに見合った雇用が用意されていた。『統計報告』では、この土地配分法は全国一律ではないと言及されているが、このサウス・パースシャーの事例は、スコットランドの典型的な囲い込み地といえるであろう。

農場が拡大され、領地が囲い込まれると、人口が囲い込みから流出するのが普通である。だが、既婚の召使いたちが耕作に向いた農場にとどまり、中規模で、経験豊富な農夫が地域内のさまざまな場所で働いていれば、人口の流出は最小限にとどまる(35)。

また、これまで見てきたように、農業革命は農民を貧窮に陥れるものでは決してなかった。運に恵まれた農民は恵まれた小作人となり、手柄を立てると地位が上がり、豊かな中産階層となった。土地なし労働者となった農民は、わずかな資産と広大な畑に狭い土地を持っていたことで得られた地位が失われたと憤ったであろうが、一七九〇年と一八三〇年における彼らの生活水準は、一七二〇年あるいは一七七〇年と比較すると向上している。地面にじかに建てた小屋に住み、箱形寝台で眠り、オートミールやジャガイモで生計を立てていたコベットの時代の生活も苦しかったであろうが、彼らの暮らしは変わることなく過酷で、悪化することも珍しくなかった。農業革命による物資不足で当然のごとく社会暴動が発生したという事態は、あまりなかった。

さらに、農民には指導者とイデオロギーの両方が欠けていた。レルドが共有地を囲い込んで自分の農場を作っていたギャロウェイで、なんらかの支援をしていたと思われる大規模農民は、一八世紀後半の農業改革で大成功を遂げ、農民を豊かにするという公約を守ったレルドのおかげで小規模農民から脱却した人々である。農民社会では、小作人と転借人、小屋住み小作人は明確に区別されていた。農民社会にこうした階級がなくなると、資本家農民となった小作人は、「地主の利益」に露骨に共感し、転借人や小屋住み小作人は土地なし労働者となった。この状況では、農民から指導者が出ると期待するほうが非現実的である。
牧師から指導者の代わりとなる人物が見つかってもよかったはずである。だが一七二四年のギャロウェイは例外的な状況にあった。「山の牧師」の本名は不明で、「ヘブロナイト」と呼ばれ、ウールの牧師、ジョン・ヘバーンの後継者である。ヘバーンは格式あるスコットランド教会を破門された。破門されたのは、聖職者選挙権の協定によって神聖を汚されたからであり、また、一六八九年まで旧国民契約の人々を迫害し、結果的に罰せられなかった邪悪な長老派や神を冒瀆する治安判事が統治していたからであるともいわれている。

偉大なる人々というものは、自分の銅像を作り、過ちには目をつぶり、みずからを赦し、みずからに（厳格なもの以外の）特権を与え、そのようにし望むものを満たそうとする……多くの貴族やジェントリーよりも腐敗し、神をも恐れぬ行為をしている家族のなんと多いことか(36)。

ヘバーン本人は無名のまま亡くなったが、ヘブロナイトは、こうした傾向は社会的敬意への絆を著しく腐敗させるに違いないと説いた。ヘブロナイトらは修道院を組織し、ともに神を敬う生活を送れるよう助け合い、平日に集まっては、秘密を絶対に漏らさないと誓った。彼らがいかに平等主義者のリーダーの適任者として台頭するよう位置づけられたか、また、ヘブロナイトの会合が平日に開催されたことから、平等主義者の会合が毎週火曜日に設定されたかということが容易にわかる。
一八世紀あるいは一九世紀初頭のスコットランドでは、この地域以外で教会が農民運動を指揮し、示唆を与えるようなことはなかった。スコットランド教会はレルドの代弁者であった。小作人が政治的意見を尊重したのは、オクタータイアのジョン・ラムジーにとって好都合であった。というのも、「小作人は牧師をたよりにレルドの情報を得ていた」からである(37)。だが、一八世紀の分離教会はスコットランド教会よりも礼儀をわきまえてはいなかったが（ラムジーは、ジェントリーに会っても帽子を脱がないという行為を流行らせたのが分離教会派だった点にも注目している）、市の当局は必要不可欠な教会規律として従った。分離教会派の意見を簡潔にまとめ上げたのが、分離教会派の創立メンバーである、ラルフ・アースキンの『福音ソネット』である。

戒律は人間のあらゆる氏族を動かし
あらゆる定めを受け入れる

アースキンとトマス・ボストンの著作は一八世紀の農民のあいだで幅広く読まれた。彼らは服従についてほとんど言及しない代わりに、人生のはかなさ、うぬぼれた世間、強欲の前への神の出現の必要性を印象的、かつ感動的に描いた。トマス・ボストンは次のように書いている。

人生ははかない。大事なものを見逃すだけではなく、虚栄も飛びかう。雲がたちこめた風の強い日、影が足早に去ったかと思うと、それまで太陽の光が差し込み、明るかった空が突然立ち去り、にわかにかき曇ったというような体験をしているはずである。それが人の人生というものだ(38)。

アースキンもボストンと似た論調の文章を残している。

信仰をきわめたいと願えば、神はその人の心に降臨なさり、慈悲が永遠に与えられ、いつまでも続く信仰が成立する。豊かになりたいと願えば、天は彼に朝は早く起き、夜が更けるまで働き、つましいパンを食べるよう命じるであろう。さよう、頭と心、世界中に関するすべてを捧げよ。それゆえに、彼は神と天の従者にはなれないのだ(39)。

アースキンはこのほか、「世間の虚栄から離れれば、深遠なる服従のもと、世の中の困窮にも耐えられるだろう」と、簡潔かつ明確に自分の考えをまとめた言葉を残している(40)。

こうした考えのもと忍耐について人を動かさずにはいられない論調で説かれたから、多くの農民たちが世俗にまみれなかったとは断言できない。事実、大規模小作人がいかに短期間でレルドから与えられた物質的利益の機会に乗じていったか、豊かになった途端、ボストンやアースキンの著作を読むのもやめてしまった経緯については既述のとおりである。反面、過当競争で負け組となった人々にとって、アースキンたちの情に訴える言葉はいい知れぬほどの心の支えとなり、慰めとなり、自尊心を持ち続けられる一助となったのである。豊かさとはすべて見せかけのものである。富と貧困はどちらも罪である。世俗の生活は存在における短い発作である。永遠に続く見返りは忍耐の後に訪れる。神は謙虚で懺悔の心を持つ人をお選びになる。このようにして、農村地方のカルヴァン主義は急進主義に対抗した。反発や不快感以外のものが考えられるだろうか。神から見返りがあるならそのうちに来るだろうし、神から報復があるのなら、やはりそのうち報いに遭うのであろう。神は決して欺かない。

農業改革が、農民たちに無批判のうちに受け入れられていったことは問題であっただろうか。結局のところ、農業革命は農民全体の生活水準を向上させたため、少人数で生産量を高めることを拒むのは、反啓蒙主義者かただの愚か者ぐらいであろう。一方スコットランドでは、この時期、イングランドとともに田園生活で協調するという観念と伝統を捨てたが、（たとえば）スカンディナヴィア半島の王国は捨てなかった。旧来の農村は貧困に打ちのめされた人々が集まり、少なくとも二種類の階層に分化した社会であったかもしれないが、協力的であるが効率が悪く旧弊な作業方式をもとに、共同体全員の利益のために働き、仲間であることが非常に現実味のある集団でもあった。農業革命後に誕生した新しい独立農場は、社会的に異なる労働力を競争力のある賃金を支払って雇い入れ、競争心のある人々で構成されている。だが、スコットランドの農業制度が消えていくのを感傷的に思うのは、歴史家としてふさわしくない。当事者である一九世紀の農業労働者は過去をなつかしむことはなかった。おそらく彼らは、それまでの自分たちが未開の地方で祖先たちが辛く愚かで短い生涯を終えていたかをだれよりも身にしみて思い知っていたのであろう。スコットランドの農民は過去の農業に価値があったとはみじんも思わず、あのような協調生活を送ろうとも考えず、自分がたどってきた道のりを後悔したのである。

第一四章

ハイランド地方――一六九〇―一八三〇年

一　一七四五年までのハイランド社会

ハイランド地方について、ある程度詳しく記述した学識ある人物は一八世紀半ばになるまでほとんどいなかった。かつて、ジェイムズ六世が「まったくの野蛮人」と呼んだ人々への軽蔑心が広がって、ゲール語を話す住民に対するローランド地方の人々の好機心は、すっかり消えてしまった。ローランド人はハイランド人を同じスコットランド人と認めることを嫌がり、いつも「アイルランド人」と呼んでいた。

しかしながら、例外的な二人の注目すべき作家がいた。一人は、ハイランド出身のマーティン・マーティンで、マクラウド家で執事として働き、一七〇三年に発表した『スコットランド西部諸島解説』は女王のデンマーク人夫に献呈された。その序文には、わが故郷、ハイランドは間もなく世界中に認知され、ハイランド人が蔑まれることがなくなることを望むと記されている。もう一人は、一七三〇年頃ウェイド将軍の率いる部隊で道路調査の任務に就いていたイングランド人士官エドワード・バート大尉である。バートはイングランドの友人にハイランド中部の生活を詳しくつづった長い書簡を送っている。この書簡は一七五四年、『スコットランド北部に滞在する紳士からの手紙』として刊行されたが、題名は資金を出して出版した手紙の受取人がつけたようである。この二人のハイランド地方のとらえ方にはかなりの差がある。内部の人間であるマーティンの著作は堅苦しさを感じさせないが、話題にとりとめがなく、信じこみやすいところがある。民間療法に好奇心をそそられ、地元の名士の話がえんえんと続く。「ジョン・フェイクは、雨が降る一日か二日前に、ひどいくしゃみに悩まされる。くしゃみがいつもより大きいと、雨もいつもより大降りになるといわれている。このことから、フェイクは雨の暦と呼ばれた」(1)。一方、イングランドから帝国の辺境にやって来た外部の人間であるバートは、当初は現地人の素朴な暮らしや野蛮な風習をロンドンの友人におもしろおかしく書きつづっていたが、その後はまじめさとこの場所への愛着を込めて書いている。彼の記述は全体に生き生きとした描写で、読む人を飽きさせない。生活規範をローランド地方に合わせて修正する流れがすでに始まっていたが、それでも独自の文化環境を守り続けるハイランド社会が描かれている。一九世紀のハイランド社会の歴史ドラマの半分はこれら二つの文化が衝突し、もつれ合い、そして両者の違いを受け入れることから端を発している。

多くの面で相違点があった。たとえば、言語は明らかに異なっていた。ハイランド・ラインの区分するハイランド全域で、ゲール語がまだ話されていた。インヴァネスの商人はゲール語と英語の両方を使用できないと仕事ができなかっただろうし、ウィリアム・ワーズワスの妹、ドロシーが一八〇三年、グラスゴーから二五マイル圏内にあるローモンド湖畔を訪ねたときも、農民たちの会話の日常語はゲール語であった。一七五〇年までは、族長やその親族を除けば、片言程度の英語も話せない者がほとんどであった。バートの友人のなかには、族長がわけもわからぬ言葉で侮辱されたと勘違いした護衛に撃ち殺されそうになった者もいた。

宗教においてまた大きな違いがあった。アーガイルとパースシャーのキャンベル一族の本拠地を除いて、一八世紀初めには正式に就任した長老派牧師による礼拝が行われていた。一七世紀から秘密裏に宣教師が訪れていたバラ島、ロカーバー、アバディーンシャーの一部の宗教はローマ・カトリックであった。ローランド人の目には、ハイランド人であり、同時に、ローマ・カトリック教徒であることは二重の意味で堕落していると映った。一六九二年、ステア伯爵がグレンコーのマクドナルド家を崩壊させようともくろんだとき、彼は、マクドナルド家はカトリック教徒に違いないという事実を長々と主張した。その真偽は不明であるが、「それは明らかに彼が『立派な慈善活動』を行っているのだといよいよ強く信じさせる理由となった。」(2)。ほかのさらに多くの地域は主教派で、牧師はたいていジャコバイトであった。彼らは一六九〇年以降スコットランドの渓谷地域に住み着き、おそらくは、迫害を受けて逃亡してきた主教に任命されて後を継ぎ、長いあいだ平穏に暮らした。

ところがハイランド地方は教区が広大なのに教会の数が非常に少なく、住民の多大数は司祭や牧師と会うことはめったになかった。彼らはキリスト教の牧師からなにも教わらず、自分たちなりの驚くべきやり方で、禁忌や贖罪の儀式を執り行っていた。ルイス島の住民の宗教儀式について、マーティン・マーティンは次のような記述を残している。毎年メーデー（五月一日）の明け方、一人の男がバルヴァス川を渡るために遣わされる。女が男より先に川を渡ると、その年は鮭が川を上ってこないといういい伝えがあるからである。フラナン諸島に船出する鳥撃ちは、到着するまでその島の名を口にしてはならない。上陸と同時に、帽子を取り、太陽の昇るほうを向かなければならない。ルイス島では現在に伝えられる記憶を頼りに、ハロウィーンにはエールを海に注ぎ、畑の肥やしとなる海藻を恵むように、海の神ショーニーに祈願する。だが今のストーノウェイの牧師らは、このような儀式はやりすぎであると説いている。スカイ島には聖なる森と聖なる泉があり、聖なるマスが住んでいた。フラッダには魔法の石があり、よそ者が洗い清めると、風は船乗りに好都合な方向に変わる。このほか雄山羊を帆柱に吊しても風向きに恵まれる。セント・キルダ島には洗礼者ヨハネの使い主といわれるロデリックという男がいた。ロデリックの打ち明け話によると、聖ヨハネは、もし丘に迷い込んだ羊がいたら、見つけた者かロデリックが殺して食べてしまえとのお告げがあったという。ロデリックの話はローランド人に大きな衝撃を与え、「キリスト教思想普及協会」をスコットランドに設立する刺激のひとつになったようである。この協会がスコットランド北部で展開した教育と伝道の活動は、一八世紀のハイランド社会を改革するための重要な手段となった（一八章四六六頁を参照）。

しかしながら、社会組織という視点で考えると、ハイランド地方とローランド地方の最大の相違点は氏族《クラン》（制）の存在であった。ハイランド地方では、一九世紀のアフリカが部族社会であったとまったく同じ意味で部族社会であった。ローランド地方の名家はたしかにイングランドより家族の義務や血族の証というものに寛容だったが、危険が及んだときには、ヒューム家、ハミルトン家およびダグラス家のように数世紀前から続く家系は、たとえばキャンベル氏族あるいはチャタン氏族などハイランドの氏族と同様、一族が結束する忠誠心を持ち合わせていた。とはいえ一八世紀までのローランド人は、一家でまとまるのは同族主義のせいだと非難されるのを不名誉なこととしてきっぱり拒絶していた。

ハイランドの氏族制度の根底には、氏族の成員はみんな、信じられない大昔のおぼろな時代に氏族を作った同じ人物を祖先とするという神話があった。この神話から、二つの重要な役割が生まれた。第一に、氏族の長、すなわち族長《チーフ》は、長老のなかでも最高の立場にある者として、莫大な敬意と愛情を受けるべき存在である。名字の違う同族《セプト》（第一分家）の

1630年ドイツに従軍したハイランド兵

1815年フランスに従軍したハイランド兵

長、すなわち分家長《チーフテン》も、族長とほぼ同じ待遇を受ける。第二に、族長を頂点とする氏族の成員は全員互い血族であったことから当然、族長は貧困で脆弱な成員に対しても家父長的な義務を果すことが望まれ、危急に際して、氏族全員が互いに全力で助け合う。こうした信条は多くの点で未開社会には適していた。土地の所有者は、氏族内の確執がいつ起こるかわからぬ状況下にあり、下臣には最も協力な連帯を求めていた。小作人は、蛮行はもちろん作物の定期的な不作による飢餓に見舞われるという脅威にさらされていたので、無条件で氏族を助けるという道徳的義務感を持ち、最も強力な相互の絆と権力者の庇護を必要とした。宗教の形態も氏族制度を後押しした。禁忌を破り、いけにえを捧げ忘れるような軽率な行為をいまかいまかと待ち受け、超自然的な力が悪しき形で働くような世界で、世俗にいても、実はただの人間とは違うのではないかと思わせる、善の心と英雄の資質をそなえ持つ族長は、なにより安心できる存在であった。エドワード・バートの目からすれば、首長をありがたがるというハイランドの伝統は迷信的な熱狂の水準にまで達していた。「族長は氏族の偶像的存在である。彼こそがわれらの王にほかならないと公表するぐらいだから（私はそれ以上の扱いを受けている）、民は首長の命令には、どんな命令でもすぐに従うのが当然だというだろう」(3)。

族長や分家長のすべてが実際は土地の所有者というわけではなかった。他の氏族との戦いに敗れたり、政府によって土地を没収されたりして、氏族に忠義を尽くしてもらうにも自分の領地がなかった。だが権力を支える経済基盤を奪われているので、ハイランド社会の末端にしがみついて細々と生きていた。対照的に、すべての小作人にとって族長や分家長ではない土地所有者も多く、なかにはほかの氏族に忠義の誓いをたてている者も多かった。このことは、キャンベル氏族やゴードン氏族など、領地を拡張する侵略的な氏族に特に顕著で、彼らの領土の周辺では彼らを一族の名を忌み嫌う者は多くなかった。決して弱い立場ではなかったが、戦時に絆で結ばれた氏族を集めて兵をあげることができず、次第に勢力を失っていった。

にもかかわらず、普通は氏族の大半が族長の土地、あるいは分家長の土地で生活できるようにとりまとめる人物が族長を務めていた。ゆえに、戦時にも平時にも、族長はきわめて強大な力をもつ社会的な存在であった。ひとつには、首長は領主として家臣に対して、封建主義的な軍役につくよう要求できた。これは一七世紀初頭以降のローランド地方あるいはイングランドでは考えられないことであった。とはいっても、ヨーロッパ大陸の同時代の国々も、おおむねハイランド地方と大差はなかったと思われる。マクニール氏族がスリートのサー・ドナルド・マクドナルドの家臣となり、バラ島を支配するようになったときの様子を、マーティン・マーティンが次のように記している。「年四〇ポンドを払い、求められれば一羽の鷹を供出し、非常事態の際にはしかるべき数の兵を調達する義務を負う」(4)。このようにしてマクニールは族長となり、氏族の家来全員の献身に頼ることができた。マクニール氏族の軍功を記した物語は無数にあるが、吟遊詩人たちが城内での語りを陽気なものにするため念入りに潤色したとしても、物語の背後の悲惨な現実は否定できるものではない。政府がハイランド地方で渦巻いていた不満に警戒を深めたのも、こうした義理と献身をともなう固い絆があったからで、それが一七四五年に、トマス・ペナントが「一年間に哀れな一万二〇〇〇人の力と利害によって、これらの強力な諸王国をおののかせ、転覆寸前にまで追い込んだ」と書いた事態を招いたのである(5)。

一八世紀初頭の族長や分家長は、ローランド地方の地主と同じように私的に法廷を開き、みずからに有利な形で裁判や陪審を行うことができた。しかし、司法権はこの時代でもまだ相当な効力をもってはいたが、有罪判決の執行にまで手を下すことはもはやできなかった。ところがバートは、ハイランド地方の僻地の族長のなかには、罪を犯したと考えられる根拠もないのに、族長をことさら怒らせたという理由だけで裁判にかけられた人を絞首刑に処す事例が当時でもたびたびあったに違いないと確信していた。マクロード氏族が最後に絞首刑を執行したのは一七二八年であると伝えられている。ハイランドというより間違いなくローランドに近い地域である、マリシャーのゴードンズタウンの丘陵地の真裏にある場所でのことであった。サー・ロバート・ゴードンは、一七四〇年の直前、たとえば、痛風に効くだろうと思った女」がゴミ捨て場からタラの頭を持ち去ったという程度のこの上なくつまらない理由で、私有の地下牢に数人の男女を収監していた。獄中での仕打ちで命を落とした囚人もいた(6)。もっと他意のない問題でも、族長の権限は、ローランド地方では干渉しないような事柄にまで及ぶ。マーティン・マーティンは、ヘブリーズ諸島南部のマクニール氏族の族長は領地内の小作人の結婚をやもめも男やもめも含めてすべて取り仕切っていたと書いている。男やもめは「花嫁の名を伝えられたらすぐに、婚礼を祝う蒸留酒の瓶を持って花嫁の家に行って祝宴をあげ、その後床入れした」とある(7)。逆にいえば、族長は新郎新婦の家父長としての責任を引き受けたことにもなる。マクニール氏族は、厳冬期に乳牛を亡くした小作人に代わりの牛を与えたり、高齢になったり、身体が弱くなったりして農作業に耐えられない者たちを客人として自宅に引き取り、生涯養ったりもした。ブリテン諸島以外でこの種の家長制度が成立していたのは伝統的に領主と農民間の絆が深いヨーロッパの中部・東部諸国が中心で（ただし、ハイランド地方にはなかった法的奴隷制度に関連したものがほとんどだった）、英国の家長制度崩壊後も長く続いた。

族長の生活面での光栄と責任は、石造りの城館に身を置いて暮らすという状況に反映されている。一七〇〇年までには、ダンヴェガンで野蛮なまでに権勢を誇ったローリー・モーが、ジェイムズ六世を訪問し、もう一人の王であるといわんとばかりに振る舞った頃よりも、城館の数はたしかに少なくなっていた。一六六三年、ジェイムズ六世の後継者は、ハイランド地方に構えた城館の放棄、お抱え詩人や音楽家の解雇、それまでの習わしだった城館での友人や従者の接待の廃止、フランス・イギリス製衣類の購入による世襲財産の浪費などで吟遊詩人から告発された(8)。この点についても、マーティン・マーティンは「ブリテン諸島の首長たちは……一昼夜、ときには二日間酒を飲み明かし……宴のときには男が二人、律儀に手押し車を持って付き添っている」と記している(9)。一方で氏族の武勇を祝し、笛吹きや吟遊詩人を呼んで労をねぎらったり、家臣のために太刀持ちやよろい持ちを雇ったり、食事や酒を気前よくごちそうすることができない貧乏な族長もいた。現地による地代の支払いや、活気のある商品市場のないことが原因で、大食漢が増えることになり、家来の維持費や落ちぶれた氏族成員への支援が渋くなった。族長たちの浪費ぶりは他国と比べてもはなはだしくなり、「どれをとっても趣味が悪くて仰々しい量」の食事のせいで、イングランド人である、エドワード・バートの胃はもたれてしまった。ある夜の宴の記述は、不快になるほど真に迫っている。「おおぜいのハイランド人がテーブルについたが、その足と、麻なのか毛織物なのか見分けのつかない衣類は、食べ残しもかくやと思うほど汚かった」(10)。

族長や分家長の下には階層化された小作人がいた。彼らは、いくつかの重要な点で、ローランド地方の小作人と異なっていた。たとえば、族長は領地の大半を低い賃料で借地仲介人《タックスマン》に貸し与えているが、借地仲介人ほとんどが土地所有者の近親者で、副王として振る舞った。借地仲介人の一部はみずから農民であったが、転借した土地から得た賃料と族長に支払う賃料との差額で生活する、族長同様不労所得者であるケースが多かった。借地仲介人の社会的地位は高く、族長の権力をふりかざし、ぬくぬくと暮らしていた。そのような借地仲介人を、バートは、彼らがもったいぶったジェントリーであることに気づき、その一人について、ヴィクトリア朝時代に暗黒の大陸アフリカに行った探検家の旅行記を思わせるよ

ハイランドの将軍（ニュースタイル）。グラント／ストラスペイ国防軍のサー・ジェイムズ・グラント。「1793年に宣戦布告がなされると、サー・ジェイムズは祖国のために戦うべくいち早く名乗りを上げ、みずからが治める領地の借地人を中心とする連隊を編成した」

ハイランドの将軍（オールドスタイル）。グレンオーキーの六代目領主のコリン・キャンベル。「彼は生涯すぐれた裁判官であった。クラングレガーの宿敵であるあなた方の正当性を認めて、彼はマグレガーの地主を打ち首にしたのだ」（『ロテイマスの黒書』より）

うな言葉で記述している。

彼と会ったのは彼の住居から少し離れた場所で、いつものように召使いに運ばせたミルクとクリームで、牧畜農家らしく私をもてなしてくれた。その後自分の小屋へと招いた。ほかの小屋と似たり寄ったりの造りで、奥行きがあったが、間仕切りはなく、小屋の一方に家族が暮らし、もう一方に家畜がいた。靴も、ストッキングも、半ズボンもはいておらず、丈の短い上着とあまり長くないシャツを着ていて、それが太ももをおおっているので、彼と向きあって見下ろすように立っていた一七、八歳くらいの二人の娘の目には股間が見えないように(11)。

地主や借地仲介人のような階層は、同じようにいわゆる小作人層に土地を貸した。小作人は、要請があれば氏族の主要な兵士として駆り出された。どの集落にもある程度の耕作地があり、ヘブリディーズ諸島の小区画農地

1772年頃のアイラ。ハイランド地方の家の内部。主人は織工で、左手には織機が見える

では、貝殻が混じった白砂と海藻肥料を撒き、土地を定期的に改良できた。その農地は農業革命がはじまるまで、スコットランドのほかのどの地域よりも穀物の収穫高が高かったであろう。それでもハイランドでは牧畜を営む小作人農家が主流で、山羊と羊は生計を立てるため、食肉牛は主として地代を払うために飼っていた。地代は牛を単位として計算されることが多く、雌牛の頭数が多いほど豊かな家とみなされたため、牧草地は虚弱な牛が慢性的に入り過ぎる状態であった。耕作地は土地配分法に従って区画され、ひとつの区画八人から一二人の小作人によって共同で耕作される方式で、家畜は共同農場の決まりに従って放牧された。農地を耕すのは大人数の転借人たちである。転借人は地域によって、コッター、メーラー、クロフターと呼び名が変わり、その位置づけはハイランド地方のなかでも違いがあった。転借人にはごく狭い耕作地と牧場で雌牛一頭と山羊二頭を飼う権利しか与えられないのが普通であった。地代の代わりに毎週一定時間の無給労働が義務づけられ、それ以外の時間は自分たちの土地を耕作し生活の糧を得るのに費やされた。

小作人と転借人は原始的で過酷な生活を営んでいた。一七四五年までの、ハイランド社会の小作人について、空想的な人々がときどき思い描いた魅力ある姿ほど見当外れなものはほかにあるまい。ハイランド地方では大世帯の家族が、小さな小屋にニワトリやときには出たり入ったりするほかの一緒に住んでいた。最も恵まれた時期でさえも、典型的な家屋は草ぶき屋根で、家の中央にあるいろりから立ちのぼるピートの煙ですっかり汚れていた。エドワード・バートは次のように述べている。「ハイランド人の庶民の子どもたちは実にみじめである。たいていの子供は幼い頃から一部の年寄りにつきものの、あの気まぐれに振り回されている。身も凍える早朝に小屋から裸同然の姿で出てきて、(ひかえ目にいっても)はきだめの山に群がる犬のようにしゃがみ込む子どもたちを何度となく目にしていた」(12)

バートは、すべての住民にとって最悪の時期は冬であると考えた。その時期の農場は雪嵐で孤立し、夜は暗く、長く、退屈で、屋根からもれてきた雨がすすと混じり、インキの大きな水滴のように床に落ちてきた。だが春になると飢餓という最大の危険が迫ってくる。「オートミールの蓄えが底をつきだすと、生き残るため、牛から地をとって煮詰めて固まりを作り、それに少量のミルクとオートミールを加えたものを食事としていた」(13)。マーティン・マーティンもヘブリディーズ諸島のそれぞれの島で似たような苦境を目の当たりにした。とはいえこの季節には野草と、海岸で大量に獲れる貝殻がより多く食された。マーティン・マーティンによれば、ヘブリディーズ諸島のなかで最も肥沃な島のひとつであるタイリー島の住民は、「大多数が大麦のパン、バター、ミルク、チーズ、魚類を食べていたが、シルヴァーウィード(ヨウシュキンロバイ)の根を食べる人もいた。肉を食べることはごくまれで、使用人たちはパンと一緒に薄い粥を食べていた。豊作の年はエールを飲んだ」という(14)。この地域では、人里離れた集落が、ときどき飢餓で消え失せることがあった。一六八五年頃のノース・ロナ島で、首長の執事がある春海岸に上陸したところ、赤ん坊に乳を含ませたまま岩の上に横たわる島民最後の母親の死体を見つけた。岸辺には難破船から出てきたネズミた違いた。このネズミが羊皮の袋に入れた食料を食べ尽くし、人間は皆餓死したのであった。

ハイランド人はどこの地域でも、地元の産物で必要最小限の生活用品を作り出すのに当然ながら長けていた。たとえばろうそくは、松の樹液や獣脂を型に入れて冷やして作る。縄は木の根を寄り合わせて作る。衣類の布地は動物の毛を紡いだ糸を織り、ブロガン(スコットランドの作業用革靴)は獣の皮を切り取って作る。こうした品々の大手は、地域社会が丘陵地のシーリングに移動し仮小屋で生活する夏の時期に作られた。人々は牛や羊の世話をし、バターを攪拌し、ほんのひとときであっても豊富な食べ物とささやかな日の光を享受して休日気分を味わいながら、品物作りをした。領地にはときおり織工や鍛冶職人を雇い入れることがあった。彼らは本業のほか、所有する土地を耕し、家畜で収入を得ていた。ごく少数の巡回鋳掛屋（形や色の変った動物の角からスプーンを作ることもあった）のほか、少人数の家畜商人やほんの数人の行商人を住まわせることもあった。マーティン・マーティンがスカイ島で出会った行商人たちは、マリシャー出身のローランド人であった。たまにやって来る行商人はたいていが（スコットランド歴史協会が私信を公開しているジョン・ステュアートのように）グラスゴーやインヴァネス出身で、舟で島々や入り江を回り、主に首長や借地仲介人と物々交換を行っていた(15)。ハイランド社会には専門的な技能を要する仕事は非常に少なかったので、外部からきた熟練した職人や製造業者、あるいは商人などが独占的な地位を占めていたのである。

未開で効率が悪く、物資が住民の大部分に行き渡らない地域だったからこそ、ハイランド地方に悠久不変の気質がはぐくまれたのだといいたい気になる。ただ、一七〇〇年あるいは一七三〇年までは実際そうではなかった。この時期には、いくつかの事柄が親の世代の記憶に残っていることとは明らかに異なっていた。最大の裁判所の凋落と族長の最も専横的な権力の衰退は既述したとおりである。マーティン・マーティンはさらに、島嶼部では六〇年前から、どこの氏族でも、族長が若い分家長に近隣の集落を襲撃させ、征服できたかどうかを試して次の族長を決めるならわしがあったと語っている。エドワード・バートは、地主が望んでいなくても、より高額の報酬を提示するだけで、ハイランド人を軍用道路の建設に取りかからせることができたのはごく最近のことだと記している(16)。こうした状況から、ハイランド地方の山岳地で法と秩序の力が次第に強まったことによって、また、イギリスのほかの地域を支配している市場勢力の一部がハイランドに浸透したことによって、ローランドの行動規範がゆっくりとハイランドに根を下ろしたことがわかる。

とはいえ改革の進み具合が鈍かったのはいなめず、方向性もあまり定まっていなかった。その原因には経済的要因が一部関わっていた。一八世紀後半の著作家の多くは、一七四五年までのハイランド社会の生活について対をなす二つの特徴があることすなわち、地代から得る収入が低いことと、地主が地所に詰め込めるかぎり多くの小作人を詰め込む傾向があることに言及している。このようになったのは、首長が自分の身を守るために身の回りに多くの氏族成員を置いておく必要があったからにすぎないと考える著作家がいる。また一方で、ハイランド人が生産する余剰品を売る市場が外部にはなく、大人数小作人制度が首長にもたらす利益や高い評価を優先させる必要がないため、高額な地代を徴収できなかったと主張する著作家もいる(17)。

両者ともに一理ある見解だが、変化を可能にするような経済力をハイランドに浸透させない社会的要因があったのは間違いない。ハイランド人は黒牛が余ると外部に売りに行ったが、近隣の氏族から牛を盗むという社会的慣行が広くゆきわたっていたため、丘陵地の牧場経営で収益を上げる機会は大幅に減少した。そのため、ハイランド社会への市場影響力が限定され、牧畜業者は法と秩序に従うしかなくなった。この点について、バートは以下のとおり、率直に書きつづっている。

牛を盗むことを、運び《リフティング》と呼んでいるが、これは泥棒の遠まわしな表現である。まるで税金を回収しているだけだといわんばかりである……牛盗みの一味が結成されると、一〇人から三〇人の集団で領地の外に出て、山間部を延々と横切り、略奪の舞台に定めた場所に到着する……悪事を働くのに最適な時期、それは家畜市の準備が整ったミカエル祭日の月夜だ……追っ手が盗っ人に追いつき、数の上で無勢であったり、たまたまだれかを取り押さえても、その男を処刑することはめったにない。処刑にわざわざ資金を投じる状況にある者がきわめて少ないか、かりに財力があっても、盗賊の出身地である氏族によって馬を焼かれたり、牛の足を切られたり、生命の危険にさらされることになる(18)。

一八世紀の族長は、たしかにこのような不名誉な行為にみずから積極的には関与していなかったものの、かの名高いリスデールのマクドネル氏族のように、副業として略奪団を組織していたと思われる。マクドネルについて、トマス・ペナントは、「じつに見事な手口で略奪を成し遂げ……脅迫で年に五〇〇ポンドの収入を上げ、仲間から盗んだ家畜を適切に配慮して戻してやる際には、心からの礼を尽くした」と書いている(19)。族長たちは小作人が無法に走っていたのを黙認し、盗んだ家畜や金銭で支払われた地代を受け取るばかりか、小作人の悪事が取り返しのつかない事態になると、判事へのわいろや弁護士料を用立てるようになっていた。族長としての権力行使が期待されていたこともあったが、自身の領地が他の種族から襲撃さる危険にさらされていたこともあり、さらに小作人の両刃の太刀《クレイモア》のキレが鈍らないようにしておくという理由もあって、両者は結託して牛盗みに出かけた。非常時にそなえて氏族成員に軍隊としての腕前を維持させなければとも考えていた。普通のハイランド人でも、牛の群れを自分自身を丘陵地でアメリカ・インディアンのように巧みに駆けめぐらせることができた。

氏族は実際依然として好戦的社会であった。氏族社会は勇ましさを好む性格であったことなどから、軍事を正当化しただけでなく、なにかあれば暴力に訴えるという危険を多分にはらんでいた。徹底した氏族間の抗争はたしかになくなっていた。二つの氏族間での最後の大規模な抗争は、一六八〇年、ウィック郊外のアルティマーリッチでのキャンベル氏族とシンクレア氏族のあいだで戦われた。最後のすさまじい裏切り行為は謀反となったのは、一六九二年、グレンコーのマクドナルド氏族の大虐殺であった。この事件でさえ、大虐殺をしたとしてつねに非難されているのはキャンベル氏族ではなく、ローランドのステア伯爵であった(19)。しかしながら、略奪行為や、混乱に乗じて漁夫の利を得た僭称者たちのために、さらに、その上、近隣の氏族が武装していつでも戦闘可能なのに、自分たちの氏族だけ武装を解くわけにはいかないという警戒心があったために、危険状態はその後も続いた。事実、一七四五年に戦争が起こり、王に武器を向けた反逆者たちは大敗北に終わった。ハイランドでの武力行使の無力さが最終的に明らかになってからは、氏族が完全に崩壊していくのを食い止める力はないにも等しかった。そこで、氏族に対する外部からのさまざまな圧力が一気に威力を増した。一七五〇年以降、マーティン・マーティンやバートが書き残した時代では考えられなかった新たな問題が浮上した。古き日のハイランド氏族は注目されることもないままおとぎ話の霧のなかに消え、それから三〇年も経たないうちに、ドクター・サミュエル・ジョンソンはハイランド人について、以下のような追悼文を書くことになる。

最後の征服と、その後に制定された法律によってハイランドに引き起こされた変化ほど急速に、徹底して、そして幅広く国体を変えられた国は過去に例を見ないであろう。ハイランドに行くのが遅れすぎたため、見るのを楽しみにしていた、独特な風采の人々や古風な生活様式には遭遇できなかった。氏族はもはや本来の特徴をほとんど保持していない。残虐な気性は穏やかになり、好戦的な情熱は消え去り、独立の気概は衰え、イングランド政府への侮りは緩和され、氏族長への敬意も冷めていた。最近征服されるまでこの国がもっていたもののなかで残っているのは、その言葉と貧困だけである(20)。

二　楽天主義と変化　一七五〇—一八〇〇年

一七四六年のカロデンでカンバーランド公は血なまぐさく激烈な全面戦争の末、勝利を収めた。ステュアート王家のため族長たちに率られ五〇〇〇余名の兵が蜂起した。戦闘と、戦闘後のカンバーランド勢の残虐行為により、ハイランド軍は壊滅的打撃を受けた。ハイランド地方全域にわたって軍事機能は、法に基づいて強化された。ハイランド地方の住民全員が武器の携行を禁止され（牛の群れを移動させる者だけは特別に例外とされた）、キルトの着用やバグパイプの演奏も政府によって野蛮な風習と好戦的な行為象徴とみなされ禁止された。その後のスコットランド法の大幅改正によって、法廷審理における地主の世襲制司法権の執行も大幅に排除された。軍人としての終身在職権は全面的に撤廃された。ハイランド全域で反乱指導者から没収した土地を管理するため、エディンバラ弁護士委員会が設置された。懲罰的措置ではなかったものの、ハイランド地方の農民は無知で怠惰で、文化的に未開であるという前提で、弁護師団は活動し、それゆえに、氏族の習慣を根こそぎ排除することに全力をあげた。

ただ、こうした措置は政治的および文化的空白期間を招いただけにすぎなかった。この地の支配権をにぎる機会は族長制から、みずからの大義の正当性を確信し、信念を即座に実行に移せる立場の者たちへと移った。一七四五年よりずっと以前から、ハイランド地方の支配をめぐり、ジャコバイト派氏族と政府側氏族、監督教会派と長老教会派、多くの支持者を持ち旧来の伝統を尊重する回顧派の地主と、「改革」に強く反応してイングランドの市場により多くの家畜を売りさばく商機を望んでいる新規勢力派の領主との対立は続いていた。先進的な思想の地主が必ずしもハノーヴァー王家の政策に共感を示したわけではなかった——たとえば、ボーラムのマッキントッシュ氏族はジャコバイト派の英雄として闘った。数十年間にわたって変化の勢いい弾みがついていた。アーガイル公爵とブレドールバン伯爵一派のキャンベル氏族は勇猛果敢に振る舞い成功した。キリスト教知識普及協会と伝道学校はスコットランド教会の正統派教義を渓谷地方に広め、さらに地主階級そのものの性格が、子育ての方針が変わったのとほぼ同時に、変化し始めた。

子育ての方針転換は最も重要な問題であったにもかかわらず、これまであまり注目されてはこなかった。一七〇〇年

（地域によっては一七五〇年）まで、族長と分家長の子どもたちは氏族のなかでも位の低い親族、借地仲介人を里親として、そこの家族に育てられるのが普通であった。里子に出すのは、族長の子どもが一緒に育った里親の実子と成人してからも強い絆で結ばれ、族長の裁判所で気心の知れた、特徴をもった者として遇されるという理由のほか、先祖代々のまじりけのないしきたりを、里子として預けられた将来の指導者に伝えるという役割を意識している里親から、族長が、ハイランドの伝統の純然たる価値を子供時代に教えこまれるようにするという理由もあった。一七〇〇年以降は、ローランドと長老派の圧力が多少ともはばをきかすところでは、里子制度は完全に廃止された。男子の育児と教育は家庭で行い、ローランドのカレッジに通わせて磨きかけた。このようにして、ハイランド地方の族長と分家長の大多数は氏族社会を野蛮だとみなすローランド人の考えを受け入れるようになった。改宗者の多くがそうだったように、ハイランド人は最も熱心な福音主義者となって、みずからの社会的に劣る部分を、文明とみなすものに改めようとしたのである。

したがって、カロデンの戦いやその直後の時期に目立ったのは、第一に、古い価値観を支持することに熱心で、新しい価値観を広めることに献身する一派に加わろうとしない権力者の残党を排斥することであった。第二に、混乱の恐れがなくなったので、新しい思想を持つ者たちはそれを容易に実行に移すことができた。一七四五年後一二年経たないうちに牛追いから家畜を奪っていた盗賊団は完全に制圧されていたので、丘陵地で牧場経営を展開する方法について落ち着いて策を練ることができるようになった。カロデンの戦いの後、密告すれば三万ポンドの賞金が手に入ったかもしれないお尋ね者のチャールズ王子をかくまっていたマクラン氏族の一人が、雌牛を盗んだ罪で数年後インヴァネスで絞首刑に処されたという記録が『統計報告』に残っている。「処刑される間際になって、男は縁なし帽を脱ぎ、みずからの信念を裏切らず、貧民を傷つけず、見知らぬ者や困窮者への施しを決して拒まなかったことを神に感謝した」(21)。道徳観が一新されたハイランド社会は、彼の忠義心を賞賛してもよかったであろうが、彼の不法な行為を寛大に赦すことはしなかった。一七五六年、アーガイル公爵はタイリーのチェインバレン公宛に次のような書簡を送っている。「私は穏やかで勤勉を尊ぶ小作人だけを雇っておこうと決意しました。説教の後に安らぎの時を与えてやるといいだろう」(22)。マッキアン氏族のなかには、一八世紀後半にハイランドを急速に変えた秩序の優位とローランド流の倫理観に対応しきれなかったものもいた。

1725年頃、インヴァネスの漁夫とその妻。「女性たちは見苦しいほどに衣類をまくり上げ、船まで浅瀬を歩いて渡る。同様に妻たちは夫を背負って岸まで連れていく」

しかしながら、少なくとも一七四五年の戦いの直接の結果と同等に重要なのは、ハイランド地方以外の経済環境の変化であった。反乱から二〇年も経たないうちに、ハイランドの生産物の需要拡大は北部に広がり、ハイランドでの資源開発者に過去に類を見ない規模で物的報酬を与えることが約束された。実のところ、ハイランドの経済発展に対する圧迫は前例がないほど根強く、ジャコバイトの乱が起こらなかったとしても、この国まったく同じ程度の影響を与えなかったとは信じがたい。反乱がなかったら変化はもっとゆるやかに進展したかもしれないが、変化によってもたされる利益が大きかったことから、結局は、たとえ最も保守的な首長であっても、その勝手な手法を徐々に改めざるを得なかったであろう。

牛が平地へ輸出される伝統的な主要品目であり、オートミールが伝統的な輸入品であった。牛の取引価格は一七四〇年代から一七九〇年代にかけて三倍上昇したのに対し、オート麦の価格は二倍にも達しなかった。さらにジャガイモの導入により、一人当たりのオーツ麦需要量が減った。ハイランド地方とローランド地方との実質的な取引条件がみるみるうちにハイランドに有利な方向へと進んでいった。したがって、家畜生産農家やレルドの現金所得は飛躍的に上昇するとの希望が芽生え始めたが、利益と地代との配分が検討課題として残った。毛織物価格も上昇に転じ、一七六〇年代以降、ハイランド地方はスコットランド南部のチェヴィオット種の羊やブラック・フェイス種の羊の新たな牧羊地となり、その評価はますます高まっていった。しかし、牛の飼育と異なり、牧羊地の運営は農夫が農業と兼業して両立できるものではなく（三四六頁参照）それゆえに、毛織物の需要増への対応には何よりも土地所有条件の根本的な社会変革が必要であった。サザーランドからキンタイアにかけての入り組んだ海岸線沿いでの漁業が復興のきざしを見せており、そこより先の、遠く離れたヘブリディーズ諸島では、一七九〇年以降ケルプの需要増の影響が及んでいた。ケルプを焼いた灰は、クライドサイド、ランカシャーおよびそのほかの地域でグラス製造の原料となった。漁業とケルプ生産は集約的な労働力が必要で、農民が大昔から営んできた農法での要員を上回る人数が求められた。それらの仕事が根を下ろした地域でもまた、社会改革が不可避であった。水上輸送便利な木材の価格が上昇した。オークの樹皮は皮のなめしに、木炭は製錬業に、厚材は建築業に必要であった。古くからの森林の伐採の統制と新たな植林にも旧来の農法の改革が求められ、特に山羊は地から締め出された。ついに楽天主義が現実にまさったのである。産業目的のために農村部での麻や毛織物が大量生産されるという大事業が計画され、初期のスコットランド綿織物製造業の第一人者デイヴィッド・デールまでもが、危険を冒してでもドーノック湾沿いのスプリングデールに大工場を立ち上げ、新しいランカシャー・ジェニー紡機の労働力としてハイランド人を登用するという構想を練っていた。

楽観論はたしかに、一七六〇年から一七七〇年にかけてハイランド社会を支配していた人々の基本理念であった。過去の暗い低迷期や、未来に訪れてくることになる一層暗い失望の時期とは対照的に、それまでのハイランドの歴史からは考えられない、ありがたい変化が生まれることへの期待感があった。地主たちはハイランド地方とはローランド地方の前途を同一の観点から見て、当初は、構築中の新しい農村経済改革案では、家畜と耕作の相対的バランスについて重点の置き方のみ異なる改善計画と立てた。

ハイランドの地主は、ローランドの地主のように、領地の囲い込みを基盤にして行う計画であった。具体的には土地配分法を廃止し、ムアを分割し、旧来の協働農法の無駄をなくし、ハイランドの条件を取り入れた最新のシステムに置き換えるべきだと考えた。一七八四年、ローランドの方式をさらに推し進めるため、ハイランド農業協会が設立された。協会は、評論集を発行し、牛の管理、囲い込み農法、牧草と青野菜の栽培、そして廃棄物とヒース群生地の改良といった評論を書いた人に金メダルを与えた。こうした施策やそれに類似した対策を講じること、地主は農業の生産性を上げようとした。また地主らは、スコットランドの低地でそうしなければならなかったように、一部の小規模小作人から土地を取り上げ、その一方で田園地方のあちこちに新しい村を建設し、土地を失った小作人たちをそこに住まわせ、農業以外の職を提供するという構想の実現を企てていた。この方式は、ローランドの改革論者がイースト・ロジアンのオーミストンやアバディーンシャーのカミネスタウンで成功させた事例を見習ったものであった。ハイランド地方の多くの村には、この時期の希望を表した記念の土地が残っている。ウェスター・ロスのアラプールは、英国漁業協会が一万ポンドを超える予算を投じ、桟橋と倉庫を建設したが、入植者は借地全体を満たすほど集まらなかった。インヴァネスシャーのヒューリーは没収地所委員会が再建したが、それに先だって委員会の職員は「庶民はたいていが怠惰で無知でアルコールに依存し、ひねくれて、頑固で、性悪な連中が多い」が、土地そのものは「他方面からの異業種の第三者を必ずや引きつけ、高工業の気遣いが高まるや、この広大な地域一帯ので農業が繁殖するであろう」と報告していた。このほかにインヴァネスシャーのグランタウン、アーガイルのオーバン、それにバンフシャーのトミントールほか多くの土地は、ハイランドの地主たちによってローランドの地主を特徴づける経済的熱意と道徳的改革の精神をもって企画されたのであった(23)。

このプログラムが完了する頃には、ハイランド地方の農村社会の社会構造はローランド地方のそれに類似したものになるだろうと予測することに無理はなかったであろう。地元に根づいた裕福な資本家的農民階級が出現し、そのすぐ隣りで彼らに使用され生計を立てる土地のない労働者階級が共存することは予想されることである。ハイランド地方の一部(パースシャーやアンガス、アバディーンシャー西部、バンフシャー、クロマティなど)では、ほぼこの予想どおりなったが、農地はローランドよりかなり小規模で、農民の収入も低かった。最も成功した者のなかには、地元民の模範となるよう、地代の優遇措置がほどこされて入植してきたローランド人も含まれていた。しかし、前述した以外の地域、特に北部や西部では、ハイランド社会はまったく違った形で発展していった。狭い土地を非常に小さく区分して分け合い、混み入った状態で所有する大多数の小作人たちによって圧倒的に支配される社会となり、そのなかには、資本家、あるいは無産階級のどちらかに当てはまる人はごく少数であった。ここでは農地改革によって消滅しつつある農民社会に代わり、共同農場ではなく小自作農地制度に基づく、今までとは違った農民社会が形成されていった。農民はもとより地主も以前より暮らしぶりが悪くなり、スコットランドの改革政策の失敗例と考えざるを得ない。この地域はハイランド地方でも地理的に不利な場所でもあり、似たような環境にあったアイルランドやヨーロッパ大陸の一部でも、やはり同じ問題に悩まされていた。

失敗を招いた原因は四つあった。第一に、一七六〇年代から数十年にわたってジャガイモがハイランドの一般的な作物として導入され、狭い場所に、荒地の片隅を切り開いた土地や、以前は耕作地の限界を超えていると考えられた狭い場所にさえ住んでいる大勢の農民たちの食糧をまかなう手段となったことである。第二に、農民は別の土地に移り住むか、土地無し労働者となることを拒んだことである。ハイランド地方は外の世界のことがさっぱりわからない僻地であり、ハイランド人同士を一体化させるゲール語という言葉の絆はハイランド地方の外で仕事を得る上では障壁にもなったために、移住はほぼ不可能であった。保守的な考え方を持つ近隣社会では、土地を失うのはまさに名誉を傷つけられることであった。農民はおそらく一族の領土をある程度所有する権利が自分にもあると考えていたかもしれないが、実際は、彼らは土地を相続する権利を必ずしも認められてはいなかった。その結果、農民は、子どもたちがその地にとどまり、結婚し、自活して家族を養えるだけのジャガイモ畑を確保できるよう、地主から与えられた土地を次々に分割していった。第三に、このような土地の再分割を阻止する権限をもっていた唯一の存在であるはずの地主が、とてもあいまいな態度をとったことである。ケルプを集めるには大量の人手を必要とした。つい最近の過去に寄せる感情があまりに強く、彼らは大勢の小作人に囲まれているという、華やかなりし日の感傷にとらわれていた。狭苦しい土地で、小作人としてジャガイモ作りをするしかない人々を領地にとどめられただけとなれば、土地の分割に反対できず、(最初は非常にいい条件で)彼らに土地を貸し出し、ムアの片隅の岩場を耕して畑を作るまでの作業に手を貸すしかない。

最後に、北西部で農業改革が当初限定的な成功を収めたことが、地主たちを正当化させたと思われることである。旧体制下では地主と農民とのあいだに立つ不労所得生活者だった借地仲介人(六章一二〇頁を参照)が、新体制のもとでは何の役にも立たなくなり、地主から土地の明け渡しを求められていた。この状況を予想していた借地仲介人のなかには、ア

仕事をする、ハイランド地方の女性たち。左手の２人は碾き臼で粉をひき、他の者たちは足で布を縮充している。皆、仕事をしながら、歌（ウォーキング・ソング）をうたっている

メリカで新たな氏族社会を建設するために、地元の農民を引き連れ、スコットランドを去っていく者もいた。過去の農業の基盤であった共同農場は崩壊し、耕作地はローランド地方あるいはハイランド地方の南東部の平均面積よりも狭い区画に分割された。農民たちはこの狭い耕作地、一九世紀の迷路のような狭い小作地を割り当てられた。各小作人に割り当てられる区画は、一家が食するジャガイモとオート麦を育てる耕作地と、ムアで一頭か二頭の牛、三頭か四頭の羊を放牧させる権利である。環境が整えばケルプ産業が導入され、または農業では足りない収入を補完するため、漁業が始まった。牛とケルプの価格は上昇し、一八〇〇年までの数十年はとりわけ急騰した。物資の面では、旧体制のハイランド地方の生活経済よりも悪化してはいないように見えた。一七八二―三年にハイランド地方を襲った飢饉で死んだと考えられる人々は、ジャガイモ栽培の導入に踏み切っておらず、オートミールを主食としていた教区の農民が大半であった。地代の上昇とケルプ産業の利益で、地主の暮らし向きは確かに向上した。セルカーク伯爵は一八〇五年、没収された土地の価格は一七四五年当時で年一万二〇〇〇ポンドであったのが、六〇年後には年八万ポンドまで上昇するであろうと試算している。サウス・ユーイストの領主だったクランラナルドのマクドナルド一族は、一八〇九年、地代およびケルプの収入として一万七〇〇〇ポンドを手に入れている。一八世紀初期のマクドナルド家は、年間一〇〇〇ポン

ド以下であった。このような状況で、ハイランドの領主の大半は強欲で、先見の明がなかった。彼らは領民の総収穫高から、ローランドのレルドがロジアンやエアシャーの農民から搾取した以上に高率の上納金を取り上げていたようである。クランラナルド一族は、たとえば、新しい港や道路を建設したり、新産業や多角的農法を奨励したりしてユーイストに投資することは一切しなかった。クランラナルドはケルプで得た金をひどく浪費して悦に入り、領地の債務と金利は増すばかりであった(24)。

一八〇〇年頃になると、小規模農場奨励は農民の土地を守るという伝統的しきたりにまったく反するやり方ではなく、ハイランド地方の僻地の経済改革を推し進める上で妥当な策であるとすぐさま主張する改良者が多くなった。人口そのものが上昇に転じていなかったら、彼らの意見は通ったかもしれない。ところがハイランド地方の人口は、当初はゆるやかに、その後は急速に増大し、当時のハイランド経済では支えきれない数に達していた。たとえばアウター・ヘブリディーズの人口は一七五五年の一万三〇〇〇から一八一一年には二万四五〇〇まで増え、一方スカイ島と本島の教区の信徒数は、同時期に一万七〇〇〇から二万七〇〇〇へ、マル島およびインナー・ヘブリディーズ南部の人口は一七五五年の一万から一八一一年には一万八〇〇〇まで増加した。すなわち小規模農場は極少農場へと変貌したのである。父親が息子に所有する土地を一区画そのまま相続できたおおらかな時代が終わり、細切れになった土地の利用許可を得ることしかできなくなった。オート麦や牛、ジャガイモの生産で成立していた地方経済は、必然的にジャガイモに依存する割合が増え、他の産物の割合が減る方向へと転換していった。

一八一〇年代に入ると、ゆるやかな景気後退は短期間で恐慌へと突入していった。牛の価格はナポレオン戦争後に下落し、利幅が減少した状況で勝負するとなると、冬季備蓄分としてカブを栽培する畑を持っていたローランドの生産者に勝ち目がある明らかになり始めた。スペインから代替品としてバリラ（オカヒジキ）の輸入が可能になると、まっ先にケルプ価格は下落した。一八〇八年のケルプ価格は一トン当たり二〇ポンドとなり、一八二〇年代初期には一トン当たり一〇ポンドまで下がった。一八二五年にグラスゴーのルブラン社がアルカリの製造を開始し、五年も経たないうちにケルプ価格は一トン当たり三ポンドまで落ち、採取するだけの価値がなくなった。西部一帯では漁業もまた頼りにならないものとなった。魚の価格は下落した上、ニシンの群れが、ハイランド人が小舟で漁をすることができた入り江の海岸沿いから沖へと移動し、高額な大型漁船を有する東海岸沿岸の漁師でなければ漁ができなくなったのである。

ハイランド人が他の地域にまさる主要交易品として頼りにしてきた四品めのうち、ただひとつ毛織物だけが残り、依然として利益を生む製品であった。ところがこの地域に新たに導入された牧羊業の方式は、土地の農民が営む農業と相容れないものであった。ハイランドの農民は個人としての資産留保がなく、みずから進んで羊を手に入れようとする地主もいなかったため、牧羊従事者はつねに外からの流入者で占められた。牧羊農家の主人は、広大な土地と見返りに高い地代をレルドに支払えるローランド出身の裕福な小作人がつとめるのが普通であった。新しい牧羊農業には、導入された地域のほぼ全部の土地が必要であった。入植者は、特にハイランド人が家畜を放つ六月の丘陵地に羊飼い小屋が必要であると語った。事実、牧羊導入から数十年程度で、丘陵地の緑豊かな夏期の牧場は過剰な刈り入れのせいで価値をほぼ失っていた。入植者はまた、自分たちのチェヴィオット種とブラック・フェイス種の羊がハイランドの羊と同じ牧場で一緒に放牧されることには、雑種が生まれる恐れがあるので、がまんならないと苦情をいった。羊が放牧されるところはどこでも農民は肥沃な土地の片隅へと追いやられ、牛の耕作地はさらに狭まり、ついにはジャガイモしか栽培できないほどの面積になってしまった。

こうした事情により、ハイランド地方の経済状況は一八一五年以降、急速に悪化し始めた。ハイランド地方は、最低の自給農業に逆戻りし、生きる糧が農業でしか得られなくなり、広大な田園地帯のなかの貧しい集落で暮らす人々が増えて、アイルランドやフィンランドのように、きわめて狭い土地でジャガイモを植えて生きながらえていく、それとも牧羊業への大転換を図り、状態のいい土地を外部からやって来たひとにぎりの入植者に独占されて後者を選べば、地元民は片隅の小さな区画を耕作して生き続けるのか、そのどちらかの選択を迫られていた。選択肢はどちらもひどくみじめなものであった。後者を選べば、土地にしがみつく小作人と共倒れせずに済むので有利なのは、主もほんの少し考えればわかることである。とはいえ、人間と引き替えに羊を手に入れるのは無情ではないかと責め立てられたりもし、すべての地主がみんな必ずしも牧羊への転換を即断したわけではなかった。

三　人口の過密化と住民立ち退き事件

場所によってさまざまな危機的状況がハイランド地方を襲った。ヘブリディーズ諸島に限定すれば、この時期のハイランド問題は、主として人口の増加が資源を圧迫したことから起こったもので、大部分の島において、クリアランスと牧羊の展開はそれと関係なかったように思われる。一八世紀半ばから一九世紀半ばまで、この地域の住民は全員貧困に苦しみ、経済が一握りの住民を支えることができるものであれ、大多数を支えることができるものであれ、人々は絶えず生存の瀬戸際に身を置いて暮らしていた。たとえば、一七七二年にスカイ島を訪れたトマス・ペナントは、次のように述べている。

貧民たちは神のご加護を待つしかなかった。彼らはほかの動物と同じようにカサガイなどの貝類を探して海岸線をさまよい歩き、これらの不遇な島に食べ物がなくなる季節には、数百人分の思いがけない救援食を手に入れる。毎年のように数百人が食糧不足の季節を耐え抜き、みじめな暮らしを送っている。ハイランド西部全域で多数の行方不明者を出し、人々は苦難に耐えかね、倒れる。飢えで倒れる者もいるが、発疹チフスによる発熱、沿岸地域では身体に悪い食べ物が原因の流行病による者のほうが多い。貧困が招いた悲惨な結果である[25]。

二〇年後、スコットランド教会の牧師として島を訪れたジョン・ブキャナンは最近数世紀間のスコットランドで、最も虐げられていたとみられるハリス島の農民労働者階層「スキャラッグ」について書き残している。残念ながら、彼らの惨状が昔からのものだったのか、近年になって劣悪になったのかは不明である。

スキャラッグは男女を問わず貧しく、生きていくことのために転借人や借地仲介人、レルド農奴となった者たちである。スキャラッグは芝生と木の大枝で自分の小屋を作る。別の場所への移動を命じられると、棒切れを持ってその場を立ち去り、新天地で新たに小屋を造る……主人のもと週に五日働き、あと一日は、苔やヒースの荒れ地と境を接する、切れ端のような自分の土地を耕し、野菜あるいはケール、大麦、それにジャガイモを育てる。ふだんの食事といえば、これらの作物を一緒にぐっちゃぐっちゃと煮込んだものだけで、たいていは塩味もつけない。だが魚が獲れる季節と日だけは別だ……パンは大麦粉で作ったものだけである。粗末な靴、タータン地の半ズボン、粗末なコートに毛布を一枚、二枚。これがスキャラッグの着用を許された衣類だ(26)。

一七九四年には別の著述家が次のように記している。「その昔」、男性スキャラッグの賃金は、年二ポンドと靴四足と定められ、女性のスキャラッグは年八分の六ペンスと靴二足と定められていた。しかし、近頃の男性はスキャラッグとして九カ月以上働くことはなく、残り三カ月はケルプを取っている。「というわけで（今では）彼らの年収は自分の土地での稼ぎを除くと平均三ポンド程度と思われる」。しかしながら、スキャラッグは地代を払わずに済むため、最下層の転借人よりも稼ぎがいいのではないか同じ著述家は続けと述べている(27)。

スキャラッグこの種の貧困と一八一五年から続く島嶼部の貧困には、大差がなかった。スコットランド移民審議会に提出された一八二六年と二七年の報告記録を読むと、この時期のヘブリディーズ諸島の貧しさがよくわかる。この記録によると、南北ユーイスト島のクランラナルドでは、マクドナルド一族の領内に住む島民の三分の一が土地を失い、生活に困って慈善施設に頼っていた。首長は領民たちの食事代として一八一七年には四五〇〇ポンド、一八一八年には一一〇〇ポンドを投じた。タイリー島についても、世帯の半分が不法占拠者で、住民から施しを受けてと報告されている。この一帯のレルドのうちコル島のマクリーンだけは、みずから統治する島の人口が過剰になっていないことを主張し、このことを、早い時期にバラ島のマクネール一族にいつも高飛車な調子で確言している。

あらゆる権力を行使して人口低下に努めた。このとき採用したのは、小作人の息子など若い男性に、本人の承諾なく結婚をさせるという命令であった。命令にそむく結婚をするなら、島を去るしかない、といった(28)。

数字を見ると、この対策はかなりの効果を上げたようである。コル島の人口は一七五五年から一八三一年までのあいだに一二〇〇から一、三〇〇に増えただけだったのに対し、近隣のタイリー島では同時期に一五〇〇から四万四四五〇に増加していた。

このように、ヘブリディーズ諸島では農民がつねに極貧に耐え、一八一五年以降に大々的な改革が繰り広げられても変わりはなかった。ただし地主たちの収入は一七五〇年から一八一五年にかけて上昇し、経済拡大で生じた利益をそっくりそのまま家計に転用していた。そして経済の停滞とともに、領地の負債は着実に増えていった。

このほか目立った変化として、移民船がヘブリディーズ諸島を回り、小作人たちをアメリカでの新生活に送り出す動きが年を追うごとに盛んになったことがあげられるが、不景気が広がり、人々がそれに対応できるようになった後でも、領地の人口の自然増は依然として高かった。実はアメリカへの組織的な移民は一七四〇年代頃から始まっており、主に借地仲介人主導で進められていた。だが一八世紀を通して地主の大半が移民策に反対であった。一八〇〇年以降、特に一八二〇年からは移民が積極的に奨励され、人口過密の唯一の緩和策として、移民の経費を立て替える地主もいた。マクラウド一族のスカイ島の領地を別にすれば、一八二五年から一八五〇年にかけて、羊を飼う場所を確保するために人間が追い出されたという形跡はあまりない。ヘブリディーズ諸島の生活が悲惨になったのは、人口過剰が第一の要因だったのであり、土地を追われたからではない。

いうまでもなく、サザーランド地方はヘブリディーズ諸島とは対照的に、ハイランド地方が旧来から抱えている問題を如実に示しているであろう。一八〇七年から一八二一年のあいだに、サザーランド伯爵夫人とその夫のロード・スタッフォードは実に州の三分の二の土地を支配し、五〇〇〇から一万人程度の住民を立ち退かせて牧羊場に転用した。住民を追い払う残忍さと手際の良さは、ハイランドの歴史に残る「大事件」となった。なかでも悪名高いな事件として知られるのが、一八一四年、ストラスネイヴァーのクリアランスである。一月に、サザーランド家の筆頭土地差配人であり、小作人にしてはかなりの収入を得ていた。一月、セラーはハイランドの農民たちに六カ月の期限をつけて立ち退きを要請した。六月半ばまでに、農民の大半が退居しなかったため、セラーは家来と犬を引き連れて地所に乗り込むと、渓谷一帯を焼き払った。老人たちがまだ家のなかにいるのに打ち壊される家があった。家畜や家財を持ち出す前に火を放たれる家もあった。退居を余儀なくされた家のほとんどが木材で屋根を組んだ建築で、木の生えないサザーランド州の古い家ではとても貴重であった。そのため家が古くなっても屋根だけは壊さず、新しく立て直す建築に流用していた。それなのに、住む人がいなくなった家の屋根が山と積まれ、躊躇なく灰にされた。セラーは放火の罪で裁判にかけられ、立ち退きの犠牲となった二人の老人を殺害した罪で裁判にかけられた。弁護側は「係争中の問題は、サザーランドの今後の運命、発展、さらには道徳心の向上にもかかわる……むしろ実質的には、無政府状態と無秩序へと扇動した者と為政者が権力をめぐって争うと同時に、わが国の法についても問う裁判である」と述べた(29)。セラーは無罪となり、小作人の要請により被告人を起訴したサザーランド州の州長官代理は職を追われ、被告に土下座して謝罪した。

しかしながら、このようにしてセラーに有利な形で終わった判決は、法によってではなく世論によって覆された。古来の悪事を口伝で残すハイランド人の伝統のおかげで、一八八四年に開かれたネイピア委員会の公聴会で再度審議された。ドナルド・マクロードが行使したペンの力も忘れてはいけない。彼はストラスネイヴァーの石工で、事件から三〇年も四〇年も経てからサザーランド家に激しく議論をたたきつけたのである(30)。ストラスネイヴァーは、一九世紀のハイランド人の怒りが一風変わった形で集結した象徴となったわけだが、このときの裁判に注がれた熱い情熱が、なぜサザーランドのクリアランス騒動の際には湧き起こらなかったのか、その経緯は依然として理解に苦しむところである。

とはいえ、サザーランドの立ち退き騒動については、ひとつひとつじっくりと検討する必要がある。サザーランドはドナルド・マクロードがいう、繁栄が見込め、ふくよかな娘や幸せなパン屋が集う農民の楽園とはほど遠く、貧困と他国への移民が長いあいだ続いていた。セラー事件の四〇年前にあたる一七七二年、ウェールズの旅行家、トマス・ペナントは、サザーランドの人々を次のように描いている。

> 怠惰でほとんど動こうとせず、卑劣なやつばかりである。小屋の大半が丸太の柱に枝を組み、屋根に薄く芝を葺いているというみすぼらしい造り。トウモロコシは住民の消費量の半分をまかなうのがやっとという程度……それなのに、ここには改良できる広大な土地が、手つかずのまま取り残されている。だが住民は飢饉に苦しめられるまで、額に汗して働こうとは思わない……サザーランド州の不幸な大勢の民が、今度は移民を始めている。絶望した彼らはさまよい歩く。貧しすぎて渡航の金が払えず、旅費のためならみずからを売りに出す。生まれ故郷で一生飢えて暮らすなら、異国で臨時雇いの農奴として働くほうがましだと(31)。

事件から二〇年後、サー・ジョン・シンクレアも農民が深刻な貧困と窮乏生活にあることを認識し、荒れ地の改良計画を定める以外に彼らを救う道はないと考え（「サザーランドには農地がほんのわずかで、隣接地には改良に適した場所がない」）、農民たちの自活を促す漁業や織物など、農業以外の活動を推進した。ハイランド人は綿織物や麻織物工業によって「労働の楽しさと有益さを享受する機会」が与えられると、シンクレアは「スコットランドのハイランド住民の移民阻止、製造業と工業の振興」を目指す株式会社の設立を求めた(32)。この時期のハイランド地方の経済問題に懸念を抱いていた人々の多くが、この件について言及している。

一八〇七年以降に主要地所差配人らが作成し、サザーランド伯爵夫人に提出された計画書では、（あくまでも計画が成功した際には）関係者全員に利益がもたらされるよう、広大な領地の再編成に関する本格的、かつ大筋では従来の方式を維持する計画が打ち出された。そして、それまでの土地管理はおざなりだったことが明らかになった。土地配分法は依然として撤廃されず、外部からの雇用はなく、辺境の耕作地の森林伐採はそれまでほとんど行われていなかった。領地の収入を増やすには内陸部の峡谷を牧羊農家に貸し出し、土地を奪われた農民に収入が回復する正当な機会を与えれば、近隣の土地にふたたび落ち着き、漁業や織物業に従事できる。以下は、農業委員会からの質問に土地差配人が答えた内容である。

サザーランドの領地では牧羊業の実入りがいい。チェヴィオット種の頭数は現在およそ一万五〇〇〇頭に達している。農民の数を減らさないとなると、牧羊農家に、広大な土地を確保しなければならない。状況のさまざまな相違が住民本位で検討されている。漁業拠点には機械を導入する。内陸部の村には梳毛機を導入する。ムアや点在する領地の利用法も考案されるだろうが、農民は労働が第一である。勤勉であることが奨励されれば、自分たちの生活も守られるが、怠けていると立ち退きを命じられるか飢えに苦しめられる。人は怠けるために生まれてきたのではなく、額に汗して働き、パンを得るために生まれてきたのだ(33)。

この発言は単なる談話では終わらなかった。その後一〇年間、サザーランド領の道路、橋、漁港、宿屋、農場の建物の改善に実際に巨額の資金が投じられた。ヘルムスデールに新しい村が建設された。一八一四年、マリシャーのある会社の働きかけで新しい村に移住した一家は、まず一二〇〇ポンドで完備した医療施設を建設し、村民に貸し出した。ヘリックのある会社は、さらに高額の二一〇〇ポンド同じような施設を設けたのに続いて、リーヴェン、リース、ゴルスピーから移住を説得されたほかの会社も集まってきた。領地のそばには宿屋が一軒、大型の家九軒が建てられ、当時の最も有能な土木技師の一人であるジョン・レニーが港の設計担当として起用された。近代的な漁港の建設のため、五年で一万四〇〇〇ポンドを投資し、ヒンターランドが成長する拠点となるように努めた。その後数年にわたって、ハイランド地方では、ヒンターランドとほぼ同じ方式で、官民両方の経済立案者がその後数年にわたって似たような計画を展開した(34)。

残念なことに、投資計画は、漁業が不振に向い、期待された雇用数が実現できない時期とかちあってしまった。同時に、農民の織物業への転業策も失敗に終わり、サザーランド一帯では、結局、土地を追われた多くの農民たちは、ジャガイモ畑を耕し、自分たちの生きる糧を自分で手に入れるしかなかった。肥沃な土地から追い出されて、奥行きがなく、しかも土壌が酸性の渓谷地の小区画に追われた農民たちは、ケイスネスや外国へと新天地を求めて旅立っていった。一八一一年と一八二一年の国勢調査では人口は減少に転じはしなかったものの、ほかのハイランド地方のように増えもしなかった。計画代理人の打ち出した改善案がうまく行けば、立ち退きを命じられたハイランド人も、貧困が緩和されれば絶望が和らいだであろう。だが計画が頓挫し思い出されるのは、血も涙もない立ち退きのことだけであった。

クリアランスで農民の伝統的な生活が崩壊するという事例はサザーランドが最初でもなく最後でもなかった。地主の大半は、土地を追われた小作人に直接援助の手を差し伸べるわけでもなければ、資産を投じて新たな雇用を創出する努力もしなかった。ダンバートンシャー、パースシャー、アーガイルの一七の教区で一七五〇年以降に人口が減少した原因は主に大規模な家畜農場の導入にあると、一八一二年に、ウォーカーが著作で表明している(35)。だが農民人口が大幅に減少した最大の原因は、一七六四年以降、ハイランド中南部にローランド地方から大量の羊が運び込まれたことにある。通常、その地点より北部まで牧羊農場を広げると、牧羊が軌道に乗るころには地域が社会と今以上に隔絶してしまう。一七八五年、北部最古の一族を率いていたグレンガリーのマクドネルは、グレート・グレン渓谷北部で先頭を切ってクリアランスを数回命じた。彼は投資などまったく考えず、利益の大半を派手な支出に費やしていた。素手で死んだ牛の脚をもぎ取らせるといった、いかにも大昔のハイランドで好まれた奇妙な競技を考案しては、遊興にふけっていた。ある記録によると、一本の脚を引き抜くのに五時間かかったという。一七九二年、領主が集団でロスシャーに牧羊を導入したところ、短期間ながら激しい暴動が勃発し、政府が神経をとがらせた。政府はフランスのジャコバン派の扇動者が北へと逃亡を図ったと考えたのである。

もちろん、領主のだれもが牧羊での儲け話に飛びついたわけではなかった。たとえば、広大な領地を持つアーガイル公爵は、家畜のいない牧草地を高額で貸す話を持ちかけるローランドの裕福な農民たちとは付き合わなかった――彼らの力を借りずともやっていけるだけの力があったからである。土地を有効活用するという急務を拒んできたほかの族長のなかには、借金や破産という容赦のない力のはたらく事態に直面し、不本意ながら土地を売り渡すことになる者のも出てきた。そのひとりが、一八二九年、サザーランド公爵に土地を売る羽目になったロード・レイである。レイ家はときどき、代々小作人に土地を貸し出す伝統を守り続けてきた方針を切り替え、立ち退きを採用することがあった。ほかの多くの族長と同様、初代ブレドールバン侯爵は父の代から続く大勢の領民に囲まれた暮らしを好み、お気に入りのハイランド連隊にできるだけ多くの新兵を採用していた。だが初代が気前好すぎたせいで領地の財政は危機に瀕し、二代め侯爵が跡を継ぐと、父の代に積極的に集めた領民たちを可能な限り立ち退かせるという手段に出た。

ところが、立ち退きを命じられると、ハイランド人の族長への忠誠心は一瞬にして消え去った。民衆の嘆きは貧困の度合いが増すことではなかった。彼らの怒りは、大昔から住んでいた土地から追い出されることに向けられていたのである。地主が人間を追い出したところに家畜を住まわせるとは、とても信じがたいことであった。ゲールの詩人たちは、卑劣な仕打ちへのむなしさを詩の世界で表現した。たとえばダンカン・チザムの仕えた二五代めの族長は、北部でも大規模な農民の退去命令を出した一人であった。

ヨーロッパのいたるところにから羊を追放せよ！　卑劣漢、胃や皮膚にできた腫瘍のようだ！　子羊を狐やワシに食わせてしまえ！　目にするのは、げっそりとやせ衰え、靴紐のない靴で故郷を追いやられる、陰鬱な羊飼いの姿ばかり。あいつ、あの一番の悪人を見過ごしていた、土地差配人だ！　ズボン一枚にして固い革紐で縛り上げ、全身むち打ちになるがいい。イバラの寝台に横たえ、アザミで覆うがいい。迷えるこの臆病者を、アソルへと追いやられるがいい(36)。

だが、民衆の怒りはことごとく無為に終わった。宗教に救いを求める者が増えた。義憤に駆られたハイランド全域の小作人たちが長老派の権威主義を信奉するようになった背景には、今まで敬愛してきた素朴な家長信仰を裏切られた彼らの気持ちが、弱き者に慈悲を与え、抑圧者には容赦なく罰を与えるという方針にぶれのない、天なる神を尊ぶほうに向いたのであろう。(カトリック教徒以外の) ほぼすべての農民階層が一八世紀から偶像崇拝寄りの方向に向かい始め、一九世紀には宗教的戒律を厳守するようになったが、それと比較した場合、ハイランドの社会的変化には衝撃的な側面はあまり見られない。この点についてはキリスト教知識普及協会の活動とも関係があるため、一八章で詳細に説明している。

したがって一八三〇年までには、ハイランド人は島嶼部か広大な牧羊地に接する狭い地所で、人口過密のなか、貧しい生活を送る社会を形成していた。もっぱらジャガイモの作柄に全面的に依存する生活で、(悲惨なまでの不作が襲った一八四〇年代のように) 収穫高が落ち込むと、住民の経済崩壊を食い止めるすべはなにもなく、サザーランドの立ち退き事件を上回る規模での人口移動が起こった。

その原因を招いたまさに張本人だった地主たちは、何ひとつ対策を講じられなかったのであろうか。かりにハイランド人が肥沃な土地に恵まれ、きわめて保守的な見通しを立てたとしても、鉱石や燃料の採掘量が乏しいという実情を合わせ見て、さらに新しい村や漁業で新たな雇用を創出するだろうという楽観的な対策の多くが失敗に終わったことなどを考えると、ハイランド経済の崩壊はどうやっても避けられなかっただろうと言いたくなる。

それでもいくつか苦言を呈したい点もある。一八世紀の地主は、借地仲介人は地主と作業に従事する小作人とのあいだに立って地代を搾取する寄生虫同然の存在だと彼らを追い払ったが、これは致命的な誤算のひとつと見ていいであろう。借地仲介人はまぎれもく中産階級に匹敵する者であったのである。借地仲介人は地主の命令に一族のなかで最も敏感に反応し、配下の氏族員になんらかの直接的圧力を与えることを期待しうる者であった。借地仲介人を召し抱えると、(第一に）ハイランド領主の収入が減り、エディンバラやロンドンで楽しそうに社交を繰り広げるローランドの領主のようにきらびやかな催し物にすぐさま出られなくなってしまう。ハイランドの地主は、土地を売りに出しても社交界の人脈を得たいと心から願っていた。領主がこれまで借地仲介人を雇っていたのは、資本の蓄積が認められている彼らが利己心を高めていく上での分別を与え、一族の習慣を通じて、改良者としての倫理観を意識的に再教育させるという理由もあったのであろう。配当を支払うことでハイランドに地元起業家層が生まれたというのに、彼らを立ち退かせると、その後の経済が無力化してしまうのである。

事実、借地仲介人は一七五〇年以降の数十年間、地主から直接立ち退きを求められてそこを去るか、新しいハイランドから得るものはなにもないと悟り、わだかまりを持ちながら自発的に移住していった。地主の多くが借地仲介人の流出に当然警戒を示した。よくあることだが、とくに（売りに出せる牛として）すでにそれなりの資本を持つ、実績を持った小作人には残留するよう説得し、転借人やそれ以下の貧民のみを追い出していた。したがって、同じ移民者でも一八〇〇年までに立ち退いた者と、一八一五年以降に続いた貧民の集団とでは雲泥の差があった。のちに前者がスコットランドで新天地がうまく見つかれば、後者の流出は少なかったかもしれない。一八一五年以降も、領主は地代稼ぎに躍起になりすぎるという批判があった。このころハイランドの生産物価格は下落したが、早急に地代の値下げに踏み切らなかったため、多くの農民が劣悪な市場で手持ちの牛を売って未払金を支払わざるを得なくなり、また、それでも多少の資本を持っていた層の浪費も重なり、皆、活気のない小作人の水準まで身分を落としていった。

結局のところ、共同農場で培われた協働の伝統を改良策に取り入れ、ある程度資本から拠出金を出し、労働力を提供し、そこで得た報酬から平等に配当を得るハイランドの小作人グループが運営する地主の牧羊場からの支援体制を作ろうと真剣に取り組む権力者がだれもいなかったのが悲劇を招いた。一七九五年、サー・ジョン・シンクレアが真剣に考えた末に対策を提示したが、だれも耳を貸さなかった(37)。提案したシンクレアまでもが、自分の領地に導入しなかったのである。ジェイムズ六世の治世から、スコットランドの上流階級のあいだでは、ハイランド人は生まれつき努力や自立が苦手だという先入観があるが、この先入観は今なお続いている。しかし、そうであるとしても、領主と地元民抜きで永続的な農業の繁栄が築かれるとは考えられない。ローランドの農業が成功したのは、小作人制度に前向きに対応したからである。

それでもハイランドに人口過密や農民の立ち退き以外の施策を提案しても、状況はなんら変わらなかったであろう。地政経済学上の過酷な現実は、計画者の前向きな意志を何度となく打ち砕いた。立地的には中央ベルト地帯、ランカシャー、ヨークシャーの織物工場がはるかに有利なので、北部で織物業を展開しても採算が取れるはずもない。同じく、漁業に多大な投資をしても無駄であった。畜産市場や毛織物産業そのものも、競争が激化すると輸送面のハンディが足かせとなった。高地で高湿な環境、そして大都市から離れていることは、近代経済においてはどう考えても不利であり、いくら希望を描いても達成させるのは無理なことである。一八世紀に、リバプールに匹敵する大都市をハイランド西部に建設しようとする勢力があった(38)。こうした希望は過去に何度も描かれてきたものであった。しかし、彼らの夢については、実現が、歴史のあまりに仰天させられるような実情によって完全に阻まれるを得なかったということである。

第一五章

都市の中産階級

一　中産階級

一八世紀スコットランドの中産階級は精力的で多彩であった。多くは地主階級の末端に位置する人々である。たとえば、広大な地所を買い、紳士然とした民事控訴院の判事（一二章二八八頁を参照）や、知的職業に就いた者がひと財産つくったあとは地元に戻ろうと考えている、レルドや貴族の息子たちである。エリザベス・グラント（一七九七年生まれ）が祖父について語ったのと同じような、立志伝のある家系は多かった。「湖と小川と森のあるロシーマークスの美しい平原」のレルドの場合は――

息子たちを養うのに少々困難を感じていた。私の祖父ウィリアム・グラント博士が属していた世代なら、弟や同年代の親類とともに世の中にこぎ出し、最善を尽くして道を切り開いたものだ(1)。

ウィリアムはアバディーンで医学を学び、ライデンで教育を終えたあとロンドンで開業し、イングランドの女性相続人と結婚した。ロシーマークスに戻ってからは「レルドの兄」として資産で生計を立て、長男に法廷弁護士としての教育を受けさせた。ウィリアム・グラントのような人たちは「土地」と「職業」の葛藤を経験しなかった。その理由の一つとしてこの時代を通じて、中産階級とその上の階層の人々にあまり対立の感情がなかったことがあげられる。

中産階級という社会階層の別の一端には、現在なら労働者階級と呼ばれる人々、特にいわゆる「熟練工」の階層に属する人々が多く含まれていた。熟練工には、一人前の職人の下で働く職工や徒弟もいれば、自分の手や目の技をもとに独り立ちしている職工もいた。ここでは、靴屋を例にとってみる。一七九〇年頃のダンフリースでは靴屋の同業組合には一一〇の店が加盟し、八四人の職工と四二人の徒弟がいた。一般の職人に対して親方の割合がとても低かったので、どちらも労働者階級に近い性質だったが、それでも多くの職人と徒弟はいつの日か親方になることを夢見ていた。ところが、キルマーノックでは同じ頃、五六人の「靴屋の親方」が四〇八人の職工を使っていた。キルマークで靴屋といえば、小規模経営の中産階級の雇い主が普通であったが、職工のほとんどは親方の地位に就くことはかなわなかった(2)。それでも、グラスゴー靴職人組合の組合長、ウィリアム・クリスティのように高い組合長の地位に就くには、これが出発点にすぎなかった。田舎の靴直しからグラスゴーで最大の靴屋になったクリスティは、一七三五年以前に四〇人以上の職工を雇い、「大量の商品、靴、平底船を西インド諸島に向け……また女王陛下の統治領に向けて」輸出することによって、初めて「卸売り」業者となった(3)。靴屋はたたき上げで上に昇ることができた（ウィリアム・クリスティのような男はそれを比較的にやすやすと昇った）ので、一八世紀には雇い主と雇用人のあいだの緊張関係もほとんどなかった。緊張関係が起こったのは、労働者が雇用主になることが困難な職場においてであった。工場労働者や坑夫が工場主や炭鉱主になるのは、時計師のもとで働く職工が時計師になるよりも果てしなく難しかった。そのような状況は、一七八〇年以前よりむしろ以降のほうに多く見られるようになった。

さらに中産階級自体のなかで、地位と富の大きな違いがあり、明白な中産階級の特徴が形成されないようになっていた。公爵の仲間内を気楽に渡り歩いていたダンカン・フォーブズあるいはロード・ミルトンのような法律家は、住み込みの徒弟がいるダンディーの仕立屋の親方とは何の共通点もなかったし、どちらも、田舎の若者の礼儀やステップに磨きをかけるモントローズの舞踏の名人とはほとんど共通点がなかった。おそらくこの多様性のゆえに、現在、中産階級を意味する一般的に認められた表現が生まれなかったのであろう。一八〇〇年以前は、土地所有者と小作人の共通の利益を意味するときは「地主階級」を使うのが普通であった。「労働従事者階級《レイバリング・クラスィズ》」および「労働階級《ザ・ワーキングクラス》」という言葉は、賃金労働者をさす表現として（少なくとも一七六〇年以降）使われた。町に住み、頭脳と資本を使って生計を立てる人々をさす表現はまだなかった。一九世紀初頭には、法律家、聖職者、商人、教師、職人といった職業を名のることができた。世紀末には公務員と製造業者が加わった。現代において、「中産階級」という表現を使うとき、それは都会の社会階層の大きい一団を示すのに便利で簡潔な言葉にすぎないということを心に留めておくほうがよい。その一団は同時代の人々からは、互いに注目すべき共通点を持っているとは考えられていなかったからである。

にもかかわらず、中産階級のほぼすべての集団が共有していたものが一つあり、それは一七六〇年以降町を席巻していた浮かれた気分であった。農民と地主の羽振りがよくなったため、法律家が繁盛した。彼らの稼ぎが主に不動産譲渡手続きや土地をめぐる争いから得られるものであったからである。商人もしだいに裕福になった。北米、西インド諸島、ロシアとの貿易が開かれ、ついでフランスとドイツへの輸出貿易、やがてインドと中国との交易が始まったからである（グラスゴーの先駆者たちは東インド会社の独占を打破した）。実業家の数は古い職業で増え、一〇〇年前にはなかった新しい事業を始める人々が多くなった。銀行家と木綿や化学工場、製鉄所、製糖所、蒸留所、製紙工場、ガラス製造業、火薬工場の所有者などである。長男でない息子たちはイギリス植民地で新たな機会をつかんでいく。ある者は帰国して中産階級市民として町に住むと、「最近までジャマイカ在住だった」だれそれとか、「東インド会社勤務の」だれそれと住所氏名録に記載した。潤沢になった親の金を食い物にする息子たちは、消費税収税吏ほかスコットランド当局の下級官僚となった者もいた。

このような状況は、中産階級の要求も地主階級の要求も同様に満たしてきた職業に利益をもたらすという第二の波を引き起こした。たとえば医師や聖職者の収入は上がった。教師の働き口も多くなり（すべていい稼ぎとはいかなかったが）、教区の学校、グラマースクール、新たな専門学校やイングランドの学校などの教職は引く手あまたで、あらゆる種類の学外教科を教える自由契約の教師の口も豊富であった。印刷業者と本屋はかつてないほど繁盛し、著者に多額の報酬を支払った。エディンバラ大学学長ウィリアム・ロバートソンが二作めで四五〇〇ポンド受け取り、デイヴィッド・ヒュームが英国の歴史書一巻で五〇〇〇ポンド受け取った時代に、歴史家だったらよかったのにと思わない者がいるだろうか。あらゆる種類の商人や職人は、お菓子やかつらから靴や馬車まで、作るそばから売れたので、莫大な儲けを皆で分かち合った。たとえば時計師は一七九〇年代に『統計報告』が出た時代、事実上どの町にも、数多くの村にもいたが、その一〇〇年前にはめずらしい職業だったのである。一七六〇年から五〇年間で、従事する人の数が増えず、財にも恵まれなかった中産階級の商売を思いつくのは難しい。

それにもかかわらず、知的職業や商売の手腕のある中産階級のスコットランド人の多くが、イングランドとグレート・ブリテン島以外の世界に出て行くことは日常的に続いていた。それはひとつに、しっかりした初等教育、公正な中等教育あるいは大学課程を簡単に受けることができたので、教育のある人々多い割には働き口が少なかったことがある。もうひとつには、スコットランド人が生来、仲間意識が強いということもある。あるスコットランド人がヨーロッパ大陸や植民地で儲けのある適職につくと、親戚や同郷の人たちにその長所を知らせ、故郷をあとにしていっしょに働こうと持ちかける。けれども海外移住者の多くはいずれスコットランドに戻って生活するので、中産階級社会は、ほかの社会や文化を広く経験した人々で活気づいた。そうした環境は田舎風かもしれないが、決して偏狭ではなかった。

エディンバラとグラスゴーはそれぞれ違った形で、中流階級の生活の二つの流れの精髄を表わしていた。エディンバラは知的職業の人々が優位を占め、グラスゴーは商人や製造業者の功績が大きな力となってた。しかし、この二大都市の話をする前に、強調しておかなければならないのは、スコットランドの都市は皆何かしら特徴を持っていたということである。たとえば、エディンバラの新市街は、アバディーンとパースの街並みに似た計画都市である。ファイフのクーパーのような小さい町にさえ、豊かな中流階級の市民向けに、摂政時代風のしゃれた住宅を供給する計画があった。エディンバラは冬季に紳士階級や貴族の人々を引きつけ、エディンバラほどの規模ではないが、モントローズ、ダンフリース、エアほか、多くの小都市は、ピーブルズのトンタイン・ホテルにあるような流行の社交場を建てた。エディンバラは教育施設が充実していたことで評判が高く、子どもの将来を熱心に考える家族が移り住んだ（三七九頁、一八章四七〇頁を参照）。パース、エルギン、ダンディーの高等教育機関はその近郊でやはり人気が高かった。ダンフリースも、あらゆる段階の教育を切望している地方では、すぐれた学校を建てることが都市の利益になるという考えをはっきりと示していた――

ラテン語とギリシャ語の学校がある。書き方、フランス語、デッサンの学校。算数と数学のさまざまな部門、英語、読み方、舞踏の学校もある。ほぼすべての公共施設が行政官の保護と後援のもとにあるが、彼らは欠員が出ると人格と学識にすぐれた教師を補充するのにたいへん骨を折る。若い女性の教育のために二、三の寄宿学校もある……。こうした教育機関はそこそこの財産のある人々を大いに引きつける。彼らは子どもをきちんと運営された公立学校でしつかりと目の届く教育を受けるという恩恵に浴させたいと思っている(4)。

このような多くの小都市はエディンバラの縮図であった。モントローズの牧師の大げさな言葉によると「商業や工業に携わる人々よりも裕福で上流階級の人々が住んでいることで、より気品ある町となっている」(5)。小さな町クリエフの町でさえ同じように前向きになっていた。ハイランド人をみずから努力することができないと、いつもきまってさげすんだ人々は聞いてびっくりしたであろうが、没収した土地の管理人が上司に報告したところによると、村が発展した主な理由は、両親が子どもたちをグラマースクールに通えるように、学校の近辺への引っ越しを希望したことである、というものであった(6)。

エディンバラよりグラスゴーに似通った市町村もあった。たとえば、グリーノック、ペイズリー、キルマーノック、レンフルーはクライド川に臨む近隣都市とともに急速に発展し、押しの強い商売と意欲的な商人であふれていた。国土の東側にあるアバディーン、ダンディー、ダンファームリンは、アーブロース、ガラシールズ、ランガムといった小都市と同じ工業都市であったが、アバディーン以外では西部の綿花ではなく、主にリンネルやウールが発展のもとになった。パースは一八世紀末の地方都市のなかでも最も興味深い都市のひとつだったであろう。エディンバラとグラスゴー両方の特質をほぼ等しく取り入れたからである。学校、社交場、上流社会、文学への関心で名高い一方、リネン産業、スタンリーの綿製品、ブーツや靴の生産、製紙工場、印刷業、それに氷の塊を用いて冷蔵した生鮭をロンドン市場へ卸す業務で有名であった。

手短にいえば、一八世紀末のスコットランドでは、中産階級の職業すべてが繁栄したらしく、同様に中産階級の生活の中心となるものすべてが繁栄したと見られる。地方の中心地域はそれぞれ活気があり、二つの大都市を反映していたが、そのために影が薄くなったわけではなかった。その意味で、小都市生活の黄金時代であった。

二　エディンバラと知的職業階級

エディンバラは一八三〇年までは二つの市街、つまり旧市街（オールドタウン）と新市街（ニュータウン）に分かれていた。無計画で不潔で無秩序な旧市街は、ホリルードハウス宮殿とエディンバラ城のあいだにある火山岩の尾根に沿って広がる。整然として清潔で古典的な新市街は北の谷側につくられ、二つの土木技術の傑作「マウンド」と「ノースブリッジ」によって割れ目をまたぎ旧市街につながっている。新市街は一七六七年に、ジェイムズ・クレイグの都市計画を市議会が採用して初めて建設されたが、中産階級の人々が引越しを終えたのは一八〇〇年を何年か過ぎてからである。したがって中産階級の繁栄はまず旧市街で花開いたといえる。

旧市街は並外れた場所であった。まずは、スコットランドとイングランドの議会合同の時代に、ロンドンとおそらくブリストルを除く英国のどの都市よりも人口が多かった。合同時のエディンバラの住民として一般に見積もられている数字は、海港のリースの五五〇〇人を除いて、三万人である(7)。それでも、外から訪れる人々に圧倒的な大都市の印象を与えることはなかった。広くゆったりとした都市というよりは、高台に高層の建物がひしめき合う、狭苦しく混在した町のように見えた。一七三〇年以後の一〇〇年で大幅に増加した人口が昔からの町の中心部にあふれた。古い上品な邸宅を多くのワンルームに改造したアパートが増え、キャノンゲイトのような郊外の、もと庭園であった場所にも住宅が建った。一七五五年のウェブスターの人口分析は、旧市街の中心部（セントカスバート教区とリース教区を除き、キャノンゲイト教区を含める）の人口を三万六〇〇〇としている。一八三一年の国勢調査では同じ地域の人口は五万九〇〇〇だ。その頃の新市街（旧市街よりも広い面積だった）はおよそ四万の住人を数え、リースは二万六〇〇〇で、郊外を含めたエディンバラ全体の人口は一六万二〇〇〇に上った。一八世紀が終わらないうちに旧市街の住人が増えたことで、その地域の中産階級の人々は快適な環境基準を維持するのが難しくなり、ましてや彼らの向上心が求める新たな生活水準を達成するのは困難であった。

エディンバラを訪れる人々がまず気づくのは、建物が高層建築ということである。一七〇〇年当時でさえ、傾斜地に建てられた共同住宅のなかには建物の片側が一四階まであったものもある。バビロンとあだ名されたそのような怪物は「燃えやすい材料の巨大なかたまり」と揶揄され、まさにその年の大火で倒壊した(8)。次に確実に気づくのは街がとても汚いということであった。スコットランド人は田舎の環境でも不潔だと考えられていたが、エディンバラの過密な建物で彼らが営む生活は潔癖な人々を心底驚かせた。ジョウゼフ・テーラーはこの街について一七〇五年に言及している。極貧の人々だけでなく中産階級の市民の衛生習慣について述べていることに注目したい—

どの通りを見ても、住人の不潔さが表れている。排泄物が山をなし……朝にはにおいがとてもひどいので鼻を押さえ、踏まないように気をつけて歩かなければならず、夜は頭上から落ちてくるのに気をつけながら道のまん中を歩かなければならない。住居はそれに劣らず不潔で、積もった汚物をシャベルでかき出すこともめずらしくない。どの部屋も寝室用便器のにおいが漂い、主人も主婦も召使も豚小屋の豚みたいにみんな床に寝た。ほかのだらしなさとともに、これはおなじみの疥癬《かいせん》に絶好の機会を与える。最高の住まい……なのに主人の寝室、台所と自分たちの部屋の暗い入り口を素通りする。窓の外はむかつくほど汚い袋小路。男も女も時間にかかわらずこうした小路に入りこみ、用を足すのは日常茶飯事だ(9)。

エディンバラを訪れる人たちがこうしたことに異口同音に意見が一致しているのを見て、市議会は、不潔さが街の名誉を傷つけるものであることを感じ始めた。一八世紀の後半には一時的に改善された。一七七四年から翌年にかけてここを訪れたトッパム船長は大胆に宣言した。スコットランド人は今や清潔を好み、窓から汚物を「公道」に捨てるという古い習慣は完全に禁止された、と。ところが狭い道路《クロース》では古い習慣を変えないよう議会の圧力がかかったため、あらゆる路地に人糞が何日も置いてあるということを認めざるを得なかった(10)。新市街は決してこのように汚らしくならなかった。おそらく衛生面での清潔さを重視しようという動きが中産階級のあいだで広がっていたからであろう。大通りと彼らの新たな生活区域の設備が適切であるように気をつけるが、貧しい人々に清潔さを説くことはまだ必要でないと考えていた。まして旧市街の最も貧しい地区で十分な下水設備のもとで暮らすことができるなどとは思いもしなかった。

旧市街の法の執行と秩序の維持は、たてまえとしてはタウンガード（市警備隊）が責任をもっていた。治安を維持するということの集団の働きぶりは、今でいう警察隊というよりチェルシー病院に入院する退役した老兵たちのようなものであった。構成員は背丈の低い年配者でお粗末な武器を携え、暴力をふるって襲ってくる者に対抗する体勢はあまり整っていなかったが、どうしようもない酔っぱらいを捕まえることやスリを取り締まることはできた。それでも一七七〇年から一七八〇年頃まで、エディンバラではあまり暴力犯罪がなかったことは多くの人が認めるところであろう。街路灯もなく、ふくらんだ財布をもった中産階級の人々が狙われるかもしれないと恐れたであろうきわめて貧しい人々が数多く住んでいたにもかかわらずである。当時の人々は、ひとつにはこれをエディンバラの「キャディー」の有能さにあると考えていた。キャディーとは使い走りや手紙の配達をする非公式の案内人たちで、街の所番地を熟知しており、不慣れな人の道案内や適当な住まい探しをした。「夜は階段や道端でぼろにくるまっているやつらだが、かなり信頼されていた」(11)。だれのことでも知っていて数も多かったので、自発的な警防団としても活動していた。ときには地域の当局から議会条例の執行を任されることもあった。一七三八年には狂犬病の大流行にともない、街中の犬を捕まえて殺した。

暴動はまた別の問題であった。タウンガードが暴徒に立ち向かう気は明らかになかったのに対し、キャディーは庶民の正義が報われると考えれば真っ先に群集に加わった。暴動に加わる者は、目的によりそのときどきで変わったことは確かだが、労働者階級というよりは中産階級の職人や熟練工が多かった。一七三六年に警備長ポーティアス大尉が捕えられ、暴徒に絞殺された事件では、徒弟や熟練労働者だけでなく著名な市民も加わっていたと思われる十分な根拠がある。一七五〇年からは、エディンバラの暴徒の名だたる先導者はカウゲイトの靴職人ジョウゼフ・スミスであったらしい。スミスは、イングランドの急進主義者ジョン・ウィルクス（過激な反スコットランド主義者）に対し、またダグラス訴訟の際には最高民事裁判所の判事たちに対して、デモを扇動したほか、数度にわたって穀物暴動の首謀者にもなっていた。一七六七年には、立ち退きを迫って借地人を自殺に追い込んだ地主の屋敷から金品を強奪した。チェインバーズによると、市議会自体が非常事態に「敬意からというよりは恐怖から、条例の改正案とビールの大樽とひきかえに」スミスを送りこむことがよくあったという(12)。トマス・ブラウンは一七九一年に、一七四〇年以降エディンバラで起こった八回の大暴動を列挙している。そのうち四回は食糧難のときに穀物の買いだめあるいは不正使用をして非難された製粉業者、食物の行商人、蒸留酒製造者に向けられたものである。そのほかに死体盗掘者、教皇制礼賛者に向けられたものがそれぞれ一

表15-1

父親の身分	法律家としての資格を取った時期 1690—1749	1750—1789	1790—1829
法律専門家	22	20	30
地主	49	41	25
聖職者	9	10	3
陸軍士官、植民地冒険家、民間の役職者	3	1	10
内科医、教師、建築技師	2	10	8
小作農	1	3	9
商人	12	13	13
熟練工	2	1	2
不熟練労働者	—	1	—

出典:英国事務弁護士会、エジンバラ 1936年

回あった。『召使たちの上流生活』と題した芝居が上演され、それが従僕の仕事を侮辱し偽り伝えているとして、召使たちが起こした暴動も一回あった(13)。

このようなことから、旧市街は資産家や生まれのよい人たちにとって危険な居住区だと映ったかもしれない。けれども実際に暴動は、さまざまな市民(きわめて貧しい人々はめったに参加しなかった)に活用された独自の取り決めのある社会慣習で、支配者たちのはなはだしい不当な行為を是正するためのものであった。チェインバーズのいうように、「混乱のなかに重要部分が」あったのである。群集は決して路上で手がつけられないほど暴れまわることはなかった。それどころか慎重に破滅させる標的を選び、周到に外に漏らさないようにした。人が殺されることはほとんどなかった。制裁を受けたポーティアスを除けば、この一八世紀の混乱のなかで殺されたのは二人だけであったらしい。二人とも暴徒で、所有地を守ろうとした住民に射殺された。一七七九年にリースで起こった軍の事件は対照的である。ハイランドの連隊が乗船命令を拒み、波止場地区の銃撃で少なくとも一二人の謀反者、二人の忠実な兵士、一人の将校が死亡し、三〇人以上が撃たれてけがをした(14)。ある意味で、前章で述べたように(九章二一五頁を参照)、エディンバラの暴徒は、一八世紀になると少なくとも政治的には影響力が低下してきていた。一六世紀と一七世紀には群集が重要な役割を果たしていた。たとえば、一六世紀のさまざまな無血クーデター、宗教改革、国民契約が締結される前の新祈祷書をめぐる論争において、のちには『ウスター号』の乗組員の裁判、同君連合の際などである。けれども一七三六年のポーティアス事件以後は、暴動が政治を左右することも、脅かすこともなかった。

新市街の建設前、イングランドからの来訪者がエディンバラの生活についても

驚いたことのひとつに、異なる社会階層の人々が同じ建物で生活しているということがあった。イングランドの都市では裕福な地区と貧しい地区が分かれており、たとえばワッピングとショーディッチのスラム街は、ベッドフォードスクエアとブルームズベリーとの文教地区とは離れていた。エディンバラにはそのような区別はまったくなかった。むろんハイランドの「かごかき《チェアマン》（市中でいすかごを担いで客を運ぶ人）」や熟練していない運搬人夫だけが住む荒廃した共同住宅もあった。キャノンゲイトには最も上流の貴族が所有していた一七世紀や一八世紀に建てられた大邸宅―マリ館、ハントリー館、クイーンズベリー館などがあった。けれども、もっと特徴的なのはハイストリート、プレザンス、カウゲイト、ウエストボウ沿いやそこから伸びる路地や狭い路地に建つ高層アパートである。ここでは社会的区分が、上流階級とそうでない人々の通りや地域によって示されるのではなく、どの階に住むのかによって決まった。最も地位が高いとされる階はたいてい二階と三階にあった。たぶんそこならひどいにおいに悩まされなくてすむし、四階以上に住んだ場合ほど多くの階段を上らなくてすむからである。たとえば一七七三年にハイストリートのある共同住宅は、一階に魚屋が店を構え、二階には立派な下宿部屋、三階にはバルカレス伯爵未亡人、その上にケリーのバカン夫人、その上に「エリオット姉妹、婦人帽製造業者、婦人服洋裁師」、屋根裏部屋は「さまざまな洋服の仕立屋とそのほかの職人」が占めていたという(15)。ある意味で、ほとんどすべての「中産階級」の職業の住人がいたが、イングランドの未亡人が魚屋と仕立屋など職人集団に挟まれていることはまずなかった。

新市街はもちろん、新しい中産階級のまったく異なった生活様式にそって、旧市街とは違う方針で建設された。伝統的な広場と、瀟洒な館と広大な公園のある街並みを貫くまっすぐな通りがあり、円形広場と三日月状の街路が加えられ、もとの碁盤の目から放射状に北と北東に町が広がった。それは一八世紀の中産階級の理性的な自信が冷静沈着に美しく表されたものであった。ジェイムズ・クレイグは設計図の余白にこの詩を刻んだ―

八月にはこの町を実際に目にするのだ
見よ！堂々とした街路を、見よ！そよ風を誘う広場を
見るがよい！長い水路と深い川はつながり

手をたずさえて、大海原とともに
活気あふれるわが国を取り巻く

エディンバラのニュータウン。ネルソン・ストリート 20 番地から見たニュータウンの眺め。18 世紀の中流階層の豊かな暮らしがうかがえる

これらの言葉（『テンペスト』に登場するキャリバンの夢がかすかに投影されている）は、混沌とした過去と決別する大都市の未来図であり、石材とモルタルで整然として調和のとれた世界を構築することを宣言するものである。暴徒やキャディーや、高層階から中身を捨てる寝室用便器は、アンストリートあるいはシャーロットスクエアではすっかり行き場を失った。そのようなものは絶対にいらない、というわけである。

中産階級のなかでも、エディンバラに住まいのある紳士階級や貴族とならんで裕福な人々の新市街への引越しはゆるやかに進んでいく。一七七四年には、次々と建つ住宅はあまりにイングランド風なのでさほど人気がないという指摘もあった(16)。それでも、その後の二〇年で小さなしずくは激しい流れとなり、人々の移動は旧市街の混じりあった社会階層に変化をもたらし始めた。まだ旧市街に住んでいたウィリアム・クリーチの記録によると、すでに一七八三年には、あるフランス人教師が最高法院次長ティンウォルドの旧宅に住み、民事控訴院長官クレイギーの家は中古家具の女性販売員が使用し、ロード・ドラムモアの家はあ

まりに狭苦しいからとかごかきが別の家へ移り、一七八七年以降は金物屋が前の控訴裁判所長官ダンダスの家を店舗として使うようなことが起こった(17)。変化が速まり、新市街の住宅数が一八一五年の約二〇〇〇から一八三〇年の約五〇〇〇に増加すると、二つの町の社会的溝は深まった。チェインバーズは、新市街の建設によって市民階級の再編成が行なわれたと一八三三年に指摘した。

　プリンスィズ・ストリートで日々外国の衣服や風習をひけらかす上品な紳士たちは、ローンマーケットやウエストボウの高層アパートをねぐらにするような人々のことにまったく関知せず、祖父母の世代に盛んだった古臭い生活様式や考え方をしていた……エディンバラは二つの町があるだけに考え方もひとつではない。山の手と下町があり、片方は商売やファッションの申し子が往来し、もう一方は貧しい人々、病んだ人々、無学の人々の隠れ家となっている(18)。

　エディンバラはロンドンのようになっていた。けれども注目すべきは、刷新がたんに労働者階級の町と中産階級の町をつくったのではないということである。中産階級の最も裕福な人々だけが引っ越すことができたからである。職人とフランス人のいう「プチブルジョア（小中産階級）」はたいてい、日増しに込み合ってくる旧市街の路地裏に住んでいた。これは英国のほかの都市でもいえることであった。一九世紀が進むにつれ、労働者階級運動に携わっていなくても、多くの労働者のあいだで団結が生まれることになる。たとえば一八四〇年代にはチャーティスト運動があった。

　一八世紀末のこの都市の知的生活の繁栄に最も貢献した中産階級の集団は、何であろうか。エディンバラはもともと商売の町ではなかったが、住民が大量に流入した結果、商売が栄え、（スコットランドのほかの地域のように）厳しかった同業組合の規則が商人や職人のあいだでゆるやかになった。早くも一七二九年には議会が許可を出し、さまざまな商品の小売業者が同業組合に入らなくても、年間の許可料を払えばエディンバラで自由に商売をしていいことになった。市長によると、一八一七年までに市民と同業者仲間が得た利点は、リース港に入った輸入品をわずかに安いレートで手に入れることと、たとえ仕事上で破産するようなことがあっても子どもの教育をヘリオット救貧院、ジョージ・ワトソン大学あるいは商人女子養育院に託すことができることだった[19]。一方では、法人組織の商売で、見習い期間がしだいに短くなり、伝統的な同業者組合の枠を超えたまったく新しい職業が成長した。これらはきわめてうまくいったものが多く、社会の中心としてのエディンバラの魅力を増す消費財産業に組み込まれた。

一七六三年にリースには緑色のびんを製造するガラス工場が一軒あった。一七八三年には三軒、一七九〇年に六軒になった。ヨーロッパのどこにも負けないほどみごとなクリスタルガラスと窓ガラスがリースで製造されるにつれ……一七六三年にエディンバラには六軒の印刷所があった。一七九〇年に一六軒になった……一七六三年にはエディンバラで製造される大型四輪馬車や軽装二輪馬車はほとんどなかった。貴族や紳士階級はたいていロンドンで馬車を買った……一七八三年にヨーロッパのどこにも負けないくらい格調高い馬車がエディンバラで製造された。さらにいえば、ほかよりもがんじょうで安い価格だった[20]。

商人や職人という事業の世界の人々は、このようにして新しい方向に変化と展開が見られたが、同じ階級の政治組織はまったく以前と変わらなかった。市議会は、商人と法人組織の業界仲間からなる三三人の狭い人間関係で構成され、議員は退職した議員団によってのみ選出された。顔ぶれの変わらない寡頭制は、政治的追従、非能率、商売上の便宜をはかってもらう議員の居心地のよい隠れ家として、評判は芳しくなかった。一八二〇年代にヘンリー・コウバーンが記した次の言葉に、エディンバラ市民は折にふれてもっともなことだと思ってきた。

この大混乱のなか、絶大な権力を持つ、堕落した、排他的な市議会が開かれた。把握していないことは何もなかったが、ダンダスを満足させる全員の合意を乱すような異論は出さないというのが、各自が守るべき唯一の原則だ……静かで、影響力があり、従順で、なぞめいて、責任感のない彼らは、ベネチアにでもいるつもりだったのかもしれない[21]。

一七七二年以降、照明、清掃、警察といった自治都市としてのいくつかの重要な機能は、しだいに議会からそれぞれ別の行政委員会（少なくとも一部の委員は納税者によって選出された）に権限が移ったこと―そしてまた市の行政の混乱が一八三三年にエディンバラ市の破産宣言によって終息したことは意外な事態ではなかった。意外なのは、ここから新市街の構想を持った人々が建築の原則を定め、豊富な人手を使い、いくつかの橋、マウンド、新しい教会を建設したことであった。このようにして、市の繁栄に寄与した人々のリストに、驚くべきことであるが、市議会を加えるべきことになる。

ところがエディンバラの社会を実際に指導した人々は、（事業能力の点でも地方政治の点でも）商人と職人のなかにではなく、知的職業階級のなかに見いださざるを得なかった。そして、知的職業のなかで人数や富や名声で抜きん出ていたのは法律家であった。ウィリアムソンが、一七七〇年代に初めてエディンバラの紳士録を作成したとき、まず法廷弁護士を最初に記すのが自然だと考えた。次にその助手、次に事務弁護士とその助手、そして町に別邸を持つ貴族と紳士階級、最後にあまり傑出していない残りの中産階級の人々と続けた。

弁護士は、自分の住む町の「商業関係者」よりは、ロジアンの紳士階級との関係が強かった。仕事で成功した法廷弁護士や事務弁護士は、イースト・ロジアンかミドロージアンに屋敷を求めた。さらに遠くの土地を求めるものもいた。これはすぐれた投資であり、すべての地主が願ってやまない政治上の特権や社会での信望を家族に与えることになった。それとは反対に、子どもが多くて困っていた地主たちは、次男以下の息子がスコットランドの法曹界の仕事についたり、弁護士になって気に入った娘と結婚することの利点を真剣に考えていた。弁護士界と紳士階級のあいだでの結婚や交流が広く行きわたっていたので、両者は互いに匹敵する理想的な相手とみなすようになった。一八世紀の後半と一九世紀初めのエディンバラの社交シーズンは、いかにも同窓会が盛んであるといった雰囲気であった。田舎の縁者、紳士階級、地方に土地を持つ下級貴族が集会場や晩餐の席に押し寄せると、都市の縁者、判事、法廷弁護士、事務弁護士たちは熱烈に、また都会の、「首都の」文化に誇りをもって彼らを迎え入れた。

そのようなときの二つの階級の親睦には上品さにふれること以上の意義があった。法律家には、スコットランドで最も聡明で情熱にあふれた知識人の大半が含まれていた。彼らは高度な教育を受けており、なかには自国だけでなく大陸の大学でも学んだ人もいた。彼らは読書家で、その多くが哲学や純文学の作品を著すことによって地歩を築くことに努めた。

表15-2 職業	エディンバラ 1773—1774	グラスゴー 1783—1784
貴族と紳士階級	5.4	1.0
知的職業階級	28.8	12.3
商人と製造業者	12.5	30.0
小規模の職人、熟練工、職工など	30.5	42.1
飲食物の小売業者	12.3	11.7
船長と船員	3.1	1.0
貸間業者	4.2	0.4
重複するもの	3.2	1.5

法律家たちは政治的に強く結びついていた。ロンドン在住のスコットランドの大政治家は、故郷における代理人としてすぐれた法律家（ロード・ミルトンやカロデンのダンカン・フォーブズなど）を使っていた。彼らは製造業評議委員会の委員と没収地監督官として経済政策の立案と実行に関わった。とりわけ彼らはどん欲なまでに社交好きであった。エディンバラのおびただしいクラブや社交界を支える存在であった。社交クラブには、互いに酔いつぶれてしまうまで酒を飲むことから、実直な製造業者に褒美を与えることまで、ありとあらゆる目的があった。要するに文化のエリート集団であった。

遠くスコットランドのローランド地方出身の田舎紳士にとって、エディンバラに出て、法曹界の知識人と対等の関係でつきあうことはわくわくする刺激的な経験だったに違いない。とはいえ、そうした出会いの結果、故郷にどんな思想を持ち込んだかはわかったものではない。たとえば、ほぼすべての判事は改革について抑えがたい興味を募らせていた。スターリングシャーに屋敷を持つケイムズは、一七九〇年代以前のスコットランドのすべての便覧のなかで最も影響を及ぼした『ジェントリーの農業』の著者である。ロード・ヘイルズはイースト・ロジアンの借地人と長期間の借地契約をすることで名高かった。ロード・モンボドーはキンカーディンシャーに模範的な屋敷を構えていた。ロード・ガーデンストンはローレンスカークにつくるみずからの新しい村の構想に取りつかれていたので、ほかのことには何も関心を持たなくなった。ロード・ミルトンは地方産業に力を入れた末、英国リンネル会社を創業した。ロード・ティンウォルドは南西部のアンチモン鉱山の開発に資金を投入した。当時の記録によると、法律家たちの会話は、哲学や文学の新しい思想と同じくらい、カブの変種か牛の新しい品種を話題にした。このようにしてエディンバラは、改革の思想が孤高の変人たちに独占されることなく、国じゅうに広く普及していくようにさせる発信地として機能した。

1822 年のリース湾。中流階級の人々が、フォース湾を渡って来る客船をのんびりと待っている

法律関係の職業構成は一八世紀に少し幅を持つようになった。下の表は三〇〇人の事務弁護士を父親の職業別に分類した人数である。

父親が地主と聖職者である割合が減っているが、台頭してきたほかの職業（医者、植民地冒険家、軍人など）あるいは裕福になってきたロジアンの農民階級の数が増えて釣り合いが取れている。このことはジェントリーの重要性が低下したという意味ではない。一八〇〇年にかけて事務弁護士の数は急速に増えたので、地主階級出身者の絶対数はおそらくまったく減っていないはずである。議会合同後の時代に中産階級向けの新たな職業を開拓した人々の成功ぶりが明らかである。

この表のなかでは注目すべき一定の特徴がいくつかある。新人の事務弁護士の半数かそれ以上はつねに法律家かジェントリーの家柄の出である。商人の家柄は八人につき一人しか新人をふやすことができなかった。中産階級の熟練工の子どもたちが法律家になるにはほんのわずかな見込みしかなく、不熟練労働者にいたっては事実上見込みがなかった。このようにして法律関係の職業は、依然としてどの方面の人材にも進んで門戸を開くことのないカースト制のようなものであった。

一八二〇年代のエディンバラの法律家は先達よりもずっと裕福であった。一八三三年にチェインバーズは、一八世紀のすぐれた法律家が旧市街に持っていた住まいとその継承者が新市街で持っていた住まいを比較した。「きわめて尊敬すべき判事で土地所有者であるジェントリー」のロード・ケネットはローンマーケットそばのフォレスター小路にあるフラットに年一五ポンドの賃貸料で家族とともに住んでいた。そこは部屋が三つと台所があり、三人の使用人がいた。主人の書斎で子どもたちと一緒に寝る子守女、給仕台の下で寝る女中、家の外で寝る下男。同程度の地位の紳士が半世紀後に記している。

マリープレイスか似たような瀟洒《しょうしゃ》な地区に独立式アパートを一六〇ポンドほどの賃料で持つことが必要だとわかった……それは四つのフラットから成り、地下室、使用人用の宿泊設備のある料理専用階、二階は前が食事室と書斎、奥に寝室、三階は前面いっぱいに応接間、奥に二つ部屋があり、通常は寝室と化粧室だ……四階は子ども部屋といくつかの寝室、そのほか屋根裏にはおそらく一続きの部屋がある。こうした家屋の調度品は一五〇〇ポンドを下回ることはないだろうが、たいていは二〇〇〇ポンドほどで購入されていた(22)。

このようなタイプの優雅な住居は新市街に数多く残っている。これらの多くはその後、ロード・ケネットが旧市街で使っていた住宅のように狭いアパートに分割された。家庭の使用人が減り、都会の価値が上がったことで、新市街に住み続けたいと思う中産階級の人々は、住まいへの大きな期待をもう一度下げざるを得なくなった。

法律家に次いで、一八世紀のエディンバラの生活に最も貢献した専門家職業は、間違いなく教育者である。もちろん教育者には多くのさまざまな人物が含まれる。たとえばエディンバラ大学学長ウィリアム・ロバートソンは一七七〇年代に自分専用の馬車を所有していた。これは「教会や大学のそれまでの歴史でまったく例のなかった」ことである(23)。つつましい旧市街の住人ミス・マルコウチは、ジェイムズコートでダンス学校を営んでいたし、マッケヴァー夫人はピーブルズ小路にパン菓子学校を開いていた。教育のさまざまな形態は、一八世紀エディンバラで成長産業であり、これで生計を立てている人々は成功する見込みがあった。

エディンバラ大学は一七六〇年から一八二〇年のあいだに名声の極みに達した。教授陣の知的業績（一九章も参照）が学生を引き寄せた。たとえば、ウィリアム・カレンとジョウゼフ・ブラックは、一七五五年から一七九五年にかけて化学の教授職に就いていた。彼らの一体となった努力で化学と物理学が変貌を遂げ、教授能力では引けをとらない人たちが後を引き継ぐ。一七二六年に創設された医学部の多大なる威信は、モンロー家が代々王朝並みに教授職を継いだ功績によるところが大きい。祖父から孫まですべてアレグザンダー・モンローを名乗る。三世代は、一七二〇年から一八四六年までとぎれることなく解剖学の教授職の座を占めた。教養学部ではウィリアム・ロバートソンがエドワード・ギボンに続いて、ヨーロッパで最も有名な歴史家であった。アダム・ファーガソンは社会学の父の一人とみなされている。道徳哲学教授職を継いだデュガルド・ステュアートは、当時最も影響力のある教師の一人であった。彼らの特徴は、その大半が学識においてだけでなく、教育においてもすぐれていたことである。学生が学費を払わないかぎり給与は出ないという仕組みだったため、教育に熱心であったのである。オクスブリッジの教授は講義をするしないにかかわらず安定した給与を得ていたので、めったに教壇に立つことはなかった。エディンバラの教授は授業に出席した学生の数に応じて給与が支払われ、講師としての評判も高かった。ライデン大学のヘルマン・ブーアハーフェ教授は、エディンバラの教授たちに神がもっと給料を与え、危険な競争相手でなくなるよう願ったといわれている(24)。

エディンバラ大学は幅広い科目を提供することでも人気があった。「あらゆる年齢と階級（の学生）は、各自の好みや楽しみや人生で追い求めることに応じた講義を選ぶ自由がある」とエドワード・トッパムは明言した。さらに教授陣そのものが上品な立ち居振る舞いの実例であった。「礼儀正しさと行儀作法だけでなく、道徳や美徳の模範であり……みんなが学者で、教授している科学に熟達していたけれども、世事や上品な振る舞いにも疎くなかった。それは上品な学問に疎くないのと同じだ」(25)。市議会（大学の教授職への任命権を独占していた）は他大学から引き抜いて（たとえばカレンやブラックをグラスゴーから）エディンバラの看板教授に捉えることをためらわなかった。市議会は、ただ上品なだけでなく博学ですぐれた教師でもある人物を選ぶのにすばらしい手腕を見せた。ある意味でこれは新市街の顔役である彼らの驚くべき特性である。

エディンバラ大学に通う学生はこの時代に何倍にも増えた。一八世紀初めには約四〇〇人だったのが、一七八〇年までに約一〇〇〇人、一八一五年までに二〇〇〇人になった。出身地はさまざまである。大部分（一八一五年まで増え続けた）はイングランド、アイルランド、もしくは植民地の「善良な中産階級家庭の出身者が多かった……イングランドの大地主、羽振りのよい商人、裕福な聖職者の息子たちだ」(26)。イングランドの非国教徒は審査法によりオクスフォードとケンブリッジに通学することを禁じられていたので、スコットランドの大学を有用とみなした。イングランドからの学生は特に医学部に多く、ほかの大学で勉強したあとに最終学年はエディンバラに通うこともよくあったので、十代の半ば頃に入学するスコットランド人の学生よりは年齢がはるかに高かった。スコットランドの学生のなかには地方出身者もいて、下宿（教授の家が望ましい）するか新市街で両親と暮らすかした。紳士階級の多くは子どもたちが学生のあいだ、ずっと家を借りていた。ほかはエディンバラに住む法律家、商人、一八世紀の言葉の意味で「熟練工」の両親の子どもたちであったが、プロレタリア階級の子どもはほとんどいなかった。もちろん彼らも講義のあとは毎日自宅に帰った。

エディンバラは大学のほかに多くの教育施設があることで有名であった。ロイヤルハイスクールは一七六〇年の約二〇〇人から一七八三年までには約五〇〇人と倍増し、一七九〇年までにイギリスで最も大規模な学校とみなされていた。同時期にヘリオット救貧院は一〇〇人ほどの少年を教育し、ジョージ・ワトソン救貧院は約六〇人、女子校では商人女子養育院と職人女子養育院がワトソンと同規模であった。これらは幅広い公立や私立の施設のうちでも名の通った最も人気のある学校であるにすぎない。というのは、一七六〇年前後に教育設備への高まりがあり、議会は一七五九年に補足的な「イングランドの学校」四校を建て、民間企業が続いて上流階級向けの男女別寄宿学校を建て、多数の専門教師がとりわけ中産階級に適した科目を教えるようになったからである(27)。男子は民間の専任教師により、築城法、砲術、計量法から現代語、簿記、ギリシャ語（一八章も参照）までありとあらゆる科目の教育が受けられるということで、のちにエディンバラの魅力のひとつとなった。女子については、エリザベス・グラントの記述が的を射ている。彼女は一八一四年当時一七歳で、父親はエディンバラで弁護士をしていたハイランドの大地主である。

六人の先生が私たちを教えてくださいます。三人の先生は毎日です。ペンソン先生はピアノ、マダム・エルィーズはハープ、マダム・レスピーナスはフランス語、シニョールどなたかはイタリア語、何先生か名前は忘れましたがデッサンを、スコット先生は書き方と計算を、ああ、いけない、七人めの先生を忘れるところでした。いちばん偉いスマート先生はダンスを教えてくださいます(28)。

エディンバラはまさに、ヒューゴー・アーノットが一七七九年に書き記したように「主に控訴裁判所、私立専門学校、首都として家柄のよい人々を居住させるための刺激」を支えとする都市であった(29)。それであればこそ、文化的「黄金時代」の中心地となっていた。これについては最終章で詳しく述べる。けれども、エディンバラのアテネのような社会が中産階級のただひとつの功績ではなかったし、文化の啓蒙（狭い意味で）がこの町を必ずしもよく表現しているわけでもなかった。スコットランドのほかの地域では同じ中産階級でも異なる集団の人々が、別の活動を活発に展開していた。

三　グラスゴーと事業家階級

産業革命以前でさえ、グラスゴーはエディンバラと際立って異なる特徴を持つ都市であった。エディンバラが決まってむさくるしい共同住宅や不潔極まりない汚水処理で非難されていた頃、グラスゴーには外国からの訪問客から賞賛の言葉ばかりが寄せられた。ダニエル・デフォーの著述（一七二七年に出版されたが、それより二〇年ほど前に訪れたときのことを述べている）がそれをよく伝えている。

ここはいわば正方形の平地に建つ、風格のある堅固な造りの大都市。五本の大通りはまったく申し分ない幅があり、ひとつの都市にあってこれほど見事につくられたものは見たことがない。住宅はすべて石造りで、建物の前面と同じく高さもほとんどそろっている。低層の建物（十字路付近にある）ではたいてい、広場に面してドリス式円柱とアーチが店舗の入り口をなし、建物の美しさだけでなく力強さを添えている。要するに、ここは英国で最も清潔で美しく、しっかりとつくられた都市だ(30)。

デフォーが記した一七世紀のグラスゴーは、めざましい発表を遂げていたものの、格調のある都市であった。一六〇三年の同君連合と一七〇七年の議会合同のあいだに面積は倍になり、後者の年までに英国ですでに十指に入る面積と繁栄を誇った。一八世紀にはさらに拡大しなければならないという重圧を受けたが、気品があるという評判はたやすく失われることがなかった。人口は一七〇七年のおよそ一万三〇〇〇から一七八〇年のおよそ四万に増え、一七八〇年代と一七九〇年代には新たな中心街ジョージ・スクエア近くに中産階級の住宅用に新しい通りと広場が計画されていた。そのあたりは新興の産業資本家のうちでも最も裕福な人々が住み、ブライズウッドの「新市街」も同じであった。クライド川の南側にあるローリーストンの都市計画も負けずに大胆なもので、カールトンプレイス、キャベンディッシュ・ストリート、そしてマールバラ・ストリートなどといった堂々とした名前にふさわしい流行の通りができあがった。あいにく工業化は無計画に進み、歯止めがきかない人口増加がこの地区を飲み込み、ローリーストンは一九世紀の早い時期からスラム街ゴーバルズの中心となった。産業革命に伴う途方もない発展によって――住民が一七八〇年の四万人から一八三〇年の二〇万人にもなった――美しい都市としてのグラスゴーの評判はとうとう打ち砕かれてしまった。とはいえ、住宅環境と公衆衛生の悪化がもたらすぞっとするような問題は、中産階級よりはむしろ貧しい労働者階級を襲うはめになり、中産階級は中心部のスラム街からだんだん遠くへ離れ、新しい地区に引っ越したので、ここでは考慮するにおよばない。その問題の解決に責任を負う市行政部は、やる気のなさも無能ぶりもエディンバラの行政部と実質的にはあまり変わらなかったといっておけば十分であろう。利己主義で腐敗した市議会は昔ながらの同業組合から続く商人や職人による寡頭制であった。選出された人々に、町のあちこちで清掃や照明や水道などを管理する特権を与える「警察法令」は、グラスゴーでは一八〇〇年に取り入れられた。彼らはきちんと仕事が行なわれるように目を光らせたが、それはたいてい地方税納税者のなかでも最も裕福な中産階級の人々が住む地区に限られた。

グラスゴーの中産階級の構成は、エディンバラのそれとは非常に異なっていた。どんな分析でも完璧ではないが、下記の表でこの二つの都市の中産階級を比較してみたい。エディンバラが一七七三年から一七七四年、グラスゴーがその一〇年後、初めて住所人名録が刊行された時点をもとにしている。どちらの都市も無作為に選んだ登録者一〇〇〇人を調査した。

エディンバラはすでに一七七三年にはグラスゴーの五倍の数の貴族と紳士階級を集めており、新市街が完成する五〇年後にはその差はさらに大きく開くことになる。グラスゴーには事実上貴族は住んでいなかった（数人の公爵や伯爵はエディンバラに家屋敷を持っていた）し、ここに住む「紳士階級」の多くは、おそらく土地を持つ商人と表現するほうがふさわしかった。さらにエディンバラの「貸間業者」（普通は未亡人か未婚の老婦人が営む）は、グラスゴーにそのまま匹敵する職業はない。これはまた、社交の季節の中心地、旅行者が集まる観光地、部屋を必要とする大勢の学生が集まる教育の中心としての首都の威信を反映していた。船長を職とする人々は、クライド川の水位が引き潮時にまだ一五フィートしかなかった当時、グラスゴー近郊ではなく、リース（エディンバラの人名録が網羅していた）に住んでいた。ポート・グラスゴーやグリーノックにも住んでいたが、グラスゴーに住んでいた船舶関係者は、旅行者や物資をはしけでクライド川の対岸や上下流に運ぶ船員だけであった。このような相違があるのに対して、飲食物の販売者はどちらの都市でも同じく多数であるのは興味深い。その大半は飲料の販売者で、ヒューゴー・アーノットは一七七九年にエディンバラで一六〇〇人から二〇〇〇人のビール販売者を数え、少なくともグラスゴーでも同じくらい人数が多いとしている。グラスゴーの人名録を分析する際の問題のひとつは、飲料の販売者の一部をどの分類に入れるか決めかねることである。この職業は、明らかに多くの職人の副次的な仕事だからである。ワイン商人で馬丁のウォルター・マカダムをどこに入れるか、また靴職人で蒸留酒業者のジョン・エルダーをどこに入れるか迷うところである。グラスゴーでは床屋でさえ、髪を切って出血させてしまった場合にそなえて、気つけ薬のアルコールを売っていた。

これ以外の区分のなかでさらに重大な相違が明らかになった。グラスゴーには知的職業階級がかなり多かった――大学といくつかの有名な学校があり、商業活動を円滑に進めるために地元を基盤とした法律家および公証人の必要性があったからである。それでも二つの都市が同じような規模の割に、グラスゴーでのこの階級の重要性はエディンバラの半分にも満たなかった。同様にエディンバラにはそれなりに事業家階級が多かった。一部はリース港を拠点に輸出入をしていた昔ながらの商人であり、一部は銀行家、製糖所や印刷工場の経営者などの新参者であった。それでも、中産階級の住人や地方から訪問中の紳士階級の人々の要求を数えきれない方法で満たす職人や熟練工はもっと大勢いた。しかしグラスゴーでは、最も「中産階級らしい」熟練工だけがこうした人名録に記載されたとしても、事業家階級が二倍以上で職人階級が半分である。グラスゴーの人名録にたびたび登場する「製造業者」は、エディンバラのほうにはまったく出てこない。興味深いことに、エディンバラではすべての登録者のほぼ三人に一人が知的職業階級であり、八人に一人が「事業家」なのに対し、グラスゴーでは八人に一人が知的職業階級で、三人に一人が事業家である。ここで用いている人名録の数字が正確であるならば、まったく逆の比率ということになる。

グラスゴーのすばらしさは、商人であれ製造業者であれ、事業家の起業の腕前によってつくられた。進取の気性と弾力性は長期にわたり彼らの注目すべき特質であった。一般にスコットランド商人は冒険心がないと悪評が立った一七世紀においてさえ、グラスゴーの商人は水平線を目指して船を進め、西インド諸島やアメリカに向かった。これにより、密輸船や物資がイングランドの定めた航海法をすり抜けたのである。彼らは砂糖精製所、織物工場、石鹸工場、蒸留所なども創業し、今までにない産業手法に挑戦するという意気込みを示した。一八世紀、とりわけ一七四〇年以降に、経済発展が著しく急激になると、グラスゴー人の独創力、「企業家魂」、そして目新しさに対する広範な興味がたびたび注目された。アレグザンダー・カーライルは、学生だった一七四三年にタバコ貿易で繁栄に沸き立つ寸前だったグラスゴーを振り返り、次のように記した。

当時のグラスゴーの町は、とても勤勉で裕福で商売が盛んだったが、のちにヴァージニア植民地との貿易が失敗する前後のグラスゴーよりはるかに劣っていた。生活様式も習慣も今とは違っていた……けれども商人は、勤勉と信用と商習慣を持ち合わせ、商業や製造業で成功の見込みがあると思えば、何でも新しいものを熱心に取り入れ、意欲的に遂行するという気概があった(31)。

三〇年後グラスゴーの社会は、アメリカ独立戦争で取引きの主要商品がなくなったため、商業が空前の混乱状態に陥った。この試練からグラスゴーの事業家階級が頭角を現し、ヴァージニア貿易を西インド諸島とヨーロッパとの取引に移行し、同時に、綿織物製造をもとにした新しい産業体系を構築し始めた。一七九〇年代までに産業革命は変容の兆しを見せていた。『統計報告』には初めての具体的な結果が記されている。

グラスゴーの富裕層はかつて商人の一部であった。それが製造業の影響でいまや、数多くの製造業者、職人や熟練工のあいだにも広く見られるようになった。これによりグラスゴーに住む人々の住宅、服装、家具、教育、娯楽が数年間で変化し、昔ながらの住人を驚かせている……多くの商人が近年製造業や手仕事に従事するようになったので、商人と職人のあいだの階層や重要度の点での隔たりがアメリカ独立戦争以前より目立たなくなった(32)。

その頃に先駆けとなった事業家たちは、グラスゴーの経済を発展させるという重責を担っていただけではなかった。彼らはまたスコットランドの新しい経済秩序の土台作りをすることにより、その後の人々の人生に影響を及ぼした。進取の才や企業心で自国の歴史にそれほど大きな衝撃を与えたスコットランド人の小集団はいまだかつてなかった。彼らはどこで生まれたのであろうか。

初期の事業家の原点は、彼らの成し遂げたことと同じくらいさまざまである。重要な集団のひとつは、外国貿易をしている有力な商人たちで、彼らは輸出の拡大に業務上の関心があった――ヴァージニアの店で売る積荷で船を満たしたいなら、マンチェスターから商品を買ってくるより工場を立ち上げるほうが早いという人たちであった。このようにして、アメリカ独立戦争前にタバコ貿易をしていた商人のなかで最も成功したジョン・グラスフォードは、醸造所、皮なめし工場、染物工場、プレストンパンズの硫酸処理工場、カロンの製鉄所、印刷工場、それにリボン製造所に関心を持った。最後の二つについては妹の夫でグラスゴー市長のアーチボールド・イングラムと密接に手を組んでいく。イングラムは「イギリス、ヴァージニア、メリーランド、西インド諸島において大がかりで利益の上がる事業を生涯にわたって行なった」(33)。リーヴン渓谷での大規模な捺染工業は、一七七〇年にもっぱらウィリアム・スターリングの主導で始まった。スターリングはグラスゴー商人の名家に生まれたが、みずからは外国貿易にあまり携わらなかった。次の世代に彼はガーンカークと

1820年頃のグラスゴー、ブルーミーロー。尖塔はゴーバルス教会のもの。後に落雷を受けて破損した

カーマイルのジェイムズ・ダンロップと肩を並べた。タバコ商人の息子ダンロップは同じ職の人々の例に漏れず、儲けで土地を買い、一家の富をこの莫大な私有地での石炭開発に振り向けた。クライド製鉄所とダンバートンのガラス工場にも手を広げたが、一七九三年の不況で企業帝国は破産の憂き目にあった。事業の提携者の一人は、やはり父親が大西洋貿易で有名になったアンドルー・ヒューストンである。スターリングやダンロップ同様、事業経営のほうに転向した。

商人の家系は銀行業にも貢献した。ダンロップの父親とヒューストンの父親は、一七五〇年にスコットランド西部で最初の銀行であるグラスゴー船舶銀行を創設した。同年に設立されたグラスゴー軍事銀行は、やはり有力な商人に依存していた（当初の共同事業者のうち七人が、ゆくゆくは市長となった）。一七六一年創業のあざみ銀行も発端は同じで、こちらはジョン・グラスフォードが中心となって企画された。このように商人たちの尽力で、グラスゴーは綿花景気が始まる前から産業と金融の中心として評判を博した。彼らが盛り上げた実践経験と「製造業への意気込み」はすでに、その後の年月における町の発展を大いに物語るものであった。

ところが綿花景気が始まると有力な商人の家系は、あまり直接の役割を果たさなかった。ひとつには、彼らの業務がアメリカ独立による混乱状態にあり、北米から撤退し西インド諸島やほかの地域に代わりの窓口を見つけるのに忙しく、投機的な性質のものにかまっている場合ではなかった。二つめに、「アークライトの発明した楽しい機械」の真価を認めたことによる。アークライトの機械は「組み立てが容易で、慎重に設計されているので、巨大な水車を使い一度に大量の綿糸を紡ぐことができた」(34)。これにより大西洋貿易にともなう仕事以外に、別の事業分野が開けた。このイングランドの発明を最初に聞きつけたのは、商売の一環としてランカシャーで長年、織物を売買していたリンネル商人、生地や織り糸の商人であり、彼らはこの発明の将来性を見越して実用化し始めた。

これに関係するリンネル商人は、めったに名門の家柄や金持ちの家庭の出であることではなかった。グラスゴーではよく「イングランド商人」と称されたこの職業は昔から、財力があまりない人が行商を始め、しだいに身を起こし、富や信望を得る手段だとされていた。スコットランドに紡績工場の技術をもたらすのに、おそらくだれよりも貢献したデイヴィッド・デールは次のように評している――

もともとステュアートンの牧童をしていたが、のちにペイズリー、ハミルトン、それからキャンバスラングで織工になった。この地には若い頃やってきて、リンネル用紡ぎ糸の販売人となり、田舎を放浪しながら、農夫の妻たちから手持ちの糸を少量ずつ買い込んでいる。この小さな始まりから商売を大きくし、北海沿岸の低地帯から紡ぎ糸を輸入するまでになった(35)。

アークライトの最初のスコットランドでの代理人ジョン・ブキャナンは、このような「イングランド商人」の息子でランカシャーのレルドの家族と親戚関係にあった。彼は弟のアーチボールドを、ダービーシャーのクロムフォードにあるアークライトの有名な水車場に見習いとして送り、弟が戻るとディーンストンとカトリーンにスコットランドで初期の紡績工場を起こした。いとこで共同経営者のカークマン・フィンレイは事業活動を製造から売買に広げた。そこで、ロンドンの東インド会社が独占していたインドと中国貿易に風穴を開ける中心人物となった。彼は「商人兼製造業者」の息子であり、ブキャナンの隣人だったレルドの孫息子である。一八二〇年代になると、ジェイムズとウィリアムのキャンベル兄弟の工場が、このヴィクトリア時代の町で一流の水力紡績場の名を支える評判を得るようになっていた。彼らは、一七九〇年代にパースシャーに移り住んだ小作人の二人の息子で、生地商を始めた。ヘンリー・ホールズワスはまたちがった性質のスコットランドへの移入者である。産業革命初期にノッティンガムから「ウッドサイド綿紡績工場で大量の糸を紡ぐ方法を教えるために」移り住んだ工場経営者であった。一八三一年までに自身、町で第二の紡績業者となった。

このような例は枚挙にいとまがなく、それも綿紡績業者のあいだだけに限られてはいない。あらゆる種類の産業開拓者の大多数は、スコットランド西部の農民やレルドの息子であった。ウィリアムとジェイムズのベアード兄弟は、発明家ニールソンによる熱風を溶鉱炉に吹き込む鉄精錬法を、炭鉄鉱の鉱床に初めて応用したことで一八三〇年代の製鉄業の第一人者となった。彼らはモンクランドの小作人の息子たちであった。セント・ロロックスに世界最大の化学工場を建てたチャールズ・テナントは、エアシャーの農民の息子でロバート・バーンズの隣人で友人でもあった。ジョンとアーサーのポロック兄弟は、昔から続くレルドの家柄の息子であった。彼らはカナダからの木材輸入の先駆者として財をなしたが、子孫はレンフルー、アーガイル、ファイフ、アイルランド西部に広大な領地を購入し、財産を食いつぶした。土地に戻る衝動を感じるからといって、土地を元手に事業を始める必要はない。実際多くの先駆者たちは、財をなくしたあと最終的に土地を買い、その上に田園邸宅を建てた。先祖の商人たちがタバコ貿易の時代とそれ以前に、地所と優雅な屋敷に金をつぎ込んだのと同じである。これは事業で成功した場合当然の仕上げだとされていたし、現在でもよくあることである。

農民とレルドに続いて、最も多く重要な先駆者を輩出したのは、おそらく熟練工の人々であろう。何かを生み出そうとする人々が発明に向いているのは自然のことである。ジェイムズ・ワットはクライドサイドの商人兼船大工の息子であった。J・B・ニールソンの父親はゴヴァン炭鉱の機械工で、ロバート・ネイピアの父と祖父はダンバートンとグラスゴーで鍛冶屋の親方をしていた。熟練工の息子たちは起業家のリーダーにもなった。ヘンリー・テナントの場合、親子のつながりがはっきりしている。父は麦芽業者で、自身も一流のビール醸造人となった。海運会社を創業したデイヴィッド・ハッチソンの場合は、父がファイフシャーのインヴァキージングで桶作り職人であったので、それほどの関係はない。リンネルの工場体制を整えた先駆者の一人ジョン・レッドベターは、ラナークに移り住んだペニクックの大工の息子である。彼の経歴は成功の青写真であった。

手仕事よりは勉強し本を読むことが好きになった……当時隆盛をきわめていたグラスゴーで道を切り開いた。事務員としての職を得ることができたが、仕事を覚えることに飽き足らず、暇な時間には……知性を磨こうと夜間講座に通い、フランス語を勉強し、討論クラブにも積極的に参加した。社会や科学のさまざまなテーマについての論文も書いた(36)。

イングランドがスコットランドの事業に送り込んだのは、ヘンリー・ホールズワスだけでなかった。ノーサンバーランド出身で、一七七一年から一八二二年の石炭全盛期にゴヴァンの炭鉱主であり製鉄業者だったウィリアム・ディクソンは、グラスゴーの事業で傑出した南部人であった。これより前の世代で地域も異なるが、サミュエル・ガーベットとジョン・ローバックはバーミンガムの金属細工師と医師で、コッケンジーの商人ウィリアム・カデルとともに、カロン製鉄所を創設した。のちにロバート・オーエン（ウェールズ人でイングランド人ではなかったが）は、ニューラナーク紡績工場の統括者としてデイヴィッド・デールからその地位を継いでいた。イングランドに行って、そこの産業を豊かにしたスコットランド人の流れについては多くを耳にするが、これとは逆方向をたどる労働者と経営者双方についての重要性はしばしば見落とされる。スコットランド人はその意欲と高い教育水準のために、イングランドで歓迎された。イングランド人はスコットランドで必要とされた。スコットランド内で経済が発展途上にある地域でいまだになじみのない仕事の方法を彼らは知っていたからである。最新方式の耕し方、新型の製紙機の操作方法、新しい織物工程の管理法などである。たとえば一八世紀の鉛採掘業、製鉄業では、経営と熟練労働力どちらの貢献も重要であった。

これまで述べてきたことから、グラスゴーの強みの源泉のひとつは、どこの出身か、父親がどんな人物か、どのように仕事を覚えたかにかかわりなく、有能な人材を受け入れることであったと結論づけることができよう。同業組合の力が強かった時代でさえ、よそ者や卑しい生まれの者がグラスゴーでのし上がることは非常に容易だったことを示す証拠が残っている(37)。グラスゴーの同業組合が商売や手工業についてもうけた制限は、ともかくも一七四〇年までになくなった。これはロンドンよりも早かった。そして昔の勅許状に反して、自治都市を返上し、バーミンガムあるいはブラッドフォードといったイングランドの新興都市のように、自由都市として産業革命の直前に急速に発展した。これはグラスゴーにとって利点となったに違いない。

一方、グラスゴーの事業家階級に新たな人材を送っていないスコットランドの大きな社会集団があった。産業の先駆者には貴族、准男爵、ナイト爵の息子はいなかった。貴族階級と大地主階級の上層の人たちは子どもたちをほかへやった。彼らはスコットランドの別の地域で産業化に役割を果たしたが、それは起業家としてというよりも、たいていは炭鉱主として、輸送手段の向上のための投資家として、思いやりのある地主としてであった。知的職業階級の人々の息子たちもグラスゴーの先駆者のなかにはめったにいなかった。法律家あるいは教師の家柄からも出ていなかったが、長老教会の牧師の息子は何人かいた。蒸気船所有の先駆者ジョン・バーンズと船舶銀行の銀行員から共同経営者に上りつめたロバート・カリックである。カリックは一八一五年に亡くなった際、土地と有価証券で五〇万ポンドの資産を残していた――「これは今までのところグラスゴーの男がかき集めた最も大きい財産なのは確かだ」(38)。植民地から帰った冒険家やその財産の相続者は期待するような貢献をしなかった社会集団である。それでも一七四〇年以前にウィリアム・マクダウェル大佐はセントキッツ島から帰国してから、妻の相続財産の一部を製糖所の発展のために投資し、息子は一七五〇年に船舶銀行の創設者の一人としてさらに投資した。結局、デイヴィッド・デールのほかは、卑しい身分の人、土地を持たない農民、未熟練の労働者、貧しいハイランド人などにはこの方面でのあまり見るべき貢献はなかった。彼らは商業関係の職業には手が届かないと思っていた。地主になる念願がすぐにかなわないと見るや、エディンバラや軍隊や教会に活路を見出す者たちもいた。

偉大な企業家の家柄を知るだけでなく、宗教との関係や幼少期のしつけについて知るのも興味深い。ところがあまりにも資料が少ないため概括することはできないので、ほかに類のない人物を詳しく見るしかない。たとえばデイヴィッド・デールは、宗教的信念がとても強かったので長老派教会を脱退し、新しい宗派の創立者となった。三七年間グレーフライアーズ小路の独立派教会の牧師として伝道を行なった。長老派教会の信徒たちは、デールが聖職位を授けられていないとして、しばしば彼を侮辱した。ガートシェリーのベアード兄弟については、彼らは敬虔な母親に育てられたため、成功し

ようという意欲が最大限に高まったと見られる。息子の言葉によると、

母は、ウッドヘッドの狭くてあまり生産性の高くない農場の転借人だった父と、比較的貧しいなかで結婚した。聡明さと不屈の精神力で夫の成功に大きく貢献し、すぐれた人物になるよう子どもたちに勤勉と誠実な振る舞いを身につけさせた。ぼくらが成長し学校へ行くようになると、母は農場での多くの厄介な仕事の合間を見つけては勉強を手伝い、最も望ましい宗教の教えを慎重に授けた。ぼくらは早くから農場の仕事を教えられ、大きくなると体力に応じた作業を割り当てられた。けれども、いくら急ぎの仕事であっても、勉強を中断することや、学校の時間を削ることは許されなかった。このようにして最良の行動規範を守り、産業経済の慣習を仕込まれる母の築いた家庭がそこにあった。当時身につけた教えは決して忘れられない[39]。

このようなことが、どの程度までほかの先駆者たちと共通の経験かはわからないが、ほかの何であったにせよ、グラスゴーの中産階級は教養のない田舎者（事業の大家がときにそうみなされる）の社会では決してなかった。先駆者たちの両親の多くは、ベアード夫人と同じほどにしか正規の教育を受けていないし、子どもたちは初等教育をかじったくらいで学校を卒業するが、若かりしJ・B・ニールソンのように「暇があれば文法やデッサンや数学を学ぶのにあてた」。またジョン・レッドベターのように「夜間の講座に通い、熱心に知性を磨いた」[40]。アレグザンダー・カーライルは一七四〇年代に商人について「学識がある人々はごく少数だ」と述べたが、市長のアンドルー・コッホランが創設した社交クラブについて、この会の目的は「さまざまに枝分かれした商売の性質と根源を探求し、題材について会員の知識や見解を交換すること」と記述している。アダム・スミスはそのメンバーの一人で、コッホランに多大な敬意を寄せていた。スミス博士は、『国富論』の資料を収集するにあたり、この紳士の寄せた見聞に恩義を感じた。また、彼の時代以後に活躍し、それまで夢のようだった商売を発展させた後進の商人たちは、敬意を込めて思い出を語る。最初にわれわれの視野を開き、さらに大きく広げてくれたのはアンドルー・コッホランだった、と[41]。

その後グラスゴーには商業関係以外の多くのクラブができた。なかには友好的なもの、社交的なもの、知的なものがあり、市や大学の集会所もあった。アダム・スミスは一七五二年創設のグラスゴーカレッジ文芸協会の会員でもあった。ここにはほとんどの教授と著名な市民が集った。一七八三年以降の商工会議所の議事録によると、何か方策を立てる際には有力な市民がスミスに敬意を表していることが示されている。たとえばデイヴィッド・デールは自他共に認める信奉者の一人であった。

ジョウゼフ・ブラックがカレッジの講師を務めていた際、潜熱の発見を伝えたのも文芸協会でのことであった。しかし、ブラックの偉大な功績は、若きジェイムズ・ワットを引き立て、激励したことであるのは間違いない。そのことがワットにとって刺激となり、ワットはのちに分離凝縮器の原理を発見するにいたった（一九章四八九頁を参照）。一八世紀のスコットランドには知的な雰囲気があり、産業革命の最も画期的な発明のひとつは、グリーノックの器械製作者とベルファストの化学講師の意見交換にあった。西インド諸島でひと財産つくったグラスゴーの商人が大学に寄付した天文学用器械のコレクションが話題に上ったのである。くつろげると同時に、知的でもあり、しかし決して閉鎖的でないこうした雰囲気のなかで、一八世紀の天才の種が根を張り、難なく成長することができたのである。

第一六章

産業労働力――一

一　労働力の構造

　産業革命の最も重大な社会的影響のひとつとして、賃金労働者階級が大量に創出されたことがあげられるが、産業労働者はもともと目新しいものではなかった。本書の前半を思い出してもらえれば一目瞭然である。農奴に陥れられていた炭坑夫や塩商人が一七世紀に存在したし、中世の終わり頃から近世の始まりにかけては、自治都市で賃金労働をしていた石工や荷馬車の御者や一般労働者がいた。また、スコットランドの言葉で「職人」が幅広い職業を網羅することも指摘した。一七〇〇年に自分の窯でパンを焼き、店で常連客に売っていたパン職人は、中産階級に属していた。生活の糧や週給をもらいながらその手伝いをしていても、いつの日か自分の窯と店を持てるようになると心から願っていた徒弟や熟練労働者は、一時的に労働者階級に属していたにすぎない。一方、初期の頃でさえ経済的自立を願うべくもない熟練工の人々は、生涯雇い主のために物をつくり続ける運命であった。農家では商人向けに、出来高払いで女性や子どもが編み物や糸紡ぎをしていた。商人は、農家を回って繊維を届け、でき上がった紡ぎ糸を回収した。一年を、耕作期間と機織りや靴作りといった家内工業をする期間に分けていた小作人もいた。農産物を自分で売る小作人もいたが、たいがいは近郊の町の雇い主のもとで働いていた。このように、スコットランドは何百年にもわたってなんらかの産業労働力を保持していた。産業革命がはじまるよりずっと前から、産業に支えられた市場が徐々に大きくなるにつれ、その数はしだいに増え続けていったと考えられる。

　一八世紀末で前例がない状況とは、労働力が増えた速さである。とりわけ女性と若者向けに、産業関係の職が急激に増加した。産業関係の勤め口以外あまり選択肢のない人々の数はそれと等しく急増した。スコットランドのローランド地方とハイランド地方、アイルランドの人口は程度の差こそあれ、勤め口が見つからないくらいに増えた。産業化は労働者を冒険に駆りたて、肥大化した都市のスラムに不幸をもたらし、同業組合の倫理と親交を壊し、父親譲りの田舎暮らしの拘束を一撃で断ち切った。その結果、昔ながらの労働者よりはるかに数の多い新しい労働者は、自分たち以外の勢力や社会慣習とは異なる、またはあからさまに敵意を表す態度を取るようになった。けれども、効果のある政治的な協調行動が起きたのは、一八三〇年をかなり過ぎてからであった。

初期の産業革命はいわば田舎の事象であったが、その影響が最も目覚ましく、長続きしたのは決まって都市であった。上の表は、産業が主流で労働者階級の多い六つの自治都市の人口増加を示す――それぞれが少しずつ増加理由と算出方法は異なっているが（グラスゴーの場合、少々追加した地域があるので数字は二五一頁とは異なる）、これらは詳しく見る価値がある。

ペイズリーは、産業労働力の成長をほぼ新しい織物だけに依存していた都市の最もいい例である。議会合同前のペイズリーは、きめの粗いリンネルを扱う重要性の乏しい町であった。その後、白糸製造（オランダにならって）、薄手の綿織物であるローンやキャンブリック（フランスにならって）、絹の薄織物（ロンドンにならって）の専門技術を発達させた。一七九〇年以後の五〇年で、高品質の綿製品製造、特にペイズリーショールで世界有数の町になった。スコットランドで四番めの自治都市であり、それより一〇〇年前にはスコットランドのどの町よりも大きかったペイズリーは、一八三一年までに人口のほぼ半数が機織りの仕事をしていた(1)。ひとつの職業にこれほど一極集中するのは当時でさえ異例なことに違いなかった。これがその後の数十年でペイズリーが不安定になり弱体化する原因となったことは確かである。

これは極端な事例であるが、膨大な数の人々がスコットランドのローランド地方一帯で、何かしら綿織物の製造に関わっていたことをここで強調するのは意味がある。一八二六年にサー・ジョン・シンクレアは、この職業の一五万四〇〇〇人に対し、リンネルと麻繊維に七万六〇〇〇人、毛織物に二万四八〇〇人、鉄貿易にたった一万三〇〇〇人が携わっていると推計した。そのほかスコットランドの製造業をひとまとめにして一万九〇〇〇人としている(2)。おそらくこれは推測の域を出ていないとみなすべきだろうが、現代でいう統計学者ではないのに、スコットランド社会につい

表16-1

	グラスゴー	ペイズリー	ダンディー	アーブロース	キルマーノック	グリーノック
およそ						
1695—1707年	13,000	4,500	?	2,000	?	2,000
1755年	23,000	7,000	12,500	2,000	4,500	4,000
1801年	77,000	31,000	27,000	5,000	8,000	17,500
1831年	202,000	57,000	45,000	6,500	18,000	27,500

ての情報を生涯にわたりだれよりも時間をかけて集めた人物による集計である。また彼の数字が家長ではなく個々の労働者についてのもので、綿工業のほとんどの部門で多数を占めたのは婦女子であった。たとえば、ペイズリーショールといった高級綿製品の手刺繍には、田舎に住む何万人という女性内職者が雇われた。その大半は農業労働者か非熟練労働者の妻と娘で、少しでも家計の足しにと家で作業をした。ところが、これを考慮に入れ、もとの計算の誤差も考慮に入れたとしても、すべての繊維より優位にある綿とあらゆるものにまさる織物の圧倒的な重要性は疑いようがない。一八二八年に、溶鉱炉に送り込む熱風の機械が発明される前、イングランド以上に進んだスコットランドの産業革命は、この織物革命以外はほとんど見るべきものがなかった。

表のほかの都市については、ダンディーとアーブロースはどちらも昔ながらの特産物であるリンネル生産が、亜麻糸紡ぎ機の登場で一変したが、ダンディーはつねに商業と小売業の重要な中心地であった。キルマーノックはもう少し複雑である。この町の発展はある程度、靴産業に、またある程度はカーペットやベレー帽やウーステッドのショールを製造する多角的な毛織物業に頼っていた。グリーノックはさらに複雑である。どの織物でも特に際立っていなかったし、圧倒的に重要な特産物あって発展したのでもないが、スコットランドで人口の多い六つの町のひとつになった。一八三〇年までは、造船業が主要産業であり、ほかに鋳鉄、鍛造、製糖、縄ない、製帆、製紙、革細工、陶器製造、醸造、蒸留などさまざまな産業があった。この町はおそらくアイルランド人とハイランド人が出入りする主要港となったことで、労働力が供給過剰であった。彼らの多くは、熟練を要しない仕事に引かれて、この町に短期間滞在し、その後内陸地域や海外によりよい仕事を求めて出て行った。

とはいえ、スコットランドの工業都市のうちで突出して大きく、最も重要なのはグラスゴーである。一八三一年まではロンドンとマンチェスターに次ぐ合同王国第三の都市であった。地元の統計学者ジェイムズ・クレランドの尽力のおかげで、ほかの町より詳しくグラスゴーの社会構造を知ることができる。一八三一年に行なった就労人口の分布調査の骨子が次頁の表である。不完全な調査であることは否めず、ところどころ分類があいまいであるが、かなり本質的な重要性がある。

すべての分類の正確な意味は必ずしもはっきりしていないが、いくつか特筆すべき特徴がある。まずは、グラスゴーの就労人口の少なくとも三分の一が綿織物製造に携わっている（事実上この町で唯一取り扱っている繊維である）が、ことによると工場の紡錘と力織機に従事する人々はまだ、手織り機を使って内職をする人々よりも少なかった。産業革命の主要分野でさえ、まだ十分に労働力を機械係の集団に変貌させてはいなかったということである。

また一方、「手職業」に分類されるかなり多くの人々は、この町の伝統職業の持つ活気と力強さを感じさせるが、すべてが完璧な伝統技法にのっとって続けられているわけではなかった。たとえば、飲料業の二九〇〇人の多くは、蒸留所と醸造所の賃金労働者であり、もはや先祖が営んできたようなパブの主人や自家醸造者ではない。三一〇〇人の婦人帽子屋とお針子は、古い意味での職人ではない。独立資本家の下で低賃金の歩合制で帽子や衣服をつくる内職者である。同業組合よりは搾取工場に近い条件で働く仕立屋や靴職人についても同じことがいえる。クレランドは、質屋と薬種屋のほかはたった二九〇〇の小売店を数えている。そのようになると、建設業を除き、七、八人の「職人」に店一軒ということになる。いつかは自分で仕事をとりしきりたいというもっともな希望を持てる人々は、どんどん少なくなり、職人という言葉には、かつて中産階級が持っていた意味が失われ始めていた。「店主」という表現は、店舗を持つようになった少数の人々を指すのに使われるようになった。

次に非熟練職人がいた。「召使、または非熟練労働者や臨時雇い」と分類される人々は、労働人口の四分の一近くに達する。炭坑夫をはじめ、まったく非熟練というわけではない人々もいたが、本当に非熟練職人はこのグループには入っていない。「詳述されていない多数の職業」の六四〇〇人の大半は、同じ部類に入るに違いない。もっと重要な区別をつけていえば、織物製造に従事していた人々の多く、または婦人服飾品製造、醸造、皮なめしの職業の人々、さらに建設労働者までもが、まったく訓練を受けていなくてもその仕事に飛び込んで数週間で最も稼げるようになった（その程度であったが）。もし非熟練者をこのように定義するとしたら、グラスゴーのそのような労働者の割合を表のうわべだけを見て四人に一人というよりは、二人とか三人に一人というようにもっと正確になったはずである。

表16-2　グラスゴーの就労人口、1831年

1. 知的職業 商売人 事務職	
知的職業（聖職者、大学教授、教師、研究者、文学者 2.7%／法律関係の著述家など 0.6%／外科医、薬種屋、薬剤師 0.5%）	3.8%
商売人（小売商人、銀行家 1.7%／不動産仲買人、代理業者、会計士 0.5%）	2.2%
事務職（事務員、販売外交員）	1.8%
	合計　7.8%
2. 繊維製造業	
織工、縦糸仕掛け人、巻取り人	15.2%
綿紡績工、蒸気織機職人	9.9%
刺繍職人、繕い人、裁断職人	1.2%
モスリン製造者、光沢機職人	1.3%
染物師、サラサ捺染師、漂白業者など	1.7%
彫版工、版木およびプリント模様職人	0.4%
機械運転者、機械製作者、機械修理工	0.9%
	合計　30.6%
3. 手職業	
•服飾業（仕立屋、紳士服商、帽子製造人 2.1%；服飾小間物商、織物商、生地商、靴下肌着類製造業者、手袋製造人 0.3%／婦人帽子屋、麦わら帽子製造人、女裁縫師 3.1%／皮なめし業者、靴製造人 2.7%）	8.2%
•金属業（真鍮、鉄、活字鋳造業者、鋳型工 0.9%／金属細工人、真鍮細工師、白目製器物製造人 1.9%／金物屋、釘製造者 0.5%）	3.3%
•建設業（石工、れんが職人など 1.5%／室内装飾業者、木挽など 3.0%／スレート職人、左官 0.6%／塗装工、配管工、ガラス工など 0.8%）	5.9%
•飲食業（食糧雑貨商、調理済み食品販売者 1.1%／青物商など 0.4%／パン製造業者、料理人、菓子製造人 1.1%／肉屋、魚商人 0.5%／蒸留酒製造業者、ビール醸造人ほかアルコール業者 2.9%／タバコ商人、乾物商、石鹸とろうそく製造人 0.4%）	6.4%
•その他さまざまな業種（書籍販売人、製本師 0.5%／植字工、印刷業者 0.6%／宝石商、時計師など 0.3%／理髪師、美容師 0.2%／陶工、ガラス切り職人など 0.5%／馬車製造人、車輪製造人 0.3%／樽製造人、旋盤工 0.5%／亜麻布仕上げ人、縄製造人など 0.3%／はけ、かご、くしやスプーン製造業者 0.3%	
	合計　27.3%
4. 使用人、非熟練工、不定期労働者	
使用人	9.0%
給仕人、郵便配達人、馬丁、厩番	0.7%
門番、夜警	1.3%
倉庫業者、臨時雇い	1.1%
炭鉱夫、採石工、人夫	6.6%
牛飼い、荷馬車屋、運搬人	1.5%
洗濯人、婦人服仕立屋、洗濯物しぼり人	0.6%
行商人、小間物販売人	1.3%
家具仲買人、古着商	0.3%
	合計　22.4%
5. その他数多くの業種（詳述なし）	6.4%
	総合計 94.5%

出典：脚注 15 参照のこと

この表を詳しく見てみると、グラスゴーはグリーノックに似て、産業にものすごい活気があるにもかかわらず、労働者が過剰であった。たとえば、「行商人、小間物業者、家具仲買人、古着業者」といった人々のほうが、石工、れんが職人とその助手よりも多く、「門番と夜警」はスレート職人、左官、塗装工、配管工、ガラス職人と同じくらいの人数である。この数字は都市部でなんらかの職につくにあたって経験する困難を思わせ、一八一一年から一八三一年のあいだに年五〇〇〇人を超える人口増加に対する住宅供給が進んでいないという建設業の問題も浮かび上がる。今日のグラスゴーを知らない人々は、この都市の発展がこれまでで最大のスラム問題を加速したことに気づかないであろう。

二　生活水準

産業革命の結果、労働者階級の生活はよくなったのか、それとも悪くなったのか。ここ数十年、英国の歴史家のあいだでよく論議されるこの問題は単純なように見える。しかし、簡潔に、または単刀直入に答えることは不可能である。問題がどのように生じたかに左右されるからである。たとえば、産業化以前の一七五〇年か一七七〇年に町にいた織工や石工の人々と、産業革命がだいぶ進んだ一八二〇年か一八三〇年の同じ職業の人たちを比べるのがよいのか(3)。あるいは、産業化以前の「小作農」の人たちと産業が発達した社会の「労働者」を比べればよいのか。なぜなら、一八三〇年の産業労働者の大半は、農業で生計を立てていた人たちの直系子孫だからである。そうであれば、どちらの小作農とどちらの労働者を選ぶのがよいのか。一八世紀末のハイランド地方の小作人の生活と、一八二〇年以降に綿工場の熟練労働者になった子孫の生活を比べて、家族によっては産業化が比較的豊かな恩恵をもたらし、雨の多い峡谷のジャガイモ畑に頼る停滞した生活から抜け出させてくれたことを証明することもできる。同じく、スターリングシャーの小作人の経歴を追い、彼が農業革命で農地を失い、ついには週に五シリングと一ジル（約〇・一四リットル）のウイスキーで命をつなぐ不健全な織工となったことを示すこともできる。彼にとって産業化は思いもよらない不運であった。おそらく疑問点は、産業革命が恩恵となった人々の数が生活の質が落ちた人々の数を上回ったかどうかである。ところが、これには答えることができない。満足のゆく調査ができるほどの基礎となる労働力の構成、家柄、事実上の収入が十分にわかっていないのである。いずれにせよ、二つの悲惨な例と二つの大成功の例を平均すると、その四人の状況で物質的な変化は見られなかったといえば役に立つであろうか。一七八〇年から一八三〇年までの五〇年間は、労働力内の異なった集団の財産がとても変化に富んでいたので、「労働者階級」を同質のものとして扱う一般化は、彼らの実態をたいていあいまいにしてしまった。

このことは、一般化することではまったく何も伝わらないという意味ではない。たとえば、産業労働者の大多数は、都市化の影響で家族を含めて早死にする危険にさらされていたと実証できる。農業から工業への移行は、たいがい田舎から都市へ転居することを意味し、都市は地方より人口過密であり、そのなかで衛生設備も整っていないため、生活にずっと多くの危険がともなった。そのうえ、都市はその移行期の終わり近くにさらに危険度を増し、少なくとも、グラスゴーがその典型だとしたら、現代の医療専門家によると、一八二〇年代から一八三〇年代にかけて死亡率が上がったという。都会の不潔さに密接に関連する発疹チフスなどの病気が再燃したせいであった。また、都会へ出ることで、労働者は子どもたちから良質の初等教育を受ける機会を奪っていたことも事実である。ただし、これはローランド地方の農村出身者の生活低下を象徴しているにすぎない。ハイランド地方とアイルランドの子どもたちは、地方にいてもそのような機会はまったくなかったからである（一八章四六四頁以降を参照）。同じく、彼らは教会の導きと助けをほとんど奪われていた。手を差し伸べる必要のある人間の数が増えた割には、聖職者や教会の建物が労働者階級の暮らす地区に進出しなかったからである。分離派諸教会が中産階級と下層中産階級の住宅地区に聖職者を集中させたいという衝動に駆られても、スコットランド教会が進出しなかったことはきわめて明らかであった。この結果とそのほか多くの要因もあって、アルコール中毒と大酒飲みの発生率が上がった。州裁判所のアリソン主任判事が、一八三八年の王立委員会で次のように証言しても、おどけているとか人騒がせだとか思われることがなかった。「グラスゴーでは一万人の男が土曜の夜に酒に酔い始め、日曜は終日酔っ払い、月曜は一日中酩酊しているか半ば酩酊状態で、火曜日に仕事に行くのです」(4)。

環境の一般的な条件よりは消費レベルに関わる生活水準は、主に賃金や価格の動向に左右される。というのは、労働者の暮らし向きがよくなったかどうかは、稼ぎでどんなものを買えるのかでまずは決まったからである。次頁の表は、この問題の複雑さと趨勢を二つの町の産業労働力の伝統的な集団について示しているが、産業革命自体に深く影響された、工場労働者、織工、炭坑夫についてではないということを指摘しておく。これらは次の項で別に取り上げる。

この表の最初の欄は一七九〇年代の、道具が全般に改良されていった三、四〇年間の頂点を表している。世紀末のこの時期のヘンリー・ハミルトンの評決はほぼ正しいと思われる。一七五〇年と一七九〇年の間にスコットランドの必需食品であるオートミールの価格が一・五倍以上に値上りし、ほかの食糧の価格はざっと二倍になり、労働賃金は二・五倍か三倍に上がったからである(5)。『統計報告』は繰り返し、職人の火床には豊富な石炭が、家の中には新しい家具が、背もたれにはリンネルや綿織物があると記している。精白小麦粉と全粒小麦粉の混合パン、チーズ、バター、ベーコン、マトン、牛肉、砂糖、紅茶の消費量が上がってきた職人もいた。いまだマトン、牛肉、半全粒粉のパンを不定期か、ごく少量を食べるだけの不熟練労働者でさえ、余裕を持って必要な生活の糧を得ることができ、生活が楽になった。

一七九〇年以降の四〇年間は、それまでの三〇年のように一律に繁栄したわけではなかった。表の二番めの欄は、フランスとの戦争にともなう二〇年間のインフレのピークを表している。オートミール以外のほとんどの食物価格は、一七九〇年のほぼ二倍になったが、最も運がいい熟練職人（この表では、たとえば木挽き）は、賃金が一〇〇パーセント上昇した。ほかの労働者の賃金は二五から五〇パーセントと上昇率は低く、これはオートミールの価格上昇よりさらに低かった。

そのため、戦争中は、一七九〇年以前の平和な時代に得た収入の一部を必然的に犠牲にした。一七九九年から一八〇〇年にかけては穀類の価格が、いきなり二年前の倍に跳ね上がった。こうした混乱状態は凶作が原因であり長くは続かなかったが、熟練工を含めて多くの人々がきわめて深刻な貧困に追いやられたに違いない。ジョン・ヤンガー（一二章参照）の記したセント・ボスウェルズでの餓死寸前の生活状態は、靴職人一家のものである。

そのほかの欄は戦後にどのようになったかを示す。早くも一八一三年には全般にわたる価格下落が始まり、オートミールとパンは大半の食品より下落し、家賃より大幅に下がった。一八一二年以降、名目賃金も下がったが、この表では木挽き以外のグループの平均的生活費より急激に下がったようには見えない。そのほか熟練を要する職人で、戦争の最悪期を別にして一七九〇年の生活水準を保っていたが、その後の二〇年に持ち直した人々は、（鍛冶屋の場合のようにごく少数

表16-3

1. 賃金	1790年	1812年	1819年	1831-3年
石工（グラスゴー）1日につき	2/-	3/-	2/6	2/4
石工（アーブロース）1日につき	1/8	2/1.5	1/6	1/8.5
大工（グラスゴー）1日につき	2/-	3/-	2/4	2/4
大工（アーブロース）1日につき	1/4	?	2/4	2/-
鍛冶屋（グラスゴー）1日につき	?	2/6	2/10	2/10
鍛冶屋（アーブロース）1日につき	?	2/8	3/4	2/6
木挽き（グラスゴー）1日につき	2/-	4/-	1/3	1/6
人夫（グラスゴー）　1日につき	1/4	1/10	1/3	1/6

2. 物価	1790年	1812年	1819年	1831-3年
オートミール　1ペック=約9リットル（グラスゴー）	1/0.5	1/9	1/3	1/2
オートミール　1ペック（アーブロース）	1/1	?	1/4	1/-
精白小麦粉と全粒小麦粉の混合パン 4ポンドのパン塊（グラスゴー）	?	1/4	0/11.5	0/8
精白小麦粉と全粒小麦粉の混合パン 4ポンドのパン塊（アーブロース）	?	1/6	0/11	0/8
チーズ　1ポンド（グラスゴー）	0/4.5	1/0	0/8.5	0/6
チーズ　1ポンド（アーブロース）	0/3.5	?	0/4	0/4
牛肉　1ポンド（グラスゴー）	0/4.5	0/6	0/5	0/5
牛肉（1ポンド）アーブロース	0/4.5	0/8	0/7	0/5
家賃（2部屋、1年につき）グラスゴー	?	100/-	90/-	85/-
家賃（1年につき）アーブロース	?	60/-	55/-	55/-

1）この欄ではグラスゴーの賃金とアーブロースの賃金と物価は、1790年と1791年の数字である。グラスゴーの物価は、実際には市中心部から5マイル南東のキャンバスラングの1790年の数字。
2）グラスゴーの賃金と物価は1831年、アーブロースは1833年のもの。
3）量の単位はすべてできるだけ1定の基準に縮小した。

出典：『統計報告書、新統計報告書』ジェイムズ・クレランド著、1覧表

の例外を除いて）それ以上著しく改善することはなかった。戦争で地歩を失った、あまり熟練を要しない職業の人々は、一八二〇年代に復活した。どちらのタイプの労働者にとってもこの時期は全体として、実質賃金のレベルで長期にわたる壊滅的な悪化を象徴しているものではなく、時代は好転一方になるという前世代の期待を急激に後退させるものであった。

ここに描いた構図は、表に取り上げられた職業に関することに限られたもので、工場労働者、織工、炭鉱労働者といったきわめて重要な集団についての歴史は、これから見ていくように、多くの点で異なっ

ている。失業問題も考慮に入れる必要があり、また統計が何もないことによって、検討の難しさは倍化する。けれども、フランスとの戦争が続いているかぎり、大砲の餌食となる兵士の需要には事欠かなかったので、国内では深刻な問題がなかったと断言してもさしつかえない。ただし、外部の事情——ヨーロッパとアメリカ市場での戦争の混乱による一八一二年の不況などが広範囲に及ぶ短期間の商業危機を引き起こした時期は別である。ところが、一八一五年以降、アイルランドとハイランド地方からの移民流入が加速するのに続く軍の解体と、ローランド地方のスコットランド人の自然増加が速いペースで進んでいることで、発展する経済が吸収しきれないほど速いスピードで都市の市場に労働者が流れ込み始めた。経済もまた平行して拡大したわけではなかった。一九世紀の最悪の不況のいくつかは、労働力の過剰供給の慢性的問題が悪化したときに発生した。貿易に対して断続して全国的な衝撃が拍車をかけたことによるものであった。たとえば、一八一六年、一八一九年、一八二六年の場合は、工場は操業をやめ、船舶はつながれたまま、銀行には不安にかられた債権者が押し寄せた。一八一五年以降の社会の雰囲気を理解するには、このスコットランド特有の、伝染力の強い失業が、悲惨さや不安をいかにして高めたかを正しく認識する必要がある。その経験が、直接影響を受けた人々すべてを極貧に追いやり、そのことへの恐怖が残りの人々の安心感や団結を土台から揺るがした。失業は、職にありついている人々の賃金を下げる働きもしていたに違いないし、特に表に掲げた一八一九年の欄に影響を与えたかもしれない。この年の数字のほかの特色のいくつか——たとえば、石工の賃金は明らかにグラスゴーよりアーブロースのほうが低いが、鍛冶屋の賃金はむしろ高く、おそらく労働市場が非常に不満だったという点から説明できるであろう。労働者がほとんど組織的にまとまっていない社会や、ほかの町の賃金水準や額についての情報が、その町に実際に行ったことのある者の口づてのみで伝わる社会では、場所によって大幅な賃金格差の常態があると思わざるを得ない。この数十年の実質賃金の推移について十分かつ納得のゆく説明をするためには、地元の歴史家による綿密な地域研究が必要となる。

都会の失業のあおりを受けたもののなかに、スコットランドの昔ながらの救貧法があった。貧民救済の伝統方式では、健常者は貧しくても自活するか、家族の寛大さに頼ることを余儀なくされた。高齢者、病人、未亡人および孤児に対しては、教会の献金からのわずかな補助が教会区でもめったに支給されない場合に、施しがあった。大きな町では施しはなかったし、できなかった。それはひとつに、教会当局は援助を求めることができる親族が町にいなかったことの多い老人、病人、

1785年、エディンバラでの闘鶏。この娯楽についての最初の本が1705年に出版され、スコットランドの多くの地域ではこの娯楽が盛んになった。挿絵には、さまざまな階級の人々が描かれている。ウェブスター博士の会衆と対比させてみよ

遺族の救済に十分の一税を充当することをよく理解していなかったからである。もうひとつには産業が不景気のとき周期的に起こる、頑強な男たちの大量失業に対処する方策が何もなかったということがある。スコットランドの法律では、彼らはどんな形であれ貧民救済の対象ではなかった。

異なる当局が異なる方法で対処しようとした。不況が襲ったとき富裕階級からの義援金で臨時の救済基金を設けるところもあれば、課税対象となる家長すべてからわずかでも強制的に税を徴収する形態を採用し（イングランドで行なわれたように）、救いを待つ人々の救済に充てるところもあった。また、トマス・チャーマーズがグラスゴーの貧困にあえいでいるセントジョンズ教区で始めたような必死でひたむきな取り組みにより、教会の長老による自発的な巡回活動が行なわれた。この問題は一八三〇年代に大論争となり、一八四五年の救貧（修正）法制定で実を結ぶ。その法は、中央に監督機関を置き、貧困者が救済を受ける法的権利を定め、強制的な地方税納入の原則を一段と発展させた。しかし、そのことはここで詳しく論じる必要はない。現代の貧困層の問題は、一七世紀に設立した福祉機構の名残りを近代化または拡大したことによる国家の怠慢によってかなり増加したことを指摘するにとどめる。

産業労働者についての考察を大まかな輪郭の先へ進めるに

は、工業化による変革の中心にいた三つのグループについて論じる必要がある。織物工場の労働者、織工、炭鉱夫である。これらは合わせて労働力の大部分を占めていた。個々に見ると、浮き沈みや仕事の条件がとても異なっているので、それぞれを十分に説明することができなくなる一般化は無意味である。この章の残りの部分と次の章をこれらの職業に当てる。

三　地方の織物工場

一八世紀の技術革新により最初に変革したのは紡績業である。これには三つの大きな段階があった。第一段階では、新しい労働力や新しい作業場を必要としない家内工業の紡績機の効率が改善しただけであった。伝統的にスコットランドの羊毛とリンネルの糸紡ぎは、どちらも家庭の主婦や娘が糸巻き棒（最も古い糸紡ぎの道具）か、単純な紡ぎ車を使って日中のあいた時間にする仕事であった。一七七〇年頃に二本の紡錘のついた、両手で扱う紡ぎ車が実用化されたが、一八世紀末まではあまり広まらなかった。こうした簡単な改良でさえ、家内工業の紡ぎ手の生産性を倍にした。一七九〇年代までに、リンネルの生産地で女性が両手の紡ぎ車を使って日に八ペンス稼いだところもある。少なくとも畑仕事や農場の使用人としてもらえる額よりは二ペンス多かった。さらに高度な紡績機は、一七六四年にブラックバーンのジェイムズ・ハーグリーヴズが発明したジェニー紡績機である。長いあいだやわらかく弱い綿の横糸しか紡げなかったが、この紡績機は、紡ぎ手の生産性を最初は八倍に、のちに一六倍、二〇倍、三〇倍と増加させることで織物製造業に大変革をもたらした。ジェニー紡績機は両手使いの紡ぎ車のように、婦女子も家内工業で楽に扱えたが、大型のものは一七八〇年代に工場に取り入れられ、男たちが操作した。デイヴィッド・デールと地主たちが創設したサザランドのスピニングデールは初期ジェニー紡績機を取り入れた工場である。

第二段階は、ほとんどの初期の大規模工場が建った時代である。一七六八年にリチャード・アークライトが水力紡績機を発明し、これによってかなり強い綿の縦糸を、水力によって稼動する大型機械で紡ぐようになった。強い腕力は必要としないので、女性や子どもでも操作できた。スコットランドでこの種の機械を備えた大規模綿工場は、一七八四年から一七八六年にかけて、カトリーン、ニューラナーク、ディーンストン、バルフロン、スタンリーなど田舎の流れの速い川沿いに建てられた。そうした工場の繁栄は一九世紀の初めまで、都市で発達したミュール精紡機に脅かされた。しかし、さらに改良されてスピードが速くなった水力紡績機とともに、きわめて強い縦糸を必要とする力織機の出現で、田舎の紡績工場も思いがけず活気が戻ってきた。亜麻の繊維は一七九〇年代まで水力紡績機で紡がれていて、この技術はその後数年でリンネル産業に急速に広まった。

第三段階は、いろいろな意味で、最も重要である。一七七九年にサミュエル・クロンプトンがジェニー紡績機と水力紡績機の長所をあわせ持つミュール精紡機を発明したことによる。これは、一定の品質の縦糸にも横糸にも適したかなり強い綿紡糸を生産できた。最初のうちはジェニー紡績機の大型タイプのように、作動させるには男性の強い力が必要であったが、それでも家内工業や小さな作業場に向いていた。ワットの蒸気機関の応用で工場システムに組み込まれ、一七九〇年から一八一二年のあいだにミュール精紡工場は一般的になった。一八二〇年代までに、改良された「自動式」ミュールができ、一人の熟練工が扱える紡錘の数が倍になった。自動式になっても工場のミュール精紡には男手が欠かせなかった。とはいえ、助手として働いていた子どもや若者の数のほうがしだいに多くなってきていた。ミュール精紡工場は、炭田地帯に広がる町に特有の工場であった。それらは田舎の工場ではなく、スコットランドでは大半の紡ぎ糸がこの時代の終わりまで結果的に都市で生産された。

そのほか工場で容易に機械化されたのは、糸を紡ぐ前の繊維の準備工程である。亜麻などを梳き櫛で梳く、毛羽立てて長繊維を平行にそろえる、粗糸の製造（厚い原綿のたばを紡績機に入れる）といった作業である。蒸気機関で稼動する回転筒による綿織物やリンネルへの捺染は、スコットランドで一七八五年に始まった。これはたいてい男性の仕事であった。糸の巻き取り（ボビンに紡ぎ糸を巻き取ることや紡いだあとに巻いて縦糸にすること）や光沢機《カレンダー》にかける作業（加熱圧搾でつや出しをすること）などほかの仕事は、だいたい婦女子や若者が任されていた。

機織りが工場で行なわれるようになる過程ははるかに緩慢であった。エドワード・カートライトが一七八四年にイングランドで力織機を発明し有名になったが、結局は粗雑な新製品のサンプルにすぎなかった。グラスゴーのロバート・ミラーは、一七九八年に初めて力織機を実用化したことでおそらくは同等の賞賛に値するであろう。とはいえ、これも不完全だったのでいくつかの問題点（横糸が切れたときや縦糸のあいだを往復して横糸を通す杼《ひ》がひっかかった場合、はずみで織地が痛まないように織機を停止させるなど）は、何十年間も解決されなかった。一八二〇年代は進歩の突破口であった。二〇年代の初めにはスコットランドに二〇〇〇台しかなかった力織機は、二〇年代の終わりまでには一万台になった。これらはほぼすべて綿織物用であり、数百台がリンネル用で、毛織物用は皆無であった。力織機を操作するのは主婦や娘がほとんどで、工場（一八三〇年になってもそれほど多くはなかった）はたいてい、町のミュール精紡工場の近くにあった。一方、力織機と水力紡績機を統合し、ミュール精紡の要素を組み合わせた大型の装置がエアシャーのカトリーンといった古くから紡績の盛んだった田舎の土地で発達した。

一見したところ、この複雑で迅速な一連の技術革新のなかで、成人男子に適した新しい雇用はほとんど創出されなかった。理由のひとつは仕事の性質にあり、ミュール精紡工場の紡績工以外は腕力を必要としなかったからである。エドワード・ベインズが一八三五年に次のように記している。

雇われた多くの工員は、梳《す》き櫛から綿を取り除く、練条機（太さが不ぞろいの繊維束を引き伸ばし、束を細くする機械）の缶を置き換える、粗紡機、スロッスル、ミュールの糸巻きを取り替える、機械で切れた糸をつなぐ、くず綿を掃除する、力織機でできた布を調整する、縦糸を巻いて整える、などの作業を行なった(6)。

これらはすべて女性や子どもができる仕事であった。雇い主は、機械類の下にもぐりこんで綿ぼこりを掃くことができるほど小さい子どもを使うことは特に有益だと気づいた。多くの雇い主は、一二歳以下で雇った児童は、手先が十分器用になり十代で一流の糸継ぎ工になれると考えた。

ところが、男性の雇用がほとんどなかったことについてはこれ以上の理由があった。初期の水力紡績機の時代に、なぜ工場にあまり男手がなかったかという手っ取り早い理由は、男たちがあまり工場に来たがらなかったからである。工場で働くということは、まったく新しい不慣れな労働規律に従わなければならない。雇用者は高い経費をかけて紡績工場を建て、そのなかに、衰えずに自動で動き続ける高度な機械類を設置した。効率よく作動させるには、数百人の労働力が同時

19世紀初頭ニューラナークの紡績工場。右下に描かれている集団は村の楽団

に、機械のリズムに連動して働くことが不可欠であった。従業員は、水力紡績機が稼動する月曜日の早朝に出勤し、あらかじめ許された食事期間以外は一二時間か一四時間ぶっ通しで働かなければならなかった。そして連日、監督者に不断の忠誠心をもって、毎週、毎月、毎年、同じ作業を繰り返した。休みは日曜日のほか、一二カ月のうち二日あるかないかであった。

献身的に残業を行なう現代の労働者の忍耐さえも限界に達しそうなこのような働き方は、一八世紀のスコットランド人の仕事の伝統とはまったくかけ離れていた。農民はいつも畑に出て、季節や天候や自分の判断にしたがってさまざまな作業を独自のペースで行なうのが習慣であった。賃金労働をする農場労働者でさえ、雇い主の指示よりは、このような事柄に従った（今でもそうである）。織工など家内工業の職人は、工場の熟練工に負けないくらい十分な時間、織布に向かって作業しているが、必要ならいつでも織機を止めて隣人と話すことも、手伝っていた子どもを遊びに行かせることも、妻にお茶とお菓子を用意するよう頼むこともできた。望むなら金曜日は徹夜で働いて、土曜、日曜、月曜に休養をとることもできた。多くの職人が、もっと稼ぎを上げ、しばしば収入を得るよりはこのようなやり方を選んでいた。働くときと休むときを命じる雇い主は、自分以外にはいなかった。スコットランドには、家庭の外の監督者のもとで大変な苦労を強いられる仕事はあまりなかったので、最初のうちは人々は、工場労働を半ば奴隷状態であると考えた。工場での労働は、大きい自治都市の慈善救貧院で行なわれていることとあまり変わらず、貧困者が勤勉で品行方正であるように朝から晩まで働かされることと、一七九九年まで多くの労働者が雇い主の相続財産だった炭鉱と製塩所の状況を同じように苛酷なものと思っていた。

それゆえに、最も切迫した経済の必要性がなければ、このような最初の工場に多数の男たちが雇われることはまずありえないことであった。さらに一七八〇年代から一七九〇年代にかけて、ローランド地方の農業労働者の供給は、いまだ需要をそれほど上回ってはいなかったし、田舎の給料袋はまだ厚くなる一方であった。家内工業の織物は当時きわめて繁栄しており、田舎の意欲的で健全な若者は、工場よりこちらに引きつけられた。仕事を求めて工場の門をたたくのは、ひどく困窮しているハイランド人か、町の低級な仕事にあぶれてさまよう臨時雇いの労働者であったが、彼らはまったく使い物にならないことが多かった。結局は落ち着きがなく、指示に従わず、あてにならないため、雇う価値があるというよりは厄介者であった。カトリーンでは、ハイランド地方出身の新入りについて次のような記録がある。「その男はおとなしく織機に座っていられない。まるでシカを鋤《すき》にくくりつけるようなものだ」。グラスゴーのヘンリー・ホールズワスは初めて紡績工を雇おうとしたとき、同じような経験をした(7)。

したがって雇用者が、主に婦女子に労働力を求めようとしたのには十分な理由があったのである。女性と児童はあらゆる仕事をこなすことができ（それも男性より少ない手当てで）、スコットランドの伝統で、家族に依存して生きてきたせいで、家庭でいいつけに従うことに慣れていたため、仕事上の厳しい規律を受け入れやすかった。児童はとりわけ重宝された。年少のうちに雇えば苗木のようにどちらの方向にでも曲げられ、仕事で求められていることを正確に、文句を言わせることなく、すばやくこなすよう仕込むことができた。さらに（運がよければ）やがて彼らの子どもの世代が熟練工となり、その頃には工場は特異なものでも、著しく不快な環境でもなくなっていることが期待できた。

先駆者たちはそれでも十分な数の婦女子を確保する問題に直面した。最も初期の水力紡績機は、片田舎に設置され、それまでにない大きさだったので、特に難しかった。一〇年間で、ニューラナーク、カトリーン、ディーンストン、バルフロン、ブランタイア、スタンリーはそれぞれ三〇〇人から一五〇〇人の人手を雇っていたが、これらはどれもそれまでに見られなかったほど大規模な労働者の集団を形成していた。カロンの製鉄所と、レッドヒルズとワンロックヘッドの鉛鉱山だけが、一八〇〇年まではそれに匹敵する規模であった。

居住施設の現実問題を解決するため、大規模な織物工場は周囲に村落を建設せざるを得なくなった。手本にしたのは、農業変革に欠くことができないとして、改革を進める大地主がスコットランド内の私有地につくった地域社会である。住宅は、しっかりした造りのこぎれいなもので、家賃は安く、庭があり、極貧の小作農が住む昔ながらの田舎家よりは概して上等であった。住居はあまり広くなかったが、村内にはレルドが設置するような多くの施設が備わっていた。工場の支配人は規律上の理由で、酒場と自治組織をつくることに難色を示した。それらは、少なくとも温情のある地主なら許すものであった。

婦女子を多く探し求めていた雇用主にとって、村の住宅に住むのに理想的なのは、健康な子どもがたくさんいる貧しい寡婦であった。ニューラナークには一七九三年に三四人、カトリーンには一八一九年に四四人の寡婦がそれぞれいたが、暖かく迎え入れると公言していたのはこれらの村の工場だけではなかった。ところが、供給が需要に達しないことは避けられなかった。主婦を呼び込むため、その夫をまず引きつける必要があったが、ほとんどの住宅には、工場主にとってなんとも荷の重い夫た違いた。夫たちを処遇するためのさまざまな解決策が取られた。運がよければ、工場の外の農場や近隣の自治都市に彼らの職を見つけることができた。企業内で、規律があまり厳しくないか、それほど屈辱的でない建築や整備の仕事に雇うこともできた。一七九五年にニューラナークでは、九〇人の石工、大工、肉体労働者が雇用期間を七年に延長して忙しく働き、八七人の機械工が機械設備の組立てや修理を行なっていた。もしくは、男たちは手織り機の織工として雇われ、会社の紡ぎ糸を家で織り上げる仕事もあった。工場の作業場には監督されていることに反感を持つ男性はほとんどいなかった。まだ男性が過剰であれば、工場は小規模の紡績部門を設けて、男性の筋力が必要な大型のジェニーやミュールを活用することもできた。これらのケースのほとんどでは、工場の規律が要求される男たちによる、少なくとも部分的な同意が欠かせなかった。また、別の仕事で得られる賃金に比べて高い賃金を支払うことが、男たちの気持ちをやわらげ、家族共々この村落にとどめておくのに必要であった。

田舎の工場のなかには多数の孤児を雇うところもあったが、スコットランドはイングランドほどその傾向は強くなかったので、ニューラナークの工場だけが大々的にそのようにしていたのかもしれない。ここではデイヴィッド・デールが一七九七年に五〇〇人の児童を住まわせることができる仮設住居を建てた。工場とそれに劣らないほど有名になった、清潔で忠実な孤児の一団を視察にくる人々もいた。彼らは見聞したことを詳細に書き記している。子どもたちは「風通しのよい部屋で、ひとつのベッドに三人で」わら布団の上にそれぞれのシーツと毛布にくるまって寝た。その共同寝室は毎週こすり洗いされ、年に二回石灰塗料を塗られた。夏には綿の服が（洗濯は二週間に一回）、冬は毛織りの上着とズボンかリンネルの服が与えられた。朝六時に起床し、合わせて一時間半の食事休憩をはさんで一三時間働き、工場内の学校で二時間勉強した。子どもたちの多くはベッド脇の箱に本を置いていた。一日に二回牛乳で煮たオートミール粥《がゆ》、昼食にスープを大麦パンとジャガイモ、パンとチーズとともに食べ、一人につき七オンス（二〇〇グラム弱）の牛肉が出る日も順番にあり、ときにはニシンも食べた。訪問者は、子どもたちの礼儀正しさと、道徳と宗教教育がしっかりしていること、健康であることに深い感銘を受けて帰った。トマス・ガーネットは施設について次のように記した――

立派な工場主が喜びに満ちている理由がここにある。たくさんの子どもたちが幸せになり、快適な暮らしをしている。その多くが幼くして病死するか、ひどい生活をし、怠惰でだめになっていたかもしれないのに……もし私がだれかをうらやむ気になるなら、このような人たちだ……デール氏をはじめ、人類のために何かをなし遂げた人々である(8)。

現代人の目からすれば、子どもを一三時間も働かせる工場が、そのような過分な賞賛に値することはとても意外である。また、デイヴィッド・デールがただ私欲のない慈善家になるために事業をしているわけではないことは明白である。だが、当時の基準では、彼の工場は田舎の水力紡績所の大半と同じく、うまく運営されていた。同じような例がスターリングシャー北部のディーンストンにあり、ジェイムズ・スミスが経営者であった。一八三三年に、かなり批判的な、行政の工場監督官が次のように論評している。「一方で親のような優しさを、他方で製造業とそれに付随した安心感の雰囲気をいやおうなく感じる」(9)。デイヴィッド・デール、ジェイムズ・スミスほかこの時代の多くの経営者は、管理の問題に徹底した一八世紀の慈善的絶対主義の精神で対処した。労働者を長時間働かせ、作業場や村落での行動に厳しい支配を徹

1825年頃のニューラナーク工場の学校。「行政長官がわれわれを上の階にある広々としたダンスホールに連れて行った。ダンスホールは毎朝午前7時ちょうどに開場する。そこでは男女合わせて80から100人、年齢は平均して10歳程度の子どもたちがパレードを繰り広げている……オーケストラが奏でる音楽に合わせ、ゆったりとしたリズムでステップを踏んでいる」

底させ、とりわけ服従、勤勉、清潔という美徳に重きを置いた。けれども、たいてい手ごろな住宅をあてがい、教師に金を払って子どもたちに少なくとも読み方を教えることで、父親のように労働者一人ひとりにやさしく接するよう努めた。彼らは実業界の大立物というよりは改革を進めるレルドに近かった。

デイヴィッド・デールは、やがてニューラナークの工場を娘婿の空想的社会主義者ロバート・オーエンにゆずった。オーエンは一八二五年まで四半世紀の長きにわたり工場を経営した。オーエンが行なった改革のほとんどは数より内容に重きを置いた。酒浸りと窃盗に対する規制を強化し、村に固有の清掃奉仕事業を発足させた。一八一六年には労働時間を一三時間から一二時間に減らした（一四時間という時期もあったが、これは自身の意思に反していたし、共同経営者の希望も入れた）。もう少し抜本的なものは、業績のよい職工には報奨金を出す制度を取り入れたことである（大方の雇用主は、能力を上げた労働者に褒美を与えるよりは、行いの悪い者に罰金を課するほうを好んだ）。工場内の学校は非常に文化的であった。一〇歳に満たない子どもは働かずに昼間の学校へ行き、一〇歳以上の子どもは夜間学校で一時間半勉強した。カリキュラムは読み方、書き方、算数、音楽、舞踊ほか、女子には裁縫、男子には軍事教練があった。これに最終的に地理、歴史、自然科学の授業が加わった。ロバート・オーエンはニューラナークで絶えず温情主義に徹し、前の世代のデイヴィッド・デールに劣らずうまく工場をとりしきった(9)。

オーエンの共同体的社会主義の理念は、当時悪評が高く、死後になって名声を得たが、厳密にいえば、施設外での応用を目指していた。一八一五年以降オーエンは、貧しい者や無職の者が自分たちで組織し所有する生産集団で働ける「協同組合の村」に関する一連の計画を提唱した。一八二五年にオーエンがアメリカに渡っているあいだ、賛同する人々がラナークシャーのオービストンにそのような生活共同体の建設を目指した。一二九〇人が参加して共同体生活を敢行し、農民、鋳物工場の作業員、印刷工、織工、裁縫師、靴屋などがそれぞれの分担で共同生産に寄与した。ところが、これは組織者同士の言い争いや資金難のため頓挫し、それから二年のうちに清算された。この計画に対するオーエンの個人的な関心は最小限の要求を満たすことだけであったらしく、ここにわずかな疑念を感じざるを得ない。オーエンは、労働者が目の前で理想郷を建設するよりは、それを机上の空論にとどめるか遠い大陸での話にとどめたほうが満足だったのではないかということである(10)。

四　都会の紡績工

一八〇〇年以降、ほとんどの糸を紡ぐようになった工業都市の状況は、必然的に田舎の初期の工場とはかなり異なっていた。雇用主は、大地主のようにふるまうことは困難であり、あまり必要がないと気づいた。労働者は、投機的な建設業者が急ごしらえし、区分割した安アパートに住むことができたので、工場の周囲に地域社会を建設する必要はなかった。また、女性と子どもは、すでに近隣に集中していた織工、一人前の職人、非熟練工など幅広い労働者階級の家庭から集めることができたので、特に工場に引きつける必要がなかった。さらに、町では雇用主が一人で道義的な影響を与えるのは無理であった。そうするためには、ほかの雇用主との協力が必要であった。教会や施設に寄付をするといった慈善目的でも、規律を強化するとか賃金体系を変更するといった産業目的でも協力した。労働者はといえば、雇い主がたった一人で行動を起こすよりも、雇用者階級が協調行動することは怪しいとにらんでいた。田舎の工場労働者は、みずからを地元や働いている工場や雇い主に近いと感じていたが、都会の工場労働者は、どの工場に勤めていても労働者同士の結びつきが強いと感じていた。そのため、町の階級闘争の材料は、紡績業の村よりはるかに燃えやすかった。

一八〇〇年頃から、都会の工場の労働力が初期の農村の工場のものとは異なるという点で見逃せないことがあった。工場の職は初期のように嫌われるものではなくなっていた。とりわけナポレオン戦争後、復員兵が戻り、ハイランド人とアイルランド人の都市への流入に拍車がかかると、過剰労働力を吸収する経済の能力には重症となり、二〇年前には考えられなかったような勢いで工場の職が求められた。これ自体が、訓練された工場労働者に、労働者階級のなかでの新たな自信と名声を与えるのに十分であった。これらの都会の工場はミュール精紡機を使っており、ミュールは水力紡績機と違い、操作に成人男子の力と技術を必要としたという事実がこれを後押しした。少年期から工場にいる熟練の男子紡績工は、ほかの職種からの転職者よりずっと好まれた。転職者は何が要求されているかを理解しないし、機械の動きに合わせて操作し続ける体力もなかったからである。工場主は熟練工を引き止めるために、進んで大きく歩み寄った。紡績工はみずから助手を選ぶことを許された。そのため、外部からの不慣れな者ではなく、自分の子どもや親類が、紡績工の直接の監督下にある糸継ぎ工や清掃係、あるいは別の部署の糸巻き係や梳綿の職に就いた。工場によっては、紡績工が代わりの職人に金を払って金曜日と土曜日にミュールを操作してもらい、週末休みを長くすることも許された。

グラスゴーの紡績工は、スコットランドで初めて事実上の労働組合を立ち上げた。前身は一八〇五年にさかのぼれるが、一八一六年まではあまり実態がなかった。その後は、一八二四年の工場閉鎖のあおりを受け、四、五年下火になったにもかかわらず、二〇年以上とぎれずに活動した。会員数は、一八二〇年代前半までと一八三〇年代に、八〇〇人前後を数えた。といっても、成人男子は多くの人数ではなかったが、工場内の数千人の親族を直接管理するのには十分で、またストライキをした場合、綿工業の相当な部分を麻痺させるに足る人数だったことは間違いない。

組合の主な目的は、賃金削減に抵抗することと、熟練工に代わり不熟練工を使う労働希釈から自分たちの職を守ることであった。どちらも、ナポレオン戦争後のデフレーションと失業状態のなかで生活を維持するには脅威であり、どちらも一八二〇年代に、熟練工の力や経験をそれほど要しない自動式ミュールが導入されたことで、ますます厳しくなっていた。このような状況で組合は、雇用主だけではなく仲間の労働者とも闘争するはめになっていた。アリソン主任判事は明らかに組合に敵対する人であったが、一八三八年の彼の見解は、それ以前に工場委員会と、息子や娘を工場に就職させたいと願う手織り機職人たちの双方が繰り返し発言していたことによってだいたい裏づけられていることである。

グラスゴー周辺での綿紡績、鋳鉄、採掘など、彼が取り上げているあらゆる職業は、禁止令で就職が制限され、すでに会員である者の息子か兄弟かなんらかの関係者でなければ、その職につけないようになっている。要するに、これは熟練労働者のあいだに復活した昔ながらの独占体質である。異なるのは、何十万人という非熟練工を締め出したのが、わずかな小売商人ではなく、何百人か何千人の熟練工だという点だ……これは、非熟練労働者である庶民に対する熟練労働者による貴族体制にすぎない。問題は、職人と雇い主のあいだにあるというよりは、職人のひとつの階級と別の階級のあいだにあると思われる(11)。

こうした見解は、強い印象を与えるように誇張されているかもしれないが、その目的を誤って伝えてはいないようである。

一八二〇年代と一八三〇年代に起きたグラスゴーの綿工業に関する労働争議は、この都市のつらい歴史のなかでさえめったに触れられないほど激しいものであった。雇用者は組合の気勢をそごうとスト破りの労働者たちを雇い、明らかにわざと暴力を挑発する目的で、組織化された紡績工たちの前を闊歩させた。雇用主のねらいは当たった。数人の非組合員が殺され、また待ち伏せされて、顔に硫酸をかけられた末に目や体に重傷を負った。あわれなメアリー・マクシャフリーもそうである。メアリーは、男たちが自動式紡績機を独占しようとしていたミュール精紡工場の女性紡績工と人違いされた。「男たちがメアリーに近づき『あんたの名前は?』と聞くと、彼女はあいまいな返答をした。彼女は男たちが下品な目的で近づいてきたのだと思ったのであろう。さらに『名前は何だ?』と聞かれても、教えなかった。すると彼らはメアリーの顔に硫酸をかけた。とうとう名前を聞くこともなく」(12)。

このような都会の綿工場の労働者は、どの程度生活が恵まれていたのであろうか。紡績工の家族は、偶然の環境に左右されることが多かった――好景気で雇用が安定しているか、一家の主人である紡績工の健康はだいじょうぶか（「成人男子の紡績工はすべて顔色が悪くやせていた」と一八三三年の医学報告書にある）、子どもたちが働けるくらい成長しているか、まだ家計の負担になるくらい幼いかどうか(13)。グラスゴーのある好調なミュール精紡工場の紡績工は、もし十代の子どもが二、三人いれば、一八二〇年代から一八三〇年代の初めにかけて、ほかの大半の都市労働者に比べて豊かな暮らしができた。そうした紡績工は自分が週一ポンド稼ぎ、子どもたちがそれぞれ稼ぐ週七、八シリングを家計の足しにしていた。借家は「階下に洗濯場」のついた安アパートの「適当な部屋と台所」にすぎなかったが、整理ダンス、テーブル、いす、マホガニーの寝台架、陶磁器が並んだ食器棚などりっぱな家具が所狭しと置かれ、本もあった。熟練工の家族にとっては大型箱時計がステータスシンボルであり、機械の部分が質に入っていたとしても格調ある箱がそれなりの役目をしてくれた。グラスゴーの裕福な紡績工の家庭では、砂糖、紅茶、コーヒー、白パンとバターが食卓に上り、三、四日に一度は新鮮な肉を食べた。それほど生活が楽でないのは、スコットランド東部で亜麻を紡ぐ紡績工であった。たとえばカーコーディの紡績工の多くが、「少量のニシンか油脂とともに、もっぱらジャガイモ」で食いつないでいた。なかには「朝食と軽い夕食にはたいていポリッジと牛乳かビール、しっかり取る昼食にジャガイモ、カラス麦か大麦のパン、または肉のスープか野菜スープ」という者もいた(14)。

ジェイムズ・クレランドによると、一八三一年に「綿糸紡績工の賃金は一八二〇年に先立つ一〇年間は変動せず、それ以降もほとんど変わらなかった」(15)。このことは、英国の綿紡績工場の熟練工は全体として（最悪の失業状態だった年月を除き）、一八一三年以降、境遇がおおむね改善したという一般的な印象を裏づける。この年は、物価が下がり、彼らの賃金がほぼ戦時中の水準を保っていた。グラスゴーの労働者は、豊かな暮らしができるのは組合のおかげだと思うようになっていた。スコットランド東部の亜麻紡績工の賃金はそれほど高くなることはなく、労働者たちもそれほど組織化されなかった。一八三三年の賃金は綿紡績で得られる賃金のおよそ二五パーセントだったと思われる(16)。

紡績工場で働く女性はたいてい結婚と同時に、退職した。「紡績工はたいがい結婚が早い」といったのはサー・デイヴィッド・バリーである。「彼らは、一七歳から二二歳までの娘を選び、選ばれた者はすぐに工場を去る」(17)。一八三三年の調査によると、綿と亜麻の紡績工場の女性労働者のうち、三分の二が二一歳以下、四分の一が二一歳から三一歳、三一歳以上はたった八パーセントであった。男性は五七パーセントが未成年者、一七パーセントが二一歳から三一歳、四分の一が三一歳以上であった[18]。結婚した女性は子どもをたくさん産んでいた。ディーンストンやカトリーンといった村の詳細な医学報告書によると、女性一人が七、八人を産み、都市でもそれはおそらく同じであった[19]。多くの専門家は、工場労働者が大家族なのは、収入がよく、子どもたちがわりと早くから家計に貢献してくれるので、両親が子どもを持つことをためらわないということが主な理由だとしている。夫が健康でいるかぎり、妻は何不自由なく暮らせたであろうが、多くのミュール紡績工を悩ませた慢性病がはやれば、病人の妻として、ついには未亡人としての長い年月と向き合わねばならず、十代の子どもたちがありがたい支えとなった。

それでもやはり多くの点で、工場労働者の家族の生活は、他職種の労働者、特に伝統の家内工業に従事する人々の目には奇異に映ったに違いない。家で仕事をする夫の姿はなく、妻は休日以外夜明けから日没まで夫の顔を見ることがなかった。家庭のなかで、決まりきった家族関係と両親のしつけという枠組みで子どもたちを育てるのではなく、一〇歳か一一歳（それより前ではないにしても）で工場に働きに出し、やはり日中は顔を見ることがなかった。ミュール精紡工場で、児童が父親かごく近い親類のもとでじかに働くことはよくあったが、そのような場合でも親子の関係は家庭のなかとは異なっていた。子どもはほかならぬ父親が監督官の規律に従うのを見て、自身の稼ぐ力は、父親に習ったミュールの使い方ではなく、作業場で簡単な機械操作をする際に辛抱し文句をいわずに服従することで決まると悟った。これはおそらく、繊維工場の労働者の家族の絆が、ほとんどの職種に比べてゆるい理由のひとつである。中産階級の人々は、このことが不道徳な行為の数々を引き起こしていると考えた。アリソン主任判事は、工場で働く娘たちの四分の三が二〇歳前に処女を失い、売春や乱交もあながち事実無根というわけではないという率直きわまりない主張をした。このことは、当時信頼できるとして認められた、ジョン・マイルズによるダンディーの亜麻紡績工場の生活記録によって裏づけられている[20]。

中産階級の人々は、不道徳な環境や悪辣な雇い主の強欲から児童は十分に守られていないと感じた。それが、労働時間と条件を規定する最初の法律を、綿工場で働く未成年者にも適用した理由のひとつである。水力紡績工場の貧しい子どもたちだけに適用された一八〇二年の「見習い工の健康と道徳の法律」は、労働時間を一二時間に制限した。一八一九年の

1836年頃のエルギンの結婚式。人々はフォーサム・リールを踊っている

工場法は、綿紡績工場のみに適用され、九歳以下の子どもの就労を禁止し、一六歳以下の子どもは一日一二時間以上働いてはいけないことになった。柱となる法律は一八三三年の工場法で、これにより政府から有給の監督官が常勤で置かれ、工場を回って法律を徹底させた。九歳以下の子どもは、どんな種類の繊維工場でも雇ってはならず、一二歳になるまでは一日九時間以上の就労の禁止が決められた。一八三三年の工場法は、査察を初めて規定したことで初の実効ある法律だったといわれている。けれどもスコットランドでは、最も初期の法律が適用された綿紡績工場のほうが、適用されなかった亜麻紡績工場よりはるかに状態がよいと初代の工場委員たちによって指摘されたという事実が、以前の法律がまったく効果がなかったわけではないということを物語っている。

一八三三年に法律が改善される直前まで工場労働をしていた児童の環境は、どの程度悪かったのであろうか。当時、激しい討論のなかで飛び交った証拠の大半は、かなりゆがめられていたので歴史上の資料としてはほとんど役に立たないが、スコットランドの現状を報告するよう王立委員会によって任命された医師サー・デイヴィッド・バリーの調書は、偏らない回答になるよう真し努力が払われたものであった。

バリーが調査をした当時は、一〇歳前に仕事を始めた者はほとんどいなかったが、一世代前なら違っていたであろう（バリーは一人の労働者、四歳半でダンディーの亜麻紡績工場に入ったアレグザンダー・クラブを紹介された）。一八三四年の綿工業では、一万二〇〇〇人の工場労働者のうち、八歳が五人、九歳が九九人、一〇歳が四五〇人であった。亜麻紡績工場の七〇〇〇人の労働者のうち九歳未満が九人、九歳が七〇人、一〇歳が二四五人であった。両方の繊維工場を合わせても、一一歳未満は全労働者の五パーセントにすぎない。それに対し、一一歳から一六歳未満が三〇パーセント、一六歳から二一歳が二八パーセントであった。したがって、一八三〇年代の初め頃までは、幼い児童を雇うよりは若者を雇う産業が大勢を占めていた(21)。

一方で、子どもたちはすべて、九歳でも一六歳でも変わりなく、非人道的に長い時間働いていた。一二時間労働が一般的で、特にスコットランド東部では一四時間が普通であり、亜麻紡績工場で注文が殺到した際にもっと長時間労働があった例もある。ジョン・マイルズは、ダンディーの熟練工の自伝と称する本を書いた。これはほぼ虚構でありながら、世間では暗黙のうちに事実だとして受け入れられた。つまりはこれが、労働者階級の体験をもとに書かれ、著者は亜麻紡績業の実態をひどくゆがめてはいないことを示している。これはその作品の一部である。

私が紡績工場へ働きに出たのは七歳頃のこと。毎朝五時に起き、五時半に仕事を始め、九時に朝食を食べ、九時半に仕事を再開し、二時までやる。そこで昼食になり、また二時半から仕事をし、夜の七時半まで続けた。これは名ばかりの時間割であった。実際には決まった就業時間はなく、工場主や支配人は私たちをどうにでもできた。工場の時計は、朝には進められ、夜には遅らせてあった。時間を計る道具ではなく、だましと弾圧の偽装として使われていた。労働者のあいだでこれを知らぬ者はいなかったが、怖くてだれも口に出さなかった(22)。

一日二回の休憩は、労働者に食事をさせるために通常与えられていた（むろん、工場に食堂はなかったから、彼らは持参した弁当を構内で食べることが時間によって許された）。週に六日働き、日曜日以外に年にたいてい二日の休みがあった。

児童は、この過酷な労働に対し同じ年齢でほかの職について得られるより多く賃金を得ていた。一一歳の少女は綿紡績で楽に週三シリング八ペンス稼ぎ（家の賃料の二倍）、二〇歳前にそれを倍にした。少年の賃金はさらに高かった（綿紡績工場では二対一の割合で、亜麻紡績工場では三対一の割合で少女のほうが多かった）。また、仕事自体は、体に負担の少ない単純作業の繰り返しをしているかぎり、面倒なものではなかった。労働時間の長さでさえ、家内工業で手織り機を使う織工を含めほかの職人にも似た例があった。繊維工場の仕事が格別つらいのは、この長時間労働のあいだ、児童は座ることも、遊びや息抜きの休憩を取ることも、注意をそらすこともできないからである。彼らは機械の一部にならねばならなかった。サー・デイヴィッド・バリーは、最悪の特徴がこれだと嘆いた。「精神と肉体の活動を、止まることのない推進力で動く機械に無理やりぴったりとペースを合わせなければならないという宿命……蒸気機関の動きのように休みなく注意を働かせることを余儀なくされた」(23)。

このよううしてもたらされる惨めさと苦難を、ダンディーの熟練工の体験としてやはりジョン・マイルズが語っている。

ある気の毒な少年は……腕いっぱいに糸巻きを抱えて上階へ運んでいた。階段を上っているとき、一休みしようと腰をかけた。立ちっぱなしだったので、脚がはれて痛かった。じきに寝入ってしまった。睡眠をむさぼっていると、工場主がたまたま通りかかった。何の警告もなしに、頭の横に猛烈な平手打ちをくらい、あぜんとすると同時に、頭がぼうっとなった。半ば眠ったようなくらくらした状態で、ときどき操作したことのある粗繕り紡績機のところへ走った。五分もしないうちに左手が機械に巻き込まれ、指が二本つぶれた。即刻、切断しなければならなかった(24)。

児童の工場労働に対する医療行為に、サー・デイヴィッド・バリーはむろん格別の関心を持っていた。ほかで飛び交っている不安になる話で懸念するほど事態は悪くないと報告することはできた。スコットランドでの工場内の体罰は、彼の言葉によると、当時は事実上知られていなかった。一八三三年のイングランドではそれと違っていたことはたしかで、しかもスコットランドでは長年体罰を加えることが普通であった。温情あるカトリーンの工場でさえ、雇用主たちは児童を仕事に集中させるために、工場が立ち上がった頃はよくたたいたと認めている。長時間の工場労働が、実際に脚の骨の変形や出産時に異常な苦痛をともなう骨盤のゆがみをもたらしたという主張をする者もいたが、バリーは確証を得てはいない。一方で男女とも立ちっぱなしの作業のため、若いころからひどい静脈瘤を患っていると指摘した。また、児童が囲いのない伝動装置に手足を挟まれた例や、ぼろの服を機械に引きずり込まれるなどして起こったぞっとする痛ましい事故の数々を添付した。あまりに長い労働時間と睡眠不足による極度の疲労が、体全体の健康と危険に対する用心深さをむしばんでいた。

工場生活のこのような側面は印象が強く、当時の人々の論評や同情を呼び起こしたが、さらなる不幸や死は肺の病によってもたらされた。肺病は、労働者階級全体に広まっていたためそれほど注目を集めなかったが、工場の劣悪な環境と長時間労働の疲労により抵抗力が弱まった体では確実に悪化した。肺炎と気管支炎にかかる恐れは、水気の多い作業をする亜麻紡績工場で特に高かった。たとえば、ダンファームリンのジェイムズ・カークランドの工場では、一〇歳から一四歳の少女が部屋いっぱいに詰め込まれ、湿って汚れた板石の床にはだしで立って働いていた。紡錘から飛び散る水しぶきで服は濡れ、空気は悪く湿度は高いが、衛生上の予防措置は何もなく、体を洗ったり着替えたりする部屋や、食べる場所もなかった。児童は「薄汚く湿った服を引きずって歩き、みすぼらしかった」(25)。結核と珪肺症の危険性は非常に高かった。綿を打ちさばく作業や梳綿機室でのほこりまみれの仕事、熱や閉ざされた空間が原因であった。サー・デイヴィッド・バリーによると、少年のほうが少女より工場労働の過酷さに持ちこたえられず、「少年時代のふっくらした血色のよさが失われ、仕事をしていない子供に比べて青白くやせていき」、顔色の悪いやせこけた熟練工に成長した。一一歳以下で工場に入った少女たちは、十代半ばで新しい環境に慣れようとしている少女たちよりはなんとか健康で仕事をしていた。

それでも、彼の報告した最も痛ましい例は、アン・ウォードかもしれない。バリーは、亜麻紡績工たちの依頼で、この成人女子労働者に、ダンディーにあるスラムの自宅で話を聞いた。

既婚女性。子どもはいない。ひどいしゃがれ声。二五歳。梳綿機の部屋に雇われた。およそ六年前から工場の仕事をしている。九カ月前から胸に圧迫をおぼえ、今日の二時にカップ一杯ほどのどす黒い血と痰を吐いた。あえぐような苦しい呼吸で相当具合が悪い。ほかに仕事があれば工場をやめたい。田舎の施設で育った。夜は寝ると息が苦しいので、ベッドに起き上がっていなければならない。週五シリングの稼ぎ。字は書けない(26)。

この医学報告書はどう見ても注釈は必要ない。もし工場労働の一面が、大型箱時計とマホガニーのベッドを持つ成人男子の熟練工だとしたら、別の一面は、職を失うことを恐れてやめることもできずに死んでゆく、組織体制のあわれな犠牲者たちである。アン・ウォードがとうとう倒れたその日に、梳綿機室に雇われた別の少女は大喜びしたであろうことは想像にかたくない。

第一七章

産業労働力—二

一　手織機織工

手織機織工の来歴は多くの点で木綿紡績工の来歴と対照的である。産業革命期に労働者の蔑称だった木綿紡績工は、一八三〇年頃には労働者界の貴族と呼べるところまでのぼり詰めた。手織機織工は一七八〇年代から、織物の世界では最も信用され、裕福な職人層であったが、一八三〇年代には落ちぶれ果てた貧民に成り下がった。この二つの職業は産業革命の時代に隆盛をきわめた職業の衰退と没落を示す最も典型的な事例である。

しかしながら、手織機織工の仕事を昔から利益の多い職業であったとみなすのは大きな間違いである。一七六〇年頃までは、手織機織工の仕事には、注目に値することは何もなかった。毛織物取引の不振が八〇年間続き、リンネル取引が毛織物取引より一〇年ないしは二〇年前からゆるやかに上向きのきざしを見せ、手織機織工は、ようやくつつましい暮らしができるようになった。利益が出始めたのは産業化の初期に入ってからであった。リンネル織物の需要が急速に拡大していた。絹織物が一七六〇年頃、ペイズリーに導入され、たちまちペイズリーは豊かになった。続いて綿織物が始まり、その発展はたちどころに先行の産業を追い抜いた。水力紡績機、ジェニー紡機、ミュール紡績機などの発明によって、あらゆる種類の紡ぎ糸が、非常に低いコストで有り余るほど作り出されたので、工場主は織工に支払う出来高給を上げ、急いで織り上げられた布を、市場に送り出す余裕ができた。さらに、飛び梭《ひ》の発明で織工の生産性が著しく向上した。飛び梭は一七七〇年代のスコットランドで手織機に採用されるようになり、織工一人当たりの布の生産量が短期間で二倍になった。ほかにもいくつか改良が加えられたことによって、生産高はさらに拡大し、一八〇一年以後は、一定の等級のリンネル職人が取り入れたジャカード織機によって、織物の生産力は大幅に増大した。

この新たな繁栄の影響は、一八七〇年頃から顕著になる。それまでは一部の織工は依然として昔ながらの生活を営んでいた。たとえば、ストーンヘイヴン近郊のドラムリシーでは、ジョン・ダンカン（のちの著名なアマチュア植物学者）が織工見習いをしていた。この村ではすべての世帯主が機織作業場に織機を備え、広大な庭園と二から四エーカーの小農地を借りていた。農地では牛を飼い、村の牛飼いが毎朝入会地へと連れて行った(1)。父や息子ら一家の男手は機織作業に従事し、女手は今までどおり紡ぎ車で麻糸を作った。農地を耕し、夏期にムアでピートを切り出す作業は家族全員の仕事であった。だがペイズリーなど織物業が早くから盛んであった町や、グラスゴー郊外のカールトンに代表される都市近郊の織物の町では、織工は農作業をすべて取りやめ、織り糸は女の家族たちからではなく工場から仕入れて、一日中織機に向かう生活を送っていた。それでもできるだけ効率を上げようと、家族には手織機のまわりでさまざまな内職をさせていた。このような暮らしは地方では数年間続いたが、産業革命がはじまるとともに、都市部の織工は数倍にふくれあがった。木綿紡績がほぼ完全に専業となった。アンドルー・ブラウンが早くも一七九五年頃に集計したところ、綿織物産業従事する織工と見習いは三万九〇〇〇人、このほか、織機で作った織物を仕上げる手伝いをする女性と子どもが一万三〇〇〇人だった(2)。労働者数がその後もふたたび急速に上昇したことはたしかである。

織物産業がこのように大規模に発展したことにより、移民がスコットランドに殺到した。移民の出身地については、すべて明らかになっているわけではない。一八〇〇年までの移民は、のちに非常に多くなるアイルランド人やハイランド人がごく少数であったようであるが、この時期の大量の移民は、ローランド地方の農村部からはみ出した者たちであったに違いない。織物業の繁栄で、安定した織工の早婚と大家族化の傾向が進んだかもしれない。彼らは、年若くして結婚する余裕ができたことと、九歳か一〇歳の自分の子どもに織物の手伝いをさせることができることに気づいた。若者は一六歳か一七歳になるまでには、緻密な織物作りのことまですべてを習得することができたので、結婚や子どもが仕事を妨害するのではという懸念は結果的に消えていくしかないのである。

その後始まった織物産業の長い衰退期を振り返ってみると、一八世紀末は失楽園の観を呈していた。一八四五年頃の手織職工の暮らしについて、次のような記述が残っている。

かつて、織物産業にも華やかなりし時代があった。梭を動かす皆の頭上に明るい日が差し、織工の笑顔で運が向く、幸せな人々がいた。織工は週四日間労働であり、腕が立つ職人なら、仕事がはかどれば週四〇シリングが手に入った。日曜日、月曜日、火曜日はもちろん休みとなる。金ボタンがついた青色の上質なコートの袖口には、ローン地のフリルが施されている。日曜日には髪粉をふりかけて正装し、ステッキ片手に得意げに笑みを浮かべている。月曜日はきれいな室内履きで仕事場に入る。火曜日は虚勢を張って、ヴォルニーを引き合いに出して、酔っぱらう話を聞かされる。水曜日、機織りの仕事は少しずつ始まる……(3)

派手ではないにせよ、この程度のゆとりある生活が送れるほど成功していたことは『統計報告』によって裏づけられている。たとえばペイズリーにあるアビー教区の牧師は、勤勉な織工であれば週に二五から三〇シリングの収入があると述べたあと、そこそこに勤勉で几帳面な熟練労働者は、「実際にはそういう人物は例外でしかない」ものの、「周囲の田園地域の結構な収入のある農民よりかなり裕福に家族と暮らせる」とつけ加えている(4)。パースとダンディーからほぼ等間隔の距離にあるクーパー・アンガスというリンネル織物の産地の牧師が、一七九三年の状況が、四〇年前の生活環境と著しく異なっていることについて、次のように論じている。

今では、雇われている若者はほとんどみんな、イングランド産の布で仕立てたコートに帽子、ポケットに時計をしのばせて教会にやってくる。この四〇年前は、懐中時計、八日巻き時計、あるいは紅茶用のケトルはめったに見かけられなかった。現在では、このいずれかを持っていない家はほとんどなく、教区内では両方を所有している世帯が半数に及ぶだろう(5)。

織工の生活は、いうまでもなくすべてにとって上述の引用が示唆するようなばら色のものではなかったにしても、非常に興味深い文化を維持していた。このことは、熟練者の集中地で、収入が最も高く、余暇の機会が最も多いペイズリーにとりわけ当てはまる事実であった。そこの織工たちは、ゴルフ、カーリング、釣り、狩りなどのクラブに入会し、文筆や討論、政治の団体を組織していた。彼らは政治的には悪名高い急進派で、その多くは一七九〇年代には友愛党とスコットランド人統一党を支持したが、なかには織工はあまりに議論好きで、彼らの目標の達成には貢献していないとみなす者もいた。宗教面では、彼らは党派心の強い信者で、「聖書を重んじ、戒律に服し、カルヴァン派の難解な理論に精通しており、牧師たちの講話を痛烈に批判し、異端者にはことのほか厳しく、ささいな言葉遣いやたとえ話から異端者の存在を感じ取る。この点ではただ厳格な保守派であるにすぎない」(6)。織物が盛んな町にはそれぞれ独自の宗教的傾向があった。ペイズリーは反自治都市派の中心地、後にはバプテスト派の中心地となり、メソジスト派やユニテリアン派の集会も開かれた。ほかにスコットランドでの少数派の教会があった。リンネルのダマスク織り産業の発祥地であるダンファームリンも、トマス・ギレスピー牧師の救済教会の養母になっていた。グラスゴーでは分離派がきわめて強力であった。織物産業の中心地では程度の差はあるが風変わりな、独立教会派の信徒団がスコットランドのほかのどこよりも生まれやすかったのであろう。書物は知的な議論の炎をたきつける道具として、「大規模な厨房内で使える場所という場所に広まり、一日の労働が終わった夜になると、多くの人が本を求めた」(7)。書物であれば、トマス・ペインのパンフレットからトマス・ボストンの神学書まで、種類を問わずにむさぼるように読まれ、バーンズ、ゴールト、スコットといった近代スコットランドの作家だけでなく、シェイクスピア、ミルトン、バニヤン、アディソンといった英語の古典も驚くほど切望されていた。ペイズリーでは、新聞が届くと、それが仕事を中断する合図となり労働者が通りで、社説の内容について議論が済むまで仕事は後回しにされた。

織工からは、多くの分野で秀でた人物が排出したが、特に目立つのは植物学、鳥類学、彫刻、演劇のような物静かな分野であった。とりわけペイズリーの織工は、詩人としての天分が豊かであった。「ペイズリーでは、出会う人の三人に一人は詩人であると当時はいわれていた」(8)。一七九〇年代には、作詞家のロバート・タナヒル、天才抒情詩人のギャヴィン・ターンブル、バラッドと風刺詩作者でアメリカへ渡った後そこで初のすぐれた鳥類学者となったアレグザンダー・ウィルソン、彫刻家となったジェイムズ・スキャドロック、ウィルソンと同じく、政府から民衆扇動家の嫌疑をかけられたジェイムズ・パターソンとウィリアム・マクラレンはペイズリーの織工出身者であった。彼らの作品は繊細なものではなかった。それらは労働の合間に作られた、織機の激しいリズムに合わせて歌うための詞であった。作者不詳の有名なすばらしいバラッドや、アレグザンダー・ウィルソンの一部の作品を除き、機織りをテーマにしたものがほとんどないのが意外である。その大部分はバーンズの強い影響を受け、詩としてはありきたりな題材を長々と歌ったものであった。次に掲げるタナヒルの作品のように、最上のできの場合は、かなり直接に訴えかけるものもある。

聞こえるのは吹きすさぶ風のわびしい音
見えるのはただ一面の雪景色
森は丸裸で、鳥は声もなくもの悲しい
鳥たちは翼から冷たいしずくを散らして飛び
そして嘆きをうたう、いとしいジョニーのことを嘆くかのように
いまは鳥たちの冬、いまは私にとっても冬

織工は自発的に労働組合を結成するような集団ではなかった。自宅で自分なりのペースで働くため、一致団結し、共同生産を手がけて継続させていくのが困難であった。にもかかわらず、織工の繁栄、独立心、強い急進派感情によって、団結しないために生じる不利は、ある程度まで補われていた。たとえば一七七三年、ペイズリーの織工は賃金カットに抗議した。彼らは組織的なピケを張り、従来より安い賃金で絹織物や麻織物を作っていた職人に圧力をかけ、周辺の村でスト破りの織工に織物を運ばせようとする経営者を脅したりした。一七七九年には、グラスゴーの織工の暴徒がフランス産亜麻布《カンブリッグ》の輸入を許可する法案に反対してデモを行い、はなばなしい成果を上げたので、最終的に法案は撤回された。一七八七年にも、グラスゴー市内のカールトン地域で織工が暴動を起こした。明らかに賃上げ要求が原因であった。カールトンでの暴動の手段はペイズリーより過激で、織機をたたき壊し、スト破りの運んだ織物を切り裂き、かたくなに抵抗する雇用者の倉庫に押し入って、在庫品を持ち出し扉の前で焼き払った。治安判事は部下の役人とともに通りで窮地に陥り、軍隊の出動を要請した。織工三人が射殺され、治安は回復した(9)。

だが、そのような暴動は、一八一二年に起こった織工の大規模ストライキを招いた出来事と比べると、いずれも無計画

で統制に欠けていた。一九世紀最初の一〇年間に二度、スコットランドの織工はイングランドの同業者と一緒に、取引の一部について規制し、特に最低賃金も設定することを政府に請願した。一八〇三年、議会は下請作業の手段を規制し、あらゆる紛争は法のもとで定めた略式手続で解決するという二つの仲裁法案に応じたが、最低賃金を定めるという最大の要求は却下した。一八〇九年から一八一一年にかけて行われた請願も聞き届けられなかった。この時点で、取引に重大な局面が訪れる危機感が生じてきた。賃金の上昇率は戦時のインフレに追いつかなかった。その主な原因は、織工の集団に期待感を抱く部外者があふれるようになり、彼らは、織工と同じ豊かさを求めてはいるものの、労働を得るためには低賃金でもすぐに応じたことである。

議会から拒絶されたことで、一八一一年、スコットランドとイングランドの織工は、労働組合を結成する計画をたてた。スコットランド人が主導権を握ったのは、その数がイングランドを上回っていたからではなく、彼らのほうが教育水準が高く、発言力があり、技術力でも勝っていたからである。織物業の主要な地域を網羅する関連団体の同盟が結ばれた。地元の小規模委員会の代表者から成る中央委員会がスコットランドではグラスゴー、ペイズリー、パースに、イングランドではマンチェスター、ボルトン、プレストン、カーライルに、アイルランドではベルファストに設置された。代表者の会合が週に一度、グラスゴーの本部で開催された。同盟の目的は、織物産業の実質的な価値の低下を防ぐことであった。最低七年の修行期間を満了していない者が織物産業に参入することを制限し、織工一人あたりの弟子の数の上限を定め、日雇い労働者の移動を規制することによって業界への参入を制限することを狙《ねら》いとした。また、綿織物産業従事者に妥当な額の賃金を定める権限を行使できるよう、治安判事に求めた。この問題に決着をつける最初の地元機関としてグラスゴーが選ばれ、織工の賃金表を作成した。ところが雇用側が治安判事管区に異議を唱え、民事控訴院での有名な重大判例となったフルトン対マトリー裁判で、判事は、織工組合が賃金を決定する権限を行使しようとも、それは「正規」賃金のことであり、「最低」賃金のこととはみなされない。よって雇用者は、組合から提示された金額を強制的に受け入れる必要はないとの判決をくだした。織物工場の経営者は、この判決は、雇用者が賃金を自由に決定することに許可を与えたものと正式に受け止め、織工の賃金表を無視した。

この判決が、一八一二年の大ストライキの引き金になった。織工たちはアバディーンからカーライルに移動し、そのあいだグラスゴーでは「毎日を日曜日とする活動開始を提示し」、九週間にわたって最低賃金表の施行をめぐる抵抗を続けた(10)。ストにかかわる暴動はないに等しく、イングランドあるいはアイルランドの織工たちへの同調したストライキへの呼びかけはなされていなかった。イングランドのラッダイト（産業革命時代に機械を打ち壊す暴動を起こした集団）から組織的な機械破壊行動をもちかけられたが、スコットランドの織工は一蹴した。一八一三年二月、グラスゴー組合員の予想外の逮捕により、ストライキは結局中断された。ストの首謀者たちは最高法院で裁判にかけられ、有罪となり、それぞれ四カ月から一八カ月の懲役刑に処された。賃上げを実現しようとする集団に参加したことが罪に問われたのであったが、そのことが当時のスコットランド法で犯罪と断言できたかどうかについては重大な疑問が残っている(11)。厳罰に処された結果、織工組合は完全に壊滅した。

後の世代の手織機職工は、この一八一二年のストライキを業界の歴史における転換期ととらえた。織物業界はストライキ以後、長くて苦しい、中断なしの衰退期に入り、一八三〇年代までは多くの人々が生計を立てるのがやっとの状態で生活した。この時期の王立委員会で証人たちは、手織機織工の生活水準の悪化、とりわけ食事の惨めさを何度となく訴えている。

以前は、織工は朝食のテーブルに着いてお茶を飲み、食卓に毎日出されるバターやハムを食べていたのを覚えています。ところが今や、朝食といったらおかゆとバターミルク、夕食はジャガイモ、ごくたまに、ニシンか、あるいはほかの安くて質の悪い食べ物が加わります。肉で取ったスープや肉料理など、織工の家ではめったに食べられるものではありません(12)。

砂糖と紅茶の消費量は増えていた。しかしそれらは、「もっと重要な食品、たとえば肉とか、織工が購入する余裕のない食品の、安上りの代用品として使用された」。ビールの消費量は落ち、一方で蒸留酒の消費量が急増した。織工は禁欲的であるどころか、うさ晴らしに酒を飲む兆候が出てきた。「貧困がもたらす不安と心配を軽くするため、多くの場合、アルコール度数の高い蒸留酒に依存する者、特に女性が多くなったように思う」。衣服の水準もやはり落ち込みを見せ、ぼろきれをまとうのが当たり前になった。「倉庫に行くのに、隣り近所から靴を借りなければならない織工の窮状を目の当たりにした」(13)。好況時のペイズリーでは多くの者が自分の家を持つことができたが、今や織工は持家をあきらめて、最下層の共同住宅の借家人となった。市内で最もむさ苦しい地域の地下室か屋根裏部屋に身を寄せ合って暮らした。身なりがひどすぎ、きちんとした集会に出るのも気が引けるという理由で、教会にも顔を出さなくなった。一八二〇年代以降は政治活動、さらには文学および文化活動への参加も不振になった。小銭を惜しみ、子どもたちへの教育にも事欠いた。証言者によると、織工たちは、暮らしが苦しくなったとはいえ、教育費を切り詰めるほど情けないことはないと嘆いていたという。少なくとも児童労働に関する政府報告者による一八三三年の意見書を見るかぎりでは、手織機職工の子どもたちは、綿織物工場で働く者の子どもたちよりもほとんどあらゆる面ではるかに悲惨な暮らしをしていた。

自宅作業場に縦糸を上下させるハーネスつき織機を持つ織工のもとで、糸通し係として働く少年少女の仕事は、綿紡績工業のなかでも最下層に属し、最低の需要である。貧しくて見捨てられた、ぼろをまとった汚い子どもたち。何ひとつ教わらず、織工がいるかぎり働く。すなわち目が開いているあいだはずっとである。狭苦しい、じめじめした地下室で、ひとつところに、しじゅう裸足で、寒く湿った土間に立ち、一三、四時間働き続ける。週にもらうのは二シリング、親に余裕があればおかゆにありつけるが、そうでなければ塩を振ったジャガイモしか食べられない(14)。

子どもたちが地下室から逃げ出すことができたときは、工場で働くのを選んだことは不思議ではない。工場のほうが、もっとましな環境で労働時間も短く、賃金が倍になったからである。子どもが工場での働き口を得ると、父親の稼ぎをやすやすと追い越すので、親としての威厳がたちまち失せてしまうことも理解できる。「子どもたちは家を出てほかのねぐらを探すと脅します。自分たちで暮らしが成り立つと思っているのです」(15)。

手織機織工の賃金が、戦時中の絶頂期と一八三〇年代の恐慌期を比較して、実質的にどのくらい下落したのかは容易に割り出せない。理由のひとつには、紡績業の業種間で下がり方が一様でなかったことがある。たとえば、毛織物産業の場合は、大型の織機を擁する絨毯織り織工は、一八三〇年代でも週に一五から一八シリングの収入を得ていた。また、ダンファームリンの麻のダマスク織り織工は、一八二〇年代の終わり頃から景気が下り坂になり始めた。一八二八年当時の地元の歴史家は、ダンファームリンは、職人がそれでも熱心に教会に通う町であると確認している(16)。さらに、高度の技術と集中力を要する上質のモスリンやショールの精巧な模様を織る織工たちは、無地で目の粗い木綿とリンネルの織工よりはるかに高収入を得ていた。一八三九年に開催された手織機職工委員会に先立つ証言によると、ペイズリーでショールを織る成人の織工は、一八一〇年から一八一六年にかけて平均二五シリング、一八一六年から二〇年にかけては二一・九シリング、一八二一年から二五年では一八・六シリング、一八二六年から三〇年は一一・七シリングまで下落したとある。グラスゴーのギンガム織りやバンダナ織り職人の平均週賃金は、一八一〇年から一八一六年にかけて二〇・九シリングだったのが、一八一六年から二〇年にかけて一一・九シリングに急落した。さらに、一八二一年から二五年までの一〇・九シリングは、一八二六年から三〇年のあいだに七・六シリングまで下落している(17)。ほかの織工の収入はさらに低かった。織工の収入は一八一五年には週に一ポンドあったが、三〇年代には同じ仕事で週五シリングまで落ち込み、苦しい生活を送る羽目になった。一八一四年から三二年までで食費を三分の一まで削っても、バターの価格はほぼ半額、実質賃金の落ち込みはなおのこと深刻であった。

織物業界の賃金下落の原因はどこにあったのだろうか。自動織機の導入が第一の原因であったとはいいがたい。自動織機が手織機にとって重要な競争相手となるのは一八二五年頃からである。一八二九年でも手織機の生産力は機械式を上回っており、機械は無地の綿織物専用として使われていた。実際は、機械式織機が手織り織機を駆逐したどころか、低賃金で生産されるため手織機による製品の価格が下がり、機械の導入が遅れたのである。旧来の方式で非常に低価格の製品を生産できるのに、新しい機械に取って代わらせる理由があるだろうか。

最大の問題は労働力超過にあった。織物業界が当初、参入者の人気を博した理由を見つけ出すことは難しくない。一七九〇年頃から一八〇〇年頃にかけて、織工は皆の憧れの職業であった。「田舎の若者が織機を手に入れたら……二カ月働けば、私の知る限り、屋外労働者でも稼ぎ頭の、腕のいい石工と同じくらい稼げる」(18)。それにしても、収入が減少したというのに、手織り職人はなぜ増え続けたのだろうか。織物が盛んであった僻地の村は挫折したものの、織物産業の大都市はどこでも、経営の多角化もなく規模と不潔の度合いが拡大していた。最も正確な統計値によると、一八三〇年代末期のスコットランドの手織り職人の数はおよそ八万四〇〇〇人（綿織物職人の一・五倍）で、この数は一八一五年を大きく上回っていた[19]。一八四〇年以降になってようやく、手織り職人の雇用者数は下降傾向を見せ始める。

衰退する産業へこのように殺到が続いたことは、ナポレオン戦争後都市部に移住する成人男性の窮状の一兆候であった。ローランド地方の出身者であれ、ハイランド地方あるいは人口が過密状態にあったアイルランドの出身者であれ、その窮状に変わりはなかった。彼らは到着しても、都市の生活に不慣れな上、工場の規律も知らず、仕込めば仕事を確実に手早くこなせる若者を欲しがっていた工場経営者には年を取りすぎていて魅力がなかった。別の工場で働くにしても、織物以外の技量がなかった。一人前の職人として鍛えるのは無理であった。使い物になるようにするには、二〇代や三〇代で、一二歳の熱意あふれる見習いの少年たちと同じところから訓練しなければならなかったからである。その上、組合の力が強く、働こうとしても門前払いをする工場が多かった。「どの組合も余剰人員を抱えていると判断し、結束が堅く、組合員の縁者以外は閉め出され、どうしても働き口を得るには、それ相当の熱意が求められる」[20]。

それでも手織機織工になるのは非常にたやすかった。一八一一〜一二年にかけての運動が失敗した後、しかるべき条件を満たして弟子入りするという制度がなくなってしまった。ただし一部の地域、たとえばダンファームリン自治都市内では、一八二八年の末に至っても労働者は古くからのギルドが定める制限条項をそっくりそのまま保持できた。専門工が蜂起することもたびたびあったけれども、労働希釈に抵抗するのに有効な成果を上げた組合はなかった。たとえば、ガラシールズの毛織物織工は一八三九年に週一二〜一七シリングの収入を得ていたが、週にわずか六シリングの賃金で働いていたピープルズ出身の綿織物の織工を雇うことはなかった。それにまた、無地の綿織物やリンネル織物は技術を習得するのが簡単であった。数週間修行を積めば、家族全員がそれなりの布を作れるようになり、力のある男は無地の幅広の綿布を織り、妻や若年の子どもは、もっと小さい別の織機で幅の狭い布を織った。景気が落ち込むと、そのような綿織機二台を持つ手織り職人一家がますます増え、家計の崩壊を食い止めるための試みがなされた。結局、手織機で織る仕事は、家族を一緒に働かせることができたので、移住してきた織工には人気があった。工場とそこの劣悪な環境が子どもに与える影響に不安を抱いた者や、都会の不安定な暮らしに足を取られそうだと感じた者にとって、この家族と一緒に働けるという点は、大いに考慮すべき重大事であった。織物以外の職にある技術力のない職人たちは、子どもたちを工場で働かせることができないか、あるいは働かせたくないかのいずれかの理由で、織物業の衰退がひどくなっていても、個人の織工のところに奉公に出して機織りを習わせた。自伝に記された内容が信頼できるものとすれば、実は、よそ者の子どもは工場でより個人の織工の作業所でひどい仕打ちを受けていた(21)。

かつて織物業界で新たに働くことになった織工は、賃金があっというまにひどい待遇にまで低下した。小規模生産者、いわゆる「スモール・コルク」の多くが労働者を湯水のごとく使って熾烈な競争を繰り広げ、賃金を削って売値を下げているため、収入は年を追うごとに減っていった。このような組織だった賃下げには歯止めをかけられないのが普通だが、労働者はペイズリーにとどまり、最低賃金を守るよう働きかけた。だが、彼らの根本的な弱点を覆いかくすことはできなかった。「ほかの業界は……労働者が一致団結し、待遇の改善に成功している……それなのにわれわれは国中にちらばって互いに連絡も取れず、親方のいいなりになってあちこちの工房に飛ばされる」(22)。年々織工たちの年齢は上がり、転職の機会も減った上、加齢と栄養状態の悪化のせいで、かつてのようなささやかな収入を上げることもできなくなった。賃金はついに、子ども並みの額まで引き下げられてしまった。定期的に訪れる景気の停滞、また、この時期に労働者が遭遇した景気循環の底辺の閉塞状態により、織工は皆一様に貧困のどん底まで落ち込む。織工たちは、一八三〇年までには、それまで不慮の事態に備えて何がしかの金額を預けていた友愛組合と貯蓄銀行とはもはや縁が切れてしまっていた。

特に鉄道建設、鉄と石炭採掘の好況による新たな雇用に大勢の移民労働者が詰め寄せた一八四〇年代になって、織物業界の悲惨な成り行きはようやく終わりを告げた。その後の手織り産業は、貧困で疲弊し、さらには勢力を増して精巧になった機械織りの台頭で急速に衰退し、二〇年もたたないうちに忘却のかなたへと追いやられた。手織り式織物の実質的な終焉を惜しむ者といえば、業界への感傷や懐旧の情を持つ者、それに美術工芸品の好事家ぐらいのものであった。ところがその好事家すら、手織物を誤って評価していた。機械製織物はようやく手織物よりも精巧な製品が作られるようになり、産業革命は工芸品のデザインと仕上がりの質を落とすという決まりきった批判は、（ほかの製品と同様）こと織物に関しては非現実的な思い違いである。

二　炭坑夫

労働者階級で農業従事者と織工に次ぐ第三の勢力である炭坑夫は、この業界特有のさまざまな社会的および経済的環境の影響を受けた。第一に、一七九九年まで、彼らの大半は奴隷であった。スコットランド社会で同等の身分として扱われていたのはほかに製塩業者しかいない。第二に、炭坑夫の仕事は科学技術の進歩によって変わることがなかった。産業革命期全体から見て、石炭採掘業において重要な革新といえば、炭坑から排水するためと、ときに石炭を運ぶために蒸気機関が（大半の現場では一七八〇年以降に）導入されたことだけであった。一九世紀の炭坑夫は、二〇〇年前とまったく変わらぬ道具を用いて、石炭を自力で掘り取っていた。その結果、炭坑主は通常、生産量を高めるためには坑夫の数を増やすしかできなかった。そしてこのことが実行されて、ついに炭坑夫が奴隷状態から解放されることになったのである。

炭坑夫が奴隷にまで身を落とした経緯についてはすでに述べた。一七〇一年、（スコットランド人全体のなかでも）炭坑夫と製塩業者だけを排除するというスコットランドの人身保護法により、一世紀にわたる炭坑夫への法的抑圧が決定的なものとなった。その後は法の適用を確認、強化する一連の法的決定を残すのみとなった。したがって一七〇八年、八年前に親方の手から離れた炭坑夫は連れ戻され、同じ親方のもとで奴隷として働かされた。逃亡して英国海軍に入隊したからといって、炭坑への復帰を免れる道にはならなかった。というのも、ハミルトン侯爵の後見人が海軍大佐に宛て、炭坑から逃げ出したひとりの少年を連れ戻すべきだという旨の書簡を送ったところ、「親方の委任状か判事の証明書もなく、誰かの奴隷を兵役に就かせるというのは、大英帝国の法に反する行為である」との返書があったからである(23)。一七六二年に、炭坑主はみずからが所有する炭坑への労働者派遣の自由を認められ、職場の移動に異を唱える権利は労働者には与えられなくなった。一七六九年には、坑夫と坑内作業用具を借りて坑山経営に乗りだした借地人が、坑内用ポニーと同じく、坑夫たちを転々とさせる姿が見られた。一七五〇年頃、自分の働く炭坑が一時的に閉鎖されることになり、近隣の炭坑に働きに行くことになった炭坑夫六人が、苦心して文法と綴りを覚え、ロード・グレインジに宛てて書いた以下の書簡の背景には、そのような状況があったに違いない。

おそれながら申し上げます。
私どもは全員領主様のもとで働いており、領主様からいただいた仕事に進んで取り組んでおります、しかし……ロバートソン様のもと、ピンキー炭坑で働いていた頃はよかったのですが……ホームタウン公の頭、ジョン・ビレルから、パンを取り上げるといった辛い仕打ちを受け、今度はこの鉱山から離れ、ホームタウン公がバウアースタウンネスにお持ちの鉱山で働くよう命じられました。さて、労働者はこの鉱山で働くよう誓わされましたが、あそこで働けば近いうちに死んでしまうでしょう。そこで私どもは、領主様のお慈悲と良心にすがり、危険きわまりない炭坑に行かずに済むよう、ひらにお願いする次第でございます。請願者は領主様のお慈悲におすがりするばかりでございます(24)。

このようにこびへつらった調子で訴えた書簡は(ボギーのサー・ジェイムズ・ウィームズのもとで働く奴隷がみずからを「ジェイムズ様の忠実であり、最も従順な塩職人であり、これからも、しもべとして働き続ける私」と称する卑屈さに匹敵するかもしれない)(25)、体罰に対してきびしい決定権を持つ領主の心を動かした。一八四二年の英国炭坑委員会によれば、一七七〇年からロード・グレインジの炭坑で、八一歳という高齢の労働者が働かされていた。

九歳のとき、初めてプレストン・グレインジの炭坑に働きに行きました。あのとき、わしら全員がプレストン・グレインジの地主様の奴隷でした。父の時代は炭坑で仕事がなくても、紙に書いた免許状と戻るという合意がなければ、ほかの仕事にはありつけませんでした。その頃も地主や借地仲介人がわしらの働き場を選び、入札されなければ、ジャグと呼ばれる鉄の首輪をはめられて、壁にくくりつけられるか、「ぐるぐる回り」をさせられるのです。ぐるぐる回りのことはよく覚えています。両手を据えつけられた機械の台に向きあうように結びつけられ、一日中後ろ向きで走り回されるのです(26)。

炭坑夫が文字どおりの奴隷であったというのは真実ではない。アダム・スミスは次のように述べている。「彼らには奴隷には与えられなかった特権があった。生計費を差し引いた残りは自分のものとなり、労働以外の目的で売られることはなく、結婚や宗教の自由も許されていた」[27]。炭坑夫は賃金を受け取り、一七四七年のラザーグレンでは、市議会議員選挙の投票権まで与えられていた。彼らは、少なくとも理論的には、成人後に一年と一日炭坑で働くか、主人に仕える宣誓した代償に「手つけ金」を受け取るかして、自発的に奴隷になっていたことも事実であった。プレストン・グレインジの炭坑記録には、次のような記述もある。

一七四八年一二月二四日。本日からウィリアムおよびヘレン・タイツの炭坑に奉公する契約が交わされ、手つけ金として一シリング九ペンスの新しい靴を与えた。本日の間接費として計上する[28]。

子どもが洗礼時に「手つけ金」を貰うこと（法的な効力は疑わしい）や、父親が文書に署名することで子どもは奴隷にさせられた。たとえば、一七三三年に、ボギーに住むウィリアム・ケネディは「私ならびにその相続者は、サー・ジェイムズ・ウィームズの相続人および法定代理人とする人々のもと、命ある限りすべての日々を、正当にそしてありがたくも、炭鉱で働く」義務を負うという文章に署名した[29]。この最後の事例では、法の執行権があるとしても、まだ生まれてきていない世代の自由を放棄するに等しいものであった。法の明細にどう記載があっても、息子は父の跡を継ぐという意味では、実際、奴隷状態はほぼ例外なく世襲された。

ところが一八世紀でも、炭坑夫が必ずしも奴隷ではなかった時期があったようである。その証拠が高額な賃金である。炭坑主が坑夫の収入をきびしく管理すれば、炭坑夫は生きていくのがやっとの賃金しか受け取れない。ところが、炭坑夫の実質賃金はつねに農業労働者の二倍から三倍の金額を維持するとともに（伸び率に大きな変動はあったものの）、上昇傾向を示していた。一八世紀初め頃は週六シリングだった賃金が中期には八シリングを超え、一七七〇年頃には週一二～一三シリング、一七九〇年前後になると、週一五シリングを超えることもあった[30]。その上労働力に大きな流動性があったというゆるがない証拠も残っている。炭坑夫の移動は、とりわけスコットランド東部の炭坑から西部の炭坑へ流出する者が目立ち、彼らがただ単に炭坑の場所替えをしていただけとはとうてい考えられない。一七四三年に、エディンバラ地域のある炭坑主は、一週間前に通知すれば炭坑をやめる自由を与えるとして炭坑夫を募集する広告を出した。また一七五五年には、ニューカッスルの仲介業者が法律違反になる恐れをまったく考えず、グラスゴー周辺で広く炭坑夫を募集した(31)。業界に新規参入したスコットランド西部では、東部ほど奴隷扱いが普及しなかったことが大いに考えられる。炭坑夫を抑圧する労働条件の最も悪質な多くの事例がたえずスコットランド東部のファイフやロジアンで起こっていたことはきわめて注目される。産出される石炭が上質ではなく、地質の面からも作業に困難をきたすスコットランド東部の炭坑は、国内市場においてさえ、ノーサンバーランドやダーラムなど、はるかに高品質の石炭を産出する地域との熾烈な競争に直面していた。フォース川流域の炭坑主が生き残りを図るには、英国でもほかに例を見ない労働力の搾取に頼るしかなかったのである。

解放に向けて、最初に主導権を握ったのは炭坑夫たち自身であった。一七六二年、暴動が起こり、エディンバラの炭坑主は団結し、奴隷を使う体制を維持する対策を練った。一七七〇年、西インド諸島から帰国した植民開拓者によって奴隷としてファイフに連れてこられた黒人が、民事控訴院にみずからの自由を求める申し立てを起こした。この事件に要する資金は地元炭坑夫や製塩業者、農場労働者が工面した。ところが決定に至らないうちに奴隷の雇い主が亡くなると、スコットランドの黒人奴隷問題に限らない、明らかに判例となるものと考えられた事件は立ち消えになってしまった。一方、一七七二年にイングランドの法廷において、イングランドではなにびとであろうと奴隷にされてはならないという裁定が下った(32)。

このような事態にいたって、もちろん、スコットランドの炭坑主は奴隷を使用する立場を支えるのがだんだん難しくなり、発展しつつある炭坑業に人員を豊富に採用する必要性から考えた場合、奴隷を使用することが自分たちにとって経済効果があるのかさえ疑問視する雇用者が増え始めた。それゆえに一七七四年、炭坑夫と製塩業者を奴隷状態から解放する法案を議会に提出した。その法案は、「自由な国での奴隷使用の容認に対する非難をなくし」、炭坑で自発的に働きたいと望む労働者を増やすことを宣言するものであった。ところが議会が制定したのはきわめて不完全な法律であった。自由が完全に保証されるのは新規雇用者に限られ、それ以外は全員、スコットランド州裁判所に訴訟手続をすることが求められた。それでも自由が認められるまで一〇年間待つ羽目になることもあった。法の改正で利益を得た者は比較的少数で、子どもに対する手つけ金制度は相変わらず存続し、炭坑主は逃げた人を法を守ることなくいまだに起訴していた。一七九九年になってようやく、奴隷を使用する制度の最後の痕跡を無条件で排除する法案が成立した。その法でさえラナークシャーの炭坑主の代表およそ六〇〇人ほどが、彼らの訴えを議会に持ち込むよう、弁護士にそれぞれ二シリングずつ支払ったため、条項にさらなる制約が加わらずに済んだのであった(33)。

雇用者が驚いたのは、奴隷が解放されたというのに、新たな労働者がすぐに押し寄せなかったことであった。そうなるどころか、九年後にロバート・ボールドは「労働者や機械工から炭坑夫に転職しようという事例はきわめて少ない」と書き残している(34)。炭坑夫の多くは機会をとらえて軍隊に入るか、賃金が炭坑夫の半分であっても地上の仕事に就こうとしていた。ナポレオン戦争時、採炭夫の賃金は週五日労働で最高二三シリングまで上昇した。戦争が終わって部隊が解散した一八一五年以降、アイルランドからの移入者の加速と相まって、労働力不足は次第に軽減の方向へと向かった。一八二〇年代と一八三〇年代初めに産業界は急速に発展したにもかかわらず、炭坑夫は実質賃金を維持するのに苦労していた。一八一七年からは組織的な組合が多くの地方、特にエアシャー、ラナークシャー、レンフルー、ダンバートンシャーなど西部諸州に結成され、賃金引き下げを阻止する闘争を展開し、労働価格を維持する目的で生産量を制限し、一部地域では、部外者を排除するためクローズドショップ化を進めようとしていた。一方、炭坑主側はアイルランド人のスト破りの臨時労働者を雇い入れ、あからさまに応酬した。この行為は人種的および宗教的なきっかけとなり、それが一九世紀を通じてスコットランド西部の生活を荒廃させ、その影響は現在も完全になくなってはいない。一八二四年、当時ストライキが行われていたミドロージアンで、スト破りの臨時労働者の一団がひそかに待ち伏せしていた者どもに襲われ、耳を切り落とされるという恐ろしい事件が起こった(35)。労働組合が賃金下落をどのくらい阻止できるかはまた別の問題であった。証拠となるデータに矛盾があり、炭坑夫の収入を算出するのは困難なものだが、採炭夫はそうでもなかったようである。一八三〇年になると、週に一〇から一六シリングを家計に入れている。その一方で、採炭夫は二週間で八日も働いておらず、この日数は奴隷を使う制度が存在していた頃よりも短い。

しかし、炭坑社会の状況は、個人の自由と賃金高以外のことに大きく左右された。賃金の支払い方法も考慮されるべきことであった。一八世紀が終わりに近づいても、スコットランドの炭坑の多くは「ストラリー」という現物支給方法を採用しており、坑夫は、今後支払われる賃金に見合った分の必要な品物を炭坑の売店から持ち帰ることが認められていた。

ミドロージアンのギルマートン炭鉱。坑道の断面図。男性が石炭を切り出し、女性が運搬している

掛け売りの契約で当初は気前よく買い込んだが、商品の価格が不当に高かったことから、坑夫は売店にすぐさま借りを作ることになってしまった。そのため給料日には、坑夫はほとんど現金を手にすることがなかった――以前の借金は紙の上の取引だけで相殺され、新しい契約でまたしても信用買いで生計を立てることになる。このようなことで貯金はおろか安い品物を買うこともできなくなり、場合によっては退職もできなくなった。坑夫はまさに、借金の蜘蛛の巣にからめとまれたハエのようになり、クモにあたる炭坑主からせっせとウイスキーやビールを注ぎ込まれ、労働者の意欲はますます削《そ》がれていった[36]。

また、炭坑夫一家の家計の豊かさは、妻が坑内で働かなければならないかどうかによって差が出た。妻が坑内で働く習慣は、スコットランド西部では、それまで広く普及していたとしても、一八〇〇年までに完全に廃止された。こうした炭鉱に雇われていた女性は、地上職か、炭坑が馬の飼料栽培場としている畑での仕事を与えられた。結果的に炭坑夫の家庭は裕福であった。たとえば一八三三年の工場委員会の報告には、グラスゴーの炭坑夫の家屋を訪問した様子が次のように述べられている。「使いやすくきれいに掃除した部屋に松材のテーブルと椅子、箱形寝台が置いてあり、燃料は豊富で温かい食事もあり――一家の主人が仕事を終えて帰ってくると、週に二、三回、新鮮な肉料理が出ている」[37]。ダンドナルド伯爵は一七九三年を迎える間際になって、クーロスにある自分の炭坑での女性の坑内作業を廃止し、あわせて現物支給を取りやめる改革をした。彼は、炭坑の目覚ましい改善ぶりと、坑夫の自尊心について、次のように報告している（坑夫の多くが依然として奴隷待遇にあったことはいうまでもない）。

彼らは必要と思われる以上に優雅な生活を愛好していた。大半が銀の腕時計や置き時計を持ち、日曜日には絹のストッキングに、刺繍枠《タンブール》で刺繍をほどこした絹のベストといったいでたちで、髪はきれいに整え、髪粉を振っていた[38]。

アロアの炭坑主ロバート・ボールドは、坑内労働の担い手が女性から馬に変わった一八〇八年に、同様の社会的変化について報告している。「引き出しがマホガニー材の収納箱やマホガニーケースの八日巻き時計が名誉の象徴」であり、そして「このような品物を手に入れたいという思いがビール酒場への出費を切り詰める大きな動機づけとなり、よって大いにほめたたえられた」ことに彼は注目した[39]。

しかし、スコットランド東部では、ダンドナルドやボールドのような気前のいい炭坑主は、まずいなかった。この地方では既婚女性に坑内で働かせる一七世紀以来の悪習が一八四〇年以降も残っていた。夫の炭坑夫が坑道の奥底で掘った石炭を切羽まで運び、そこからは妻や娘が、急勾配の通路を上って坑口まで運んでいた。前述のボールドは、その様子を事細かに書き記している。

母親は……年長の娘たちとそれぞれが適当な形をした籠を手にして立坑を下る。籠を置くと、大量の石炭が転がり込んでくる。男ふたりがかりで背負うのが普通の重さ。娘たちは、自分の力に応じた量を持つ。母親が火を灯したろうそくをくわえて先頭に立ち、その後ろに娘たちが続く。このようにして彼女らは足どりも重く、のろのろと立坑の底を進み、階段を上り、ときには息を切らして休憩を取りながら、丘か立坑の上までたどり着く。そこには売り物の石炭が置いてある。このような労働を、ろくに休みも取らず、八時間から一〇時間続ける。過酷きわまりない労働のせいで、坑道を上りながらつらさのあまり涙を流す娘たちの姿を見るのは珍しいことではない[40]。

ボールドの計測によると、女たちは通常一度に一五〇ポンドの荷を運ぶ作業を一日に二四回繰り返すが、これは、テイ湖の岸辺からローアズ山の頂上までを一日に一回、あるいは、ポートベローからアーサーズシートの頂上までを一日に四回同じ重さの荷を持って登り降りすることに相当した。この重労働が女性たちに与える影響は言語に尽くしがたい。王立炭坑委員会が一八四二年に発表した報告には、炭坑での流産や事故などの痛ましい事例や、身体が奇形になった一八歳の少女たちの写真がふんだんに掲載されている。炭坑夫の妻は三〇歳で老人のようになってしまうのが普通といわれているが、夫のほうは実際に身体を壊してずっとひどい苦しみにさいなまれていた。大半の炭坑夫は四〇歳にならないうちに「黒唾液」を吐く珪肺症になった。

女性が坑内で働くことによって家庭はさんたんたる影響を受けた。妻は夜明け頃に家を出るため、炭坑のある地域の年老いた女性に幼い子どもたちを預け面倒を見てもらった。その女性は、「わずかな手間賃で三人から四人の子どもをいっぺんに預かり、母親のいないあいだに、エールやウイスキーを水で割ったものを飲ませたりもした」(41)。夜中にくたくたに疲れて、凍てつくように寒い家に戻った母親は、赤ん坊に乳をやり、同じく炭坑から戻ってきた自分以外の家族のために食事を作らなければならなかった。女手として家事をまかなう者がいないため、総収入は高くても、家庭は荒れ果ててしまう結果になった。そのため一八四二年にトラネントの炭坑夫は、自宅に豚やカモなど家禽類を飼い、度数の高い酒を飲みすぎて、借金まみれになる始末であった。「家事のことなどちっともわからぬ炭坑夫の娘と結婚しようと思う労働者はいなかった」のである(42)。炭坑委員会の委員たちがパスヘッドのとある世帯を視察したところ、縦一〇フィート、横一四フィートもあるかないかの空間に両親と七人の子どもたちが住み、家具といっても寝具とはとても呼べそうもない古びたベッド枠が二つと、陶器のかけらがいくつかあるだけであった。視察団は、この町では決して珍しくはない光景だと判断した。

妻が家にいる坑夫の家庭と、妻が坑内で働く家庭とのあいだの差違は、主に一九世紀に入ってからの前者の家庭の実態を描写することである程度明確になるかもしれない。一七九〇年頃から一八一〇年頃までの約二〇年間に、スコットランドの炭坑夫全体の生活水準がピークに達し、次のピークは一八五〇年まで来なかったという証拠がある。一八四二年、スコットランド中部および東部の五〇歳以上の炭坑労働者を対象に王立委員会が実施した聞き取り調査によると、若年層では、昔の炭坑夫のほうが今の同年齢で同等の体力を持つ炭坑夫よりも恵まれた食生活を送ることができたとほぼ全員が答えた。小麦粉、ベーコン、精肉、ウイスキーのいずれも価格が今より安くて消費量も多く、炭坑夫が牛一頭を飼うことができた地域もあった。ところが今、昔より安いのは衣類だけで、「腹が減っていたら、すばらしい服が安くなっても何の意味もない」との声が上がった(43)。現物支給制度の利用量増が、炭坑夫の食費の実質的な上昇を招いたのであろう。炭坑夫のだれもが抱いていたものひとつの不満は高齢になるにつれて襲ってくる極貧のみじめさであった。長老会が設けた貧困者基金からの八ペンスまたは一シリング程度が普通で、そのため一族に援助を乞うか、母親たちが立坑に降りて働いているあいだの子守りを務めるかしなければならなかった。「私と同い年の炭坑労働者が職を失えば、餓死へと追い込まれる」と、六三歳のロバート・ヤングが語っている(44)。住むところと石炭を無料で与える雇用者もいたが、それでさえ必ずもらえるという保証はなかった。

だが一八四二年の王立委員会の主な関心事は、児童労働であった。委員会が、産業革命の経済状況に端を発するものであったと判断する論拠はない。子どもたちがつねに幅広い分野で働かされていたことはわかりきっている。とはいえ、この報告書によって、子どもたちの雇用の実態が初めてはっきりと明るみに出されたのであった。

児童の労働環境については、スコットランド西部はやはりほかの地方より恵まれていた。一八歳未満の労働者は四分の一にすぎず、一三歳未満に至っては全体のわずか一〇パーセントであった。ところがロジアン地方では一八歳未満の労働者は全体の四〇パーセントで、ウェスト・ロジアンにいたっては一三歳未満の労働者は二五パーセントを下らなかった――統計は残酷な数値に光を当てる。西部では男子だけが炭坑の地下で作業することを認められた。八歳ぐらいから「トラッパー」となり、地下通路の入口を開け閉めし、石炭や労働者を通す係としての仕事をした。一〇歳になると「クォーターマン」になり、父親たちが切羽から掘り出した石炭を立坑シャフトの最低部まで運ぶ仕事を任された。石炭は（西部では）そこからさらに機械で地上に運ばれた。一六歳か一七歳までには、「スリークォーターマン」となり、自分でつるはしを振るい採炭を行った。坑内での作業時間は通常一一時間から一三時間で、勤務中の食事は一切認められなかった。業務の妨げにならない時間に、坑内で冷たい食べ物を急いで取るだけであった。

1799年、エディンバラの塩の行商人、マーガレット・スッティー。炭坑で働く少女を描いた下図と比べてみると、マーガレットがいがに大きくて重い塩を背負わされていたかがわかる

11歳のジャネット・カミング。「大きめの石炭の塊を坑道の側壁から立坑の底まで運んでいます……重さは普通50キロあります」

スコットランド東部では、少年と同じように少女も坑内作業に従事し、しかも六歳か七歳にすぎないのに仕事に出て、一日一四時間かそれ以上働いた。これほど幼い子どもが炭坑仕事ができたとはとても信じられない。フォーデル炭坑で働くマーガレット・レヴェストンは、六歳で五〇ポンドの積荷を運んでいた。シェリフホール炭坑のジェーン・ジョンソンは一五歳のとき、二〇〇ポンドの積荷を運んでいく。一一歳のジャネット・カミングは毎朝五時から夕方の五時まで働いたが、金曜日は徹夜し、土曜日の正午まで働いた。石炭を運ぶこと、それを大人の女性に混じってシャフトで坑外へ運び出すことは主に少女の仕事とされた。フォルカーク炭坑のレベッカ・シンプソンもまた一一歳のときに、姉と一緒に、一方が前で引っ張り、もう一方が後ろから押して、縄と鎖を使って荷車を引いた様子を描いている。「引っ張ることができなければ、一四歳の兄のジョージが手伝って斜面を登った」[45]台車の重さが七〇〇ポンドあり、二〇〇ヤードの傾斜の厳しい坑道を一四回登らなければならなかった。

東部の少年たちは父親の採炭作業を手伝うのが普通であったが、幼くて手伝えない少年は通気扉の開閉やエンジンの監視、ポンプの管理を担当させられた。彼らの収入は向上したわけでもなかった。一〇歳のアレグザンダー・グレイはニュー・クレイグホール炭坑での自分の仕事を、次のように描いている。

男性用便所に水がたまらないよう、立坑の底の底から水をくみ上げる仕事をしています。さっさと水をくまないとおぼれてしまいます。二週間前、水が急にたまってくみ上げられなくなり、逃げ出さなければ死ぬところでした。一緒に働いている人たちのおかげで助かりました。ぼくはいつも脚まで水につかって働いています。座って石炭を掘る大人の人たちもそうです[46]。

あらゆる種類の事故が、(子どもでも大人でも)日常茶飯事になっていた。事故についての調査や検死はまれであった。

兄ロバートは、この間の一月二一日、頭上に屋根瓦が落下し、即死しました。なきがらは実家に戻され、ひつぎに納められた後、ボネス教会の敷地内に埋葬されました。この地では前例がないため、死因について調べるためにだれも来ませんでした(47)。

炭坑夫の仕事は常軌を逸するほど残酷なものであった。トラネントの学校長の言葉を借りると、子どもたちは立坑に下ろされるとすぐさま「まったくひどい性格」に変わるだけでなく、人間として考えられる最低の無知な存在になるのであった。王立委員会は、ローンヘッドに住む一二歳の子どもたちは、エディンバラがどこにあるかも知らず、社会で最も重要な学ぶべきことと定められている宗教の知識をみじんも持ち合わせていない事実を確認した。委員会によると、炭坑夫のあいだでは、結婚は収入を増やす手段としか考えられていなかった。独身の炭坑夫は、少女を自分で稼いだ金で買って運び手として使っていた。炭坑夫の妻でも親族でもない彼女たちは「よその」担ぎ手と呼ばれた。結婚しても、妻は夫のために無償で石炭を運ぶのはもちろん、子どもも産む。このようにして生まれた子どもも五歳になると、家計を助けるための労働がはじまる。「石炭運びに女を雇うと儲けをあらかた取られてしまうので、若いときに嫁をもらった」と、石炭産業が始まったばかりの一七九一年から坑内作業に従事した炭坑夫は語っている。「子どもは石炭が運べるようになったらすぐに炭坑に下ろすので、助かる。子どもは貴重な財産だったし、今もそうだ」と、一七八二年からこの仕事を始めた別の炭坑夫も語っている(48)。外部の人たちには、炭坑夫の一家は、野蛮であてにならず、仲間意識の強い、危険な住人と思われていた。一八世紀のファイフでは、炭坑夫が、普通の住民のように聖なる土地へ埋葬されることまでも許そうとしない悪感情があった。

スコットランド東部の炭坑夫の家庭には、家族全員を最大限に働かせるという労働慣習があった。この慣習そのものは労働力不足を反映するものであったが、それはもともと地域の坑夫以外の人たちが、坑夫の奴隷状態に恐れを抱いていることから引き起こされたことであった。このようにして、坑夫の労働慣習があまりにも非道なものとなり、一方で、坑夫として働こうとする者がだれもいなくなったことから、一種の悪循環が生まれ、それが一七九九年以降まで存続した。この悪循環は一九世紀半ばに、議会が義務化した人道的改革により、最終的に断ち切られた。この改革でついに炭坑夫の生活構造が抜本的に変わり、一九世紀末までには炭坑夫が労働者階級の運動において重要な役割を果たし、あらゆる業種のなかで最も思想をはっきりと打ち出した、思慮深い団体のひとつとなった。

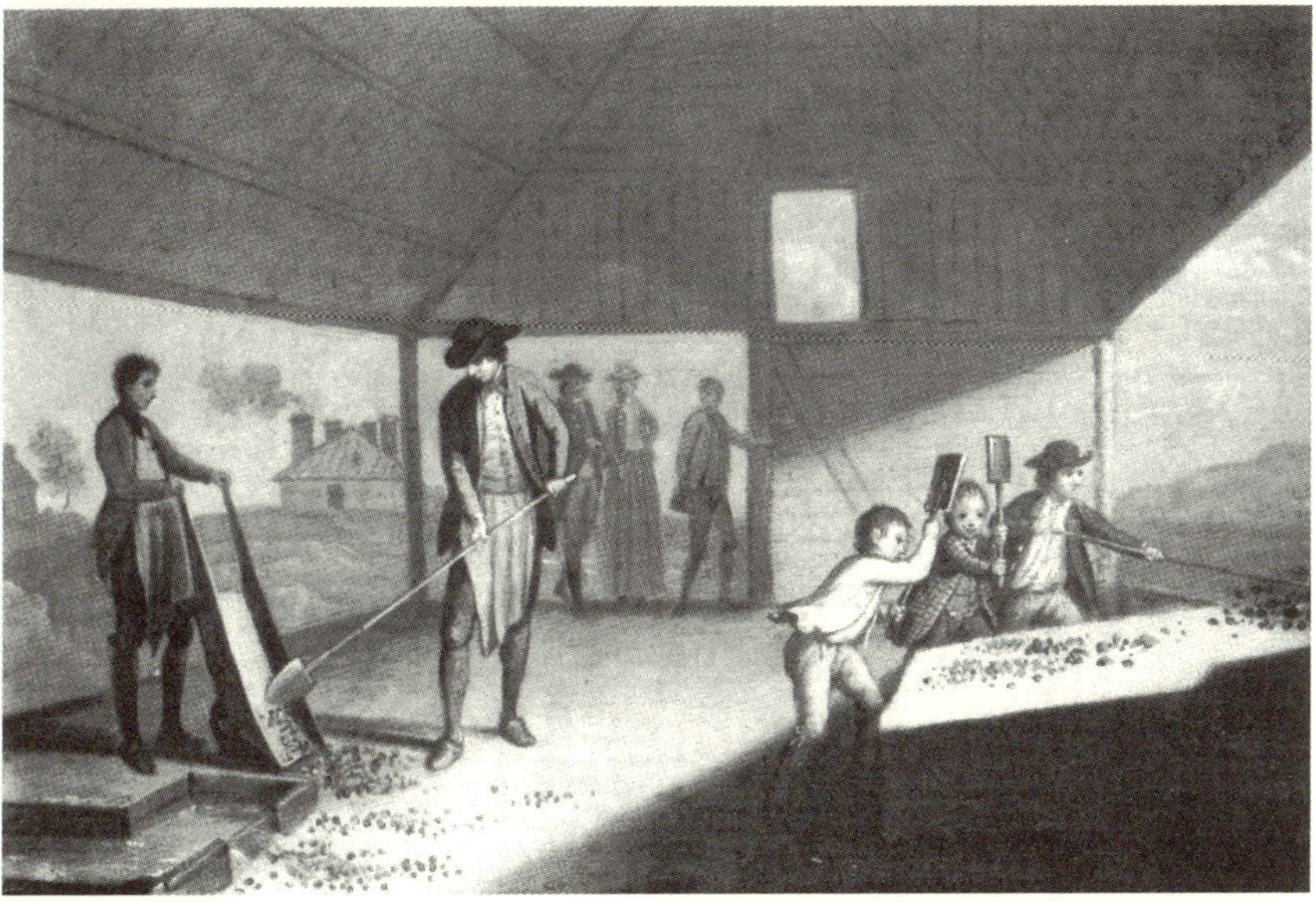

1780年頃、レッドヒルズの労働者を描いたもの。デイヴィッド・アランが描いた水彩画。下は溶鉱炉に送り込む前に鉛鉱石の塊を割る水洗選鉱小屋の少年たち。上は溶鉱炉を叩いて鉛を落としている様子。この下の絵では、この村の鉛鉱山所有者だったホープタン伯爵が伯爵夫人を連れて水洗選鉱小屋に入ろうとしている姿がみられる

三　労働者階級と労働改革運動

織工は、彼らの生活、文化、収入、伝統のいずれにおいても、坑夫とほとんど似ていなかった。また、紡織工ともあまり似ていなかった。織工とほかの工場労働者は、石工や鍛冶屋といった伝統的職業に従事する職人と共通しているところはなかった。労働者階級の多様性については、本章の一および二で示したことではまだ十分でないほど重要な実証すべき点がある。たとえば鉛山坑夫は、できればくわしく論述したかった職業のひとつである。彼らの大半がイングランドからの移民とその子孫で、小規模ながらきわめて珍しい労働者集団であった。彼らは並はずれて好意的な雇用者のもと、非常に排他的な共同体を営んでいた。教育が行き届き、しっかりとした考えを持ち、短時間労働で高収入を得て、しかも鉱山内で妻子を働かせはしない。炭坑夫よりも、むしろ織工に似た生活を送っていた。一八一五年から生活水準が急速に悪化したところも織工と似ている(49)。カロンやフォルカークなど新興の鋳造所の所在地で働く製鉄工もいた。この地域は、一八四二年に王立委員会が調査した結果、児童労働の状況が炭鉱労働者と大差ないほど劣悪だったことが判明した。カロン在住の、読み書きのできない九歳以上の少年鋳造工は、灼熱の溶鉱炉口で一日一二時間働いていた（食事休憩が二〇分）。「しばしばやけどする」状況であった(50)。繊維産業で最大の労働者集団は、ペイズリーやグラスゴーで生産される上質な綿織物に「タンブール刺繍をする」（すなわち手で刺繍作業をする）女性と子どもであった。彼らはほかの業種の労働者の妻たちで、安い手間賃で作業を請け負い、自宅で働いていた。そこで、大都市に住み、唯一の取り柄の頑丈な身体で、来る仕事を拒まずに受けていた、出身も不明な「一般労働者」の大集団について考察することがことさら興味深くなる。彼らは何人くらいいたのであろうか。彼らが仕事に就けない日がいく日くらいあったのだろうか。彼らの子供たちはどこで働いていたのだろうか。彼らは一八一〇年頃から増加していたが、その生活については驚くほど情報の少ない非熟練工の陰惨な最下層社会に属していた。

「労働者階級」という言葉は、これらのさまざまな差異の根底に共通するものがあることを示唆している。雇用者は、一七八〇年頃以降、「労働階級」や「産業階級」について言及することが増えていることから、そのことを認識しているようであった。だが、労働者本人は、さまざまな労働形態をとっていても、互いに利害が一致していることを認識していたであろうか。労働組合を通じた団結はなかった。前述した紡績工、織工、炭坑夫、また製紙産業や鋳造業などの労働者は少数の集団を形成し、雇用者と同様、労働者階級にも非難の目を向けていた。彼らは特に部外者の流入から産業を保護するために闘っていた。それは階級闘争の倫理というより、一七世紀におけるギルド制度の倫理の表れであった。

政治的形態でなんらかの連帯は存在していたであろうか。フランス革命とその余波の顛末に驚愕し、一七八九年以降にほかの諸階層が組合結成を予想し、同時に、それを恐れたのは、まさにその政治的連帯のゆえであった。実際、中産階級の作家によるパンフレットや密偵による報告書を読むと、政府の判事や役人らは、「労働者階級」は「忠実で平和的」なのか、それとも「煽動的で政府に不満を抱いている」のかと案ずる議論をしていたが、都市部の労働者は、全員一致でかつ率直な感情でまとまっているという観点から自分たちをとらえていたと容易に結論づけることができる。しかしながら、労働者が共通の利益を勝ち取るために階級闘争に参加したのだという思いを過激派運動の歴史がくみ取っていたといえるであろうか。

一八三〇年まで、スコットランドの過激派運動は二回の大きなピークを迎えた。最初は一七九二年から九四年にかけて、スコットランド公会と合同を組んだ時期で、二回めは一八二〇年前後の、いわゆる「過激派闘争」の時期である。より重要で二回のうち最初の運動が劇的であった。一七八〇年代は、選挙法改正の対策を求め、教会と国家の収賄と縁故主義による政治「管理者」が官職に任命されるのを阻止するという、穏やかな改革運動が口火を切った。だが、彼ら初期の改革者たちは主にジェントリー層の出身であり、なかにはイングランドのヨークシャーで起こった自由保有権保有者の作戦行動の影響を受けた弁護士や学者もおり、また、自治都市の改革にまず関心を抱いていた商人や、どう見ても中産階級に属すると思われる「職人」もいた。一七八九年までは、彼らより社会的階層の低い者が過激な政治意見を持つことはほとんど思いもよらないエディンバラとペイズリーの市民はロンドンの反スコットランド急進派、ジョン・ウィルクスに対するデモを実施し、一七七九年にはカトリック教徒を襲撃した。いずれの暴動も体制の哲学を揺さぶるものではなかった。

フランス革命への最初の好意的な反応を示したのもまた中産階級であった。たとえば、一七九〇年の夏に、ダンディーのホイッグ・クラブはフランスの国民議会に「専制政治、無知および迷信に対する自由と理性の勝利」という内容の文書を送っている(51)。ところがその翌年に勃発した改革運動はかつてないほどの過激な様相を呈していた。一七九一年二月、トム・ペインが『人間の権利』第一部を刊行し、第二部は一二カ月後に出版された。その書は、基本的には、普通選挙権、富の再分配および爵位の廃止を求めていた。英国の体制を痛切に批判し、フランスで起こった一連の事件については強い論調で語っていた。以前は自分が政治的動物であるとは思ってもいなかった知的階層の多くが即座に熱心な読者になったのも無理はない。一七九二年五月に政府が発売禁止命令を出すと、同書の名声と人気はますます高まっていった。エディンバラのジャーナリストは次のような文章を残している。「宣伝文が発表される前は、スコットランド北部の小さな町に、ペインの小冊子はたった一部だけ置いてあったのを知っている。ところがその町の書店主が語ったところでは、宣伝以後この三週間で七五〇部が売れたという」(52)。急進的な改革を推し進めるのは「目的を持って選ばれた総会である」とペインはこう示唆していた。一七九二年七月、エディンバラに改革のための団体が設立され、人民の友の会という名称をつけた。これはイギリスの同名の団体（ホイッグ党的な傾向が強く、会費が高かった）とは性格が異なり、むしろトマス・ハーディが前年にロンドンで設立したロンドン通信協会と相通じるところがある。スコットランド全土に人民の友の会に準ずる協会が設立され、一七九二年一二月から一七九三年一〇月までのあいだに三回の総会が開かれ、最後の第三回総会では、スコットランドはもちろん、イングランドの各地から代表者が詰めかけた。各総会とその後の騒乱により、上層中流階級は改革運動全般と人民の友の会の勢いづく集団の両方から恐れをなして撤退した。最初の総会はエディンバラの支援者一派、すなわちロード・デール（セルカーク伯爵家の相続人）やフォーデルのダルリンプル中佐から手厚い保護を受けた。事実上最も熱心な守護者だったのは、インヴァネス選出国会議員のマクラウド大佐であった。最後の総会は弁護士から完全に見捨てられ、わずか数日間ロード・デールが出席しただけで、マクラウド大佐は公然と絶縁を申し渡した。このような経緯を見ると、総会活動は時を経るにつれてプロレタリア思想が強まってきたと考えて差し支えないであろう。

だが、総会がどの程度スコットランドの労働者階級運動と呼ばれうる性格のものであったかについては、かなり疑問がある。第一回総会時に急進派の事実的指導者はトマス・ミュアというグラスゴーの雄弁かつ権力のある弁護士だったが、（一七九三年の裁判もどきの審理の末）ロード・ブラックスフィールドからオーストラリアはボタニー湾にある刑務所での禁固一四年の刑を言い渡されている。第二回総会の指導者であり、やはり有罪の運命をたどったT・F・パーマーは、ダンディー出身のユニテリアン派牧師であった。第三回総会の指導者、モーリス・マーガロットとジョウゼフ・ジェラードはイングランド代表団の一員であるが、逮捕ののち流刑となった。スコットランドの労働者階級は、どうやら指導者としての力量が著しく欠けていたようである。階級と名簿には「店主および職人」と書かれるのが普通であった。織工は間違いなく労働者運動に参加しており、ペイズリーの織工であり詩人のアレグザンダー・ウィルソンはバーンズ本人よりトマス・ペインの熱狂的信者であった。織工のほか、商店主と店員が労働者の中心的存在であった。仕立て職人、靴屋、ビール職人、パン職人、皮なめし業者、肉屋、床屋が人民の友の会の主要メンバーであった。炭坑労働者、紡績工、鋳物工場の工員、石工、蒸留所の労働者、一般労働者や農業従事者は仲間には入らなかった。

別の業界に従事する労働者階級から幅広く多大な支援を得ていたら、人民の友の会はどうなっていたであろうか。一七九二年の夏と秋、エディンバラのほか、アバディーン、パースとダンディー、ロスシャー、ピーブルズ、そしてベリックシャーのダンズ付近など、スコットランド東部の各地で暴動が勃発した。スコットランド西部はラナークで暴動があった以外は比較的穏やかであった。政府の公式見解によると、こうした暴動はすべて、「改革と現行政府や行政者への反発という普遍的といってもよい気運が工業都市一帯に驚くほどの勢いで広まった」からだと政府の公的報告書は理由づけた[53]。だが調査を進めた結果、こうした暴動の多くには政治的意図がまったくなかったことが判明する。スコットランド軍の最高司令官である、ロスシャーのロード・アダム・ゴードンは、暴徒は裏切りや反逆心で蜂起したのではないという内容の文書を私的に検事総長へ送っている。暴動は、地主が土地を牧羊場にしようとして小作人を追い出したことによる農民たちの不安の結果で「十分すぎるほど論拠のある」ことであったという。ラナークで起こった暴動は、それまで民衆に開放されていた自治都市のムアの一部が行政官によって囲い込まれたことが原因であった。ベリックシャーでは、評判が悪い有料道路をめぐる暴動が勃発した。一七九二年はとうもろこしが過去一〇年で最高値をつけ、ダンディーほか数カ所で生じたとされる騒乱は食糧不足と穀物法の不当な執行と関係している。

それでも、少なくとも都市部では、このような暴動に政治的含みがまったくなかったとは考えられていない。ロード・アダム・ゴードンが「最も危険な場所」としたパースでは、フランスがブリュッセルの町の十字路に自由の木を植樹する記念として、教会に鐘を鳴らさせ、市民の家の窓を飾るよう強制した。陽気な雰囲気は別の事件へと発展した。

アソル公爵は群衆のなかを進んだ。群衆の一部に求められ、優美そのものの公爵は、きわめて慎重に、彼らを賞賛し、「自由と平等を」と叫んだ(54)。

ダンディーでも同じ状況が見られた。「自由の木」が平和のシンボルとして利用され、「自由と平等を」のスローガンが叫ばれた。だが、人民の友の会はこうした示威行動を歓迎するどころか、リーダーシップを発揮し、躊躇せず例外なく彼らを批判した。暴動に参加した者は全員会員資格を剥奪すると脅した。その脅しと、軍隊の速やかな出動および政府が一七九三年から導入した弾圧策の成功とあいまって、北ブリテンで瞬間的に燃え上がろうとする革命の火の手は完全に消されてしまった。

一七九二年以降もさまざまな場面で非常事態や騒乱があったものの、いずれもスコットランド下層階級には団結心と政治への熱意がないことを明白にするだけであった。一七九四年、エディンバラに兵器の隠し場所が発見されるという驚くべき事態が発覚した。政府は当初、策略を明かしたのは第三回総会の委員会が人民の友の会の武装蜂起を開始するために違いないと考えた。ところが、もと政府のスパイだったロバート・ワットが自己欺瞞に陥り、単独で計画したというのがことの真相であった。ワットは反逆者としてほどなく絞首刑に処され、中世のいまわしき風習にならい、首を切られて市民のさらし者となった。一七九七年の民兵による暴動はさらに過激さを増した。デモ運動に兵士が発砲、トラネントの炭坑労働者一一人が死亡し、一二人が負傷した。エアシャーからアバディーンシャーにかけての地帯では散発的に暴動が起こったが、結果的には局地的な騒動で終わった。一九歳から二三歳までの働き盛りの若い男性を対象とした徴兵令が原因であり、もっぱら徴兵候補に挙がった男性の名が記された教会区記録を焼き払って終わった。そのため遺恨から急進的な政治と結びつくわけでもなければ、組織的な労働者階級運動に及ぶはずもなかった。スコットランド人合同は規模も小さく目立たぬ秘密組織ではあったが、毎年の議会開催と普通選挙権を要求し、一七九七年から一八〇二年まで、（自国内での蜂起に成功した）アイルランド人合同との関係を維持した。判断できるかぎりにおいて、彼らは生粋の過激なプロレタリア階級に属し、ペイズリー、パース、グラスゴー、ダンファームリンの織工から強力な支持を受けていた。リーダー格のジョージ・ミールメーカーは一七九七年一一月に逮捕され、ダンディーの織工として一四年間の流刑という通例どおりの刑が確定した。市民軍による暴動が起きた年ですら有効な行動をなんらとらなかったという決定的な失敗をした事実からも、政府の弾圧の成功と、あまり血気盛んではないスコットランド人の全般的な気質がうかがわれる。

スコットランド人合同の消滅のあと一五年間の沈黙が続いた。フランスでのナポレオン台頭で、英国の民主主義は著しく士気をくじかれた自由は無秩序を経て専制に戻るという英国の敵の古くからの主張が実現されたかに思われたからである。対ナポレオン戦争では封鎖や侵略に怖れをなし、昔ながらの愛国主義的熱情の波に乗じて、政府の支援者がほぼ一丸となって支援に回った。当時のイングランドは依然としてなんらかの政治的混乱がときおり生じており、ラッダイトの機械打ち壊しも頭の痛い問題であった。スコットランドの状況は違っていた。この時期国内で起こった大きな出来事といえば、織工たちが賃金調整を求める運動であった。ストライキは一八一二年に最高潮に達し、協力を申し出たイングランドのラッダイトなど、不満を抱えるほかの団体から産業面あるいは政治的支援を意図的に拒むのである。

平和が訪れても、政治的急進主義がふたたび勢いを吹き返す様相を呈してきた。社会改革運動家のウィリアム・コベットと、力織機の発明家、エドムンド・カートライトの兄でジャーナリストのジョン（メイジャー）・カートライトという二人の活動家が、一七七〇年代のイングランドで初めて国会改革を人民に呼びかける運動を起こし、その勢いはスコットランドの工業都市にまで及んでいた。人民の友の会と同様に、改革を求める集団が町のあちこちに起こった。一八一七年、地方各地の反動的指導者による扇動的な活動が激化し、歴史はみずから同じ道を歩み始めた。だが、ロード・ブラックスフィールドがトマス・ミュアをボタニー湾に流刑したような、かつてのいまわしい偏見は法廷からは消えていた。指導者の一人で万人救済論者《ユニバーサリスト》の牧師のニール・ダグラスは法廷で無罪判決を得た。「彼は犯罪とはいっても、摂政の宮とベルシャザルを比較するような罪状で起訴されたようなもので、多くの点でまぎれもなく無罪である」[55]。あと二人、織工のアレグザンダー・マクラーレンと商店主のトマス・ベアードは、キルマーノックで扇動的なスピーチを行ったとして起訴され、それぞれ懲役六カ月が求刑された。最後にやはり織工のトマス・マッキンレーは共謀罪に問われたが、法廷の席上、検察当局から被告は拘束者に不利な証言をするよう検事総長代理から賄賂を受けていたことが明かされ、マッキン

ロンドンへ向かう馬車に群がるグラスゴーの荒くれ者たち

レーは無罪となった。

一八一九年から二〇年にかけて、急進主義運動の第二波が訪れた。工業界が大規模な不況に見舞われ、失業者があふれ、グラスゴーやペイズリーでは暴動や大集会が起こり、国のために闘ったというのに、いつしか世を騒がす衆愚、産業のクズとして扱われる存在に逆戻りした多くの労働者たちは、おのれの憤怒をしぼり出すように訴えた。ペイズリーでの集会では、議長はフランス革命の象徴である円錐形の「自由帽」をかぶった。スコットランド東部はそれほどの騒乱は起こらなかった。ヘンリー・コウバーンは「エディンバラは墓場のように、いや、ピーブルズのように静まりかえっている」と報告している[56]。一八一九年八月、過激派の演説を静かに聴いていた群衆がマンチェスターの自作農《ヨーマン》に襲われて、一一人が殺され、負傷者が四〇〇人を超えた、いわゆる「ピータールーの虐殺」が起こり、イングランドでのデモ行進はピークを迎えた。パニックに陥った政府は暴動鎮圧のための法典、通称「六法」を通過させ、一八二〇年二月、スコットランドとイングランドで同時に、暴動を起こす策略を立てていたとの嫌疑により、グラスゴーの過激派団体のメンバー二七人を逮捕した。つづいて四月一日、グラスゴーおよび周辺都市の労働者全員が速やかにゼネストに入るよう求めるプラカードが立てられ、四月五日には、「スコットランド人は血なまぐさい無法者ばかりの烏合の衆がではないことを世界に見せつけてやる。われわれと敵対する集団が上層部にそのようなことをいい含めているが、勇敢で寛大なスコットランド人は自由になると決意」したと宣言した(57)。このプラカードの作者はまったく不明である。政府は扇動的な集団によるものと断言したが、改革運動家らは、民衆をわなにはめようとする政府のおとり捜査官のしわざだとした。公平な目で見ると、内務省の書簡に、このプラカードが当局を驚かせたというような気配がないことから、政府の見解のほうが正しいように思える。四月五日、グラスゴーの大通りは軍勢に埋め尽くされた。夕刻には過激派集団三〇〇人と騎兵隊とが短時間対峙したものの、四〇から五〇人の過激派がグラスゴーからカロンに向かって行進し、スターリングシャーの仲間と落ち合ったのち、鉄工所で銃を受け取ろうとしていた。ところがボニームアで自作農と軽騎兵の集団に行く手を阻まれ、短時間衝突の末四人が負傷した。四七人の逮捕者は騒乱罪に問われ、そのうち三人が処刑された。そのひとりがジェイムズ・ウィルソンといい、心もとないほど狭い地所を持つ織工であった。残りの大多数は、ペイズリーや他の都市の陪審員が有罪判決を下すのに消極的であったからである。騒動は国中で沈静化した。

数々のヤマ場もあった「急進派闘争」は、このように哀れを伴う結末を迎えたものの、まずこの運動は、国内に幅広く呼びかけられ、工場労働者が共通の利権を認識し始めただけではなく、呼びかけに応えて団結する段階に入ったことを示唆している。示威運動の中心はいまや産業革命の中心地であるグラスゴーやペイズリー、グリーノックなどの西部の工業都市であり、このあたりは一七九二年当時の活動を傍観していた。パースやダンディーは周辺地域として取り残されていた。第二に、ストライキへの呼びかけに対する反応はまったく見事であった。同時代人による推定では、六万人が工具を手放し、ストライキは一週間続いた。この事実は、過去にはなかった政治への急進的改革論が一歩前進した確かな証である。暴動は最後に、プロレタリア主義者が指揮するようになった。「指導者が変化するたび、低い層の労働者の意見が採用されていく。彼らは前任者と比べると知性的には劣り、向こう見ずである」と(58)、活動の内側から見守ってきたアレグザンダー・リッチモンドは語っている。その後、一八三二年の大改革法案や一八三八年から四二年まで、および一八四八年のチャーチスト運動が起こる前の転機は、時を経るにつれ特徴が顕著になり、一九世紀末まではマルキシズムによりイデオロギーが硬直化し、労働者階級の団結要求は、危機的状況はもちろん、平時でも一般的な社会的意義や政治的重要性を踏まえるようになった。

しかしながら、一八三〇年までの期間に限るかぎり、賃金労働者であり、労働者本人が生産手段を有していないならば、工場労働者を「労働者階級」の一員とみなすのは間違っているであろう。工場労働者は普段、みずからを自営労働者より大規模で意義のある集団である企業の一員とみなしていたという意味を込めて労働者階級の言葉を当てはめることはたしかに正しくない。また、多くの工場労働者が、工場主と同じように、少なくとも他の労働者から脅迫同然の処遇を受けていた状況のなかで、生活水準の維持や向上を目指して努力しているという事実を隠蔽するためにその言葉を用いることも適当ではない。同様に、工場主、判事、中流階層の著作家が、彼らの権力や財産を脅かす存在である「労働者階級」と対峙して起こす数々の活動の動機を述べるにあたって「階級闘争」という表現を使うのには意味がある。社会的に上の立場にいる側は、労働者が団結して敵意を抱くのではないかと危惧していたが、当の彼らはそのようなことをまったく考えていなかったため、労働者が抑圧されたときの反応を正当には定義しにくい。階級闘争に労働者の反発の意味が込められるようになるのは、あとになってからのことである。だが、このような社会主義を支持するのがきわめて理にかなっているとはいえ、いざ時が来ても、労働者の目を開かせるほど、「階級闘争を説く」ことはなかった。数世代前から闘ってきた状態が相変わらず続いた。社会主義をなぜもっと早く理解しなかったのが不思議でならない。。

第一八章

教育

一　序論

一八〇二年、エディンバラ・ハイスクールの教師アレグザンダー・クリスティソンは、『知識の一般的普及　北部ブリテン繁栄の一大原因』と題する著書を上梓した。彼の論旨は、一七五〇年以降のスコットランドの物質的および文化的面における驚くべき進歩は、いくつかの原因によるが（彼は、合同条約、「愛国的な君主のもたらした恩恵、英国議会の寛大な配慮、啓蒙的な政治家の努力」などをあげている）、何よりもスコットランドの教育の水準に起因するものであるとの主張であった。当時のスコットランドの教育制度は、著しく広範囲に及ぶもので、非常に自由主義的な思想に基づいており、またその応用においてきわめて普遍的であったため、彼の世代が次世代へと引き継いでゆくべき最も貴重な財産となっていた。クリスティソンは当時行われていた運動に賛同して、教師の給与を一六九六年のスコットランドの古い法令に定められた水準まで引き上げるべきであると書いている。この限りでは彼の著作は論争の種を含んだものであった。一八〇三年に制定された法律は、少なくとも部分的には長年の不平を軽減した。しかし彼の意見は、それに続く四半世紀のあいだ、何度もそのまま模倣されて繰り返された。スコットランド人が、驚異を賞賛し、それこそが教育の国民的伝統に帰すべきものであるとしたこの決定ほどひとつになったテーマを想像するのは困難である。

……スコットランド人はいま、みずからの前に広がっている工業のあらゆる分野に対して、他の追随を許さない熱意と英知に溢れている……ここ三〇年ないし四〇年のあいだにスコットランドで起こった利益をもたらす変革は、地球上のどの国においても同時に、は起こらなかった類のものであった――そしてこのことは、教育のための教育の結果として生じたあらゆる階級のすぐれた英知という原理よりほかにおいては説明し得ないことである(1)。

このやむことのない熱意の理由は、部分的には、一八〇三年の法令にもかかわらず、多くの人が依然として、伝統それ自体は、不十分な給与と、新しい町においては学校の数が不足していたという事実のためにおびやかされていたと感じていたためであった。多くのスコットランド人もまた影響を受けて、ロード・ブルームの率いる運動を支持した。ロード・ブルームは英国議会の同僚議員たちに対して、イングランドが北部ですでに行われていたような国家による教育制度を採用した場合に得られるであろう利点を力説していた。彼らはいわば全国民にらっぱを鳴らして布告を行うべき十分な理由があると感じたのであった。

このような自賛のもととなった制度は、教会がずっと支配的な立場にあった時代から継承されたものであった。カルヴァンやルターと同じく、子どもは「敬神の念を知らずに」生まれてくるという現実的な視点を持ち、教育制度とは子どもたちに「人生の諸事と来世という目標」に対して準備をさせるものであると信じていた（この言い回しは一八世紀の長老派のそれであるが）ノックスは、敬神の訓練をさせるための学習計画を規定していた。学校はすべての教区に、またすべての自治都市になければならないとされ、「少なくとも文法とラテン語を教えるべきこと」とされていた。大学は「すべての主要都市」に設立されて、少なくとも論理学、修辞学、複数の言語を教えるべきものとされていた。すべての子どもが就学し、教区学校に通う最も貧しい家庭の子どもでも、もし将来学者になる才能を示した場合には大学に進学できるように、その費用は支給されるべきものとされていた(2)。一七世紀は、枢密院の布告と、国会制定法と、自治都市の条例と、あらゆるレベルにおける教会の精力的な努力により、ノックスの企ての多くを実現させていた――監督教会派が支配していた時代は、長老派が優勢になった時代とほとんど同じくらい実績があった。教区の学校については、一八世紀に影響を及ぼす関連法は一六九六年の教区学校法であった。この法令には、学校は王国のすべての教区に建てられなければならず、教師の給与はその教区の地主と小作人の納める税から支払われなければならないと行政命令で定められていた。もし彼らがこの義務を怠れば、その地方の長老教会は州の歳出監督官に要請して、地主に強制的に債務を支払わせることができた。多くの教区が一六九六年にはすでにこれを成し遂げていたことが今日ではわかっている（三章七一頁、四六三頁を参照)。自治都市のグラマースクールについては、そのうちのいくつかは宗教改革以前に創立され、一五六〇年以降は新たな教育目的に向くよう改変された。そのほかのものは新たに創設されたものであった。一七〇〇年までには、なんらかの学校のない自治都市はきわめて少なくなっていた。それらの学校では、教師の給与は大部分が自治都市の資金によって支払われていた。エディンバラ大学とアバディーンのマーシャル・カレッジを除いた五つの大学も宗教改革以前に創立されたものであり、一五六〇年以降に刷新されていたが、一六九〇年の直後には、教会組織と教育の権威によって再び刷新されつつあった。教育が法律によって義務化されたことはなかったが、(少なくとも一六九〇年代には)聖職者と長老会が、ほとんどの親が反対できないような道徳的圧迫を行使するものになるものと考えられていた。教育費が無償になる事例はさらに少なかった。最も貧しい生徒の授業料を慈善活動によって支給し、いくらかの奨学金と、私的な、または自治都市による慈善によって補うのが、長老会の務めとなった。

確かに、一八二〇年代の国家による教育について執筆しているほとんどのスコットランド人の視点からすれば、このシステムの長所の多くはその財政的な取り決めにある。教育は無償ではない。このことはそれを慈善に近いものにするかも知れず、ひいては教育を受ける側に、それを過小評価させる結果になり得る。一方で、教育が各教区の地主の納める税金と自治都市の資金で賄われているという事実は、それが安価なものになり得ること、子どもたちがわずかな額で少なくとも初等教育は受けられることを意味した。学校を設立し、教師の給与の継続的な支払いを確保するために法律に頼り得るという事実は、スコットランドがイングランドに比べて格段にすぐれている点のひとつに数えられた。イングランドでは、すべての学校が利益を上げることを目的とする私立学校であるか、または不安定な変動を示す民間の慈善活動による寄付に頼っていた。イングランドでは、地方による必要性の大きさがどれほどであっても、誰に対しても学校を建てたり、それを維持するよう強制することはできなかった。この結果スコットランドにおいては、この制度の擁護者によれば、全人口のうちのすべての階級において、学ぶことの喜びと、どれほど生まれが貧しくとも、才能がある者すべてに出世の機会が与えられたという結実をもたらされた。これに関連して、学校において寛大にもすべての階級の子どもが混じり合って学ぶことで、社会的な緊迫状態がなくなったり、イングランドにおける場合よりも生産的に働き、急進派の騒がしい議論に終止符を打つことのできる、教養があり、知的な労働者階級が生まれた。

事実、一八二〇年代の終り頃までは、国の教育制度が、それを賞賛する者たちの思いどおりにそれまでと同じように機能しているかどうかは疑わしかった。『スコットランド、この生半可な教育国家』というのが、一八三四年にダンディーのジョージ・ルイス牧師によって書かれた本の穏やかならぬ題名である。この本では、それに先立つ一五年間のスコットランドの教育の量と質に関しての六件ほどの公的な、また私的な調査による証拠をまとめて詳述することで、その主張が実証されている。ルイスによれば、人口の五分の一ないし六分の一は六歳から一四歳のあいだに死亡するが、昼間の学校に入学するのはわずか一二人に一人だという。一八一八年にさかのぼれば、初等教育に携わる五〇八一校の学校のうち、国家のセクターによる公的資金で賄われていたのはわずか九四二校であったことが明らかになっていた。二四七九校は授業料を取る私立学校であり、二一二校は昼間の慈善学校、一四四八校は慈善による日曜学校であった。子どもたちのうち、公的資金で賄われている学校に通っていたのは、わずか五万四〇〇〇人であった（教育を受けている子どもの数の五分の一ほどであり、恐らく教育を必要としている子どもの一〇分の一ほどであっただろう）。一一万二〇〇〇人は私立学校、一万人は昼間の慈善学校、七万五〇〇〇人は日曜学校に通っていた(3)。スコットランド人の自尊心に対するさらに手痛い打撃は、一八三三〜四年にかけての政府の報告書に見られる。それによれば、ブリテン島を二分する双方の国の昼間の学校に入学する人口の割合には、取るに足らぬ差しかないことが示されていた。イングランドとウェールズにおいては、その数は九パーセント、スコットランドにおいては九・六パーセントである。もっとも、この数字には統計上の不正確さがあるかも知れないとは認められていたが(4)。これらの厳然たる数字を見るとき、工業化の結果として（最悪の記録は、予想されたとおり、大都市から出ている）、近年は広い地域において、誇りにされてきたスコットランドの伝統的な教育制度が破綻しているか、もしくは、その制度は実際にはその擁護者たちの思いどおりに機能したことはまったくないという結論を否応なく直視せざるを得ない。歴史家の責務は、これら二つの仮説のどちらがより真実に近いかを見極めることである。果たして意義のある国家的は教育制度は存在したのであろうか。もし存在したのであれば、それは一般に主張されているようなことを成し遂げたのであろうか。

二　ローランドにおける教区学校制度

一八二〇年代および一八三〇年代の研究において目を引くことは、地域間のきわめて広い格差の現われであった。ローランド地方の田舎における教育体験は、ハイランド地方の田舎におけるそれとは大きく異なっていた。都市部におけるそれはまた、その双方とは異なっていた。一六九〇年以降のスコットランドの学校の歴史は、これらの違いを初めから心に留めておかなければ、ほとんど無意味なものとなる。

ローランド地方の田舎では、教区の地主の納める税金を財源として、また教会の規律正しい監察の支配下において、すべての教区に学校をひとつずつ建てるという教育者の目標は、すでに一六九六年以前に広い地域で達成されていた。たとえば、当時ロジアンの三つの郡において、六五ある教区のうち、六一までに学校があったことが知られている。ファイフの六〇の教区のうち五七、アンガスの四四の教区のうち四二においても同様である。北東部においても、同様の基準が一七〇二年以前のアバディーン、エロン、ターリフの長老会によって達成されていた(5)。

どこでもそのように満足すべき状況であったわけではなかった。たとえば、一八世紀初頭のスターリングシャーとエアシャーにおいては、学校のあった教区の数は全体の半分にも満たなかった可能性がある(6)。一六九六年にダンフリースシャーのミドルビーの長老会からグラスゴーへ送られた報告書は、当時一一あった教区のうちの七つまでが、常任の教師がいない状態であると述べている。「これらの地域で広まっている混乱の一因が、教育の不足であることには十分気づいている」。近隣のロックマーベンの長老会は、「ごくわずかな」教師しかいないと報告している。レンフルシャーのペイズリーの長老会においても、状況はそれよりほんの少しましであった(7)。しかし、一〇〇年後の『統計報告』の時代までには、これらの格差はすべて解消されていた。法令に従って、ローランド地方の田舎のすべての教区にそれぞれ一校ずつの学校が創設されていた。おそらくこれらの地固めとなる学校建設は、当初はあるところではほかよりも早く、また地域によって後退と前進を繰り返しつつ、あるときは長老会の精力的な活動に依存して、またあるときは教区の地主の抵抗にあうなどして、少しずつ実現されたものであろう。一七〇〇年までに事実上完全な普及を成し遂げていなかった地域においても、一七六〇年までにはそれを実現させていたと信ずるべき十分な理由がある。換言すれば、ローランド地方の田舎における学校網の実現は、地方の急激な経済成長の時期に先んじており、単に時を同じくして起こったわけではないということである。

しかし、教区立学校の創設が自動的に教育の機会供給の諸問題のすべてを解決したわけではなかった。教区は、ローランド地方においてさえ、きわめて広大であることが多かった。たとえばスターリングシャーでは、標準的な広さは、縦の距離が三ないし四マイル、横幅が二ないし三マイルであった。しかしバルフロンは縦の距離が七マイル、フォールカークは六掛ける四マイル、セント・ニニアンズは一〇掛ける五・五マイルもあった。教区の真中にある学校でさえ、六歳児の脚で長時間かけて歩いて行かなければならなかった。また一七五〇年においてさえ、それぞれの教区の人口はきわめて多かった。ウェブスターの調査によれば、スターリングシャーにある二〇二の教区の平均人口は（スターリングの町を除いて）約一六〇〇であった。そのうち年齢が五歳から一二歳の子どもの数は、二五〇ほどであったものと考えられる。しかしフォールカークは、四〇〇〇近い人口を抱えていた（うち子どもの数は恐らく六五〇人ほどであろう）。またセント・ニニアンズの人口は六五〇〇に近く、そのうち一〇〇〇以上が学齢にあったと思われる(8)。

これほどの数を前にして、教区の学校制度はいかに対処できたであろうか。一七五〇年以降の八〇年のあいだに、ほとんどの教区において生徒数は一・五倍か二倍にも増えたとも思われる。ひとつの教区学校には通常一人の教師しかおらず、一九世紀以前の法律には、公的資金で賄われる学校の増加に関しても、次第に高まるニーズに直面して教師の数を増やす対策に関しても、なんの法令上の規定もなかった。一人の教師が、概してひとつの教区学校で五一〇人から六一〇人の子どもたちを相手にしなくてはならなかったようである。

この切迫した状況は、まず、その土地の当局（この場合は牧師と長老会）が子どもたちを約四年以上学校に引きとめておくことを強制するケースはほとんどなかったということを意味した。女子生徒の場合、それほど長く学校に行かせることを強制するケースは少なかった（ときにはまったく学校に通わせないケースもあった）。また、年間を通して規則正しく学校に通わせることが強要されることもなかった。ジョン・ノックスの意向からある程度逸脱してしまったことを考慮に入れても、一七五〇年以前のローランドの田舎における平均的な教区学校は、うまくいけば、少年たちの多くをその生涯の短いあいだ、通学させることができた。しかし、教区が平均より広い場合や人口が多い場合はどこでも、また人口が急激に増え初めている場合はいつでも、わずかな予算が底をついてしまった。そのような状況に陥ると、国の学校制度を補完し、制度の外見だけでも維持するために、慈善か、または民間企業による別の学校を建てなくてはならなかった。

生徒たちの支払う授業料だけに頼っている私立学校――「アドベンチャー・スクール」と呼ばれていた――に対する当局の態度は、さまざまな出来事の影響を受けて変化した。一七世紀においてさえ、大人の男女が数人の子どもに読み書きを教えるために自分たちの家庭を開放しているところが多数存在していた。そのような所では多くの子どもの親が謝礼として、進んで数ペンスを支払っていた。当然ながら長老会はその慣わしに対して懐疑的であった。あまり多くの私立学校があっては教区学校の出席率が低くなる可能性があったからでもあり、教師が無能だったり、教義上正統でなかったりすることを恐れたからでもあった。そのために彼らは、自分たちの是認しない学校を閉鎖させる権利を主張したり、しばしば実際に閉鎖させたりもした。にもかかわらず、子どもたちのすべてがひとつの学校に通えない広い教区において、アドベンチャー・スクールはその欠落を補い得ることが、早い時期からしばしば認められていた。（例をあげれば、一六九八年と一六九九年に、ロジアンのプレストンパンズにおいて）ある教師が、彼女の学校で無料で教えを受けていた貧しい生徒たち二〇人あるいはそれ以上の分の授業料を長老会から受け取るという事例すらあった(9)。アドベンチャー・スクールを教区の学校制度の補助手段として利用しようとするこの長老会の欲求は、それらを好ましからぬ競合相手として閉鎖に追い込もうとする熱意を、教会組織においてさえ、次第に凌駕するようになった。いずれにせよ、一八世紀中頃までには長老会は、アドベンチャー・スクールがその経営者の意向に沿った時と場所に設立されるのを禁止する力を事実上失っていた。教区学校の教師たちが、その地域の私立学校が彼らの利害関係に関して有害であると不平をこぼしている最後の実例は、アバディーンシャーでは一七四八年、スターリングシャーでは一七五七年、エアシャーでは一七六六年頃に見られる。これらの事例のいずれにおいても、競合相手たちに対してはなんらかの措置も取られなかったようである。

慈善による学校や教師たちは一八世紀のあいだにも現われて、教区学校の仕事を補った。ローランド地方における散発的な事例においてのみ、これらの仕事はスコットランド・キリスト教知識普及会によってなされた。この団体が成し遂げたハイランド地方の改革に関する多大な貢献については後述する。これらの多くは地主の寛大さのもたらした成果であった。一七五八年に二人めの教師を養成すべく公的な基金を創設したポルモントの地主などがその例である。「この教区の学校に常時通っている生徒の数を考えると、一人の教師がすべての子どもたちに適切で行き届いた指導をすることはきわめて困難である」[10]というのがその理由であった。女子生徒のための安上がりな学校を創ることに尽力した者もいた。読み方と同時に、糸紡ぎ、裁縫、編み物なども習うことのできる学校である。アドベンチャー・スクールに比べればその重要性は劣るものの、地方の教区学校制度を補完する学校であるという点では有用であった。

教育史家はときに、ほとんど例外なくあまり適格者であるとはいえない教師や、教区学校に比べて低い教育規範しか持たないアドベンチャー・スクールが出現し、増加してきたことを嘆いてきた。しかしそれらはある意味で、教会と教区学校の教師たちが教育は必要なものだと農民たちを説得した結果、ある程度おさめることのできた成功であった。教区学校が遠すぎたり満員だったりした地域でも、子どもたちに読み書きを教えてもらいたいと希望する親の数は次第に増えていった。それらの人々はより手近にある私立学校で授けられる教育に対して、進んで授業料を払った。アドベンチャー・スクールの急増がなかったら、ひとたびかき立てられた学ぶことへの欲求が、人口の増加という難局にあって満たされたとは考えられないのである。これらの状況において、ローランド地方の教区学校とアドベンチャー・スクールはひとつの田園社会を維持していくことができた。そこではほとんどすべての人間が、一八三〇年以前に続いて起こった人口統計上および経済的な変化にもかかわらず、早くて一八世紀中頃から読み書きができたようである。それは、イングランドではもちろん同時代には起こることのなかった、そしてプロイセン、スイスの一部、アメリカ合衆国の二、三の清教徒入植地を別にすれば、恐らく世界中のほとんどどの地域でも達成されることのなかった偉業であった。

一八世紀の田舎の学校における教育とはどのようなものだったのであろうか。アドベンチャー・スクールについては、通常その記録が残っていないために、当然ながらほかの学校ほど多くを知ることはできない。しかし、各教区の教育事情に関する一八二六年の国会への報告書は、実質的にすべての学校が、英語の読み方に加えて、書き方と算数を教えていることを報告している。だが、ラテン語、数学、簿記、その他の科目を教えている学校は例外的である[11]。アドベンチャー・スクールのカリキュラムは幅の狭いものであり、教区学校に比べれば資格の点でより劣る教師によって教えられていたことは明らかであるが、その基準は決して取るに足らぬものではなかった。たとえばジョン・マードックは、一七六五年にエアシャーのアロウェイ教区にアドベンチャー・スクールを開設し、ロバート・バーンズに読み書きを教えて、誰の目から見てもすばらしい成果をあげた。アバディーンシャーの靴直し職人で詩人でもあったジェイムズ・ビーティは、六〇年以上にもわたってオホターレス教区で授業料を受け取らずに教え、多数の生徒たちが感謝の念とともに彼を長くその記憶にとどめた。「その意味を考えてみなくては、いったいどうやって正しい人間になれるだろう？」と、彼は少年たちに言ったものだった(12)。

教区学校はもちろん読み方、書き方、算数を教えていたが、少なくとも一部の生徒にはラテン語を教えてきた長い伝統があった。一六九〇年にさかのぼれば、アンガスの四二校のうち四〇校、イースト・ロジアンの二〇一校のうち一九校、ファイフの五五校のうち四八校に、ラテン語の教諭資格を持つ教師がいた。一八二六年の報告書は、当時でも状況はあまり変わっていないことを示している。それはまた、一八〇三年以前には、ラテン語を教える便宜があるのが当たり前だったことを報告している(13)。一九世紀の最初の四半世紀に教区学校で教えられていたと思われる科目は、実に多数に上る。多くの学校がなんらかの種類の応用数学、または理論的な数学を教えているが、これらは算数よりはいくらか程度の高いものである。簿記、測量術、幾何学、そしてときには代数も珍しくなく、一七六〇年または一七八〇年以降、実際に学校でたまには教えられていたのである。ほかに地理、ギリシア語、フランス語の三つは最も一般的な科目であったが、これらは実際に教えられていた科目というより、教師の教諭免許状に多く載っていた科目といったほうがよい。しかし、教区学校で読み方、書き方、算数以外の科目を習っていた生徒の数は、恐らく全体から見ればきわめて少なかったと思われる。この問題に関する最初の正式な調査は、一八三二年に北東部の一二三の教区学校で実施された。名簿に載っていた七七〇〇人の生徒のうち、九六パーセントが初等英語を習っていた。五一パーセントがそれに加えて書き方（作文と習字）の授業を受けていた。三〇パーセントは算数を特別科目として習っていた。だが、ラテン語を習っていたのはわずか五パーセント、地理と「数学」を習っていたのは二パーセントであった。全体数のうちで、ギリシア語を習っていたのはわずか三六人、フランス語を習っていたのはわずか二人であった(14)。この調査結果は恐らく田園地帯においては典型的な例であって、それ以前の高い基準から下落した例ではなかったであろう。

宗教面での指導という問題もあった。一八世紀末から一九世紀初頭にかけては、道徳と宗教の教育は、すべての教区学校生活で重要な一部分を成していた。長老会は、教区の地主の協力を得て、いまだに監察を実施し、子どもたちに教理問答《カテキズム》)の試問を行っていた。聖書はいまだにすべての子どもたちの最初の読み物の一冊であり、一九世紀に入ってからかなり経っても、多くの学校において入手できる唯一の書物であった。「簡単な、そして長らく読み継がれてきた全世界の聖なる古典として、聖書は、たとえば、『救われるだけの賢さ』を持つだけにとどまらず、教養のある、洗練された、『愚かなる憶測』を超越して精神性を高められた、有能な人間を作るであろう」(15)。擁護者たちは、スコットランドの教育制度が社会秩序にとっても有益であることを強調することに熱心であった。教師たちは生徒たちにキリスト教道徳の教えを徐々に浸透させることに尽力したからである。にもかかわらず、学校がどれほどカルヴァン派信者の教えという古い伝統を実行しようと試みたように思われても、一七世紀末以来、実際にはその位置は基本的に変わってしまった。ひとつの理由は、長老会それ自体が、もはや神学的信条の微妙な問題にとりつかれている人たちで組織されたものではなくなっていたことである。彼らは神の恵みの教理を説くことより、子どもの書写を推奨することが多くなっていた。また別の理由としては、教師たち自身が一八世紀末のより自由主義的な思想の影響を受け、前時代が非常に重きを置いていたさまざまな習慣をやめたのである——たとえば、月曜日の朝の授業を、前日に行われた説教の意味や内容に関する厳しい詰問で始められるように、すべての子どもたちを日曜日には確実に教会に行かせるといったことである。一六七五年、アバディーンの長老派教会組織の大会《シノッド》は、その長老会管轄教区に、次のように指示している。

……すべての教師が生徒全員に教理問答を教えているかどうか。また、教師が生徒たちに朝晩の祈りの仕方、また食事の前後の感謝の仕方を学ばせているかどうかも確かめるように。また、罵ったり、罰当たりなことをいったり、嘘をついたり、冒瀆を口にしたりした生徒に罰を与えているかどうか。親に従わなかった生徒や、そのほかの悪徳についても同様に確かめること(16)。

この指示は、その指導下にある学校に関してほかの質問をするような手間はかけていない(教師の給与についてのひとつの質問を除いて)。アバディーンシャーの教育を専門とする歴史家は、「一七世紀のある少年が『エロン長老会議事録第一巻』を手に入れて、それに落書きをしたいという子どもじみた衝動に駆られたとしても、主イエスを畏れることが知恵のはじまりとなる」のは驚くべきことではないと述べている(17)。一七世紀末と一八世紀末の主たる違いは、後者の時代では、教会も教育を受ける者も、主イエスを畏れることはまた、知恵の終りであるに他ならないとは考えていなかったことである。

そのほかの点では、教区学校は一六九〇年から一八三〇年のあいだに、一般に予想されたほどは変わらなかったようである。この時期の初め頃、体罰は広く行われていたが、その慣習は減ったようである。トマス・サマーヴィルは一八一四年に、一七四〇年代後半のことを評して、学校の懲罰は「一般に今よりも厳しかった」と述べている。そしてその減少は、当時に比べて子どもの教育が一般的に改善したためであろうと推測している(18)。どちらの時代にも、鞭を使うことはできるだけ控えてもらいたいと訴える著述家がいた。機械的な教え方や、理解できないことをオウムのように繰り返す子どもたちに対する苦情は、何度も論題となっている。学習のプロセスへの理解を一層深めようとする、恐らく最も断固とした努力は、この時期の後半になってなされたが、それが前よりいくらかなりとも成功したかどうか知ることは困難である。

授業料は、少なくとも、一六九〇年から一八〇三年のあいだにきわめてわずかしか上がらなかった。一七九〇年代のアバディーンシャーでは、読み書きのための授業料の相場は一学期につき一シリング六ペンス、ラテン語と算数は二シリングであった。『統計報告』は、国内のほかの地域においてもこれがだいたいの相場であろうと記している。一八〇三年の法律で教師の給与額引き上げを定めてからは、授業料も五〇パーセント値上がりし、ほとんど倍額になりさえした。いずれにせよインフレの時代ではあったが、一八一三年以降、物価や給料が再び下がったときにも、授業料は従来どおり据え置かれ、教区学校教育の実質費用はナポレオン戦争以前より高いままであった。一八二六年の報告書から判断すると、アドベンチャー・スクールの授業料は、教区学校のそれとぴったり横並びであった。とはいっても、これらの学校の教師は生徒たちから受け取る授業料に完全に頼り切っており、教区学校の教師のように、教区の地主から給与を受け取ってはいなかったという違いがあった。もちろん、長老会は、子どもを学校へやるだけの経済力のない親には、いつも気前よく子どもの授業料を払うことは守っていた。そして、このことは孤児や、孤児の子どもがいるところではしばしば行われていた。だが、田舎ではほとんどの親がこうした教区の慈善に頼ることを、家族全体の品位を落とすことであると見なしており、子どもたちの授業料を払うために自分たちがかなりの負担を引き受けた。

しかし、子どもたちが畑に出て働くことで家族の収入源の一助となる機会があるときに、学校に残ることを許すだけの経済力のある親はわずかであった。特に干し草を作る時期と収穫期の出席率は非常に低かった。長期欠席という慢性化した問題もあった。「田舎の教区学校がこれ以上広範に、これ以上ひどく苦しんでいる損失はない」(19)。たとえば一八三二年に、アバディーン、バンフ、マリの各州の郡では、一年のうち六カ月のあいだ、名簿に記載されている子どもたちの半分以下しか実際には学校に行っていないと見積もられていた。名簿記載の平均数は、冬季では夏季の五〇パーセントも多くなった。子どもが入学する年齢の平均が五歳半で、卒業する年齢の平均が一五歳であったにもかかわらず、実際に出席する期間はきわめて不ぞろいであった。ある意味では、教区学校制度の成功は、田園地帯の児童労働の不完全就業状態に依存していた。これらの年齢層にもっと仕事が与えられたなら、出席する子どもの数はさらに減ったであろう。

教区学校の教師についていえば、彼らの生活水準は、田園社会のほかの人間に比べれば低かった。一八世紀には、世紀末のインフレにもかかわらず、彼らの給与からの収入も、授業料からの収入もまったく上がらないという不満が多く出た。国が一八〇三年の法律で、教師に対して支払われる給与を合法的に引き上げたあとでさえ、彼らの生活状態はほんのわずか改善しただけであった。多くの教師が、どんな田舎の職人でも一年のうちには彼らの年収以上に稼ぐだろうと不平を述べた。また多くの教師が、教区の地主から貸与された住宅について不満を述べた。その住宅は通常台所と居間の二部屋から成る小屋で、一七世紀のもっと質素だった時代であれば耐えられたかも知れないが、今では社会的な侮辱とも受け取られかねない代物であった。教師の住宅に関する典型的な感想は（一八二六年の照会に答える形で）キンカーディンシャーのストラハンで記された次の文章に表されている。

> 漆喰で仕上げてもいなければ、仮枠で天井を張ってもいない。非常に狭苦しく、耐え難いほど寒く、湿気がある。教師以外の者にはとても住めないだろう(20)。

多くの人が、教師の相対的な生活水準が落ち込むにつれ、過去のように優秀な教師を雇うことは不可能になったことを意識し、空席のある学校の教師には、大学の卒業生を任命することがより望ましいとした一七〇六年の長老派教会総会の決議を支持した。しかしそれほど低下していたのかどうかは疑わしい。一七〇六年の決議は恐らく、一八三〇年の同じ内容の決議と同程度には期待をかけた意志の表明であったのであろう。そして、教育水準の衰退は恐らく、一八世紀末とそれ以降の教師のうち、村の学校で時間を潰《つぶ》しながら、教区の牧師になれることを待ち望んでいた者はよりわずかであったという事実によって相殺される。どちらの時代においても、そのうちの一部は、副業（たとえば郵便局長や測量士になるなど）を持たずに生計を立ててゆくことが不可能であることを知った。アドベンチャー・スクールの教師はほとんどが職人、商店主、お針子などの職を持っていた。教師の職とこれらの仕事のどちらが、なんとか食べてゆくための副業であるのか指摘することは、しばしば困難であった。

もちろん、現代の基準からすれば、これらすべての制度は定見のない、不適当で不名誉なものに思われる。教え方はほとんど機械的で、教師の多くはめったやたらに鞭打ちを行い、教室はすし詰めで、生徒の出席は不規則をきわめ、学ぶべきことは少なすぎた。それでも、これらの学校によって事実成し遂げられたことは、ローランド地方における、読み書きのできる農民からなる社会の建設であった。それも単に読めるだけではなく、明らかに読むことを愛していた社会の建設であった。この証拠に、ローランド地方の農村社会からは作家が次から次へと輩出した。哲学者のジョージ・ロバートソンは、小作人や農夫が自宅に持っていた本について論じている。アレグザンダー・サマーヴィルは、農場労働者であった自分がどのようにして『アンソンの航海』やジョージ・ミラーの『自然の書』（一三章三一七頁を参照）といった、スコットランドの詩人たちの著作を借りたり買ったりすることができたのかを語っている。バーンズの最初の伝記作家は旅行者に、スコットランドに来ても驚かないようにと告げている。なぜなら——

どれほどその状態が賎しくても、南部の諸地区の農民はすべて読むことができ、一般に多かれ少なかれ書き方と算数の能力も身につけている。無骨な外見の下に……彼らは知識に対して賞賛に値する熱意を持っている……ヨーロッパのほかの国々の同じ階級の人間には一般に見られないものである(21)。

教育という刺激によって田舎の住民が、一八世紀のスコットランドに訪れた絶好の機会を最大限利用するためのツールを手に入れたのだということは、同時代の非常に多くの批評家が明らかに認めたことであるが、いまそのことに異を唱えることは難しい。そのことによって、彼らが読書好きになったり、さらに高い教育を身につけ、場合によって農業という職を捨てようとはしなかった。むしろ彼らは知的な視野を開き、それによって非合理的な慣習という精神のしこりから解放されて、農業革命を最大限に利用したのであった。元来は住民たちを「神の国」に「敬神の連邦」の市民としてふさわしい市民にする目的で作られた学校制度が、成功した物質主義的国家における先導者養成の役割を担わされるようになったというのは皮肉なことである。

三　ハイランドにおける慈善学校

地理的な、また歴史的な理由から、教区学校制度は、ハイランド境界線以北では、ローランド地方にはそれに相当するもののない大きな障害のもとに機能した。第一に、ハイランド地方のほとんどの地域は新たに国の支配圏に組み入れられたばかりであったため、土台となる学校教育のより古い伝統が存在しなかった。一七世紀の最後の四半世紀以前には、ハイランドには学校はごくわずかな数しかなく、学校へ行くことに意義を見いだすハイランド人もごくわずかな数しか存在しなかった。第二に、ハイランド人はゲール語を話したが、これは相対的にわずかな牧師や教師だけしか理解することのできなかった言語であった。ゲール語で書かれた本は事実上皆無であった。詩篇の翻訳は一六九〇年に出版されたが、新約聖書の翻訳は一七六七年まで存在しなかった。聖書の全体が出版されたのは一八〇〇年以降になってからであった。しかし、トム・ペインの著作は未熟なゲール語の翻訳で、一七九二年には入手できるようになっていたといわれている(22)。第三に、ハイランドの教区はものすごく広大であった。グレノーキーは縦の距離が六〇マイル、横幅が二四マイルあり、キルマリーは縦の距離が六〇マイル、横幅が三〇マイルあった。これらは最大級のものであるが、スターリングシャーのローランドとの境界線にあるブキャナンは一八掛ける九マイル、同じ郡のドライメンは九掛ける七マイルであった。教区がしばしば、多かれ少なかれ均等な人口分布であり、主だった村に人口が集中していないものと仮定すれば、慣例にのっとっただひとつの教区学校、すなわち教区の地主が資金を出すことを義務づけられている最低限の教区学校だけで、無学という大問題に立ち向いなんらかの成果をあげることは、ほとんど不可能であった。

それでも、スコットランド教会と教区の地主は、責任を果たすために相当の努力を払っていた。一八世紀中頃までは、ハイランドの教区の五分の一以下には、地主の税金によるなんらかの学校が存在しなかったのに、五〇年後には事実上すべての教区にそうした学校ができていたと信ずべき理由がある。その上、いくつかの教区の当局は、大きすぎる教区に一校しか学校を創設しないことは実用的ではないことに気づき、土地の実情に合わせて規則を改変した。このようにして、一七五五年のアーガイルのインヴァフーレインにおいては――

> 教区学校というものは存在しない。またそのような学校は、教区の五分の一以上が利用できるものでなかったならば、存在していなかっただろう……このゆえに、通常一年のうち六カ月のあいだだけ開いている、五校の小さな学校を創設することが実現したのである(23)。

この地域は二〇マイルの長さにわたる人口の多い海岸線を含み、そのほかの人々は高い山々に隔てられた内陸の峡谷に住んでいる教区である。このような解決方法――法律上の規定をいくつかの学校に細分化するか、または地主たちを説得して、法律で厳しく義務づけられているよりさらに多くの金を払わせ、いくつかの小さな学校を設立すること――は、その方法においては賢いやり方であった。しかし、明らかにこのうちのどの学校であってもその水準は、ローランド地方の正統的な教区学校以下になりかねないおそれがあった。ところが、一八世紀半ばを少し過ぎた頃から、官僚的な発想から、教区の地主にはひとつの学校の教師に対する給与全般を払うことだけに集中させて、教区内のそのほかの学校の負担は慈善に頼ることが決められた。

その頃までには、ハイランドは慈善学校運動の主たる目標となっていた。これは一八〇〇年代に「知識と堅い信心と高い身分の男たち」というジェントリーのグループの熱意から始まったものである(24)。このグループは、ハイランド人の無学や無知や迷信に心を痛め、また彼らの永続的なジャコバイト支持に憂慮を抱き、さらにスコットランド教会が長老派と主教派との不和をめぐって、いまだに北部では混乱の状態にある一方で、カトリックの宣教師が当時多くの改宗者を勝ちとっていたことに危機感を抱いていたのであった。一七〇〇年に、カトリック陣営はスカイ島に六人の聖職者を擁しているといわれ、グレートグレン沿いでは「ローマに向けて深刻な地すべり」があった。一七一二年にはグレンリヴェットの丘陵地帯に、教育のために外国に行くことのできない地元のジェントリーの子息のための秘密の神学校が創設された。同時に、このグループはロンドンから受け取った、イングランドのキリスト教知識普及協会の業績に関する情報に強い感銘を受けていた。この団体は一六九九年に創立され、慈善学校におけるイングランドの改革者が社会病に対する万能薬になるものという信念を抱いていた。

その結果、一七〇九年にスコットランド・キリスト教知識普及協会という団体が創立された。これはイングランドにおける同名の団体を模倣したもので、きわめて似てはいたが、組織としてはまったく別個のものであり、信条としては長老派であった。その形態は非営利的な共同資本の団体で、女王から特許を受けていた。その目的は読み方、書き方、算数、宗教の教育を授けることによって「宗教と徳行を老若を問わず教える」学校を創設することであった。ゲール語の知識は彼らが根絶すべき迷信と粗暴さの一因と見なされたので、ゲール語を使うことは一七六六年により現実的な方針が優勢になるまでは禁じていた。子どもたちは、彼らには理解できない英語で聖書を唱えさせられたことが報告されている。にもかかわらず、ほとんどすべてのハイランドの慈善学校は、英語を学ぶための学校であった。英語の読み書きができれば、子どもたちが外の世界で利益を受けることになると気づいたハイランド人自身が、ほとんどの授業を英語では行わない学校に子どもたちを通わせることに興味を失っていた。

当初から長老派教会の総会は、熱意と資金とをもってこの団体を支えていた。国は、ハノーヴァー王家の継承者への愛着心を育てることがその道徳教育の重要部分になるという理解のもとに、この団体に法的な援助と道徳的な支援を与えていた。しかし、不運にも国が直接資金を提供することはなかった。その結果、スコットランド・キリスト教知識普及協会は貧乏な団体にとどまり、一七九〇年代まではその働きに対して一年に二〇〇〇ポンド以上を受け取ることはなかった。にもかかわらず、学校の数は急速に増えていった。一七一一年までに五校、一七一五年までに二五校、一七五八年までに一七六校を下回らない学校が創設され、六五〇〇人近い生徒を教えるようになった。一八〇八年までには前世紀の中頃を上回る増加はなく、一八九校にとどまっていたが、生徒の数は倍増し、一万三〇〇〇人にのぼった。これが恐らくピークであったものと思われる。ただし、これらの学校のすべてがハイランド地方にあったわけではなかった。たとえばオークニー、ローランド地方のケイスネス、バンフ、アバディーンシャー東部、さらに一時はファイフ、エディンバラ、ボーダー地方でも、普及協会のめざましい学校設立の活動が展開されたのである。一七三八年の二度めの特許のもとで、キリスト教知識普及協会は紡績を教える学校を創設するための法的な権限も与えられた。これらの学校では読み方も教えられた。一八世紀末までにはこれらの学校が一〇〇校近くできており、約二三〇〇人の生徒（主に女子生徒）が学んでいた。

その後、慈善の熱意のたいまつはキリスト教知識普及協会からほかの団体へと手渡され始めた。辺ぴな地方の無学の歴史に危機感を抱いて、エディンバラ・ゲール協会が一八一一年に組織され、北部に学校を創設し始めた。数年のうちにはグラスゴーとインヴァネスにもゲール協会が組織された。これらの学校は通常、「移動式」になることで問題に取り組んでいく。六カ月ほどの間隔をおいて、教区内をあちらこちらへと移動し、子どもたちに読み方の初歩を教えていたのである。これらの学校はまた、きわめて真剣な道徳上の目的を持つ点でも特筆すべきものであった。それはだれの目にも、キリスト教知識普及協会のそれよりも厳格であった。一八二六年に、インヴァネス・ゲール協会がハイランド地方と島嶼部における全教育施設の概観を行った。この定義にはオークニー諸島、シェトランド諸島、およびマリ湾のすべての海岸地方も、それほど辺ぴでないハイランド地方と同様に含まれていた。その結果、ほぼ五〇〇校の学校が存在し、ほぼ二万五〇〇〇人の生徒を教えていることが判明した。そのうち三分の一は教区学校、四分の一はキリスト教知識普及協会の学校、残りの約四〇パーセントは三つのゲール協会に所属していた(25)。

このため、ハイランドの教育の全体像は、学校の数が着々と増え続ける傾向にあったという印象を与える。その増加した学校のうち慈善学校がつねに最も多くを占めていた。これに対して人口も急速に増えていたという事実も考慮しなければならない。特に依然として学校の数が少なかった辺境でその傾向が著しかった。慈善学校は懸命な努力を払ったが、一七八〇年頃以降はこの人口増加に遅れずに対応することができたかどうかは疑わしい。

慈善学校は子どもたちのためにどのようなことをしてあげたであろうか。慈善学校は道徳改革に大きな成果を上げたというのが同時代人の一般的な見解であった。道徳改革の成果として彼らが第一に評価したのは、ハイランド人が彼らの特徴的な文化的習慣を捨てるようになったことであった。マリの最初の歴史家は、一七七五年に出版された著書（ただし恐らくこれよりかなり早い時期に書かれたものらしい）に、キリスト教知識普及協会について次のように書いている。

この真に敬虔な団体のもたらした幸運な影響は、この州においてははっきりと目に見える形をとった。キリスト教の知識が増加し、異教の風習は棄て去られ、ローマ・カトリック教徒の数は減少し、政府への不満は少なくなっている。英語は広く普及したので、最も辺ぴな峡谷においても、子どもたちは英語を話している。低地地方では、インヴァエイヴォン、グレンリヴェット、ノッカンドウ、エディンカイリー、ネアン、アーダージアーなど、最近まで公式な礼拝がアイルランド語で行われていたところでも、今では牧師がこの言語を使うことはない(26)。

この昔ながらのハイランド地方の生活様式の衰退が慈善学校だけによるものと断定するのはいささか大雑把すぎるが、これらの学校が潤滑油の役割を果たし、変化をより急速にする一助となり、恐らくはその負担を和らげたものと仮定するのは道理に合ったことである。いずれにせよ、もし峡谷から強制的に移住させられたとき、農民たちが英語の知識や識字力、ローランド地方の価値観の基礎知識を持っていれば、状況はずっとよかったであろう。南部人の文化に関する知識を身につけた子どもたちは、ゲール語と故郷の峡谷の民間伝承しか知らずに移民した者たちのような、極端な経済的かつ社会的ハンディキャップに直面せずにすんだのである。

多くの人々が、一八世紀の最後の四半世紀に始まった長老派の信仰復興の一大運動もまた、慈善学校の影響によるものとした。この運動はこれまで多かれ少なかれ宗教には無関心であったハイランドのいくつかの地方に燎原の火のように広まった。ロスシャー、パースシャー北部、のちにはスカイ島などがこれらの熱心な運動の中心地となった。このことをキリスト教知識普及会とその継承者だけの功績とすることもまた、単純すぎる考え方であるが、慈善学校が開設されたことで、聖書を読んで理解できるようになったことの重要性は、一定の影響を与えたに違いない。

しかし、この運動を生み出した直接の刺激は、一部はスコットランド教会内に依然として存在している福音主義の伝統から、また一部はイングランドの福音主義者の教えから、また一部はロバートとジェイムズのホールデーン兄弟の伝道の旅からきていた。ホールデーン兄弟の「国内福音宣布教会」は一七九八年に始まったハイランドの改宗運動である。各地のゲール協会、特にインヴァネスのそれが、一八一一年以降にその運動を広めるのに一助となったが、それは彼らが運動を始める以前からすでに活発になっていた。そして心理的にこの地に鋤を入れることは、学校によってではなく、むしろハイランド地方の生活の物質的な標準が破滅的に解体したことによってなされた。人々はこの解体から逃れ、その埋め合わせとして、嵐の前の木の葉のように、極度の精神的な熱狂に走った。たとえば、一九世紀初頭のロスシャーの小作人で予言者のデイヴィッド・ロスの見た地獄のヴィジョンを考察してみよう。

天使がいった。「小作人たちをみずからの農場から追い出してしまったレルドがいる……彼は今や、蛇に噛まれ、その傷を地獄の猟犬の燃える舌に舐められるべく永遠に運命づけられている。哀れな奴だ！　彼はその束の間の心ない愉しみと放蕩のあいだ、自分のために永遠の災いの種を播いているとはほとんど考えなかったのだ！」……「あまりに恐ろしい光景で、私は見ていられません」とデイヴィッドがいった。「ああ！　この場合のように、もし地獄を受け継ぐ者として生まれてくるならば、財産のある家に生まれてくるなどとはなんと空しいことでしょうか！　貧しい家に生まれて、財産などという呪わしいものの重みに束縛されないほうがどれほどよいでしょう」[27]。

牧羊のための住民の追い出しが早い時期に始まり、特に厳しく行われたロスシャーでは、信仰復興は主に無学な平信徒に端を発し、急速に民衆のあいだで熱狂的に高まり、その状態が持続した。一八三〇年以前に大規模な追い出しのなかった、しかし恐らく学校の数はより多かったアーガイルでは、信仰復興運動の存在を明らかにするものはより少なかった。

もっと簡単に教育面から見れば、慈善学校運動の功績は何であったのであろうか。一八二〇年代に行われた調査は、一世紀以上の努力のもたらした成果がいかに不十分であったかを示している。ハイランド地方と島嶼部の四〇万人の人口のうち、人口の約五分の一は学齢期であるというのに、学校の名簿に載っているのは一六分の一ほどしかいない。一般に、八歳以上の子どものうち読むことのできるのは二分の一に過ぎなかったが、地域による格差も大きかった。ヘブリディーズ諸島、ウェスター・ロス、インヴァネスシャー西部では、一〇人のうち三人しか読むことができなかった。イースター・ロス、インヴァネスシャー東部、マリとクロマティの高地地方、サザーランド、ケイスネスでは、一〇人のうち六人が読むことができた。アーガイルとパースシャー高地地方では、一〇人のうち七人も読むことができた。ハイランド地方には含まれないが、ハイランド地方同様地理的に孤立し、散らばっている点で同じ問題を抱えているオークニー諸島とシェトランド諸島では、一〇人のうち九人までが読むことができた。ところが、それと対照的に、一七九〇年代のヘブリディーズ諸島のハリス島のある教区では、二〇人のうちたった一人しか読むことができなかったのである。三〇年後には、同じ島の状況は改善されていたが、それでも読むことができるのは二〇人中三人になっただけであった。何人が書くことと算数ができるかについては、尋ねてみる価値があると考えた者さえいなかったようである(28)。慈善学校運動の努力は立派なものであり、何もしないよりははるかによかった。だがその成果は、ローランド地方の田舎の教区学校制度のそれよりははるかに実り少ないものであった。

四　自治都市の学校と大学

スコットランドの自治都市《バラ》は、学校を設立することについては、明らかに農村地帯とまったく同じ制定法の義務のもとにあった。一六一六年の枢密院法と、一六三三年と一六九六年の議会制定法は、都市部と農村部のあいだに何の区別もせず、単純に、どこであれすべての教区にひとつの学校と一人の教師が配置されなければならないと定めている。しかし実際には、自治都市の学校は、ほかの教区学校とはいくつかの重要な点で異なっていた。ひとつには、それらの学校はほとんど例外なく市議会の直接的な支配のもとにあり、議会の資金で支えられていた。このため教会は、学校がどのように運営されるべきかということについてはほとんど発言権を持たなかった。これは部分的には、ごく初期に設立されて最も尊敬を集め、ほかの学校のモデルとなった（たとえばエディンバラやアバディーンの）学校の多くは宗教改革以前に創立され、一五世紀と一六世紀のあいだに非宗教的な支配のもとに入ったためであった。ほかの議会はそれらより自由が制限されることには不賛成であった。もうひとつには、一八世紀の初めのすべての自治都市の学校は事実上グラマースクールであり、そこではラテン語が教育内容の主要部分となっていた。この同じ時代に、多くの田舎の学校は同時に、グラマースクールでもあったことは前述したとおりである。それらの学校には文字どおり、ラテン語を教えられる教師が一人ずついた。しかし一般的にいえば、最も優秀かつ有名な学校はどの州でも都市部にあった。市議会がしばしば彼らのグラマースクールを誇りにし、ほかの都市のライバル校に対抗してその名声を高めるためにあらゆる手立てを尽くそうとしたという事実は、彼らの法的な義務は教区（しばしば都市それ自体と境界線が合致していた）にひとつの学校を設立すること以上ではなかったという事実と結びついて、すべての生徒のための教育という理想を犠牲にしてでも、教育の質という理想を追求したいという恒常的な誘惑があったことを意味している。このようにしてエディンバラのような都市はその教育施設で全国的に有名になることができたが、その一方で、恐らくその住民の三分の一ほどは、多かれ少なかれ、まったく無学な状況にとどまっていた。

しかし小さな自治都市では、教育施設はローランド地方の田舎の教区で得られるそれに匹敵するものであった。ここではグラマースクールは読み方、書き方、算数を初等教科として教えていた（恐らくひとつもしくはそれ以上の私立のアドベンチャー・スクールと競争していたのだろう）が、田舎のほとんどの学校より多数の男子生徒たちにラテン語のカリキュラムを提供してもいた。確かに、少年たちはより進んだ教えを受けるために、しばしば教区学校から自治都市のグラマースクールへやってきたのであろう。一八世紀のあいだに、ほかの科目もしばしば加えられた。ときには地理とギリシア語が教えられた。簿記もかなり一般的になった。沿岸部の自治都市では、航海術も教えられた。たとえば一八世紀のあいだ、ダンバーではこれらの科目のすべてが教えられていた。キングホーンではギリシア語を除いてこれらの科目のすべてが教えられていた。ウィッグタウンでは、まったく例外的に、フランス語も教えていた(29)。一八世紀と一九世紀初頭を通して、これらすべての土地の人口は増え続けていたが、一八三〇年においてさえ、大きめの村以上の規模ではなかった。恐らくスコットランドの教育が、すべての生徒の手の届くものになり、また望む者には中等教育のカリキュラムも提供し得るものになったという点で、最も理想的な状態に近づいたのはこれらの都市においてであった。このような都市において市議会が貧しい生徒への助成金にどの程度寛大であったか知ることは困難だが、議会の記録のなかに、市議会がはるかに遅れた地帯における教区の地主や教会と比べて後手に回っていたことを示すものは何もない。

より規模の大きい自治都市では、状況は対照的に険悪であった。裕福で何の心配もない有力な議会、教会の圧力から自由になった議会を運営するのは難しく、その保護下にある人口の過密な教区が、すべての住民に対して初等教育を行う必要性があることを認めてもらうことさえ困難であった。エディンバラがその典型である。一七〇六年に地元の長老会から、その直轄区（すなわちリースとキャノンゲイトを除いた地域）においてどの学校を支援しているのかと尋ねられたとき、エディンバラ議会は、すでに読み書きのできる子どもでなければ通うことのできないハイスクールと、一〇〇人以上を収容していた貧しい商人の子弟のための指定学校である、貧しい商人と貧しい手工業ギルドの組合員の子女を五〇人ほど収容できる学校商人女子養育院と職人女子養育院、それほど貧しくはない生徒約六〇人を無償で教えていたトルブース教会付属の慈善学校を一校あげている(30)。しかし、当時すでにこの地域には、無学なままでいるか、公立ではない学校で働く教師に授業料を支払うかのどちらかを選択しなくてはならない子どもが数千人いた。慈善学校は多数存在したが、当時でさえ、適当な自治都市の小学校が存在しないために生じた穴を適切に埋めることができたかどうかは疑わしい。

都市が発展し、民衆への教育の不足がますます顕著になるにつれて、その良心の呵責が断続的に感じられるようになった。一七五八年にキリスト教知識普及会と長老会は一度だけ、協力的な市長ジョージ・ドラモンド（エディンバラのニュータウン地区の基礎を築くのに尽力したのと同じ人物）を得て、ともに首都における初等教育の状況に関する覚え書きを作成した。彼らの共同の報告書によれば、二四校の「イングランド式の学校」が存在し、そのうちの二校が慈善学校、残りがアドベンチャー・スクールであった。後者においては、請求された授業料は四ないし五校が一学期につき一二シリング六ペンス以上、約一二校が五シリング、四校が四シリング、一校はわずか三シリングであった——最低の三シリングでさえ、読み方と書き方を教える田舎の学校の通常の額の二倍であった。ほかにも五ないし六校の女性教師の教えていた学校があって、これらの授業料は明記されていない。男性教師の教える学校の平均的な出席者数は三〇人で、ほかよりも半分ほど多い。結論をいえば、この街で「学校適齢期」にある三〇〇〇人ほどの子どもたちのうち、読み方を教わっていたのはわずか八〇〇人に過ぎない。恐らくこの文脈で「学校適齢期」とは、六歳から九歳までの子どもだけを指していたと思われる(31)。

この報告書をもとに、エディンバラは措置を講じる動きを始めた。キリスト教知識普及協会は、もし自治体が四校の「イングランド式の学校」を設立して読み方、書き方、算数を適当な授業料（もともとは一学期につき二シリングで、田舎の教区学校と同程度の額であった）で教えるなら、新たに三校の「慈善労働学校」を開設し、読み方、書き方、算数、糸紡ぎ、編み物を教えることに同意した。新たに開設されたこれら七校の学校が、依然として学ぶ機会を待っている二二〇〇人の子どもたちのうちのわずかな人数を教える以上のことが果たしてできたかどうかを知ることは困難であるが、少なくとも意義深い出発点であったとはいえる。しかし計画は突然打ち砕かれた。市議会が、四校の市立学校がまだ始まりもしないうちから授業料を値上げして、読み方は一学期につき三シリング、それに加えて書き方と算数はそれぞれ一学期につき二シリング六ペンスずつとしたのである。このようにしてこれらの学校は、キリスト教知識普及協会と長老会が救いの手を差しのべようとしていた貧民層に背を向け、中流階級の生徒向きのより学費の高いアドベンチャー・スクールと競争し始めた。議会はそのことを恥じることもなく、一七六一年の地方紙に次のような告示を出している。

生徒の大部分は令名高い市民の子どもたちであり、それ以外は都合や地方の相当な身分の出身である。前述の学校への偏見によって忙しなく宣伝されていたような、最下層の住民の子どもは一人もいない(32)。

一七七三年までには、これら四校の授業料は、読み方が一学期につき五シリングになっていた。キリスト教知識普及協会がエディンバラから手を引き、一〇年間のうちに市内の同普及協会の学校のすべてを閉鎖したのも驚くべきことではない。

そのあいだにもちろん、エディンバラの街は発展し続けていた。リースを除いても、市の人口は一七五〇年には四万八〇〇〇人、一八〇一年には六万六〇〇〇人、一八三一年には一三万六〇〇〇人に達したが、市の有力者たちはそれまでの達成で十分と考え、空想的な名声に安んじていた。キリスト教徒の慈善団体は新たに数校の慈善昼間学校に基金を寄付し、日曜学校のネットワークのようなものを創設して（一八〇〇年以降）、貧民の子どもたちに一週間のうち一日だけ読み方と書き方をほんの少し教え始めた。この地における最も知的な努力は一八一三年になされた。州裁判所判事ジョン・ウッドが、地元の集会で、近隣地域にうまく経営された昼間学校を創設して支援することの必要性を主張し始めたのである。いわゆる学期毎の学校、もしくはローカル・スクールであり、ここでは生徒は初等教育の授業料を支払うのだが、その額は実際には田舎の教区学校のそれに近かった。しかし一八三〇年以前には、この指示によってなされた成果はごくわずかなものであった。慈善の大きな努力が一〇年余にわたってなされたあとの一八四三年になってさえ、市内の読み書き能力に関する最初の綿密な調査は、たとえば、キャノンゲイト教区の子どもたちのうち、日曜学校と同じくらい頻繁に昼間学校に出席している子どもの数は半数にとどまっていたことを示している。ウェスト・ポート界隈では、三分の二の子どもたちはまったく読むことができなかった(33)。「万民に平等な知性」を自称する「北のアテネ」としては、惨たんたる記録であった。

これが首都の記録であるとすれば、工業の発達した西部の状況がこれよりよいと期待することは恐らく無理であったであろう。西部では、グラスゴー、グリーノック、ペイズリーの三つの自治都市の合計人口が、一七五〇年には四万二〇〇〇人、一八〇一年には一二万五〇〇〇人、一八三一年には二八万七〇〇〇人にまで増加した。これらの地では、真正面から挑戦する気もなく、またできもしない議会の問題点は、そもそも子どもたちを学校にやる気のない親たちによって一層大きくなった。やっかいな事の一部は、教育に対して謝礼を支払う習慣のない社会からやってきた多数のアイルランド人たちであった。彼らは当初は、子どもを学校に出席させることに対するスコットランド人の熱心さに戸惑い、そっぽを向いた。アイルランド人たちに教育への熱情が広く伝わり始めてからも、彼らはカトリックの信仰が克服しがたい障害であると感じた。すべての教区学校と自治都市の学校、すべてのキリスト教知識普及会の学校、すべての慈善学校と日曜学校が、ローマ・カトリック教徒にその信仰の間違いを教えることに熱心なプロテスタントによって運営されていたためである。そのようなわけで、もしアイルランド人たちが異端者による教化なしの教育を望むのであれば、自分たちの学校を創設しなければならなかった。彼らは実際にこの時代の最後の二、三〇年のあいだに、小規模にではあるが、この計画を実行に移した。だが、彼らの信仰は、スコットランドの教育制度による学校全体からほぼ完全に彼らを閉め出すことになったのである。

さらに大きな問題は、工場の雇用という誘惑であった。織物産業は七歳ないし八歳以上の子どもによる児童労働を必要としており、賃金はわずかであったが、それでも親たちはしばしば、出席するには授業料を払わなくてはならない学校に子どもたちをやるよりは、賃金を稼ぐことのできる工場に行かせるのが賢い選択だと考えたようである。一八世紀末の著述家たちはこぞって、この態度をスコットランド社会の新たな、またまったく嘆かわしい問題であるとこぼしている。工場主の代表者からも、教育の機会は貧民においてはまったく無駄にされている、教育は彼らが生まれついた卑しい地位にはふさわしくないことを考えさせるものである、という声が上がった。ガラシールズのナサニエル・パターソン牧師の言葉によれば「年少者の気まぐれな心を訓練するのに、工場でなされている方法にまさるものはないだろう」(34)。このような主張はスコットランドにとっては新しいものであった。一七世紀にはある牧師が「一般大衆が読み方を勉強する必要はないだろう……あまり多くの学者がいることが国のためになったためしはない」といっただけで長老会で咎められたのであった(35)。しかし、スコットランド人は長いあいだ、イングランドにおいて幅広い知的表現手段を持っており、一八世紀末のスコットランドにおいては、イングランドの思想は幅広く流行していた。それゆえに、スコットランド教会とスコットランドの知識人階級全体が自説を固持して、最低限でも読み方、書き方、算数の教育は万民に保障されるべきだという理想を実現させるべく努力を続けていたのは、彼らの名誉となることであった。ロード・ブルームの弁護によって、彼らはイングランド社会に同様の見解を、不承不承にではあったが、初めて受け入れさせたことでも影響を与え始めていたのである。

不運なことに、一九世紀の初めには、スコットランドの理想家たちは自国の諸都市において骨の折れる努力をしなくてはならなかった。ジョージ・ルイスが一八三四年に発表した数字は、この問題に関する国家的な失敗を示している。人口の五分の一もしくは六分の一が五歳から一四歳に当たり、学齢期にあった。アバディーンのオールド・マカー教区では、実際に学校に行っていたのは二五人のうち一人であった。ダンディーでは一三人に一人、ペイズリーではせいぜい一五人に一人、グリーノックでは一二人に一人であった。そしてこれらの生徒たちの多くが、夜にだけしか学校に行っていなかった。グラスゴーには約二〇〇の教育施設があり、ほとんどがひとつかそれ以上の種類のアドベンチャー・スクールまたは教会学校であったが、これらの学校には通っていたのは学齢期にある子どもの三分の一だけであった。都市の一部の地域では、無知は文字どおり底の知れないものであった。七万八〇〇〇人の人口を擁するバロニー教区では、調査はサンプリングによって行うしかなかったが、調べることのできた地域では、昼間学校に通っているのはわずか二六人に一人、昼間もしくは夜間学校に通っているのは一七人に一人であった(36)。一七九〇年代には、事実上この教区で育ったすべての者が読むことができ、ほとんどが書くこともでき、算数も理解していたと主張することが可能だったのである。「人々はしばしば、子どもたちに教育を授けるために、人生の楽しみの多くを喜んでみずから犠牲にした」(37)。

だが、四〇年を経たあとでも、教育の伝統がまったく挫折したというのは誇張であろう。一八三三年にスコットランドの工場労働者に対して実施されたある調査は、識字能力は依然として一般に広まっていたことを示している。二万八〇〇〇人のサンプルのうち、九六パーセントがその能力を有していた。これに対応するイングランドの数値は八六パーセントである。その一方で読み方は、こまぎれの時間とあちこちの場所で習い覚えることも可能であった。たとえば日曜学校がそうである。工場からの報告書は、読み方の知識の程度に関しては、まったく何の情報も示していない。書き方の能力は、教育の水準を試す上ではよりよい指標であった。そしてこの点については、工場労働者は読み方同様にあまり望ましい状態にあるわけではなかった。書き方の知識を身につけていたのはわずか五三パーセントであり、地域によって異なっていて、アバディーンシャーの四六パーセントからエアシャーの六八パーセントまでさまざまであった（最小値のいくつかのサンプルは除く）。イングランドの平均値は四三パーセントであった(38)。

それゆえに、全体としては、一七八〇年頃を起点とする半世紀のあいだに、スコットランド社会では全般的に初等教育の提供が低下していたという結論を下さないわけにはいかない。それは第一に、農村地帯から都市部へと人口の分布が推移したためであった。農村地帯では読み書きの知識は依然として広く行き渡っており、教区の学校制度は依然として都市環境に対応する教育の主たる媒体を提供していた。これに対して都市部では、無学、あるいはそれに近い状態が一般的であり、公的機関はそのことによる害悪を無視する方針を取っていた。国家的な教育制度のアキレス腱ともいうべき弱点は、農村地帯の全般的な特質を依然として決定づけていたような、良質で授業料の安い学校を創らせるための手段を市議会に提供することに失敗した点にあった。

ジョージ・ルイスは、スコットランドの都市部の教育の状態についての記述を、次のような指摘で締めくくっている。

篤志家の手で維持されるシステムは……神が富を恵みたもうた者たちの子どもの教育のために最良の教師を独り占め

させることとなり、貧しい者には貧弱な教師しか残らないこととなる。それは最悪のものを与えることによって貧しい者を騙すことになり、それに対して支払う額がごくわずかであるという点も、慰めにはならないであろう。それは社会の異なる階級の者を人生の早い時期に引き離すことにもなる。そして、大人になってからもほとんど分離しがちである異なる階級の者たちを、学校においても引き離すことによって、社会を互いに仲の悪いいくつかの部分に分割してしまう。そういうわけでわれわれは、スコットランドの教区学校で生まれていたような階級を超越した快い感情を、スコットランドの都市部において空しく探すのである(39)。

より規模の大きい都市における中等教育および大学教育について考察するにあたっては、それらが主として中流および上流階級のスコットランド人のためにあったという性質はほとんど自明のこととなってくる。たとえばサー・ジョン・シンクレアは、一八二六年の著作『統計報告の分析』のなかで、教育に関する項を無意識的に二つに分けている。第一部は教区学校制度を扱っている。第二部は「上層社会階級の教育について」と題されており、簡潔に次のように始まっている。「上層階級に属する少年たちの教育は、(一)家庭(二)私立学校(三)大規模なパブリック・スクール(四)アカデミーの名で知られる公立学校(五)大学　の順で行われる」(40)。サー・シンクレアと彼の同時代人は、エディンバラ・ハイスクール・のような大きな都市の学校において、複数の社会階層の生徒が混在することに賛意をもって言及しているが、彼らはこれによって、金持ちと貧民の子弟が一緒に学ぶことを意味したのではなかった。彼らの意味するところは、ジェントリー(およびときには貴族)の子弟と、商人や「職人」の子弟が一緒に学ぶことであった。実をいえば、スコットランドの自治都市においてこれらの用語に含まれる一連の社会階層は、きわめて広範囲にわたるものであった。そして未来のトウィードデイル侯爵がしがない商店主の息子と同じ教室で学ぶような学校があるというのは、特筆すべきことであった。だが、彼らが労働者の息子、たとえば駕籠かき、石炭運搬夫、熟練労働者、靴職人、ビヤホールの給仕、皮なめし工場の労働者、使い走りなどの息子と肩を並べて学ぶことはなかった——とはいえ、これらの職業の者たちこそ、首都の労働者階級の根幹を形成していたのである。

自治都市では中等教育は中産階級全体のためのものであったという前提を考慮すれば、大規模な、また中規模の自治都市は、この目的に見事に合致した教育施設のネットワークを創出したことも認めなければならない。まず第一に、伝統的なグラマースクールがあった。これは本来ラテン語を教えるための学校で、しばしば活発に、賞賛に値する活力をもって教育に当たった。ドクター・ジョンソンのようなイングランドの学者たちは、スコットランドの伝統的な教授法には厳格さが足りないと糾弾しがちであったが、この教授法は文法的に形式にかなっていることを強調することが足りなかった点を、古典の著者の論旨とインスピレーションを理解しようと試みることで埋め合わせていた。たとえば多くの学校がラテン語のテキストの学習に加えて、古代ローマの遺物と地理の学習を取り入れたのである。エディンバラ・ハイスクールにはかつて、一七三八年に作られた模型が用意されていた。

非常に美しくよくできたオーク材製の、ライン川にかかるカエサルの橋(有名なパラディオの銅版彫刻によるデザインから作られたもの)の模型が、治安判事閣下の前で披露された。閣下は学者で、活力に満ちた尊敬すべき才能の持ち主であり、生徒たちにカエサルが橋について言及した文章を読んでくれ、非常に明快に説明してくれた。それからその構造と、そのいくつかの構成部分について説明してくれたので、居合わせた者たちはみな大いに満足し、賞賛したのであった(41)。

ときにグラマースクールのカリキュラムには、ラテン語しか入っていない場合もあった。それにギリシア語の初歩が加わることもあれば、加わらないこともあった——だが、ラテン語やギリシア語は、牧師や法律家になろうとする生徒にとっては価値があったし、土地を持つジェントリーの優雅なたしなみにも適していたが、西欧の近代文化に接したいと望む者や、商業で身を立てようとする者にとっては不適当であった。その不一致はさまざまな方法で埋められた。ときにグラマースクール自体がより変化に富んだカリキュラムを授業時間に取り入れることもあった。(ダンディーの例でいえば)数学、簿記、素描、フランス語、そしてドイツ語さえも教えられることがあった。ときにグラマースクールの教師たちは、授業時間にラテン語やギリシア語を教える一方で、ほかの科目を個人教授することもあった。私的な家庭教師や私立学校などでその隔たりが埋められることはさらに多かった。ウォルター・スコットはこのようにしてエディンバラ・

ハイスクールの生徒としてラテン語やギリシア語を学んだ一方で、フランス語、ドイツ語、地理、築城学、素描、油絵を家庭教師から個人的に指導された。彼は同時に、市内の学校で数学、雄弁術、美術、舞踏、フェンシング、器楽、教会音楽、簿記、実験科学などの科目を学ぶこともできたはずである。一八世紀のエディンバラの教育について歴史家は書いている。「ロンドンを除けば、英国中のどの都市においても、これほどの種々広範囲にわたる私立学校があったとは考えられない」(42)。しかし、ほかの多くのスコットランドの自治都市も、ダンフリース、エア、モントローズのような中位の都市も含めて、市内に誘致された私立学校のバラエティに富んだ教育を誇りにしていたのである（一五章三六一頁を参照）。

最も急進的な試みとして、中流階級に新しいタイプの学校という形で総合的な近代教育を授けようとする発想が生まれたのは一八世紀初頭のことであった。一七世紀の後半の半世紀に、イングランドには非国教徒の手で「アカデミー」が創設されていた。彼らは子どもたちを英国教会派の学校から退学させて、商業や工業などの日々の仕事に子どもたちを適合させるための実用的な科目の綿密な基礎知識を与えることを望んだのであった。国教会派の、または無党派のアカデミーが、非国教会派の学校を模倣してイングランド中に創られ始めたというのが、彼らが短いあいだに耳にした噂であった。同じような計画は、スコットランド人の注目をも引きつけ始めた。一七〇〇年にすでに、グラスゴーの長老派教会組織の大会《シノッド》への報告は、「一般社会において、商業や実業で」身を立てていかなくてはならない子どもたちに、伝統的なグラマースクール風の教育を授けることの不適切さを嘆いている。一七四六年には、エアのグラマースクールが三つの学科からなる学校に転向した。ひとつは伝統的な古典語の教育を施し、ひとつはイングランド流の科目を、もうひとつは「科学的な」科目、すなわち数学、簿記、幾何学、航海術、測量術、代数などを教えた。一七六〇年のパース市議会は、彼らのアドバイザーであったジェイムズ・ボナー牧師から次のような報告を受けている。

> ずっと昔においては、すべての学問は死語の文法に関する知識を身につけることにあるとされていた……だが神は、それよりは幸福な時代にわれわれを巡り合わせてくださった。この時代においては、物事はその用途に従って価値を評価されるようになり、大いなる能力を持つ者たちは彼らの技術を……さまざまな学問が商人、機械工、農民などの尊敬すべき技が改善されるための一助となるように用いている……イングランドの人々は……ほとんどすべての大都

市に私立のアカデミーを創設した。これらの学校では、語学だけではなく、生活においてきわめて有用な学問が、包括的かつ実際的な方法で教えられている(43)。

パースはのちに、スコットランドにおいてアカデミーを創設した最初の自治都市となった。その大いなる成功の結果として、同じようなアカデミーが各地で次々と創設されるに至った。ダンディーでは一七八六年に、インヴァネスでは一七八七年に、エルギンとフォートローズでは一七九一年に、エアでは一七九四年に、アナンでは一八〇一年に、ダンフリースでは一八〇二年に、タインでは一八一〇年に創られた。大学のある自治都市にはアカデミーは創られなかった。ただし、グラスゴーのアンダーソニアン・インスティテュートをアカデミーと見なすなら別である。(エディンバラ・アカデミーは一八二四年に古典語を教える学校として創設され、普通のアカデミーとは異なり、ラテン語とギリシア語をイングランド流の方式で教えることで、エディンバラ・ハイスクールと競合する学校となった。) 実際、アカデミーはみずからを、より小さい地方都市の中心において、大学が大都市において提供していたのと同じような教育を、より安い対価で、またより小さな規模で提供するものと見なしていたのである。もちろん医師や法律家や牧師になるための専門教育は施されなかった。

これらの新しい学校のカリキュラムは古典語を除外し、数学、自然科学、天文学、物理学、歴史、化学、素描、油絵、それにときには地理とフランス語などの科目に集中していた。アカデミーがグラマースクールと同じように議会によって監督され、資金を供給されていたのは、パースにおいてのみであった。より一般的な取り決めとしては、学校は公的な寄付金によって創設され、議会は管理委員会とともに監督に当たった。彼らはこのようにして、効果的かつ社会的意義のある、準技術的《セミ・テクニカル》な教育を提供したのである。この時代には、そのような基礎知識をもつ中流階級が差し迫って必要とされていたのであった。

一七九六年、グラスゴーにアンダーソニアン・インスティテュートが創設された。この学校は、自治都市にそれ以前から存在していた学校の伝統的なカリキュラムを補うという明確な意図をもって、またそれらの学校やグラスゴー大学と敢えて直接に競争することは避けて創られたのであった。この学校は、その最初の教授のうちの一人の語るところによれば――

疑いなく、製造業や商業を志す年少の紳士たちの教育によく適合している。これらの生徒たちはしばしば、その豊富にある空き時間を理にかなった方法で満たすことが可能になるための知識を……または、もし彼の異なる計画が依存する原則を知れば、彼が従事するはずの仕事において進歩が見られるようになるための知識を獲得することなく、グラマースクールから会計事務所へ送られるのであるから(44)。

この学校の主たる目的は、「物理学と化学からなる完全な科学のコース、また技術と製造へのそれらの応用」を授けることにあったが、同時に、数学、植物学、農学などの科目も提供していた。五〇〇人から一〇〇〇人の生徒が一年にそれらのコースに出席していたので、この学校はスコットランドの商業の中心地における需要をある程度は満たしたに違いない。いささか驚くべきことに、生徒の約半数が女性であった。トマス・ガーネットはそれを「女性が男性と同じように知識の殿堂に足を踏み入れることを認められた最初の正規の施設」であると述べている。その一方で、生徒たちの多くが学業に真剣ではなかったという疑いも無視することはできない。物理学と化学のコースの三つのうち二つまでが、「人気があり」、教授が観客に実演してみせる「楽しくて面白い実験」から成っていたといわれている。アンダーソニアン・インスティテュートは、今日ではストラスクライド大学となっている。

一八世紀のあいだに、スコットランドの五つの大学が目覚ましい成長と変革の時代に入った。これらの事柄のいくつかはすでに前の章で論じたとおりである。文化的な業績については、あとの章でまた論じることとするが、スコットランドの教育という主たるテーマに関する記述を終える前に、いくつかの点をここに関連づけておく必要がある。ひとつは大学で教えられていた内容の目覚ましい拡大である。一七世紀においては、これらはせいぜい神学、古典語、哲学、数学などの範囲内に限られていた。一八世紀には、エディンバラ大学（一貫して先導的役割を担いつづけた）が一七〇七年から二二年のあいだに法律に関する四つの講座を新たに加え、一七二六年には医学部も創設して、一八三一年までにはその講座数が一一にまで増えた。一七六〇年には修辞学の講座と、科学に関連する四つの講座、すなわち化学、博物学、天文学、農学が加わった。ほかの大学も、遅れを取りはしたが、同じような発展の道筋をたどった。これはアカデミーやアンダーソニアン・インスティテュートが生まれた現象の別の側面——観念的な思索に対する興味の衰退と、人間が社会の基礎を形づくる上で助けとなる具体的かつ実用的な学問の拡大であった。カリキュラムの拡大は、ある程度まではアカデミーと、その同種の自治都市の学校の競争の結果として生まれたものでもあった。大学は、これらと同等に関連のある教育を提供しなければ、生徒たちが大学に背を向けるのではないかと恐れたのであった。

学生たちへの教え方、あるいは学生たちがみずから学ぶ方法の改革にも少なからぬ進歩があった。一七世紀末においては、すべての授業が「全科担当教師《リージェント》」によって行われていた。彼らは、その適性や専門分野に関係なく、四年間の課程の全科目を学生たちに履修させることに責任を負っていた。より適切な指導のために、この制度はエディンバラ大学においては一七〇八年に廃止され、ほかのすべての大学においても（アバディーンのキングズ・カレッジを除いて）一七五三年までに廃止された。同様に、すべての講義は伝統的にラテン語で口述されていたが、一七二九年に、グラスゴー大学の哲学講座を担当していたフランシス・ハッチソンが、英語による講義を行う講座を開設した。これは当時の学界の風潮を変革すると同時に、大きな衝撃を与えた（ただし、すべての場所においてではなかった。一七七六年になっても、セント・アンドルーズ大学で教会史を学んでいたある学生が、三年のあいだ、教授がラテン語以外で講義するのを一度も聞いた覚えがないと述べている）(45)。一八世紀末までにスコットランドは、聴衆の心をつかみ、講義に集中させる力をもつ偉大な講師が立て続けに現れたことで有名になった。たとえば、化学を講じていたジョウゼフ・ブラック、ウィリアム・カレン、トマス・ホープ、政治経済学を講じていたアダム・スミス、倫理学を講じていたデュガルド・ステュアート、法律学を講じていたジョン・ミラーなどである。

しかし、ある意味では、すべてのうちで最も興味深い発展は、学生のソサエティの誕生であった。ここではある特定のテーマに関心を持つ若者たちが集まって、講義室で聞いた講義について議論を戦わせ、論争の刺激や、その日に優秀な講師から与えられるであろう思索などの要求を満たしていたのである。特に一七六二年以降の三〇年間、ロバートソン学長の運営のもとにあったエディンバラ大学が、改めてもう一度、先導の役割を果たした。いくつかのソサエティ、たとえばロイヤル・メディカル・ソサエティやロイヤル・フィジカル・ソサエティなどは、非常に豊かになり、力を持つようになったので、国王から特許状を与えられて、みずからの会館を建設した。スペキュラティヴ・ソサエティは大学の建物内に独自の部屋を複数持つことを許された。ほかのより質素な、しかし真面目な性格の多くのソサエティは、パブで会合を開いた。「一七世紀に繁栄していた一般教養科目のカレッジで、小さいが立派な神学校の付属していたものが、一八世紀半ばにはヨーロッパでも最先端を行く大学のひとつにまで成長した」と、ホーン教授は書いている。そしてほかのところでは、彼は次のように述べている。

ブルーム、バンジャマン・コンスタン、ネッケル・ド・ソシュールのような多様な学生が、エディンバラ大学で過ごした学生時代を回顧して書いたものから判断して、彼らが教室で教授たちから学ぶのと同じくらい多くのものを、これらの学生のソサエティから学んだことは明らかである。もしエディンバラ大学が若者たちを意欲的かつ有益なキャリアを身につけさせる上で最優秀でありつづけたというならば、この点は単に大学のカリキュラムの広範囲にわたることや、教授の教え方だけに起因するのではなかったであろう(46)。

大学の収容可能な定員数はこの時代を通して増え続けた。エディンバラ大学では、一七世紀末のおよび四〇〇人から、一七九〇年代には一三〇〇人になり、一八二四年には二三〇〇人にまで増えた。同時代に、グラスゴー大学には一二四〇人の学生がいた。アバディーンの二つのカレッジには合わせて五五〇人、セント・アンドルーズでは依然として三〇〇人以下だったが、一七九〇年以来どの大学も学生数が増加していたことを報告している。一八二四年には、これらすべてを合わせて四四〇〇人となった。その多くは、特にエディンバラ大学では、イングランド人か外国人の学生であった(47)。もしこれらの学生のすべてがスコットランド人であったなら、この数字は全人口の五〇〇人に一人に相当することになったであろう。スコットランド人の学生の大学に入学する年齢の平均は、一八三〇年になっても、依然としてわずか一四歳ほどであった。ほとんどの学生は三年ないし四年間在学した。一四歳から一八歳までの年齢集団の人口に占める割合は、少なく見積もって八パーセントであった。そのようなわけで、当時大学に在学する年齢と考えられていた少年の占める割合のうちで、実際に大学に通っていたのは、四一〇人に一人を越えないか、または恐らくそれ以下であったであろう。

一八二〇年頃に一年間エディンバラ大学に在籍するための最低限の費用は三〇ポンドであったことも考慮に入れなければならない。イングランドの基準に比較すれば、恐らくそれほど高くはなかったが、年収が一五ポンドから二五ポンドのあいだを上下していた職工や農場労働者にとっては高すぎた。その一方で、ほかの大学、特により小規模な大学では、授業料はそれよりは安かった。また奨学金の制度もあって、貧しい家庭に生まれた聡明な子どもたちの一部は、それを利用して教区学校からカレッジに進むことも可能であった。しかし、「貧しい才能ある少年《ラッド・オ・パート》」たちは、家庭の貧しさや大学生活に向けての鍛錬の不足などから不利な状況に身を置かざるを得ず、勉学のために入学した者の多くが学位を取るのに失敗した。多くの者はのちに村の教師になり、それよりは成功した者たちは牧師になった。だが、この問題を詳細に考察するとき、貧しい家庭に生まれたにもかかわらず世間で名を上げることに成功した者のうち、大学出身者がいかに少ないかという点は際立っている。ロバート・バーンズ、トマス・テルフォード、アレグザンダー・サマーヴィル、ヒュー・ミラーなどが貧民を親にもつ著名人の代表である。彼らのうちの一人としてグラマースクールにも大学にも行っていない。その一方で、ダンフリースシャーで生活苦と闘いながら小規模な建築業を営んでいた石工の息子であるトマス・カーライルと、平凡なイースト・ロジアンの農夫の息子であるジェイムズ・レニーは、二人とも地方の教区学校からグラマースクール（それぞれアナンとダンバーの）に進んだあと、エディンバラ大学に入学した。彼らは、恐らくは下層中流階級と呼ぶのが最もふさわしいグループの代表であり、イングランドでは間違いなく与えられなかったであろう教育の機会をスコットランドで見出したのである。

結論を述べるならば、スコットランド人が一八世紀のあいだとその直後の時代に、独自にすぐれた教育制度を持っていたという認識はどの程度まで正しいのであろうか。ときどき想定されてきたことがまったく正しいわけではないことは明らかである。納税者によって助成金を支給されてきた教区学校制度は、一方では慈善によって補われ、もう一方ではアドベンチャー・スクールに助けられることなしには、農村地方において万人に読み書き能力を授け得たとさえいえず、十分な教育の基盤を据えたとはいいがたい。都市部における教育は、貧民層に対してはきわめて貧弱な規範しかもたなかった。グラマースクールと大学は大体において中流階級に占有されていた。

その一方で、二つの大きな成果もあった。ひとつは、ローランド地方においてほぼ万人に普及した理知的な読み書き能力である。この数値は一八世紀の半ばのある時期で頂点に達し、その後、より多くのスコットランド人が、教育がまだ不十分にしか与えられない諸都市に住むようになるにつれてゆっくりと下降したものと思われる。もうひとつは、グラマースクール、アカデミー、大学において中流階級の生徒が受けられるようになった専門的な、あるいは商業的な訓練という真にすぐれた教育である。これは一七六〇年から一八三〇年にかけて、時代の要求とぴったりの成果をあげた。それゆえに、アレグザンダー・クリスティソンは基本的には正しかったと結論せざるを得ない。スコットランド人のあいだで「知識の全般的普及」は確かに「繁栄の一大原因」であった。その普及の仕方は、クリスティソンが示唆するほど容易ではなく、申し分のないものでもなければ、万人に行き渡ったものでもなかったとしてもである。

第一九章

スコットランド文化の黄金時代

一　学者たち、芸術家たち

一八世紀半ばから一八三〇年頃までのスコットランドにおける文化の業績は、二七〇年間にわたるスコットランドの社会史を振り返る本研究の締めくくりにじつにふさわしいテーマである。天才の定義はともかくとして、スコットランドでは偉大で独創的な人間が七〇年か八〇年のあいだにきら星のように誕生した。彼らの輝きは、ヨーロッパの他の小国でそれまでに登場した同じような知的集団のいずれにもひけを取らなかった。大げさに聞こえるかもしれないが、星の数は多かった。そして星々は人間の知識と経験のさまざまな側面に光を当てた。

哲学を例にとってみよう。主として、スコットランド教会があらゆる新規なものに対しかたくなに懐疑を抱いたせいで、一七世紀は思索的人間にとって暗黒時代となった。大学でも、基礎的なアリストテレス哲学以外はほとんど教えられなかった。しかし一八世紀には、すぐれたスコットランド人哲学者が数多く誕生した。最も重要なのは、もちろん比肩しうる者のいないデイヴィッド・ヒューム（一七一一―一七七六）である。彼の主著『人間本性論』は、ニュートンが物理学において成し遂げたことを哲学において成し遂げたいという願望から書かれた。当初、ヒュームの主張は破壊的な面が多分に注目され、「物質、魂、神、自然、因果関係、奇跡といったそれまで確実視されてきたもののすべて」(1)を根底から揺るがすものと考えられた。ヒューム哲学には懐疑論と背中合わせに本質的に建設的な面があることに哲学者たちが気づき、彼をイギリス諸島が生んだ最も独創的な思想家として評価し出したのは後になってからである。しかしヒューム以前にも重要な哲学者がいた。道徳哲学の父として知られるフランシス・ハッチソンである――彼の最大の功績は、（一七二九年に教授に就任したグラスゴー大学で）ラテン語ではなく英語で講義を行ったこと、そして当時までスコットランドではほとんど知られていなかったヨーロッパおよびイングランドの哲学者を紹介したことである。そしてヒュームの後にも卓越した一連の哲学者がいた。ヒューム哲学の批判者のなかでは、トマス・リード（一七一〇―一七九六）が目立って優秀であった。彼はスコットランドの「常識」学派を創設し、ジョージ・キャンベルとデュガルド・ステュアートが後継者としてこれを引き継いでいた。

道徳哲学のほかの教授たちは別の問題に取り組んでいた。グラスゴー大の教授職をハッチソンから引き継ぎ、ヒュームの親しい友人であり唯一人の真のライバルであったアダム・スミスは、『国富論』の明快な諸章の論によって後の経済学のあらゆる基礎を築いた。同様にして、エディンバラ大学教授のアダム・ファーガソンとグラスゴー大学で民法学の教授をしていたジョン・ミラーは、思想の深さにおいても同時代人への影響力においてもスミスとヒュームには及ばないものの、現代社会学の創始者と見なされている。彼らの業績はエディンバラ大学学長のウィリアム・ロバートソンに引き継がれた。ロバートソンの歴史研究は社会科学への強い関心を特徴とした。エドワード・ギボンが同時代に生まれていなければ、ロバートソンは間違いなく当時最高の歴史家であっただろうといわれている(2)。

一八世紀のスコットランド哲学にはきわめて顕著な特徴が三つある。第一に、無の状況から出発したにもかかわらず驚異的な勢いで発展したことである。一七世紀は空白であった。一八世紀はハッチソンで順調にすべり出し、真っ赤に燃える彗星のごとくヒュームが現れ、その後大勢の真剣で有能な哲学者たちが、ヒュームの思想の一部を受け継ぎながら明晰できめ細かい議論を続けていった。まずハッチソンがあっというあいだに登場し、次いでヒュームが輝かしい業績で衝撃を与え、その後は沈黙が続いたとしてもおかしくはなかった。しかし、少なくとも一部は、スコットランドの大学の改革と発展のおかげで、ハッチソン以降の哲学研究者は神学者からの干渉を受けずに研究できる伝統が形成された。スコットランドでは、高等教育の大部分そこの新たな伝統をふまえて行われるようになった。

第二に、スコットランド哲学の関心は明らかに道徳的問題に偏《かたよ》っていた。したがって、社会事象が探求の主な対象になった。この流れはハッチソンに端を発するに違いなく、そのハッチソンはカルヴァン主義から影響を受けていた。倫理性を熱心に論じたヒュームだけでなく、ヒュームの議論が受け入れられることを危惧したトマス・リードにもこの傾向は見られる。「常識学派」は、ヒュームが正しければ道徳的行為の基盤が揺るがされることを恐れた。彼らは社会的合意を

デイヴィッド・ヒュームは環境が改善されると、生活様式を広げ、ローストした雌鶏と薄く切った肉のミンチ、瓶詰めのパンチではなく、昼食も洋食も優雅な食べ物を並べ、最上級のボルドーワインを取り寄せ、なによりも、とてもためになる愉快な会話で客をもてなした

根拠としてヒュームの誤りを示し、彼が破壊しようとしたものを再構築しようとしたかに見える。最後に、スコットランドの哲学者たちは、哲学以上にほかの学問に強い関心を持っていた。このことは第二の特徴とある程度関連している。哲学が道徳を扱うのであれば、道徳が社会全体に関係している以上、あらゆる社会科学が哲学者の探求の対象となるのは当然の帰結であった。ヒュームは歴史学と経済学に強い関心を示し、数年間は哲学者としてよりはむしろ歴史家として知られていたほどである。アダム・スミスは哲学から離れて経済学に向かった。アダム・ファーガソンとジョン・ミラーは社会学に向かい、ウィリアム・ロバートソンは歴史学に向かった。

そのおかげで教育も充実した。哲学者は、道徳的および社会的問題に理にかなったアプローチで取り組むことで、将来の指導者たちに他分野の知識を授けることは大切な仕事だと考えていた。フランシス・ハッチソン、アダム・スミス、そしてジョン・ミラーは当時の傑出した教師であった。しかしデュガルド・ステュアートの右に出る名教師はいない。一九世紀初頭にエディンバラ大学に学んだ知識人はみんな彼の薫陶を受けたが、その一人であるヘンリー・コウバーンは次のように書き記している。「私にとって、彼の講義は天国への入り口のようなものであった」。つねに実社会に関わり続け、社会科学へのあくなき関心を持ち続けたこと。この二点こそが、スコットランド人哲学者の功績の最たるものであったといえる。

科学者の業績の放つ光彩もまた、哲学者に負けず劣らず見事なものであった。エディンバラ大学の研究者ジェイムズ・ハットンは教授ではなかったが、近代地質学の基礎を築いた。同大学ではアイザック・ニュートンの友人である数学教授デイヴィッド・グレゴリーと、その後継者となったコリン・マクローリンがニュートン学説を教えていた。これはニュートン自身が在籍するケンブリッジ大学で彼の学説が教育内容として認められるよりもだいぶ前のことであった。エディンバラ大学とグラスゴー大学の医学者は輝やかしい一団であった。オランダ、ライデン大学の医学部教授ヘルマン・ブールハーフェに及ぶ者こそいなかったかもしれないが、二大学に新設された医学部で提供された教育と医療は、最終的にはオランダの大学をもしのぐほど高く評価された。

化学者も際立った集団であった。ウィリアム・カレンは化学の発展において、ちょうど二〇年前にハッチソンが哲学界で担ったような役割を果たした。一七五六年にカレンを継いでグラスゴー大学の教授職に就き、一七六六年にはエディンバラ大に移ったジョウゼフ・ブラックはヨーロッパ屈指の大学者《サヴァン》であった。ブラックが二酸化炭素を発見した実験は学位論文上で発表された（「おそらくこれほど意義深い新発見が盛りこまれた卒業論文は前例がないだろう」）(3)。ブラックはこの実験で熱容量の概念と測量法を生みだし、その後のプリーストリー、シェーレ、キャヴェンディッシュ、そしてラヴォアジエらの発見につながる道を開いた。ブラックのもうひとつの画期的な研究は物理学の分野でなされたもので、潜熱の発見とその当然の帰結として比熱理論の展開であった。まさにこの研究の最中にブラックがジェイムズ・ワットと出会ったのは有名な話である。ブラックは科学機器の整備のためにグラスゴー大学を訪れていたワットと知り合い親しくなった。彼はワットをニューコメンの蒸気機関ポンプの改良に導き、資金面でも支援した。そしてブラックが潜熱を発見すると、ワットはコンデンサーを別々にして蒸気機関の効率を改善することを思いついた。後にワットは、ブラックとスコットランドから離れ、バーミンガムで企業家のマシュー・ボールトンと手を組むことになる。ボールトンの資力とビジネス手腕という後援を得て、ワットは産業革命の歴史上最も重要な技術開発を進めた。しかしブラックとの交流がなけれ

講義中のジョウゼフ・ブラック博士。「ことに面白いと思ったものを片っ端から披露するか話そうとすると、博士の顔に決まって浮かびだす」幽霊のような微笑みに注目されたい

ば、ワットの蒸気機関はついぞ完成しなかったかもしれなかった。

　ブラックの後に続いた化学者には彼に匹敵するほどの者は現れなかったが、有能な人物は数多くいた。特に斬新な研究を行ったのはブラックの教え子たちであった。ダニエル・ラザフォードは一七七二年に窒素を発見し、トマス・ホープは一七九一年にストロンチウムを発見した。哲学同様に、化学分野でも充実した教育が行われていた。人気講師のカレンは、化学を「高等教育を受けるすべての学生に開かれた学問」にしようと尽力していた。エディンバラ大学で教授を務めていたブラックは学内指折りの教師として知られ、彼の講義には大学外からの聴講生、それも学生以外の人々が数多く集まった。ブラックの伝記作家によれば、彼の講義には「工場労働者が大勢いた」。「そして彼は、国が発展して豊かになるにつれて、こうした聴衆は増えるべきだと考えていた。またこれらの人々をほかの聴衆と比べて軽視するようなことは一切なかった」[4]。ホープは、一七九八年にブラックの席を継いでから半世紀にわたる教授生活で、一万七〇〇〇枚近くの講座修了証を発行した。彼はイギリス諸島で初めてラヴォアジエの化学反応論を紹介した。同じようにして、グラスゴー大学ではブラックのもう一人の後継者、トマス・トムソンがアイルランド人化学者ドルトンの原子説を初めて紹介した。

　しかし、学術的研究の伝統がどれだけ産業革命の技術革新に貢献したかについては、ワットとブラックのような単発的な例を別にすれば、多少疑問の余地がある。工業化学における主だった進歩はもちろん、グラスゴー大学かエディンバラ大学の化学講座に出席し、教授たちとなんらかのつながりを保っていた人々によってもたらされた。しかし彼らは結局、大学で行われている研究のほとんどは自分の役に立たないと結論した。たとえば、繊維化学におけるごく初期の技術革新はトルコ赤の染料だったが、スコットランドでこの染料の生産を確立したジョージ・マッキントッシュは、フランス人技術者P・J・パピヨンの助けを得た。また、カレン、ブラックほか数人のスコットランド人化学者がまさに繊維漂白を研究していたにもかかわらず、最終的に漂白剤を開発したのは実業家のチャールズ・テナントであり、彼はまた別のフランス人化学者クロード・ルイ・ベルトレーの発案を発展させた。テナントはバーミンガムで、ワットからベルトレーの案を伝え聞いていた。ダンドナルド伯爵による石炭タールの抽出、チャールズ・マッキントッシュによるナフサを使用とした防水布の開発（レインコートがマッキントッシュと呼ばれる由縁である）もまた、着想から開発まで学者に頼ることなく進められた化学の工業利用の例である。ただし学者たちが、これらの発明が発表されると大いに関心を寄せたことは事実である。このように、カレンをはじめ大学の化学者たちは、研究意欲と幅広い関心を持ち合わせていたものの、自力で開発を進めた産業界と比べると技術革新への貢献は少なかった。おそらく、ドルトンの原子説以前の化学の手法は、系統的で的を絞った工業的利用を可能にするには計画性がなさすぎたのであろう。

その一方で、教育が間接的に果たした役割の大きさは計り知れない。カレン、ブラックおよびホープの刺激的な授業や、アンダーソニアン研究所での講義によってどれほど多くの学生が触発され（こうした講義に啓発されなければ、彼らは化学の仕組みとは無縁で無関心なままだったに違いない）、のちに仕事で製造上の問題に直面したときにかつて講堂で吸収した知識を適応したかはわからない。また、これらの偉大な化学者たちから伝わった純粋な知的探求心を評価するのはさらに困難である。学生は若い実業家でなくとも、さらには化学専攻でなくともブラックの講義に夢中になった。ブラックはうっすらと笑みを浮かべ、二酸化炭素の分離や潜熱現象の実演といったみずからの代表的実験を学生たちを前に再現して見せた。ただひたすら発見のため打ち込む人の姿を目の当たりにして刺激を受けない者はいない。大学教員の重要な役割のひとつは学生に好奇心を抱かせることである。一八世紀のスコットランド人に好奇心が旺盛だったとすれば、ブラックのような教師が少なからぬ影響を与えていたからに違いない。

学者から芸術家に目を転じると、彼らの功績も、分野で差はあるものの、決して見劣りしてはいなかった。たしかに、ローランド地方の音楽的功績はわずかだった―バグパイプの名手はいても、スコットランド人で特筆すべき作曲家が一人でもいただろうか。スコットランドからは特筆すべき劇作家も生まれなかった。ジョン・ヒュームの通俗劇『ダグラス』がエディンバラで初演された折、感極まった観客が「イングランドのシェイクスピアがなんだってのさ！」と叫んだのは事実だが。しかし絵画となれば話は別である。肖像画の巨匠アラン・ラムジー二世（詩人ラムジーの息子）とヘンリー・レイバーンと肩を並べることのできた肖像画家は、一八世紀英国では、ウィリアム・ホガースとトマス・ゲインズバラだけであった。一八世紀初頭のウィリアム・エイクマン、世紀後半に活躍したデイヴィッド・アラン、ネイスミス父子、デイヴィッド・ウィルキーも注目に値する。スコットランド絵画は前世紀からの下地がほとんどなかったにもかかわらず、これほど充実したのである。書籍の印刷装丁というやや目立たない領域では、ロバート・フーリスが一八世紀半ばのグラスゴーで活躍した。

しかし、一八世紀の英国でスコットランド人が大々的に活躍した芸術分野はなによりも建築であった。圧倒的多数とはいえなくとも、英国が誇る創造的な建築家の多くはスコットランド出身であった。世紀の初めにはコリン・キャンベルがパラディオ主義を主唱し、ジェイムズ・ギブスがバロック建築の大家として君臨していた。一七六〇年以降は、ロバート・アダムとその兄弟が新古典主義建築を広めた。彼らに匹敵し得たのは、スコットランド人船乗りを父に持つロンドン出身者で、ギリシャ復興様式を率いたジェイムズ・ステュアートと、スコットランド人とスウェーデン人の血を引き、サマセット・ハウスの設計で知られるサー・ウィリアム・チェインバーズだけであろう。一八世紀の交通革命により生まれた建築の異母兄弟といえる土木工学の分野では、エスクデールの羊飼いの息子であるトマス・テルフォードが先駆者として活躍した。テルフォードの同時代人で注目に価する土木技師は、ジョン・レニー、ジョン・スミートン、それにロバートとアランのスティーヴンソン父子（灯台建設で有名である）などそろってスコットランド人であった。

それでも、彼らがみんなスコットランドで働いていたわけではない。コリン・キャンベルとジェイムズ・ステュアートの仕事は国外のものだけであった。ジェイムズ・ギブスのスコットランドでの仕事は教会ひとつのみ、サー・ウィリアム・チェインバーズは二軒の邸宅だけである。スコットランドを代表する建築家ですら、有名作は国外のものである。ロバート・アダムのカントリー・ハウスのうち、最も装飾が凝っているはイングランドのダービーシャーとミドルセックスに建てられている。彼の都市建築として最も有名なのは、すでに取り壊されて跡形もないが、ロンドンはアデルファイのテラスハウスである。テルフォードはスコットランドで数限りない橋を建設したが（そのほとんどは、彼の監督でハイランド地方に建設された七三〇マイルに及ぶ道路に伴って造られた）、最良の作品はウェールズにある。クライゲラヒーのスペイ川にかかる鋳鉄製の橋、ダンケルドでテイ川にかかる七つの橋、エディンバラを流れるリース川を見おろすディーン橋。いずれも素晴らしいものであるが、グレートブリテン島とアングルシー島を分かつメナイ海峡にかかる吊り橋や、エルズミーア運河を載せたポント・カサルテ水道橋とは比べようがない。

一八世紀の最初の一〇年間にスコットランド国内で仕事をしていた主な建築者はみんな、サー・ウィリアム・ブルースの後継者であった。そのうちの一人で、ギブスとジョン・ヴァンブラのバロック建築に触発されたウィリアム・アダムが、スコットランドの伝統的建築に新風を吹き込んでいく。アダムは数々のカントリー・ハウスを設計したが、バンフに建てられたバロック様式の城館ダフ・ハウス（「その豊かな質感と高くそびえる圧倒的な存在感は領主の館を思わせる」と、ウェスト・ロジアンのホープタン・ハウスが紛れもなく代表作であろう(5)。スコットランド建築のヴェルサイユ宮殿ともいうべきホープタン・ハウスは、一世代前にブルースが建てた邸宅をそっくり組み入れて拡張された。デザインは完全にアダムによるわけではないが、それが逆にこの館の独自性となっている。アダムが典型的な中心点として構想していた正面ポルチコは結局設置されず、またアダムが一七二三年に建設に着手してから三〇年後に館を完成させた彼の息子たちはドーム屋根の別棟のデザインに手を加えた。この変更により、別棟は見る者の視線をより集めるようになった―あるいはむしろ、左から右へと視線を転じさせて、柱列を経て館の中央部分に至る見事な曲線と、建物の圧倒的な大きさをこの上なく効果的に強調した。しかしいずれにせよ、主な構想はアダムによるものであり、アダムがホープタン・ハウス以外に何ひとつ建てなかったとしても、この館はイギリスの建築史において彼が受けている評価が低すぎることを示してあまりある。

ホープタン・ハウスはアダムのすぐれた息子ロバート（一七二八―一七九二）の人生においても重要な意味を持った。父亡き後、館を完成させることはロバートと兄のジョンにとって初の大仕事となった。二人の仕事ぶりとホープタン伯爵との交友関係はほかのスコットランド貴族からの依頼に結びつき、さらに重要なことに、ロバートの一七五四年から一七五八年の海外視察旅行を可能にした。イギリスの建築家によるこれほど重要な海外訪問はほかに類をみない。彼はイタリアとユーゴスラビアの遺跡発掘現場を訪れ、ローマ人が家屋や公共建物をどのように建設し装飾したかを理解できたと感じて帰国した。そしてイギリスで、新しくより純粋な古典主義建築を広めようと決意する。その結果生まれたのが、「アダム・スタイル」として広く知られている建築様式である。

それはもちろん、正真正銘のローマ建築ではなかった。いま現在ですら、ローマ人が建物をどのように装飾したかはほとんどなぞのままである。ロバート・アダムが生みだした装飾は、ローマ、ギリシア、ルネサンスなどの要素を合体させたものであった。しかしすべては彼独自の美意識で変形されていたので、その表現には、統一性と新鮮さと優美さがあった。アダムは室内装飾に国際的な革命を起こした。サンクト・ペテルブルグ郊外のエカテリーナ二世の宮殿から、ニューイングランドはボストンの州議会議事堂まで、世界各地の建築物がイングランドのロバート・アダムの傑作（ケドルストン・ホール、ケンウッド・ハウス、サイオン・ハウスおよびオスタリー・ハウス）を模倣して造られた。英国内では、「すべてがアダム的だった」(6)。銀細工師、家具職人、陶器職人（たとえば偉大なウェッジウッド）、石細工師、鋳物職人、さらには製本屋まで、装飾美術に携わるほとんどすべての人がアダム・スタイルを取り入れた。そのような事態になったのは流行りということもあったが、アダムのパターン模様が優美で独創的でありながら真似しやすかったということにもよっていた。また彼のモチーフの多くは、より小さな対象物に手軽に転用可能であった。このおかげで中流階級は上流階級の世界に近づき、粋人の趣味を自分のものとすることができた。サイオン・ハウスのような大邸宅を手に入れられるイングランド人（そしてスコットランド人）はわずかしかいないが、裕福な弁護士ならアダム・スタイルの暖炉を作れたし、農民はアダム風マフィン皿にマフィンをのせて食べることができた。今日なお、暖炉型「アダム」ヒーターが郊外の一軒家で人気を博しているのは、それ自体の美しさによるというよりは、左右のふちに施された壺と玉縁飾りのレリーフ模様が大邸宅の雰囲気を紛れもなく伝えているからである。

ロバート・アダムの建てた家の外観は、内装と比べると特徴が少なかった。彼自身の主張とは裏腹に、アダムは外観については先達と明確に異なる様式を築き上げずじまいであった。一方、このおかげで彼の建物の外観は変化に富み、創意工夫にあふれるものとなった。エディンバラにいくつかの好例がある。パラディオ様式で建てられた登記所、エディンバラ大学オールド・カレッジのローマ風ポルチコ（ドームは後に加えられた）、そしてシャーロット・スクエアの北側である。ロンドン、アデルファイのテラスハウスが取り壊されてしまった今では、シャーロット・スクエアこそアダムの都市建築の才能をしのばせる最良の例であるといえる。横並びに連なるテラスハウスが組み合わさり、豊かで繊細な統一体を形成している。「彼は別々の家の正面をまるでひとつの大邸宅のように見せた」(7)。最後に、アダムは独特の城のデザインを編み出した。これはジョージアン・ゴシック様式と呼ばれることもあるが、彼が中世建築よりも、みずからが現クロアチアのスプリトで研究したローマ建築から影響を受けているのは明らかである。エアシャーのカリーン城が最も有名であるが、イースト・ロジアンのシートン城が純粋さでは群を抜いている。シートン城はゴシック的要素を入念に排除した「新古典主義建築で、英国はもちろんヨーロッパでもほかに類をみない創造的な作品だ」(8)。これらの城の内装は例外なく古典主義で、カリーン城の内装はスコットランド内で見られるアダム様式の装飾としてはメラーステイン・ハウスに次いで最高のものである。

エディンバラの新市街は、もちろんそれ自体が建築的偉業であり、ヨーロッパを代表する都市計画の傑作である。新市街の建設にはアダムをはじめ大勢の建築家がかかわった。ジェイムズ・クレイグが考案した新市街はザ・マウンドとノースブリッジで旧市街につながる格子状の街で、一八〇〇年頃にはほぼ完成していた。そしてアダムによる建築はもちろんのこと、すでにいくつかの素晴らしい建物が出来上がっていた。そのなかでは、サー・ウィリアム・チェインバーズがサー・ローレンス・ダンダスのためにつくったタウンハウスほど不作法な家はなかった。というのもダンダス・ハウスがセント・アンドルーズ教会の建設予定地を奪ってしまったため、教会はなんとも不適切なことに、セント・アンドルー・スクエアではなくジョージ・ストリートの真ん中に造られることになったのである。一八〇〇年以後、新市街は再び拡張された。北側ではロバート・リード（一七七六―一八五六）が中心となって設計したヘリオット・ロウ、東側ではウィリアム・プレイフェア（一七八九―一八五七）によるカールトン・ヒルを囲む三つの大通り、北西ではギレスピー・グレアム（一七七七―一八五五）がマレー伯爵のために作った円形と半月型の優美な公園が際立っている。後から追加された開発のほうが最初の計画よりも方向性もデザインも変化に富んでいた。また公共建築物もそれぞれ素晴らしい出来栄えであった。なかでも特筆すべきは、プリンスィズ・ストリートの南側に並んで建つ、プレイフェア設計による国立美術館とスコットランド王立アカデミー、そしてカールトン・ヒルに建つトマス・ハミルトン設計のロイヤル・ハイスクールである。

この時期のエディンバラには建築家たちの能力を引き出す何かがあったのであろう。スコットランドのほかの都市も素晴らしい発展を遂げた。ファイフのクーパー、バンフといった小都市や、アバディーンやグラスゴーの一部、パースといった大都市では、エディンバラで新市街が建設されたのと同じ頃にテラスハウスが連なる優雅な区画が新たに設置された。エディンバラにゆかりの深い建築家たちが首都の外で活躍することもあった。たとえば、プレイフェアが手がけた寮制私立学校ドラー・アカデミーは文句なしに見事な作品である。しかし、彼らの才能が天才的な高みまで引き上げられたのは首都エディンバラで働いた場合に限られたようである。おそらく建築家同士の競争がそれぞれの力を最大限に引き出したのであろう。また、建築家の欲望を満たしてくれる依頼人も多かったに違いない。その最たる例がエディンバラ市議会であったが、気前のよさが災いして一八三〇年代に破産している。そして、新市街建設の計画そのものに最高の仕事を求める気運があったからこそ、建築家たちはりっぱな働きを見せたのであろう。彼らは自分たちの任務を意識して、北のアテネを造っていたのである。彼らには自信を持ってそう考えられるだけの審美眼と資力があった。今日のエディンバラ市民は、当時の建築家たちと同じような信念を持ち、新市街を破壊行為や無関心から、そして現市議会の同意のもとに進められている開発から救う必要がある。現市議会はそら涙を流して反対のそぶりを見せているが、資本を振りかざす建設業者の暴挙を止めるにはほど遠い。

二　詩と小説

文化的功績を振り返るという作業も、ここまではやむを得ずほぼ人名や建物名の列挙となってしまった—紹介すべきことがあまりに多く、一カ所に留まってはいられないのである。しかし、スコットランド文学については少し時間をかけて考えたい。というのも、スコットランド文学には非常に興味深い矛盾があるからである。この時期の文学は質、量ともに比類ないものであった。ロバート・バーンズはスコットランド詩の絶頂を極めたが、重要な詩人は彼にとどまらない。

バーンズの以前にはアラン・ラムジー、ロバート・ファーガソンはもちろんのこと、ほかに重要さは劣るものの数多くの詩人がいた。小説においてはウォルター・スコットの功績が最も大きいが、注目すべき作家は彼一人ではなかった。ジェイムズ・ホッグを筆頭に、トバイアス・スモレット、ジョン・ゴールト、ヘンリー・マッケンジー、スーザン・フェリアー、そしてJ・G・ロックハートらが同時代に活躍した。しかし詩においてはバーンズが亡くなった直後、小説においてはスコットが執筆を停止してからしばらく後に、スコットランド文学は勢いを失った。もちろん、完全に途絶えてしまったわけではないが、連綿と続いてきた伝統は消えた。文学研究者のデイヴィッド・クレイグはこう記している。

ジョージ・マクドナルドとR・L・スティーヴンソンの風変わりな作品、ジョージ・ダグラス・ブラウンの『緑のよろい戸の家』、ルイス・グラシック・ギボンの『スコットランド三部作』、ヒュー・マクダーミッドの『歌の祭典』から『石の限界領域』まで―たしかにこのような作品は、バーンズとスコットの時代の作品群に匹敵するほどすぐれている。しかし伝統を受け継いでいるかという点から考えれば、この一〇〇年間のスコットランド文化は、創造的な文学による質の高い精神の感動をときどきにしか与えられなくなっていた(9)。

それではなぜ、一八世紀のスコットランド文学は一気に最高潮に達したのちにぷっつりと沈黙に陥り、その後の功績はとぎれとぎれになってしまったのであろう。この問いに答えるのは容易ないことではないが、それまでの詩と小説の伝統がそれぞれ袋小路にはまり、それ以上有意義な発展が困難になったためと考えられる。

詩における袋小路は言語的なものであった。一六世紀初頭には、スコットランドで書かれる本格的な散文あるいは詩の表現媒体は事実上スコットランド語だけであった。スコットランド語は、語彙も構造もリズムも英語（イングランド語）とは明確に異なるものの、スコットランド人とイングランド人が通訳なしに会話できる程度に英語と近い言語であった。一六世紀スコットランド語と英語の関係は、現代のデンマーク語とノルウェー語よりは離れていたが、この二言語とスウェーデン語ほどは離れていなかった。しかし宗教改革以降、なぜなら、スコットランド語を英語に置き換える動きが強まってゆく。改革派の聖書は英語であった。スコットランド人は改革当初からイングランドで翻訳されたテキストを用い、やがてジェイムズ六世・一世の欽定訳聖書を採用したからである。一六〇三年の同君議会合同のあと、政治家と公務員は公文書を標準英語で書くようになった。イングランド王チャールズ一世が施行した国教会祈祷書に反対する国民盟約ですら英語で書かれた。そして一七世紀末、スコットランド愛国運動の代表的人物だったソルタウンのアンドルー・フレッチャーとロード・ベルヘイヴンは、スコットランド訛りで話していたものの、議会統合に反対する声明は見事に整った英語で書いて出版した。政治意識の高い市民の注目を集めることが目的である以上、ほかに選択肢はなかったであろう。ホーソーンデンのウィリアム・ドラモンド、モントローズ侯爵といった一七世紀半ばの宮廷詩人たちは、上品で物悲しい詩を迷うことなく英語で書いた。一〇〇年前の詩人たちにはスコットランド語で書くことが当たり前だったように。一六三〇年頃以降にスコットランド語で書かれた唯一の迫力ある詩は、センピル父子による一連の牧歌的な祝賀詩であった。ロバート・センピルの「キルバーカンのバグパイパー」がその好例である。

誰がバグパイプを吹くというのか、夜が明け
雄鶏が鳴いて、狩りに出かけるとき。
あるいは教会のあるあれらの町のために
誰かが代わりに奮い立ってくれるというのか。
もう誰もバグパイプを吹きはしない
ハビーが死んだ今となっては。

このようなわけでスコットランド語は、一八世紀初めまでに貧民の言葉に、無骨で滑稽な言葉に成り下がった。日常において使われる場合もつねに英語により修正され、薄められた。地主階級と中流階級の知識人は英語で書き、しかも合同後は、できるだけ正確な英語を用いようとする傾向が強まった。スコットランド訛りで話すと田舎の出身者であることをさらけ出すので、上流社会の仲間入りを目指す者は話し言葉からも書き言葉からも訛りを消し去ろうと苦心した。ロード・モンボドーは、デイヴィッド・ヒュームが死の直前に告白したのは犯した罪ではなく、スコットランド訛りをついに

克服できなかったことだったと語っている。一八世紀最後の二五年間に最も人気があった本の一冊は、ジェイムズ・ビーティの『アルファベット順スコットランド訛り辞典――話し言葉と書き言葉の間違いを正すために』であった。この本は「若い書き手や話し手が、英語と勘違いしてスコットランド表現を身につけてしまうことがないよう注意を促すために」書かれた。同じ時期に評判になった講義はアイルランド出身の俳優トマス・シェリダンによるもので、彼は「恍惚として聴き入るエディンバラ選良協会の著名な知識人たちに、アイルランド訛りの目立つ声で英語の正しい発音を教えた」(10)。

スコットランド語はそれでも、詩、少なくともある種の詩にはふさわしい言語として生き残っていた。これはひとつには伝統のおかげであった。たとえば一四世紀のジョン・バーバーの『ブルース』、一五世紀のブラインド・ハリーの『ウォレス』、サー・デイヴィッド・リンジーの一部の作品は、あらゆるスコットランド人が共有する文化背景として定着しており、農民の子供でさえ年長者が諳《そら》んじるのを聞いて知っていた。土地言葉での歌謡も、バラッドや叙情的な民謡として階級を問わず人気があった。これらは家庭内で代々受け継がれていたので、上流階級にさえ土地言葉で書かれているからといって退けられることはなかった。アラン・ラムジー（一六八六―一七五八）の作品も、スコットランド語が詩の言語として存続するのに大いに貢献した。彼の詩がセンピルを思わせる力強く気取りのない言葉で書かれていたことも重要だが、彼が編集した古いスコットランド詩の作品選集、『エヴァー・グリーン』(一七二四)と『茶卓雑録』(一七二四―一七三七)は、スコットランドの知識人に母国語によるかつての詩的業績を思い出させようとしていた。その一方で、ラムジーは土地言葉で書かれた古い詩を紹介し直すことについてあまりに弁解がましかったので、彼自身、土地言葉は古風で陽気で感傷的な作品にしか適していない、歌謡や滑稽な詩には向いているが「真面目な」現代的表現には不向きであると考えていたと見受けられる。

とはいえスコットランド詩は、このように非常に狭い領域に限定されてはいたものの、一八世紀の農村や酒場では依然として話されていた土地言葉を有力な表現言語として利用することができた。行商人が売り歩くみだらで低俗な小冊子も相変わらずそうした土地言葉で書かれていた。これは教会と上流階級からは忌み嫌われたが、国内どこでもよく売れた。バーンズ以前にスコットランド語を用いた最も創意に富んだ詩人は疑いなくロバート・ファーガソンである。ファーガソンはエディンバラの事務員のもとに生まれた放蕩息子で、一七七四年にいかにもと思わせる二四歳の若さで亡くなった。

「トロン教会の鐘」のような作品からは土地言葉独特のしなやかさと輝きが伝わってくる。

役立たずの、傷んだ、やかましい代物、
かつてはまともな音で鳴り響いていたのに、

しかし一、二の顕著な例外を別として（たとえば「亡霊たち」）、ファーガソンの詩は食べ物や飲み物の礼賛にとどまった。アルコールは最大多数の最大幸福なのである。

ボウ通りの鋳掛屋たちは
もう忙しなくカチャカチャ音をたてたりしない、
体力と金が続く限り、
やつらはふざけながら酒を飲んでいる。
リース通りを歩いていけば、
ありとあらゆる人の行き来でごったがえし、
やつらのかみさんと子どもらは腹ぺこだ、
やつら酒びたりの日々に
祝杯をあげているから。

ロバート・バーンズ（一七五九―一七九六）の登場により、スコットランド詩はひとつの高みに達する。それは過去二〇〇年間に到達されたことのない、そしてその後も二〇〇年間にわたってほとんど到達されることのない高みであった。もちろん、飲み食いや女遊びについて騒々しく歌いあげる伝統は健在である。ときにはうんざりさせられるが、うまくすると彼の叙情的な詩を陳腐な感傷からはるか上に引き上げている。たとえば、「大麦畑の畝《うね》」は喜びにあふれているが、上品を装いはしない。

私は親しい仲間たちと陽気に過ごしてきた。
私は愉快に酒を飲んできた。
私は喜々として金を貯めてきた。
私はあれこれ考えて楽しんできた。
だが、これまでの悦楽すべてを合わせて
三倍にしたのと同じくらい
あの夜は幸せだった、
大麦畑の畝《うね》に囲まれて。

バーンズの詩には単なる素朴な喜びの賛美を超えるものがあった。彼はスコットランドの詩人にも、イングランドの詩人にも及ぶ者のない、詩作の驚くべき才能に恵まれていた。叙事詩的なバラッド『シャンタのタム』は、バーンズがほかの作品を何ひとつ書かなかったとしても彼の名声を不動のものにしたであろう。バーンズは細かなことに目の行き届く観察者で、ネズミの巣穴を掘り返したことやご婦人のボンネットについたシラミといったありふれた事柄を印象的に表現した。彼には諷刺の素晴らしい才能があり、『信心深いウィリーの祈り』や『聖なる祭日』では、故郷エアシャーの人々のえせ信心深さをこの上なく痛烈に風刺した。バーンズの作品がすぐれている場合は、どの作品でも、成功に導いているのは、何よりも彼の自在なスコットランド語の使い方である。言葉はときにとめどなくあふれ出た。しかしそれは的確で意味を適確に伝えるものであった。シラミの描写がいい例である。

さっさと行ってしまえ、乞食のこめかみにしゃがみ込んでいろ、
そこで這い回り、大の字になってあがくのだ

同じように跳ねる虫の仲間と一緒に……

スコットランド語を使う才能は、表裏のある偽善者の宗教的表現に込められた二重の意味を暴くのに巧妙に用いられ効果を強める。

ああ神様、昨晩ご存知のようにメグと――
お願いですから、どうぞご勘弁ください――
ああ、これがこの世での天罰となって
名誉を失うはめになりませんように、
もう二度と人の道に反して彼女に
不法の脚をあげたりいたしません。

バーンズのスコットランド語は無理がなく自然であった。一六世紀のスコットランド語とはもはや同じものではなかったにせよ、読むものはそれがエアシャーの農民階級の言葉であることに気づかずにいられなかった。バーンズはまさにその社会に生まれ、生涯の大半をそこで過ごしたのである。農村社会はしかし、一八世紀末には急速に変わり始めた。裕福な農民は資本家的借地農となり、英語を話す上流階級の仲間入りをした。貧しい農民は農場労働者となった。だれもが雇い主や教会や学校を通じて、より純粋な英語にさらされるようになった。

その結果として、スコットランド詩はちょうどバーンズが亡くなった頃に三重の危機を迎えることになる。まず、バーンズの天分が輝きを失うことがなかったので、スコットランド語の使用でバーンズを超える詩人はだれ一人いなかった。バーンズの業績に魅了されて模倣した者は大勢いたが、結局はバーンズと同じような詩を書こうとして自分の墓穴を掘った。次に、スコットランド語の言語的な伝統から離れていく詩人たちが多くなった。農業革命からわずか二〇年で、詩人が使う土地言葉はわざとらしく取って付けたような気安いものに変わり始めた。もちろん、大多数のスコットランド人は相変わらずイングランド人とはだいぶ異なるアクセントで話していたし、イングランド人が知らない単語も使っていた。しかし、広い範囲の哲学的および感情的観念を表現できる、独自の生き生きした変化し続ける言語としてのより古いスコットランド語は忘れ去られるようになっていた。

一方で、この黎明期のスコットランド詩人たちは英語を正確に運用できなかったために、歌謡や田園生活を賛美する詩、諷刺詩を超えた詩的表現のさまざまな領域を探求できずにいた。バーンズ自身ですら、スコットランド語は真剣な詩には向いていないという一八世紀の定説に同調することがあり、特に厳粛な詩を書きたいときは英語で書いた。その結果は味気ないこともあれば、ばかばかしいこともあった。このようなわけで、「小作人の土曜日の夜」の次のような詩行が書かれている。

　　さあ、ささやかな食卓に夕餉のごちそうが用意される、
　　栄養たっぷりのポリッジはスコシャーの主食である

バーンズと同時代の詩人と後続の詩人のほとんどは、まだ心の底から自然にあふれ出てくるまでになっていない言葉では舌足らずにしか表現できないと自覚していた。一八世紀のスコットランド詩人で英語にまったく不自由しなかったはジェイムズ・トムソン（一七〇〇―一七四八）ただ一人であった。トムソンが洗練された英語で書いた古典的名作『四季』は、ワーズワスにかなりの影響を与えた。彼はスコットランド南端ロクスバラシャーの牧師の息子で、二五才以降は生涯をイングランドで過ごしていたのである。

一八世紀には、ゲール語による詩も最盛期を迎えたといっても間違いではない。ゲール語話者ではない者がゲール語詩がいかにすぐれているかを判断するのは難しいが、ゲール語に詳しい者のほとんどはアレグザンダー・マクドナルド（一七〇〇？―一七六八）、ダンカン・バン・マッキンタイア（一七二四―一八一二）、ロブ・ドン（一七一四―一七七八）、そしてデュガルド・ブキャナン（一七一六―一七六八）を、使用する言語と作詩の時期にかかわりなく、スコットランドが生んだ最高の詩人としてあげている。マクドナルドは戦争と愛をテーマとする詩人であった。彼はチャー

ルズ王子のブリテン島上陸に触発されて堂々たる戦争詩を書き、みずからの数々の恋愛をもとに翻訳者が戸惑うような恋愛詩を書いた。「彼が愛を語る言葉には、出版社は注釈を山ほど付けなければならないだろう」と指摘する人もいた(11)。マッキンタイアは主に自然詩、甘美な恋愛詩、そして諷刺詩を書いた詩人であった。ドンは地元の牧師の紹介でローマ法王が書いた詩のゲール語翻訳を地元の牧師に読み聞かされ、これに多大な影響を受けた。ブキャナンは力強い賛美歌と宗教詩を書いた。このように多様な詩人たちのあいだに共通点があるとすれば、自然の描写力であろう。マクドナルドによる自然描写では、名詞を飾る形容詞はもとのゲール語の方が英語より明らかに響きがよかった。ウェールズ出身のケルト人、ディラン・トマスはこのことに気づき、ゲール語の力に羨望を感じたに違いない(12)。

羊の群れのなかから聞こえてくる子牛のかすかな鳴き声ほどかわいらしいものはない。元気いっぱいの白黒まだらで、見栄えのする、背中の白い、毛の短い、ごきげんな、頭の白い、目の鋭い、耳の赤い、腹が白い、活発な、若い、けむくじゃらの、蹄のやわらかい、よく肥えた子牛が、雌牛たちの鳴き声のする方へ駆けてゆく。

このような本格的な詩の発展がハイランド地方で続いているあいだずっと、ローランド地方は無関心のままでいた。キリスト教知識普及協会は、協会の教師の一人であったマクドナルドを「みだらな詩を書いて広めている」として非難した。しかしきわめて皮肉なことに、同じ頃にローランドではにせのゲール語詩が大変な人気を博していた。キンユースィー出身のジェイムズ・マクファーソンは、ハイランドにおけるケルト人の神話的英雄フィンガルとオシアンにまつわる古代のゲール語写本から英語に翻訳したと主張して、詩集『オシアン』を出版した。ところがそれは、実際は彼自身が創作したかなり凡庸な叙事詩で、ハイランドの伝統の持つ本物の表現様式にミルトンやホメロスのまがい物の断片を混ぜ合わせたものであった。ドクター・サミュエル・ジョンソンはこの詩が偽物であると主張して不評を買ったが、イギリスは全体として『オシアン』をまともに受け止めた。『オシアン』はやがてヨーロッパ・ロマン主義の血流に入り込み、ウィリアム・ブレイクからメンデルスゾーンまで、数々の詩人や作曲家に着想を与えた。メンデルスゾーンの序曲「フィンガルの洞窟」は、文学史上成功を収めた捏造《ねつぞう》事件のひとつを記念する最も有名な作品となっている。

社会の変動のためにそれまでの言葉の伝統が枯渇し崩壊するという問題は、詩の場合とは異なる形で生じた。一八世紀初頭の最初期の小説家たちは中流階級の出身であった。彼らは詩人の多くが輩出された社会階級よりも数段上に属し、英語を使っていた。トバイアス・スモレット（一七二一―一七七一）は散文におけるジェイムズ・トムソンに匹敵すると考えてよいであろう。スモレットは一八才でイングランドに向かい、フィールディングやスターンを範としてイングランドで小説を書き続けた。いくつかの舞台設定と『ロデリック・ランドムの冒険』や『ハンフリー・クリンカー』に盛りこまれた自伝的要素を除けば、彼の作品にスコットランド的な要素はとくにない。ヘンリー・マッケンジー（一七四五―一八三一）もまた英語で執筆した。彼はエディンバラ在住だったが、作品はイングランドを舞台とした。彼の『感情の人』は今日の感覚ではいやになるほど退屈な作品だが、刊行当時はバーンズに影響を与え、イギリスにおける「感傷小説」流行の先駆けとなった。

しかしながら、サー・ウォルター・スコット（一七七一―一八三二）の登場により小説は新たな時代に突入し、やがてそれまで積み重ねてきたすべてを消し去ることになる。スコットはまず詩人として文学界にデビューした。一八〇二年の『スコットランド国境地方歌謡集』は、友人たちとボーダー地方の古いバラッドを収集したアンソロジーであった。続いて彼は、伝説をテーマにした物語詩三作、『最後の吟遊詩人の歌』、『マーミオン』、『湖上の美人』を発表した。文体と用語はやや堅苦しく大げさだが、当時は幅広く人気を博し、一人の批評家はこれらを「韻文で書かれた小説」と呼んだ(13)。そして一八一四年、スコットは匿名で、ジャコバイトの蜂起を題材とした小説『ウェイヴァリー』を出版した。作品は熱烈に歓迎され、スコットはそれ以降の一〇年間、飽くことを知らない読者に次々と歴史小説を提供し続ける。彼は一八一四年から一八二六年のあいだに二二編の小説を執筆した。

スコットの歴史小説のなかで最も優れているのは、執筆当時からさかのぼること一五〇年間のスコットランド史を扱ったものである。『アイヴァンホー』と『クエンティン・ダーワード』は人気が高かったが、舞台となったイングランド、フランスおよび中世について正しい理解を欠いていた。対照的に『ウェイヴァリー』、『供養老人』、『ミドロージアンの心臓』、それに『ガイ・マナリング』では、登場人物と舞台となる時代が手際よく、正確な理解をもとに描かれている。スコットのほとんどの作品の根幹をなすのは、主な登場人物全員に対して感じさせられる強い共感である。彼らがどんなに多様で矛盾していようと関係ない。いわゆる悪役はほとんどいない。たとえば『ウェイヴァリー』の主な登場人物は、最後にはチャールズ王子のハノーヴァー政府の将校、ローランドに暮らす非常に古風な男爵（彼は杓子定規なジャコバイトの典型だ）、そして血気盛んなハイランドの氏族長（彼もまたジャコバイトだが、ローランド人の雌牛を盗むような一面がある）である。ウェイヴァリーを投獄し、後にハイランド人の奇襲にあうキャメロニアン連隊の将校兼牧師ですら、ユーモアのある共感をもって描かれているので読者は彼の狂信を非難する気にならない。スコットは登場人物を想像力豊かに過去の時代に投じ入れ、見事な性格描写で読者を引きつけることで思い切った道徳的判断を避けている。スコットは数々の印象的な登場人物―たとえば『ロブ・ロイ』のベイリー・ジャーヴィーや『供養老人』のカディー・ヘッドリグ―にスコットランド語で会話させているが、非常に勢いがあり、的確なスコットランド語の使い方になっている。（ついでながら、間接話法においては非常に巧みにスコットランド語を操ったスコットだが、地の文や詩での用い方はなぜか精彩を欠いた）。登場人物の活躍する場面の地理描写は非常に簡潔でわかりやすい。また史実の説明には時として目覚ましいものがある。『ミドロージアンの心臓』の最初の七章ではポーティアス暴動がきわめて綿密に描かれているので、読者はすっかり心を奪われるであろう。しかしスコットは結局のところ、登場人物を実在の人物としてではなく、見事に演出された映画のなかで動きまわる俳優のように扱っている。彼のリアリズムは狙った効果を出すための道具にすぎなかった。彼は当時のスコットランドを生きる現実の人々を扱うリアリストではなかったし、そうなることを望んでもいなかった。彼の芸術の根底には何はさておきスコットランドの過去への郷愁があり、それゆえにスコットランド的なもの、スコットランドの過去のものはすべからく賞賛に値すると主張しているようである。

スコットの業績は、バーンズが彼の同時代人を魅了したとまったく同様に、当代の人々を虜にした。しかし生前のスコットはバーンズよりも後継者に恵まれていた。『アダム・ブレア』のジョン・ギブソン・ロックハート（一七九四―一八五四）と、『教区の年代記』と『市長』のジョン・ゴールト（一七七九―一八三九）は、いずれもスコットランドの近い過去を扱いながら、構想にも表現技法にも独自性があった。スコットランド小説が菜園派のぬかるみに車軸まで沈んでしまったのはスコットの死後である。スコットの作品の素材はじっさい非常に限られたものだったので、彼が安っぽい感傷的なものではない小説を仕上げることができたのは特別に傑出した才能のおかげであった。ロックハート以後のスコットの後継者たちにはその才能がなかった。彼らは過去の田園地方を舞台とする歴史小説を書き続けたが、それらは工業国に変貌した一九世紀スコットランドの状況とはますますそぐわないものになっていった。スコットランドのかかえる主要な作家たちは問題を考慮しなかったし、作品でも扱わなかった。

このような文学の流れから抜け出して新しい境地を開こうとする作家が現れなかったのはなぜであろう。答えはおそらく、大衆の好みの性質にかかわっているのであろうか。スコットランドの大衆はスコットを好み、菜園派の作品を好んだか、現実を直視する作品を好まなかった。一八才までは読み書きができなかった「エトリックの羊飼い」、ジェイムズ・ホッグ（一七七〇―一八三五）の経験が、この点についてかなりのことを明らかにしてくれる。ホッグは懐古趣味の小説を多数世に送り出したのち、『許された罪人の告白』（一八二四）を刊行した。これは信仰によりすべてが正当化されると考えるあるカルヴァン主義者を描く小説で、主人公は、自分のどんな行為も悪行にならず、魂の救済は約束されていると確信していたが、（悪魔として現れる）精神分裂症的な自分の別人格に突き動かされて、自分の理論を実証するために暗殺、兄弟殺し、レイプを犯して、最終的には自殺してしまう。力強く印象的で、深い感銘を与える驚くべき作品である。現代の読者の多くはスコットランド小説のなかでも一、二を争う興味深い作品だと受け止めている。しかし刊行当時、作品を迎えたのは一様な敵意と無関心であった。ホッグは執着しなかった。『ボズベックのブラウニー』をはじめいくつかの短篇を例外として、以後この系統の作品は書かなかった。彼がもっと広い社会に暮らしていたのであれば、話は別だったかもしれない。読者層が十分に広ければ、作家は九八パーセントの読者の敵意を無視しても、残りの二パーセントの称賛と引き立てを頼りに生活することができる。しかしスコットランド社会は狭く、結びつきが緊密であった。そのような社会では、ある作品を嫌われてしまったら、作家は赴きの異なるの小説を書くか職業を替えるしかなかった。

なぜスコットランド人は、無害な歴史小説をそれほどまで好んだのだろうか。これはある程度は伝統的な好みであった。―バラッド、ジョン・バーバーの『ブルース』、ブラインド・ハリーの『ウォレス』などは農民階級にとって文学の定番であった。これらの作品は歴史や物語を韻文で語ったもので、好評を博したスコットの最初の物語詩と近いものであった。おそらく、このような好みが持続し強まったのは、社会の変動が著しい時代に人々の情緒面を満たす役割を担っていたからであろう。一九世紀初頭までには、何世代にもわたって変化が非常に穏やかで、世代ごとの違いがほとんど感じられな時代が続いていたのが一変し、経済革命によって農業と工業の昔ながらの方法が根こそぎにされていた。人々は重しを解かれたと感じ、大半の人の暮らしぶりは改善したが、一方で以前の安定感を懐かしむようになっていた。

また、一九世紀の最初の四半世紀が終わる頃、エディンバラの社会そのものも文化の面で大きく変化し始めた。自伝という私的文学の領域でただ一人ジェイムズ・ボズウェルと肩を並べたヘンリー・コウバーン（一七七九―一八五四）は、その変化を感じとり、『日記』および『自分の時代の覚書』に記している。コウバーンは、エディンバラ社会から純粋にスコットランド的なものの多くが失われ、人々の作法も流行も合同王国中の洗練された社会のそれにますます同化しつつあるのを目の当たりにしていた。彼は、変化は大体において避けようがないことだと考えた。世界が狭くなり、ロンドン行きはだんだん容易になった。経済的変化はイングランドとスコットランドを同時に、襲い、同じ変化をもたらしたので、両国の社会がより似通ってゆくのは当然の結果と思われた。しかし彼は、何世紀にもわたって独自性を誇ってきたスコットランドの民族的特徴が、この荒々しいるつぼに投げ入れられてしまうことを悲しんでもいた。彼は『日記』を大勢の読者に向けて書いている。

スコットランドの独自性、特に言葉と慣習の独自性が保たれることを私は切に願っている。一七〇七年から今日までのスコットランド文化がどのようなものだったかという知識や感覚は、五〇〇年後には古代ギリシャに関する同様の知識や感覚よりも興味深いものとなるであろう。しかし、民族の特徴や表出は法の力で存続させられるものではない。より大きく豊かで強力な隣国に吸収され同化されつつある国から、その国独自の慣習が徐々に失われてゆくのは避けられないことである。バーンズやスコットはスコットランドの独自性を守るために、どんな法律や政治家や組織よりもはるかに貢献している(14)。

このように、スコットは意図的に、そしてバーンズは無意識のうちに、当時の民衆が失いつつあると感じていた過去の安定性と国民意識を彼らに提供していた。その結果はしかし、文学にとっては破壊的であった。文学は首を一八〇度ひねり、詩はつねにバーンズと失われた言葉の方を向き、散文はスコットと過去の社会の方を向き続けることになった。文学はこの姿勢のまま凝り固まり、現実社会から目を逸らしたまま一九世紀へと進んでゆくことになる。

ところで、このことはスコットランドの歴史研究にも多大な悪影響を与えた。歴史は民衆にとって文学の延長にすぎないものとなり、神話、そしてイングランドに抗していた遠い過去と固く結びつけられた。もちろん、スコットの後継者たちが彼ほど優秀な歴史家ではなかったことはスコットの責任ではない。一八世紀にウィリアム・ロバートソンら学者が提唱し始めた、歴史は現在に至る社会の発展を説明するものであるという考え方は完全に見失われた。ヴィクトリア朝時代の人々は示し合わせたようにバラ色の眼鏡を通して楽観的な目で歴史を眺め、スコットランドの現実離れした歴史に触れた者は、「私たちに乾杯、私たちと並ぶ者は誰だろう」と感嘆の声をあげるが当たり前という風潮であった。

悲しいかな、この実に思慮のない言葉への答えは時代とともに変わってゆくのである。

三　社会の変化と文化的功績

最終章では難しい問いに向き合ってみたい。一七四〇年から一世紀のあいだに生じたスコットランドの空前の文化的功績は、どうしたら説明がつくのだろうか。スコットランドの歴史を振り返っても、いっときにこれほど幅広い分野でこれほど多くの才能が花開いた時期というのは前例がない。中世は、たしかにスコットランド特有の優れた建築と詩を生んだが、国際的名声を得たスコットランド人はわずかであった。例外は、一三世紀の神学者ドゥンス・スコトゥスであろう。一六世紀には歴史家のジョージ・ブキャナンや一連の優れた宮廷詩人（名声は国内にとどまった）が登場し、いくつかの見事な建築物が造られた。一七世紀は第一級の芸術作品が比較的に乏しかったが、それでも数学者のネイピアは国際的に大きな名声を得た。また彼ほど重要ではないものの、グレゴリーやシバルドのような学者が多数活躍した。このように、一七〇〇年までの文化的功績は決して取るに足らないものではなかったが、それ以後のすばらしい業績とは比べものにならなかった。頂点にはヒューム、スミス、バーンズ、スコット、ブラック、ワット、テルフォード、ロバート・アダムにハットンといった第一級の知性が並び、次にファーガソン、ミラー、リード、ロバートソン、アラン・ラムジー二世、レイバーン、ウィリアム・アダム、レニー、ボズウェル、ホッグらが続き、さらにその下には蒸気船を開発したウィリアム・サイミントン、雑誌『エディンバラ・レヴュー』を創刊したフランシス・ジェフリーなど多彩な才能がひしめき合っていた。一七四〇年から一八三〇年までのスコットランド文化は、じつにまばゆいばかりの成果に恵まれた。この時代の勢いはその後も保たれたとはいいがたい。今日までの一五〇年間に数多くのスコットランド人が世界各地で活躍してきたが、かつてのように多数の才能が同時に、現れ、スコットランド国内でまとまって働くことは二度となかった。ヒュームとスコットの時代は経済的発展が始まった時期であった。スコットランドの物質面の充足は、突如目の前に現れた機会に人々が反応した結果であるのはほぼ間違いない。したがって、めざましい文化的功績が生じた理由に多少なりとも光を当てれば、それは当時の人々の知性の高まりはもとより、彼らの挑戦的姿勢がもたらしたものであるという事実を明らかにすることになるであろう。

しかし、社会史研究者はこのような現象をどのように説明できるだろうか。説明しようと試みること自体ばかげていると考える人も多いであろう。天才は無作為に世に現れるものであり、きら星のように天才が現れたのは非常にまれな偶然であった。よってソクラテスの時代のギリシアであれ、エリザベス女王時代のイングランドであれ、ジョージ王朝時代のスコットランドであれ、およそ文化の黄金時代について説明しようとする歴史家の試みは、宇宙から降り注いできた隕石《いんせき》シャワーに説明をつけようとすることと同じくらい無駄なことだとの考えである。もちろん、歴史を研究すれば新たなヒュームを生みだす方法がわかるだろうなどと考えるのは浅はかである。その一方で、天才は偶然の産物だと言い切り、天才の仕事が日の目をみた社会の歴史的背景を探求してみようと思わないのは好奇心に欠けている。社会史の研究者がすべてを説明することは不可能かもしれない。しかしそれは試してみない理由にはならない。

文化の先駆者の大部分に共通する特徴は何であろうか。まず第一に、主流文化に貢献したのはほとんど例外なくローランド人であった。ハイランド人にはもちろんゲール語詩人たちがいたが、彼らがスコットランド全土の文化に寄与することはなかった。ハイランド以外の地域ではハイランドの当時の詩や音楽は知られていなかったし、知る価値があるとも思われていなかった。ハイランド外で注目されたハイランド人は、オシアン詩集を捏造したジェイムズ・マクファーソンと、パースシャーの牧師のもとに生まれた哲学者のアダム・ファーガソンだけであったといっても過言ではない。しかし、一八〇〇年以前のハイランドが主流文化に資するところが少なかったのは当然といえば当然であった。ハイランド地方は主流文化にほとんど属していなかった。住民の多くにとって、英語は見知らぬ外国語であった。教育も行き届いていなかった。そして一八世紀の末に社会的・経済的大変革に襲われると、ハイランド社会はゲール文化を発展させることすらままならないほど安定を失ってしまった。このような状況だったとはいえ、一七五〇年当時一二五万を数えたスコットランド人口の四分の一から三分の一はハイランドに暮らしていた。ハイランド人が人口に見合った貢献をしなかったため、ローランド人の功績がなおさら際立つことになった。

文化の黄金時代に目立った貢献をしたローランド人の大半は中流階級の出身であった。スコットランドには、「貧しい才能ある少年」は勉学を通じて立身できるという深く根ざした伝統があるので、これは意外に思えるかもしれない。肉体労働者や小作農の息子が貧困を抜け出して富を手に入れるという例もあるにはあったが、成功者の大半は最貧層の出身ではなかった。最も躍進が目立ったのは農業革命を経て資本家的借地農となった農民だったが、彼らのほとんどはもともと中規模か大規模の借地人で、小作人や使用人ではなかった。文化の面でもこれら最下層の者が無名の存在から名を成すことはまれで、例外は詩人であった。彼らの場合は、貧しい者だけが自然なスコットランド語を話すことが強みとなったのである。バーンズは農民詩人のまさに典型である。織工詩人は議論の余地なくプロレタリア階級に属した。ホッグはバーンズと似通った家庭に生まれたが、前の世代が農地を失い労働者階級に身を落としていた。一方、トマス・カーライルの両親はすでに労働者階級の身分から抜け出していた。哲学者のジェイムズ・ミルは田舎の靴職人の息子であったが、結婚で身分を落とした母親が、息子に社会階層の階段を登らせようと躍起になった。文学から離れると、羊飼いの息子トマス・テルフォードが低い身分から立身出世した者の好例である。しかしレニーは小作農というより資本家的借地農の息子であったし、サイミントン、ニールソン、ミークルといった発明家の親は賃金労働者ではなく、独立した職人や水車大工であった。おそらく労働者階級の大半にとって、日々の生活は依然として生きのびるだけで精一杯という厳しいもので、余計なことに興味を持つ時間も余裕もほとんどなかったのであろう。そして何かに興味を持った場合は、実生活で直接役にたつことがあまりなさそうな文化的関心よりも、ひどい貧困から抜け出す助けになりそうな経済的な関心であることが多かった。

しかしながら、中流階級のなかでは、どちらかといえば身分の低い人間が文化発展に貢献した──特に彼らは都市部で活躍した。役人からは、カーコーディの税関吏の息子アダム・スミス、画家のデイヴィッド・アラン（アロアの港湾職員の息子）、黒点を発見した天文学者のアレグザンダー・ウィルソン（セント・アンドルーズの書記官の息子）が輩出された。アダム父子、ジェイムズ・スミス、ロバート・ミルンといった建築家たちの先代は熟練石工であった。優れた画家のアレグザンダーとパトリックのネイスミス父子の背景もそうであった。ロバート・フーリス、アラン・ラムジー二世といった画家の親は出版業を営んでいた。商人の子供も、ジェイムズ・ハットン、ヒュー・ブレア（修辞学者）、チャールズ・マッキントッシュと数多く活躍した。サイミントンと蒸気船の開発に取り組んだパトリック・ミラーは銀行家の息子であった。サー・ヘンリー・レイバーンは工場主の息子、アラン・ラムジー（詩人）は鉱長の息子、ジョン・ゴールトは船長の息子であった。産業革命の時代に優れた企業家を輩出したのも同じ社会階層で、とくに職人と商人の子息の活躍が目立った。スコットランドが他の一八世紀社会と比べてこうした都市人口の才能を活用できたのは、この国のグラマースクールと大学が幅広い階層の学生に門戸を開いていたからであった。親に多少の財力があり、子供の才能を伸ばすためなら犠牲を払うことも厭わないのであれば、誰もが高等教育を受けることができた。

博学な専門家たちもまた、一八世紀のスコットランド文化に大いに貢献した。彼らの産業界への貢献が少なかったことは、その父親たちの職業が商業的であるよりも学究的であったことからも想像がつく。医学におけるモンロー家や、数学と医学界で活躍したグレゴリー家のような学問一家がたどった軌跡は、建築界のアダム家にも匹敵するものであった。息子は父親の教授職を引き継ぎ、あるいは別の教授職についた。そしてモンロー家が特にそうだったが、縁故主義を正当化して余りある際立った働きを見せた。スコットランド教会の牧師の子どもたちも大勢活躍した。哲学者ではアダム・ファーガソン、ジョン・ミラー、トマス・リード、デュガルド・ステュアート、歴史家ではウィリアム・ロバートソン、その友人で自伝作家のアレグザンダー・カーライル、詩人のジェイムズ・トムソンに画家のサー・デイヴィッド・ウィルキーが数えられる。法曹人の親からはサー・ウォルター・スコット、フランシス・ジェフリー、そしてヘンリー・コウバーンといった優れた文人が生まれた。このグループにはロード・ケイムズとロード・モンボドーといった知識人も含めるべきかもしれない。彼らは小規模な地主の息子だったが、裁判官として富と名声を手に入れた。

しかしながら、彼らを別とすると、地主階級の子息で文化の黄金時代になんらかの独創的な知的貢献した者は驚くほど少なかった。比較的小規模な地所を持つ地主の次男に生まれたデイヴィッド・ヒュームは例外である。トバイアス・スモレットも同じような家庭の息子として生まれた。ジェイムズ・ボズウェル、道路建設で有名なJ・L・マカダム、『統計報告』のサー・ジョン・シンクレア、ウィリアム・オーグルヴィー（彼が提唱した土地共有の考え方はヘンリー・ジョージに先行していた）らも貴族の出身だが、真に独創的な貢献をしたのは政治経済におけるローダーデール伯ジェイムズ・メイトランドと、工業化学におけるダンドナルド伯アーチボールド・コクランだけである。

地主階級が社会的、政治的指導者として持っていたはなはだしい重要性を考えると、驚くほど少ない寄与である。また彼らはあらゆる余暇と教育の機会に恵まれた豊かな人たちであったし、生活のために身を粉にして働く必要もなかった。それゆえに、彼らの文化的貢献が相対的に少なかった理由は、労働者階級の貢献の少なさと同様に物質的な条件から説明することはできない。しかし、彼らの劣勢はおそらく心理的理由によるものであろう。地主の生活は非常に安定していたし、彼らの社会的立場はこの上なく居心地が良く、尊敬されるものであった。したがって彼らは、中流階級のように社会的評価を求めてがむしゃらになる必要はなかった。中流階級に属する者の場合、生活は彼のペンに、彼の教師としての資質に、彼の発明の才にかかっていた。そして彼は、社会階層の階段をこれから登るべきものとして見上げていた。地主階級では、広大な土地を相続する可能性のない下の息子たちですら、植民地での仕事や法律職といった立場をそれほど努力することもなく優先的に手に入れることができた。地主階級が文化に関心を持ったとしても、たいていの場合はアマチュアかパトロンの立場で満足した。彼を生来の、そして紳士階級らしいおっとりとした怠惰から引っぱり出すものは何もなかった。しかし天才的な偉業というのは、夏がくればすももが自然に熟すようにして実るのではない。それは大変な精神的努力によって形になるのである。ダンドナルド伯爵でさえ、もし彼の地所が財政難に陥ることがなかったら工業化学者になっていたかどうか疑問である。伯爵は、地所を債権者の手に渡さないで済む方策を見つけようとして必死になっていた。

地主階級は文化の黄金時代の最良の貢献者にはなれなかったが、一方で彼らのパトロンとしての後ろだては、黄金時代が生じるために欠かせない前提条件であったに違いない。特に芸術は、彼らの後援に完全に頼っていた。一八世紀の建築家たちは、貴族からカントリー・ハウスや優雅なタウン・ハウスの設計を依頼されることがなければ貧しい生活を余儀なくされたであろう。ロバート・アダムがホープタン伯爵に大いに世話になったことはすでに述べた。画家もまた、上流階級や貴族に大きく依存していた。彼らは駆けだしの画家の作品を買いあげて、流行を作り出すのに一役買った。デイヴィッド・アランはアダム同様にホープタン伯爵の庇護を受けた。詩人とパトロンとの関係は若干ややこしい。エディンバラでもてはやされていたバーンズはロード・デアの前で見せ物にされ、バカン伯爵とロード・ウッドハウスリーに詩の書き方についていらぬ助言を与えられた。バーンズはこのアドバイスを取り入れなかったが、貴族からの注目は作品が世に広く受け入れられるためには重要だったし、第一線の活躍を続けるためにはこの社会的受容がおそらく不可欠であった。それよりも以前に、アラン・ラムジーは古いスコットランド詩を集めた詩集に『茶卓雑録』という非常に貴族的な題名を付け、社会的に受け入れられたいという願望を露わにしていた。ジェイムズ・ホッグとジェイムズ・トムソンは、それぞれ十代の頃に教養ある地主に才能を見出され、以来彼らの励ましと支援を受けて成長した。哲学者たちも貴族のパトロンを見つけていた。デイヴィッド・ヒュームとアダム・ファーガソンは一時期イングランド人貴族の家庭に暮らしていた。アダム・スミスはグラスゴー大学での教授職を退いてバックルー公爵の家庭教師になり、大陸旅行にも同伴した。ジョン・ミラーを最初に見出したのはロード・ケイムズであった。ウィリアム・カレンはハミルトン公爵とアーガイル公爵に大いに世話になった。

もちろん、そのような貴族のパトロンとの関係は多くの場合、経済的に支えられただけでなく、大物に認めてもらい、関わりを持ちたいという知識人たちの根強い欲求も満たされるものであった。それは場合によっては家庭教師を引き受けることであり、場合によっては親族関係を主張することであった。ヒュームはヒューム伯爵との関係を本気で確信していたし、ラムジーは自分にはダグラス家の高貴な血が流れていると主張した。それはときには地所を買い、そこにレルドをまねてみずからの牙城を築くことを意味した。ウィリアム・アダムはキンロスシャーに土地を買い、みずからが建てた家にブレアラダムという大げさな名前をつけた。サー・ウォルター・スコットはアボッツフォードに城を建て、空想のなかの男爵と同じような生活をした。

地主階級との一体感を求める彼らの志向からは、社会的および政治的な因習を打破しようとする気概が抜け落ちていた。たとえば、デイヴィッド・ヒュームは教会の教義を攻撃することには積極的であったし、アダム・スミスは重商主義経済の基盤を打ち壊そうとした。しかし、土地所有と社会的特権に批判の矛先を向ける者はだれ一人いなかった。フランシス・ジェフリーとヘンリー・コウバーンに率いられた、一九世紀初めに政権を批判していた知識人たちは正統派のホイッグ党員で、権力を握る特権階級と取るに足らない論争をくり返しているに過ぎなかった。バーンズはしばしば民主主義者として讃えられるが、ジェントリーに対してはほんのわずかな皮肉を（それも安全な時に）示すに留まったし、ワーズワスやコールリッジよりも先にフランス革命を批判した。スコットランド人で最も過激な思想を持ったのはウィリアム・オーグルヴィーであった。彼自身は地主の息子であったので、土地所有権をより冷静な目で見ることができた。しかしオーグルヴィーも政治思想の歴史においては目立たない存在である。

すなわちスコットランドには、革命を支持したフランスのヴォルテールやルソーのような哲学者、イングランドのトマス・ペイン、さらにはジョン・ウィルクス、ジョン・カートライト、トマス・スペンスにウィリアム・コベットといった思想家や活動家に相当する人間がいなかった。これらのイングランド人は、現在英国の国民すべてが享受している基本的な民主的権利のためにみずからのペンと精神で戦った。後世のスコットランド人歴史家が北の「民主主義的な知識人」を自慢したら彼らのひんしゅくを買うであろう。ウィリアム・コベットが「スコットランドのえせ哲学者」から私を守って下さいと天に祈ったとき、彼はより現実的な考え方をしていたのである。

とはいえ別の面では、スコットランドの知的文化は地主階級とのかかわりの恩恵を受けていたであろう。特に、上流階級やジェントリーはこの上なく視野の広い国際人であった。彼らはイングランドを訪れ、ロンドンに別宅を構え、余裕があればグランドツアーでフランスやイタリアを渡り歩いた。彼らは自分たちが持ち帰った文化をひいきの芸術家や思想家に伝え、スコットランド文化が過度に民族的に、偏狭にならないようにした。しかし歴史的な因果関係という点からまとめると、スコットランドの文化人は、地主階級の承認と支援に情緒的にあまりに依存していたため、上流階級がパトロンにならなければ文化の黄金時代がそもそも起こりえたのか疑問に感じるほどである。

黄金時代の第二の前提条件はスコットランドの国民教育のありようである。独学で文化の先駆者となった者は少なかった。彼らの大半はアドベンチャー・スクールか教区学校に通っただけでなく、最寄りのグラマースクールで勉学を続けた。もちろん、正規の教育をまったく受けていない天才が現れることもあった。たとえばジェイムズ・ホッグは一八才まで読み書きができなかった。しかし、教育が中流階級のほぼ全体に行きわたっていたことと、カリキュラムが比較的進歩的であったことがスコットランド人の才能を最大限に引き出したことは間違いない。

黄金時代は大学の存在なしには考えられなかった。大学は数々の指導者を育て、後には非常に優秀な教授陣を抱えるようになった。一八世紀スコットランドの大学は、宗教改革の後にはじまった改革により特徴づけられていた。改革は、エディンバラ大学ではウィリアム・カーステアズが学長を務めた一七〇三年から一七一六年までに、グラスゴー大学ではフランシス・ハッチソンが教授として在籍していた一七三〇年から一七四六年までに特に積極的に進められた。改革運動の目的は、受け入れ学生数を増やし、教育を近代化し、新たな教授職を設置して教育内容の充実と拡大をはかることであった。一七〇八年にエディンバラ大学で教師が各教科をローテーションで教えるリージェント・システムが廃止され、一七三〇年ごろにグラスゴー大学でラテン語による講義が廃止され、両大学で医学部が設置されたのはいずれも改革の節目となる出来事であった。ウィリアム・ロバートソンがエディンバラ大学学長になった一七六二年までには（彼はこのポストを三〇年にわたって務めた）、スコットランドの大学の名声はイギリス全土はもちろんのこと、ヨーロッパまで広く知れ渡っていた。中流階級の学生の受け入れに積極的で、学費が比較的安く、教育の質が高く、大学当局が講師の幅広い見解に対して寛容なことが評価された。たしかにデイヴィッド・ヒュームは生涯教授職を与えられることがなかったことは事実である。しかし彼は、大学がキリスト教の教義に厳格に従うことが依然として当然であった時代に、無神論者呼ばわりされてもまったく否定しようとしなかった。一七四五年にヒュームを教授に選ぶことに反対した者の名誉のために、大学教授は原則として「霊魂学、すなわち、真なる唯一の神の存在と完全性について、天使および人間の魂の性質について、自然宗教の役割について研究する学問」を教えなければならなかったことを思い起こすべきである」。ヒュームを教授に選ぶには相当の皮肉が必要であったのであろう(15)。とはいえ、大学はもちろんアダム・スミスのような学者を大勢受け入れていた。スミスの宗教観はおそらくヒュームのそれとさほど変わらなかったが、ヒュームほどあからさまではなかった。

これらの大学の魅力と、大学が置かれていた一八世紀スコットランドの街々の魅力を区別することは難しい。デイヴィッド・ヒュームはアダム・スミスとの書簡のなかで、どこに身を落ちつけるべきかという問題をしばしば話題にしている。

パリはヨーロッパ中で最も居心地のいい街だし、私にもいちばん合っている。しかしパリは外国である。ロンドンは自分の国の首都ではあるけれど、心から気に入っているわけではない。ロンドンでは学問は尊敬されず、スコットランド人は嫌われる。そして無知と盲信が当たり前のようにまかり通っている。エディンバラには色々と欠点があるが、魅力も多い……[16]

最終的にはヒュームもスミスも、他の学者の多くと同様に人生の大半をエディンバラで過ごした。ヒュームが別の手紙に記していた「いい仲間」の存在が、エディンバラ最大の魅力であったことはまず確かであろう。アレグザンダー・カーライルは、自分が友人たち、大学教員たち、聖職者や弁護士、そして旅行中の貴族たちと出会った街が、多様性を受け入れる十分な大きさを持ちながら、親しくなるのにちょうどいい広さであったと語っている。

ロバートソン、ジョン・ヒューム、バナタイン、それに私の全員が田舎住いで、定期的にしかエディンバラに出てこなかった。ブレアとジャーディーンは市内に住んでいた。当時は夜食がいちばん重要な食事だったので、私たちは最高の店で食事し、それから友人たちに使い走りを送って九時半に酒場で落ち合おうと呼びかけた。直前の呼びかけにもかかわらず、デイヴィッド・ヒューム、アダム・スミス、アダム・ファーガソン、ロード・エリバンク、そして医者のブレアとジャーディーンらが集まるとそれはもう楽しい時間となった。ある晩のこと、別の店で食事をしていたため遅れてやってきたデイヴィッド・ヒュームが、いきなり大きな鍵をポケットから出してテーブルに置いた。ヒュームは女中のペギー（女性というよりはむしろ男性に近かった）から、帰宅を待たずに寝てしまうかもしれないと鍵を渡されていた。彼女によれば、田舎のお上りさんたちが街に出てきた晩のヒュームの帰宅は一時前だったためしがないとのことだった[17]。

こうした交流には、単なる浮かれ騒ぎやワインの回し飲みを超えるものがあった。彼らは耳をすませていた。ジェイムズ・ワットとジョウゼフ・ブラックがお互いに恩を感じていたことは有名である。アダム・スミスとデイヴィッド・

ヒュームの深い友情も誰の目にも明らかであった。そして輪はつながり合った。ジョウゼフ・ブラックはアダム・スミスが深く尊敬する友人となり（「ブラック先生ほどくだらない思考とは無縁の人はいない」）、後にジェイムズ・ハットンとともにスミスの遺作管理者となった。『国富論』にはこうした交流が反映されている。スミスは幅広い人生経験のなかから正確なディテールを思い出し、丁寧に論理構築した議論と組み合わせて語るのが並はずれて巧みであった。これはブラックの観察の科学的正確さと、ヒュームの理知的な明快さを兼ね備えているといえる。『国富論』の著者は独創的精神の持ち主であると同時に、他の人の言葉に注意深く耳をかたむける人間であった。アダム・スミスだけでなく多くの学者にとって、一八世紀エディンバラの社交的な雰囲気は、知的交流をはかる場として理想的な環境だったに違いない。より冷たい、堅苦しい、あるいはばらばらに区切られた社会ではこれほどの刺激はなかったであろう。

スコットランド文化がここまで隆盛することが一八世紀半ばまでなかったのはなぜだろうか。それ以前は、いくつかの物質的条件が揃っていなかった。ローランド地方には一七世紀にも中流階級が存在したが、一七五〇年頃と比べると人口も少なく、それほど繁栄していなかった。商人、職人、そして学者の多くは彼らの後継者と比べてずっと少ない収入で暮らしていた。家計のやりくりは厳しく、身体的な心地よさも少なく、子供たちはできるだけ早く稼ぎ手となることが期待された。心地よすぎる暮らしやあまりに安定した社会的地位は、たしかに天才が花開くには不都合かもしれないが、過度の欠乏も問題である。同様に、モントローズ侯爵とホーソーンデンのドラモンド（彼ら自身詩人だった）、建築家のサー・ウィリアム・ブルースとその依頼人たちのように文化に関心のある地主階級はいるにはいたが、パトロンになろうとする者は少なかった。その理由のひとつは、中流階級と同じように、当時の地主階級が後にそうなったほど裕福ではなかったことが考えられる。また、社会的立場も後にそうなったほど安定していなかった。一八世紀には、地代の上昇と限嗣《げんし》不動産相続法の施行、そして英国王室の揺るぎない支配が組み合わさり、ローランドの地主は強固な基盤を手にした。余裕ができた彼らは芸術に手を出すようになった。しかし一七世紀にはこれらの条件がどれひとつとして整ってなかった。一家の財産が負債にむしばまれ、社会的地位は政治体制の変転に揺さぶられ、屋敷そのものが外部からの攻撃にあう危険にさらされているような時代では、地主階級が文化的関心を持ったとしても、それはおのずと限られたものになった。

教育機関もまた、一七世紀にはそれほど発達していなかった。たしかに世紀末までには教区学校が全国を網羅していたし、そのうちの多くは基本的な読み書き以上の教育を提供していたので、実質的にはグラマースクールであった。しかし大学の規模は小さく、制約も多かった。たとえばグラスゴー大学には、一六九六年でも二五〇人しか学生がいなかった。エディンバラ大学の学生数は一七世紀を通じて三〇〇人から四〇〇人であった。一八世紀の両大学を特徴づけていたような活発な知的営みが可能になるには、学生数も教育内容の幅も不十分であった。

最後に、宗教の問題がある。中・上流階級の物質的条件がいかに改善しようと、大学教育がいかに充実しようと、一七世紀のように宗教的抑圧の強い社会では文化の黄金時代が生じるはずがなかった。宗教はいくつかの面で抑圧的に作用していた。第一に、宗教は政治的不安定の最大の原因であった。一六三八年から一六六〇年までのほとんどの時期は混乱状態にあった。その後の三〇年はカヴェナンター（契約派）に対する迫害が続き、一六八九年についに名誉革命が起こった。また、一六〇六年の同君議会合同以降しばらくは抑えられていたピューリタニズムが、一六三八年以降再び活発になった。一六六〇年の王政復古によりかつての自由な空気がわずかながら戻ったが、革命終結後もピューリタンによる抑圧は続き、その厳しさたるや一六四〇年代よりいくらかましな程度であった。しかしその後ピューリタニズムは徐々に弱まってゆく。一七二〇年頃までに勢いはほとんど失われ、世紀の半ばには国内のほとんどの運動が終焉しつつあった。ピューリタニズムが盛んであった時と場所では、芸術表現が致命的な影響を受けた。一七一二年以前のスコットランド国民、そして各教区の人々の暮らしは、長老制に基づく教会法廷（教会ごとの長老会から最高議決機関の総会まで）の厳格な取り締まりにより事細かに支配されていた。おかげでスコットランド固有の詩、絵画、音楽、そして演劇はほとんど破壊されかけた。最も抑圧的な時期には、建築ですら価値あるものは生まれなかった。

ピューリタニズムに負けず劣らず破壊的であったのは、異端思想に対するスコットランド教会の不寛容であった。この傾向は主教派、長老派の両方で見られたが、知識人に関するかぎり長老派のほうが深刻であった。最も悪名高い事件は、大半のヨーロッパ諸国がより寛容になりつつあった時代に起こったためなおさら衝撃的なのであるが、一六九六年に行われたエディンバラ大学の学生トマス・エイケンヘッドの裁判と処刑である。エイケンヘッドは、申し立てによると、キリストの神性を否定したかどで裁判にかけられ、たった一人の証言により処刑された。ヒュームはその半世紀後、年配の聖職者からの敵意にしばしば不満をもらしていたが、それでも事実上、彼は自分の思うままに語り、執筆することが許されていた。ヒュームがエイケンヘッドの時代に生まれていたらどんな運命をたどったかは想像に難くない。

しかし長老派教会は、正統信仰を確立するための芝居がかった異端審問よりも地味で、おそらくより説得力のある制度も構築していた。教会には、長老会を通じて異端者や教会に通わない者を召喚する権限があった。教会は教区学校の教師を任命し、学校を頻繁に視察した。教会は大学運営にも多大な影響力を持っていた。教授を指名するのは教会ではなく市議会であったが、規則や教育内容、宗教的儀式は教会の方針に沿って決められた。一般家庭や学校では教理問答書がくり返し読まれ、子供は正しい信仰を持つことの重要性を教え込まれた。神が人間の罪を許す義認は信仰によってもたらされ、信仰は正統でなければならいので、正統性が救済の必須条件であった。その一方で、カルヴァン主義者では全信徒が聖職者であると信じていることから、信徒は最も深い思考と祈りを通じてそれぞれに神へ近づく方法を探ることが求められた。しかしこのことは個人が思慮深く理知的になることを意味し、個人が神について独自の、異端な見解に達する危険をはらんでいた。これを防ぐためにも、逸脱者を早期に見つけ出して大人しく従わせることは教会法廷の重要な任務であった。彼がみずからの魂を危険にさらし、周りの信徒に影響を及ぼしてからでは遅いのである。

最後に、教会の強い支配は、人々の努力や才能が世俗社会を発展させる方向に向かうのを阻んでいた。特に中流階級では、優れた頭脳の多くが聖職に身を奉じていたが、後の時代ならばより幅広い職業で活躍したであろう。たしかに、この世に「神の国」を樹立できる可能性は依然としてあったかもしれないが、人的努力が犠牲は大きかった。また、この目的の達成と関係のない努力は意味のない無駄として切り捨てられていた。

このように考えると、一七〇〇年から五、六〇年で進んだ旧来の長老派教会の衰退が、その後の文化の黄金時代を生みだした最大の要因だったといえる。教会の衰退にはいくつかの原因があった。一六九〇年制定の法律により、長老派がスコットランドの国教会となり教会総会が復活したが、それまでのように民事法が教会を無条件に支持することはなくなった。したがって破門の実質的恐怖が失われ、教会法廷の影響力は弱まった。教会がかつてのように厳格に正統主義を守ることは困難になり、カルヴァン主義の宗派間の論争は激しさを増した。対立の深まりは長老派教会の一体感を損ない、人々をさまざまな思想信条に触れさせただけでなく、個人が自分の考えに自信を持つことを促すという重要な心理的効果があった。

さらに、ヨーロッパの世論の大半は、際限なく続く争いよりもある程度の宗教的寛容のほうが好ましいと考えるようになっていた。一七世紀は、大陸ではカトリック対プロテスタント、イギリス諸島では英国教会対ピューリタン、あるいは長老派対主教派のあいだで激しい攻防がくり広げられていた。社会は疲弊し、親世代の熱い議論は子ども世代には不毛に感じられるようなり、政府は宗教的な歩み寄りを受け入れ始めた。スコットランドはもちろん、宗教的寛容を目指す流れを先導したわけではない。しかし、影響を受けないではいられなかった。一七〇七年の合同法はある意味で宗教上の妥協であった。長老派の国と英国教会の国が合邦して合同王国になったのである。一八世紀のスコットランドではカトリック教徒にはわずかな自由しか認められていなかったが、そのほかの教会はそれまでになかったある程度の自由を認められるようになった。最後に、一七一二年の聖職推挙法により聖職者の立場が大きく変わり、牧師の任命は地主階級の意見に左右されるようになった。牧師たちは、イングランドびいきで礼儀正しく、寛容と中庸を美徳とする上流階級の価値観に染まってゆき、反イングランドで保守的、狂信的な民衆の価値観からは離れていった。

もちろん、これらすべてが同時に、生じたわけでも、滞りなく進んだわけでも、ローランド地方全体で均一に進んだわけでもない。しかし、旧来の長老派教会の衰退は、国内ほとんどの場所で文化の黄金時代に先立っていた。過去の聖職者的な偏狭を一掃したのはヒュームの懐疑主義でもバーンズの諷刺でもなかった。聖職者による支配がすでに弱まっていたからこそ、ヒュームは堂々と懐疑的な立場をとることができたし、バーンズは諷刺的な作品を書くことができた。

しかし、宗教の信仰と文化の黄金時代との唯一の関係が否定的なものでしかなかったとか、宗教的信念が少なければ少ないほど時代の文化がますます隆盛すると考えるのはあまりに単純すぎる。ひとつには、国民の多くが恩恵を受けていた全国の教育機関は、かつてスコットランド教会によって整備されただけでなく、当時も主に教会の指導者の手で改革と近代化が続けられていた。初等、中等教育での例を挙げれば、スコットランドのキリスト教知識普及協会は教育分野の先駆者が集まった宗教団体であった。パース・アカデミーの創立者たちは、ジェイムズ・ボナー牧師の報告に触発されてアカデミーを創った。大学教育においても教会の存在は大きかった。スコットランドの大学が拡大と改革に乗り出したのは、一六九〇年代の教会指令がはじまりであった。一八世紀初頭にエディンバラ大学の改革に尽力したウィリアム・カーステアズは、学長としてよりもむしろ、宗教革命以降の重要な聖職者として知られていた。一七六二年以降エディンバラ大学の歴史上で最も輝かしい三〇年間を学長として務めたウィリアム・ロバートソンは、聖職者としてはスコットランド教会の穏健派を率い、一七六三年には教会総会の議長も務めた。一般の教授の多くも聖職者であったし、大学に籍を持たない聖職者の多くは教授職にある聖職者の同僚や友人であった。こうしたアカデミックな聖職者のほとんどは、もはやかつてイメージされたような恐ろしいカルヴァン主義者ではなかった。ウィリアム・ロバートソンはたとえばその著『歴史』のなかで、改革を先導したジョン・ノックスを野蛮人と呼んでいる。しかし、穏健派の牧師たちの信仰は決して生ぬるいものでも偽善的なものでもなかった。彼らは単に、穏健であることの方が狂信的であるよりもよほどキリスト教徒にふさわしいと考えただけであった。

アダム・ファーガソンやトマス・リードのような、知的運動の指導者の多くが聖職者の息子であったことはすでに述べた。そしてロバート・バーンズやトマス・カーライルのように、聖職者でなくとも非常に敬虔な（多くの場合、どちらかというと古風な）父親を持つ才人が多かったこともすでに述べたとおりである。スコットランドの一八世紀後半は、言い換えれば、人々は信仰を持ち続けていたし、確固とした宗教教義に無関心ではなかったという意味で、決して非宗教的な時代ではなかった。その一方で、前世紀とは対照的に、教会はもはや長老制に基づく教会政治を市民一人一人に押しつけようとはしなかったし、あらゆる社会的取り組みを地上に神の国を樹立するという目標だけに向かわせようともしなかった。教会は長老派教会の穏健派の指導のもと、みずからの権威を文化と経済の両面で広範囲にわたる世俗的目標の達成に役立てた。これにより、世俗的目標を追究しやすい社会風土が醸成された。教会が頑として譲らず、自分の頭で考える自由を求める知識人にはまず信仰を捨てさせていたとしたら、こうはいかなかったであろう。

さらに、より大まかな話になるが、一八世紀スコットランドを文化の面でも経済活動の面でも特徴づけていた人々の強い意欲と、カルヴァン主義者の内省的で、個人の使命に真剣に向きあう習慣とが結びついたのではないかと考えないわけにはいかない。この習慣は一七世紀に定着し、一八世紀に持ち越されたものである。これがどのように起こったと考えられるかはすでに第三章で詳しく論じたので（三章七七―八一頁を参照）ここではくり返さない。要するに、スコットランドは一七世紀に、宗教に限定された目的を持つひとつのイデオロギーを取り入れて大いに刺激を得た。一八世紀になるとこの目的を達成することは本質的に不可能だと気づくが、同時に、突如としてより幅広く多様な目的を持つことが可能であると感じられるようになった。最初の目的達成のために生みだされたエネルギーは新たな目的の追究に使われた。そして社会は一時的に両者の長所を享受した。プロテスタントの宗教的熱狂はしばしばこのような利益を後に残すようである。スコットランドの例と同様のことが、たとえば、スペインとの戦争を終えた後の一七世紀のオランダ、ピューリタンの理想が潰《つい》えた後の一八世紀のアメリカ植民地、そしてルター派信仰が復興しつつあった一九世紀のデンマークで見られた。これらの例のほとんどの場合、経済的野心が知的興奮と少なくとも同程度に目立っていた。農業革命、産業革命時代のスコットランドももちろんそうであった。

この章の議論に結論を下し要約すると、スコットランド文化の黄金時代に貢献したのは主にローランド地方の中流階級で、彼らは地主階級の承認と保護を受けていた（ただし主導権は渡さなかった）。黄金時代の背景には複雑な歴史的変革があった。活発な文化活動を可能にした経済的変革、大学と学校での教的変革、独自の野望に向かわせる社会状況の心理的変革である。いずれかの要素を強調して他の要素を除外しては、事実を歪めることになる。定量化できない要素を天秤にかけて、重要性を比較しようとするのは無益なことである。歴史的因果関係のすべてを明らかにすることはできないが、確かなつながりがあることははっきりした。天才は偶然生まれるのかもしれないが、天才の才能が実を結ぶ条件は偶発的なものではない。業績をなす人間は現在において活躍し、未来を築くが、過去によって形作られているのである。

追記

スコットランドは一八三〇年にひとつの転換点を迎えた。農村社会の社会的および経済的停滞は払拭《ふっしょく》され、一七八〇年以降の産業および農業革命により工業化社会に変貌しただけでなく、急激で加速度的な社会変化が常態となっていた。人々はすでに親世代の生活様式を忘れつつあり、世界があまりの速さで変化していることに不安を感じていた。スコットの小説とバーンズの詩が広く受け入れられた理由のひとつは、二人の作品が過去を思い起こさせ、心強い継続感を与えてくれたからであった。同じ頃、スコットランド教会にはさらなる変化が訪れていた。保守的な長老主義とピューリタニズムの価値観を支持する福音主義者が力を増していた。一八三〇年代の彼らの躍進により、国教会のなかでさえ著しいピューリタニズム復興が起こった。このことが一八四〇年代の教会分裂を招き、宗教的保守主義を標榜する自由教会が誕生した。このような出来事は、際限ない経済成長と社会変化が果たして本当に進歩なのか、という漠然とした疑念（当時はまだ認識されてなかった）の初期症状だったのかもしれない。それまでは、世界がより良くなり、より洗練され、より文明化され、より完全に近づいていることを疑うのは少数の気難しいカルヴァン主義者だけであった。一八世紀知識人は自分たちの時代の偉大な功績に自信を持っていた。これは現代と比べてこの時代が新鮮に見える理由のひとつであろう。

しかしパンドラの箱は開けられた。それ以来じわじわと広がっていたノスタルジアも、一八三〇年代のピューリタニズム復興も、経済的変化を緩めることも止めることもできなかった。一八二八年、J・B・ニールソンが鉄鉱石の精錬に熱風炉を適用すると、中央ベルト地帯に鉄鉱石の鉱脈を抱えるスコットランドの次なる発展が始まった。蒸気機関車で乗客や貨物を運ぶ鉄道の開発は主にイングランドで進んでいた。スコットランドではサイミントンとミラーが蒸気船を開発していた。両者の実用化に伴って、スコットランド重工業が誕生した。一八三〇年から四〇年代には鉄鋼の町と産業工学が著しく発展し、世紀の末にはクライドサイドに巨大な造船所が建設された。もちろん、このような発展は国民所得を大幅に増加させ、その額は一八三〇年以降も増え続けた。そしてヴィクトリア時代が終わる頃には、労働者階級全体がかつてない豊かさを手に入れていた。

しかし発展は数々の想像もつかない複雑な社会問題を引き起こした。一八三〇年にはすでに、スコットランド社会の伝統的制度の多くははなはだしく時代遅れになっていた。一六世紀のごく小さな町に合わせて考案された自治都市は、多ければ二〇万人の人口をかかえる都市の問題解決においては完全に無力であった。公衆衛生、人口過密、荒廃、そして住宅問題は産業革命のはじまりから放置されたままだったが、一八三〇年以降すさまじい勢いで悪化した。産業発展が絶え間なく進むなか、貧民救済と初等教育の問題も悪化の一途をたどった。一八三〇年当時の社会機構は一七世紀半ば以来まったく修正されていなかった。しかし社会が大混乱に陥るのを防ぐためには改善が急がれた。

ある意味では、一八三〇年に先立つ数十年間にスコットランドで生じた最大の変化は、スコットランドがより英国的になり、スコットランドの固有性が失われたことといえる。芸術、文学、そして哲学における黄金時代は過ぎ去りつつあったが、科学とテクノロジーの分野では発展が続いていた。建築の傑作が多数建てられたエディンバラ新市街の開発が終わり、スコットランドの大学や雑誌の国際的評判が低下しつつあったことがこの点をよく表している。才能はこれまで以上にロンドンに引き寄せられた。一九世紀後半になって鉄道と電報が整備されると、多くの企業がロンドンに本社を持つようになり、ロンドンに置かれる政府機関が増えた。これらの組織で働くためにロンドンに移住するスコットランド人も増えた。その一方で、一九世紀の英国を見舞った社会問題の多くは、各構成国で生じた同じような経済的変化の結果だったので、スコットランドの問題を英国人が解決することも珍しくなかった。エディンバラとグラスゴーの公衆衛生改善計画はイングランドの役人エドウィン・チャドウィックを中心として進められた。両都市の問題がロンドンやリーズの問題と類似していることを考えれば、これはしごく妥当なことであった。アウゲイアス王の牛小屋を掃除するための道具は別の牛小屋でも使えるのである。工場法についても同じことがいえた。また救貧法と教育においても、スコットランド特有の状態を最も入念に調査したのは英国議会であった。スコットランドで適用された考え方はイングランドで適用されたものと似通っていたが、理由を考えれば当然のことであった。両国のかつての伝統は異なるものの、解決しなければならない一九世紀特有の問題は共通していた。

しかしながら、一八三〇年のスコットランドには、政治的変化も近づいていた。それは変化の激しい時代のほかの側面と少なくとも同程度に未来への可能性をはらんでいた。二年のうちに第一次選挙法改正議案が法律となり、中流階級に参政権を広げる第一歩が慎重に踏み出された。これ以後、数回にわたる選挙法改正によりスコットランド人の参政権拡大は続いた。男性は一九世紀末にはほぼ普通選挙に近づき、第一次大戦後には女性の普通選挙も実現した。民主主義の到来によりスコットランド人は、どのような政府が自分たちの社会的ニーズを最も満足させてくれるか判断する権利を初めて手にした。一九世紀の末から二〇世紀半ば過ぎまで、スコットランド人が英国政府以上にスコットランドに適した政府があると本気で考えたことは一度もない。これからの半世紀もスコットランド人の考えが変わらないかどうかは不明である。予言者を装うのは歴史家にはふさわしくない。

一八三〇年以降の歴史を振り返ると、さまざまなテーマや問題が提起される。しかしそれは追記ではなく、いずれ書かれなければならない別の本の内容となるべきものである。

監訳者あとがき

ブリテン島の北辺に位置するスコットランドは、小国であるとはいっても、現在は連合王国（英国）の重要な一部を成し、大きな役割を果たしていることは言うまでもない。古くから独立した王国であり、ほとんどの時代に独自の国家体制を維持したが、一七〇七年にイングランドとの議会合同によって、歴史的変容の時代を迎えた。それは新たな対立や苦難の始まりであり、同時に有利性の獲得でもあった。スコットランド国民の性格に内在する、固有性を尊び創造力を活かそうとする姿勢は、政治や司法、産業、宗教、教育、科学技術、芸術文化など広範な領域において多彩な成果を生み出し、世界に誇る多くの先端的な業績をあげさえしている。スコットランド国民のありのままの歴史はどのようなものであったのだろうか。それを理解することの必要性は、ますます高まっているかと思われる。

本書『スコットランド国民の歴史』は、T. C. Smout, *A History of The Scottish People 1560-1830* (Fontana Press, 1998) を邦訳したものである。スコットランド史研究の第一人者によるこの古典的な名著は、具体的で多様な資料を駆使して、実証的にスコットランド国民の歴史を分析し、検証しており、著者の長年の研究成果がみごとに結実したものである。揺るぎない史観に裏打ちされ、明晰にわかりよく叙述された本書は、研究者や専門家にとどまらず、スコットランドに関心を抱く一般の読書人にとっても、きわめて価値の高い有益な書であると言ってよいであろう。今回の日本語版の発行に際して、まことにありがたいことに、著者から日本語版への序文を寄せていただいたので、本書の冒頭に掲載した。

著者のT・C・スマウト氏は、一九三三年にイングランドのバーミンガムで生まれた。ケンブリッジ大学リーズ・スクールで学んだ後、同大学のクレア・コレッジで歴史学を専攻し、一九五六年に首席で卒業した。一九五九年、「スコットランドとバルト海諸国との交易、一六六〇－一七〇七」の論文で博士号を取得している。同年にエディンバラ大学の経済史学部に講師補として着任し、以後二〇年間勤務した。一九七〇年に経済史の教授に就任した。一九八〇年、セント・アンドルーズ大学教授となり、新しくスコットランド史学部を設立し、一八九一年に名誉教授となるまで在任した。一九九二年には、セント・アンドルーズ大学に環境歴史学研究所を設立し、一九九六年まで所長を務めるなど、同大学の発展に寄与している。

スマウト氏の知的関心は幅広く、商業史、社会史から人口統計学、価格と食物史、ハイランド観光の歴史に至るまで、スコットランド史の多様な領域を網羅している。一九九〇年以降は、学究的活動の多くを環境史という新しい学問の開拓に捧げ、広範な森林の歴史について記述し、現在はフォース湾の海洋環境史に取り組んでいる。

ケンブリッジ大学やオクスフォード大学で客員研究員を務めたほか、グラスゴーやロンドン、アメリカ、カナダ、オーストラリア、ノルウェー、デンマーク、ドイツなど世界各地で講義や講演を行った。日本へも四回訪問し、講演を行なったが、二〇〇七年には、環境史で初のオクスフォード神戸セミナーを開いた。スコットランドで多くの公職に就いているほか、自然遺産の保護運動などでも活躍している。現在は、セント・アンドルーズの南、ファイフの歴史ある自治都市アンストラザーに家族とともに住んでいる。

主な著書には、本書の続編ともいえる、*A Century of the Scottish People 1830-1950* (London, 1986) のほか、*Scottish Trade on the Eve of Union 1660-1707* (Edinburgh, 1963); *Nature Contested: Environmental History in Scotland and Northern England 1600-2000* (Edinburgh, 2000); *A History of the Native Woodlands of Scotland 1500-1920* (with F. Watson, A. R. MacDonald), (Edinburgh, 2005); *Exploring Environmental History: Selected Essays* (Edinburgh, 2009) などがある。

本書は、一五六〇年から一八三〇年までの時代を扱っているが、最初に著者はそれ以前の歴史を概観し、読者の理解を深めることに配慮している。一五六〇年から一六九〇年までを「改革の時代」としてとらえ、宗教改革や政治改革、農村の土地保有および農民の生活、自治都市の状況、文化と迷信を解説する。著者の視点は社会史家のそれであり、民衆の生活や民衆の力に向けられている。スコットランドはジョン・ノックスを先頭にカルヴァン派による特色ある宗教改革を断行した。それは、長老主義による独自の教会制度の確立や信仰支配は階層がからんで複雑であり、綿密な検証を要する。教会改革を進める動きや会派の抗争・分裂が本書ではこまかに叙述されており、この時代の深層が照射されている。スコットランドの農村部の土地保有は、その保有形態が特異であるだけでなく、地主、小作人、転借人、使用人の階層的な関係がからんで実態を把握することが難しい。しかも、スコットランドはローランド地方とハイランド地方によって状況が異なる部分が多く、複眼的な視野が求められるが、著者は顕著な地域の具体的な事実を挙げ、新たな知見を大いに披瀝している。大小さまざまな自治都市の市民構成にも目が向けられ、特権を持つ市民と特権を持たない市民が対比されており、スコットランド社会の特異性が浮き彫りされて興味深い。スコットランドで激しかったとされる魔女迫害、あるいは魔女裁判の事例も多く挙げられて、信仰や迷信が人間を突き動かし、暴力へ駆り立てるさま、いわば地域社会の暗部が丸見えになっている。

著者は一六九〇年から一八三〇年までを「変容の時代」としてとらえ、合同以降の政府と教会の関係、教会の分裂、産業革命の始まりと隆盛、人口の動き（出生率と死亡率）など、重大な歴史的な転換となる出来事を統計的な数値をもとに叙述している。同じ手法で、農村で起こった農業革命をも仔細に分析し、農耕技術だけでなく農民の階層化や生活面でのめざましい変化の様相を明らかにしている。また、都市の中産階級（商人、職人、知的職業人など）の仕事や、織物業の職工などの労働実態や生活ぶりも詳細な統計をもとに紹介される。産業革命の動力源となる石炭の採掘に携わる労働者たち（女性、児童を含む）の奴隷的な作業の報告には驚嘆せざるを得ない。変容の時代の最も大きな成果のひとつは教育（学校制度）の充実であったかもしれない。初等教育から高等教育機関までさまざまな学校が多くつくられ、教育水準が高度化したことで、スコットランドからは哲学者や思想家、科学者、建築家、文学者など偉大な人材が多く輩出した。本書に記述された功績だけでも、スコットランド人がどれほど歴史の進展と文化創造に貢献したかわかる。スコットランド文化の輝かしい黄金時代を総括して、本書は叙述を終わる。

本書の邦訳に際しては、多くの方がたから多大なご協力とご教示を得たので、ここに記し感謝のことばを捧げたい。前神奈川工科大学教授田口仁久氏からは出版のきっかけと、内容理解の上での有益な示唆を与えていただいた。邦訳原稿の作成にあたっては、全般にわたり、株式会社ユニカレッジの代表沢田博ほか各氏から献身的なご協力をいただいた。その並々ならぬご労苦に対し深甚の謝意を表するものである。また、神奈川県立外語短期大学専任講師米山優子氏、亜細亜大学非常勤講師照山直子氏、筑紫女学園大学非常勤講師宮原牧子氏から、記述内容についてのご教示と一部原稿の邦訳にあたってご助力をいただいたので心から感謝したい。さらに、神奈川県立外語短期大学付属図書館司書森由紀氏には、スコットランド史にかかわる図書の閲覧と資料の収集にご尽力いただいたので、ここに御礼申し上げる。

最後に、本書を発行してくださった原書房の編集部課長永易三和氏および奈良原眞紀夫氏に厚く御礼を申し上げたい。両氏からは企画段階から深いご理解と熱心なご支援を頂戴した。ことに制作実務の面では、永易氏には原稿完成を辛抱強くお待ちいただいたうえ、有益な情報を提供していただいた。

多くの方がたのご支援を得て、本書がこのような形で刊行されたものの、内容そのほかで至らぬ点が多々あることをおそれる。版を改めるときに修正し、改善したいと思っている。本書がスコットランドに関心を寄せる方がたに長らく愛読されることを願っている。

二〇一〇年一〇月

木村正俊

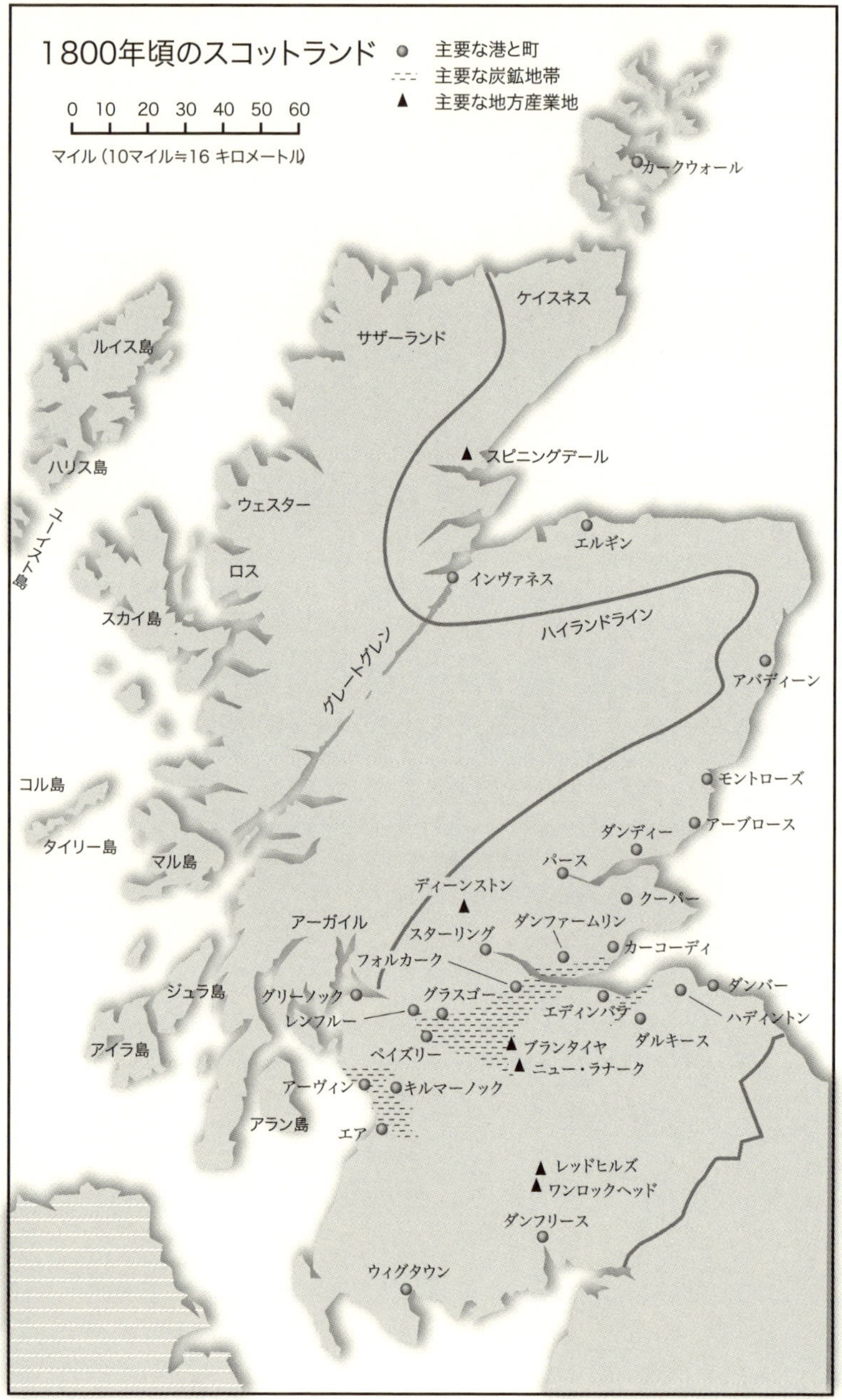
1800年頃のスコットランド
主要な港と町
主要な炭鉱地帯
主要な地方産業地
0 10 20 30 40 50 60
マイル（10マイル≒16 キロメートル）
カークウォール
ケイスネス
サザーランド
ルイス島
ハリス島
ウェスター
ロス
ユーイスト島
スカイ島
スピニングデール
エルギン
インヴァネス
ハイランドライン
グレートグレン
アバディーン
モントローズ
アーブロース
ダンディー
パース
クーパー
コル島
タイリー島
マル島
ディーンストン
アーガイル
ダンファームリン
スターリング
カーコーディ
フォルカーク
ダンバー
ハディントン
グリーノック
グラスゴー
エディンバラ
ダルキース
レンフルー
ジュラ島
ペイズリー
ブランタイヤ
ニュー・ラナーク
アイラ島
アーヴィン
キルマーノック
アラン島
エア
レッドヒルズ
ワンロックヘッド
ダンフリース
ウィグタウン

中世のスコットランド
主要な修道院
主要な自治都市
0 10 20 30 40 50 60
マイル（10マイル≒16 キロメートル）
エルギン
ディア
ビューリー
プラスカーデン
インヴァネス
ハイランドライン
アバディーン
グレートグレン
モントローズ
クーパー
アーブロース
スクーン
ダンディー
パース
アイオナ
バルメリノ
セントアンドルーズ
カンバスケネス
ダンファームリン
スターリング
インチカム
ハディントン
ダンバートン
コールディンガム
グラスゴー
エディンバラ
ホリルード
ペイズリー
リンリスゴー
ニューバトル
ベリック
ケルソー
メルローズ
ロックスバラ
エア
ドライバラ
ジェドバラ
スウィートハート
ダンフリース
カークーブリ
グレンルース
ダンドレナン

naissance'。哲学者については以下も参照せよ。H. Laurie, *Scottish Philosophy in its National Development* (Glasgow, 1902); E. C. Mossner, *Life of David Hume* (Edinburgh, 1954); W. R. Scott, *Francis Hutcheson* (Cambridge, 1900) および *Adam Ferguson and the Beginning of Modern Sociology* (New York, 1930)。

スコットランドの科学に関する単一の著作はないが、示唆と注釈を得るためには A. G. Clement and R. H. S. Robertson, *Scotland's Scientific Heritage* (Edinburgh, 1961) を参照せよ。ハットンと地理学への彼の貢献については E. B. Bailey, *James Hutton, the Founder of Modern Geology* (Amsterdam: 1967) を参照せよ。スコットランド人の医学への貢献については、J. D. Comrie, *History of Scottish Medicine* (London, 1932) および Douglas Gathrie, *The Medical School of Edinburgh* (Edinburgh, 1959) で扱われている。

スコットランド文学は、まったく異なる筆致で書かれた物議を醸す二つの概論で扱われている：David Daiches, *The Paradox of Scottish Culture: the Eighteenth Century Experience* (London, 1964), David Craig, *Scottish Literature and the Scottish People* (London, 1961)。バーンズの作品にはもちろん無数の版がある。最新かつ決定版 は、J. Kinsley, ed., *The Poems and Songs of Robert Burns* (Oxford, 1968) である。ファーガソンとアラン・ラムジーの作品の版を探すのも難しいことではない。1945 年以来、スコットランド文献協会からは二人に関する包括的な学術的出版物が刊行されてきた。ゲール語の詩については、スコットランド・ゲール語文献協会による文献と、Magnus Maclean, *The Literature of the Highlands* (ed. Glasgow, 1925), J. L. Campbell, *Highland Songs of the Forty-Five* (Edinburgh, 1933) も参照せよ。スコットとゴールトについてはたやすく調べられるが、スコットの作品の中には、古本の廉価版でしか入手できないものもある。しかし、Heron Books ではそれらの小説を再版している。スコットに対する共感を呼ぶような最近の再評価については、A. O. J. Cockshut, *The Achievement of Walter Scott* (London, 1969)。James Hogg, *Confessions of a Justified Sinner* (London, Evergreen Books) は 1959 年という近年に再版された。

スコットランド絵画については、Stanley Curtiser, *Scottish Art* (London, 1949) と以下の古い文献二点を参照せよ。W. D. McKay, *The Scottish School of Painting* (London, 1906), J. L. Caw, *Scottish Painting Past and Present* (London, 1908)。T. Crouther Gordon, *David Allan* (Alva, 1951), P. A. M. Smart, *The Life and Art of Allan Ramsay* (London, 1952) も参照せよ。陶磁器については、J. Arnold Fleming, *Scottish Pottery* (Glasgow, 1923) を、金属作品については、Ian Finlay, *Scottish Gold and Silver Work* (London, 1956) を参照せよ。

音楽については、H. G. Farmer, *A History of Music in Scotland* (London, 1947) を参照せよ。以下に挙げる最近の文献二点は、歴史に関してあまり体系的ではないが、伝統芸術に関する領域を例示している。Francis Collinson, *The Traditional and National Music of Scotland* (London, 1966), J, F. and T. M. Flett, *Traditional Dancing in Scotland* (London, 1964)。

18 世紀のスコットランド建築については、J. G. Dunbar, *The Historic Architecture of Scotland* (London, 1966) で十分に扱われている。John Fleming, *Robert Adam and His Circle* (London, 1962); J. Lees-Milne, *The Age of Adam* (London, 1947); A. J. Youngson, *The Making of Classical Edinburgh* (Edinburgh, 1966)、以上の文献ではすばらしい伝統的建築についてよく押さえてある。技術者の功労については以下の文献で最もよく述べられている。L. T. C. Rolt, *Thomas Telford* (London, 1958); C. T. G. Boucher, *John Rennie* (Oxford, 1960); A. R. B. Haldane, *New Ways Through the Glens* (Edinburgh, 1962)。1707 年以後の時代の古い建築物に関する行政地区単位の広域にわたる調査は、1951 年から開始されたばかりである。これまでのところ、(スコットランド) 古代歴史記念物王立委員会による出版物に、エディンバラ市 (1951)、スターリングシャー (1953)、ロクスバラシャー (1956)、セルカークシャー (1957)、ピーブルシャー (1967) を扱った *Inventories* の各号がある。カントリーハウスに関する限り、*Country Life* には非常に広範囲の内容を網羅した学術記事が掲載されている。

tion in Ayrshire (1961), A. Bain, Education in *Stirlingshire* (1965), I. J. Simpson, *Education in Aberdeenshire* (1942), A, Law, *Education in Edinburgh in the Eighteenth Century* (1965) である。1953年にエディンバラ大学に提出された博士論文 J. M. Beale, 'A History of the Burgh and Parochial Schools of Fife' も参照せよ。D. J. Withrington の重要な寄稿 *Scottish History Society Miscellany*, Vol. X (1965) 所収の 'Lists of Schoolmasters teaching Latin, 1690' は決して見落とすことはできない。本章でもほかの箇所でも、*Parliamentary Papers* は貴重な情報源である。1826年について書かれた第18巻、1837年について書かれた第47巻は、個々の学校に関する非常に詳細な報告となっている。James Grant, *History of the Burgh Schools of Scotland* (London, 1876) も参照せよ。

スコットランドのキリスト教知識普及協会については M. G. Jones, The Charity Schoo; *Movement* (ed. Cambridge), J. Mason, *A History of Scottish Experiments in Rural Education* (London 1935) で論じられている。*Scottish Historical Review*, Vol. XLI (1962) 所収の D. J. Withrington, 'The S. P. C. K. and Highland Schools in Mid-eighteenth Century' も参照せよ。

大学教育については、特に以下を参照せよ。J. D. Mackie, *The University of Glasgow: a Short History* (Glasgow, 1954); R. S. Rait, *The Universities of Aberdeen* (Aberdeen, 1895); D. B. Horn, *A Short History of the University of Edinburgh* (Edinburgh, 1967); R. G. Cant, *The University of St Andrews: a Short History* (Edinburgh, 1946)。

最後に、本文や脚注で引用したこの時代の著作の何篇かは、スコットランドの教育制度に対するスコットランド人の意見や態度を感じさせるが、Sir John Sinclair, *Analysis of the Statistical Account* (London, 1826) ほどそれが明確に表されているものはない。

19章

● NOTES

1. Basil Willey, *The Eighteenth Century Background* (London, 1940), p.110.
2. Richard Pares, *The Historian's Business and other essays* (Oxford, 1961), p.94.
3. *An Eighteenth Century Lectureship in Chemistry* (ed. A. Kent, Glasgow, 1950), p.80.
4. *Ibid*, p.84.
5. J. G. Dunbar, *The Historic architecture of Scotland* (London, 1966), p.110.
6. James Lees-Milne, *The Age of Adam* (London, 1947), p.155.
7. A. E. Richardson, *An Introduction to Georgian Architecture* (London, 1949), p.86.
8. John Fleming, 'Robert Adam's Castle Style', *Country Life,* Vol. CXLIII, Nos. 3716-7. May 23, 30, 1968.
9. David Craig, *Scottish Literature and the Scottish People, 1680-1830* (London, 1961), p.231.
10. David Daiches, *The paradox of Scottish Culture: the Eighteenth Century Experience* (London, 1964), p.21.
11. Magnus Maclean, *The Literature of the Highlands* (London, 1926), p.28.
12. Kenneth H. Jackson, *Celtic Miscellany* (London, 1951), p.200.
13. *Dictionary of National Biography*, XVIII (1909), p.1026.
14. David Craig, *op cit.*, pp.151-2.
15. M. S. Kuypers, *Studies in the Eighteenth Century Background of Hume's Empiricism* (Minneapolis, 1930), p.9.
16. C. R. Fay, *Adam Smith and the Scotland of his day* (Cambridge, 1956), p.76.
17. A. Carlyle, *Autobiography* (Edinburgh, 1860), p.275.

● FURTHER READING

文化的背景全般については、スコットランド啓蒙期の哲学に関する以下の著作の中で論じられている。Gladys Bryson, *Man and Society: the Scottish Inquiry of the Eighteenth Century* (Princeton, 1945), N.T. Phillipson and R. Michison (eds.), *Scotland in the Age of Improvement* (Edinburgh, 1970) 所収の J. Clive, ''The Social Background to the Scottish Re-

12. Simpson, *op cit.*, p.199.
13. Withrington, 'Lists of Schoolmasters', *Parliamentary Papers*, 1826, Vol. XVIII.
14. Allan Menzies, Report of the Trustees of the Bequest of the late James Dick (Glasgow, 1836)
15. Samuel Brown, junior, quoted in A. R. Thompson, 'The use oflibraries by the working class in Scotland in the early nineteenth century', *Scottish Historical Review*, Vol. XLII (1963)
16. Simpson, *op cit.*, p.22.
17. *Ibid*, p.23.
18. Thoma; Somerville, *My Own Life and Times* (Edinburgh, 1861), p.347.
19. Menzies, *op cit.*, p.25.
20. *Parliamentary Papers*, 1826, Vol. XVIII, p.607.
21. Sir John Sinclair, *Analysis of the Statistical Account* (London, 1826), II, p.99 から引用(いささか間違っているが)。
22. W. Ferguson, *Scotland: 1689 to the Present* (Edinburgh, 1968), p.251
23. D. J. Withrington, 'The S. P. C. K. and Highland Schools in Mid-Eighteenth Century', *Scottish Historical Review*, Vol. XLI(1962), p.26.
24. M. G. Jones, *The Charity School Movement* (ed. Cambridge, 1964), p.176.
25. *Moral Statistics of the Highlands and Islands of Scotland* (Inverness, 1826).
26. Lachlan Shaw, *History of the Province of Moray* (Edinburgh, 1775), p.381.
27. John Sinclair, *The Christian Hero of the North* (Edinburgh, 1867) pp.61-2; see also John Mackay, *The Church in the Highlands* (London, 1914), pp.215-52.
28. *Moral Statistics of the Hiahlands and Islands.*
29. James Grant, *History of the Burgh Schools of Scotland* (London, 1876), Chapter 13.
30. Alexander Law, *Education in Edinburgh in the Eighteenth Century* (London, 1965), p.30.
31. *Ibid.*, pp.49-52.
32. *Ibid.*, p.52.
33. L. J. Saunders, *Scottish Democracy 1815-1840* (Edinburgh, 1950), pp.275-6.
34. New *Statistical Account*, III, Selkirkshire, p.23.
35. Bain, *op cit.*, p.83.
36. Lewis, *op cit.*, p.39.
37. *Statistical Account*, XII, p.123.
38. 工場調査委員会からの補足記事, *Parliamentary Papers*, 1834. Vol.XX, p.42.
39. Lewis, *op cit.*, p.43.
40. Sir John Sinclair, *op cit.*, II, pp.99-100.
41. Law, *Ibid*, pp.75-6.
42. *Ibid.*, p.145.
43. Law, *Ibid*, p.227.
44. T. Garnett, *Observations on a Tour through the Highlands* (London, 1800)II, pp193-203.
45. S. J. Curtis, *History of Education in Great Britain* (London, 1948), p.231.
46. D. B. Horn, *A Short Historyof the University of Edinburgh* (Edinburgh, 1967), pp.40, 93.
47. Sinclair, *op cit.*, II, pp.108-23.

● FURTHER READING

この時代、後期の教育の変化に関する名高い記述は、L. J. Saunders, *Scottish Democracy 1815-1840* であるが、それほど薦められない。18世紀全般については、N. T. Phillipson and R. Mitchison (eds.), *Scotland in the Age of Improvement* (Edinburgh, 1970) 所収の D. J. Withrington, ''Education and Society in the Eighteenth Century' を参照せよ。*Scottish Historical Review*, Vol. XXXIII (1954) 所収の R. K. Webb, 'Literacy among the Working Classes in Nineteenth Century Scotland', はすぐれてはいるが、大半は1830年代以後の根拠を利用している。*Scottish Historical Review*, Vol. XLII(1963) 所収の A. R. Thompson, 'The Use of Libraries by the Working Class in Scotland in the early Nineteenth Century' も参照せよ。

特に18世紀の学校教育については、ロンドンにあるスコットランド教育調査委員会に出版された長所が一様ではない地域研究シリーズがある。最もすぐれているのは、W. Boyd, *Educa-*

Weaving Industry in Scotland during the years 1815-1845'（1955 年にエディンバラ大学に提出された博士論文）のみである。

1830 年代以降の手織職工に関する以下の二つの報告は鮮明に書かれている。*Parliamentary Papers* 1839, Vol. XLII. 手織職工の伝記については、William Thom, *Rhymes and Recollections of a Handloom Weaver* (London, 1845)、William Jolly, *The Life of John Duncan, Scotch Weaver and Botanist* (London, 1883), David Gilmour, *Paisley Weavers of Other Days* (Paisley, 1876) を参照せよ。A. B. Richmond, *Condition of the Manufacturing Population* (London, 1825) および *Economica*, Vol. VIII (1928) 所収の J. L. Gray の重要な論説 'The Law of Combination in Scotland' では、1812 年のストライキが中心に扱われている。

農奴制下の炭鉱夫については、T. S. Ashton and J. Sykes, *The Coal Industry of the Eighteenth Century* (Manchester, 1929), B. F. Duckham, *A History of the Scottish Coal Industry*, Vol. I 1770-1815 (Newton Abbot, 1970) を参照せよ。最近のすぐれた論説である *Scottish Historical Review*, Vol. XLVII (1968) 所収の B. F. Duckham, 'Life and labour in a Scottish colliery 1698-1755' と、さらに前に書かれた二つの論説 *Transactions of the Fed. Inst. Of Mining Engineers*, Vol. XIV (1897-8) 所収の J. Barrowman, 'Slavery in Coalmines of Scotland' 及び著者不明で *Edinburgh Review*, Vol. clxxxix (1899) 所収の 'Slavery in Scotland' も参照せよ。19 世紀への転換期については、同時代に書かれた以下のすばらしい記述 Robert Bald, *A General View of the Coal Trade of Scotland* (Edinburgh, 1812), (Archibald Cochrane) *Descriptions of the Estate and Abbey of Culross* (Edinburgh, 1793) および P. L. Payne の論説 'The Govan Colleries, 1804-1805', *Business Hist.*, Vol. III (1961) がある。'The Report of Select Committee on Combination Laws' *Parliamentary Papers* 1825, Vol. IV は、初期の炭鉱の労働組合主義について啓発の光を投げかけているが、（炭鉱）子ども雇用委員会の *Parliamentary Papers*, 1842 Vols. XVI-XVII には、伝統的な労働状況に関するよく知られた感動を呼ぶ新事実が記されている。

本章で挙げた急進主義に関する記述は、その多くを H. W. Meikle, *Scotland and the French Revolution* (Glasgow, 1912) に依拠している。W. Ferguson, *Scotland: 1689 to the Present* (Edinburgh, 1968) および上掲の Richmond の著作も参照せよ。H. Cockburn, *Memorials* (ed. Edinburgh, 1910) は、同時代の出来事に対する共感を誘うような上流階級らしいホイッグ党員の見解を示している。

18 章

● NOTES

1. Charles Anderson, *A Statement of the Experience of Scotland with regard to the Education of the People* (Dumfries 1825).
2. John Knox, *History of the Reformation in Scotland* (ed. W. Croft Dickinson, London) II, pp.295.
3. George Lewis, *Scotland a Half Educated Nation* (Glasgow, 1834) passim. Sinclair, Analysis, II, p.99.
4. Abstract of Educational Returns (Scotland) 1834', *Parliamentary Papers*, 1837, Vol. XLVII, p.743.
5. D. J. Withrington, 'Lists of Schoolmasters teaching Latin 1690', *Scottish History Society Miscellany*, Vol. X (1965); I. J. Simpson, *Education in Aberdeenshire* (London, 1942).
6. William Boyd, *Education in Ayrshire* (London 1961); Andrew Bain, *Education in Stirlinashire* (London, 1965).
7. *Munimenta Alme Universitatis Glasguensis* (Maitland Club, 1854), II. pp.548-51.
8. Bain, *op cit.*, pp.110-13.
9. D. J. Withrington, 'Schools in the Presbytery of Haddington in the seventeenth century', *Transactions of the East Lothian Antiquarian and Field Naturalists Society*, Vol. XI(1963)
10. Bain, *op cit.*,p.120.
11. 'Papers Relating to Parochial Education in Scotland', *Parliamentary Papers*, 1826, Vol: XVIII

13. *Ibid.*, pp.53, 89.
14. Medical Reports by Sir David Barry, *Parliamentary Papers* 1833, Vol. XXI, p.43.
15. *Parliamentary Papers* 1834, Vol. X, p.41.
16. A. Mercer, *History of Dunfermline* (Dunfermline, 1828), pp.192-3.
17. 手織機織工委員会からの報告 , *Parliamentary Papers* 1839, Vol. XLII, p.15.
18. *Ibid.*, p.54.
19. Brenda Gaskin 'The decline of the handloom weaving industry in Scotland during the years 1815-1845' , Edinburgh Ph. D. Thesis (1955), Chapter I.
20. *Parliamentary Papers* 1834, , Vol. X, p.77.
21. See, for example William Jolly, *op cit.,* William Thom, *op cit.,* D. Gilmour, *Paisley Weavers of Other Days* (Paisley, 1876).
22. *Parliamentary Papers* 1834, , Vol. X, p.73.
23. J. Barrowman, 'Slavery in the Coal-Mines of Scotland' , Transactions of the Federated Institution of Mining Engineers,. Vol. XIV(1897-8), pp.272-3.
24. スコットランド国立図書館所蔵の MSS: Prestongrange Collier Books.
25. スコットランド国立図書館所蔵の MSS: Wemyss of Bogie Papers Ch. 651.
26. 子供の雇用委員会 (鉱山), 第 1 回報告書の *Appendix*, *Parliamentary Papers* 1842, Vol. XVI, p.450.
27. T. S. Ashton and J. Sykes, *The Coal Industry of the Eighteenth Century* (Manchester, 1929), p.75.
28. スコットランド国立図書館所蔵の MSS: Prestongrange Colliery Books.
29. スコットランド国立図書館所蔵の MSS: Wemyss of Bogie Papers Ch. 652.
30. Henry Hamilton, *An Economic History of Scotland in the Eighteenth Century* (Oxford, 1963), pp.369-71; Ashton and Sykes, *op cit.,* pp.77-8; *Statistical Account*, XIII, p. 477. しかし、世紀半ばのより高賃金の例については、B.R. Duckham, 'Life and Labour in a Scottish colliery 1698-1775' , *Scottish Historical Review* Vol.XLVII (1968) を参照。
31. Ashton and Sykes, op. cit., p.77; Sidney Pollard, *The Genesis of Modern Management* (London, 1965), p.171.
32. W. Ferguson, *Scotland: 1689 to the Present* (Edinburgh, 1968), pp.188-9.
33. H. Hamilton, *op cit.,* p.371.
34. Robert Bald, *A General View of the Coal Trade of Scotland* (Edinburgh, 1812), p.78.
35. 'Minutes of Evidence before Select Committee on Combination Laws' , *Parliamentary Papers* 1825, Vol. IV, pp.64-87, 332-5.
36. [Archibald Cochrane] *Description of the Estate and Abbey at Culross* (Edinburgh, 1793), pp.69-71.
37. *Parliamentary Papers* 1833, Vol. XXI, p.51.
38. [Archibald Cochrane] *op cit.,* pp.66-7.
39. Bald, *op cit.,* p.140.
40. *Ibid.*, 131-2.
41. *Ibid.*, p.131.
42. *Parliamentary Papers*, 1842, Vol. XVI, p.469.
43. *Ibid.*, p.487.
44. *Ibid.*, p.460.
45. *Ibid.*, p.484.
46. *Ibid.*, p.449.
47. *Ibid.*, pp.476-7.
48. *Ibid.*, p.467, 452.
49. T. C. Smout, 'Lead-mining *in Scotland 1650-1850' , in Studies in Scottish Business History, ed. P. I. Payne* (London, 1967)
50. *Parliamentary Papers*, 1842, Vol. XVI, pp.481-3.
51. Meikle, (見開き頁参照), pp.44-6.
52. *Ibid.*, p.80.
53. *Ibid.*, p.82.
54. *Ibid.*, p.96 n, quoting the *Caledonian Mercury*, Nov.12, 1792.
55. *Ibid.*, p.223.
56. Ferguson, *op cit.,* p.283 n.
57. Meikle, *op cit.,* p.228.
58. Richmond, *op cit.,* p.185.

● FURTHER READING

手織職工に関する十分な量の記述は、何年も前に出版されて然るべきすぐれた論文 Brenda Gaskin, ''The Decline of the Hand-Loom

15. James Cleland, *Enumeration of the Inhabitants of the City of Glasgow* (Glasgow, 1832), p.231.
16. Supplementary Report of Factories Inquiry, *Parliamentary Papers* 1834, Vol. XX, pp.33, 35.
17. *Parliamentary Papers* 1833, Vol. XXI, p.73.
18. *Parliamentary Papers* 1834, Vol. XX, pp.33, 35.
19. *Ibid.*, pp.44, 47.
20. *Parliamentary Papers* 1837/8, Vol. VIII, p.167; J. Myles, *Chapters in the Life of a Dundee Factory Boy* (ed. Dundee, 1951) による。後者の批判的評価を得るにあたっては、Dr Bruce Lenman に多くを負っている。
21. *Parliamentary Papers* 1834, , Vol. XX, pp.33, 35.
22. Myles, *op cit.,* pp.11.
23. *Parliamentary Papers* 1833, Vol. XXI, pp.10, 72.
24. Myles, *op cit.,* pp.12-13.
25. *Parliamentary Papers* 1833, VoL XXI, p.3, See also p.72.
26. *Ibid.*, p.12.

● FURTHER READING

意外なことに、スコットランドの職人あるいは工場労働者の賃金と就労条件についてはほとんど書かれていない。18 世紀については、Henry Hamilton, *An Economic History of Scotland in the Eighteenth Century* (Oxford, 1963) の中に有益な数章が含まれている。イングランドの産業化に関心のある二人の研究者によって書かれた本章と関連する重要な著作は、経営と家族に対する工場制度の影響を扱っている。前者には、スコットランドに関する広範な資料が含まれている。Sidney Pollard, *The Genesis of Modern Management* (London, 1965), Neil J. Smelser, *Social Change in the Industrial Revolution* (London, 1959)。産業経営者がどのように労働者を扱ったかについて唯一の十分な研究は、Frank Podmore, *Robert Owen: a biography* (London, 1953) および M. Cole によって増補された *Robert Owen of New Lanark* (London, 1953) である。しかしいずれの場合もオーエンはきわめて例外的な存在である。

その一方で、本章にはわずかしか引用されていないが、膨大な議会議事録がある。以下を参照せよ。児童工場就労選抜委員会報告として、*Parliamentary Papers* 1816, Vol. III; 製粉所児童就労選抜委員会報告として、*Parliamentary Papers* 1831-2, Vol. XV; 工場調査委員会報告として、*Parliamentary Papers* 1833, Vols. XX, XXI, 1834, Vols. XIX, XX; 組合選抜委員会報告として、*Parliamentary Papers* 1825, Vol. IV; *Parliamentary Papers* 1837-8, Vol. VIII。J. Myles, *Chapters in the Life of a Dundee Factory Boy* (1850, reprinted in Dundee, 1951) も参照せよ。

Statistical Account および New *Statistical Account* は賃金レートの情報が豊富であるが、就労条件については伏せられている。

17 章

● NOTES

1. William Jolly, *The Life of John Duncan, Scotch Weaver and Botanist* (London, 1884), pp.23 ff.
2. Andrew Brown, *History of Glasgow* (Glasgow, 1795), p.243.
3. William Thom, *Rhymes and Recollections of a HandloomWeaver* (London, 1845), p.9.
4. *Statistical Account,* YIl, p.90.
5. *Ibid.*, XVII, p.12.
6. Jolly, *Ibid*, p.23-4.
7. David Gilmour, *Reminiscences of the 'Pen' Folk* (Paisley, 1871), p.21.
8. M. Blair, *The Paisley Shawl* (Paisley 1904), p.50.
9. W. Hector, *Selections from the Judicial Records of Renfrewshire* (Paisley, 1878) II, pp.196-204; H. W. Meikle, *Scotland and the French Revolution* (Glasgow, 1912), pp.64-5.
10. A. B. Richmond, *Condition of the Manufacturing Population* (London, 1825), p.29.
11. J. L. Gray, 'The Law of Conbination in Scotland' , *Economica,* Vol. VIlI (1928).
12. 手織機織工の特別委員会から報告 , *Parliamentary Papers* 1834, , Vol. X, p.53.

14. Scots Magazine, Vol. XLI(1779), pp.219-20.
15. R. Chambers, *Reekiana or Minor Antiquities of Edinburgh* (Edinburgh, 1833), pp.227-8.

● FURTHER READING

C. R. Fay, *Adam smith and the Scotland of his Day* (Cambridge, 1956) は、エディンバラとグラスゴーの二都市に住む中流階級の知識人の生活が活気にあふれている雰囲気を大方の本よりもうまく伝えている。エディンバラについては、Robert Chambers の以下の二冊、*Traditions of Edinburgh* (Edinburgh, 1825) と *Reekiana or Minor Antiquities of Edinburgh* (Edinburgh, 1833) は非常に多くの好古趣味的な重要性のない書物の中で、ひときわ価値のあるものである。A. J. Youngson, *The Making of Classical Edinburgh* (Edinburgh, 1966) は、社会史としても、また 18 世紀の建築事業に関する記述としてもすばらしい。D. B. Horn, *A Short History of the University of Edinburgh* (Edinburgh, 1967) と Alexander Law, *Education in Edinburgh in the Eighteenth Century* (Edinburgh, 1965) は、当該大学と学校を扱っている。Douglas Young, *Edinburgh in the Age of Sir Walter Scott* (Oklahoma, 1965), J. Grant, *Old and New Edinburgh* (London, 1882) も参照せよ。Hugo Arnot, *History of Edinburgh* (Edinburgh, 1779) は、同時代に著された見事な歴史書である。Alexander Carlyle, *Autobiography* (Edinburgh, 1860) と Henry Cockburn, *Memorials* (ed. Edinburgh, 1910) は、後世に続く華やかなアテネ時代の雰囲気を立派な文章で伝えている。

グラスゴーに関する定番の歴史書は、George Eyre-Todd, *History of Glasgow* (Glasgow, 1934), Vol. III だが、社会史研究者が一番知りたいと願う部分でたびたび曖昧な記述になっている。それより古い以下の三点の歴史書は、同時代の発展に関する補足説明として有益である。John Gibson, *History of Glasgow* (Glasgow, 1777), Andrew Brown, *History of Glasgow* (Glasgow, 1795), James Cleland, *Annals of Glasgow* (Glasgow, 1816)。J. R. Kellet, *Glasgow, a Concise History* (出版地・出版年不明) も参照せよ。起業家については、J. O. Mitchell の以下の著作、*Old Glasgow Essays* (Glasgow, 1905), *Memoirs and Portraits of One Hundred Glasgow Men* (Glasgow, 1883), *The Old Country Houses of the Old Glasgow Gentry* (Glasgow, 1870)、および以下のような伝記、A. M. MacGeorge, *The Bairds of Gartsherrie* (Glasgow, 1875), James Napier, *Life of Robert Napier* (Edinburgh, 1904) から何らかの情報が拾い集められるであろ。しかし、実業界の階層に関するすぐれた研究はない。

16章

● NOTES

1. New *Statistical Account*, VII, pp.254, 268.
2. Sir John Sindair, *Analysis of the Statistical Account* (London, 1826), I, p.321.
3. Robert Cowan, *Vital Statistics of Glasgow* (Glasgow, 1838), p.46.
4. Select Committee on Combinations, *Parliamentary Papers* 1837/8, Vol. VIII, p.186.
5. Henry Hamilton, *An Economic History of Scotland in the Eighteenth Century* (Oxford, 1963), p.377.
6. Edward Baines, *History of the Cotton Manufacture in Great Britain* (London, 1835), p.456.
7. Sidney Pollard, *The Genesis of Modern Management* (London, 1965), p.161.
8. Thomas Garnett, *Observations on a Tour through the Highlands* (London, 1800), ii, p.236.
9. Frank Podmore, *Robert Owen: a biography* (London, 1923) is still the best account
10. W. H. G. Armytage, *Heaven' s Below* (London, 1961) gives a detailed account of Orbiston
11. *Parliamentary Papers* 1837/8, Vol. VIII, p.130.
12. *Ibid.*, p.183.
13. 工場における児童雇用状況の調査委員会に Sir David Barriy が提出した医療報告、*Parliamentary Papers* 1833, Vol. XXI, p.72.
14. *Ibid.*, pp.9, 41-3.

House of Argyll in the Scottish Highlands' は、1745年以前でさえクランが近代化されていたということについて十分に記述されている。

驚くべきことではないが、この時代のハイランドの歴史の大部分はひどく感情的な非難を被ってきた。John Prebbleの *Culloden* (London, 1961) はこのことと無関係ではなく、彼の *Highland Clearance* (London, 1963) はドナルド・マクラウドを額面どおりに捉えすぎて研究自体の価値を減じている―どちらの本にも興味深い資料が多く含まれているのだが。Ian Grimble, *The Trial of Patrick Sellar* (London, 1962) はさらに重要性に欠ける。Phillip Gaskell, *Modern Transformed* (Cambridge, 1968) は、西部のある地域におけるクリアランスと社会変化についての貴重な地域研究である。地元の領主に好意的であるが、冷静に引証がなされている。

さらに古い著作では、Lord Colin CampbellがDalriadという筆名で出版した *The Crofter in History* (Edinburgh, 1885) は、もっと知名度が上がって然るべきである。ある意味でこれは、よく引用されるセルカーク伯の *Observations on the Present State of the Highlands of Scotland* (London, 1805) よりも多くの情報が入っている。William Mackenzie, *A History of the Highland Clearances* (Inverness, 1883およびその後の版) は、没収された者たちの実情を説明した反論であるが、素晴らしい史料となっている。初期の版がすぐれている。

Martin Martin, *A Description of the Western Isles* (London, 1703) と Edward Burt, *Letters from a Gentleman in the North of Scotland* (脚注に情報が多く盛り込まれた最もすぐれた版はLondonで出版された1815年版である) に続き、同時代にハイランドに関して記述されたものが非常に多くある。本質的な関心と文学的な長所をそなえている最もすぐれた著作は以下のものである。Thomas Pennant, *A Tour in Scotland and Voyage to the Hebrides* (1772), B. Faujes de St Fond, *A Journey through England and Scotland to the Hebrides in 1784, Samuel Johnson, Journey to the Western Islands of Scotland* (1773)、もちろんこれは分身のJames Boswellによる同じ旅行記Journal of a Tour to the Hebridesで補完されている。John L., *Buchanan, Travels in the Western Hebrides* (London, 1793) は情報量は多いが上品さに欠ける。伝道師を引退した彼は、*Statistical Account* と New *Statistical Account* の教区受禄聖職者よりも率直になれるはずである。John Walker, *Economical History of the Hebrides and Highlands of Scotland* (Edinburgh, 1808) も参照せよ。Dorothy Wordsworth の Recollections of a Tour made in Scotland in A. D. 1803は永遠に廃れることはない。旅のいくつかをさまざまな版で読むことができる。

最後に、スコットランド歴史学会はハイランドの地主の史料に基づいた多くの文献を出版している。*Survey of Lochtayside* (ed. M. M. MacArthur, 1936), *John Home's Survey of Assynt* (ed. R. J. Adam, 1960), *Argyll Estate Instructions 1771-1805* (ed. E. R. Cregeen, 1964) を参照せよ。

15章

● NOTES

1. Elizabeth Grant, *Memoirs of a Highland Lady 1797-1827* (London, 1950), p.2.
2. *Statistical Account*, II, p.88; V, p.136.
3. Signet Library, Edinburgh 所蔵の Process 62. 39.
4. *Statistical Account*, V, pp.127, 143-4.
5. *Ibid.*, V, p.49.
6. スコットランド国立公文書館所蔵の Forfeited Estates Papers E/729.
7. G. Chalmers, *Caledonia* (ed. Paisley, 1887), II, p.881.
8. *Coltness Collections* (ed. James Dennistoun, Maitland Club, 1842), II, pp.48-9.
9. Joseph Taylor, *A Journey to Edinburgh* (Edinburgh, 1903), pp.134-5.
10. Edward Topham, *Letters from Edinburgh* (London, 1776), pp.14-15.
11. E. Burt, *Letters from a Gentlemcn in the North of Scotland* (ed. London, 1815), I, pp.21-2.
12. Robert Chambers, *Traditions of Edinburgh* (Edinburgh, 1825), II, p.146.
13. Thomas Brown, *A New Guide to the City of Edinburgh* (Edinburgh, 1792), pp.30-3.

11. *Ibid.*, II, pp.88-9.
12. *Ibid.*, Il, p.180.
13. *Ibid.*, Il, p.109.
14. Martin, *op cit.*, pp.167-8.
15. *The Letter-book of Bailie John Steuart of Inverness 1715-1752* (cd. W. Mackay, Scottish History Society, 1915)
16. Martin, *op cit.*, pp.101-2, Burt, *op cit.*, Il, pp.102-3.
17. 実際の問答を知るには、Selkirk伯のパンフレットでの脚注5と [Robert Brown] *Remarks on the Earl of Selkirk' s Observations* (Edinburgh, 1806) を参照。
18. Burt, *op cit.*, Il, pp.208-14. See also page 224 above.
19. Thomas Pennant, *A Tour in Scotland and Voyage to the Hebrides 1772* (ed. London, 1790), I, pp. 404-5.
20. Samuel Johnson, *Works* (London, 1787-9), VIII, p.334.
21. *Statistical Account*, VIII, 359 n.
22. *Argyll Estate Instructions 1771-1805* (ed. E. R. Cregeen, Scottish History Society, 1964), pp.xviii-xix.
23. Ullapoolの場合については、Jean Dunlop, 'the British Fisheries Society 1735-1893' を参照のこと。Edinburgh Ph. D., 1951; Tomintoulの場合は、V. Gaffney, The Lord. ship of Strathavon (Third Spalding Club, 1960) を参照。Beaulyに関する引用は、*Scottish For feited Estates Papers 1715-1745* (ed. A. H. Millar, Scottish History Society, 1909), p.62からのものである。
24. Malcolm Gray, *The Highland Ecollomy 1750-1850* (Edinburgh, 1957), pp;134-5.
25. Pennant, *op cit.*, I, p.353.
26. John L. Buchanan; *Travels in the Western Hebrides* (London, 1793), p.6.
27. *Statistical Account*; X, pp. 369-7.
28. Select Committee on Emigration third report. *Parliamentary Papers* 1826-7, V, p.291.
29. J. Prebble, *The Highland Clearances* (London, 1963), p.100.
30. 彼の最も著名な書は、*Gloomy Memories in the Highlands of Scotland* である。さまざまな版がある。
31. Pennant, *op cit.*, I, p.366.
32. Sir John Sinclair, *General View of the Agriculture of the Northern Counties and Islands of Scotland* (London, 1795) pp.126-168, *Appendix*, pp.41-5.
33. John Henderson, *General View of the Agriculture of the County of Sutherland* (London, 1812), pp.143-4.
34. James Loch, *An Account of the Improvements on the Estates of the Marquess of Stafford* (London, 1820).
35. John Wa1ker, *Economical History of the Hebrides and Hiyhlands of Scotland* (London, 1812), II, p.404.
36. Prebb1e, *op cit.*, p.145.
37. Sinclair, *op cit.*, p.iii.
38. E. g. John Gray, *Ref1ections intended to Promote the Success of the Scotch Fishing Company* (London, 1788).

● FURTHER READING

経済と社会の変化に関する学術的で公平かつ広範にわたる唯一の研究は、Malcolm Gray, *The Highland Economy 1750-1850* (Edinburgh, 1957) である。同じ著者による二つの論説、*Economic History Review* second series, No. IV (1951) 所収の 'The Kelp Industry in the Highlands and Islands' および *Agricultural History Review*, Vol. V (1956) 所収の 'Consolidation of the Crofting System' も有益である。I. F. Grant, *Everyday Life on an Old Highland Farm* (London, 1924) と、A. R. B. Haldaneによる二点の文献、*The Drove Roads of Scotland* (Edinburgh, 1962) および *New Ways through the Glens* (Edinburgh, 1952) も参照せよ。後者は、トマス・テルフォードの建造物と関連する道路交通の大変革を扱っている。1803年以前に生じたハイランドからの移住の原因に関するM. I. Adamの論説三連作、*Scottish Historical Review*, Vols. XVI-XIX (1919-22) は、参考にする価値がある。

N. T. Phillipson and R. Michison (eds.), *Scotland in the Age of Improvement* (Edinburgh, 1970) 所収のEric Cregeen, 'The Changing Role of the

Society, 1843), III, pp.125, 127.
32. H. Hamilton, *An Economic History of Scotland in the Eighteenth Century* (Oxford, 1963), p.82
33. William Mackintosh, *An Essay on Ways and Means for Inclosing* (Edinburgh, 1729, pp.160-3
34. *Ibid.*, pp.160-1.
35. James Robertson, *General View of the Agriculture in the Southern Districts of the County of Perth* (London, 1794), p.64.
36. (Anon.) *Humble Pleadings for the Good Old-Way* (n. p.1712), *Appendix*, p.7.
37. *Scotland and Scotsmen*, 11, pp.546-7.
38. Thomas Boston, *Human Nature in the Fourfold State* (9th edition, Edinburgh, 1752), p.253.
39. Ralph Erskine, *Works* (Glasgow, 1765), 11, pp.541-2.
40. *Ibid.*, 11, p.558.

● FURTHER READING

L.J. Saunders, *Scottish Democracy 1815-1840* (Edinburgh, 1950) には、農業革命における社会の変化について最もすぐれた最新の記述が見られる。スコットランドの農業および18世紀の社会経済史に関して前述した現代の著作の多くは、本章でも有益である。George Robertson, *Rural Recollections* (Irvine, 1829) は今もなお主要な史料であるが、彼や John Ramsay, Thomas Somerville（12章の文献一覧を参照せよ）のような上流階級の視点による記述は、地方労働者自身の自伝的叙述でいくらか補われるだろう。最もすぐれた二点の文献（共に非常におもしろく読める）は、Alexander Somerville, *The Autobiography of a Working Man* (London, 1848 およびその後の版）と Samuel Robinson, *Reminiscences of Wigtownshire* (Hamilton, 1872) である。Hugh Miller, *My Schools and Schoolmasters* (2nd ed. Edinburgh, 1854 およびその後の版）は田舎の石工によって、John Younger, *Autobiography* (Kelso, 1881) は田舎の靴職人によって書かれている。しかし、両書とも地方における変化を明確に示している。農業に関わる賃金と地域による変動については、*Economic History Review,* second series, Vol. XXIV (1971), pp. 181-201 に所収の Valerie Morgan, 'Agricultural Wage Rates in late Eighteenth-Century Scotland' を参照せよ。

地方の生活における農業革命についてさかのぼって調べたい者は、まずは *Statistical Account* および New *Statistical Account* で自分の地域に関わる記載を読むことから始めよ。便利なことに、後者には州ごとに教区が列挙されているが、前者ではばらばらに記載されている。第20巻には索引が付いている。Sir John Sinclair の農業委員会で1793年から1816年に作成された *Agricultural Reports* の二つのシリーズもある。すべての州が少なくとも二回取り上げられている。J. A. Symon, *Scottish Farming Past and Present* (Edinburgh, 1959), pp. 445-447 には便利なリストがある。シンクレアの *General Report of the Agricultural State and Political Circumstances of Scotland* (Edinburgh, 1814) は全3巻及び補遺が2巻で、新しい史料が加えられた上掲の文献の概要である。

14章

● NOTES

1. M. Martin, *A Description of the Western lsles* (ed. G1asgow, 1884), pp.77-8
2. John Prebble, 'Religion and the Massacre of Glencoe', *Scottish Historical Review*, Vol. XLVI (1967), pp.185-8.
3. E. Burt, *Letters. from a Gentleman in the North of Scotland* (London, 1815), II, p.84
4. Martin, *op cit.,* p.100.
5. (Thomas Douglas)*Earl of Selkirk, Observations on the Present State of the Highlands of Scotland* (ed. London, 1805), *Appendix*, p.1.
6. E. Dunbar Dunbar, *Social Life in Former Days* (Edinburgh, 1866), pp.144-5.
7. Martin, *op cit.,* p.97.
8. I. F. Grant, The Macleods: *the History of a Clan 1200-1956* (London, 1959), p.330.
9. Martin, *op cit.,* p.106.
10. Burt, *op cit.,* I, p.148.

者 は、Sir John Sinclair, *General Report of the Agricultural State and Political Circumstances of Scotland* (Edinburgh, 1814) か、あるいは Symon, Scottish Farming にリストされている地方の州の報告の一つを調べてみるとよい。George Robertson, *Rural Recollections* (Irvine, 1820) は、後期の時代に関する情報の宝庫である。

土地所有者と産業の発展との相互関係について は、*Scottish Journal of Political Economy*, Vol. XI (1964) 所収の T. C. Smout, 'Scottish Landowners and Economic Growth, 1650-1850' で論じられている。N. T. Phillipson andR. Mitchison (eds.), *Scotland in the Age of Improvement* (Edinburgh, 1970) の計画村落に関する章も参照せよ。

13章

● NOTES

1. George Robertson, *Rural Recollections* (Irvine, 1829), pp.98-9.
2. *Ibid.*, p.99.
3. Samuel Robinson, *Reminiscences of Wigtownshire* (Hamilton, 1872), p.43.
4. *Monymusk Papers 1713-1755* (ed. H. Hamilton, Scottish History Society, 1945), p.xvii
5. *The Travel Diaries of Thomas Robert Malthus*, ed. Patricia James (Cambridge, 1966), p.223.
6. G. Robertson, *op cit.*, p.352.
7. *Thomas Robertson, Outline of the General Report upon the Size of Farms* (Edinburgh, 1796), p.43.
8. *Ibid.*, p.56.
9. Robert Wilson, *An Enquiry into the Causes of the High Prices of Corn and Labour* (Edinburgh, 1815), pp.47-9.
10. Robinson, *op cit.*, p.57.
11. Sinclair, *General Report of the Agricultural State and Political Circumstances of Scotland* (Edinburgh, 1814), 1, pp.179-81.
12. *Ibid.*, *Appendix*, I, p.300.
13. G. Robertson, *op cit.*, p.105.
14. Sinclair, *op cit.*, I, pp.131-8, *Appendix*, pp.286-92.
15. *Brougham and his Early Friends*, ed. R. H. M. B. Atkinsonand G. A. Jackson (London, 1908), 11, pp.102-3. 1 am indebted to Dr. R. W. Sturgess for this reference. G. Robertson, *op cit.*, p.106
17. *Scotland and Scotsmen in the Eighteenth Century from the MSS of John Ramsay of Ochtertyre,* ed. A. Allardyce (Edinburgh 1888), 11, pp.233-5.
18. L. J. Saunders, *Scottish Democracy 1815-1840* (Edinburgh, 1950), pp.50-1.
19. H. G. Graham, *The Social Life of Scotland in the Eighteenth Century* (ed. Edinburgh, 1937), p.214.
20. John Younger, *Autobiography* (Kelso, 1881), p.128.
21. A. J. Youngson, *The Making of Classical Edinburgh 1750-1840* (Edinburgh, 1966), p.37.
22. Vide B. R. Mitchell and P. Deane, *Abstract of British Historical Statistics* (Cambridge 1962), pp.348-9.
23. Alexander Somerville, *The Autobiography of a Working Man* (London, 1848), p.10.
24. *Ibid.*, p.71.
25. Hugh Miller, *My School and Schoolmasters* (Edinburgh, 1856), p.177.
26. *Ibid.*, pp.215-16.
27. W. Cobbett, *Rural Rides... together with Tours of Scotland...and Letters from Ireland*, ed. G. D. H. and M. Cole (London, 1930), III, p.783.
28. Cobbett, *op cit.*, III, pp.784-5. Mil1er, *op cit.*, pp.228-31.
29. Somerville, *op cit.*, pp.17-18, 38-42, 85-96.
30. Cobbett, *op cit.*, III, p.765.
31. *Caledonian Mercury*, 21 April 1724. 以下の記述はかなりの部分をこの新聞に依拠しているが、R. Chambers の次の情報にも基づいている。R. Chambers , *Domestic Annals of Scotland* (Edinburgh, 1858),III, pp.492-3, and in Robert Wodrow, Andlecta (Maitland Club, 1843), III, p.152 and *The Correspondence of the Rev. Robert Wodrow* (Wodrow

tury from the MSS of John Ramsay of Ochtertyre, ed. A. Allardyce (Edinburgh, 1888), II, p.557.
3. Sir John Siriclair, *General Report of the Aaricultural State and Political Circumstances of Scotland* (Edinburgh, 1814), *Appendix* I, pp.227-8.
4. W. Ferguson, *Scotland 1689 to the Present* (Edinburgh, 1968), p.156.
5. Lord Gardenstone, *Letter to the People of Laurencekirk* (ed. Edinburgh, 1823), p. 47; *Letters of John Cockburn of Ormiston to his Gardener 1727-1744* (ed. James Colville, Scottish History Society, 1904), p.xxiv; *Scotland and Scotsmen*, II, p.385.
6. James Fergusson, *Lowland Lairds* (London, 1949), p.121 note.
7. *Scotland and Scotsmen*, II, pp.216-17; Thomas Somerville, *My Own Life and Times 1741-1814* (Edinburgh, 1861), pp.359-60.
8. Sinclair, General Report, I, p.89.
9. William Mackintosh, *An Essayon Ways and Means for Inclosina* (Edinburgh, 1729), pp.229-30.
10. Marjorie Plant, *The Domestic Life of Scotland in the Eiahteenth Century* (Edinburgh, 1952), pp.28, 30.
11. George Robertson, *Rural Recollections* (Irvine, 1829), p.68.
12. Sinclair, *General Report*, pp.158-63.
13. Plant, *Domestic Life*, p.115.
14. *Ibid.*, p.190.
15. *Memoirs of the Life of Sir John Clerk of Penicuik 1676-1755* (Edinburgh, 1892), p.xi.
16. *Selections from the Family Papers Preserved at Caldwell* (Maitland Club, 1954), I, p.270.
17. *Letters of John Cockburn*, pp.xxxix, 79-80.
18. *Report on the MSS of the Rt. Hon. Lord Polwarth*, Vol V. (Historical MSS Commission, 1961), pp.146-7.
19. *Monymusk Papers 1713-1755* (ed. H. Hamilton, Scottish History Society, 1945); Life and Labour onan Aberdeenshire Estate (ed. H. Hamilton, Third Spalding Club, 1946).
20. *Scotland and Scotsmen*, II, p.235, note.
21. *Statistical Account*, VI, p.129.
22. *The Gorden' s MilI Farmina Club 1758-1764*, ed. J. H. Smith (Edinburgh, 1962)
23. *Scotland and Scotsmen*, II, p.236.
24. *Ibid.*, II, p.245.
25. Robertson, *Rural Recollections*, pp.352-3, 359.
26. *Scotland and Scotsmen*, II, pp.384-5.

● FURTHER READING

慣習の大きな変化については、多くのすぐれた著作の中で非常によく伝えられている。H. G. Graham, *The Social Life of Scotland in the Eighteenth Century*（さまざま版がある、初版は1899年）はきわめて重要であり、Marjorie Plant, *The Domestic Life of Scotland in the Eighteenth Century* (Edinburgh, 1948) は多少それより劣る。同時代に書かれた自伝的叙述の研究の中では、Thomas Somerville, *My Own Life and Times 1741-1814* (Edinburgh, 1861) および *Scotland and Scotsmen* in *the Eighteenth Century from the MSS of John Ramsay of Ochtertyre*, ed. A. Allardyce (Edinburgh, 1888) に非常にすばらし価値がある。

どのように進歩してきたのかについて理解するためには、実はいまだに *Scotland and Scotsmen* 第2巻の該当する章を読む以外に方法はない。ほかの点では適切である教科書も、どのように、そしてなぜ進歩してきたのかについて伝えきることができていないが、以下を参照せよ。J. E. Handley, *Scottish Farming in the Eighteenth Century* (London, 1953), J. A. Symon, *Scottish Farming Past and Present* (Edinburgh, 1959), Henry Hamilton, An *Economic History of Scotland in the Eighteenth Century* (Oxford, 1963)。二人の改良者の史料が、編者のすぐれた概説が付されて出版された。*Letters of John Cockburn of Ormiston to His Gardener 1727-1744* (ed. J. Colville, Scottish History Society, 1904), *Monymusk Papers 1713-1755* (ed. H. Hamilton, Scottish History Society, 1945)。しかし、後期のさらに重要な時代の詳細について関心がある

付録 , p.40.
14. Salaman, *op cit.,* p.394.
15. H. Gil1e, 'Demographic History of the North European Countries in the Eighteenth Century' , *Population Studies*, Vol. III (1949), p.47.
16. C. Creighton, *History of Epidemics in Britain* (new ed. London 1965); J. H. F. Brotherston, *The Early Public Health Movement in Scotland* (London, 1952), pp.25-9.
17. R. Chambers, *Domestic Annals of Scotland* (Edinburgh, 1858), I, p.427, II, pp.85, 140, 347.
18.1760 頃書かれた、エディンバラ大学図書館所蔵の無名の MS 316, 'The interest of Scotland in the branches of agriculture, population and commerce' , folio 81 による。
19. Brotherston, *op cit.,* p.29; Alexander Monro, primus, Works(1781) p.485: N. B. the pagination iserratic, and this page follows 684; Robert Watt, *An Inquiry into the Relative Mortality of the Principal Diseases of Children in Glasaow* (reprinted, Glasgow, 1888), p.49.
20. Brotherston, *op cit.,* p.30.
21. *Statistical Account*, II, p.453.
22. *Ibid.*, II, p.571.
23. Monro, *op cit.,* p.681.
24. *Statistical Account*, III, p.427.
25. Watt, *op cit.,* p.49; Robert Cowan, *Vital Statistics of Glasaow* (Glasgow, 1838), p.28; Brotherston, op..cit., p.33.
26. M. W. Flinn, *introduction to his edition of Edwin Chadwick, Report on the Sanitary Conditions of the Labourina Population of Great Britain* (Edinburgh, 1965), p.18.
27. Hugo Arnot, *History of Edinburgh* (Edinburgh, 1779), pp.549-555 ; James Cleland, *Annalas of Glasgow* (Glasgow, 1816), I, p.231.
28. J. D. Comrie, *History of Scottish Medicine* (London, 1932), II, p.423.
29. William Buchan, *Domestic Medicine* (ed. London, 1772), p.1.
30. *Ibid.*, p.126.
31. Watt, *op cit.,* p.49; Sinclair, *Analysis*, p.138.
32. Watt, *op cit.,* p.49; *James Cleland, Enumeration of the Inhabitants of the City of Glasaow* (Glasgow, 1832), p.9.

● FURTHER READING

スコットランドの人口について詳しく説明することは試みられてこなかったが、J. H. F. Brotherston, *Observations on the Early Public Health Movement in Scotland* (London, 1952) で は、最初の章を 18 世紀の状況に関する最もすぐれた記述に割いている。*Analysis of the Statistical Account of Scotland* (Edinburgh, 1826) における Sir John Sinclair の議論は、最初はよいが残念なことに次第に水準が下がっていく。*Statistical Account* にさかのぼる彼の言及は、さらに追究する十分な価値がある。D. F. Macdonald, *Scotland' s Shifting Population 1770-1850* (Glasgow, 1937) は、いささか期待はずれであり、多少好機を逸しているが、R. N. Salaman, *The History and Social Influence of the Potato* (Cambridge, 1939) には、スコットランドに関する素晴らしい章がある。Thomas Fergusson, *The Dawn of Scottish Social Welfare* (London, 1948) は、J. D. Comrie, *History of Scottish Medicine* (London, 1932) と同様に、本章で論じた事柄と多少関係がある。William Buchan, *Domestic Medicine* は多くの版のいずれも拾い読みをする価値がある。

ウェブスター博士の調査とその後の国勢調査の資料の梗概は、J. G. Kyd, *Scottish Population Statistics* (Scottish History Society, 1952) で 公表されている。1801 年、1811 年、1821 年、1831 年に実施された国勢調査の完全な報告は、以下の *Parliamentary Papers* で公表されている ; 1801, vi; 1801/2, vi, vii; 1812, x, xi; 1822, xxi, xv, 1831, xviii。

12 章

● NOTES

1. G. S. Pryde, *The Treaty of Union of 1707* (Edinburgh, 1950), p.27.
2. *Scotland and Scotmen in the Eighteenth Cen-*

的な研究は、Henry Hamilton の *The Industrial Revolution in Scotland* (Oxford, 1932) である。彼の後続の書、An *Economic History of Scotland in the Eighteenth Century* (Oxford, 1963) は、特に、貿易や綿産業についての新しい情報を盛り込み、前者を改訂、加筆、拡大したものであるが、どういうわけか当初の高揚するような新鮮さを欠いている。*Scottish Journal of Political Economy*, Vol, VI (1959) における 'Economic growth in Scotland 1720-1770' も読む価値がある。

R. H. Campbell は、この分野に貢献してきた指導的な歴史家である。彼のスコットランドの経済史について著作、*Scotland since 1707* (Oxford, 1965) は主に 18 世紀に関する記述であり、James Daw の *Source Book of Scottish Economic and Social History* (Oxford,1968) との合作として書かれた彼の原典資料集の多くも 18 世紀に関するものである。*Carron Company* (Edinburgh, 1961) のなかで、彼は 18 世紀のスコットランドにあった一流の会社の一社を検証した。価値ある批評集、*Scottish Journal of Political Economy*, Vol.XI(1964) の 'An *Economic History of Scotland in the Eighteenth Century*' では、Henry Hamilton の最新作の批評を行い、*Scottish Historical Review*, Vol. XLVI (1967) の 'The Industrial revolution;a revision article' は、このテーマに関してすばらしい文献を載せている。しかし、スコットランドの産業革命について、ただそれだけを取り上げて研究すべきではない。M. W. Flinn の *Origins of the Industrial Revolution* (London, 1966) と、T. S. Ashton の *The Industrial Revolution 1760-1830* (London,1948) は、英国の背景を躍動的に描き出している。

1707 年の合同の背景とその衝撃を知るためには、T. C. Smout と R. H. Campbell による *Economic History Review* second series, Vol. XVI(1964) の中の 'The Anglo-Scottish Union of 1707' と T. C. Smout の *Scottish Trade on the Eve of Union* (Edinburgh, 1963) を合わせて読んでほしい。Jacob Price による二つの研究、すなわち *Studies in Scottish Business History*, ed. P. L. Payne (London, 1967) に再収録された 'The rise of Glasgow in the Chesapeake Tobacco Trade' と、*Journal of Economic History*, Vol. XXIV(1964) の 'The Economic Growth of the Chesapeake and the European Market 1697-1775' は、タバコ貿易に輝かしい光を当てた。A. R. B. Haldane の *The Drove Roads of Scotland* (Edinburgh, 1952) は牛の貿易に関する標準的な研究である。Rondo Cameron の *Banking in the Early Stages of Industrialization* (New York, 1967) には、18 世紀のスコットランドの銀行に関するすばらしい論文を掲載している。スコットランドの経済史の多くの研究が、13-18 章の著書目録にも触れられている。

11 章

● NOTES

1. 引用箇所の正確な数字は、1,048,000 である。Sir John Sinclair, *Analysis of the Statistical Account of Scotland* (Edinburgh, 1826), I , pp.148-9.
2. A. J. Youngson, 'Alexander Webster and his " Account of the Number of People in Scotland in theyear 1755"' , *Population Studies*,. Vol. XV(1961-2); D. J. Withrington, 'The S. P. C. K. and Highland Schools in the Mid-Eighteenth Century' , *Scottish Historical Review*, Vol. XLI(1962)
3. I. C. C. Graham, Colonists from Scotland: *Emigration to North America 1707-1783* (Oxford, 1956)
4. James Cleland, *Enumeration of the Inhabitants of Glasgow* (Glasgow, 1820) p.6.
5. Adam Smith, *Wealth of Nations* (Everyman edition, London, 1910), p.70.
6. Sinclair, *op cit.,* 1, pp.163-4.
7. *Statistical Account*, XVII, p.283.
8. *Ibid*., V, p.22.
9. R. N. Salaman, *The History and Social Influence of the Potato* (Cambridge, 1949), p.364.
10. Sir John Sinclair, *An Account of the Systems of Husbandry of Scotland* (Edinburgh, 1812), I, p.269, II, p.132.
11. Salaman, *op cit.,* p.392.
12. *Ibid.*, p.370.
13. Sinclair, *Analysis of the Statistical Account,*

スコットランドの政治と教会の歴史に関するW. L. Mathiesonの*Scotland and the Union 1695 to 1747* (Glasgow, 1905)、*The Awakening of Scotland 1747-1797*(Glasgow, 1910)、*Church and Reform in Scotland* (Glasgow, 1916)は、今でも有益である。 H. W. Meikleの*Scotland and the French Revolution* (Glasgow, 1912)は、Fergusonのテキスト(上記を参照)が出るまでほかに追随するものがなかったほどの急進論者についてのすぐれた論文である。
教会史については、多くの研究があるが良質なものはほとんどない。John Cunninghamの*The Church History of Scotland*, Vol. II (Edinburgh, 1861)とGeorge Grubの*The Ecclesiastical History of Scotland*, Vols. III and IV (Edinburgh, 1861)はおそらく18世紀の研究には最も有益であろう。

ハイランド地方については、Audrey Cunninghamの*The Loyal Clans* (Cambridge, 1932)が今でも役立つ。C. Petrie, *The Jacobite Movement* (3rd edition, London, 1959)を参照してほしい。John Prebbleの*Culloden* (London, 1961)は、大変人気のある論文で、さまざまな点で、彼の*Glencoe* (London, 1966)より、充実している。

最後に、Sir Walter ScottのHeart of MidlothianとWaverlyは読むことを忘れてはならない。それらはそれぞれthe Porteous Riots、the Jacobites of the '45を扱っている。両者とも、多くの版が存在している。

10章

● NOTES

1. Sir John Clerk, 'Observations on the present circumstances of Scotland', *Miscellany of the Scottish History Society*, Vol. X(1965), p.191に発表された。
2. Daniel Defoe, *Advantages of Scotland by an Incorporate Union with England* (Edinburgh, 1706) および *The Fifth Essay at Removing National Prejudices* (Edinburgh, 1706)
3. スコットランド人がタバコ取引の足がかりを得たのは、密輸のおかげなどではないとする一般的な主張は、T. C. Barker, 'Smuggling in the Eighteenth Century: The Evidence of the Scottish Tobacco Trade', Virginia Magazine of History and Biography (1954)によって整理された立証をないがしろにする。
4. ロシアとの交易の実態は*Tabeller over Skibsfart og Varetransport gennem Oresund* (ed. N. Bang and K. Korst, Copenhagen and Leipzig, 1909-45)から収集できる。そのほかの統計については、本章の最後に挙げた参考文献の原典を参照。
5. H. Hamilton, *An Economic History of Scotland inthe Eighteenth Century* (Oxford, 1963), p.323.
6. W. W. Rostow, *The Stages of Economic Growth* (Cambridge, 1960), p.31.
7. George Robertson, *Rural Recollections* (Irvine, 1829), p.383. 前後関係から、彼がロジアンにだけ言及していないことが明らかである。
8. 無視されているG. W. Daniels, 'Early Records of a Great Manchester Cotton-Spinning Firm' in *Economic Journal*, Vol. XXV (1915)を参照のこと。
9. Sir John Sinclair, *Analysis of the Statistical Account of Scotland*(London 1826), I, p.321
10. エディンバラ大学に提出した未刊の博士論文、Alistair G. Thomson, 'The paper industry in Scotland', Edinburgh 1965 による。
11. *Statistical Account*, I, pp.513-14.
12. Robertson, *op cit.*, pp.24-5.
13. G. Unwin, *Samuel Oldknow and the Arkwrights* (Manchester, 1924), p.66.
14. G. M. Mitchell, 'The English and Scottish Cotton Industries: a Study in Interrelation', *Scottish Historical Review*, Vol. XXII (1925), p.105.
15. Charles Singer et al., A History of Technology, Vol. IV (Oxford, 1958), および *New StatisticalAccount*, VI, pp.140-148を参照。
16. Miitchell , *op cit.*, pp.l08-9.
17. Sir John Sinclair, *Ibid*, I, pp.44-9.
18. *Ibid.*, 1, p.57.

● FURTHER READING

18世紀スコットランドの経済史における先駆

魔法を調べるのには、1962年のエディンバラ大学の未刊の博士論文、C. J. Rossによる'Scottish demonology in the sixteenth and seventeenth centuries and its theological background.' および G. F. Black の *A Calendar of Cases of Witchcraft in Scotland, 1510-1727* が詳しく、すぐれている。D. Mathew の *Scotland under Charles I*(London, 1955) の魔法に関する記述と、R. Chambers の *Domestic Annals of Scotland* (Edinburgh, 1858-1861) に挙げられている事例は読む価値がある。H. R. Trevor-Roper の *Religion, Reformation and Social Change* (London, 1967) に収録された'European Witch-Craze'についての論文は無視できない。といってもスコットランドの事例はごくわずかで、一般的な記述がすべてスコットランドに当てはまるとは思われない。

9章

● NOTES

1. この複雑な問いと、矛盾する歴史家の見解への議論のために、T. C. Smout, 'The Road to Union' in Geoffrey Holmes, *Britain after the Glorious Revolution 1689-1714* (London, 1969) を参照。
2. 最良の記述は、G. P. Insh, *The Company of Scotland* (London 1932) および John Prebble, *The Darien Disaster* (London, 1968) である。
3. 両方とも W. L. Mathieson, *Church and Reform in Scotland, 1797-1843* (Glasgow, 1916), pp.107-8 に引用されている。
4. *Early Travellers in Scotland*, ed. P. Hume Brown (Edinburgh, 1891), p.271.
5. R. Chambers, *Domestic Annals of Scotland* (Edinburgh, 1861), III, p.218.
6. *Ibid.*, III, pp.234-6.
7. A. R. B. Haldane, *The Drove Roads of Scotland* (London, 1952), p.26.
8. See for example スコットランド国立公文書館所蔵の Forfeited Estatespapers, E. 783. 68.
9. Sir Walter Scott' の *Heart of Midlothian* は最良の記録を提供しており、フィクションであっても、これほどすぐれた歴史研究の著作はなかったであろう。
10. *Reading in Economic and Social History*, ed. M. W. Flinn (London, 1964), p119.
11. *Acts of the General Assembly of the Church of Scotland* (Church Law Society, 1843), p.241.
12. *Ibid.*, pp.387, 442.
13. A. Carlyle, Autobiography (Edinburgh, 1860), p.561.
14. G. D. Henderson, *The Scottish Ruling Elder* (London, 1935), p.140.
15. Carlyle, *op cit.*, p.84.
16. W. Ferguson, *Scotland 1689 to the present* (Edinburgh, 1968), p.123.
17. *Ibid.*, p.227.
18. John Mitchell 'Memories of Ayrshire' in *Miscellany of the Scottish History Society* Vol VI (1939) p.302.
19. G. D. Henderson, *op cit.*, p.138.
20. Hugo Arnot, *The History of Edinburgh* (1779), pp.366-7.
21. Acts of the General Assembly, p.729.
22. John Mitchell, *op cit.*, pp.302-3.

● FURTHER READING

W. Ferguson の *Scotland 1689 to the present* (Edinburgh, 1968) は重要な研究書である。18世紀の政治と教会にかかわる出来事については特にすぐれている。N. T. Phillipson と R. Mitchison 編集の *Scotland in the Age of Improvement* (Edinburgh, 1970) と合わせて読むことを薦める。これらを読めば、G. S. Pryde の *Scotland from 1603 to the Present Day* (Edinburgh, 1962) を読む必要はないが、Historical Association の冊子 *Central and Local Government in Scotland since 1707* (1960) は行政を的確に要約している。合同についての詳細な研究では、最上のものはやはり James Mackinnon の *The Union of England and Scotland* (London, 1896) であるが、G .K. Holmes 編纂の *Britain after the Glorious Revolution 1689-1714* (London, 1969) に収められている T. C. Smout による " The Road to Union' にはかなり充実した情報が収められている。W. J. Riley の *English Ministers and Scotland* (London, 1964) は合同から1747年までの期間の詳細な研究である。時代的に古い研究であるが、主に、

bet (London, 1966), pp.204-5.
4. G. Donaldson, *Scotland: James V-James VII* (Edinburgh, 1965), p.268.
5. T. C. Smout, *Scottish Trade on the Eve of Union 1660-1707* (Edinburgh, 1963), p.102.
6. Stewart Cruden, *The Scottish Castle* (Edinburgh, 1960), Chapter VII.
7. *Ibid.*, pp.173-4.
8. J. G. Dunbar, *The Historic Architecture of Scotland* (London, 1966)
9. Ian Finlay, *Scottish Gold and Silver Work* (London, 1956), p.73.
10. H. R. Trevor-Roper. *op cit.*, p.137.
11. D . Mathew, *Scotland Under Charles I* (London, 1956), pp.54-5.
12. E. Dunbar-Dunbar, *Social Life in Former Days* (Edinburgh, 1866), II, p.144.
13. R. Chambers, . *Domestic Annals*, I, pp.203-6.
14. Mathew, *op cit.,* p.55.
15. この節の詳細そのほかは、G. F. Black, *A Calendar of Cases of Witchcraft in Scotland 1510-1727*(New York, I938), p.30 を参照。
16. W. Stephen, *History of the Scottish Church* (Edinburgh, 1896). II, p.282.
17. Mathew, *op cit.,* p.55.
18. たとえば、J. G. Campbell, *Superstitions of the Highlands* (Glasgow, 1900) を参照されたい。
19. R. Chambers, *Domestic Annals*, II, pp.285-91.
20. G. F. Black, op cit. から引用。

● FURTHER READING

伝記には、the *Dictionary of National Biography* および R. Chambers の *Biographical Dictionary of Eminent Scotsmen* (revised and edited by T. Thomson, London, 1875) と、Joseph Irving の *The Book of Scotsmen* (Paisley 1881) を参照せよ。また、P. Hume Brown の *George Buchanan* (Edinburgh, 1890)、H. R. Trevor-Roper の *English Historical review*, suppl.3 (1966) における 'George Buchanan and the Ancient Scottish Constitution'、E. W. Hobson の *John Napier and the Invention of Logarithms* (Cambridge ,1914) と *the Napier Tercentenary Memorial Volume* (ed. C. G. Knott for Royal Society of Edinburgh, London, 1915) が有用である。主要な詩人たちの作品が Scottish Text Society (for the Lowlanders) と、the Scottish Gaelic Text Society (for the Highlanders) に完全収録されている。バラッドは、F. J. Child の *The English and Scottish Popular Ballads* (Cambridge, 1882-1898) に掲載されている。*Oxford Book of Scottish Verse* (ed.J. MacQueen and T. Scott, Oxford 1966)、*Golden Treasury of Scottish Verse* (ed. Hugh MacDiarmid, London, 1946)、*A Scots Anthology* (ed.J. W. Oliver and J. C. Smith, Edinburgh, 1949)、Kenneth H. Jackson の *A Celtic Miscellany* (London, 1951) にはあらゆる種類の詩文が掲載されている。Urquharts の *Works* は 1834 年に the Maitland Club によって刊行された。

そのほかの文化を見るには、H. G. Farmer の *A History of Music in Scotland* (1947) と（バグパイプ音楽については）1953 年の、*Piping Times* の Archibald of Kibelly の論文を見るといい。Ian F. Grant の *The Macleods:The History of a Clan* (London, 1959) は Dunvagan の文化的生活を豊かに描き出している。 Ian Finlay の *Art in Scotland* (London , 1948) と *Scottish Gold and Silver Work* (London, 1956) は有用である。建築に関する研究は、規模の大小を問わず多くなされている。なかでもきわめて重要なのが、D. Macgibbon と T. Ross, *Castellated and Domestic Architecture in Scotland* (Edinburgh, 1887-1892) と Royal Commission on the Ancient and Historical Monument of Scotland によって発表された古代の遺物の目録である。最新の版の *Stirlingshire* (1963) と *Peeblesshire* (1967) は最上である。美しい挿絵がちりばめられた、Oliver Hill の *Scottish Castles of the Sixteenth and Seventeenths Centuries* (London, 1943) と Nigel Tranter の *The Fortified House in Scotland* (Edinburgh, 1962-1966) は読みやすい。Stewart Cruden の *The Scottish Castle* (Edinburgh, 1960)、George Hay の *The Architecture of Scottish post-Reformation Churches* (Oxford, 1957)、J.G.Dunber の *The Historic Architecture of Scotland* (London, 1966) はとりわけすばらしい。

of Edinburgh Apprentices 1666-1700 (ed. C. B. B. Watson, Scottish Record Society 1929).
21. M. Wood, 'Edinburgh Poll Tax Returns', Book of the Old Edinburgh Club, Vol. XXV (1945), pp.90-126.
22. *Ibid.*
23. Calderwood, *op cit.*, VI, p.27.
24. Chambers, *Domestic Annals*, II, pp.437-8.
25. *The Court Book of the Burgh of Kirkintilloch 1658-1694* (ed. G. S. Pryde, Scottish History Society, 1963), p.lxx.
26. *Ibid.*, p.lxix.
27. Chambers, *Domestic Annals*, III, p.247.
28. T. S. Ashton and J. Sykes, *The Coal Industry of the Eighteenth Century* (Manchester, 1929), p.74.

●FURTHER READING

読むべき書には事欠かない。*Scottish Historical Review*, Vol. XIII (1916) における A.Ballad の 'The Theory of Scottish Burgh' は、良い出発点となる。W. M. Mackenzie の *The Scottish Burghs* (Edinburgh, 1949) は、古い時代に関する記述もさることながら、16 世紀と 17 世紀について多く語られている。T. Pagan の *The Convention of the Royal Burghs of Scotland* (Glasgow, 1926) は、自治都市同士の関係、および、自治都市と国との関係が取り上げられている。David Murray の *Early Burgh Organization in Scotland* (Glasgow, 1924) には、グラスゴーおよび西部地域の町についての記述が多い。原資料の多くが、Scottish Burgh Record Society によって、あるいは、一部は Scottish Record Society によって刊行されたものである。大規模な図書館であれば、開架式の書棚に並んでいるであろう。

自治都市の社会生活についての短いながら有益な記述が、W. Croft Dickinson の *Scotland from the earliest times to 1603* (Edinburgh, 1961) と、I. F. Grant の *Social and Economic Development of Scotland before 1603* (Edinburgh, 1930) にみられる。伝染病については、C. Creighton の *A History of Epidemics in Britain* (new edition, London, 1965) を参照せよ。伝染病やそのほかの話題が L. A. Barbé の *Sidelights on the History, Industries and Social Life of Scotland* (London, 1919) で論じられている。

商業生活については、S. G. E. Lythe の *The Economy of Scotland in its European Setting 1550-1625* (Edinburgh, 1960) と、T. C. Smout　の *Scottish Trade on the Eve of Union 1660-1707* (Edinburgh, 1963) で扱われている。Smout には、特に商人の社会的構造に焦点を当てた研究、*Scottish Historical Review*, Vol. XLVII(1968) 収録の 'The Glasgow Merchant community in the seventeenth century' がある。

主に 1914 年以前の職人のギルドを扱った研究書も数多くある。地方関連の文献はどれであれ、当該の地方に有効な情報を与えるだろう。なかでも最も良いのは、H. Lumsden と P. H. Aitken の *History of the Hammermen of Glasgow* (Paiseley, 1912)、J. D. Marwick の *Edinburgh Guilds and Crafts* (Scottish Burgh Records Society, 1909) および J. H. Macadam の *The Baxters Book of St Andrews* (Leith, 1903) である。M.Wood の *Book of the Old Edinburgh Club*, Vol.XXV (1945) の 'Edinburgh Poll Tax Returns' は、難しい都市部社会の構造を検証している。*The Court Book of Kirkintiloch 1658-1694* (Scottish History Society, 1963) への G. S. Pryde による序文は、この最も小さな自治都市の制度や生活の見事な概略となっている。炭鉱の奴隷のような労働者たちの研究のなかで最もすぐれていて有用なものはおそらく、匿名の研究者による *Edinburgh Review*, Vol. LXXXIX(1899) の 'Slavery in　Scotland' であろう。*A Source Book of Scottish History*, ed. C. Dickinson and G. Donaldson, Vol. Ⅲ (1954) は、本章のいくつかの点で、とりわけ強制労働の問題を学ぶのに有用である。

8章

●NOTES

1. *Dictionary of National Biography*, III (1908), p.191.
2. H. R. Trevor-Roper, Religion, *the Reformation and Social Change* (London, 1967), p.426.
3. Geoffrey Grigson, *The Shell Country Alpha-*

29. *Statistical Account of Scotland*, VI, 132 n.

● FURTHER READING

5章の多くが、6章と関連している。*An Introduction to Scottish Legal History,* The Stair Society Volume for 1958 は土地保有権について詳しい。I. F. Grant, *The Social and Economic Development of Scotland before 1603* (Edinburgh, 1930) と、T. B. Franklin, *A History of Scottish Farming* (Edinburgh, 1952) は両者とも、土地の永代借地化の動きについて記述している。I. F. Grant, The MacLeod, *the History of a Clan 1200-1956* (London, 1959) と、David Mathew, *Scotland Under Charles I* (London, 1955) では17世紀の有力者の生活が考察されている。階層の低いレルドの生活については、W. MacGill, *Old Ross-shire and Scotland* (Inverness, 1909) が注目を引く。E. Dunbar-Dunbar, *Social Life in Former Days* (Edinburgh, 1865) も参照せよ。J. Warrak, *Domestic Life in Scotland 1488-1688* (London, 1920) は、家具と家事設備の話題が中心である。服装についての研究書もいくつかある。Stuart Maxwell and Robin Hutchison, *Scottish Costume 1550-1850* (London, 1958); J. T. Dunbar, *History of Highland Dress* (London, 1966); R.M.D.Grange, *A Short History of the Scottish Dress* (London, 1966); H.F. McClintock, *Old Highland Dress* (Dundalk, 1949) はどれも有益である。18世紀以前の小作農の日々の生活が同様の関心を引くことはないが、P. Hume Brown, *Early Travellers in Scotland* (Edinburgh, 1891) は、大変興味深く、学ぶことが多いであろう。*Scottish Agriculturae*, 1965 における A.Fenton, 'Farm Servant life in the 17th -19th Centuries' も参照せよ。農村社会の構造に関心のある人は、*the List of Pollable Persons within the Shire of Aberdeen* (ed. John Stuart, Spalding Club, 1844) を熟読するとよい。

7章

● NOTES

1. スコットランド国立図書館所蔵の M.S. 33-5-16, 'Discourse anent the improvements may be in Scotland for advancing the wealth of the Kingdom'
2. J. D. Marwick, *Edinburgh Guilds and Crafts* (Scottish Burgh Record Society, 1849), p.142.
3. W. Croft Dickinson, *Scotland from the earliest times to 1603* (Edinburgh, 1961), p.236.
4. T. C. Smout, 'The Glasgow merchant community in the seventeenth century', *Scottish Historical Review* Vol. XLVII (1968), pp.53-71.
5. L. A. Barbé, Sidelights on the History, *Industries and Social Life of Scotland* (London, 1919), pp.29-7. Skene の本の日付が Barbé のこの本では間違って引用されている。
6. C. Creighton, *A History of Epidemics in Britain* (new edition, London, 1965), 1, p.235.
7. D. Calderwood, *Historie of the Kirk of Scotland* (Wodrow Society, 1843) IV, p.377.
8. *Ibid.*, VI, p.591.
9. A. Lassen, 'The Population of Denmark. in 1660', *Scandinavian Economic History Review*, Vol. XIII(1965), pp.1-30.
10. A. McKerral, *Kintyre in the Seventeenth Century* (Edinburgh, 1948), Chapter IX.
11. T. C. Smout, *Scottish Trade on the Eve of Union 1660-1707* (Edinburgh, 1963), p.77.
12. Dundee Thon Council Archives: M. S. Shipping lists
13. T. C. Smout, *Scottish Trade,* p.85.
14. R. Chambers, *Domestic Annals of Scotland* (Edinburgh, 1858), II, p.238.
15. Gordon Donaldson, *Scotland: James V to Jame VII* (Edinburgh, 1965), p.252.
16. W. Macgill, *Old Ross-shire and Scotland* (Inverness, 1909), pp.124-5.
17. H. Lumsden and P. H. Aitken, *History of the Hammermen of Glasgow* (Paisley, 1912)
18. I. F. Grant, *Social and Economic Development of Scotland before 1603* (Edinburgh, 1930), pp.413-14.
19. Lumsden and Aitken, op cit.
20. *The Register of Apprentices of the City of Edinburgh 1583-1666* (ed. F. J. Grant, Scottish Record Society, 1906) and *Register*

don, 1953) と、Malcolm Gray, *The Highland Economy 1750-1850* (Edinburgh, 1957) は、大変化直前の小作農農場についての知識を与えてくれる。J. A. Symon, *Scottish Farming Past and Present* (Edinburgh, 1959) 、Chapter VI には、17 世紀の状況が率直に述べられている。Andrew Mackerral, *Kintyre in the Seventeenth Century* (Edinburgh, 1948) は経済に関する資料の充実した地域研究である。印刷されたバロン裁判所についての書籍と 'Boorlaw Book of Yester and Gifford' は、この章の脚注にもあるが、これも興味深い。英国のあらゆる地域において長期に及んでなされた「農業報告」は、Galloway の Andrew Symson によるもので、*A large description of Galloway* (Edinburgh, 1923) として刊行されており、また *Macfarlane' s Geographical Collections* (edited A. Mitchell and J. T. Clark, Scottish History Society, 1908) Volume II の中にも収録されている。また、Alexander Fenton によって発表された興味深い研究書、*Agricultural Historical Review*, Vol. XI (1963), pp.65-81 に掲載された ' Skene of Hallyard' s manuscript of Husbandries' と、Mr. Fenton, *Transactions of East Lothian Antiquarian and Field Naturalist' Society*, Vol. IX (1963) 収録の 'The Rural Economy of East Lothian in the seventeenth and eighteenth century' も参照せよ。

6章

● NOTES

1. スコットランド国立公文書館所蔵の Dalhousie Muniments による。
2. B. R. S. Megaw 'Goat-Keeping in the Old Highl and Economy' , *Scottish Studies* Vol. VII(1963), p.207. Skye についての情報は、ソーリ・マクレーン氏とクリスティン・ホリックス女史に感謝。
3. スコットランド国立公文書館所蔵の Dalhousie Muniments による。17 世紀には、12 lib Scots- £1 sterling であった。
4. I. F. Grant, The Macleods, *the History of a Clan 1200-1956* (London, 1959), p.244.
5. R. Chambers, *Domestic Annals of Scotland* (Edinburgh, 1858), 1, p.209.
6. *Early Travellers in Scotland*, ed. P. Hume Brown (Edinburgh, 1891) pp.121-2.
7. J. Warrack, *Domestic Life in Scotland 1488-1688* (London, 1920)
8. Stewart Cruden, *Castle Campbell* (Ministry of Works, H. M. S. O., 1953), p.13.
9. D. Mathew, *Scotland Under Charles I* (London, 1955), pp.121-2.
10. *Ibid.*, p.II3.
11. W. Macgill, *Old Ross-shire Scotland* (Inverness, 1909), p.124.
12. *Scotland and the Protectorate* (ed. C. H. Firth, Scottish History Society, 1899), pp.405-11
13. *List of Pollable Persons within the Shire of Aberdeen* (ed. John Stuart, Spalding Club, 1844)
14. *Trans. of the East Lothian Antiq. and Field Nat. Soc.*, Vol. VII(1958).
15. I. F. Grant, *Socialand Economic Development of Scotland before 1603* (Edinburgh, 1930), pp.248-9.
16. C. Lowther, *Our Journall into Scotland* (ed. 'W. D.' , Edinburgh, 1894), pp.11-12.
17. *Early Travellers*, p.275.
18. *Black Book of Taymouth* (Bannatyne Club, 1855) p.418.
19. Macgill, *op cit.*, p.131.
20. *Early Travellers*, p.260.
21. スコットランド国立公文書館所蔵の Dalhousie Muniments による。
22, *Early Travellers*, p.270.
23. *Ibid.*, p.232.
24. *Macfarlane' s Geographical Collections*, II, p.102.
25. T. C. Smout and A. Fenton, 'Scottish Agriculture before the Improvers: an Exploration' , *Agricultural History Review*, Vol. XIII(1965).
26. *Black Book of Taymouth*, p.379.
27. *Statistical Account of Scotland*, VIII, p.452.
28. Sir Robert Sibbald, *Provision for the Poor in time of Dearth and Scarcity* (Edinburgh, 1699), p.3.

● FURTHER READING

G.Donaldson の *Scotland: James V-James VII* は、ここでも大変貴重である。James Ⅳについては、D. H. Wilson, *King James VI and I* (London, 1956) というすぐれた伝記があるが、別の伝記 D. Mathew, *James I* (London, 1967) には、スコットンランドの背景を語る情報はさほどない。だが、D. Mathew, *Scotland Under Charles I* は、かなり多くの誤解を差し引いても、貴族階級の新旧の男たちの政治的、経済的活動を考察して、新鮮である。Audrey Cunningham, *The Loyal Clans* (Cambridge1932) には、17 世紀のハイランドの状況がよく表されている。Walter Scott, *Legend of Montrose* ; W. C. Mackenzie, The Highlands and Isles of Scotland ; Donald Gregory の *The History of the Western Highlands* (London, 1881) ; Madeleine Bingham, *Scotland under Mary Stuart, an account of everyday life* (London, 1971) も参照のこと。16 世紀のボーダー地方の行政については、T.I. Rae, *The Administration of the Scottish Frontier 1513-1603* (Edinburgh, 1966) が詳しい。D. L. W. Tough, *The Last Years of a Frontier* (Oxford, 1928) もまた参照に値する。H. R. Trevor-Roper 教授は、*Religion, the Reformation and Social Change* (London, 1967) で、Cromwell が Scotland で成そうと試みていたことを章立てして述べている。

経済に関する出来事については、S. G. Elythe, *The Economy of Scotland in its European Setting, 1550-1625* (Edinburgh, 1960) と T. C. Smout, *Scottish Trade on the Eve of Union 1660-1707* (Edinburgh, 1963) を参照せよ。年代的な隔たりは、Theodora Keith, *Scottish Historical Review*, Vol. X(1918), pp.273-84 所収の 'The Economic Condition of Scotland under the Commonwealth and the Protectorate' でいくぶん埋めることができるであろう。また、T. C. Smout and A. Fenton, *Agricultural History Review*, Vol.XIII(1965) 収蔵の 'Scottish Agriculture before the Improvers : an Exploration' は、17 世紀の農村社会の経済的様相と、政治的変化とのかかわりを扱っている。

5章

● NOTES

1. *Scotland and Scotsmen in the Eighteenth Century*, ed. Alexander Allardyce, Edinburgh, 1888, II, p.192.
2. Scottish. Record Office, Dalhousie Muniments による。
3. *Macfarlane' s Geographical Collections* (ed. A. Mitchell and J. T. Clark, Scottish History Society, 1908), III, p.143.
4. The Baron Court book は、*The Black Book of Taymouth* (ed. C. Innes, BannatyneClub, 1855) に収載されている。
5. この文書は、*Records of the Baron Court of Stitchill 1655-1807*, (ed. B. Gunn, Scottish History Society, 1905) に収載されている。
6. *The Court Book of the Barony of Urie 1604-1747* (ed. D. G. Barron, Scottish History Society, 1892) による。
7. 'The Forbes Baron Court Book 1659-1678' ed. J. M. Thomson in *Miscellany of the Scottish History Society*, Vol.III (1919)
8. The 'Boorlaw Book of Yesterand Gifford' ed. The Marquis of Tweeddale は、*Transactions of the East Lothian Antiquarian and Field Naturalists' Society*, Vol. VII (1958) に収載されている。
9. E. Burt, *Letters from a Gentleman in the North of Scotland* (London, 1754), II, p.155
10. *Macfarlane' s Geographical Collections* II, pp.69, 73, 102.
11. *Ibid.*, 11, p.66.
12. *Ibid.*, III, p.225.
13. *Scotland and the Protectorate* (ed. C. H. Firth, Scottish History Society, 1899), pp.405-11.
14. *List of Pollable Persons within the Shire of Aberdeen* (ed. John Stuart, Spalding Club, 1844)

● FURTHER READING

18 世紀初頭の状況をそのまま 17 世紀に当てはめるわけにはいかないが、J. E. Handley, *Scottish Farming in the Eighteenth Century* (Lon-

49. Marjorie Plant, *The Domestic Life of Scotland in the Eighteenth Century* (Edinburgh, 1952), pp.3.

● FURTHER READING

この分野における二次的研究は比較的少ない。それゆえに、ほかの章よりも多く脚注をつけた。印刷されている長老会と中会（プレスビテリ）の記録などは、関心のある人にはきわめて興味深いものであろう。さらに深く知りたい人は、地方の教会の記録を調べればよい。長老会規律についての最も評価されている研究は、間違いなく G. D. Henderson, *The Scottish Ruling Elder* (London, 1935) である。*Essays on the Scottish Reformation 1513-1625* に収録されている A. Ross の 'Reformation and Repression' は長老会規律が、いかに反カトリックに利用されたかがわかりやすく述べられている。このなかには、ここで言及されているトピックに関連した別のエッセイがある。A. Cormack, *Poor Relief in Scotland* (Aberdeen, 1923) は、この問題についての唯一の研究書であり、その問題は、早急に学術的に進んだ手当てを必要としている。教育についての書物はたくさんあるが、ほとんどが、間違いを繰り返している。最もすぐれた斬新な研究は、J. M. Beale, 'A History of the Burgh and Parochial Schools of Fife from the Reformation to 1872' であるが、エディンバラに提出した博士論文であるため公刊されていない。The Scottish Council of Research in Education によって刊行された地域研究は多様な価値があり、W. Boyd, *Education in Ayrshire through Seven Centuries* (London, 1961) は 17 世紀の興味深い情報が豊富である。

宗教の全体的問題と資本主義の興隆は、スコットランドでは満足な研究が行われてきたとは思われない。興味があれば、脚注 42, 47, 48 に引用されている作品を読むことを薦める。しかし、それと反対の見解を求めるなら、*Journal of Modern History* Vol.XXXII (1960) 収録の A. Burrell の 'Capitalism and the Middle Class: 'Some Afterthoughts on an Old Problem' を参照せよ。

4章

● NOTES

1. J. Warrack, *Dommestic Life in Scotland 1488-1688* (London, 1920), p.3.
2. *James I, Basilikon Doron* (ed. James Craigie, Scottish Text Society, 1942), p.83.
3. D. W. L. Tough, *The Last Years of a Frontier* (Oxford, 1928), p.183.
4. たとえば、William Robertson, *Ayrshire, its History and Historic Families* (Kilmarnock, 1908), 1, pp.130-5 を参照のこと。
5. James Fergusson, *Lowland Lairds* (London, 1949), Chapter 2.
6. I. F. Grant, *The Macleods, the History of a Clan1200-1956* (London, 1959), p.139.
7. *Op cit.*, p.139.
8. P. Hume Brown, *Early Travellers in Scotland* (Edinburgh, 1891), pp.88-9.
9. *Basilikon Doron*, pp.85-6.
10. D. H. Willson, *King James VI and I* (London, 1956), p.313
11. D. Mathew, *Scotland Under Charles I* (London, 1955), p.119.
12.T. A. Fischer, *The Scots in Sweden* (Edinburgh, 1907), p.77.
13. S. G. E. Lythe, *The Economy of Scotland in its European Setting* (Edinburgh, 1960), p.199.
14. *Basilikon Doron* p.71.
15. W. C. Mackenzie, *The Highlands and lsles of Scotland: a Historical Survey* (Edinburgh 2nd ed., 1949), p.210.
16. I. F. Grant, *The Social and Economic Development of Scotland before 1603* (Edinburgh, 1930), p.528.
17. J. Irvine Smith, 'The Rise of Modern Scots Law' in *An lntroduction to Scottish Legal History* (Stair Society, 1958), p.45.
18. *The Glamis Book of Record* (ed. H. Milla, Scottish Historv Society, 1890), p.33.
19. *Records of the Kirk Session...of Aberdeen* (Spalding Club, 1866), p.290.
20. I. F. Grant, *The EconomicHistory of Scotland* (London, 1934), p.161.

Scottish History Society, 1896), pp.xxi, xxiv, xxv.

12. *Ibid.*, p.xvii.

13. *Ibid.*, pp.279 ff.

14. G. D. Henderson, *The Scottish Ruling Elder* (London, 1935), p.123.

15. *Register of the Kirk Session of St Andrews 1559-1600* (ed. D. Hay Fleming, Scottish History Society, 1889), I, p.107.

16. *Selections from the Recotds of the Kirk Session . . . of Aberdeen* (ed. John Stuart, Spalding Club, 1846), pp.24, 46, 61, 66, 67.

17. Sir George Mackenzie の Donaldson, *Scotland: James V-James VII*, p.366 からの引用による。

18. *The Booke of the Universall Kirk*, ed. A. Peterkin (Edinburgh, 1839), p.435.

19. W. C. Mackenzie, *Andrew Fletcher of Saltoun* (Edinburgh, 1935), Chapter VIII.

20. *Register of the Kirk Session of St Andrews; The Buik of the Kirk of the Canagait 1564-1567* (ed. A. B. Calderwood, Scottish Record Society, 1961); G. Lorimer, *Leaves from the Buik of the West Kirke* (Edinburgh, 1885).

21. P. Hume Brown, *Early Travellers in Scotland* (Edinburgh, 1891), p.101.

22. Henderson *op cit.,* p.116.

23. R. Chambers, *Domestic Annals of Scotland* (Edinburgh, 1859), II, p.243.

24. Knox, *op cit.,* II, p.64.

25. *The Booke of the Universall Kirk*, p.160.

26. *A Source Book of Scottish History* (ed. W. Croft Dickinson et al., London, 1954), III 395.

27. Henderson, *op cit.,* pp.109, 120.

28. *Acts of the General Assembly*, 1638-1842 (Church Law Society, Edinburgh, 1843), p.229.

29. John Durkan. 'Education in the Century of the Reformation' in *Essays on the Scottish Reformation*, pp.145-68.

30. *A Source Book of Scottish History*, III, p.401.

31. Acts of the General Assembly, 1638-1842, p.63.

32. *Scotland: James V-James VII*, p.264.

33. このような注目に値する規範は、William Boyde によって出版された、*Education in Ayrshire through SevenCenturies* (London, 1961), pp.26-30 にある。

34. I. J. Simpson, *Education in Aberdeenshire before 1872* (London, 1947), p.23.

35. *Ibid.*, p.22.

36. Ross, 'Reformation and Repression' , in *Essays on the Scottish Reformation*, p.385.

37. *Booke of the Universall Kirk*, p.435.

38. *Register of the Kirk Session of St Andrews*, passim.

39. *Register of the Privy Council of Scotland*, XIII, pp.834-6.

40. *Selections from the Records of the' Kirk Session ... of Aberdeen*, p.97.

41. A. A. Cormack, *Poor Relief in Scotland* (Aberdeen, 1932), Chapter XVI.

42. Max Weber, *The Protestant Ethic and the Spirit of Capitalism*. Unwin Books から便利なペーパーバック版が発行されている (London, 1967)。また、R. H. Tawney, *Religion and the Rise of Capitalism*(various editions) を参照。

43. *Booke of the Universall Kirk*, p.436 ; Henderson, *Ibid.* pp.113 ; T. C. Smout, *Scottish Trade on the Eve of Union* (Edinburgh, 1963), p.77.

44. スコットランド国立公文書館所蔵の Andrew RusseII Papers, box 5.

45. Henry Hamilton, *Economic History of Scotland in the Eighteenth Century* (Oxford, 1963), p.XIV.

46. Weber, *op cit.,* p.117.

47. D. C . McClelland, *The Achieving Society* (Princeton 1961) は、M. W. Flinn, *Origins of the lndustria1 Revolution* (London, 1966), pp.87-9, のなかで要約されており、引用はこの本による。

48. M. W. Flinn, 'Social Theory and the Industria1 Revolution' , in *Social Theory and Economic Change*, ed. T. Burns and S. B. Saul (Edinburgh, 1965)

don, 1960), p.63.
8. W. Croft Dickinson, *Scotland from the earliest times to 1603* (Edinburgh, 1961), p.354.
9. C. Bridenbaugh, *Vexed and Troubled Englishmen 1590-1642* (Oxford, 1968), p.449.
10. S. A. Burrell, *'The Apocalyptic Vision of the Early Covenanters'* , *Scottish Historical Review*, Vol. XLIII (1964), pp.1-24.
11. *Ibid.*, p.2. 作者は、詩人ウィリアム・ドラモンド・オブ・ホーソーンデン。
12. W. Notestein, *The Scot in History* (New Haven, 1946), p.144.
13. 南西部の社会構造については、上記の書の128頁を参照。また、この地域に長年根づいている宗教的な急進主義については、G・ドナルドソンによる次の記述に注目せよ。'Scotland' s Conservative North in the Sixteenth and Seventeenth Centuries' in *Transactions of the Royal Historical Society*, fifth series, Vol. XVI (1966), pp.65-79.

● FURTHER READING

16世紀と17世紀の教会史は、Gordon Donaldson教授の専門分野である。彼の *Reformation in Scotland* (Cambridge, 1960) は1550年から1600年の間に起こった出来事を学究的に明快に記述している。彼の教科書、Scotland: *James* V *to James* Ⅶ（Edinburgh, 1965）は、幅広い年代を扱い、政治およびキリスト教会の問題について特にすぐれている。短い研究書であるが、彼の Scotland *Church and Nation through sixteen centuries* (London, 1960) は、教会に関する大変興味深く、有益な歴史書である。

ほかの歴史家たちもこの時代について多くの書物を書いており、選ぶのが難しいほどである。David Hay Fleming は、*The Reformation in Scotland*（London, 1910）において、病的ともいえる熱意で、カトリックの聖職者の堕落ぶりを探り出した。Jasper Ridley, *John Knox* (London, 1964）は、この複雑な男の最良の伝記である。Duncan Shaw, *The General Assemblies of the Church of Scotland 1560-1600*（Edinburgh, 1964）は、スコットランド教会の初期の歴史をたどっている。カトリックの歴史家たちが、*Essays on the Scottish Reformation 1513-1625* (ed. D. McRoberts, Glasgow, 1962) という著名な研究書に寄稿しており、*Scottish Historical Review* Vol. XLIV (1965) に所載の Maurice Lee, 'The Scottish Reformation after 400 Years' は有益な評論である。

17世紀は、Donaldson によるテキストブックのほかは、宗教的な出来事についてたいして扱われていないが、S. A. Burrell, *Scottish Historical Review* VOL.XLIII（1964）収載の批評 'The Apocalyptic Vision of the Early Covenanters' はきわめて興味深く、また G. D. Henderson, *Religious Life in Seventeenth Century Scotland* (Cambridge, 1937) は注目に値する。さらに、I. B. Cowan, *Scottish Historical Review* Vol. XLVII (1968), 'The Covenanters: a revision article' を参照せよ。

3章

● NOTES

1.『規律の書』は、W・クロフト・ディキンソンによって発刊された版、John Knox, *History of the Reformation in Scotland* (London, 1949), II 付録 VIII　による。
2. *Ibid.*, p.306.
3. *Ibid.*, p.309.
4. *Ibid.*, p.295.
5. *Ibid.*, pp.290, 303.
6. *Ibid.*, p.29.
7. G. Donaldson, 'The Parish Clergy and the Reformation' in *Essays on the Scottish Reformation 1513-1625*, ed. D. McRoberts (Glasgow, 1962) p.135.
8. A. Ross, 'Reformation and Repression' *Ibid.*, p.403.
9. *The Records of the Commissions of the General Assembly, 1646-1647* (ed. A. F. Mitchell and J. Christie, Scottish History Society, 1892) p.252.
10. *Minutes of the Synod of Argyll, 1639-165*1 (ed. D. C. Mac-tavish, Scottish History Society, 1943), I, p.68.
11. *Records of the Presbyteries of Inverness and Dingwall, 1643-1688* (ed. William Mackay,

参考文献

1章

● NOTES

1. G. W. S. Barrow, *Feudal Britain* (London, 1956), p.124.
2. *Scottish Historical Review* :XXVI (1926) 1-9 所収の T. M. Cooper による中世スコットランドの人口を論じた唯一の記事「中世スコットランドの人口と分布」はかなり不十分な内容といえよう。
3. I. F. Grant, *The Social and Economic Development of Scotland before 1603* (Edinburgh, 1930), p.21.
4. *Ibid.*, p.23.
5. *Ibid.*, p.52.
6. W. M. Mackenzie, *The Scottish Burghs* (Edinburgh, 1949), p.138.
7. *Ibid.*, p.36.
8. *A Source Book of Scottish History*, ed. W. Croft Dickinson et al., London (1952-3), II, p.132.
9. W. Croft Dickinson, *Scotland from the earliest times to 1603* (London, 1961), p.71.
10. Grant, *op cit.*, p.73.
11. L. A. Barbé, *Sidelights on the History, Industries and Social Life of Scotland* (Glasgow, 1919), p.289.
12. *Scotland before 1700 from Contemporary Documents*, ed. P. Hume Brown (Edinburgh, 1893). pp.58-9.
13. スコットランド農業の後進的な状況について詳しくは第5章と第6章を参照。
14. *Scotland before 1700*, pp.11-12.
15. J. S. Richardsonand H. B. Mackintosh, *Elgin Cathedral* (Ministry of Works guide, H. M. S. O., 1950), p.24.
16. W. F. Skene, *The Highlanders of Scotland* (ed. Stirling, 1902), p.181.
17. *Scotland before 1700*, pp.12, 60-1, 160-73.
18. W. Croft Dickinson, *op cit.*, p.244.
19. 自治都市の生活について詳しくは、第7章を参照。

● FURTHER READING

W. Croft Dickinson の物語風テキスト、*Scotland from the earliest times to 1603* (London, 1961) は、たいへん読みやすい概説書であり、参照文献も豊富である。中世初期については、G. W. S. Barrow, *Feudal Britain* (London, 1956) で補足するとよい。I. F. Grant, *The Social and Economic Development of Scotland before 1603* (Edinburgh, 1930) は、中世スコットランドの社会史または経済史の分野における最良の試みである。通読は困難であるが、拾い読みでもわかりやい。農村社会は T. B. Franklin, *A History of Scottish Farming* (Edinburgh, 1952) で、自治都市は W. M. Mackenzie, *The Scottish Burghs* (Edinburgh, 1949) で論じられている。J. Davidson and A. Gray, *The Scottish Staple at Veere* (London, 1909) は、自治都市の外国貿易を適切に論じている。W. C. Mackenzie, *The Highlands and Isle of Scotland: A Historical Survey* は、ハイランドの歴史をきわめて適切に記述している。

2章

● NOTES

1. David Patrick, *in his introduction to Statuta Ecclesiae Scoticanae 1225-1559* (Scottish History Society 1907), p.xcii. 関連する詳細については *Concilid Scotiae* (ed. Joseph Robertson, Bannatyne Club, 1866) II, pp.301 2. を参照。ただし、ラテン語が判読できることが必要である。
2. Gordon Donaldson, *The Scottish Reformation* (Cambridge 1960), pp.15-16. 第1章では、1560年前の教会の窮状を明快に概説している。
3. *Ibid.*, p.24.
4. John Knox, *History of the Reformation in Scotland* (ed. W. Croft Dickinson, Edinburgh, 1949), I, p.25.
5. Donaldson, *op cit.*, p.75.
6. *Ibid.*, Chapter V.
7. G. Donaldson, Scotland: *Church and Nation through sixteen centuries* (SCM Press, Lon-

索引〈一般〉

〈フ〉

〈ヘ〉

〈ホ〉

〈マ〉

〈ケ〉

〈コ〉

〈サ〉

〈シ〉

〈ス〉

〈セ〉

〈タ〉

索引〈人名〉

著者　紹介

T. C. スマウト　*Thomas Christopher Smout*

1933年にイングランドのバーミンガムに生まれる。ケンブリッジ大学リーズ・スクールで学んだ後、同大学クレア・コレッジで歴史学を専攻し、1956年に首席で卒業。1959年に「スコットランドとバルト諸国との交易　1660-1707」の論文で博士号を取得。同年にエディンバラ大学の経済史学部に講師補として着任、以後20年間勤務する。1970年に経済史の教授に就任。1980年、セント・アンドルーズ大学教授となり、新しくスコットランド史学部を設立、1991年に名誉教授となるまで在任した。1992年、セント・アンドルーズ大学に環境歴史学研究所を設立し、1996年まで所長を務めた。

知的関心は、商業史、社会史から人口統計学、価格と食物史、ハイランド観光の歴史などスコットランド史の多様な領域を網羅している。1990年以降は、学究的活動の多くを環境史という新しい学問の開拓に寄与し、広範な森林の歴史について記し、現在はフォース湾の海洋環境史に取り組んでいる。

ケンブリッジ大学やオクスフォード大学で客員研究員を務めたほか、グラスゴーやロンドン、アメリカ、カナダ、オーストラリア、ノルウェー、デンマーク、ドイツなど世界各地で講義や講演を行った。日本へも4回訪問し、講演を行なったが、2007年には、環境史で初のオクスフォード神戸セミナーを開いた。スコットランドで多くの公職に就いているほか、自然遺産の保護運動などでも活躍している。現在は、セント・アンドルーズの南、ファイフの歴史ある自治都市アンストラザーに家族とともに住んでいる。

著書は、本書のほかに『*A Century of the Scottish People 1830-1950*』(1986)『*Scottish Trade on the Eve of Union 1660-1707*』(1963)『*Exploring Environmental History: Selected Essays*』(2009) など多数ある。

翻訳協力
株式会社ユニカレッジ　代表 沢田博ほか

監訳者　紹介

木村　正俊　きむらまさとし

1938 年生まれ。早稲田大学大学院文学研究科博士課程単位取得退学。神奈川県立外語短期大学名誉教授。中央大学人文科学研究所客員研究員。専門分野はスコットランド文学、ケルト文化。

著書に『ケルト　生と死の変容』(共著、中央大学出版部、1996)、『ケルト復興』(共著、中央大学出版部、2001)、『ケルト　口承文化の水脈』（共著、中央大学出版部、2006)、『ロバート・バーンズ詩集』（共訳、国文社、2002)、『スコットランド文化事典』（共編著、原書房、2006)、『スコットランドの歴史と文化』（共著、明石書店、2008)、『ロバート・バーンズ　スコットランドの国民詩人』(共編著、晶文社、2008)、『文学都市エディンバラ』（編著、あるば書房、2009）などがある。

スコットランド国民《こくみん》の歴史《れきし》

●

2010 年 11 月 30 日　第 1 刷

著者：T. C. スマウト
監訳：木村《きむら》　正俊《まさとし》
装丁：川島 進　スタジオギブ

発行者　成瀬 雅人
発行所　株式会社 原書房
〒160-0022 東京都新宿区新宿 1-25-13
電話・代表　03（3354）0685
http://www.harashobo.co.jp　振替・00150-6-151594
印刷・製本　株式会社 明光社印刷所

ISBN 978-4-562-04645-4　Printed in Japan